全国法律专业学位研究生教育指导委员会秘书处推荐教材

北京高等教育精品教材

BEIJING GAODENG JIAOYU JINGPIN JIAOCAI

总主编 曾宪义 王利明

21世纪法学系列教

国际私法学原
与案例教程

（第四版）

主 编 赵秀文

副主编 杜焕芳

撰稿人 （以撰写章节先后为序）

赵秀文 杜焕芳 徐青森 冯术杰

王 兰

U0853677

中国人民大学出版社

·北京·

编审委员会

总 主 编 曾宪义 王利明

副总主编 韩大元（常务） 叶秋华 龙翼飞 郑 定
林 嘉 刘明祥 刘 志

委　　员（按姓氏笔画排序）

马小红 王云霞 王作富 王欣新 王 轶 王新清 尹 立 冯 军
史彤彪 史际春 叶 林 田宏杰 刘文华 刘春田 吕世伦 孙国华
朱力宇 朱大旗 朱文奇 朱景文 江 伟 汤维建 许崇德 何家弘
余劲松 吴宏伟 张小虎 张志铭 张新宝 李艳芳 杨大文 杨立新
杨建顺 邵沙平 陈卫东 陈桂明 周 珂 范 愉 姚 辉 胡锦光
赵中孚 赵秀文 赵晓耕 徐孟洲 莫于川 郭 禾 郭寿康 高铭暄
黄京平 程天权 程荣斌 董安生 谢望原 韩玉胜 黎建飞 戴玉忠

编委会办公室 郝晓明 黄晓蓉 侯 静

总　序

曾宪義

在人类文明与文化的发展中，中华民族曾作出过伟大的贡献，不仅最早开启了世界东方文明的大门，而且对人类法治、法学及法学教育的生成与发展进行了积极的探索与光辉的实践。

在我们祖先生存繁衍的土地上，自从摆脱动物生活、开始用双手去进行创造性的劳动、用人类特有的灵性去思考以后，我们人类在不断改造客观世界、创造辉煌的物质文明的同时，也在不断地探索人类的主观世界，逐渐形成了哲学思想、伦理道德、宗教信仰、风俗习惯等一系列维系道德人心、维持一定社会秩序的精神规范，更创造了博大精深、义理精微的法律制度。应该说，在人类所创造的诸种精神文化成果中，法律制度是一种极为奇特的社会现象。因为作为一项人类的精神成果，法律制度往往集中而突出地反映了人类在认识自身、调节社会、谋求发展的各个重要进程中的思想和行动。法律是现实社会的调节器，是人民权利的保障书，是通过国家的强制力来确认人的不同社会地位的有力杠杆，它来源于现实生活，而且真实地反映现实的要求。因而透过一个国家、一个民族、一个时代的法律制度，我们可以清楚地观察到当时人们关于人、社会、人与人的关系、社会组织以及哲学、宗教等诸多方面的思想与观点。同时，法律是一种具有国家强制力、约束力的社会规范，它以一种最明确的方式，对当时社会成员的言论或行动作出规范与要求，因而也清楚地反映了人类在各个历史发展阶段中对于不同的人所作出的种种具体要求和限制。因此，从法律制度的发展变迁中，同样可以看到人类自身不断发展、不断完善的历史轨迹。人类社会几千年的国家文明发展历史已经无可争辩地证明，法律制度乃是维系社会、调整各种社会关系、保持社会稳定的重要的工具。同时，法律制度的不断完善，也是人类社会文明进步的显著体现。

由于发展路径的不同、文化背景的差异，东方社会与西方世界对于法律的意义、底蕴的理解、阐释存有很大的差异，但是，在各自的发展过程中，都曾比较注重法律的制定与完善。中国古代虽然被看成是“礼治”的社会、“人治”的世界，被认为是“只有刑，没有法”的时代，但从《法经》到《唐律疏议》、《大清律例》等数十部优秀成文法典的存在，充分说明了成文制定法在中国古代社会中的突出地位，唯这些成文法制所体现出的精神旨趣与现代法律文明有较大不同而已。时至20世纪初叶，随着西风东渐、东西文化交流加快，中国社会开始由古代的、传统的社会体制向近现代文明过渡，建立健全的、符合现代理性精神的法律文明体系方成为现代社会的共识。正因为如此，近代以来的数百年间，在西方、东方各主要国家里，伴随着社会变革的潮起潮落，法律改革运动也一直呈方兴未艾之势。

从历史上看，法律的文明、进步，取决于诸多的社会因素。东西方法律发展的历史均充分证明，推动法律文明进步的动力，是现实的社会生活，是政治、经济和社会文化的变迁；同时，法律内容、法律技术的发展，往往依赖于一大批法律专家以及更多的受过法律教育的社会成员的研究和推动。从这个角度看，法学教育、法学研究的发展，对于法律文明的发展进步，也有着异常重要的意义。正因为如此，法学教育和法学研究在现代国家的国民教育体系和科学研究体系中，开始占有越来越重要的位置。

中国近代意义上的法学教育和法学研究，肇始于19世纪末的晚清时代。清光绪二十一年（公元1895年）开办的天津中西学堂，首次开设法科并招收学生，虽然规模较小，但仍可以视为中国最早的近代法学教育机构（天津中西学堂后改名为北洋大学，又发展为天津大学）。三年后，中国近代著名的思想家、有“维新骄子”之称的梁启超先生即在湖南《湘报》上发表题为《论中国宜讲求法律之学》的文章，用他惯有的富有感染力的激情文字，呼唤国人重视法学，发明法学，讲求法学。梁先生是清代末年一位开风气之先的思想巨子，在他的辉煌的学术生涯中，法学并非其专攻，但他仍以敏锐的眼光，预见到了新世纪中国法学研究和法学教育的发展。数年以后，清廷在内外压力之下，被迫宣布实施“新政”，推动变法修律。以修订法律大臣沈家本为代表的一批有识之士，在近十年的变法修律过程中，在大量翻译西方法学著作，引进西方法律观念，有限度地改造中国传统的法律体制的同时，也开始推动中国早期的法学教育和法学研究。20世纪初，中国最早设立的三所大学——北洋大学、京师大学堂、山西大学堂均设有法科或法律学科目，以期“端正方向，培养通才”。1906年，应修订法律大臣沈家本、伍廷芳等人的奏请，清政府在京师正式设立中国第一所专门的法政教育机构——京师法律学堂。次年，另一所法政学堂——直属清政府学部的京师法政学堂也正式招生。这些大学法科及法律、法政学堂的设立，应该是中国历史上近代意义上的正规专门法学教育的滥觞。

自清末以来，中国的法学教育作为法律事业的一个重要组成部分，随着中国社会的曲折发展，经历了极不平坦的发展历程。在20世纪的大部分时间里，中国社会一直充斥着各种矛盾和斗争。在外敌入侵、民族危亡的沉重压力之下，中国人民为寻找适合中国国情的发展道路而花费了无穷的心力，付出过沉重的代价。从客观上看，长期的社会骚动和频繁的政治变迁曾给中国的法治与法学带来过极大的消极影响。直至70年代末期，以“文化大革命”宣告结束为标志，中国社会从政治阵痛中清醒过来，开始用理性的目光重新审视中国的过去，规划国家和社会的未来，中国由此进入长期稳定、和平发展的大好时期，以这种大的社会环境为背景，中国的法学教育也获得了前所未有的发展机遇。

从宏观上看，实行改革开放以来，经过二十多年的努力，中国的法学教育事业所取得的成就是辉煌的。首先，经过“解放思想，实事求是”思想解放运动的洗礼，在中国法学界迅速清除了极左思潮及苏联法学模式的一些消极影响，根据本国国情建设社会主义法治国家已经成为国家民族的共识，这为中国法学教育和法学研究的发展奠定了稳固的思想基础。其次，随着法学禁区的不断被打破、法学研究的逐步深入，一个较为完善的法学学科体系已经建立起来。理论法学、部门法学各学科基本形成了比较系统和成熟的理论体系和学术框架，一些随着法学研究逐渐深入而出现的法学子学科、法学边缘学科也渐次成型。1997 年，国家教育主管部门和教育部高校法学学科教学指导委员会对原有专业目录进行了又一次大幅度调整，决定自 1999 年起法学类本科只设一个单一的法学专业，按照一个专业招生，从而使法学学科的布局更加科学和合理。同时，在充分论证的基础上，确定了法学专业本科教学的 14 门核心课程，加上其他必修、选修课程的配合，由此形成了一个传统与更新并重、能够适应国家和社会发展需要的教学体系。法学硕士和博士研究生及法律硕士专业学位研究生的专业设置、课程教学和培养体系也日臻完善。再次，法学教育的规模迅速扩大，层次日趋齐全，结构日臻合理。目前中国有六百余所普通高等院校设置了法律院系或法律本科专业，在校本科学生和研究生已达二十余万人。除本科生外，在一些全国知名的法律院校，法学硕士研究生、法律硕士专业学位研究生、法学博士研究生已经逐步成为培养的重点。

众所周知，法律的进步、法治的完善，是一项综合性的社会工程。一方面，现实社会关系的发展，国家政治、经济和社会生活的变化，为法律的进步、变迁提供动力，提供社会的土壤。另一方面，法学教育、法学研究的发展，直接推动法律进步的进程。同时，全民法律意识、法律素质的提高，则是实现法治国理想的关键的、决定性的因素。在社会发展、法学教育、法学研究等几个攸关法律进步的重要环节中，法学教育无疑处于核心的、基础的地位。中国法学教育过去二十多年所走过的历程令人激动，所取得的成就也足资我们自豪。随着国家的发展、社会的进步，在 21 世纪，我们面临着更严峻的挑战和更灿烂的前景。“建设世界一流法学教育”，任重道远。

首先，法律是建立在经济基础之上的上层建筑，以法治为研究对象的法学也就成为一门实践性很强的学科。社会生活的发展变化，势必要对法学教育、法学研究不断提出新的要求。经过二十多年的奋斗，中国改革开放的前期目标已顺利实现。但随着改革开放的逐步深入，国家和社会的一些深层次问题，比如说社会主义市场经济秩序的真正建立、国有企业制度的改革、政治体制的完善、全民道德价值的重建、环境保护和自然资源的合理利用等等，也已经开始浮现出来。这些复杂问题的解决，无疑最终都会归结到法律制度的完善上来。建立一套完善、合理的法律制度，构建理想的和谐社会，乃一项持久而庞大的社会工程，需要全民族的智慧和努力。其中的基础性工作，如理论的论证、框架的设计、具体规范的拟订、法律实施中的纠偏等等，则有赖于法学研究的不断深入，以及高素质人才特别是法律人才的养成，而培养法律人才的任务，则是法学教育的直接责任。

其次，21 世纪是一个多元化的世纪。20 世纪中叶发生的信息技术革命，正在极大地改变着我们的世界。现代科学技术，特别是计算机网络信息技术的发展，使传统的生活方式、思想观念发生了根本的改变，并由此引发许多人类从未面对过的问题。就法学教育而言，在 21 世纪所要面临的，不仅是教学内容、研究对象的多元化问题，而且还有培养对象、培养目标的多元化、教学方式的多元化等一系列问题，这些问题都需要法学界去思考、去探索。

中国人民大学法学院建立于 1950 年，是新中国诞生后创办的第一所正规高等法学教育机构。在半个多世纪的岁月中，中国人民大学法学院以其雄厚的学术力量、严谨求实的学风、高水平的教学质量以及丰硕的学术研究成果，在全国法学教育领域处于领先地位，并开始跻身于世界著名法学院之林。据初步统计，中国人民大学法学院已经为国家培养法学专业本科生、硕士生、博士生一万余人，培养各类成人法科学生三十余万人。经过多年的努力，中国人民大学法学院形成了较为明显的学术优势，在现职教师中，既有一批资深望重、在国内外享有盛誉的法学前辈，更有一大批在改革开放后成长起来的优秀中青年法学家。这些老中青法学专家多年来在勤奋研究法学理论的同时，也积极投身于国家的立法、司法实践，对国家法制建设贡献良多。

有鉴于此，中国人民大学法学院与中国人民大学出版社经过研究协商，决定结合中国人民大学法学院的学术优势和中国人民大学出版社的出版力量，出版一套“21世纪法学系列教材”。自1998年开始编写出版本科教材，包括按照国家教育部所确定的法学专业核心课程和其所颁布印发的《全国高等学校法学专业核心课程教学基本要求》而编写的14门核心课程教材，也包括法学各领域、各新兴学科教材及教学参考书和案例分析在内，到2000年12月3日在人民大会堂大礼堂召开举世瞩目的“21世纪世界百所著名大学法学院院长论坛暨中国人民大学法学院成立五十周年庆祝大会”之时，业已出版了50本作为50周年院庆献礼，到现在总共出版了80本。为了进一步适应高等法学教育发展的形势和教学改革的需要，最近中国人民大学法学院与中国人民大学出版社决定将这套教材扩大为四个系列，即：“本科生用书”、“法学研究生用书”、“法律硕士研究生用书”以及“司法考试用书”，总数将达二百多本。我们设想，本套教材的编写，将更加注意“高水准”与“适用性”的合理结合。首先，本套教材将由中国人民大学法学院具有全国影响的各学科的学术带头人领衔，约请全国高校优秀学者参加，形成学术实力强大的编写阵容。同时，在编写教材时，将注意吸收中国法学研究的最新的学术成果，注意国际学术发展的最新动向，力求使教材内容能够站在21世纪的学术前沿，反映各学科成熟的理论，体现中国法学的水平。其次，本套教材在编写时，将针对新时期学生特点，将思想性、学术性、新颖性、可读性有机结合起来，注意运用典型生动的案例、简明流畅的语言去阐释法律理论与法律制度。

我们期望并且相信，经过组织者、编写者、出版者的共同努力，这套法学教材将以其质量效应、规模效应，力求成为奉献给新世纪的精品教材，我们诚挚地祈望得到方家和广大读者的教正。

2006年7月1日

序　言

法学教育是高等教育的重要组成部分，是建设社会主义法治国家、构建社会主义和谐社会的重要基础，并居于先导性的战略地位。在我国社会转型的新世纪、新阶段，法学教育不仅要为建设高素质的法律职业共同体服务，而且要面向全社会培养大批治理国家、管理社会、发展经济的高层次法律人才。近年来，法学教育取得了长足的进步，法科数量增长很快，教育质量稳步提高，培养层次日渐完善，目前已经形成了涵盖本科生、第二学士学位生、法学硕士研究生、法律硕士研究生、法学博士研究生的完整的法学人才培养体系，接受法科教育已经成为莘莘学子的优先选择之一。随着中国法治事业的迅速发展，我们有理由相信，中国法学教育的事业大有可为，中国法学教育的前途充满光明。

教育的基本功能在于育人，在于塑造德才兼备的高素质人才。法学教育的宗旨并非培养只会机械适用法律的“工匠”，而承载着培养追求正义、知法懂法、忠于法律、廉洁自律的法律人的任务。要完成法学教育的使命，首先必须认真抓好教材建设。我始终认为，教材是实现教育功能的重要工具和媒介，法学教材不仅仅是法学知识传承的载体，而且是规范教学内容、提高教学质量的关键，对法学教育的发展有着不可估量的作用。

第一，法学教材是传授法学基本知识的工具。初学法律，既要有好的老师，又要有好的教材。正如冯友兰先生所言：“学哲学的目的，是使人作为人能够成为人，而不是成为某种人。其他的学习（不是学哲学）是使人能够成为某种人，即有一定职业的人。”一套好的教材，能够高屋建瓴地展示法律的体系，能够准确简明地阐释法律的逻辑，能够深入浅出地叙述法律的精要，能够生动贴切地表达深奥的法理。所以，法学教材是学生学习法律的向导，是学生步入法律殿堂的阶梯。如果在入门之初教材就有偏颇之处，就可能误人子弟，学生日后还要花费大量时间与精力来修正已经形成的错误观念。

第二，法学教材是传播法律价值理念的载体。好的法学教材不仅要传授法学知识，更要传播法律的精神和法治的理念，例如对公平、正义的追求，尊重权利的观念。本科、研究生阶段的青年学子，正处在人生观、价值观形成的阶段，一套优秀的法学教材，对于他们价值观的塑造和健全人格的培养具有重要意义。

第三，法学教材是形成职业共同体的主要条件。建设社会主义法治国家，有赖于法律职业共同体的生成。一套好的法学教材，向法律研习者传授共同的知识，这对于培养一个接受共同的价值理念、共同的法律思维、共同的话语体系的法律共同体，具有重要的作用。

第四，法学教材是所有法律研习者的良师益友。没有好的教材，一个好的教师或可弥补教材的欠缺和不足，但对那些没有老师指导的自学者而言，教材就是老师，其重要作用是显而易见的。

长期以来，在我们的评价体系中，教材并没有获得应有的注重，对学术成果的形式优先考虑的往往是专著而非教材。在不少人的观念中，教材与创新、与学术精品甚至与学术无缘。其实，要真正写出一部好的教材，其难度之大、工作之艰辛、影响之深远，绝不低于一部优秀的专著，它甚至可以成为在几百年甚至更长的时间内发挥作用的传世之作。以查士丁尼的《法学阶梯》为例，所谓法学阶梯，即法学入门之义，就是一部教材。但它概括了罗马法的精髓，千百年来，一直是人们研习罗马法最基本的著述。日本著名学者我妻荣说过，大学教授有两大任务：一是写出自己熟悉的专业及学术领域的讲义乃至教科书；二是选择自己最有兴趣、最看重的题目，集中精力进行终生的研究。实际上，这两者是相辅相成的。写出一部好教材，必须要对相关领域形成一个完整的知识体系，还要能以深入浅出的语言将问题讲清楚、讲明白。没有编写教材的基本功，实际上也很难写出优秀的专著。当然，也只有对每一个专题都有一定研究，才能形成对这个学术领域的完整把握。

虽然近几年我国法学教育发展迅速，成绩显著，但是法学教育也面临许多挑战。各个学校的师资队伍和教学质量参差不齐，这就更需要推出更多的结构严谨、内容全面、角度各有侧重、能够适应不同需求的法学教材，为提高法学教学和人才培养质量、保障法学教育健康发展提供前提条件。

长期以来，中国人民大学法学院始终高度重视教材建设。作为新中国成立后建立的第一所正规的法学教育机构，中国人民大学法律系最早开设了社会主义法学教学课堂，编写了第一套社会主义法学讲义，培养了新中国第一批法学本科生和各学科的硕士生、博士生，产生了新中国最早的一批法学家和法律工作者。中国人民大学法律系因此被誉为“新中国法学教育的工作母机”。半个多世纪以来，中国人民大学法学院为社会主义法制建设培养了大批优秀的法律人才，并为法学事业的振兴和繁荣作出了卓越贡献，也因此成为引领中国法学教育的重镇、凝聚国内法律人才的平台和沟通中外法学交流的窗口，并在世界知名法学院行列中崭露头角。为了对中国法学教育事业作出更大的贡献，我们有义务也有责任出版一套体现我们最新研究成果的法学教材。

承蒙中国人民大学出版社的大力支持，我们组织编写了本套教材，其中包括本科生用书、法律硕士研究生用书、法学研究生用书和司法考试用书四大系列，分别面向不同层次法科教育需求。编写人员以中国人民大学法学院教师为主，反映了中国人民大学法学院整体的研究实力和学术视野。相信本套教材的出版，一定能够为新时期法学教育的繁荣发展发挥应有的作用。

是为序。

2006年7月10日

第四版修订说明

本次修订以第三版为基础，主要工作体现在以下几个方面：第一，对原书中部分章节的文字作了修正、删改，改正了个别错别字，改进了部分文字表述，使教材内容更简明、通畅、准确；在案例的引用上进行了调整，删去了不重要或者过时的及与教学内容不相关的案例，使案例与原理更紧密结合，教材内容更适于法律硕士研究生。第二，增加了对近年来国内外最新立法、司法解释以及国际公约的介绍，如自2011年4月1日起施行的《中华人民共和国涉外民事关系法律适用法》，2012年《中华人民共和国民事诉讼法》及最高人民法院《关于适用〈中华人民共和国民事诉讼法〉的解释》，联合国贸法会仲裁规则等，并对所引用的法律法规的内容进行了适度调整。

具体分工为：赵秀文：第一、八、十三章；杜焕芳：第二至六章、第十至十二章；冯术杰：第七章；第九章由王兰重新撰写。

编写说明

国际私法与国际经济法一样，都是调整国际经济贸易关系和国际商事关系的重要部门。“文化大革命”结束后，中国人民大学国际法教研室的各位同人自1978年复校以来，在全国范围内率先将国际经济法与国际私法的本科教学区分开来：国际经济法主要讲授国际统一实体规范，而国际私法则主要讨论国际民商事关系的适用法律问题。中国人民大学的做法，得到许多兄弟院校的支持，并在全国范围内开花结果。在目前的国际经济法与国际私法的教学与研究中，中国人民大学的做法得到了各兄弟院校的普遍采纳。

应当特别指出的是，由已经退出教学第一线的资深教授章尚锦主编的适用于本科教学的21世纪法学系列教材之《国际私法》自2000年首次与读者见面以来，多次重印，受到许多兄弟院校的好评，并用于其国际私法教学。该教材还于2002年荣获教育部全国普通高校优秀教材一等奖。目前，该教材第二版已于2005年与读者见面。

在庆祝我国招收法律硕士研究生十周年之际，中国人民大学出版社推出了14门核心课的“原理与案例教程”系列教材，这是一种全新的尝试，它试图将案例教学法有机地融入国际私法的教学之中。

参加本书编写的主要是来自中国人民大学法学院国际法教研室的各位同人，还有一些兄弟院校的教授和学者。我们试图通过一些国内外的典型案例，将国际私法的原理系统地融入国际私法的教学之中，使同学们在案例中学原理、学法律，以期使国际私法的教学气氛更加生动活泼。

在编写本教材的过程中，各位作者都尽了最大努力。尽管如此，鉴于编著者的资历有限，错误或者不妥之处在所难免，恳请读者批评指正。

参加本书编写的人员包括（按撰写章节的先后顺序）：

赵秀文：第一、八、十三章；

杜焕芳：第二、四、五、六、十、十一章；

徐青森：第三、十二章；

冯术杰：第七章；

张艾青：第九章。

全书由赵秀文教授统稿。

本书在编写过程中参考了国内外学者的大量论著，在此对他们表示衷心的感谢。

赵秀文

2006 年 6 月

目　录

第一编　总论

第二编 冲突规范及其相关制度

第三编 国际民商事关系的法律适用

第一编

总　论

第一编

总　论

第一章

国际私法概论

参考书目

1. 韩德培主编．国际私法．北京：高等教育出版社，北京大学出版社，2000

2. 李双元主编．国际私法（冲突法篇）．武汉：武汉大学出版社，2001

3. 章尚锦，杜焕芳主编．国际私法．5版．北京：中国人民大学出版社，2014

4. 李双元，谢石松．国际民事诉讼法概论．2版．武汉：武汉大学出版社，2001

5. 李双元主编．中国与国际私法统一化进程．修订版．武汉：武汉大学出版社，1998

6. 李双元等．中国国际私法通论．3版．北京：法律出版社，2007

7. G. C. Cheshire & P. M. North. Cheshire and North's Private International Law. 13th ed.. London：Butterworths，1999

参考法规

1.《中华人民共和国民法通则》第八章“涉外民事关系的法律适用”

2.《中华人民共和国民事诉讼法》第四编“涉外民事诉讼程序的特别规定”

3. 李双元，欧福永，熊之才编．国际私法教学参考资料选编（上，中，下册）．北京：北京大学出版社，2002

4. 徐冬根，单海玲，刘晓红等编．国际公约与惯例（国际私法卷）．北京：法律出版社，1998

5. 肖扬总主编，万鄂湘主编，最高人民法院民事审判第四庭编．涉外商事海事审判指导．北京：人民法院出版社，2001 年起至现在

6. 2010 年《中华人民共和国涉外民事关系法律适用法》

引例　朗科公司案[①]

2006 年 2 月 10 日，我国深圳朗科科技有限公司（以下简称朗科公司）向美国得克萨斯州东区法院递交诉状，控告美国 PNY 公司侵犯了其闪存盘、闪存 MP3 及其他闪存移动数码产品的基础性的美国专利（US6829672）。朗科公司是一家由留学归国人员创办的高新技术企业，1999 年在全世界率先研制成功用于实践计算机数据存储与交换的新一代移动存储器——闪存盘，即优盘，于 2002 年在中国获得专利，于 2004 年获得美国专利。PNY 公司是在 1985 年成立的美国计算机存储零售市场主要企业之一，其闪存盘产品在美国市场销量排在前三位。经过两年多的诉讼，此案以朗科公司向 PNY 公司授权许可而告终。

本案涉及的主要法律问题有：国际商事诉讼的管辖权、当事人的诉讼地位、适用中国法还是美国法认定本案优盘专利的有效性、解决本案专利侵权行为的适用法律等国际私法的问题。本章通过“朗科公司案”和其他相关案例，就国际私法的概念、国际私法的性质及与邻近法律部门的关系、国际私法的渊源、国际私法的基本原则，以及国际私法的体系和研究方法作一概述。

第一节　国际私法的概念

引例　丽都饭店案[②]

丽都饭店是在北京设立的一家中外合资企业，中国国际工程咨询公司则是在我国境内设立的公司。20 世纪 90 年代初，中国国际经济贸易仲裁委员会（China International Economic and Trade Arbitration Commission，CIETAC）根据中国国际工程咨询公司与北京丽都饭店之间订立的仲裁协议，受理了双方当事人之间由于承建北京丽都饭店工程而后者未能按照合同约定支付全部工程欠款而发生的争议。当事人之间根据合同中的仲裁条款规定，将此争议提交 CIETAC 解决。由于丽都饭店是在北京设立的中外合资经营企业，本身就具

① 关于该案的详细报道，参见《法制日报》，2006－02－17，1、7 版。

② See Neil Kaplan，Jill Spruce，Michael J. Moser，*Hong Kong and China Arbitration*：*Cases and Materials*，Butterworths Asia，p. 316.

有国际因素，所以，CIETAC认为其对该案有管辖权，仲裁庭经开庭审理后作出了丽都饭店应当按合同规定支付欠款的仲裁裁决。丽都饭店未能在裁决规定的期限内执行该裁决，中国国际工程咨询公司向北京市中级人民法院申请强制执行。丽都饭店提出抗辩，称其是在中国境内设立的中国法人，而两个中国法人之间订立的合同为国内经济合同，CI-ETAC对两个中国法人之间由于国内经济合同的争议无管辖权。北京市中级人民法院经审理后支持了败诉一方当事人的主张，裁定CIETAC对此案无管辖权，进而拒绝承认与执行CI-ETAC的这一裁决。

本案涉及的主要法律问题有：当事人的民事法律地位、法人的国籍、国际民商事关系的解释。

一、国际私法的调整对象

（一）国际民商事关系与涉外民商事关系

国际私法是调整国际民商事关系的法律部门。所谓国际民商事关系，是指具有国际因素或者跨国因素的民商事关系，如国际货物买卖、运输、保险、支付、代理关系，国际工程承包，跨国旅游、留学、服务等关系，跨国婚姻、继承关系，产品责任，跨国交通事故、跨国侵权以及国际民事诉讼与商事仲裁等关系。例如，中国人与外国人在中国结婚，或者两个外国人在中国结婚。例如在“朗科公司案”中，朗科公司在美国法院控告美国PNY公司侵犯了其在美国获得的优盘专利权。在“丽都饭店案”中，CIETAC会认为丽都饭店是在中国设立的合资企业，因而该案具有涉外因素，故而根据丽都饭店与中国国际工程咨询公司之间的合同中的仲裁条款，受理了该案，认为本会对本案有管辖权，进而进行仲裁程序并作出了裁决。北京市中级人民法院则根据我国当时的《经济合同法》，认为丽都饭店是在我国境内设立的合资企业，根据我国《中外合资经营企业法》的规定，丽都饭店属于在我国境内设立的有限责任公司，具有中国的国籍，而两个中国法人之间的经济合同争议，应当由《经济合同法》规定的经济合同仲裁委员会仲裁。①

国际民商事关系包括涉外民商事关系，其含义更加广泛。在我国现行立法或者司法解释中，经常使用的是涉外民商事关系，而不是国际民商事关系。例如，我国《民法通则》第八章的标题就是“涉外民事关系的法律适用”。对于何谓“涉外民事关系”，最高人民法院在1988年1月26日审判委员会上讨论通过的《关于贯彻执行〈中华人民共和国民法通则〉若干问题的意见（试行）》第178条作出了如下解释：凡民事关系的一方或者双方当事人是外国人、无国籍人、外国法人的；民商事关系的标的物在外国领域内的；产生、变更或者消灭民事权利义务关系的法律事实发生在外国的，均为涉外民事关系。

---

① 本案是在我国1994年《仲裁法》和1999年《合同法》颁布之前审理的案件。在1999年《合同法》颁布之前，并行存在着1985年《涉外经济合同法》、《经济合同法》和《技术合同法》。在通过仲裁解决合同争议方面实施不同的制度：涉外经济合同以当事人之间业已存在的仲裁协议为管辖依据；而《经济合同法》项下的合同争议可以提交国家工商管理局下属的经济合同仲裁委员会解决，不需要当事人之间订有仲裁协议；当事人如对仲裁裁决不服，还可以向法院起诉。

据此我们可以看出，构成国际民商事关系的四要素是：

1. 主体有国际因素

此即国际民商事关系的参加者有外国因素，例如，中国人与外国人或者无国籍人结婚，或者中国外贸公司与其他国家和地区的公司订立国际商事合同。中国深圳朗科公司在美国得克萨斯州法院对美国 PNY 公司侵犯其优盘专利提起的侵权行为之诉中，实施侵权行为的当事人为美国 PNY 公司，是依据美国当地的法律在美国境内设立的公司。

2. 客体有国际因素

此即民商事关系的标的物位于中国境外，例如中国公民继承在外国的财产，中国公司承包位于巴基斯坦的工程，国际货物买卖合同所涉及的标的物位于我国以外的国家或地区等。

3. 法律事实有国际因素

此即产生、变更和消灭民事权利/义务的法律事实发生在外国，例如，两个中国公司在巴黎订立了购买位于巴黎的房产的合同；中国远洋货轮与巴拿马货轮在马六甲海峡发生碰撞，造成人员伤亡和财产损失。在“朗科公司案”中，侵犯朗科公司优盘专利的行为发生在美国。

4. 争议解决地点有国际因素

两个中国法人约定到外国进行诉讼和仲裁，解决它们之间在合同履行过程中发生的争议。例如，两个在我国苏州设立的新加坡外商投资企业之间由于在无锡承包一个建设工程而发生了争议，双方约定将争议提交新加坡法院或者新加坡国际商事仲裁中心解决。

（二）国际民商事关系的解释

对于构成国际民商事关系的上述基本要素，应当作广义上的解释。假定两个在我国苏州设立的新加坡外商投资企业之间由于在无锡承包一个建设工程而发生了争议，双方约定将争议提交新加坡法院解决，从理论上说，两个在苏州设立的外商投资企业都是中国法人，两个中国法人之间的争议标的物也发生在中国，而产生合同项下的权利、义务的法律事实同样发生在中国，根据我国最高人民法院对涉外民事关系的解释，本案并不具有涉外因素。但是从广义上说，还是存在着国际因素，因为尽管新加坡人在中国设立的外商投资企业从法律上说是中国的法人，而两个中国法人发生在中国境内的争议并不存在国际因素，但是，由于外商投资企业本身就是外国投资者投资设立的，所以从广义上说，同样存在着国际因素。两个在我国境内设立的外商投资企业可以被视为外国人，这在相关国际公约中可以找到依据。例如，《解决国家与他国国民投资争议公约》第 25 条第 2 款规定，所谓另一缔约国国民，是指具有作为争议一方的国家以外的某一缔约国国籍的任何法人，以及在争议发生时也具有争议当事国的缔约国国籍的法人，而该法人因受外国控制，双方同意为了本公约的目的，应看作是另一缔约国国民。这就是说，尽管外国法人在东道国投资设立了东道国法人，该东道国法人与当地政府之间的争议，仍然可以被视为与外国投资者之间的争议。

同样，在“丽都饭店案”中，尽管丽都饭店属于合资企业，具有中国法人的地位，但是该合资企业本身同样具有国际因素。正因为如此，CIETAC 才根据当事人之间的合同中的仲裁条款，受理了承包合同项下的争议。北京市中级人民法院在对本案裁决的执行中，根据我国法律认定两个中国法人之间的合同属于国内经济合同，而国内经济合同项下的争议应当由国家工商管理局下属的经济合同仲裁委员会仲裁解决，CIETAC对此无权管辖。[①] 当然，根据我国现行仲裁立法与实践，这样的事情就不会再发生了。然而，我们从这一案件中得到的启示是：对国际民商事关系应当作广义上的解释。尽管丽都饭店本身是在中国境内根据中国法律设立的中国法人，但鉴于它是合资企业，也应当认定为具有国际因素，而不仅仅局限于法律上的字面解释。如果当时情况如此，北京市中级人民法院就不会作出拒绝执行CIETAC裁决的裁定了。同样，两个由新加坡投资者在我国境内设立的外商投资企业之间的争议，尽管双方都是中国法人，也可以解释为具有国际因素，因而它们之间的关系，也可解释为国际民商事关系，而不是单纯意义上的国内民事关系。

（三）国际私法的调整对象

国际私法的调整对象，即为国际私法所调整的社会关系。国际私法所调整的对象就是通过国际私法规范调整的超越一国范围的民商事关系的总称。据此，国际私法的调整对象的特点是：

第一，国际私法调整国际民商事关系。但是，不是所有的国际民商事关系都由国际私法调整。这就是说，除了国际私法之外，还有其他法律部门参与对国际私法的调整，例如，国际经济法。

第二，这里的民商事关系，是通过国际私法规范所调整的那一部分国际民商事关系。而这些规范，主要是指冲突规范，此外还包括规定外国人民商事法律地位的规范，以及国际民事诉讼程序和仲裁程序规范。因此，具体而言，国际私法的对象主要指通过规定外国人民事法律地位的规范、冲突规范、国际民商事诉讼程序规范和仲裁程序规范所调整的国际民商事关系。

在此还需指出的是：我国现行国际私法教科书对于国际私法还存在着不同的看法，即有广义上的国际私法和狭义上的国际私法之说。所谓广义上的国际私法，就是国际私法调整所有的民商事关系。这一观点来源于苏联的国际私法理论，即国际法分为国际公法和国际私法两大分支，国家之间的关系由国际公法调整，不同国家国民之间的民商事关系由国际私法调整。广义上的国际私法的观点体现在，国际私法教科书中的国际私法规范除了上面提到的三种规范外，还包括调整国际民商事关系的、规定当事人权利与义务的国际统一实体规范。在现代国际关系中，民商事关系占有绝对统治地位，如果将所有的民商事关系都由国际私法调整，势必使之变得相当复杂，特别从教学与科学研究角度，很难胜任。为此，学者们从我国改革开放和教学与研究的实践出发，将调整国际民商事关系的法学学科分为两部分：国际私法和国际经济法。国际私法主要研究冲突法，而国际经济法主要研究实体法。本书采纳的就是狭义上的国际私法的观点。事实上，教育部将国际法学中的国际公法、国际私法和国际经济法作为法学基础教育的16门必修课中的3门，同样基于上述考虑。

二、国际私法的规范

国际私法规范是指为国际私法所调整的法律规则的总称。而这些法律规则，就是规定外

---

① 此案发生在我国1994年《仲裁法》颁布之前，当时国内仲裁不同于国际仲裁，后者根据合同中的仲裁条款获得管辖权，而国内经济合同根据当时的《经济合同法》的规定由国家工商管理局下属的经济合同仲裁委员会仲裁，而不是依据合同中的仲裁条款。此外，国内仲裁委员会的裁决也不是终局裁决，当事人如有异议，还可以在收到裁决后向人民法院起诉。1994年《仲裁法》颁布后，国内仲裁委员会根据该法重新组建，新组建的仲裁委员会受理仲裁案件必须依据当事人之间业已存在的仲裁协议。此外，新组建的仲裁委员会也可受理涉外合同争议，而CIETAC根据其修订了的仲裁规则，也受理国内仲裁案件。因此，在我国现行仲裁立法与实践中，任何仲裁机构只能根据当事人之间的仲裁协议受理仲裁案件。

国人民事法律地位的规范、冲突规范、国际民事诉讼规范和商事仲裁规范。现分述如下：

（一）规定外国人民事法律地位的规范

外国人也称外国国民（foreign national）。外国国民既包括外国自然人，也包括外国法人和其他实体。所谓规定外国人民事法律地位的规范，即内国法规定的外国人在内国所享有的民事权利和地位的规则。承认外国人在内国的民事权利，是进行国际交往的前提条件。例如，在1979年《中外合资经营企业法》颁布之前，外国投资者没有到我国投资兴办合资企业的权利，因此，在投资领域，不可能产生中外投资者之间的争议，更谈不到适用什么样的法律解决当事人之间争议的问题。1982年我国《宪法》第18条对外国投资者到中国投资的权利作了明确规定："中华人民共和国允许外国的企业和其他经济组织或者个人依照中华人民共和国法律的规定在中国投资，同中国的企业或者其他经济组织进行各种形式的经济合作。"至此，外国人到中国投资并与中国企业进行各种形式的经济合作的权利，通过宪法形式固定下来，受到我国宪法的保护。例如，在"丽都饭店案"中，丽都饭店是在我国境内根据我国法律设立的合资企业，按照国际私法的一般原则，中外当事人的权利能力与行为能力适用当事人属人法，而在我国境内设立的合资企业的性质，以及该合资企业的民事行为能力和权利能力，则受我国法律管辖。

随着经济全球化过程的加快，改革开放三十多年里，我国缔结和参加了一系列多边或双边国际条约和协定，与一百多个国家或地区订立了双边贸易协定和投资保护协定，加入了世界贸易组织，而许多双边或多边国际公约中都规定了国民待遇和最惠国待遇条款。根据国民待遇条款，我国目前或者将来给予我国国民在特定领域内的权利，都应当赋予该领域的外国人。例如在知识产权保护领域，根据我国参加的《保护工业产权巴黎公约》、《保护文学艺术作品伯尔尼公约》和《世界版权公约》的相关规定，外国人在我国申请专利、商标和著作权以及我国法律对这些权利的保护，外国国民与我国国民享有相同的、待遇。而根据最惠国待遇条款，我国给予任何一个外国国民的任何特权，都应当自动地、无条件地适用于与我国订有双边或者多边条约的国家的国民。例如在世界贸易组织框架内，即为如此。

（二）冲突规范

冲突规范是国际私法特有的规范，也是国际私法区别于其他任何法律部门的主要标志，属于间接调整国际民商事关系的方法。其主要特点是：冲突规范本身并不直接规定当事人的实体权利和义务，而仅指明某一特定的法律问题应当适用什么样的法律解决。因此，冲突规范又可称为法律适用规范。例如，侵权行为适用侵权行为地法，就是一条典型的冲突规范。在"朗科公司案"中，中国深圳朗科公司在美国的得克萨斯州法院起诉PNY公司侵犯其优盘的专利权的侵权行为的诉讼，根据"侵权行为依侵权行为地法"的冲突规则，PNY公司的行为是否构成侵权，适用侵权行为地法即美国法作出认定。这就是冲突规范要解决的问题，仅此而已。所以，冲突规范作为间接调整国际民商事关系的法律规范，并不涉及确定相关当事人法律上的实体权利与义务，它还不能从根本上解决当事人之间的争议。冲突规范只有在和为该规范所确定的准据法结合起来时，才能从根本上确定当事人的实体权利和义务，解决当事人之间的争议。例如在"朗科公司案"中，我们通过"侵权行为依侵权行为地法"的冲突规则，解决的问题是按照"侵权行为依侵权行为地法"即美国法来判定PNY公司的行为是否构成侵权行为及如何进行赔偿的问题。这就是说，法院通过适用冲突规范和为该冲突规范所援引的美国法中有关侵权行为的损害赔偿的规定，才能从根本上解决朗科公司对美国PNY公司的损害赔偿诉讼请求。关于冲突规范及其相关制度，我们将在本书第二编作专门阐述。

（三）国际民事诉讼规范和商事仲裁规范

国际民事诉讼规范和商事仲裁规范是规定司法机构审理国际民商事案件时专门适用的规范，通常规定在相关国家的民事诉讼法中。仲裁程序是仲裁机构在处理仲裁案件时应遵循的程序规则。尽管从法律性质上说，国际民事诉讼程序属于程序法，仲裁程序同样受制于相关国家的仲裁法，但是这些程序规则与法院和仲裁机构在处理国际民商事案件时密切相关，特别是有关民商事案件管辖权的确定、外国人民商事法律地位、外国法院判决和外国仲裁裁决的承认与执行等问题上，与国际私法密切相关。因此，我们将这两类属于程序规则的规范，也列入国际私法规范。我们将在本书第四编对国际民事诉讼和国际商事仲裁的问题，作出专门探讨。

三、国际私法的概念

由于国际私法学者对国际私法的对象、调整方法和法律规范的理解不同，他们从不同的角度阐述了国际私法的概念。我国实施改革开放政策后，由法学教材编辑部审定的高等学校法学教材《国际私法》中，将国际私法定义为："国际私法是调整涉外民事法律关系的法律部门。"[①] 这本教材是广义上的国际私法的代表作，其主张所有的涉外民事关系均由国际私法调整。在调整涉外民事关系的方法上，除了间接调整的方法外，将直接规定当事人权利与义务的实体规范，同样纳入国际私法的调整范围。由韩先生主编的另一部《国际私法》教材，也持同样的观点：国际私法是以直接规范和间接规范相结合来调整平等主体之间的涉外民商事法律关系并解决涉外民商事法律冲突的法律部门。[②]

我国另外一名有影响的国际私法学者李双元教授在其主编的《中国国际私法通论》中，对国际私法作了如下定义："国际私法是以涉外民事关系为调整对象，以解决法律冲突为中心任务，以冲突规范为最基本的规范，同时包括规定外国人民事法律地位的规范、避免或消除法律冲突的统一实体规范（目前还有学者认为国际私法还应包括所涉国家的'直接适用的法'）以及国际民事诉讼与仲裁程序规范在内的一个独立的法律部门。"[③] 李双元教授在此书中所表明的观点与韩德培教授主编的《国际私法新论》中的不同点，在于不是所有调整国际民事关系的实体规范都是国际私法规范，只有体现在国际公约和国际惯例中的国际统一实体规范才作为国际私法规范，而将国内法中调整涉外民事关系的实体规范排除在国际私法的规范之外。

第三种观点以中国人民大学法学院章尚锦教授为代表。章尚锦教授在其主编的 21 世纪法学系列教材之《国际私法》（第二版）中对国际私法的定义作了如下表述：国际私法是在国际民商事交往过程中形成的体现一个国家及其与国际社会协调意志的，用来调整具有法律冲突和法律适用的国际民商事关系的，规定在国内法、一些国家的判例法、国际条约和国际惯例中的冲突规范，规定外国人民商事法律地位的规范、国际民商事诉讼和国际商事（经济贸易）仲裁程序规范的总称。[④] 章尚锦教授所代表的观点，是典型的狭义上的国际私法的观点。

值得指出的是："文化大革命"后，中国人民大学法学院自 1978 年复校以来，率先将国

---

① 韩德培主编：《国际私法》，8 页，北京，法律出版社，1983。

② 参见韩德培主编：《国际私法新论》，22 页，武汉，武汉大学出版社，1997。

③ 李双元等：《中国国际私法通论》，2 版，18 页，北京，法律出版社，2003。

④ 参见章尚锦主编：《国际私法》，2 版，9～10 页，北京，中国人民大学出版社，2005。

际私法和国际经济法的教学区别开来，国际私法以讲授冲突法为主，而国际经济法则以讲授调整国际经济关系的实体规范为主。已故的刘丁教授所持的也是这种观点。刘丁教授在我国国际经济法教学与研究中，做了开创性的工作，他在当年呕心沥血写下的并由中国人民大学出版社出版的《国际经济法》，是我国第一本公开出版的国际经济法专著。这本专著多次重印，为许多法学院校作为最初的国际经济法的教材使用。

本教材比较倾向于第二种和第三种观点，我们认为国际私法是调整国际民商事关系的法律部门之一，是体现在一国国内立法、国际公约、国际惯例中的冲突规范及规定外国人民事法律地位的规范、国际民事诉讼和商事仲裁规范的总称。此外，近年来私法领域中出现的可以直接适用于国际民商事关系的国际统一实体规范，例如《国际商事合同通则》中的规范，同样值得国际私法关注。

第二节　国际私法的性质及与邻近法律部门的关系

一、国际私法的性质

国际私法的性质问题，主要指国际私法究竟属于国内法的一个法律部门，还是国际法的一部分。长期以来在国内外学者中一直存在着三种不同的看法：

（一）国际私法是国内法

此种观点认为，在国际民商事交往中，并不存在着世界范围内公认的国际私法，而只存在中国国际私法、英国国际私法或者日本国际私法。这是由于国际私法不同于国际法，后者调整国家之间的关系，而国际私法调整不同国家的自然人和法人之间的关系，尽管在某些情况下受制于国际公约，但其本质属性则是国内法。国际私法规范主要是由一国立法机构制定的并由该国法院保障实施的。此外，国际法和国际私法项下的争议解决机构也不同：前者通过国家之间的谈判协商，或者由第三国斡旋，或者提交国际法院解决，而国际民商事争议则可通过一国法院或者双方共同约定的仲裁机构解决。此外，在争议解决结果的执行上，由于并不存在超国家的强制执行机构，国际法项下争议的解决结果完全由当事国自愿执行；如果未能执行，至多受到国际舆论的谴责，而不能被强制执行。但是关于国际民商事争议的法院判决和仲裁裁决，则可以通过相关国家的法院强制执行。持此种观点的国际上的代表人物是法国巴丹（Bartin）、尼波埃（Niboyer）、巴迪福（Batiffol），德国的卡恩（Kahn）、努斯鲍姆（Nussbaum）、沃尔夫（Wolff），英国的戴西、戚希尔（Cheshire）、诺斯（North）、莫里斯（Morris）、施米托夫（Schmittoff），美国的比尔（Beale）、库克（Cook）、艾伦茨威格（Ehrenzweig）、里斯（Reese），苏联的隆茨等。持这种观点的人被认为是民族主义学派或者国内法学派。[①] 我国国内的一些教授也是持此种观点的。

（二）国际私法是国际法

此种观点认为国际私法是国际法的组成部分。这些学者被称为世界主义学派或者国际法学派，其代表人物是德国的萨维尼、冯·巴尔（von Bar）、弗兰根斯坦（Frankenstein），法国的魏斯（Weiss）、毕叶（Piller），意大利的孟西尼等。他们的主张所依据的主要理由是：第一，国际私法产生于国际社会。第二，国际私法所调整的关系本质上与国际公法所调

① 参见韩德培主编：《国际私法新论》，13页，武汉，武汉大学出版社，1997。

整的关系没有什么不同。第三，国际私法的作用在于划分国家主权扩及范围。第四，国际条约和国际惯例是国际私法的主要渊源。①

（三）国际私法兼有国际法和国内法的性质

这种观点也被称为“二元论”或者“综合论”的观点，其主要代表人物有德国的齐特尔曼（Zitelmann）和原捷克斯洛伐克的贝斯特里斯基（R. Bystricky）等人。持这种观点的学者认为：国际私法所调整的社会关系既涉及国内又涉及国际；国际私法本身既涉及一国国内的利益，同时也涉及他国的利益；国际私法的渊源既有国内法，也包括国际条约和国际惯例。因此，不能简单地认为国际私法是国内法还是国际法，因为它既有国内法的性质，同时也具有国际法的性质。

我们认为：国际私法本身尽管既涉及一国利益，也涉及他国利益；国际私法的渊源既包括国内法，也包括国际条约和国际惯例。因此，国际私法既有国内法的特点，又有国际法的特点，但究其本质而言，国内法的因素更多一些。正如有些坚持狭义上的国际私法的学者所提到的那样，世界上并不存在什么国际私法，而是特定国家的国际私法，包括中国国际私法或者日本国际私法。我们学习和研究国际私法，就应当通过比较和借鉴，重点研究我国国民与其他国家国民之间的国际民商事交往过程中的法律问题，特别是如何解决中外当事人之间的争议，适用什么样的法律解决它们之间的争议，以及法院判决和仲裁裁决的承认与执行中的法律问题。

二、国际私法与邻近法律部门的关系

（一）国际私法与国际经济法

国际经济法是调整国际经济关系的法律规范的总称，它是随着国际经济交往关系的发展而逐步发展和完善起来的。按照我国现行法学教育的分科，国际经济法也是从广义上的国际私法中分离出来的。

国际私法与国际经济法有许多相似的地方。第一，主体相同，都包括自然人、法人、国家和国际经济组织。第二，调整对象也有许多相似之处，均以国际民商事关系作为其调整对象。第三，法律渊源相同，均包括国内法、国际条约和国际惯例。

国际私法与国际经济法的主要区别是：第一，在调整对象上，国际私法包括广义上的国际民事关系，包括跨国婚姻、家庭、继承等人身关系。而国际经济法的调整对象则不包括这些关系，主要涉及经济关系和财产关系。第二，二者之间的主要区别在于调整方法的不同：国际私法主要通过冲突规范的间接调整方法调整，而国际经济法主要通过调整国际经济关系的实体法的直接调整方法加以调整。而正是这一调整方法的不同，使我们将国际私法与国际经济法的教学区分开来：国际私法主要研究冲突法及其相关制度，而国际经济法则以研究相关的实体法为主。第三，基本原则相同，包括尊重国家主权原则、平等互利原则及全球经济合作原则等。

（二）国际私法与国际（公）法

国际法是调整国家之间关系的法律规范的总称。国际私法和国际法之间同样存在着一些联系与区别。

国际私法与国际法均调整国际关系，而非纯粹的国内关系；国际法上的一些基本原则和

① 参见韩德培主编：《国际私法新论》，12～13页，武汉，武汉大学出版社，1997。

制度，如和平共处五项原则、全球合作原则等，均适用于国际私法；此外，国际法上的条约制度、国际组织的原则和制度，同样适用于国际私法。

国际私法与国际法之间的主要区别在于：第一，主体不同。国际法的主要主体是国家，而国际私法的主要主体是不同国家的自然人和法人。第二，调整对象不同。国际法主要调整国家之间的政治、居民、领土、外交等方面的关系，而国际私法的调整对象是不同国家的自然人和法人之间的民商事关系。第三，法律渊源不同。国际法的渊源就是国际条约和国际惯例，而国际私法的渊源主要是一国国内法，尽管也有一些调整国际民商事关系的国际公约作为其法律渊源。

（三）国际私法与国内民商法

国内民商法是一国立法机关制定的调整民商事关系的法律规范的总称。国际私法究其实质而言，同样是国家立法机关制定的。这两者之间既有联系，也有区别。

国际私法与国内民商法之间的主要联系是：第一，均为国家立法机关制定或者认可的调整民商事关系的法律规范。第二，调整对象基本相同，即都是调整平等当事人之间民商事关系的法律规范。第三，国内民商法中的原则和制度，如当事人意思自治原则、平等互利和公平交易原则等，均适用于国际私法。

二者之间的主要区别是：第一，调整对象不同。国际私法的调整对象是具有国际因素的民商事关系，而一国国内民商法主要调整国内民商事关系。第二，法律渊源不同。国内民商法属于国内法，而国际私法的渊源除了国内民商法外，还包括国际公约和国际惯例。与此相适应，国内民商事案件通常只在一国境内解决，属于一国法院的管辖范围；而国际私法案件则可能涉及两个或两个以上的国家和地区，相关国家和地区的法院依据当地法律都可能对国际私法案件行使管辖权。此外，在适用法律的问题上，也可能涉及不同国家的法律，而国内民商事案件仅适用当地法律即可，不存在适用外国法的问题。

第三节　国际私法的渊源

国际私法的渊源，是指国际私法的表现形式。根据我们对国际私法作出的定义，国际私法主要表现在一国国内立法之中，此外，还体现在相关的国际公约与国际惯例中。

一、国内立法

各国立法机关制定的旨在调整国际民商事关系的规定外国人民事法律地位的规范、冲突规范、国际民商事诉讼程序规范和仲裁程序规范的法律、法规、条例、规定等规范性文件，是国际私法的重要渊源。持狭义国际私法观点的学者认为，国际私法本身就是由国家立法机关制定的，在称谓上，可以称为特定国家的国际私法，例如瑞士国际私法。

就各国国际私法的表现形式而言，通常可以分为两种情况：第一，体现为专门的法律适用法或者国际私法。例如，日本《法律适用通则法》（2006 年）、《泰国国际私法》（1939 年）、《土耳其国际私法和国际诉讼程序法》（1982 年，2007 年修订）、《瑞士联邦国际私法》（1987 年）、《委内瑞拉国际私法》（1998 年）等。[①] 第二，体现在各国的相关的民事、商事、

① 关于上述国家的国际私法的具体内容，可参见李双元等编：《国际私法教学参考资料选编》上册，北京，北京大学出版社，2002。

民事诉讼与仲裁法中。多数国家的国际私法规范均体现在其国内立法之中。即便制定了相关的国际私法，国际私法规范也还可以体现在这些相关国家的国内有关民事和商事立法及有关民事诉讼与仲裁的法律之中。

此外，在普通法系国家，法院判例与成文法具有同等的法律效力。在这些国家，法院判决成为“先例”，上级法院作出的判决，对于处理相同争议的下级法院具有法律上的拘束力，下级法院应当遵循此项先例。因而在这些国家，法院对国际商事案件作出的判决，构成国际私法的渊源。但在普通法系以外的国家，尽管近年来也都公布法院的判决，但这些判决本身不是法律，不能作为先例被普遍适用，因而不是国际私法的渊源。

二、国际立法

按照法学的基本理论，只有主权国家才有权在其管辖范围内制定法律，所以，“国际立法”实属用词不当。① 然而，这一术语恰如其分地表达了国际上精心制定的而后由各国立法机关纳入其各自的国内法的规范性规则。从这个意义上说，国际立法通过两种方法实施：由一些国家共同通过一项多边国际公约，或者制定可以由一国单方面采纳的统一示范法。② 可见，国际立法可以有以下表现形式：

（一）国际公约

此即调整国际民商事关系的，规定外国人民商事法律地位、法律冲突和法律适用、法院管辖权及司法互助协定、民事诉讼与商事仲裁的国际公约。

1. 关于规定外国人民事法律地位的国际公约，如 1928 年《关于外国人地位的公约》、1951 年《难民地位公约》、1954 年《关于无国籍人地位的公约》、1956 年《海牙承认外国公司、社团和基金会法律人格的公约》、1968 年欧洲经济共同体成员国之间在布鲁塞尔订立的《关于相互承认公司和法人团体的公约》等。上述公约规定了特定人，包括一国法人、自然人、无国籍人、难民的法律地位。这些公约在缔约国之间具有国际法上的拘束力。

2. 关于法律冲突与法律适用方面的国际公约。例如在物权方面有《海牙国际有体动产买卖所有权转移法律适用公约》（1958 年）、《海牙关于信托的法律适用及其承认的公约》（1985 年），有关债权适用法律方面的国际公约包括海牙 1955 年《国际有体动产买卖法律适用公约》、1971 年《公路交通事故法律适用公约》、1973 年《产品责任法律适用公约》、1985 年《国际货物买卖合同适用法律公约》、1980 年《罗马国际合同义务法律适用公约》等，婚姻、家庭和继承方面的适用法律的国际公约包括 1961 年《海牙保护未成年人的管辖权和法律适用公约》、1973 年《扶养义务法律适用公约》、1978 年《夫妻财产制法律适用公约》、1996 年《关于父母责任和保护儿童措施的管辖权、法律适用、承认、执行和合作公约》、1961 年海牙《遗嘱处分方式法律冲突公约》、1989 年海牙《死者遗产继承的准据法公约》等。

3. 国际民事诉讼程序与商事仲裁方面的国际立法。国际民事诉讼方面的国际公约主要有：1965 年海牙《关于向国外送达民事或商事司法文书和司法外文书公约》、1968 年布鲁塞尔《关于民商事案件管辖权及判决执行公约》、1970 年海牙《民商事国外调查取证公约》、1971 年海牙《民商事案件外国判决的承认和执行公约》、1979 年《美洲国家间关于外国判决与仲裁裁决的域外效力的公约》等。在国际商事仲裁领域内比较有影响的国际公约是 1958

① 参见［英］施米托夫：《国际贸易法文选》，149 页，北京，中国大百科全书出版社，1993。

② 参见上书，149～150 页。

年纽约《承认与执行外国仲裁裁决公约》（以下简称《纽约公约》），目前已经有一百四十多个国家参加了该公约。

（二）国际惯例

国际商事惯例是在长期的国际商事交往中逐步形成的一般做法（general practices）。这些做法经国际组织或学术团体加以整理后，具有固定的形式。如国际商会起草的《国际贸易术语解释通则》、《跟单信用证统一惯例》、《托收统一规则》等，伦敦国际法协会制订的《华沙—牛津规则》等，都是有关当事人在国际贸易中普遍适用的规则。这些规则的适用如此广泛，以至于"凡是从事国际贸易的商人都期待着与之订立合同的当事人都能切实遵守"①，而不论他们是否在合同中就有关当事人的权利与义务作了具体的规定。例如，CIF合同中卖方安排运输和办理运输保险的义务，跟单信用证中开证行对符合信用证规定的单据所承担的无条件付款义务，都是不言而喻的，无论有关合同是否专门对此作了明确的规定。这些国际商事惯例对于拘束国际商事交易的当事人的行为，协调各国有关的立法与司法实践，同样具有重要的意义。这些都是国际经济法方面的惯例。国际惯例的特点是：第一，是国际民商事交往中普遍遵守的行为规则；第二，这些规则得到各国国内法的普遍认可。一些国际私法领域的国际惯例，特别是在有关国际民商事领域内的适用法律规则，可以认为允许当事人自愿选择国际商事合同的适用法律作为选择适用法律方面的惯例，但是这种惯例受到各国国内法上的制约，即选择适用法律的当事人意思自治原则必须在相关国家的国内法允许的范围内进行，如果法律不允许当事人选择适用外国法，当事人已经选择的适用法律可以被相关国家法院认定为无效。

（三）示范法

示范法通常是由国际组织组织起草的供各国立法机关采纳的行为规则。它不同于国际公约，因为示范法不需要由国家共同签署，也不需要履行特定的审批程序。国际组织起草示范法，也是为了协调和统一各国有关法律，减少各国间的法律冲突。但它是通过另一个途径实施的：由各主权国家自行决定是否采纳某示范法，各国的立法机关在采纳示范法时，还可以结合本国的具体情况，对其进行修订。联合国贸法会（UNCITRAL）制定的1985年《国际商事仲裁示范法》，就是一个成功的例子。目前该示范法已被包括我国香港和澳门特别行政区在内的几十个国家和地区的立法机关采纳为其各本国或本地区的国际商事仲裁法。

示范法均为国际组织主持制定，因而具有代表性。这些示范法虽然不像国际公约那样对缔约国有拘束力，但对于协调和统一各国的有关立法与国际商事交易应当遵循的一般原则，同样发挥着重要的作用。在一定的条件下，示范法既可以转化为国际公约或国际惯例，也可以转化为国内法。

三、中国国际私法的渊源

我国国际私法为我国国内法以及我国缔结或者参加的国际公约中体现的有关规定外国人民事法律地位的规范、冲突规范、国际民事诉讼和商事仲裁规范的总称，其渊源同样体现在我国国内法和我国缔结或者参加的国际公约及在我国司法实践中适用的国际惯例之中。

（一）我国国内法中的国际私法规范

1. 关于规定外国人民事法律地位的规范

外国人民事法律地位的规范在我国国内法中主要体现在我国宪法和一些部门法之中。

---

① ［英］施米托夫：《国际贸易法文选》，150页，北京，中国大百科全书出版社，1993。

例如，根据我国现行《宪法》第 18 条的规定，我国允许外国的企业和其他经济组织或者个人依照我国法律的规定在我国投资，同我国的企业或者其他经济组织进行各种形式的经济合作。《宪法》第 32 条还就保护在我国境内的外国人的合法权利和利益，作出了专门规定。一些部门法就外国人在特定领域内的权利与义务作出了规定。例如，我国《民法通则》第 8 条第 2 款规定："本法关于公民的规定，适用于在中华人民共和国领域内的外国人、无国籍人，法律另有规定的除外。"也就是说，除我国法律另有规定者外，《民法通则》中有关公民权利、义务的规定，同样适用于在我国境内的外国国民和无国籍人。我国其他一些法律，包括《婚姻法》、《继承法》、《专利法》、《商标法》、《著作权法》、《中外合资经营企业法》、《中外合作经营企业法》、《外资企业法》等，都规定了外国国民在相关领域内的权利。

2. 冲突规范

冲突规范在我国国内法中集中体现在《民法通则》第八章"涉外民事关系的法律适用"第 142～150 条的规定中，该章就中外国民的民事行为能力、财产所有权、国际合同、侵权行为、婚姻、继承、扶养等适用法律问题，作出了专门规定。此外，我国其他一些部门法律，例如《合同法》、《海商法》、《票据法》、《民用航空法》、《继承法》、《收养法》等专门法律，也就相关涉外民商事关系的适用法律，作出了专门规定。

3. 国际民事诉讼与商事仲裁规范

国际民事诉讼程序和仲裁程序的规范主要体现在我国《民事诉讼法》中。我国《民事诉讼法》就外国人的诉讼地位和权利及国际民事诉讼的专门问题，规定在第四编"涉外民事诉讼程序的特别规定"中，该编就外国人的民事诉讼地位、我国法院的管辖权、司法文件的送达、财产保全、仲裁与司法协助等，作出了专门规定。此外，我国《仲裁法》第七章，就涉外仲裁问题作出了专门规定。其他一些部门法，包括《中外合资经营企业法》，就中外当事人之间的争议解决，也作出了专门规定。

（二）我国缔结或者参加的国际公约及在我国司法实践中适用的国际惯例

1. 关于规定外国人民事法律地位的规范

我国缔结或者参加的一些双边和多边国际公约，就相互给予缔约国国民的国民待遇和最惠国待遇，作了专门规定。例如我国与其他国家缔结的双边贸易和投资保护协定中，就在贸易和投资领域给予对方国民最惠国待遇和国民待遇作出了专门规定。目前，我国与世界上一百多个国家订立了此项协定。此外，我国参加的一些多边国际公约，如《建立世界贸易组织协定》、《保护工业产权巴黎公约》、《保护文学艺术作品伯尔尼公约》等多边国际公约中，也都规定了缔约国国民在贸易和知识产权等领域内所享有的待遇和权利。

2. 冲突规范

在我国缔结和参加的一些国际公约中，有的也就国际民商事关系的适用法律原则作出了规定，例如，《保护工业产权巴黎公约》和《保护文学艺术作品伯尔尼公约》就工业产权与版权保护的基本原则，作出了专门规定。

3. 国际民事诉讼与商事仲裁规范

我国缔结与参加的双边和多边国际公约中，也有关于解决争议的诉讼或者仲裁程序的规定。例如，我国与其他国家之间订立的贸易和投资保护协定中，就由于协定的解释和履行而产生的争议以及中外投资者之间的争议、我国政府与外国投资者之间的争议的解决，作出了专门规定。另外，我国还参加了《纽约公约》和华盛顿《解决国家与他国国民之间投资争议公约》。

我们认为，国际私法并不完全等同于国内法，因为它还具有国际法方面的因素。然而，就国际私法的本质而言，其主要规范体现为一国的国内法规范，因为国际私法的所有规范，包括规定外国人民事法律地位的规范、冲突规范、国际民事诉讼和商事仲裁规范，都是由一国法律规定的。即便是国际公约或者国际惯例中的规范，其在适用于特定的国际私法案件时，也必须在法律允许的范围内进行。如果国家法律禁止特定规范的适用，或者国家在加入某一特定公约时对某一特定规范的适用作出保留声明，该国际公约的该特定规定就对该国国民不具有法律上的拘束力。例如，我国在加入《联合国国际货物买卖合同公约》时，对公约第 1 条第 1 款（b）项[①]和第 11 条[②]作出了保留声明，因此，我国在加入公约时作出的保留条款，对我国当事人没有法律上的拘束力。因此，中国国际私法应为体现在中国国内法和中国缔结或者参加的国际公约及在我国司法实践中适用的国际惯例之中。我们研究国际私法，是为了促进我国国际民商事交往实践，为我国对外改革开放政策服务。

第四节　国际私法的基本原则

引例　意大利公司案[③]

意大利的一家公司与比利时一家公司订立了独占分销合同，合同规定了争议由国际商会（International Chamber of Commerce，ICC）国际仲裁院依其仲裁规则解决，意大利法为合同准据法。合同还规定，任何一方当事人终止合同，必须在自终止之日起前 3 个月发出通知。该合同履行 7 年后，意大利当事人按照合同规定提前 3 个月向比利时当事人发出通知。比利时当事人认为该终止无效，因为它违反了比利时法律中规定的应当提前 3 年而不是 3 个月发出通知的规定。仲裁庭经审理后认为，当事人在合同中约定合同适用意大利法，意大利法应当作为识别意大利当事人提前 3 个月发出终止合同的通知的做法是否违法并承担由此而给比利时当事人造成的损失。既然意大利法允许当事人就合同终止期限作出约定，那么，当事人之间约定的终止合同应当提前 3 个月发出通知符合合同应当适用的法律，意大利当事人对此项终止不承担任何责任。在本案情况下，比利时法就此合同终止期限的规定只在比利时境内有效。

本案涉及的主要法律问题有：一国法律上的强制性法规如何适用于当事人之间订立的国际合同？应当适用什么样的法律来认定本案当事人的权利与义务？

国际私法的基本原则是指导国际民商事交往的规则和制度中的法律规范中体现的基本原则。在国际民商事交易实践中，客观上存在着交易当事人应当遵守的最起码的原则和规

---

① 其规定是：（1）本公约适用于营业地在不同国家的当事人之间所订立的货物买卖合同：（a）如果这些国家是缔约国；或（b）如果国际私法规则导致适用某一缔约国的法律。

② 该条规定如下：买卖合同无须以书面订立或书面证明，在形式方面也不受任何其他条件的限制。买卖合同可以用包括认证在内的任何方法证明。

③ *Collection of ICC Arbitral Awards* 1991—1995，Kluwer Law International，1997，pp. 134-142.

则。这些原则和规则一般也同样为各国的国内法所允许。这些基本原则和规则是：当事人意思自治原则；诚实信用与公平交易原则；尊重国家主权和法律原则。

一、当事人意思自治原则

当事人意思自治原则是各国合同法上的基本原则。在法律允许的范围内，当事人可以自由地选择其交易伙伴，自由地约定合同中的各项条款，自由地决定对合同条款的修订，自由地选择解决合同争议的方法等。

在国际商事交易中，允许国际商事交易的当事人自由地选择争议所适用的法律，作为一条基本的原则，已经得到各国法律的认可，并且被列入一些专门的国际公约中。例如，由欧洲经济共同体条约各缔约国于1980年在罗马订立的《国际合同义务适用法律公约》对当事人选择法律的自由作出极为明晰的规定，充分反映了当事人意思自治原则在国际合同中的适用。

首先，国际合同的当事人有充分的订立合同的自由，并就合同中的各项条款自由地作出约定。合同订立后，当事人也可以根据变化了的条件，共同协商对合同的修订和补充，这些修订和补充了的部分，构成原来订立的合同的组成部分。此外，当事人也可以自由地选择他们之间的合同的适用法律。此项选择应当是明示的，通常可表现在合同中的法律选择条款或在合同争议发生之后根据具体情况而共同选择的法律：一方面，当事人所选择的法律，可以适用于合同的全部问题，包括合同实质和形式上的效力所涉及的所有问题，如合同的成立、效力、解释、履行、违反合同的责任及补救办法、合同债务的消灭、诉讼时效、无效合同的后果等一系列问题；另一方面，当事人也可以自行约定合同某些部分的适用法律，如合同实质有效性适用一国的法律，而形式上的有效性适用另一国的法律。当事人所选择的法律也可以不局限于某一国家的法律，而适用某一国际公约的规定。① 如果争议双方在合同中共同选择了合同准据法，此项选择应当受到审理争议的法官或仲裁员的尊重和适用，这已成为国际公约、各有关国家的国内法和对各国的法律冲突规则的官方重述中所公认的处理各国法律冲突的基本原则。例如，1961年《欧洲国际商事仲裁公约》第7条第1款专门就此作了明确规定："当事人可以通过协议自行决定仲裁员解决争议应当适用的法律。"按照各国国际私法上普遍认可的当事人意思自治原则，当事人可以自主地订立合同，就他们之间的权利与义务作出约定；也可就合同的适用法律（合同准据法）作出约定。

其次，国际合同当事人选择合同适用法律的同时，也可就处理合同争议的法院或仲裁机构作出选择。当事人可通过单独协议的方式，或者合同中的条款，规定将由于合同所产生的一切争议，提交特定国家的法院或仲裁机构解决。在提交仲裁机构解决的情况下，当事人还可以就仲裁地点、仲裁规则及仲裁应当适用的法律作出选择。然而，在国际商事交易实践中，许多情况下当事人在合同中并未就合同的适用法律作出约定，而只就争议解决的仲裁机构或应当适用的仲裁规则作出约定。这种约定同样体现了当事人意思自治原则。例如，在"意大利公司案"中，意大利公司与比利时公司在独占分销合同中共同约定合同适用意大利法，即意大利法作为本案合同的准据法。因此，国际商会国际仲裁院仲裁庭认为，本案合同的解释、合同的履行以及意大利当事人是否有权按照合同规定在提前3个月通知比利时当事人的情况下有效地解除本案合同，均应当按照本案合同的准据法——意大

---

① 例如，即便合同双方当事人所属国不是《联合国国际货物买卖合同公约》的缔约国，在合同的成立和买卖双方当事人的权利与义务方面，也可约定适用该公约的规定。

利法决定。

最后，当事人在就其合同应当适用的法律作出明示选择后，也可以通过明示协议的方式，改变他们已经作出的选择。这同样是当事人意思自治原则的体现。

当然，国际合同当事人选择合同适用法律的自由也不是没有限制的。一般而言，对于缔约双方当事人的能力问题，按照国际私法的一般原则，应当适用当事人本国法或行为地法。当事人所选择适用的法律，也不得违背合同应当适用的国家法律，否则无效。如一些东道国的法律规定在该国履行的投资合同争议必须适用东道国法律，如果投资合同的当事人选择了东道国法律以外的法律，则此项选择显然是无效的。此外，当事人所选择适用的法律不得影响与合同有关的国家的强制性的规则的适用，如买卖双方所属国关于特定货物进口或出口的有关法律和政策的规定。按照《国际合同义务适用法律公约》第 7 条的规定：第一，根据该公约适用某一国的法律时，如依其规定，与另一国有着密切的关系，则该另一国法律的强制性的规定，得认为有效。在此种情况下，不论当事人所选择适用的为何国法律，均必须适用该应当适用的强制性的规定。在考虑是否认为此种强制性的规定为有效时，应注意此种规定的性质和目的，以及其适用或不适用的后果。第二，该公约不限制适用法院地法的强制性的规定，而不问及合同应当适用的是什么法律。

总之，国际合同的当事人在进行国际商事交易时，均具有平等的法律地位和对等的权利与义务。这是进行商事交易的前提条件。不允许一方当事人依其经济实力或特殊的法律地位，凌驾于另一方当事人之上。当事人意思自治原则是进行商事交易的基本原则：双方当事人自愿地订立合同，自愿地约定合同条款，选择合同应当适用的法律和解决争议的方法等。对此原则的限制，就是他们之间的交易应当遵守有关国家的法律，不能违反有关国家的强制性的法律规定。如果买卖为国家所禁止交易的货物，比如贩卖毒品或国家禁止出口的文物，按照各有关国家的法律，凡违反国家法律的合同，均为无效合同，不受国家法律保护。该国际商事交往的原则同样适用于国际民事交往。

当事人意思自治原则不仅广泛地适用于国际商事合同，对于国际侵权行为、婚姻、继承等，许多国家的法律和判例也允许当事人在合理的范围内作出选择。

二、诚实信用与公平交易原则

诚实信用在拉丁文中用 *bona fide* 表示，法文中是 *bonne foi*，英文中是 *good faith*，在德文中为 *treu und glauben*，中文一般译为善意。此项原则被有的国家视为“法律的道德原则，在整个法律体系中处于支配地位”①。该项原则自古以来就是从事商事交易的基本原则，无论在一国范围内，还是在跨国交易中，此项原则均得到各国法律的普遍认可。② 而公平交易又是商品交易的基本原则。如果说，诚实信用是当事人进行交易的基本出发点，则通过诚实信用所达成的交易的结果应当对双方当事人来说均为公平的。而不是一方当事人利用其在某些方面所具有的优势地位，对另一方当事人实施欺诈行为，进行不公平交易。换言之，只有交易双方当事人均本着诚实信用的原则行事，才能达到公平交易的结果和目的。由国际

---

① ［德］罗伯特等：《德国民商法导论》，楚建译，147～148 页，北京，中国大百科全书出版社，1996。

② 如 1900 年《德国民法典》第 242 条规定：“债务人应依诚实和信用，并参照交易上的习惯，履行给付。”1904 年《法国民法典》第 1134 条第 3 款规定：“契约须以善意履行之。”1907 年《瑞士民法典》第 2 条第 1 款规定：“任何人都必须诚实信用地行使其权利，履行其义务。”《美国统一商法典》第 1～203 条规定：“对本法范围内的任何合同或义务，当事方均须以善意履行和执行之。”

统一私法协会制定的《国际商事合同通则》将诚实信用与公平交易原则视为该通则的一项基本原则，当事人各方在合同中不得排除或限制此项义务。[①] 这一原则贯穿于该通则始终。

在合同订立的过程中，如果受要约人有理由相信要约人向受要约人发出的要约是不可撤销的，且受要约人已按该要约行事[②]，则合同已经成立。例如在国际货物买卖合同中，卖方向买方发出了愿意以特定价格成交一批货物的要约，要求买方在收到此要约后一周内作出答复。买方收到此要约后，虽然没有直接用书面形式向卖方承诺接受此要约，但在收到该要约后的第三天即向卖方开出了全额信用证。而卖方收到信用证后以买方未能用书面形式作出答复为由而拒绝将信用证项下的货物按其在要约中的价格卖给买方，称合同尚未成立。卖方的这种行为，显然违反了诚实信用的原则。在另外一些情况下，当事人无意与对方成交，或者以刺探对方情报为目的而与对方谈判，有意获取对方的秘密技术或其他商业信息，而一旦达到自己的目的，就终止与对方的谈判而不与对方成交，自行利用谈判中得到的秘密获取商业上的好处。如果由此给对方当事人造成损失，则应承担由于其未能遵守诚实信用原则而给对方当事人造成的损失。同样的道理，如果一方当事人为了将其劣质产品推销出去，有意对其产品进行虚假的宣传，引诱对方与之成交。对方当事人相信了该方的虚假宣传而购买了该方的产品，得到了产品后才知道上了该方的当。如果对方当事人在订立合同时就知道事实的真相，且任何一个通情达理的人处在该当事人的情况下均不会与之订立合同，则该方当事人可以以作错误陈述的一方有意欺诈而宣告合同无效。而通过欺诈订立的合同无效得到各国法律的认可，其主要依据就是当事人违反了诚实信用的原则。

在合同履行的过程中，如果不履行其合同义务的一方当事人提出证据证明，其不履行系他不能控制的原因所致，且在合同订立时该方当事人无法合理地预见，或不能合理地避免、克服或消除其影响，则不履行的一方当事人应当予以免责。当然，此项免责也应当建立在诚实信用原则的基础上。此外，由于对方当时违约而受到损害的一方当事人，应当采取合理的措施，使损失减少到最低限度。在合同履行的过程中，只有在一方当事人的违约使另一方当事人受到实质性的损害时，受到损害的一方当事人才有解除合同的权利，否则，只能请求损害赔偿。

对于某些特殊的合同而言，即便当事人合同履行完毕，根据诚实信用原则，仍然负有一定的义务，如技术转让合同中所涉及的商业秘密或技术秘密，如果在合同履行结束后合同所涉及的秘密尚未公开，尽管当事人已经知道了此项秘密，按照合同规定的期限合同已经届满，则该方当事人仍然负有一方面不得继续使用此项技术秘密、另一方面也不得向任何第三者泄露该秘密的义务。如果当事人违反了此项原则，应当赔偿由此给对方当事人造成的损失。

诚实信用和公平交易作为商人习惯法的一条原则，在绝大多数国家的国内立法中均有体现。例如，《法国民法典》第 1134 条第 3 款关于契约“应当善意履行”及第 1135 条关于“契约不仅对于契约中所载明的事项发生义务，并根据契约的性质，对于公平原则、习惯或法律所赋予此项义务的后果，同样发生义务”的规定，均体现了诚实信用的原则。《德国民法典》第 242 条则对债务人应当依照诚实信用原则履行债务作出了直截了当的规定：“债务人应依诚实和信用，并参照交易上的习惯，履行给付。”德国学者称这一条规定为适用于整个《德国民法典》的“超级调整规范”。在实践中，除了民法典之外，这一条款还适用于其

① 第 1.7 条及与此相关的条款，参见《国际商事合同通则》，8～11 页，北京，法律出版社，1996。

② 参见《国际商事合同通则》第 2.4 条第 2 款（b）项。

他大多数德国法律。[①] 1907 年《瑞士民法典》第 2 条第 1 款也对此原则作出明确规定："任何人都必须诚实信用地行使其权利，履行其义务。"也就是说，人们无论是行使权利，还是履行义务，均应遵守诚实信用的原则。其他许多国家的国内立法中，对诚实信用原则均直接或间接地作出规定，它是人们行使权利和履行义务的基本原则，该原则适用于一切国内和国际商事交易。可见，诚实信用原则作为商事交易的基本原则，在各国国内和跨国商事交易中，均得到了普遍适用。

诚实信用原则之所以得到各国法律的普遍认可，并作为各国法律制度最为基本的原则，就是因为此项原则的内涵和外延的不确定性。正如我国台湾地区学者蔡章麟所强调的那样：诚信原则是概括的、抽象的、没有色彩的、无色透明。它所包括的范围极大，远远超过其他一般条款的范围。诚信原则是未形成的法规，是白纸规定，换言之，是给法官的空白委任状。[②] 也如史尚宽所描述的是掌握在法官手中的衡平法：一切法律关系都应根据它们的具体情况按照正义、衡平的原则进行调整，从而达到它们的具体的社会公正。法律关系的内容及实现的方法，根据当事人间具体情况的不同而不同，法律、合同当事人很难一一预见，从而加以规定或订定，因此，对方当事人有可能基于自私而利用这些漏洞，牺牲他方利益以实现自己的利益，在这种情况下，决断案情不应是形式的或机械的，而应从道义衡平原则出发，站在立法者的角度决定这些关系，这就是诚信原则的要求。[③]

当然，至于如何在实践中实施此项原则，涉及各国的执法人员如何对该原则进行解释和适用，而在解释和适用此项原则的过程中，可能由于当地的意识形态、社会制度、风俗习惯、价值观念等的不同而有所不同。但无论各国社会制度和价值观念有何不同，抛开各国的社会制度和价值观念的差异，诚实信用作为商事交易中一条起码的原则，其内涵中所涉及的基本的道德观念，还是有其共同的理解与适用余地的。而当事人之间在进行交易中遵守诚实信用的原则，就是为了达到公平交易的目的，而要使交易公平地进行，双方当事人必然要本着诚实信用的原则行事。所以，诚实信用与公平交易原则是相辅相成的。

三、尊重国家主权和法律原则

尊重国家主权是进行国际民商事交往的基础。在国际经济关系中，各主权国家的法律地位都是平等的。无论各国的社会制度如何、经济发展水平高低，在参与国际贸易和其他形式的经济合作中，它们都有平等的权利。

尊重国家主权原则还体现在：在一国境内从事贸易、投资和其他经济活动的外国人，应当遵守所在国的法律，服从当地法律的管辖，不得干涉所在国的内部事务。当事人在国际商事交易中应当遵守各主权国家的法律，特别是一些强制性的行为规则。按照法学基本理论和国际法的基本原则，主权国家所颁布的法律，适用于其管辖的领土内的人和物。这就是说，任何国家的当事人在一国境内所从事的国际商事交易活动，必须遵守该国的法律。因此，外国国民在内国从事民商事活动，就要遵守和服从东道国的法律，这是尊重国家主权在国际民商事领域中的体现。

一般而言，任何国家的法律规范，都包括任意的规则和必须适用的规则。前者允许当事人选择适用，为任意性的规则；后者不允许当事人作出选择，为必须适用的强制性的规则。

---

① 参见［德］罗伯特等：《德国民商法导论》，147 页，北京，中国大百科全书出版社，1996。

② 转引自徐国栋：《民法基本原则解释》，77 页，北京，中国政法大学出版社，1992。

③ 转引自上书，75～76 页。

这些强制性的规则适用于特定的场合，无论当事人是否对它进行了选择。例如在国际货物买卖合同交易中，假定双方选择了卖方法律作为合同准据法，如果双方当事人就合同履行中的问题发生争议，那么在确定双方当事人的权利与义务时，在合同没有规定的情况下，当然应当按照卖方国家对该特定争议事项的规定，决定当事人的权利与义务。但如果涉及与买方国家有关的事项，如进口关税或其他税费的征收，则只能按买方国家的法律办。所以在国际商事交易中所涉及的适用法律，不可避免地涉及一个或一个以上国家的法律。

国际商事交易当事人可以就他们之间的交易应当适用的法律作出约定，但必须在法律允许的范围内进行。如果当事人所选择适用的法律超出了法律允许的范围，就得不到国家法律的保护。例如在知识产权的有效性问题上，有的国家的法律允许通过仲裁解决，而有些国家的法律规定知识产权有效性的认定专属于特定的国家机关，而不允许仲裁机构解决此类争议。假定仲裁地法允许仲裁庭解决此类争议，仲裁庭依据当事人之间业已达成的仲裁协议对此案进行了审理并作出裁决，如果败诉一方当事人未能执行该裁决，另一方当事人就不得不向败诉一方的营业地或其财产所在地法院申请强制执行该裁决，而按照该裁决执行地国的法律，此类争议不能通过仲裁方式解决。因此，即便双方当事人之间存在着仲裁协议，执行地国也是《纽约公约》的缔约国，该执行地法院仍完全可以以该公约规定的“仲裁事项依据执行地国的法律为不能通过仲裁解决的事项”① 为由，拒绝承认与执行该裁决。在这种情况下，胜诉一方只能到可以执行此裁决的法院申请执行。

由于各国所处社会发展阶段和所实施的政策不同，关于法律对同样的事项的规定，有的国家的法律允许当事人作出选择，而另一些国家的法律则不允许当事人对应当适用的法律作出选择。即便这些国家的社会发展水平相同，法律也可能对同样的事项作出不同的规定。例如，比利时为了保护在其境内的代理人的利益，在 1961 年 7 月 27 日颁布的法律（该法于 1971 年 4 月 13 日修订）中规定，对于未规定期限的独占批发合同，任何一方当事人终止此类合同，必须在合同终止前 3 年内提出。因此，在“意大利公司案”中，当事人所选择的适用法律，一般应包括该国的任意性的法律和强制性的法律。而至于当事人没有选择适用的国家的法律中所涉及的一些强制性规则，则仅在颁布此项规则的国家境内适用，仲裁庭无适用此项强制性规则的义务。本案如果在比利时法院审理，法院就会裁定该合同无效。但是在本案中，当事人约定适用的准据法是意大利法，而意大利法并没有关于当事人解除此类合同必须提前 3 年提出的规定，因此，仲裁庭认定意大利当事人按照合同规定解除合同不必承担任何法律责任。

第五节 国际私法的体系和研究方法

一、国际私法的体系

鉴于本书采纳的是狭义上的国际私法的概念，即除了规定外国人民事法律地位的规范及国际民事诉讼和商事仲裁规范外，以冲突规范为国际私法的主要规范。因此，本书在编写上，除了国际私法总论外，围绕着国际私法的三种规范，采用三位一体的结构：总论、冲突规范和国际民商事关系的适用法律、国际民事诉讼程序与仲裁程序规范。

---

① 《纽约公约》第 5 条第 2 款第 1 项。

第一编　总论
　　第一章　国际私法概论
　　第二章　国际私法发展史
　　第三章　国际私法主体

第二编　冲突规范及其相关制度
　　第四章　冲突规范和准据法的确定
　　第五章　与冲突规范适用相关的制度

第三编　国际民商事关系的法律适用
　　第六章　国际物权关系的法律适用
　　第七章　国际知识产权关系的法律适用
　　第八章　国际合同之债的法律适用
　　第九章　国际侵权责任的法律适用
　　第十章　国际家庭关系的法律适用
　　第十一章　国际继承关系的法律适用

第四编　国际民事诉讼与商事仲裁法
　　第十二章　国际民事诉讼法
　　第十三章　国际商事仲裁法

二、国际私法的研究方法

我们研究国际私法，一方面应当注重研究国际私法的基本理论与实践，将注意力集中到具有普遍意义的调整国际民商事关系的国际公约和国际惯例，以及各有关国家的国内立法；另一方面则必须立足于我国改革开放三十多年来的国际商事交往及我国涉外民商事立法与司法实践，包括我国近年来颁布的调整涉外民商事关系的法律、我国缔结与参加的双边和多边国际公约，以及在实践中适用的国际惯例。在学习与研究国际私法的过程中，应当注重采用以下方法：

1. 综合的方法

鉴于国际私法是一个边缘性的法学学科，所涉及的规范既包括公法规范和私法规范，也包括国际法规范，在研究国际私法所涉及的任何一种特定的法律关系时，均应对该特定法律关系所涉及的上述三种规范加以全面的考察，进而打破传统的公法与私法、国内法与国际法的界限，进行综合性的考察与研究。

2. 比较的方法

国际私法涉及不同国家的国内法，包括这些国家的公法与私法，以及国际条约和国际惯例，因而在学习与研究的过程中，注意对各有关国家的立法与司法实践进行比较，从中找出一些规律，特别应当注重对那些有关的国际组织制定的和为各国在国际商事交易中普遍适用的法律原则与规则的研究。

3. 理论联系实际的方法

我们学习与研究国际私法最终是为了从法律的角度，更好地促进和加强我国与其他国家之间的国际民商事交往与国际经济贸易合作关系，为我国的社会主义现代化建设服务。在建设社会主义市场经济的过程中，一方面应当借鉴各有关国家成功的经验和做法，另一方面更要与我国的国际民商事交往和涉外立法与司法实践相结合，特别注重我国自改革开放以来所颁布的涉外民商事立法和我国缔结与参加的双边和多边国际公约，以及在国际民商事交往实践中所适用的国际惯例。通过国际私法的学习，掌握如何利用国际私法的基本理论与知识解决国际经济交往实践中的一般法律问题的技能和技巧，并在此基础上对国际民商事交往中所涉及的具体问题独立地进行较深层次的研究。

【问题与思考】

1. 何谓国际民商事关系？是否所有的国际民商事关系都由国际私法调整？你认为丽都饭店与中国国际工程咨询公司之间的争议是否属于纯粹意义上的国内合同争议，应当如何解释“国际因素”。

2. 国际私法的概念是什么？你赞成广义上的国际私法观点还是狭义上的国际私法观点？理由是什么？

3. 国际私法有哪些规范？

4. 国际公约与国际惯例和示范法之间的联系与区别是什么？

5. 为什么说国内法也是国际私法的渊源？

6. 国际私法的性质是什么？你认为它究竟属于国内法还是国际法的范畴。

7. 国际私法与国际法、国际经济法和国内民商法之间的联系与区别是什么？

8. 国际私法的基本原则有哪些？这些原则如何在国际民商事交往中适用？

9. 你对国际商会国际仲裁院仲裁庭对“意大利公司案”的裁决有何评论？此案如果在比利时法院审理，法院可能作出什么样的判决？

10. 应当采用什么样的方法研究国际私法？

第二章 国际私法发展史

参考书目

1. 章尚锦，杜焕芳主编．国际私法．5 版．北京：中国人民大学出版社，2014

2. 黄进主编 国际私法．2 版．北京：法律出版社，2005

3. 邓正来．美国现代国际私法流派．北京：法律出版社，1987

4. 张翔宇．现代美国国际私法学说研究．武汉：武汉大学出版社，1986

5. ［德］马丁·沃尔夫著，李浩培等译．国际私法．2 版．北京：北京大学出版社，2009

6. ［法］亨利·巴蒂福尔，保罗·拉加德著，陈洪武等译．国际私法总论．北京：中国对外翻译出版公司，1989

7. Peter North & J. J. Fawcett. Cheshire and North's Private International Law. 14th ed.. Butterworths，2008

8. Hessel E. Yntema. The Historic Bases of Private International Law. 2 American Journal of Comparative Law. Vol. 2，1953

参考法规

1. 1804 年《法国民法典》

2. 1896 年《德国民法施行法》

3. 1979 年《奥地利联邦国际私法》

4. 1987 年《瑞士联邦国际私法》

5. 1971 年美国《第二次冲突法重述》

6. 1986 年《中华人民共和国民法通则》

7. 2010 年《中华人民共和国涉外民事关系法律适用法》

8. 海牙国际私法会议通过的国际私法诸公约以及其他一些国家的国际私法和国际私法公约，这些资料可在以下书中找到：

(1) 韩德培，李双元主编. 国际私法教学参考资料选编（上，下）. 武汉：武汉大学出版社，1991

(2) 李双元，欧福永，熊之才编. 国际私法教学参考资料选编（上，中，下）. 北京：北京大学出版社，2002

【背景材料】 同其他法律部门一样，国际私法也是人类社会发展到一定阶段的产物。人类社会出现国家以后，国际社会逐渐形成。在国际社会中，不同国家的人民必然会进行交往，建立各种社会关系，国际民商事法律关系就是其中一种。为了调整这种关系，国际私法应运而生。国际私法历经几百年的发展，已经自成体系。纵观国际私法的发展史，法国学者葛茨维勒(Gutzwiller) 曾将其发展分为两个阶段：第一阶段是从 13 世纪上半期到 18 世纪末叶，他把这个阶段称为“法理学的、科学的国际私法”，即“学说法”阶段；第二阶段是 19 世纪整个世纪，他把 19 世纪称为“私法的伟大编纂时代”，并把这个阶段的国际私法称为“法律上的国际私法”，即“法律法”阶段。[①] 而自 20 世纪特别是下半叶以来，一方面，国际私法的学说和理论实现了革命性的突破，进入了一个由理性到激情、由学理到现实的发展过程；另一方面，国际私法的立法和实践也得到了突飞猛进，不仅各国纷纷修订或制定国际私法，而且国际私法统一化运动也方兴未艾。与此同时，中国国际私法的发展也经历了一个废兴并举、由兴到废、革兴并重的过程。

在本章中，我们将结合前引背景材料，对国际私法的发展历史从理论和立法两个方面，在国内和国际两个层次作一探讨，包括国际私法的理论发展史、国际私法的国内立法发展史、国际私法的国际立法发展史以及中国国际私法的发展史。通过对这些内容的学习，揭示它们与特定社会条件的关系，了解国际私法的起源和发展过程，掌握它们的渊源流程和发展规律，有助于我们正确看待国际私法在不同时期存在的客观合理性和不足，并有助于我们正确理解国际私法的基本理论和基本规则。

第一节 国际私法的理论发展史

一、国际私法理论的发轫

(一) 罗马法时代

从古代到 3 世纪，欧洲大陆的一些国家间已有不少对外交往，如古希腊、古罗马等国家均有外侨居住。不过，古代文明国家普遍否认外国人能成为法律关系的主体，认为他们仅具

① M. Gutzwiller, Le Dévelopement Historique du Droit International Privé, 29 Recueil des cours 294 (1929—Ⅲ).

有奴隶的身份。古希腊各城邦的法律，于外国人的婚姻、财产遭到损害时，都不给予保护，甚至在外国人遭到海盗劫掠时，也不保护。古罗马建国初期同古希腊一样，也只承认罗马公民是权利主体，外国人则被视为敌人，不受法律的保护。但是，随着商业的发展和罗马征服地区的扩大，罗马公民与异邦人以及被征服地区的居民之间关于适用法律的矛盾越来越突出。异邦人和被征服地区的居民不能享有罗马公民权，不受市民法（jus civile）保护。为了调整其内部以及他们与罗马公民相互之间的权利义务关系，公元3世纪产生了万民法（jus gentium）。

所谓万民法，意思是“各民族共有”的法律，但实际上并非处于罗马国家之外或罗马国家之上的法律，而是通过罗马外事裁判官的司法活动形成，并被罗马国家用强制力保证实行的适用于罗马公民与非罗马公民之间的法律。该法绝大部分是调整财产关系，特别是有关所有权和债权关系的实体规范，也有确定外邦人民事法律地位的规范。不过，由于万民法并没有形成一个完整的体系，其本身也不是解决法律冲突的法律适用规则，外邦人所属城邦的法律还没有得到罗马法学家的承认，所以，当时并没有产生国际私法。但是，古罗马外事裁判官处理涉及非罗马公民因素的案件的一些做法，对后世国际私法理论和立法实践具有启迪作用。

（二）种族法时代

公元476年，西罗马帝国灭亡后，欧洲大陆各民族迁徙频繁，形成各民族杂居的格局，从而进入了属人主义时期。此时各民族杂居，为解决不同民族之间交往所引发的问题，便产生了适用于各民族当事人的种族法，如拉丁民族遵守罗马法，日耳曼人遵守日耳曼法，法兰克人遵守法兰克法，舍拉人遵守舍拉族法，撒克逊人遵守撒克逊族法。也就意味着，各民族的法律只支配本民族人，不以领土来划分其适用范围。对某个案件适用什么法律，不是取决于该案件与某个法律地理上的联系，而是取决于主体是不是该法律的属民。一个民族易地迁徙，仍然保留适用原有的法律，各种法律制度一如既往。

这个时期一直持续至公元11世纪，后世学者称之为“种族法时代”或“属人法时代”。这个时期的属人法又是绝对的和极端的属人法，因为它所奉行的是，每一民族的人，无论居住于何处，永远受其民族固有的法律支配。当然，这同现代国际私法中建立在法律选择基础上的“属人法”的含义有很大的不同。它不是在发生法律冲突的情况下，选择当事人的属人法，而是各种族的人之间发生法律行为时各受本族法律的支配。国际私法适用的前提是多个法律在适用上发生竞争关系或出现冲突，而种族法的适用并不要求发生法律冲突。尽管种族法不是国际私法的雏形，但其中的某些规则在形式上与后世的冲突规范相类似，诸如“继承依被继承人的血统法”、“契约当事人的能力依各该当事人的种族法”等，对国际私法的产生也有一定的影响。

（三）属地法时代

自公元10世纪后，封建制的生产方式在西欧建立，欧洲社会从此进入了封建社会，社会激荡剧变，形成群雄割据局面，建立了许多封建王国。在这个时期，领土的观念逐渐加强，上至王公，下至平民，均由占有土地的多寡来决定一个人的法律地位的高低。凡在领地内居住的所有人，不论其属什么民族，一律不得适用其本族法律，而必须受当地法律和习惯的支配。于是，属人主义逐渐地为属地主义所替代。这个时期法律与领土关系密切，法律的适用范围也是以领土界限为划分标准的，因此，这种极端的属地法时代也可称为“领土法时代”。这种极端的属地法严格地限制了外国人的法律地位和权利，一人从此领地移居到彼领地，就可能丧失财产甚至自由，也无法结婚、设立遗嘱或为其他民事行为。

在当时的意大利北部，由于商业交往与贸易的发展，一些重要城市摆脱了封建束缚而取得了自治，兴起了一些城邦国家，各城邦国家都制定了自己的法则（statute）。各城邦国家不仅有自己的法则，而且都坚持这些法则的效力仅及于各自领域内。加之各城邦国家的法则与当时适用的罗马法有所不同，各城邦国家法则的属地性因而渐次凸显。这就阻碍了各国人民的往来，影响了通商贸易的发展。为了各城邦国家之间的互通有无和人员往来的方便，人们逐渐认识到有必要限制法则的严格属地性，国际私法也正是在限制这种严格的属地性的斗争中产生的。

二、国际私法理论的产生

随着对属地法时代这种极端属地性的反对，在13世纪的意大利北部逐渐出现了法则区别说（theory of statutes），标志着国际私法理论的诞生。法则区别说在13世纪末产生后，在16世纪传入法国，17世纪在荷兰得到新的发展。直到18世纪，在长达五个世纪左右的时间里，作为学说法的法则区别说一直居统治地位。这个时期的理论都建立在法则区别说基础之上，故在国际私法发展史上形成了法则区别说时代，包括意大利法则区别说、法国法则区别说和荷兰法则区别说共三个时期。[①]

（一）意大利法则区别说

11世纪以后，当时处于东西方贸易通道的意大利北部诸城邦，由于工商业得到较快发展，居民之间通商往来较为频繁，同时还与海外建立了贸易关系，故国际民商事案件与日俱增。在法律方面，被视为普通法的罗马法虽然仍在各地普遍适用，但各城邦也制定了作为特别法的“法则”，包括本城邦的习惯法和一些新创制的法律，而各个城邦的法则又不尽相同，因而法律冲突时常发生。依罗马法的一般原则，“特别法优于普通法”，因此，当普通法与特别法发生冲突时，优先适用特别法。但是，当各个城邦的法则相互冲突时，如何解决法律适用问题，罗马法并没有明确规定。如果根据原来的属地法主义来解决这个问题，显然不利于各城邦之间的商业贸易，因而迫切需要解决各城邦的法则之间的法律冲突问题。意大利法则区别说的产生也正是适应了这种时代背景。

意大利法则区别说的代表人物是意大利法学家巴托鲁斯（Bartolus，1314—1357）。在他之前，后期注释学派的学者为解决法律冲突问题，从法则本身的性质入手，已将法则分为“物的法则”、“人的法则”和“混合法则”三大类，每一类法则确定一条解决法律冲突的原则。“物的法则”属物，也被称为属物法，用来解决物权等问题；“人的法则”属人，也被称为属人法，用来解决人的权利能力和行为能力、身份关系等问题；“混合法则”既涉及人又涉及物，适用于在法则制定者领土内订立的契约等问题。巴托鲁斯在前人的基础上，抓住法律的域内效力与域外效力这个法律冲突的核心，把各城邦交往中需要解决法律冲突的问题分为两个主要的相互联系的方面：第一，一个城邦的法则，对于在其域内但并非本城邦居民的可适用性问题；第二，一个城邦的法则的域外效力问题，即能否适用于城邦以外的自己的居民。这是国际私法学研究的两个基本问题。巴托鲁斯肯定了城邦法则的域外效力及对非本城邦居民的可适用性，在此基础上，他还提出了许多重要的具体冲突规则，诸如：（1）权利能力和行为能力，依属人法；（2）法律行为的方式，依行为地法；（3）合同的成立，依场所支配行为原则，适用合同缔结地法；（4）物权依物之所在地法；（5）遗嘱的成立要件依立遗

---

① 参见蒋新苗：《现代大陆法系国际私法学人与学说管窥》，载《时代法学》，2005（4）。

嘱地法；（6）无遗嘱继承依遗产所在地法；（7）程序问题依法院地法。

巴托鲁斯以法则区别说为基础建立的冲突理论和方法，并未完全摆脱注释学派的影响，他借助法则的语法结构来划分“物法”和“人法”，是十分牵强的。例如，“长子继承不动产”和“不动产由长子继承”所表达的含义是一样的，而在法则区别说学者看来，前者是人法，具有域外效力，而后者是物法，没有域外效力，这显然是不科学的。但是，作为国际私法学说的最早形态，意大利法则区别说纠正了绝对属地主义的弊端，首次站在双边立场上考虑法律的适用问题。该学说不仅试图圆满回答为什么要适用外国法的问题，而且试图归纳出一些普遍适用的原则，对后来国际私法的形成和发展产生了重大影响。同时，该学说在当时也有利于对外贸易的发展，适应了当时意大利各城邦之间民商事交往的需要，促进了处于萌芽状态的资本主义因素的成长，因而具有历史进步意义。

（二）法国法则区别说

15、16 世纪的法国虽然在政治上已经统一，工商业已有了相当大的发展，但法国的封建势力比意大利的强大，在法制方面各省仍然适用原来的习惯法：在南部成文法地区，罗马法仍然有效，本地的习惯法也在适用；北部主要为习惯法地区，但当时的习惯法又有一般的习惯法和各省的地方习惯法之分，这与新兴资产阶级要求建立比较统一的市场是极不适应的。这样，随着各省人民之间以及法国人同外国人之间交往的发展，法律冲突问题便成为当时法学界的一个重要问题，不但成文法与习惯法会发生冲突，而且一般习惯法与地方习惯法之间，以及各地习惯法之间都会发生冲突，适用起来很不方便。而此时，意大利人文主义思想、法则区别说也传入法国，法国学者在接受意大利法则区别说的同时，形成了法国法则区别说，其代表人物主要是杜摩林（C. Dumoulin，1500—1566）和达让特莱（D'Argentr，1519—1590）。

杜摩林是巴黎高等法院的律师，兼任图宾格大学的教授，生活在当时经济比较发达的法国南部。为了适应早期资产阶级商业交往的需要，他在其著作《巴黎习惯法评述》中，表现出一种克服法律的封建性、削减宗教法庭的权力、加强中央王权以及统一法律的强烈愿望，主张在法国实行法律统一，以消除各省之间的法律冲突。杜摩林也认为，“物法”从物，无论对本国人还是外国人，凡涉及境内之物的应依物之所在地法，而“人法”从人，其效力只及于境内外自己的属民。不过，他主张尽量扩大关于人的法则的支配范围，缩小关于物的法则的适用范围；并且提出在合同关系中应该适用当事人自主选择的那一习惯法的主张。在他看来，民商事法律关系的当事人双方可以通过共同的意思表示，以合同的形式决定应适用的习惯法；如果当事人双方没有在合同中就此载明，则法院应根据案件的全部情况确定之。这就是杜摩林提出的所谓“当事人意思自治”原则，该理论反映了商人的利益和要求，是他对当时国际私法最为重要的贡献，后来逐渐成为选择合同准据法的一项普遍接受的原则。应该说，杜摩林的学说代表了新兴商人资产阶级的利益，客观上有利于促进贸易的发展和统一市场的形成。依照意思自治原则，双方当事人可以自由选择某一习惯法作为契约的准据法，从而摆脱本地习惯法的束缚、冲破属地原则的禁锢。这不仅有利于法国实现法律统一，而且促进了当时法国资本主义的发展。

达让特莱是法国北部布列塔尼省的贵族和法官，著有《布列塔尼习惯法释义》和《布列塔尼的历史》两部书。当时，达让特莱所在的布列塔尼省刚刚加入法国，经济落后，封建势力强大，实行闭关自守的政策。为了继续维护该省在法律上的自治，达让特莱主张尽可能在布列塔尼适用当地的习惯法，从而提出习惯的属物性的重要原则。他站在杜摩林的对立面，出于封建主把一切领域内的一切人、物、行为都置于当地习惯控制之下的需要，明确反对合同当事人意思自治，极力鼓吹属地主义原则，推崇一种具有封建割据性的地方自治。达让特莱认为，一切法则原则上应该是属于“物法”的，仅在立法者境内有效，只有在极其例外的情况下，如那些纯粹是关于个人的身份及能力的习惯，才赋予其“人法”的效力，并随人所至而及于域外。“混合法则”虽既涉及物又涉及人，但更接近于“物法”，应该说，当对一个习惯法则是属于“物”的还是属于“人”的问题发生疑问时，应该把它看成是“物法”。达让特莱所主张的这条属地主义路线，后来为荷兰法学家所继承，并且通过荷兰学派，使英、美在属人法的适用上强调住所地法，在物权关系的法律适用上强调物之所在地法。但客观地说，达让特莱的学说深受封建势力的影响，代表着封建主的利益，阻碍了当时法国资本主义的发展。

（三）荷兰法则区别说

荷兰法则区别说起源于16世纪末，形成于17世纪，延续至18世纪。17世纪初，尼德兰资产阶级革命成功，建立了人类历史上第一个资产阶级共和国，但它仍然处于封建专制国家的包围之中。当时，尽管荷兰的工商业、航海业都相对发达，但荷兰内部有17个省，而每一个省都有相当大的独立权，有自己的习惯法体系，属地主义倾向较强。因此，捍卫国家独立，防止周围封建国家的干涉，保证本国资本主义的顺利发展，便成为荷兰当时的首要任务。在这种情况下，荷兰一方面要求保护自己的主权，另一方面它又主张根据国际商业交往的需要，借国际礼让这个原则，使在自己法域能够有效行使的权利，在别的法域也能得到承认。就是在这种历史条件下产生了荷兰法则区别说。它是以荷兰法学家胡伯（U. Huber，1636—1694）为代表的荷兰学者继承和发展的一种法则区别说。

胡伯曾任大学教授，著有《论罗马法与现行法》一书。在该书第二编“论法律冲突”中，他阐述了在国际私法上著名的“胡伯三原则”：（1）任何主权者的法律仅在其主权所及的领域内行使并约束其臣民，但在领域外无效；（2）凡居住在统治者领域内的所有人，无论是常住的还是临时的，都可视为主权者的臣民，并受其法律约束；（3）但是，根据礼让，各统治者承认，已在其本国内实施的法律应该到处保持其效力，只要这样做不至于损害该统治者的主权及臣民的利益。这三项原则可以说是“国际礼让说”的集中体现：前两项原则强调了国家主权和法律的属地性，且把达让特莱的属地主义主张发展到极致，即完全否定了法律依其本身的性质所具有的域外效力；第三项原则阐明了一国适用外国法律的根据和条件，提出了礼让的原则。

国际礼让说将国家主权思想引入法则区别说，把适用外国法的问题放在国家关系和国家利益的基础上来考虑，因而是适用外国法理论上的一大进步。该学说还强调，外国法是否具有域外效力和应否得到适用，完全取决于一国的主权考虑，与法律本身的性质无关。这表明，国际私法学说已经开始逐渐摆脱自然法观点的束缚而趋向实证化，国际私法因而也具有国内实在法的性质，这无疑对于促进国际私法国内法的成文化具有积极的意义。另外，以胡伯为代表的荷兰法则区别说代表了新兴资产阶级的利益，有利于保卫荷兰共和国的独立主权和经济发展，有历史进步性。当然，荷兰法则区别说也不免存在理论上的缺陷，过分地强调国家主权和法律的严格属地性。

三、国际私法理论的发展

19世纪是国际私法理论急剧发展的时期。在这一个时期，国际私法的理论开始摆脱法则区别说的桎梏，在北美和西欧先后出现了一系列著名的国际私法学理论，形成了国际私法学界百家争鸣、蓬勃发展的良好局面。

（一）斯托里的“礼让说”

斯托里（J. Story，1779—1845）是美国联邦最高法院法官和哈佛大学法学教授，他在1834年出版了《法律冲突论》一书，对美国和英国的法律思想产生了巨大的影响。他在其著作中接受和吸取了荷兰法则区别说，特别是胡伯的学说，并以胡伯的礼让说为其理论体系的基础，结合自身参与美国司法的实践，提出了解决法律冲突的理论学说。

斯托里认为，各国在其领土范围内享有绝对的主权和专属的司法管辖权，适用外国法是由于国家之间的礼让。为此，他也提出了国际私法三原则：（1）基于主权原则，内国对其领土范围内的一切人、财产和行为有绝对的支配权；（2）基于平等原则，一国法律不能直接地影响和约束该国领土范围之外的人和财产；（3）基于国际礼让原则，一国法律要在他国取得效力，必须取得他国法律和制度明示或暗示的同意，并且不违反内国的公共秩序。因此，他得出结论：一国适用外国法完全是基于礼让，而不是基于义务。也就是说，适用外国法是一种互利的要求，一国适用了外国法，公平对待了他国公民，为的是本国的法律在外国得到公正的适用和本国的公民也能够在外国得到平等的待遇。斯托里的学说强调了主权和法律的属地性，并且把“国际礼让”表述为一种国内法上的规定，从而否定国际礼让是一项习惯国际法。这是当时独立不久的美国一方面要在工业和贸易上抵制英国的垄断，另一方面要对抗欧洲“神圣同盟”的威胁在国际私法上的反映。因此，斯托里的理论非常符合当时美国国情对冲突法的要求，而为美国司法实践所采纳，并为英国的理论和实践所承袭。可以这样说，斯托里的学说开创了真正的英美国际私法理论，被认为是英美国际私法学形成的渊源，统治了英美国际私法领域这一个世纪之久。

（二）萨维尼的法律关系本座说

萨维尼（Savigny，1779—1861）是德国柏林大学的教授，他在1849年出版的《现代罗马法体系》一书第8卷（即“法律冲突与法律规则的地域和时间范围”）中提出了“法律关系本座说”理论，摆脱了法则区别说一直在国际私法领域的统治地位，终于把国际私法推进到一个新的阶段。萨氏也因此被喻为“近代国际私法之父”①。

该学说认为，各国的法律形成一个法律的共同体，而每一法律关系依其性质总是与一定地域的法律相联系，也就是说每一法律关系都像人有其住所一样，都有其本座（Sitz），找出其本座，该地的法律就是该法律关系应适用的法律。在萨维尼看来，“本座”是国际民事关系在性质上所归属的地点，而民事关系可以区分为“人”、“物”、“债”、“行为”、“程序”等几大类，住所是人的归属之处，所以人的身份及能力应以住所为本座；物是可以感知的，并且必须占据一定的空间，故物的所在地应为物权法律关系的本座；债为无体物，并且不占有空间，因而常常需要借助某种可见的外观来表现其形态，这种外观形态有两个：一个是债的发生地，另一个是债的履行地，其中履行地更适合于表现债权的外观形态，故应以履行地为本座；行为方式则不论财产行为和身份行为，均应以行为地为本座；程序问题应以法院地为本座。

“本座”概念的提出丰富和发展了国际私法学的理论体系，同时“法律关系本座说”在国际私法方法论上实现了根本的变革，提出法律选择应从法律关系而不是法则入手进行分析，进而找出其应适用的法律，从而开辟了一条解决法律冲突、进行法律选择的新路子。难怪国际私法学者卡恩-弗罗恩德曾认为萨维尼的学说是国际私法发展史上的“哥白尼革命”

---

① 马德才：《论萨维尼的“法律关系本座说”在国际私法发展史上的影响》，载《甘肃政法学院学报》，2001（1）。

(Copernican revolution)。他的这种学说对于推动欧洲国际私法法典化的发展也具有重大影响，并且使国际私法从荷兰学派开创的国家主义的影响下解放出来，重新回复到国际主义的轨道上。当然，萨氏的"法律关系本座说"把复杂的法律关系过于简单化，也没有能够明确指出确定法律关系本座的具体方法。

（三）孟西尼的"国籍法说"

孟西尼（Mancini，1817—1888）是意大利著名的政治家，也是意大利近代国际私法学派的创始人。他于1851年1月在都灵大学发表了题为"论国籍作为国际法的基础"的著名演说，提出了国际法上的新概念——国籍，认为国际法的"理性基础"不是国家，而是民族和国籍，国籍是国际私法乃至国家法律管辖的基础。他将国籍原则提到了国际私法基本原则的高度，赋予属人法以新的内容——国籍法。

在国际私法上，孟西尼的学说被后人概括为以国籍主义为核心的三原则。其一为国籍原则，又叫本国法主义原则、民族主义原则。按照这个原则，一切法律关系，不论其种类如何，原则上要以国籍作为连结因素，以当事人的国籍国法或本国法作为准据法。一国的国民即使身处国外，原则上也只是与自己本国的法律相联系。作为例外，当事人可以适用他们在合同中所指定的法律。其二为主权原则，又叫属地法原则、公共秩序原则，即主张为保护公共秩序而创立的法规应拘束本国境内的一切人，而不能适用当事人本国法或当事人自由选择的法律。其三为自由原则，又叫意思自治原则，即主张合同关系应适用当事人各方协商选择的法律。孟西尼的以国籍主义为核心的属人论，在国际私法立法上和学术界都有很大的影响。1896年《德国民法典》、1898年《日本法例》以及19世纪的意大利、西班牙等一些欧洲国家的国际私法关于人的身份能力、亲属关系、继承关系的规定采纳了孟西尼的观点，适用当事人的本国法。属人法也逐渐形成了国籍国法和住所地法这两种不同的理解和实践。同时，他的理论推动了国际私法统一化的运动。20世纪初缔结的海牙国际私法公约完全倾向于扩大系属于本国法的属人法。1928年《布斯塔曼特法典》基本上照搬了孟西尼的国籍主义体系。

（四）戴西的"既得权说"

戴西（A. V. Dicey，1835—1922）是英国牛津大学的教授，英美属地法学派的代表人物。他于1896年出版了《关于法律冲突的英格兰法汇纂》（简称《法律冲突法》）一书，提出了著名的"既得权说"（vested rights theory）。他从法律的严格属地性出发，认为：一国法院既不能直接承认和适用外国法，也不能直接执行外国法院的判决。但是，为了保障国际法律关系的稳定性，对于根据外国法已设定的权利，除了与内国公共政策、道德原则和国家主权发生抵触者外，都应获得承认与保护。戴西的"既得权说"从本质上讲是坚持法律的严格属地性，不承认法律具有域外效力；其核心就是一国法院在利用外国法律处理国际案件时，它并不是承认和执行外国法，也不是承认外国判决在自己国家的效力，而只是承认和执行依外国法或外国判决所取得的权利。

应该指出，在国际私法学说史上，戴西的"既得权说"反映了当时英国殖民主义的利益。英国是个发展较早的殖民主义国家，到19世纪，它已在世界各地拥有众多的殖民地。戴西的学说一方面不承认外国法的域外效力，另一方面又企图使根据本国法取得的权利受到保护，这恰恰迎合了英国保护海外殖民利益的需要。如果我们抛开该理论的殖民主义内容，从保护国际民商事法律关系的稳定性出发，应该肯定，在国际民商事交往有必要承认和执行依外国法取得的既得权。戴西的"既得权说"不仅在英国法院的判例中很有影响，而且还曾得到许多国家的法学家的拥护。美国哈佛大学的比尔教授在1934年主持编纂美国《第一次冲突法重述》时接受了戴西的既得权理论，并将其作为理论基础。当然，"既得权说"

本身也存在一些重要的缺陷：一方面宣称承认与保护在外国的既得权，另一方面又不承认该既得权所赖以产生的外国法在内国的效力，这是自相矛盾的。

（五）柯里的“政府利益分析说”

柯里（Currie，1912—1965）是美国著名法学家，他于1963年整理出版了《冲突法论文选集》，提出了著名的“政府利益分析说”（governmental interest analysis theory）。柯里因而被誉为“政府利益分析方法之父”。该书系统论述了政府利益分析说，并提出了真假法律冲突之分。①

柯里认为：任何州或国家的法律规范都是用来体现政府政策的，立法者不是法官，也不是其他人，而是政府政策的制定者。立法者制定某一法律规范，是为了通过适用该法律规范而促使政府的某一特定政策得到实现，因此，该州或该国在适用其法律规范方面就存在着某种利益，而这种利益显然是政府利益。然而，尽管美国各州或各国在适用其自己的法律方面都存在着某种利益，但在具体情况下，各州或各国所主张的利益并不一定是“合法的”或“合理的”，因此，法院在审理某个具体案件时，只能适用具有合法的或合理的政府利益的那个州或国家的法律。

同时，柯里将法律冲突分为“虚假冲突”与“真实冲突”两类：前者指某个案件所涉及的两个国家的法律在具体规定上发生了冲突，但是两者所体现的政府利益没有发生冲突；后者指某个案件所涉及的两个国家的法律不仅在具体规定上存在冲突，而且两者所体现的政府利益也存在冲突。柯里认为只有在“真实冲突”的情况下，才会发生法律冲突问题。柯里提出，解决法律冲突的最好方法，就是对“政府利益”进行分析，如果只有一个国家有合法利益，就适用该国的法律；如果两个国家都有合法利益，而其中一国为法院地国时，无条件地适用法院地法；如果两个外国有合法利益，而法院地国为无合法利益的第三国时，既可以适用法院地法，也可以适用法院依自由裁量认为应适用的法律。

柯里的学说提出来以后，在美国司法界、法学界引起了强烈的反响。他反对除了程序问题外，每一个案件只能有一个准据法的传统的僵硬的做法；主张对于案件可能产生的问题，根据利益分析的不同结果分别适用一个或多个不同国家或州的实体法规范。这种主张为当今一些国家的立法与司法实践所采纳。但是，柯里的学说以法院地法原则为核心，过分追求法院地利益，同时主张在解决法律冲突时一切取决于对政府利益的分析，企图彻底抛弃几百年来发展形成的冲突规范及其制度，从而否定国际私法的基本内容。这是不可取的，遭到了许多学者的反对。② 尽管如此，在20世纪中后期美国出现的国际私法新学说中，柯里的政府利益分析说仍是影响最大的一种。

（六）最密切联系理论

最密切联系理论（theory of the closest connection），又称最重要联系理论、最强联系理论或最真实联系理论，是20世纪最富有创意、最有价值和最实用的国际私法理论。该理论的独特之处在于它不是某个学者一个人的观点和思想，而是数代国际私法学者的学术思想和智慧的集合体，是理论和实践不断融合的结晶。③

---

① 参见张潇剑：《评柯里的“政府利益分析说”》，载《环球法律评论》，2005（4）。

② See M. Hancock, Policy Controlled State Interest Analysis in Choice of Law, 26 *International and Comparative Law Quarterly* 799（1977）；H. H. Kay, A Defense of Currie's Governmental Interest Analysis, 215 Recueil des course 13-204（1989—Ⅲ）.

③ 参见肖永平：《最密切联系原则在中国冲突法中的应用》，载《中国社会科学》，1992（3）。

按照最密切联系理论，国际法律关系、国际案件或国际事项，应受与该法律关系、该案件或该事项有最密切联系的法律的支配。该学说的主要内容是：在选择某一法律关系的准据法时，应从质和量这两个角度对与该法律关系有关的各种主、客观因素进行权衡，寻找法律关系的“重力中心地”，该中心地所属的法律即为法律关系所应适用的准据法。这一思想可以溯源至萨维尼的“法律关系本座说”。萨维尼认为，每一种法律关系都有其“本座”，应受“本座”地法支配。显然，萨维尼强调了某一法律关系和某一法域的联系。后来，一些学者继承了萨维尼的学说，但又嫌“本座”一词太含糊和难于理解。于是，吉尔克（Gierke）用“重心”或“引力中心”（center of gravity）的表述来代替“本座”，强调用法律关系本身的“重心”地的法律来调整该法律关系。到后来，英国国际私法学者韦斯特莱克（J. Westlake）在其著作《国际私法论》中进一步抛弃了地域观念，主张法律关系应受同该法律关系有最密切联系的法律的支配。至此，最密切联系的思想初步形成。

最密切联系理论不是简单地继承萨维尼的学说，而是对它的否定之否定。这是因为萨维尼认为任何法律关系只有一个“本座”，一旦依这种学说制定出冲突规范，就是一种硬性的冲突规范，法院只得机械地依这种冲突规范去选择法律。相反，依最密切联系理论制定出来的冲突规范，一般是一种具有弹性的或者说是一种更加灵活的冲突规范，从而避免了传统的冲突规范的僵硬性和机械性，增加了法律选择的弹性和灵活性。在 20 世纪上半叶，最密切联系理论的影响并不是很大，立法和司法实践仅在有限的范围和领域（如合同）涉及这一理论。第二次世界大战后，最密切联系理论得到长足的发展。20 世纪 50 年代后，美国的司法实践进一步发展了这一理论。1954 年的“奥汀诉奥汀案”（Auten v. Auten）和 1963 年的“贝科克诉杰克逊案”（Babcock v. Jackson）便是其中最有影响的案例。[①] 1971 年，哥伦比亚大学法学院教授里斯主持编纂完成了美国《第二次冲突法重述》。里斯在编纂过程中，根据美国司法判例中的“引力中心”、“关系聚集”等观念，提出了“最重要联系”的概念，并把这一思想贯穿到整个美国《第二次冲突法重述》之中，对美国冲突法的理论和实践有着重大的意义。

20 世纪 70 年代以后，最密切联系理论在国内立法、司法实践和国际条约中得到广泛的采用，其适用领域也扩展到侵权、信托、夫妻财产制、扶养、住所、居所及营业所的冲突、多法域国家准据法的确定等领域，不少国家甚至将最密切联系原则作为其国际私法的基本原则。例如，1979 年《奥地利联邦国际私法》第 1 条规定：“与外国有连结的事实，在私法上，应依与该事实有最强联系的法律裁判。”“本联邦法规（冲突法）所包括的适用法律的具体规则，应认为体现了这一原则。”尽管最密切联系理论本身还不是尽善尽美的，但是，其理论和实践广泛受到青睐至少表明，运用最密切联系原则进行法律选择已成为一种国际性的趋势。

第二节 国际私法的立法发展史

一、国际私法的国内立法史

（一）近代国际私法的国内立法

18 世纪中叶以后，通过国内立法来制定国际私法规范，在欧洲，曾受到荷兰学派的

① 参见黄惠康、黄进：《国际公法国际私法成案选》，325～327、329～331 页，武汉，武汉大学出版社，1987。

“国际礼让说”的重大影响。随着资本主义的萌芽、形成和发展，以及其对外经济扩张和殖民的需要，欧洲国家加快了制定国际私法规范的速度。而最早在国内法中规定国际私法规范的，在欧洲要数1756年《巴伐利亚土地法典》和1794年《普鲁士邦一般法典》，这两部法典接受了法则区别说中的一些理论原则，并且顺应当时国际商业交往发展的需要，融入了一些普遍性原则，规定了一些冲突规范。例如，前者采取了法则区别说所主张的几个原则，但没有采取动产随人的规则，而是规定无论不动产还是动产，均适用财产所在地法。后者采取了“维持法律行为效力”的原则。它规定，如果一个人有两个住所，其中一个住所地的法律认为他的合同行为或其他行为有效，而另一个住所地的法律认为无效，那么，以前一个法律为准。

但是，对后世国际私法立法影响最大的还是1804年《法国民法典》，该法典规定了不少国际私法规范且主要是单边冲突规范，例如其第3条规定：“警察与安全的法律，拘束域内的一切人”，“不动产即使属外国人所有，仍依法国法”，“关于人的身份能力的法律，支配法国人，即使他们居住于外国亦同”。其中最重要的影响就是，在属人法方面，它用当事人的本国法代替了住所地法。受《法国民法典》的影响，19世纪的许多欧洲国家相继仿照其立法例，在民法典中也规定了大量国际私法规范，主要有《奥地利民法典》（1811年）、《塞尔维亚民法典》（1844年）、《智利民法典》（1851年）、《希腊民法典》（1851年）、《罗马尼亚民法典》（1865年）、《意大利民法典》（1865年）、《魁北克民法典》（1866年）、《葡萄牙民法典》（1867年）、《阿根廷民法典》（1871年）和《西班牙民法典》（1888年）等。

1865年《意大利民法典》中的国际私法规范是在意大利国际私法学家孟西尼主持下制定的。起初，《意大利民法典（草案）》中只有一条类似《法国民法典》第3条那样的法律适用条款。孟西尼对此极为不满，在他受命起草的“意大利民法典”中，提出了多条国际私法规范。经过议会表决通过后，孟西尼的草案正式成为法律，并于1866年1月1日起开始生效。1865年《意大利民法典》中的国际私法立法的一个显著特点是，法律适用规范皆采用双边冲突规范。此外，该法典以国籍作为属人法的连结因素，如该法典第6条规定：“自然人的行为能力和家庭关系适用其所属国家的法律。”

1896年，德国在颁布《德国民法典》的同时，颁布了《德国民法施行法》。该法第7～31条为国际私法规范，在国际私法发展史上第一次较为系统和全面地规定了国际私法的内容，对后来的国际私法立法产生了很大的影响。该法有一个明显的特点，就是其冲突规范大多采用单边冲突规范和以当事人的本国法为属人法。① 1898年《日本法例》是国际私法发展史上第一部单行的国际私法法规，在内容上，它受到1896年《德国民法施行法》的影响，其中有些规定甚至是后者的复制。但是，其规定在形式上同1896年《德国民法施行法》有极大的不同，即没有采用单边冲突规范的形式，而采用了双边冲突规范的形式。

19世纪，英美法系的国际私法主要寓于判例法中，但在一些单行立法中也开始出现国际私法的规定。例如，英国《1837年遗嘱法》、《1861年遗嘱法》、《1868年判决延伸法》、《1882年汇票法》、《1892年涉外婚姻法》和《1894年商船法》均含有国际私法规范。

（二）当代国际私法的国内立法

19世纪自由资本主义时期一统天下的国际私法，发展到20世纪，开始获得大发展。尤其是第二次世界大战以来，世界各国的国际私法立法得到迅速发展，许多国家对国际私法规

---

① 参见杜涛：《德国1896年国际私法立法小议》，载《德国研究》，2002（4）。

范进行了系统和全面的规定。以下仅择主要国家的国际私法国内立法情况加以介绍。

1926年8月2日，波兰颁布了两个法典，其中一个是国际私法典，另一个是区际私法典。制定这样完备的国际私法典在当时的欧洲尚属首次，而区际私法典的制定更是开世界区际私法立法之先河。随后，1942年《意大利民法典》和1946年《希腊民法典》都对国际私法作了规定。前者同1865年《意大利民法典》比较起来，只在某些细节上有所不同。后者的第4～33条为国际私法规定，较为系统和全面，制定水准也较高。英国则颁布了一些涉及国际私法的法规，如《1906年与外国人结婚法》和《1933年外国判决（互惠执行）法》等。

第二次世界大战后，苏联及东欧国家的国际私法立法表现突出。1948年捷克斯洛伐克制定了一个关于国际私法和区际私法以及外国人地位的法律。1949年保加利亚颁布的《涉外民事法和家庭法》也含有国际私法规定。苏联先后在1961年《苏联和各加盟共和国民事立法纲要》和1961年《苏联和各加盟共和国婚姻和家庭立法纲要》等法律中对国际私法作了专章或专门的规定，后来还进行了多次修改和补充。1964年，阿尔巴尼亚颁布了《关于外国人民事权利及适用外国法的法律》。随后颁布和施行的国际私法立法有1966年《波兰国际私法》、1975年《德意志民主共和国关于民事、家庭和劳动法律关系以及国际经济合同适用法律的条例》、1979年《匈牙利国际私法》和1982年《南斯拉夫法律冲突法》。这些国家的国际私法立法大都采取单行立法或法典的形式制定，体系和内容较为完备。

第二次世界大战后欧洲发达国家在国际私法立法方面的表现不凡。英国在一系列法律中对相关的国际私法问题作了规定，例如《1949年婚姻法》、《1963年遗嘱法》、《1972年扶养令（互惠执行）法》、《1976年收养法》、《1976年准正法》、《1977年不公平合同条件法》、《1978年国家豁免法》、《1982年民事管辖权与判决法》、《1985年儿童诱拐与保护法》、《1985年公司法》、《1986年家庭法》、《1986年婚姻（禁止关系的亲等）法》、《1987婚姻法改革法》、《1987年信托承认法》、《1989年儿童法》，等等。奥地利于1978年率先制定了单行的《奥地利联邦国际私法》，开第二次世界大战后发达国家制定国际私法法典之先河。1982年，土耳其制定了《土耳其国际私法和国际诉讼程序法》。而于1987年颁布的《瑞士联邦国际私法》则将国际私法在国内立法上的法典化推向新的高度，该法规内容丰富、体系完整和独特，堪称当代国际私法立法的典范。

进入20世纪90年代以来，掀起了晚近国际私法立法又一个新高潮。① 德国在1986年对1896年《德国民法施行法》进行了重大修订，并颁布了新的国际私法法规，新法规定了有关人身权、婚姻家庭关系和合同之债关系的法律适用问题。1993年德国联邦司法部起草了一部关于非合同之债和物权的法律适用的国际私法草案，该草案经过修订后，于1999年6月1日起正式生效。② 1995年，意大利也改变其长期在民法典中规定国际私法规范的做法，于当年6月3日公布了单行的《意大利国际私法制度改革法》，该法已于1995年9月1日起生效。《俄罗斯联邦民法典（第三部分）》第四编专门规定了“国际私法”，这是俄罗斯国际私法立法的最新进展，该法已自2002年3月1日起生效。1992年9月22日，罗马尼亚通过了《关于调整国际私法法律关系的第105号法》。1999年7月8日，斯洛文尼亚共和国通过了《关于国际私法与诉讼法的法律》。1995年9月6日，朝鲜人民民主主义共和国通过了

① 参见韩德培、杜涛：《晚近国际私法立法的新发展》，载《中国国际私法与比较法年刊》，第3卷，3～34页，北京，法律出版社，2000。

② 参见杜涛：《德国国际私法立法的历史发展》，载《民商法论丛》，第25卷，495页，北京，法律出版社，2002。

《涉外民事关系法》。2001 年 4 月 7 日，韩国对 1962 年《涉外私法》进行修正，公布了《韩国 2001 年修正国际私法》。2006 年 6 月 21 日，日本通过了新的国际私法《法律适用通则法》，新法已于 2007 年 1 月 1 日起实施，从而废除了 1898 年《日本法例》。

美国和加拿大均属普通法系国家，其国际私法主要植于普通法和判例法，但在联邦管辖事项上，一些联邦立法也时常含有国际私法规定，如美国 1976 年《外国主权豁免法》、加拿大《1967—1968 年离婚法》等。美国一些州还制定了《统一外国金钱判决承认法》和《统一外国判决执行法》等。① 另外，美国路易斯安那州于 1991 年年底颁布了第 923 号法案，即冲突法法案。该法案共 36 条，作为民法典的组成部分，编入民法典新增设的第四编之中。②加拿大魁北克议会于 1991 年年底通过了新的《魁北克民法典》，该法典改变了过去将冲突规范散订于民法典中的做法，用一编即第十编专门规定国际私法规范。③ 委内瑞拉是拉丁美洲各国最早开始起草国际私法国内立法的国家之一。早在 1962 年，委内瑞拉开始起草国际私法草案。经过多方努力，委内瑞拉政府终于在 1996 年 6 月底将草案提交给了国会。参议院最后在 1997 年 10 月底通过了 1996 年法案，于 1998 年 8 月 6 日以第 36.511 号文件在委内瑞拉官方法律公报上予以公布。这部法律是委内瑞拉国际私法学者们三十多年努力的结晶，也是拉丁美洲范围内第一部正式通过的国际私法法典。④

（三）国际私法国内立法的趋势

自 19 世纪末叶形成国际私法时起，在立法模式上，就存在成文法和判例法两大模式，而在成文法中又可分为制定专门国际私法典和把国际私法规范分散规定在邻近部门法如民法典等之中两种模式。在国际私法法典化趋势中，成文法中的法典化模式发展成为主要模式，各国纷纷制定专门的国际私法典。同时，国际私法立法的体例结构也在不断完善，成文法和判例法的国际私法体例也日益趋同。例如，判例法国际私法的体例为：司法管辖权、法律适用和判决的承认与执行；而第二次世界大战后新制定的国际私法典，如 1964 年《捷克斯洛伐克国际私法及国际民事诉讼法》、1982 年《土耳其国际私法和国际诉讼程序法》以及 1984 年《秘鲁民法典》第十编"国际私法"等，其体例除了不同于分散规定国际私法规范的做法外，也不同于 1896 年《德国民法施行法》、1898 年《日本法例》、1925 年《波兰国际私法》，而接近于判例法国际私法，形成了一个统一的完整的国际私法体例。⑤

随着现代科学技术飞速发展，空间技术、电子通信和互联网的普及，深海资源的开发和新能源的应用，交通工具的多样化发展和技术的提高等，社会经济生活更加复杂多样，国际民商事交往的范围和种类不断扩大和增加。因此，各国在制定调整国际民商事关系的国际私

---

① 参见韩德培、韩健：《美国国际私法（冲突法）导论》，270～271 页，北京，法律出版社，1994。

② 参见徐冬根：《美国路易斯安那州新冲突法法案述评》，载《法学杂志》，1994（3）。

③ 参见邓朝晖、肖永平：《魁北克国际私法立法述评》，载《河南省政法管理干部学院学报》，2005（2）。

④ 参见杜焕芳：《委内瑞拉国际私法立法改革述评及其启示》，载《民商法论丛》，第 27 卷，459～478 页，香港，金桥文化出版（香港）有限公司，2003。

⑤ 这个国际私法的体例，可以综合为：（1）总则：宗旨、适用范围、调整对象、基本原则、与冲突规范适用有关的制度、准据法的确定和解释、连结点及其确定、国际条约和国际惯例的适用等；（2）国际私法关系的主体及其民事法律地位：自然人、法人、国家、国际组织；（3）法律适用：人的权利能力和行为能力、人身权、法人破产、法律行为、行为方式、代理等，物权（动产、不动产、权利财产、抵押、质押、占有时效等），知识产权（专利、商标、著作权等），债权（合同、非合同之债等），婚姻家庭（结婚、离婚、夫妻关系、父母子女关系、扶养、收养、监护等），继承（法定继承、遗嘱继承、无人继承）等；（4）管辖：一般管辖、特别管辖、专属管辖、协议管辖、必要管辖、继续管辖、裁量管辖、网络管辖、仲裁管辖等；（5）程序和司法协助：国际民事诉讼特别程序、国际商事仲裁程序、司法和司法外文书送达、国外调查取证、法院判决和仲裁裁决的承认与执行；（6）附则。

法时，不断扩大和充实国际私法规范调整的内容。例如，1987年《瑞士联邦国际私法》除附件外，共有13章、200个条文，分别对瑞士法院和主管机关的管辖权、法律适用、承认和执行外国的判决、破产和清偿协议以及仲裁的问题作了规定。同时，随着世界经济一体化趋势的加强，各国国际私法制度间的差异逐渐缩小，特别是两大法系国际私法之间逐渐出现了相互融合的趋势。比如在反致问题上，各国立法和司法实践中已基本上仅适用于与身份有关的个别民事关系中。在属人法问题上，在主要分为国籍法原则和住所地法原则的前提下，开始出现了住所地法的广泛适用，大有逐渐取代国籍这一连结点之势；大陆法系国家对国籍法原则的突破还表现在惯常居所地这一连结点的采用上。又如在继承问题上，同一制原则逐渐得到国际社会的认同，而且，晚近国际私法立法均允许被继承人在一定限度内享有选择法律的权利。①

二、国际私法的国际立法史

（一）早期国际私法的国际立法

早在1877年12月9日，秘鲁政府邀请阿根廷、玻利维亚、哥斯达黎加、智利、厄瓜多尔及委内瑞拉等南美数国到秘鲁首都利马开会，围绕着国际私法统一的原则问题进行了讨论，针对属地主义和属人主义两种不同的观点开展了激烈的争论。会议最终于1878年11月9日签订了《关于建立国际私法统一规则的条约》（以下简称《利马条约》）。该条约主要采用了属人主义的主张，受当时欧洲大陆本国法主义影响较大，一些拉丁美洲国家不满意，除秘鲁外，其他国家都未批准，因此未能生效。《利马条约》失败以后，拉丁美洲国家并没有放弃统一国际私法的努力。1888年8月至1889年2月，经乌拉圭法学家拉米勒兹（Gonzolo Ramines）倡议，由乌拉圭和阿根廷发起，在乌拉圭首都蒙得维的亚举行了蒙得维的亚会议（又称南美国际私法会议）。鉴于南美国家外来移民较多，为了保护南美国家的利益，该会议特别强调住所地法主义，共签订了9个条约。② 1928年，第六届泛美会议（Pan-American Conference）在古巴首都哈瓦那举行，有21个美洲国家出席。这次会议的重要成果就是在1928年2月20日签订了《国际私法公约》，该公约附有《国际私法法典》，又称为《布斯塔曼特法典》(Bustamante Code)。该法典除一般规则外，含有国际民法、国际商法、国际刑法和国际程序法4卷，共437条，至今仍为世界上条文数最多的国际私法法典。该法典于1928年11月25日生效，有15个拉丁美洲国家批准了它。

（二）海牙国际私法会议及其国际私法立法

海牙国际私法会议（the Hague Conference on Private International Law）在国际私法统一化运动中发挥了极为重要的作用。1892年，在荷兰法学家阿塞尔（T. M. C. Asser）的倡导和推动下，荷兰政府向欧洲国家发出了召开制定统一的国际私法规则的国际会议的邀请。1893年9月12日，第一届海牙国际私法会议在荷兰海牙举行。从海牙国际私法会议的发展来看，可以分为两个阶段：从1893年第一届会议到1951年第七届会议为第一阶段。这一阶段的会员国主要是欧洲大陆国家，会议没有固定的组织，而仅凭荷兰政府的邀请来参加会议。在第一阶段，先后召开了6届会议，在民事诉讼、结婚、离婚、婚姻效力、监护、禁治产及类似保护措施等方面制定了7个国际私法公约。从1951年后为第二阶段，这一阶段的

① 参见周海荣：《论当今国际私法的若干新动向》，载《中国法学》，1988（4），117～123页。

② 即《国际民法条约》、《国际商法条约》、《国际刑法条约》、《诉讼程序法条约》、《文学艺术所有权条约》、《商标条约》、《发明专利条约》、《执行自由职业条约》。

最大变化是在第七届会议上制定了《海牙国际私法会议章程》，从而使海牙国际私法会议成为一个以逐渐统一国际私法规范为目的的常设性政府间组织，规模也大大扩大，到 2016 年年初，它已有 80 个会员，分布于世界五大洲。从 1893 年以来，它已先后举行了 21 届会议，制定了 40 项国际私法公约、议定书和通则，已经生效的有 27 项。这些公约、议定书和通则涉及属人法、公司承认、货物买卖、买卖合同、代理、财产、信托、证券、公文书认证、交通事故、产品责任、结婚、婚姻财产、离婚承认、收养、扶养、未成年人保护、儿童诱拐、遗嘱方式、遗产管理、继承、民事诉讼以及司法救助等广泛的领域，而且不少公约已得到许多国家的签署、批准或加入，例如 1961 年《关于取消外国公文书认证要求公约》、1965 年《关于向国外送达民事或商事司法文书和司法外文书公约》、1970 年《关于从国外调取民事或商事证据的公约》、1980 年《国际性诱拐儿童民事方面公约》等。20 世纪 90 年代以后，海牙国际私法会议先后通过了 1993 年《关于跨国收养的儿童保护和合作的公约》、1996 年《关于父母责任和儿童保护措施的管辖权、法律适用、承认、执行与合作公约》、2000 年《成年人的国际保护公约》、2002 年《关于由中间人持有证券的特定权利的法律适用公约》和 2005 年《协议选择法院公约》，这些公约特别重视国际司法与行政合作。①

（三）欧洲联盟及其国际私法立法

欧洲联盟（Europe Union，EU，以下简称欧盟）是欧洲一体化的产物，是由欧洲共同体（European Communities，EC）发展而来的，它是当今世界上一体化程度最高的区域性组织，也是世界上最大的经济集团。1992 年 2 月 7 日，欧共体 12 个成员国的国家/政府首脑的全权代表在马斯特里赫特签署了《欧洲联盟条约》（以下简称《欧盟条约》），从而建立了欧洲联盟。2004 年 10 月 29 日，25 个欧盟成员国的国家/政府首脑以及外长在罗马签署了《欧洲宪法条约》及最后文件，标志着欧盟这一联邦国家式的国际组织在 21 世纪的国际舞台上将发挥更大的作用。欧盟一直注重国际私法领域的立法合作，《欧盟条约》和《欧洲宪法条约》均明确将“民事司法合作”作为欧盟的一项任务和目标，取得了很大的成就。欧共体时期比较有影响的公约有：1968 年《关于民商事件管辖权及判决执行的公约》、1968 年《关于相互承认公司和法人团体的公约》、1980 年《关于合同义务法律适用的公约》和 1987 年《关于在欧共体成员国间取消文书认证的布鲁塞尔公约》。目前主要是加强诉讼程序方面的统一，涉及文书认证、域外送达、域外取证和司法救助等方面。欧盟成立后，欧盟理事会先后制定通过了 1997 年《欧盟成员国间送达民商事司法文书及司法外文书公约》及 2000 年第 1348 号规则、2001 年《成员国法院间民商事域外取证合作的第 1206 号规则》、2003 年《关于在诉讼救助方面建立最低限度的共同规则以改善跨界纠纷中的司法救助的第 2002/8 号指令》。在扶养费执行、儿童监护等实体争议解决方面，欧洲联盟的合作立法也取得了一定的成绩。1990 年 11 月 6 日，欧盟成员国通过了《关于欧共体成员国间简化支付扶养费执行程序的罗马公约》。1998 年 5 月 28 日，欧盟成员国在布鲁塞尔根据《欧盟条约》第 K. 3 条的规定通过了《关于婚姻事项管辖权及判决的承认与执行公约》（又称《布鲁塞尔公约Ⅱ》），2000 年 5 月 29 日，欧盟理事会将之转化为可直接适用的立法文件，即《关于婚姻事项和亲子责任事项的管辖权及判决的承认与执行的第 1347/2000 号规则》。2003 年 11 月 27 日，欧盟理事会又颁布了《关于婚姻事项和亲子责任事项的管辖权及判决的承认与执行并废除第 1347/2000 号规则的第 2201/2003 号规则》。2007 年 7 月 11 日，欧盟理事会还通过了《关于

① 参见汪金兰：《统一国际私法的新机制——海牙国际私法会议的司法与行政合作》，载《法学评论》，2002 (3)。

非合同义务法律适用的第 864/2007 号条例》。这些公约和规则、条例为世界统一国际私法运动作出了贡献，突破了传统国际私法学说对国际私法渊源的理解范围，使“超国家法”成为国际私法的渊源之一，并对其他国家的国际私法产生了深刻的影响。[①]

(四) 美洲国家组织及其国际私法立法

美洲国家组织（Organization of American States，OAS）在从事国际私法统一化运动过程中，在组织基础上先后经历了泛美会议（美洲国家国际会议的前身）的法学家委员会和美洲国际私法特别会议（the Inter-American Specialized Conferences on Private International Law，CIDIP）两个阶段。从 1889 年在华盛顿召开首次美洲国家国际会议到 1948 年第九次美洲国家国际会议在波哥大的召开，有关国际私法领域的发展，最重要的法律机构是美洲法学家委员会。自从 1948 年通过《美洲国家组织宪章》以后，成立了作为美洲司法委员会（IAJC）常设机构的美洲国家法学家理事会。[②] 1965 年美洲国家法学家理事会于圣・萨尔瓦举行第五次会议，建议美洲国家组织应召集国际私法特别会议。1974 年 12 月，美洲国家组织大会通过了特别会议作为统一国际私法的常设机构的决议。迄今为止，在美洲国家组织的框架范围内，共召开过 7 次美洲国际私法特别会议。从 1975 年以来召开的 7 次特别会议的成果来看，共产生了 26 项国际文件，包括 20 个公约、3 个议定书、1 个示范法和 2 个统一文件。这些文件涵盖许多领域，为美洲国家间进行司法合作提供了有效的法律框架，同时增强了美洲背景下处理跨界的民事、家庭、商事、程序事项的法律确定性。例如国际私法的总则方面，美洲国家组织于 1979 年制定通过了《美洲国家间关于国际私法通则的公约》，这是到目前为止唯一一部专门对国际私法总则作出立法的国际公约，该公约的订立有助于消除或避免美洲国家间处理国际私法总则问题时的分歧，从而促进美洲国家间国际私法的逐渐统一。[③] 又如在票据方面，该组织先后通过了 1975 年《关于汇票、本票和发票法律冲突的公约》、《关于支票法律冲突的公约》和 1979 年《关于支票法律冲突的公约》。在诉讼程序领域，美洲国家组织更是加快了立法的进度，先后制定了 1975 年《关于国外调取证据公约》、1975 年《关于嘱托书的公约》、1979 年《关于外国法证明和查询的公约》、1979 年《关于嘱托书的公约的附加议定书》、1979 年《关于执行预防措施公约》共 4 个公约和 1 个议定书。这些公约和议定书主要是引进中央机关制度，规定缔约国间加强司法与行政合作的义务，以便美洲各国跨国民商事诉讼程序的顺利进行。上述公约为美洲地区国际私法的统一提供了一整套规则，使美洲国家组织的统一国际私法自成一体，也在极大程度上推动了世界性的国际私法统一化运动向前发展。

(五) 国际私法国际立法的趋势

从 19 世纪下半叶到现在，国际私法统一化运动已经过一百多年的演变和发展，在这一演变和发展中，国际私法统一化运动体现出以下几个趋势[④]：

第一，从规模方面来看，国际私法统一化运动从区域性向全球性发展，但区域性国际私

---

① 参见郭树理：《回顾与展望：世纪之交的欧盟统一国际私法运动》，载《中国国际私法与比较法年刊》，第 5 卷，35～36 页，北京，法律出版社，2002。

② 参见熊大胜：《美洲国际私法统一化的历史发展与欧洲的有关法律对它的影响》，载《武汉大学学报》（社会科学版），1993 (3)，25 页。

③ 参见黄进、杜焕芳：《关于国际私法总则的若干思考》，载《跨国法评论》，第 1 辑，12 页，北京，北京大学出版社，2004。

④ 参见汪金兰：《统一国际私法发展评析》，载《中国国际私法与比较法年刊》，第 4 卷，70～83 页，北京，法律出版社，2001。

法统一活动仍有自己的发展空间。这一点可以从海牙国际私法会议、欧洲联盟和美洲国家组织的国际私法统一活动中看出。例如，海牙国际私法会议在早期只是一个欧洲大陆国家统一国际私法的场所，但在第二次世界大战后，随着普通法系国家、社会主义国家、发展中国家的逐渐加入，随着它取消对非成员国加入公约的限制，以及随着它同其他国际组织在国际私法统一活动方面的广泛联系和协调，它已成为一个协调各个法系的国际私法规则的国际性政府间组织。

第二，从内容方面来看，国际私法统一化运动涉及的领域不断扩大，内容更加丰富。就法律规范而言，国际私法的统一活动不仅涉及民商事法律适用规范，还涉及实体私法规范、民事诉讼程序规范、仲裁规范，甚至民商事领域的司法协助和行政合作规范。就统一活动的重心而言，第二次世界大战后，国际私法统一化运动的重点已开始从一般民事领域逐渐转向商事领域。

第三，就统一方式而言，在国际私法统一化运动中，国际私法统一立法的方式日趋灵活多样。早先，不少国际私法统一立法者似乎倾向于制定包括各方面的综合性的公约，但实践证明，这种方式不可取，大大增加了公约谈判起草的难度，造成公约迟迟不能产生，也不能及时生效。因此，第二次世界大战以后，国际私法的统一工作转而倾向于就具体的问题，甚至一个问题的某一方面制定国际私法公约。另外，其他统一方式如“示范法”、“通则”等也受到重视，开始在实践中采用，比如1985年联合国贸法会拟定的《国际商事仲裁示范法》、2015年海牙国际私法会议通过的《国际商事合同法律选择通则》就是采用这些方式的成功例证。

第三节　中国国际私法的发展史

一、中国国际私法的立法发展

（一）旧中国的国际私法立法

唐朝是中国封建社会鼎盛时期，国力强盛，经济文化繁荣，对外交往密切。为调整各种具有国际因素的法律关系，永徽年间（约公元651年），唐高宗命太尉长孙无忌、司空李绩及尚书左仆射、于志宁等人编纂《永徽律》12篇，其中第一篇“名例篇”作了原则性的立法规定：“诸化外人，同类自相犯者，各依本俗法；异类相犯者，以法律论。”这也就是说，具有同一国籍的外国人在中国境内发生相互侵犯的案件，适用当事人的本国法；不同国籍的外国人之间在中国发生相互侵犯的案件，按照唐朝的法律处理。这种规定实际上是冲突规范的雏形，其前半部分体现了属人主义倾向，而后半部分则是属地主义的反映。由于当时的法律刑民不分，这条规定自然也适用于国际民事案件，因此，被视为中国国际私法的最早立法。另外，因为当时禁止化内人、化外人私相交易与禁止通婚，所以也就没有具体的国际民事法律适用规范。这种做法一直沿袭到宋代以后，直到明朝和清朝时期，《大明律》和《大清律例》一反唐宋时期的属人主义和属地主义相结合的原则，明确规定：“凡化外人犯罪者，并依律拟断。”其理由是：“言等此人，原虽非我族类，归附即是王民……并依常例拟断。示王者无外也。”这表明，明清法律采取了属地主义立场，不主张对化外人之争适用其本俗法，而强调适用法院地法。此后，直到清末，国际私法仍未得到发展。

1840年鸦片战争以后，中国逐渐沦为一个半殖民地、半封建的社会。西方列强纷纷侵入中国，通过一系列不平等条约，在中国取得了领事裁判权。在一些不平等条约中，虽有类似法律适用的规定，但均在于排除中国法律的适用。在这种情况下，中国主权丧失殆尽，就国际案件而言，国际私法已失去存在和发展的基础。[①] 但是，在长期的反帝反封建斗争中，中国人民始终要求废除领事裁判权，保障中国主权的完整。辛亥革命后，中华民国建立，中华民族的自强自立意识大增。1918年8月5日，北洋政府颁布了《法律适用条例》。该条例共有7章、27条，在内容和体系方面与1898年《日本法例》相似，具有大陆法系色彩。1927年8月12日，南京国民政府令暂准援用。然而，当时许多西方国家在中国具有领事裁判权，这些国家的自然人和法人直接受其本国领事裁判权的管辖，《法律适用条例》并不能约束之，因此，该条例在大多数情况下只是一纸空文。但正如我国台湾地区学者马汉宝所言："此一法规之制定，毋宁在表示我国收复司法权之决心，而未必为应付实际上之需要。"[②] 1953年6月6日，中国台湾地区在对该条例进行修订的基础上，公布了"涉外民事法律适用法"，共31条，目前经修订后仍在我国台湾地区适用。总之，完整的司法主权是国际私法赖以生存和发展的政治基础，旧中国的国际私法立法由于深深地打上了半殖民地的烙印，不可能得到发展。

(二) 新中国的国际私法立法

1949年新中国成立后，中国废除了帝国主义强加给我们的所有不平等条约，取消了外国人在华的一切特权，从而为中国独立自主地进行对外交往，乃至建立完善的国际私法制度创造了良好的条件。然而，在最初30年间，由于美国对中国实行经济封锁和禁运，中国的国际民商事交往基本上处于停顿状态。国际民事关系虽偶有发生，但在当时的历史条件下，凡在中国发生的法律关系或纠纷基本上按照中国法处理。再加上法律并没有受到应有的重视，中国立法机关对于国际私法的制定也没有加以重视，国际私法立法并没有得到什么发展。[③] 当时除了中国同外国缔结的少数领事条约含有一些冲突规范，以及外交部、民政部、最高人民法院的一些批复或解答曾就个别问题零零星星地作过一些规定外，国际私法立法完全是一片空白，在中国当时的法律体系中根本没有国际私法的位置。

1978年党的十一届三中全会以后，中国实行了改革开放政策，国际民事关系迅速发展，中国国际私法的立法工作也因此取得了很大的进展。在中国现有法律体系中，中国国际私法分支体系已初具规模。从国内立法来看，中国陆续颁布了《宪法》(1982年)、《民事诉讼法(试行)》(1982年)、《中外合资经营企业法实施条例》(1983年)、《涉外经济合同法》(1985年)、《继承法》(1985年)、《技术引进合同管理条例》(1985年)、《民法通则》(1986年)、《民事诉讼法》(1991年)、《收养法》(1991年)、《海商法》(1992年)、《仲裁法》(1994年)、《票据法》(1995年) 和《民用航空法》(1995年) 等许多法律，它们大都含有国际私法规定。特别是1986年4月11日全国人民代表大会常务委员会通过的《民法通则》第八章开创了中国在民事法律中专章规定法律适用问题的历史，第一次比较系统地规定国际私法规范，虽然其条款数只有9条、13款，但在中国国际私法的立法发展史上具有重要意义。因此，以《宪法》为指导，以《民法通则》的小集中、其他单行法规的分别规定，构成了中国现行国际私法的主要规范体系。这些规范不仅涉及外国人法律地位方面、法律适

---

① 参见肖永平：《旧中国国际私法之一瞥》，载《法学杂志》，1991 (2)。

② 马汉宝：《国际私法总论》，7版，11页，台北，五南图书出版公司，1982。

③ 参见肖永平：《我国国际私法立法现状及对策研究》，载《法学评论》，1991 (6)。

用方面，也涉及国际民事诉讼程序和国际商事仲裁方面，其中不少制度，甚至在国际上亦颇为先进。[①] 从国际立法来看，中国在国际私法的国际立法合作方面也开展了许多工作，取得了很大的进展。自1981年起，中国曾多次应邀派代表作为观察员出席海牙国际私法会议的特别委员会会议。1987年7月3日，中国正式成为海牙国际私法会议的成员国。1991年3月2日，中国正式加入了迄今国际上有关域外文书送达方面最为完备的1965年海牙《关于向国外送达民事或商事司法文书和司法外文书公约》，这是中国加入的第一个海牙国际私法会议订立的公约。1997年7月3日，全国人民代表大会常务委员会又决定加入1970海牙《关于从国外调取民事或商事证据的公约》。2005年4月27日，全国人民代表大会常务委员会还批准了1993年海牙《关于跨国收养的儿童保护和合作的公约》。另外，自1987年以来，中国还分别同法国、比利时、波兰、蒙古、罗马尼亚、意大利、西班牙、俄罗斯等近四十个国家签订了五十多项双边司法协助协定，比如1987年5月4日签订的《中华人民共和国和法兰西共和国关于民事、商事司法协助的协定》(1988年2月8日生效)、1991年5月20日签订的《中华人民共和国和意大利共和国关于民事司法协助的条约》(1995年1月1日生效)。这些双边司法协助协议的签订和实施，有利于中国司法机关更好地开展国际民商事司法协助工作。

（三）中国国际私法立法展望

总的来看，中国国际私法法制建设是起步晚、发展快，而问题也相当多，无论是国内立法还是参加国际立法方面，现行的国际私法法制还不是十分健全和完善，是整个法律体系中的一个薄弱环节，远远不能满足中国对外民商事交往和司法实践的需要。在形式和内容上，一直未能改变在不同的单行法中分散规定国际私法规范的立法方法，因而国际私法的立法既不集中，也不系统，不利于综合适用，也无法对国际私法的总则性问题加以全面规定，许多重要的领域形成了立法上的盲点和真空，如反致制度、法律规避制度、外国法的查明、时际法律冲突的解决，等等；在逻辑性和操作性上，有些规定本身的周延性欠缺、协调性不够、可操作性较差，少数规定甚至有互相冲突之处。例如，《民法通则》第144条只规定了"不动产的所有权，适用不动产所在地法律"，对动产物权却未置可否，但在第149条又规定了："遗产的法定继承，动产适用被继承人死亡时住所地法律，不动产适用不动产所在地法律。"其他在涉及人的能力、侵权行为以及司法管辖权等方面，也不同程度地存在这些问题。

因此，现行国际私法有待进一步完善立法形式，充实立法内容，提高立法技术。[②] 在形式上，应坚持法典化方向，并采取管辖权、法律适用和司法协助等三大块模式，这不仅能够适应中国国际民商事司法实践迅速发展的需要，也与当今国际社会国际私法法典化的潮流相吻合。在内容上，除了充实国际私法的总则性规定外，还要对于新出现的各种民商事关系分类作出规范和调整。在技术上，应该吸收专业人士参加，充分考虑专家、学者的理论研究成果，否则，闭门造车是很难实现成功立法的。现行国际私法立法中很多缺乏理论基础、脱离实际的规定在很大程度上就是源于此。目前，中国正在起草制定民法典，出于各种主、客观原因，立法机构没有采纳学界的一致主张[③]，而是在1986年《民法通则》第八章"涉外

---

① 参见丁伟：《世纪之交中国国际私法立法回顾与展望》，载《政法论坛》，2001（3）。

② 参见黄进：《中国冲突法体系初探》，载《中国社会科学》，1988（5）；肖永平：《国外国际私法的新发展与中国国际私法的发展方向》，载《中国法学》，1996（1）。

③ 梁慧星先生认为：'民法通则第八章涉外民事关系的法律适用，性质上属于国际私法。考虑到20世纪以来制定国际私法法典已成为共同趋势，及我国国际私法学界对此已形成共识并已着手起草，因此建议在民法典之外制定中国国际私法法典。这也是民法起草工作小组一致的意见。"梁慧星：《当前关于民法典编纂的三条思路》，载《中外法学》，2001（1）。

民事关系的法律适用”的基础上起草“涉外民事关系的法律适用法”，作为民法典的第九编。2010 年 10 月 28 日第十一届全国人大常委会第十七次会议通过了新中国的第一部国际私法单行法——《涉外民事关系法律适用法》，该法已于 2011 年 4 月 1 日起施行。该法大大拓展了《民法通则》第八章的规定，具有里程碑意义。但是，该法仅仅解决了国际民商事关系的法律适用问题，而没有涉及司法管辖权和判决的承认与执行问题。因此，中国国际私法的立法任务还很艰巨。

二、中国国际私法的理论发展

（一）旧中国的国际私法学

中国国际私法的理论研究与立法发展基本同步。唐太宗永徽二年（公元 651 年），《永徽律》公布施行。永徽三年（公元 652 年），唐高宗下诏称：“律学未有定疏，每年所举明法，遂无凭准。”为了明法，也为了统一法律解释，以及律书的统一适用，长孙无忌等 19 人奉旨对《永徽律》进行“注释”，撰写疏，编成《唐律疏议》，这也可以说是中国“注释法学派”的开山之作，于永徽四年（公元 653 年）由皇帝批准颁行天下。“自是断狱者，皆引疏分析之。”唐称为《律疏》，元以后通称为《唐律疏议》。其中对《永徽律·名例篇》中的“诸化外人同类自相犯者，各依本俗法；异类相犯者，依法律论”进行的“疏议”称：“化外人，谓蛮夷之国别立君长者。各有风俗，制法不同。其有同类自相犯者，须问本国之制，依其俗法断之。异类相犯者，若高丽之与百济相犯之类，皆以国家法律论定刑名。”这一“疏议”被中国学者认为是最早的萌芽状态的国际私法学论述。其后，还有：“海商客死，管籍其赀，满三月，无妻子诣府者，则没入。”“既入吾境，当依吾俗，安用岛夷哉。”[①] 然而，上述“疏议”和“论述”由于还很原始，且未形成系统的理论学说，故还只能说是国际私法学说的萌芽，在唐朝以后受历史条件的限制，也没有进一步得到发展。

直到清朝末年，中国国际私法的理论研究才逐渐开始复苏。从现有史料来看，自 20 世纪初开始，中国陆续出版了一批国际私法著作。1905 年出版的第一套法学丛书——“法政粹编”中就有一本《国际私法》，同年出版的“法政丛书”中也有一本郭斌编写的《国际私法》。1906 年和 1907 年先后出版了傅疆和曹履贞各自编写的《国际公私法》和《国际私法》，列入“法政讲义”丛书。1911 年，熊文翰主编的《国际私法》被列入“京师法学堂笔记”丛书得以出版。[②] 辛亥革命后，研究国际私法的学者逐步增多，出版的国际私法著作也不断涌现，陈顾远、周敦九、梅仲协、徐砥平、阮毅成、唐纪翔、翟楚、卢峻、李浩培等学者先后发表了一系列国际私法著作。从这些论著来看，在很大程度上深受西方国际私法理论的影响，多为对西方国际私法学说的解释，缺乏独创性，大都未形成自己独立的理论体系，内容也大同小异，且认为国际私法是冲突法并具有国内法性质的传统观点占统治地位，但毫无疑问，它们对国际私法知识在中国的普及起到了重要的启蒙作用，对中国当代国际私法理论研究也具有一定参考价值。

（二）新中国的国际私法学

新中国成立后，在头 30 年里，中国几乎没有自己撰写的国际私法著作出版，仅有屈指可数的几本国际私法译作问世，例如，1951 年人民出版社出版的《国际私法》（隆茨著），

① 《新唐书·孔癸文传》和《宋史·汪大猷传》。

② 参见刘正中：《晚清中国国际私法与日本》，载《国际法与比较法论丛》，第 9 辑，567～580 页，北京，中国方正出版社，2003。

1951 年大东书局出版的《苏联国际私法教程》（隆茨著），1957 年中国人民大学出版社出版的《英美国际私法的理论和实践概论》（乌·姆·柯列茨基著），1959 年世界知识出版社出版的《国际私法论文集》（隆茨等著）以及 1963 年商务印书馆出版的《国际私法》（托马斯著）等。20 世纪 50 年代，中国先后在中国人民大学等一些高等院校开设了国际私法课程，但从学术观点的确立到理论体系的构建都一味地追随和模仿苏联。20 世纪 60 年代，受极左思潮的冲击和法律虚无主义的影响，国际私法的教学和研究一度中断。进入 20 世纪 80 年代，中国开始实行改革开放政策，国际私法的教学和研究工作才得以恢复，并逐步走上正轨。1981 年，姚壮和任继圣教授合著的《国际私法基础》由中国社会科学出版社出版，成为新中国国际私法的拓荒之作，而由著名法学家韩德培教授主编并由武汉大学出版社于 1983 年出版的高等学校法学教材之《国际私法》，则是新中国成立以后第一本国际私法全国统编教材。随着国际私法法制建设的不断发展，改革开放中不断涌现的国际私法问题亟待解决，中国国际私法的理论研究工作也不断取得丰硕的成果。从 1985 年开始，中国国际私法著作、教材、译著、参考资料的出版犹如雨后春笋。

1985 年，全国性的国际私法学术活动也开始顺利展开。是年 8 月，武汉大学国际法研究所发起并和贵州大学法律系联合在贵阳花溪主持召开了首届全国国际私法学术研讨会。在这次会议上，与会代表即开始酝酿成立全国性的国际私法学术团体，并成立了“中国国际私法研究会筹备组”。1987 年 10 月，在原国家教委和司法部的大力支持下，武汉大学国际法研究所发起并在武汉大学主持召开了全国国际私法教学研讨会，在这次会议上，经与会代表民主协商，成立了全国性的国际私法民间学术团体——“中国国际私法研究会”（1992 年后易名为“中国国际私法学会”），并选举产生了研究会理事会。理事会选举韩德培教授为首任会长，现任会长为黄进教授。此后，中国国际私法研究会相继召开过多次学术研讨会和年会，对国际私法理论和实践中的一些重要问题进行了深入探讨，先后组织出版了《国际司法协助与区际冲突法论文集》（1989 年）、《海峡两岸法律冲突及海事法律问题研究》（1991 年）、《区际司法协助研究》（1993 年）、《国际私法与国际商事仲裁》（1994 年）、《市场经济与中国国际私法立法》（1996 年）和《司法协助研究》（1996 年）等多本论文集。自 1998 年起，改为出版《中国国际私法与比较法年刊》。它已成为中国国际私法学界信息交流和学术研究的新园地，对于推动国际私法学术发展起到了积极的促进作用。

就具体的学说理论而言，虽然中国国际私法学界目前尚未形成真正的学派，但是已经出现了一些颇有影响的学说理论，具有代表性的主要有“一机两翼说”、“法律趋同化说”和“国际交往互利说”等。著名法学家韩德培先生曾指出：“国际私法就如同一架飞机一样，其内涵是飞机的机身，其外延是飞机的两翼。具体在国际私法上，这内涵包括冲突法，也包括统一实体法，甚至还包括国家直接适用于涉外民事法律关系的法律。而两翼之一则是国籍及外国人法律地位问题，这是处理涉外民事关系的前提；另一翼则是在发生纠纷时，解决纠纷的国际民事诉讼及仲裁程序，这包括管辖权、司法协助、外国裁判和仲裁裁决的承认与执行。”上述精彩、形象的论述可以说形象和科学地勾画出了国际私法的范围。李双元教授是“法律趋同化说”的提出者和践行者，他认为，所谓法律趋同化，是指不同国家的法律，随着社会共同需要的发展，在国际交往日益发达的基础上，逐渐相互吸收，相互渗透，从而趋于协调、接近甚至一致的现象。① 20 世纪 80 年代，中国学者在编写

---

① 参见李双元：《国际私法的趋同化问题》，载《法学评论》，1993（2）。

统编教材时提出了“国际交往互利说”，认为是否适用外国法，根本原因在于各国对外平等互利交往的需要。①

（三）中国国际私法学展望

从最近三十多年中国国际私法学术研究发展的形势来看，21 世纪将是中国国际私法理论学说持续繁荣发展的世纪。中国和外国彼此间的国际私法，共同性将加强，但也将有所不同，各有特点。比较国际私法学将有一个新的发展，而法律适用理论中最密切联系说，将会扩大适用领域。国际交往互利说、国际私法趋同化说、利益共同性增长说、实体法取向说等，也会有新的发展变化。

当然，就具体领域的研究而言，我们还有许多具体问题需要去研究解决。② 改革开放以来，法院管辖的国际案件逐渐增多，但法院与理论界沟通不够，许多案例都看不到，搜集一些判例往往还要通过个人关系。因此，需要建立一种机制，加强实务界与理论界的交流与合作。由于电子商务一开始就具有国际性，随着而来的包括管辖权、法律适用、争议解决、国际电子商务统一法等问题需要加以研究。现在，国外国际贸易等纠纷主要是通过仲裁来解决，但中国不同，1994 年《仲裁法》生效至今，暴露了不少问题，这就需要按照国际化、现代化的要求改革仲裁制度，便于当事人选择。另外，跨国网络侵权和新型国际贸易也引出了一些新的国际私法问题，这方面研究还不够。再如，国际私法现代化与本土化的关系，如何协调国际惯例与保留本国特色，也值得研究。

【问题与思考】

1. 目前，国际私法在调整国际民商事关系、解决国际民商事争议、维护国际民商事秩序方面发挥着越来越重要的作用，从国际私法发展史的角度，你能解释一下为什么国际私法在司法实践中越来越重要？

2. 萨维尼的“法律关系本座说”与现代国际私法上的最密切联系学说有何联系？法院在司法实践中如何贯彻最密切联系学说？

3. 柯里的“政府利益分析说”以法院地法原则为核心，同时主张在解决法律冲突时一切取决于对政府利益的分析，结合晚近法律适用“回家去”的趋势，你认为柯里的学说对国际民商事案件审理有何影响。

4. 唐朝《永徽律·名例篇》中的“诸化外人同类自相犯者，各依本俗法；异类相犯者，依法律论”作何解释？你对该立法有何评论？

---

① 参见刘振江、张仲伯、袁成弟主编：《国际私法教程》，57～58 页，兰州，兰州大学出版社，1988。

② 参见黄进：《我国国际私法研究的回顾与展望》，载《民商法前沿论坛》，第 3 辑，北京，人民法院出版社，2004；肖永平：《中国冲突法领域中近期应加强研究的几个问题》，载《法学研究》，2004（2）。

第三章 国际私法主体

参考书目

1. 韩德培主编．国际私法．北京：高等教育出版社，北京大学出版社，2000
2. 章尚锦，杜焕芳主编．国际私法．5 版．北京：中国人民大学出版社，2014
3. 黄进主编．国际私法．修订版．北京：法律出版社，2005
4. 张仲伯．国际私法学．4 版．北京：中国政法大学出版社，2012
5. 李双元等．中国国际私法通论．2 版．北京：法律出版社，2003
6. 龚刃韧．国家豁免问题的比较研究．北京：北京大学出版社，2005
7. 黄进．国家及其财产豁免问题研究．北京：中国政法大学出版社，1987
8. ［法］亨利・巴迪福尔，保罗・拉加德著，陈洪武等译．国际私法总论．北京：中国对外翻译出版公司，1989
9. ［英］J. H. C. 莫里斯主编，李双元等译．戴西和莫里斯论冲突法．北京：中国大百科全书出版社，1998
10. ［德］马丁・沃尔夫著，李浩培等译．国际私法．2 版．北京：北京大学出版社，2009

参考法规

1.《中华人民共和国宪法》第 18 条、第 32 条
2.《中华人民共和国民法通则》第 8、15、39、143 条
3.《中华人民共和国国籍法》

4. 国家工商行政管理总局《关于外国企业常驻代表机构登记管理办法》(1983年3月15日起施行)

5.《中华人民共和国商标法》第13、17、18条

6.《中华人民共和国著作权法》第2条

7.《中华人民共和国专利法》第10、18、19、20条

8. 最高人民法院《关于贯彻执行〈中华人民共和国民法通则〉若干问题的意见(试行)》第178~185条

9.《联合国国家及其财产管辖豁免公约》(2004年12月2日通过)

10.2010年《中华人民共和国涉外民事关系法律适用法》

其他参考资料可参见:李双元,欧福永,熊之才编.国际私法教学参考资料选编.北京:北京大学出版社,2002

引例 港源公司案①

1996年10月31日,原告港源水利电力工程有限公司(以下简称港源公司,公司住所地在香港)出资在中国境内注册成立的独资子公司华水电子(深圳)有限公司(以下简称华水公司)在被告中国农业银行北京市分行(以下简称农行北京分行)进行了开户申请,同日,华水公司将人民币500万元划入了其在被告农行北京分行的账户内。1996年11月4日,被告农行北京分行将上述人民币500万元从华水公司的账户内划到第三人国宇经济发展总公司(以下简称国宇公司)登记设立的北京三峡经济发展总公司(后更名为北京三峡经济开发集团)的下属单位三峡双艺的账户内。华水公司在上述500万元的信汇凭证上加盖了财务章。后华水公司要求将上述500万元存款转存水利部机关服务中心账户内,被告农行北京分行以500万元已被三峡双艺提走为由拒付。1999年11月18日,北京三峡经济开发集团致函华水公司,承诺拟于1999年12月31日前还清所欠余款。次日,北京三峡经济开发集团再次致函华水公司,承认其欠华水公司人民币500万元,并曾于1998年分三次还款共100万元,尚欠人民币400万元余款,并保证于1999年12月31日还清。华水公司因连续两年不参加年检,于1999年12月23日被吊销营业执照。鉴于华水公司已被吊销,其开办投资单位港源公司作为原告依据有关法律规定向北京市第一中级人民法院提起诉讼,请求判令被告农行北京分行和第三人国宇公司返还原告港源公司人民币400万元,并偿付相应利息。被告农行北京分行辩称,原告港源公司不是适格的主体,企业法人被吊销后,该企业法人仍可以以自己的名义进行诉讼,本案原告应是华水公司,请求法院驳回原告港源公司的诉讼请求。

关于港源公司是否有权对被告农行北京分行提起诉讼及申请追加国宇公司为第三人的问题,北京市第一中级人民法院认为,按照国际私法确立的基本原则,当事人主体资格的确定,应适用其所在地国的法律。本案法律关系的当

① 参见北京市第一中级人民法院(2001)一中民初字第1587号民事裁定书。

事人华水公司的注册成立地在中国，故应依据中国的法律确定当事人的主体资格问题。华水公司虽然被工商管理部门吊销了营业执照，但现没有证据证明华水公司已注销。依据我国《企业法人登记管理条例》的有关规定，华水公司作为企业法人仍继续存在，故其仍应以自己的名义起诉或应诉。港源公司作为华水公司100%的股东，其以华水公司已被吊销营业执照为由，以其自身的名义作为原告起诉农行北京分行及申请追加国宇公司为第三人的理由不能成立，其起诉应予以驳回。

本案涉及的主要法律问题有：法人国籍的确定、法人民事权利能力和行为能力的确定、法人的民事诉讼能力。

第一节 自然人

引例 张某遗产继承案

中国公民张某系北京市居民，1988年大学毕业后自费赴日本留学深造，1994年在日本某大学毕业并取得博士学位，毕业后一直在日本定居并工作。2003年张某因病在日本去世，生前并未留有遗嘱。张某去世后其妻刘某（中国公民）变卖了在日本的全部财产，携女儿回国定居。其后张某的父母向刘某提出，要求获得张某的部分遗产，遭到刘某的拒绝。张某的父母遂向北京市某基层人民法院提起诉讼，要求按照中国继承法的规定，作为第一顺序继承人参与遗产的分配。在庭审中，刘某的代理律师提出了如下的意见：(1) 依照《中华人民共和国民法通则》第149条的规定：遗产的法定继承，动产适用被继承人死亡时住所地法律，不动产适用不动产所在地法律。该案是一起涉外遗产继承案，应按该条的规定适用法律。(2) 张某死亡时的住所在日本，他的全部遗产均为动产，故该案应适用日本法解决。(3) 根据日本法律，在法定继承中，子女为第一顺序继承人，父母为第二顺序继承人，存在第一顺序继承人时，配偶和第一顺序继承人共同继承，没有第一顺序继承人时，配偶和第二顺序继承人共同继承。因此，张某的遗产应由其妻刘某和女儿共同继承，张某的父母不享有继承权。

本案涉及的主要法律问题有：住所在国际私法中的意义、住所的确定、涉外遗产继承法律适用。

引例 意大利商人案

中国浙江一纺织品进出口公司在杭州市与一位年满21岁的意大利商人签

订了一份纺织品原料供货合同。合同签订后，这种纺织品原料的价格在国际市场上暴涨，意大利商人如履行合同将遭受巨大亏损。为达到不履行合同又不承担违约责任的目的，该意大利商人提出，按意大利法律，他是未成年人（意大利法定成年年龄为22岁），不具备完全的民事行为能力，不能成为合同主体，因而他与浙江某纺织品进出口公司签订的合同是无效的。浙江某纺织品进出口公司向法院提起诉讼，要求该意大利商人承担违约责任、赔偿损失。法院经审理后认为：本案合同履行地在中国，应以中国法为准据法。根据我国法律，年满18周岁即具有完全行为能力。所以，该意大利商人具有民事行为能力。浙江某纺织品进出口公司与意大利商人签订的合同有效，该意大利商人不履行合同属违约。遂判令赔偿因其违约给浙江某纺织品进出口公司造成的损失。

本案涉及的主要法律问题有：自然人行为能力的确定、违约责任问题。

一、国籍与住所在国际私法中的意义

自然人是涉外民事关系的重要参与者。在国际私法中，自然人既包括本国公民，也包括外国人和无国籍人。作为国际私法主体的自然人首先依其本国法或住所地法应是具有民事权利能力和行为能力的人，而各国立法中对自然人的权利能力和行为能力的规定不同，就会造成这一领域内的法律冲突现象，从而产生自然人的权利能力和行为能力的法律适用问题。而自然人的权利能力和行为能力的准据法的确定，又与自然人的国籍和住所有着极为密切的联系，在目前各国立法当中，自然人的国籍和住所都是确定其权利能力和行为能力的一个重要连结点。各国立法中关于国籍和住所的规定不同，就有可能产生各种法律冲突问题，因此在实际案件的解决中，涉及自然人的能力问题有必要首先确定自然人的国籍和住所。其次，在人的身份关系、亲属、继承等领域内，国籍与住所也是重要的连结点。例如，在前述“张某遗产继承案”中，住所就是决定该案法律适用问题的关键因素，适用中国法还是日本法会对案件作出完全不同的裁判。由于中国《民法通则》关于涉外动产法定继承的冲突规范采取了住所作为连结点，所以，确定张某死亡时的住所地就成了该案的一个核心问题。在国际民事诉讼领域内，国籍与住所也具有重要的意义，它们是确定管辖权和进行司法协助的重要依据。最后，国籍与住所也是判断某一民事关系是否具有涉外性和确定外国人的民事法律地位的基本依据。需要注意的是，国际私法中所讲的国籍和住所冲突的解决，是指在某个具体的涉外民事案件中，以哪一个具体的国籍和住所为准的问题，并非是要从根本上解决国籍和住所的冲突，不能理解为经过一次民事审判后，就从法律上确定了某自然人的国籍和住所，这是要在国际公法和民法中解决的问题。

二、自然人国籍的确定

国籍，是指一个人作为一个特定国家的成员的资格，表明这个公民与所属国的一种特定的法律联系。国籍是国际私法中一个十分重要的连结点，国际私法研究国籍问题，主要研究自然人国籍的确定，目的在于确定自然人的本国法。

自然人国籍的冲突源于各国国籍法对取得国籍、丧失国籍的标准的规定不同。国籍的冲突包括积极的冲突和消极的冲突两种。

（一）国籍积极冲突的解决办法

国籍的积极冲突，也即一自然人具有两个以上的国籍。国际上有以下几种确定自然人国籍的做法：

1. 当事人具有的两个国籍中有一个是本国国籍（或法院地国籍）的，目前各国通行的做法是只承认其本国国籍，不承认其外国国籍，即本国国籍优先原则。

2. 当事人所具有的国籍均为外国国籍，而无本国国籍时，当事人国籍的确定，国际上做法不一致，大致有以下几种：

（1）以当事人最后取得的国籍为其国籍。例如，1939 年《泰国国际私法》第 6 条规定：当事人有两个以上国籍，依最后取得国籍法为本国法。

（2）以与当事人有最密切联系的国家的国籍为准。如《奥地利联邦国际私法》第 9 条规定：如一人具有多重国籍但无内国国籍，应以与之有最强联系的国家的国籍为准。

（3）由法院从当事人的两个或两个以上国籍中决定其中一个国籍为当事人的国籍。如 1948 年《埃及民法典》第 25 条规定：在无国籍或多重国籍的情况下，应适用的法律由法官确定。

（二）国籍消极冲突的解决办法

国籍的消极冲突，即当事人不具有任何国家的国籍，国际上一般以当事人住所、惯常居所或居所地法律为其本国法。《韩国 2001 年修订国际私法》规定：无国籍人，以其惯常居所地法为其本国法；如其惯常居所地无法确定，则适用其居所地法。1954 年《关于无国籍人地位的公约》第 12 条也有类似的规定。对于在内国既无住所又无居所的无国籍人的国籍的确定，有的国家规定办理一定手续加入内国国籍，但也有一些国家采取不同做法，如《埃及民法典》规定：无国籍人的本国法，由法官确定。

（三）我国关于自然人国籍确定的立法

根据我国《国籍法》、最高人民法院《关于贯彻执行〈中华人民共和国民法通则〉若干问题的意见（试行）》以及《涉外民事关系法律适用法》，我国对于自然人国籍的确定有如下规定：

1. 不承认中国人具有双重国籍。《国籍法》第 5 条规定：父母双方或一方为中国公民，本人出生在外国，具有中国国籍；但父母双方或一方为中国公民并定居在外国，本人出生时即具有外国国籍的，不具有中国国籍。该法第 9 条规定：定居外国的中国公民，自愿加入或取得外国国籍的，即自动丧失中国国籍。

2. 根据最高人民法院《关于贯彻执行〈中华人民共和国民法通则〉若干问题的意见（试行）》第 182 条的规定，有双重或多重国籍的外国人，以其有住所或与其有最密切联系的国家的法律为其本国法。

3. 对于无国籍人，最高人民法院《关于贯彻执行〈中华人民共和国民法通则〉若干问题的意见（试行）》第 181 条规定：无国籍人的民事行为能力，一般适用其定居国法律；如未定居的，适用其住所地国法律。

4.《涉外民事关系法律适用法》第 19 条规定：依照本法适用国籍国法律，自然人具有两个以上国籍的，适用有经常居所的国籍国法律；在所有国籍国均无经常居所的，适用与其有最密切联系的国籍国法律。自然人无国籍或者国籍不明的，适用其经常居所地法律。

三、自然人住所的确定

住所在国际私法上有着重要意义，它对于确定管辖权以及准据法起着重要作用，是一个重要的连结点。19 世纪以来，大陆法系国家大都以国籍法为当事人的属人法。但由于种种原因，英美各国法律所说的属人法，则指的是住所地法。因此，住所在国际私法中，仍占相当重要的地位。

（一）住所的概念

关于住所的概念，各国并无统一的规定。《法国民法典》认为定居之地即为其住所，加拿大《魁北克民法典》以惯常居所地为住所，《瑞士民法典》则规定以有永久居住意思的居住地为住所，英美法则认为住所是人具有久居意思的事实上居住的地方。1986 年 11 月召开的海牙国际私法会议，对住所的概念进行了广泛的讨论。一般认为，确定一个人的住所应从两个标准考虑：一是客观标准，如居住年限、家庭关系、财产所在地以及职业、社会和经济的联系等；另一个是主观标准，即当事人定居的意思。

通常认为，一个人仅能有一个住所，如《瑞士民法典》规定：一个人不能同时有几个住所。但有的国家允许一个人有数个住所，如《日本民法典》第 74 条规定：因某种行为的需要，可选定一个住所，但其原来的住所还存在。由于存在上述情况，加之各国关于住所的概念理解不同，就可能产生住所的冲突。

如同国籍一样，住所的冲突也分积极的冲突和消极的冲突。前者指一个人在同一时间，在不同的地方或国家有一个以上的住所；后者指一个人在同一时间在任何国家或任何地方都没有住所。

（二）住所冲突的解决办法

1. 住所的积极冲突的解决方法有以下几种：

（1）依当事人的意思确定其住所。法国学者罗梭（Loisseau）主张此说。持此主张者认为，住所的选择属个人的自由，一个人有数个住所时，应以自己个人的意思决定住所。反对者认为，这种做法势必让当事人的意思左右其属人法的选择，很不妥当。

（2）主张依法院地法确定当事人的住所。美国《第二次冲突法重述》第 13 条规定：法院在适用自己的冲突法规则时，依自己的标准确定住所。反对者认为，仅依法院地法解决住所冲突，就会因法院地的不同而造成住所时有变更，导致住所不确定。

（3）依法律关系的性质解决当事人的住所冲突。此说的拥护者认为，在适用住所地法解决当事人的身份能力时，应依当事人本国法；解决无遗嘱继承时，依遗产所在地法，或当事人的本国法确定住所；解决破产问题，当事人的住所，受诉讼地法分配。

（4）同解决国籍积极冲突的方法相似，冲突的住所中有一个在国内的，则以内国住所为住所；如果冲突的住所皆为外国的住所，则适用与之有最密切联系的住所地法或当事人最后取得的住所地法。如《布斯塔曼特法典》第 25 条即采此规定。

2. 对于住所的消极冲突，各国立法中采取的解决办法比较一致，一般均以当事人的居所代替住所，无居所的，以当事人的现住地为居所。

（三）我国有关住所的规定

《民法通则》第 15 条规定：公民以他的户籍所在地的居住地为住所，经常居住地与住所不一致的，经常居住地视为住所。最高人民法院《关于贯彻执行〈中华人民共和国民法通则〉若干问题的意见（试行）》第 9 条规定：公民的经常居住地是指公民离开住所地时最后连续居住一年以上的地方，但公民住院就医的除外。在“张某遗产继承案”中，张某生前长期居住在日本，死亡时的住所也在日本，符合《民法通则》规定的“经常居住地”标准，所以在该案中应以日本住所为其住所，该案最终也应依日本法处理。

最高人民法院《关于贯彻执行〈中华人民共和国民法通则〉若干问题的意见（试行）》第183条规定：当事人的住所不明或者不能确定的，以其经常居住地为住所；当事人有几个住所的，以与产生纠纷的民事关系有最密切联系的住所为住所。《涉外民事关系法律适用法》第20条规定：依照本法适用经常居所地法律，自然人经常居所地不明的，适用其现在居所地法律。

四、自然人权利能力的法律适用

（一）自然人权利能力的法律冲突

自然人的权利能力是指自然人依法享有民事权利、承担民事义务的资格。自然人的权利能力是自然人成为国际私法主体的前提条件。各国民法都认为自然人的权利能力“始于出生，终于死亡”，非依法律规定不得剥夺，在这方面并没什么例外，所以在此方面本不应发生法律冲突。但是各国文化、民族传统等方面的差异，造成了各国在法律上对“出生”和“死亡”的理解不同，以及对推定死亡等制度的规定有所不同，所以在某些情况下也会产生法律冲突现象。主要表现在以下两个方面：

1. 在权利能力的开始方面

自然人的权利能力始于出生，但对出生的判断标准，在各国民法学界有着不同的主张，如“阵痛说”、“初声说”、“部分露出说”、“独立呼吸说”等。在立法上的规定也不尽相同，如《法国民法典》要求出生时必须具有生命才取得自然人的权利能力。《瑞士民法典》规定：胎儿，只要其出生时尚生存，出生时即具有权利能力。而西班牙民法典则规定出生后需存活24小时以上才能取得权利能力。

2. 在权利能力的终止方面

民事权利能力终于死亡，死亡包括生理死亡和宣告死亡。关于生理死亡，各国主要以呼吸终止、心脏停止、脑死亡为条件，在此方面发生法律冲突的实际案件很少。但各国的宣告死亡与宣告失踪制度却有较大差异，主要表现在，宣告失踪或死亡所要求的自然人下落不明的期间不同。如《日本民法典》规定，失踪人生死不明满7年可视为死亡。《法国民法典》规定，当事人停止在其住所出现而又无音讯时，由利害关系人提出，监护法官确认为推定失踪；确认推定失踪的判决满10年时，由民事法院宣告失踪；不经监护法官判决确认推定失踪的，当事人停止在其住所出现而又无音讯满20年的，直接由民事法院宣告失踪。我国《民法通则》第23条规定：下落不明满4年，或因意外事故下落不明，从事故发生之日起满2年，经利害关系人申请，法院可宣告其死亡。

另外，针对互有继承权的数人死于同一事故，但无法确定谁先死亡的问题，有些国家规定规定了“推定死亡”制度，但对于推定死亡的顺序又规定不一致。《法国民法典》第721、722条分别规定：如果同时死亡者均不足15岁的，推定年长者后死；均在60岁以上的，推定年龄最小的后死；如既有15岁以下的又有60岁以上的，推定最年少者后死；如年龄相等或相差不超过一岁的，而其中既有男性又有女性的，则推定男性后死。我国法律规定，相互有继承关系的几个人在同一事件中死亡，如不能确定死亡先后时间的，应推定无继承人的先死；如他们均有继承人，则看他们辈分是否相同，如辈分不同，应推定长辈先死；如辈分相同，则应推定同时死亡，彼此不发生继承关系，而由他们各自的继承人继承。

（二）自然人权利能力的法律适用

依自然人的属人法（本国法或住所地法），是各国在解决自然人民事权利能力法律冲突时采取的普遍原则。因为权利能力是自然人的基本属性，特定的人的这种属性是由一国伦理、历史、社会、经济、政治等方面的条件所决定的，因而适用其属人法较为合理，但在具体规定上有所不同：大陆法系国家一般以国籍国法为准，英美法系国家则以住所地法为准；另外，有的国家主张采取混合制度，对在内国的外国人以住所地法为属人法，对在外国的内国人则以其本国法为属人法。此外，还有的国家规定，自然人的权利能力适用法院地法，但采取这种方式的国家很少。我国《涉外民事关系法律适用法》第 11 条规定：自然人的民事权利能力，适用经常居所地法律。

（三）宣告失踪或死亡的法律适用

关于失踪或死亡宣告的法律适用问题，各国普遍主张适用失踪人的属人法，但在具体规定上，又有以下几种不同方式：（1）适用失踪人的本国法；（2）适用失踪人的住所地法；（3）原则上适用失踪人属人法，但涉及财产问题时适用财产所在地法。

我国《涉外民事关系法律适用法》第 13 条规定：宣告失踪或者宣告死亡，适用自然人经常居所地法律。

五、自然人行为能力的法律适用

自然人的民事行为能力是指自然人通过自己的行为取得民事权利和承担民事义务的能力。自然人行为能力的取得必须符合一定的法定条件，每个自然人自出生时起，至死亡时止都拥有权利能力，但是拥有权利能力，不一定拥有行为能力，一般地说，享有民事行为能力的自然人应符合两个条件：一是要求达到法定年龄，二是要求心智健全。

（一）自然人行为能力的法律冲突

有关自然人行为能力的法律冲突主要表现在：

1. 对成年年龄的规定不同

各国民法一般都规定有“成年”制度，即规定达到一定年龄的人为成年人，成年人即具有行为能力或完全行为能力，可以通过自己的行为取得民事权利和承担民事义务。瑞士法律规定 20 周岁为成年，泰国规定 21 周岁为成年，西班牙、丹麦则规定 25 周岁为成年。我国《民法通则》规定，18 周岁以上的公民为成年人，16 周岁以下、不满 18 周岁的公民，以自己的劳动收入为主要生活来源的，视为具有完全民事行为能力人。各国关于无行为能力和限制行为能力的年龄界限的规定也不同。我国《民法通则》规定，10 周岁以上未满 18 周岁的为限制行为能力人，未满 10 周岁的未成年人为无民事行为能力人。

2. 对宣告无行为能力或限制行为能力（禁治产或准禁治产）的规定不同

我国《民法通则》规定，不能辨认自己行为的精神病人，可以宣告其为无行为能力人；不能完全辨认自己行为的精神病人，可以宣告其为限制民事行为能力人。有些大陆法系国家规定了禁治产制度代替宣告无行为能力或限制行为能力制度。禁治产是指成年人因精神不健全而被限制其行为能力的制度。但各国对禁治产的原因及禁治产效力的规定并不完全相同。日本区分禁治产和准禁治产，心神丧失者，称禁治产人，而把精神耗弱者和浪费者称为准禁治产人。法国民法也有类似的规定。

（二）自然人行为能力的法律适用

各国关于自然人行为能力的法律适用的立法主要有以下几种：

1. 适用自然人本国法。如果当事人的国籍有所变动，一般主张，依新本国法判定其行为能力。因此，未成年人若依新国籍法为完全行为能力人，则成为成年人。对于无国籍人，一般地说，其行为能力适用其住所地国家的法律，如无住所，则适用其居所地国家的法律；居所地也无法确定时，一般依当事人现在所在地的法律。

2. 适用当事人的住所地法。英美等国采用此主张。如《阿根廷国际私法（草案）》第7条规定：自然人的存在、身份及一般能力，受其住所地法支配。

3. 原则上依属人法（本国法或住所地法），但在内国所为的民事行为，其行为能力适用行为地法。1896年《德国民法施行法》第7条第3款规定，外国人依其本国法为无能力或限制能力的人，而依德国法为有能力者，就其在德国所为之法律行为被视为有能力，但本规定不适用于亲属法的法律行为及外国不动产的法律行为。

4. 对于涉及不动产物权的行为，据各国立法通例，通常适用不动产所在地法，而不适用当事人属人法。

（三）宣告无行为能力（禁治产）的法律适用

宣告无行为能力（禁治产）的法律冲突根源在于各国关于无行为能力（禁治产）宣告的条件等的规定不同。

对于这个问题，国际上有以下主张：（1）适用法院地法。如《德国民法施行法》第8条规定，对于有惯常居所的外国人或者没有惯常居所而在内国居住的外国人可依德国法宣告禁治产。（2）依被宣告人的本国法。如《希腊民法典》第8条规定，禁治产适用本国法。（3）依被宣告人本国法兼法院地法。如《马其顿共和国国际私法》第17条第2款规定：对马其顿共和国境内的外国人和无国籍人采取的临时保护措施，依马其顿共和国法律决定，且其效力一直保持至有关国家作出决定并采取必要措施为止。

（四）我国关于民事行为能力的立法与实践

《民法通则》第143条规定："中华人民共和国公民定居国外的，他的民事行为能力可以适用定居国法律。"最高人民法院《关于贯彻执行〈中华人民共和国民法通则〉若干问题的意见（试行）》进一步就该问题作出了规定：（1）定居国外的我国公民的民事行为能力，如其行为是在我国境内所为，适用我国法律；在定居国所为，可以适用其定居国法律。（2）外国人在我国领域内进行民事活动，如依其本国法律为无民事行为能力，而依我国法律为有民事行为能力，应认定有民事行为能力。（3）无国籍人的民事行为能力，一般适用其定居国法律，如未定居的，适用其住所地国的法律。

"意大利商人案"涉及的就是外国人在内国的行为能力的准据法问题。意大利法定成年年龄为22岁，按照意大利法律，该名商人没有完全行为能力。但是，中国的法定成年年龄为18岁，按照行为地中国的法律，该意大利商人具有完全的行为能力。所以应当按照中国法确认意大利商人具有完全行为能力。那么意大利商人是否具有诉讼行为能力？答案是肯定的。因为自然人的民事行为能力本身就包括其取得民事权利、承担民事义务的能力，其中一个重要的方面就是具有诉讼行为能力，通过应诉答辩承担自己的民事责任。我国《民事诉讼法》第5条规定："外国人、无国籍人、外国企业和组织在人民法院起诉、应诉，同中华人民共和国公民、法人和其他组织有同等的诉讼权利义务。"

此外，我国《票据法》第96条规定："票据债务人的民事行为能力，适用其本国法律。票据债务人的民事行为能力，依照其本国法律为无民事行为能力或者为限制民事行为能力而依照行为地法律为完全民事行为能力的，适用行为地法律。"

我国《涉外民事关系法律适用法》第12条规定：自然人的民事行为能力，适用经常居所地法律。自然人从事民事活动，依照经常居所地法律为无民事行为能力，依照行为地法律为有民事行为能力的，适用行为地法律，但涉及婚姻家庭、继承的除外。

第二节　法人

引例　苏伊士运河公司国有化案

1956年埃及把苏伊士运河公司收归国有，其理由是：按照国际私法，苏伊士运河公司的营业中心地在埃及，是埃及的公司，埃及有权收归国有。但遭到英、法两国反对。英、法认为，苏伊士运河公司不是埃及公司，因为其董事会这个最高管理机关在英国，其资本属于英、法两个国家的法人、自然人所有。埃及不理睬英、法的抗议。于是，英、法组织联军，向埃及发动了战争，结果大败，埃及最终将苏伊士运河收归国有。

本案涉及的主要法律问题有：法人国籍的确定标准、法人国籍在国际私法中的意义。

引例　希腊暨雅典国家银行案①

1927年，希腊国家抵押银行发行了一种依英镑计算的抵押债券，希腊国家银行为这些债券提供了担保，并同意它与债券持有人的一切争议按英国法在伦敦解决。1941年，希腊国家抵押银行停止支付债券利息。1949年，希腊颁布的一项法令规定延缓债券的偿付期，中止基于债券的一切权利和义务。该法令也适用于希腊国家抵押银行发行的债券。1953年，希腊颁布另一项法令，决定解散希腊国家银行，将该行与雅典银行合并，称为希腊暨雅典国家银行。根据该法令，这个新银行是前银行的权利和义务的“全面继承人”，希腊国家银行和雅典银行的全部财产均被视为有效地“纳入了”这家新银行。

原希腊国家银行的债券持有人以希腊暨雅典国家银行继承了原担保银行的权利和义务为由，在英国法院提起诉讼，请求取得被拖欠的利息。但被告认为，它不是债券的发行人和担保人，原告不应对它提起诉讼。并且提出，本案涉及的债券的争议是合同争议，而该合同关系的准据法是英国法，因此，一个外国的法令不能让一个新的债务人取代原来的债务人；此外，如果英国法院对希腊的法律给予考虑的话，就应对其所有的法律均给予考虑，包括其允许延期偿债的法律。原告则认为，案件涉及被告的继承问题，属于身份问题。根据英国冲突法，法人的身份依其住所地法。本案被告是住所在希腊的法人，依希腊1953年的法令它已继承了前银行的权利和义务，因而应是原告可以追诉的债务

① 参见王军主编：《国际私法案例教程》，80～86页，北京，中国政法大学出版社，1999。

人。而该项债务关系的准据法则应当是英国法。英国法院最终判决原告胜诉，希腊暨雅典国家银行应当承担债务责任。

本案涉及的主要法律问题有：法人属人法的确定、法人的债务继承。

一、法人国籍的确定

（一）法人国籍的确定标志

法人国籍是法人与其所属国的一种永久联系，是区分内国法人与外国法人的标志。确定法人国籍的标志有以下几种：

1. 以法人设立地或注册成立地为标志，即注册成立地主义。英美法系国家普遍采用这一标准。这一主张也为《布斯塔曼特法典》所接受，该法典第 17 条规定，社团法人的原有国籍为其成立地，并依社团应予注册或登记地所属国家的国籍。该学说的理由是，一个组织之所以成为法人，具有民事权利能力和行为能力，是因为在设立地国家依法登记或得到批准。这种标准的优点在于确定法人国籍时简单、明确，且不易变更，缺点是难以防范法律规避的发生，因为有些情况下法人的资本来源、实际管理和经营活动可能都与法人的注册登记地没有太多的联系，法人选择在某国注册登记可能仅是出于手续简便或税收较为优惠的考虑。

2. 以法人的资本来源地为标志，即资本控制主义。该学说认为，法人的资本来自于哪个国家，就具有哪国国籍。采用这一标准能够反映出法人的资本来源与法人国籍之间的内在联系，也有利于防范法律规避行为。但现实中有些法人的资本构成非常复杂，并且易于发生变更，所以单纯采用这一标准有时难以确定法人的国籍。在战争中或敌对状态下，许多国家为区分敌性公司，往往求助于这个标准。

3. 以法人住所地为标志，即住所地在内国的为内国法人，住所地在外国的为外国法人。由于各国对住所的确定不一致，这一标准又分为：

（1）以管理中心地为标志。《奥地利联邦国际私法》第 10 条规定：法人，其属人法应是该法律实体设有主要事务所的国家的法律。《布斯塔曼特法典》第 19 条也采此标准。管理中心地一般情况下就是董事会所在地。

（2）以主要营业所所在地为标志。《泰国国际私法》第 7 条规定：法人国籍冲突时，以总店或主要营业所所在地国的国籍为法人的国籍。主张此说的学者认为：法人在哪里投资，在哪里实现自己的目的，就应在哪里寻找他的国籍。

4. 以自然人国籍为准，即根据组成该法人的成员的国籍来确定该法人的国籍。该学说认为：法人只不过是覆盖在一群成员身上以使他们联合于其中的一层薄纱，它使他们凝聚成一个人，这个人同他们自身毫无差别，因为这个人是他们本身，它的国籍无非就是他们自己的国籍。目前这种主张在实践中已很少运用。

5. 以设立所依据的法律为标志，即准据法主义。依此主张，根据哪个国家的法律成立的法人，该法人就具有该国的国籍。

从各国立法和实践看，一国确定外国法人或内国法人的标志并不是一成不变的，一个国家总是根据自己的对外经济政策寻求确定法人国籍的标准，有时会同时采用多个标准来确定法人的国籍。在“苏伊士运河公司国有化案”中，埃及认为营业中心地是确定法人国籍的标志，依这个标志，苏伊士运河公司是埃及的公司，埃及理所当然地有权对之实行国有化。而英、法主张，法人的最高管理机关董事会所在地（管理中心地）和资本来源地才是确定法人国籍的标志，苏伊士运河公司的最高管理机关在英国，其资本属于英、法两个国家的法人、自然人所有，所以它不是埃及公司，埃及无权对其实行国有化。这个案件本质上是英、法要维持其殖民制度，但从中也能看出确定法人国籍的重要性及意义。

（二）我国有关法人国籍确定的立法与实践

1. 新中国成立初，为了肃清帝国主义在华特权、维护我国的利益，曾运用资本控制说解决一些问题。如“上海永安公司案”中，我们就采用这一标准：该公司成立时登记为美商，太平洋战争爆发后，为逃避日本帝国主义的迫害，改为华商。抗战胜利后，又恢复为美商，但该公司实际上为我国人所投资、掌握，所以，新中国成立后我们确定其为我国的私营企业。

2. 根据我国《中外合资经营企业法》、《中外合作经营企业法》、《外资企业法》的有关规定，在中国境内设立的外商投资企业符合中国法律关于法人条件的规定的，依法取得中国法人资格。[①]

3. 2005 年修订的《公司法》第 192 条规定：“本法所称外国公司是指依照外国法律在中国境内外设立的公司。”

4. 1988 年最高人民法院《关于贯彻执行〈中华人民共和国民法通则〉若干问题的意见（试行）》第 184 条规定：“外国法人以其注册登记地国家的法律为其本国法，法人的民事行为能力依其本国法确定。”由以上规定可以看出，在我国现行立法中主要采用注册成立地作为确定法人国籍的标志。

引例中的“港源公司案”涉及了法人国籍问题。在该案中，华水公司系原告港源公司出资 100%在中国境内注册成立的港资独资公司，属于中国法人，其民事行为能力包括诉讼行为能力应依其本国法即中国法确定。

那么，按照中国法律的规定，被吊销营业执照的企业法人，其法人主体资格是否仍然存在？是否应以自身名义起诉或应诉？《民法通则》第 36 条规定：“法人的民事权利能力和民事行为能力，从法人成立时产生，到法人终止时消灭。”《公司登记管理条例》第 2 条规定：“有限责任公司和股份有限公司设立、变更、终止，应当依照本条例办理公司登记。”第 45 条规定：“经公司登记机关核准注销登记，公司终止。”最高人民法院在致甘肃省高级人民法院和辽宁省高级人民法院《关于企业法人营业执照被吊销，其民事诉讼地位如何确定的复函》[②] 中答复：“企业法人被吊销营业执照后，应当依法进行清算，清算程序结束并办理工商注销登记后，该企业法人才归于消亡。因此，企业法人被吊销营业执照后至被注销登记前，该企业法人仍应视为存续，可以自己的名义进行诉讼活动。”综上，企业法人从设立到终止，其标志是以国家授权的工商行政管理部门的登记为准，即从“开业登记”为始，到“注销登记”为止。企业被吊销执照，丧失的是民事权利能力，不能再开展经营活动，但为了清理债权、债务而进行诉讼，仍然可以自己的名义进行。该案中，华水公司虽然连续两年

① 例如，2000 年修订的《外资企业法》第 2 条和第 8 条规定，该法所称的外资企业是指依照中国有关法律在中国境内设立的全部资本由外国投资者投资的企业，不包括外国的企业和其他经济组织在中国境内的分支机构。外资企业符合中国法律关于法人条件的规定的，依法取得中国法人资格。

② 分别为法经（2000）23 号和法经（2000）24 号。

不参加年检被吊销执照，但没有证据证明华水公司已被注销，故其仍应以自己的名义起诉或应诉。法院驳回原告港源公司起诉的裁定正确。

二、法人住所的确定

同自然人一样，法人也有其住所，法人住所的确定，在国际私法中有重要意义。

1. 法人住所确定的标志。对于法人住所的确定标志，在国际上有以下几种主张：

（1）管理中心所在地说，也称为主事务所所在地说。其理由是法人的管理中心是法人的首脑机构所在地，法人经营活动的计划和决策都由该地作出。而且，通常法人的决策中心只有一个，在实践中比较容易确定其管理中心。许多西方国家都采纳该主张，但该学说的主要弊端在于，法人只要将其主要事务所搬到国外，就可以轻易地达到规避法律的目的。

（2）营业中心地说。依照该主张，法人的住所地是指法人从事实际经营活动的场所，因为法人的营业中心地是其利润的来源地，是实现法人经营目的的地方，并且法人的营业中心相对比较稳定，不容易搬迁，从而不易产生通过改变法人的住所规避法律的现象，许多发展中国家采纳这一主张。但这种做法的缺陷是：在实践中，常常遇到一个法人有多个营业地的现象，在现实生活中难以判断其中哪一个是法人的营业中心，从而难以确定法人的住所。

（3）章程规定说。此说认为法人的住所就是其章程中所载明的住所，由于法人在登记成立时，章程中一般都会载明其住所，所以依照这种办法来判断法人的住所简单明了。如《瑞士民法典》第56条规定，法人的住所，依法人章程的规定（而在无章程规定时，则以执行其事务之住所为法人住所）。

2. 依照我国《民法通则》及《公司法》的有关规定，法人以它的主要办事机构所在地为住所。若法人只有一个办事机构，该办事机构即为法人的住所；有几个办事机构时，则以起决策作用的主要办事机构所在地为法人的住所。

三、外国法人的承认

确定了法人的国籍，并不意味着该法人就可以在内国从事业务活动，还需得到内国的承认。外国法人的承认，是指一国政府承认外国法人人格的存在，赋予其民事权利地位，并允许其在法定的范围内从事民商事活动的过程。

（一）外国法人承认的几种制度

一般地讲，除有条约规定外，外国法人的承认是内国行使主权的行为，应依内国法办理。各国关于外国法人承认的制度有以下几种；

1. 特别承认制，即通过特别批准的程序加以认可，内国可基于国家利益或行政理由拒绝承认。这种承认方式手续较为烦琐，但有利于对外国法人的控制。

2. 一般承认制。外国法人根据内国法的一般规定，办理必要的登记和注册手续，便可以在内国从事业务活动。英、美、法、西班牙、瑞士等采此种制度。

3. 分别认可制，即根据外国法人的性质，采取不同的认可办法，对商业性的法人采用一般认可制，对非商业性的法人（如文化、艺术、体育团体等）采取特别认可制。法国采用这种制度。

4. 相互认可制，即根据条约的规定，相互承认对方的法人。如1956年海牙《关于承认外国公司、社团、财团的法人资格公约》第1条规定，凡公司、社团和财团按照缔约国法律在其国内履行登记或公告手续并设有法定住所而取得法律人格的，其他缔约国当然应予承认……

（二）我国关于外国法人承认的规定

在外国法人的承认问题上，我国采取的是特别承认制，这主要体现在对外国法人在中国设立代表机构或分支机构的管理上。外国法人进入中国从事民商事活动，主要有三种方式：一是在中国设立“三资”企业。这种情况下，“三资”企业本身就具备了中国的法人或者非法人组织资格，对此类“三资”企业不存在法人认可问题。二是临时来华从事经营活动的外国法人，其资格也不需要政府机构的特别审批和认可。三是外国法人进入中国后，不在中国设立“三资”企业，但准备以外国法人的名义长期从事特定的民商事活动。在这种情况下，就需要在中国设立代表机构或者分支机构，这就需要对其法人资格进行认可。在此方面的主要法律依据有：1980年10月30日中华人民共和国国务院《关于管理外国企业常驻代表机构的暂行规定》，国家工商行政管理总局颁布的《关于外国企业常驻代表机构登记管理办法》（1983年3月15日起施行），《公司法》（1993年12月29日通过，2005年12月27日第三次修订）第十一章；此外，原对外经济贸易合作部（现商务部）还以1995年第3号令发布了《关于审批和管理外国企业在华常驻代表机构的实施细则》，对前述国务院1980年暂行规定作出了具体解释。依照上述法律法规的规定，外国企业在中国设立常驻代表或分支机构，必须提出申请，报请中国主管机关批准后，向有关工商行政管理机构办理登记手续，未经批准登记的，不得开展业务。

四、法人权利能力和行为能力的法律适用

（一）法人权利能力和行为能力的法律冲突

法人的权利能力是指，法人依法享有民事权利和承担民事义务的资格。法人的行为能力是法人以自己的名义和意思独立进行民事活动，取得民事权利和承担民事义务的能力。

法人的权利能力、行为能力，与自然人的权利能力、行为能力不同，具有如下特点：（1）法人的权利能力和行为能力在时间上是一致的，均始于法人的成立、终于法人的消灭。（2）法人的权利能力和行为能力在范围上是一致的。因此，法人权利能力和行为能力的法律冲突在解决上也是采取完全一致的方法。（3）法人的行为能力由法人的机构的行为表现出来。这不同于自然人以自己的行为表现出来。

法人权利能力、行为能力的法律冲突主要表现在：（1）由于各国立法中规定的法人权利能力和行为能力的范围和内容不同，从而造成一国法人在内国可以从事的行为，在另一国可能被禁止的现象。（2）有的国家，如法、意承认合伙是法人，而在英、德等国则不承认合伙具有法人资格。（3）关于法人的解散问题，有的国家规定法人因自己的决定或破产而解散，有的国家则规定法定除因自己决定或破产而解散外，还可因法人违背善良风俗而解散。

（二）法人权利能力和行为能力的法律适用

从各国的立法和司法实践来看，法人的权利能力和行为能力一般是依法人属人法解决，法人属人法是指法人的国籍国法或住所地法。但由于对法人的国籍和住所理解不同，所以在各国的立法和司法实践中，法人的权利能力和行为能力又取决于该国对法人国籍和住所确定的具体规定。此外，外国法人在内国从事民商事活动时，除依其法人属人法应当具有民事权利能力和民事行为能力外，还必须遵循内国法律的有关规定。这也是国际上通行的做法。

在“希腊暨雅典国家银行案”中，希腊国家银行依希腊法律解散并与雅典银行合并，成立了一家新的银行——希腊暨雅典国家银行，这一新银行的权利能力和行为能力应当依希腊法律确定。在国际上，关于外国法人解散的事由，一般均主张在不与内国公共秩序相抵触的情况下，应适用它们的属人法。受理案件的英国法院依照英国冲突法有关规定，确立了希

腊暨雅典国家银行的法人属人法，即该银行的住所地法。由于该银行住所在希腊，其法人属人法也就是希腊法。而按照希腊法的规定，该银行是被解散了的希腊国家银行的权利、义务的继承者，所以该银行应成为债务人，承担债券的担保义务。这样的处理结果有利于维护债券持有人的利益。

（三）我国关于法人权利能力、行为能力法律适用的规定

最高人民法院《关于贯彻执行〈中华人民共和国民法通则〉若干问题的意见（试行）》中规定：外国法人以其注册登记地国家的法律为其本国法，法人的民事行为能力依其本国法确定。外国法人在我国领域内进行民事活动，必须符合我国的法律规定。

我国《涉外民事关系法律适用法》第 14 条规定：法人及其分支机构的民事权利能力、民事行为能力、组织机构、股东权利义务等事项，适用登记地法律。法人的主营业地与登记地不一致的，可以适用主营业地法律。法人的经常居所地，为其主营业地。

第三节　国家

引例　湖广铁路债券案①

中国清政府统治末期的 1911 年，为了修建湖广铁路，由清政府邮传部大臣与英、法、德、美 4 国的银行签订了"湖广铁路五厘利息递还金镑借款债券"的合同。依合同的规定，上述 4 国银行以清政府的名义在国外公开发行债券，借款总额为 600 万金英镑，合同期限为 40 年，至 1951 年到期，借款以厘金、盐税作抵押。合同签订后仅 4 个月，清政府即告倒台。此后的中国政府曾经继续支付利息直至 1938 年，后随着抗日战争的爆发，利息停止了支付，本金也未归还。

20 世纪 70 年代末，中美关系解冻，两国开始了建立外交关系的谈判，而一些别有心计的美国人则闻风而动，打起了湖广铁路债券的主意。以美国公民杰克逊为首的几个人在市场上以极低的价格收购了这种早已形同废纸的债券，并于 1979 年 11 月在美国亚拉巴马州地区法院对中华人民共和国提起诉讼，要求中国偿还湖广铁路债券本息共计约一亿美元。亚拉巴马州地区法院受理了此案，以我国外交部部长为代表人，发出了传票，并限期进行答辩，否则将作出缺席判决。

我国政府在案件的初期阶段，采取了拒绝应诉的态度，并发表声明指出，作为一个独立的主权国家，中国不应受美国法院的管辖。然而亚拉巴马州地区法院无视中国的声明，于 1982 年 9 月 1 日作出"缺席判决"，判处中华人民共和国偿还原告 41 313 038 美元的本金、利息及诉讼费。该判决的主要法律依据是美国 1976 年《外国主权豁免法》关于国家的商业行为不能豁免的规定。

针对此案的判决，中国外交部于 1983 年 2 月 2 日向美国国务院递交了备

---

① 参见陈体强：《国家主权豁免与国际法——评湖广铁路债券案》，载《中国国际法年刊》，31～53 页，1983；黄进：《国家及其财产豁免问题研究》，267～270 页，北京，中国政法大学出版社，1987。

忘录，该备忘录指出："主权豁免是一项重要的国际法原则，它是以联合国宪章确认的国家主权平等原则为基础的。中国作为一个主权国家，无可争辩地享有司法豁免权。美国地方法院对一项以一个主权国家为被告的诉讼行使管辖权，作出缺席判决，甚至威胁要强制执行这项判决，完全违反了国家主权平等的国际法原则和联合国宪章。中国政府坚决反对把美国国内法强加于中国的这种有损于中国主权和国家尊严的做法。如果美国地方法院无视国际法，强制执行上面提到的判决，扣押中国在美国境的财产，中国政府保留采取相应措施的权利。"

但在中国政府作出声明之后，原告仍企图强制执行上述判决。我国政府在与美国政府协商的基础上，于 1983 年 8 月 12 日聘用当地律师在美国联邦地区法院代理出庭，提出撤销缺席判决和驳回起诉的动议。同时，美国国务院和司法部也分别向法院提出了"利益陈述"，从美国国家利益的考虑支持了中国的动议。

1984 年 2 月，亚拉巴马州地方法院进行重新裁决，中国的代理律师提出，1976 年《外国主权豁免法》不能溯及因 1911 年的行为引起的诉讼。法院经研究认为，1976 年《外国主权豁免法》没有溯及以往的效力，因此认定法院无管辖权基础，从而撤销了该案。

原告不服，上诉至上诉法院。上诉法院维持了亚拉巴马州地方法院的原审判决。1986 年，应原告的要求，美国联邦最高法院复审了此案，作出最后裁定，驳回了原告的复审要求，维持了原判。

本案涉及的主要法律问题有：国家及其财产的管辖豁免、绝对豁免论与限制豁免论的分歧、政府继承等。

一、国家是特殊的国际私法主体

国家对于国际民商事关系的影响体现在两个方面：一方面，国家通过立法和缔结国际条约的方式为国际民商事交往制定规则，同时，国家通过司法和行政手段管理着一国的对外民商事交往秩序，在这里，国家是作为国际公法的主体或行政法的主体发挥着作用。另一方面，国家以自己的名义直接参与到国际民商事交往中来，比如，以一国国家的身份与外国法人签订对外经贸合同，对外直接投资或者发行债券等。这时，国家就成为国际民事关系的主体。本节要探讨的就是在后一种情况下，国家作为国际私法主体的特殊性。

国家虽然与自然人和法人同为国际私法的主体，但在具体的权利和义务上与后两者具有明显的差别。国家作为国际私法主体的特殊性主要表现在：

1. 国家作为主权者，根据国际法和国际惯例，享有豁免权。国家豁免权是国家主权的体现。在国际关系中，任何国家都是平等的，不应存在一国主权高于另一国主权的情况。国家作为国际私法的主体参与国际民事交往时，同样也享有国家豁免权。任何其他国家不能以国家参与了民商事活动为由来限制或剥夺其豁免权，因为这样就构成了对一国国家主权的侵犯。但同时应当注意的是，为了保护国际民商事秩序的安全和对方当事人的正当利益，有时国家会主动放弃其豁免权，比如，放弃司法管辖豁免，到外国法院去应诉，也就是对国家主权进行某方面的限制，但这种行为本身也是国家主权的体现，采取这种做法必须是国家自愿的，其他国家及其法院不能强制剥夺另一国的豁免权。

2. 国家作为国际民事关系的主体也具有民事能力，即具有民事权利能力和行为能力，但与自然人和法人的民事能力有很大不同：首先，国家的权利能力和行为能力往往是国家所独有的，一般自然人或法人不能享有，比如，发行国债的能力。这种能力只有作为主权者才能够享有。其次，国家的民事权利能力和行为能力的范围及内容是国家通过立法程序来制定的，也就是说，国家是自己设定自己的权利能力和行为能力，而自然人与法人则无此权力。

3. 国家以国库的财产为基础承担民事责任，从法律的意义上讲，这意味着国家承担着无限责任。

4. 国家以自己的名义参与对外民商事交往时，其行为是由其授权的机构或个人来实施的。国家只对经过其授权的机构或个人的行为负责，并且该机构或个人的行为应当是以国家的名义实施的，否则，国家不承担责任。这里需要注意的是，不可把国有企业与国家的财产责任混为一谈：一般情况下，国有企业都具有独立的法人资格，它以自己的名义而非以国家的名义从事对外经营活动，并以自己的全部财产独立承担民事责任，所以，它的财产责任不应由国家承担。

二、国家及其财产司法豁免权问题

（一）国家豁免问题概述

国家豁免原则来源于国家主权原则，它包括行政豁免、司法豁免和税收豁免等。在国际私法中，最主要的就是国家的司法豁免权。

国家及其财产的司法豁免权有三个方面的内容：第一，管辖豁免，指的是未经一国同意，不得在另一国法院对它提起诉讼或提起以其财产为诉讼标的的诉讼；第二，诉讼程序豁免，指即使一国放弃管辖豁免，未经其同意，不得对其财产采取诉讼保全措施，也不得强制其出庭作证或提供证据以及为其他诉讼行为；第三，执行豁免，系指即使一国放弃管辖豁免而同意在他国法院作为被告或主动作为原告参加民事诉讼，即使败诉，未经其同意，仍不得对其财产实行强制执行。

上述三种豁免既有区别又有联系。区别在于三者各有不同的含义，并各自与国际民事诉讼的不同阶段相联系；放弃其中一项豁免，并不等于放弃其他两项豁免。联系在于：三者都源于国家主权和独立原则，共同构成国家及其财产豁免原则的整体；管辖豁免为其他两项豁免的前提条件，一个国家只有享有管辖豁免，才当然地享有另两种豁免；只有一个国家放弃管辖豁免，才能提出后两种豁免的问题。

国家及其财产享有司法豁免权是国际民事诉讼中的一个重要原则，任何对国家及其财产司法豁免原则进行片面限制的做法都是错误的。但是，这并不意味着这项原则不容许有合理的例外，这种例外一般发生在下列场合：

1. 一国明示放弃豁免权或根据条约的规定在某些事项上不享有司法豁免权。例如，我国参加了1969年《国际油污损害民事责任公约》，即承担了放弃国有商船的豁免权和执行有关判决的义务。但国家放弃豁免权，仅限于明示放弃的事项，不能对这种放弃作扩大解释。

2. 一国对另一国采取报复措施。当一国未根据公认的国际法原则或国际惯例对另一国的司法豁免权给予应有的尊重时，该另一国有权采取报复措施，也不给予它司法豁免权。

（二）关于国家及其财产豁免权的理论

关于国家及其财产豁免权，主要存在着两种不同的理论，即绝对国家豁免论和限制国家豁免论。

绝对国家豁免论可以追溯到 14 世纪著名法学家巴托尔的学说——"平等者之间无裁判权"。16 世纪以后，绝对国家豁免原则被认为是和君主的个人豁免相同的原则。从 18 世纪末到 1886 年，各国国内法院的司法实践一致确认这个原则，并拒绝对外国国家行使裁判权，无论有关的诉讼是对物的还是对人的，也不论有关的行为是公法性质的还是私法性质的。[①]绝对国家豁免论认为，在任何情况下，国家及其财产都享有司法豁免权，除非国家自愿放弃这种豁免权。

绝对豁免论所依据的国家主权平等原则无疑是正确的，国家作为主权者应当享有司法管辖豁免权的主张也是正确的，但该理论在实践中也存在着如下的问题：第一，依据绝对豁免原则处理国家与外国私人（自然人、法人和非法人组织）之间的纠纷经常会导致将此类问题上升为国家之间的外交纠纷，这对于维护国家的对外关系的稳定性是不利的。第二，绝对豁免原则的立场容易导致与国家进行交易的私人对自身利益的可靠保证产生怀疑，从而限制了国家对外经济活动的可能性。

限制豁免理论认为，国家行为应分为主权行为和非主权行为，国家及其财产是否享有豁免权，要看它从事的是哪一类行为：外国国家以政治主体资格行使统治权活动，即所谓的主权行为或公法行为时，享有豁免权；反之，外国国家从事商业活动，为非主权行为或私法行为时，则不享有豁免权。这种理论认为，国家越来越多地参加国际经济活动及其他国际民事活动，而民商事关系中主体应是平等的，国家主张豁免权会使其处于特权地位，这样就对对方当事人不利，造成不公正、不合理的结果。

限制豁免的倾向是 19 世纪末、20 世纪初开始在国际上出现的。先是资本主义国家间对于国有商船是否享有豁免权出现意见分歧，以后由于国家参与通常属于私人经营范围的事业逐渐增多，为了保护私人资本的利益，意大利、德国、比利时、荷兰等国家的法院开始对外国国家及其财产的豁免权施加限制，只对外国国家所谓主权行为给予豁免，而对所谓非主权行为则拒绝给予豁免。第一次世界大战后，限制豁免主义在欧洲大陆一些国家中逐渐形成一般趋势。第二次世界大战后，这种倾向变得明显起来，一些以前坚持绝对豁免的国家，如英、美等国，抛弃了绝对豁免主义，转而走上限制豁免的道路。美国 1976 年《外国主权豁免法》和英国 1978 年《国家豁免法》在承认国家及其财产司法豁免原则的前提下，都规定了许多豁免的例外情形。目前，大多数国家都采取了限制豁免的主张，尤其是西方发达国家，几乎无一例外地接受了这一主张。

限制豁免论的主要理论依据是民事关系主体平等的原则，在理论基础上有一定的合理性，但同时也存在着一定的缺陷，主要表现在：第一，国家的任何行为从根本上说都是主权行为。限制豁免论试图人为地划分出"主权行为"和"非主权行为"，这在理论上和实践中都是十分困难的。第二，依照这一理论，有些国家制定了关于国家豁免问题的国内立法，单方面主张这种立法具有拘束别国的效力。这不仅违背了国际法，且在实践中也是行不通的，因为若作为被告的外国国家不愿接受法院管辖，即使法院强行进行了裁决，其裁决最终也几乎不可能得到执行。这样就使作为原告一方的当事人在诉讼中的可期待利益几乎完全不能得到实现，徒劳地浪费当事人的时间和金钱。后果严重的，还可能导致两国外交上的对立。

（三）《联合国国家及其财产管辖豁免公约》

2004 年 12 月 2 日第 59 届联合国大会通过了《联合国国家及其财产管辖豁免公约》，我

---

① 参见李浩培：《国际民事程序法概论》，28 页，北京，法律出版社，1996。

国政府于2005年9月14日正式签署了该公约。该公约虽然目前尚未生效，但作为第一个全面规范国家及其财产豁免问题的国际公约，对于国际法的发展，对于国家参与涉外经济活动都将产生重大的影响。该公约中的规定主要涉及以下内容：

1. 在原则上肯定了国家及其财产的管辖豁免是一项国际法规则的同时，具体规定了国家不得享有管辖豁免的八种情况：一是商业交易，二是雇佣合同，三是人身伤害和财产损害，四是财产所有、占有或使用，五是知识产权和工业产权，六是参加公司或集体机构，七是国家拥有或经营的商业用途的船舶，八是仲裁协定的效果。

2. 在什么是国家的“商业交易”的判断标准问题上，该公约综合了“性质论”和“目的论”的主张，于第2条第3款规定，在确定一项合同或交易是否为“商业交易”时，应主要参考该合同或交易的性质，但如果合同或交易的当事方已达成一致，或者根据法院地国的实践，合同或交易的目的与其确定非商业性质有关，则其目的也应予以考虑。

3. 该公约把对国家财产的强制措施分为判决前的强制措施和判决后的强制措施两种。对于判决前的强制措施，该公约采取了绝对豁免的立场，于第18条规定，不得在另一国法院的诉讼中针对一国财产采取判决前的强制措施，例如查封和扣押措施，除非该国以某种方式明示同意采取此类措施，或该国已经拨出或专门指定该财产用于清偿该诉讼标的的请求。

4. 对于判决后的强制执行问题，该公约基本上采取了限制豁免的立场。根据该公约第19条c项的规定，如果能够证明某项财产被该国具体用于或意图用于政府非商业性用途以外的目的，并且处于法院地国领土内，即可以对该财产采取判决后的强制措施，例如查封、扣押和执行措施，但条件是只可对与被诉实体有联系的财产采取判决后强制措施。至于哪类财产不属于非商业用途以外的财产，该公约中并未作出明确的定义，但在该公约第21条的规定中，列举了5类特定种类的财产不得被视为一国具体用于或意图用于政府非商业性用途以外目的的财产：（1）该国外交代表机构、领事机构、特别使团、驻国际组织代表团、派往国际组织的机关或国际会议的代表团履行公务所用或意图所用的财产，包括任何银行账户款项；（2）属于军事性质，或用于或意图用于军事目的的财产；（3）该国中央银行或其他货币当局的财产；（4）构成该国文化遗产的一部分或该国档案的一部分，且非供出售或意图出售的财产；（5）构成具有科学、文化或历史价值的物品展览的一部分，且非供出售或意图出售的财产。

5. 享有国家豁免的主体是主权国家，而国家的行为是通过具体的机关或人的行为体现出来的。至于什么是“国家”，该公约第2条第1款b项列举了以下4类：（1）国家及其政府的各种机关；（2）有权行使主权权力并以该身份行事的联邦国家的组成单位或国家政治区分单位；（3）国家机构、部门或其他实体，但须它们有权行使并且实际在行使国家的主权权力；（4）以国家代表身份行事的国家代表。

6. 对于国有企业参与商业交易引起的责任是否影响国家的问题，发达国家和发展中国家在此问题上存在严重分歧：一些发展中国家，特别是社会主义国家认为，国有企业作为法人在商业交易中应独立承担责任，国家不承担连带责任。但在英、美等一些西方国家看来，这种制度可能成为国家利用国有企业承担有限责任来逃避国家应该承担的责任的借口。为解决各方分歧，该公约最后作了妥协。一方面，该公约第10条第3款规定，国家豁免不因那些具有独立法律人格的国有企业涉诉而受影响。该款意在避免国有企业被诉时，国家被连带受诉。另一方面，该公约又规定了例外，涉及国家实体故意虚报其财务状况时，国家可能因国有企业的行为而被诉，即适用“掀开公司面纱”原则或者“否认公司法人人格”。该项例外照顾了一些西方国家的关切。①

7. 关于该公约的适用范围。该公约第3条规定，国家根据国际法享有的下列特权和豁免不受影响：（1）其外交代表机构、领事机构、特别使团、驻国际组织代表团，或派往国际组织的机关或国际会议的代表团，以及与上述机构有关联的人员，所享有的特权与豁免；（2）国家元首个人的特权和豁免；（3）国家拥有或运营的航空器或空间物体所享有的豁免。

（四）我国在国家及其财产豁免问题上的理论和实践

我国在实践中一贯坚持国家主权平等和独立的原则，坚持国家及其财产司法豁免原则。在法院司法审判实践中，也没有过以外国国家作为民事诉讼当事人的案例，但我国已在外国法院中多次成为民事诉讼的被告。其中，“湖广铁路债券案”就是一个典型的案例，这一案件虽然最终获得了解决，避免了因强制执行中国国家财产而可能带来的严重外交后果，然而，该案的解决过程中暴露出的一些问题也是值得我们深思的：

第一，美国法院在最终的判决中回避了国家主权豁免原则这个棘手的问题。美国最高法院的判决中也指出：“（亚拉巴马州）地方法院没有就这些国际法问题（国家主权豁免问题）作出判决，因为法院认为本诉讼按美国国内法是不能进行的，本法院也认为是这样的。”②美国法院之所以驳回原告起诉，理由是1976年《外国主权豁免法》没有溯及以往的效力，实际上该法中并没有就溯及力问题作出任何规定，在以往适用该法的判例中也没有涉及这一问题。美国法院在对“湖广铁路债券案”的审理过程中，实际上创制了这样一个判例，肯定了1976年《外国主权豁免法》没有溯及以往的效力。因此，我们不能从此案中得到这样的结论：美国法院是支持我国主权豁免的主张的。实际上，它并未支持这一主张，只是回避了这一问题。

第二，外交关系的因素在本案的最终判决中起了重大的作用。虽然1976年《外国主权豁免法》的重要作用和制定该法的重要原因之一，就是废除了“泰特公函”以来确定的“双轨制”体制，即在外国国家豁免问题上由法院和国务院共同决定的机制，也就是依照该法，此项问题只能由法院系统独立作出决定，国务院等政府机构无权干预，但从该案的审理情况看出，国家的外交利益不能不说是法院在审理涉及外国国家的案件时的一项重要的参考因素。实际上，若没有美国行政当局的干预，很难设想案件最终的审理结果会是这样一个结局。这表明，无论是采取哪一种理论，绝对论还是限制论，国家利益都是民事诉讼中必须予以考虑的一个重要因素。

第三，我国政府从最初的拒不出庭应诉到后期在美国政府的劝说下聘请当地律师出庭进行诉讼，并且在答辩中适当地提出了溯及力的问题。与此同时，在外交声明和答辩书中坚持了国家主权豁免原则的立场，体现了解决问题时原则性与灵活性相结合的处理方式。目前坚持限制豁免主义的国家较多，许多国家又有自己专门的立法，同时法院系统本身相对于行政部门的独立性，使得某些情况下单独依靠外交途径解决纠纷并不可靠。因此，研究这些国家的司法程序和立法内容，适当地利用司法渠道，会有助于纠纷的顺利解决。实际上，出庭本身并不意味着服从对方的管辖权，因为国家出庭时可以申明自己管辖权豁免的主张。

新中国成立以来，通过多次对涉及我国国家的诉讼的处理，在我国国际法理论上和实践中逐渐形成了绝对豁免的主张，主要包括：（1）坚持国家及其财产豁免是国际法上的一项基本原则，反对限制豁免论；（2）坚持国家本身或者以国家名义从事的一切活动享有豁免权，

---

① 参见马新民：《〈联合国国家及其财产管辖豁免公约〉评介》，载《法学家》，2005（6）。

② 程晓霞主编：《国际法与国际私法案例分析》，15页，北京，法律出版社，1997。

除非国家自愿放弃；（3）在对外实践中，把国家本身的活动和国有企业的活动区分开来，认为国有企业是具有独立法律人格的经济实体，不享有豁免权；（4）赞成通过达成国际协议来消除各国在国家豁免问题上的分歧；（5）如果外国国家无视中国国家主权，对中国或其财产强行行使司法管辖权，中国可以对该国采取相应的报复措施；（6）中国到外国法院特别出庭抗辩该外国法院的管辖权，不得视为接受该外国法院的管辖。①

近年来，随着我国对外开放的不断扩大，涉及国家的民事诉讼案件日益增多，而在国际上支持限制豁免论的国家也越来越多，尤其是在《联合国国家及其财产管辖豁免公约》基本采取了限制豁免立场的情况下，我国国家及其财产豁免的理论面临着重大的挑战，有国内学者提出：中国结合自己的国情和现状接受限制豁免论，对中国自然人和法人的合法利益的保护更为有利。尤其是如果对方国家采取限制豁免原则，对它们认为不应获得豁免的行为或财产，仍坚持绝对豁免，放弃对对方国家相应行为和财产的管辖，显然对我国当事人是不利的。因此，中国既要坚持国家及其财产豁免这一《联合国国家及其财产管辖豁免公约》所确定的国际法原则，明确限制豁免主义的立场，又要在实践中采取灵活多样的措施来协调在这个问题上同其他国家及其自然人或法人的利害冲突，按照该公约所确立的规则公正、合理地处理好涉及国家及其财产的诉讼案件。②

同时，前述公约的通过也对国内法制的完善提出了迫切要求。在国家及其财产豁免方面，我国的国内立法十分欠缺，仅有一部于 2005 年 12 月 25 日通过的《中华人民共和国外国中央银行财产司法强制措施豁免法》。该法的规定仅涉及外国央行的财产在华的豁免问题，适用范围有限。从长远来看，完善我国有关国内立法，对于在对外交往中更好地维护国家权益和中国当事人的利益是非常必要的。许多学者呼吁，我国应积极借鉴国际立法和外国相关立法的经验，结合前述公约的规定，尽早制定一部完善的中国国家及其财产豁免法，外交部目前也正在积极草拟有关条文。

第四节　国际组织

引例　伯纳多特伯爵被害案③

1948 年 9 月 17 日，联合国派往巴基斯坦调解纠纷的伯纳多特伯爵在耶路撒冷以色列控制区被人开枪暗杀，于是围绕联合国本身对其工作人员受害的事件能否要求赔偿问题产生了争论。联合国大会第六委员会提议，将此案提交国际法院征询意见。

征询意见的两个问题是：（1）当联合国工作人员在执行公务时遭到伤害，某个国家对此负有责任时，联合国是否有权求偿？（2）如果有权提出这种要求，那么应该如何理解这与被害人的国籍所属国理应有权行使外交保护权之间的关系？

国际法院于 1949 年 4 月 11 日对上述问题发表了咨询意见，主要内容有：

---

① 参见韩德培、肖永平编著：《国际私法学》，37 页，北京，人民法院出版社、中国社会科学出版社，2004。

② 参见黄进、杜焕芳：《国家及其财产管辖豁免的新发展》，载《法学家》，2005（6）。

③ 参见袁成第：《涉外法律适用原理》，123～124 页，上海，同济大学出版社，1988。

关于第一个问题，即联合国是否具有国际法律关系中的人格问题。这从《联合国宪章》文字中难以断定，需要从宪章的整个宗旨来考察。从今天所处的阶段看，联合国这样的国际组织，如果不具有法律人格，就无法进行工作。因此关于国际组织求偿的问题，从必要性来讲是应该肯定的。对这种求偿权历来是根据外交保护进行的，联合国能行使这种权利，应从《联合国宪章》规定的含义中加以肯定。宪章要求，为了使工作人员脱离其国籍所属国而从国际的角度进行活动，必须使其受到联合国的保护，会员国也要对此予以承认。即使被要求的国家是非会员国，也不能否认国际社会大多数国家组成的联合国以独立的法律人格行使求偿权。

关于第二个问题，联合国的求偿权与国籍所属国的求偿权处于冲突状态，应该在两者之间决定优先次序，但是这将能由当事者通过善意和常识取得解决，即使受害的工作人员是被要求国的公民，也不致成为联合国组织按求偿权提出赔偿要求的障碍。

上述意见明确地肯定了联合国具有法律人格，为了使工作人员站在联合国的立场上有效地执行任务，联合国应享有求偿权。

该案经联合国秘书长于1950年4月21日提出要求，以以色列直接向联合国支付54 628美元赔偿联合国的损失了结。

本案涉及的主要法律问题有：国际组织的法律人格问题。

一、国际组织作为国际私法主体的法律问题

国际组织的出现是世界各国在政治、经济、文化等方面交往与合作的必然结果，自进入19世纪以来，尤其是第二次世界大战以后，国际组织得到了蓬勃发展，数量急剧增多，现今有影响的国际组织已多达几千个，它们在促进各国交往与合作，维护正常、稳定的国际秩序方面发挥着不可替代的作用。对于国际组织的理解有广义和狭义之分，狭义的仅指国家政府间的组织，广义的则还包括民间组织。实践中，无论政府间组织还是民间组织都可以成为国际民商事关系的主体，因为这些组织为了自身开展活动和发展的需要，不可避免地要与其他的国家、国际组织、法人或个人发生民事或商事的联系，国际组织的法律人格来源于组成国际组织的法律文件（章程、条约等），这使得它参与国际民商事交往和国家有所不同，当然也区别于法人和自然人。为了便于国际组织发挥其职能，其成员建立该组织时一般都在成立文件中赋予该组织以一定权利能力和行为能力，使之拥有了一定的法律人格。这些被赋予的能力不仅被其成员国承认，根据国际法和惯例，一般也能得到非成员国的尊重和承认。另外，在一些国际条约中，也对国际组织的资格和能力作出了规定，如《联合国宪章》、《维也纳外交关系公约》。

作为国际私法主体的国际组织在法律上具有如下特点：

1. 国际组织具有民事能力，但其权利能力和行为能力是受到限制的能力，国际组织的民事能力是成员国为其履行职能的需要而赋予的，它的权利能力和行为能力的范围及内容都规定于成立该组织的基本法律文件之中，这种能力相对于国家来说，常常是不完整的，

是与履行其自身职能相关的，国际组织在开展国际交往时，必须遵守这些法律文件中的规定。

2. 国际组织以自己的名义参加国际民商事交往活动。国际组织虽然是由国家或其他成员组成的，但对外交往时，它是直接地以自己的名义而非其成员国的名义活动。在“伯纳多特伯爵被害案”中，国际法院即肯定了联合国的独立法律人格，它可以以自己的名义行使权利和承担义务。但这并不是说，国际组织具有凌驾于国家之上的特权，在国际法上，没有任何权力高于国家主权，在国际组织内部也不例外，各成员国是通过国际组织的决议规则来表达自己的意愿的，国际组织要秉承其成员国的共同意志行事。

3. 国际组织以自身的财产独立承担民事责任，其财产责任与其各成员之间没有连带关系。为了实现国际组织职能的需要，在建立该组织时，一般其成员会给予其一定的财产，或国际组织通过自身活动积累起部分财产，这些财产就成为国际组织承担民事责任的基础。

4. 政府间国际组织为了履行职能的需要，享有一定的特权和豁免。

二、政府间组织的特权与豁免

国际组织不同于国家，它不享有主权，也就不具备像国家那样的建立在主权原则基础之上的豁免权，它的特权与豁免主要通过国际条约确立，如 1946 年联合国大会第一届会议批准的《联合国特权及豁免公约》就对联合国机构及其工作人员的特权和豁免作出了详细的规定。另外，联合国国际法委员会起草并于 1975 年维也纳外交会议上通过的《关于国家在其对普遍性国际组织关系上的代表权公约》，对国际组织的特权与豁免作了比较全面的规定，但是目前该公约还没有生效。此外，一些国家的国内立法也对本国参加的国际组织的特权与豁免问题作出了规定，如英国《1950 年国际组织（豁免与特权）法》、美国 1952 年《国际组织豁免法》等。

有关国际组织豁免权基础来源有两种不同的理论：一是职能说。这种观点认为，国际组织之所以享有豁免权，是成员国为了使其正常履行其职能而赋予的，《联合国宪章》第 104 条和第 105 条的规定就体现了这一点，这两条明确规定联合国组织在各会员国境内享有为执行其职务和达成宗旨所必需的法律行为能力，并且规定了它享有达成其宗旨所必需的特权、豁免。二是代表说，认为成员国之所以授予国际组织以特权和豁免，是因为国际组织在一定程度上或某些方面代表着成员国的利益和愿望。这两种观点都有一定的道理，但现在职能说得到更多的支持。① 国际法委员会在制定《维也纳外交关系公约》的过程中也认为，“国际组织的豁免权只能建立在职能的基础上”。

根据有关国际条约和国内立法的规定，国际组织在国际交往中的特权与豁免主要有：国际组织的会所、公文档案不受侵犯，国际组织的财产和资产免受搜集、征用、没收、侵夺或其他任何形式的干涉。另外，国际组织及其财产享受当地国的司法管辖及执行豁免。

在某些情况下，国际组织的权利能力和行为能力也会产生法律冲突。例如国际组织在非成员国活动时，各国可能会对国际组织的能力作出不同的限制规定，这样可能导致国际组织在一国境内可为的行为在另一国被禁止的现象，也就产生了法律冲突。对于国际组织权利能力和行为能力的确定，一般认为应依行为地法，但有关这方面的冲突法立法非常少见。

---

① 参见韩德培主编《国际私法新论》，113 页，武汉，武汉大学出版社，1997。

【问题与思考】

1. 以“张某遗产继承案”为例，分析国籍与住所在涉外民事案件的处理中有何意义。
2. 有些国家在同一时期会同时采用多种标准来确定法人国籍，请分析其原因。
3. 我国目前在法人承认制方面采用的是特别承认制，你如何看待这一制度的必要性？
4. 你如何看待《联合国国家及其财产管辖豁免公约》对我国可能带来的影响？

第二编

冲突规范及其相关制度

第四章

冲突规范和准据法的确定

参考书目

1. 韩德培主编. 国际私法. 北京：高等教育出版社，北京大学出版社，2000

2. 张仲伯. 国际私法学. 北京：中国政法大学出版社，2007

3. 章尚锦，杜焕芳主编. 国际私法. 5 版. 北京：中国人民大学出版社，2014

4. 黄进主编. 国际私法. 2 版. 北京：法律出版社，2005

5. 肖永平. 肖永平论冲突法. 武汉：武汉大学出版社，2002

6. 蒋新苗. 国际私法本体论. 北京：法律出版社，2005

7. [德] 马丁・沃尔夫著，李浩培等译. 国际私法. 2 版. 北京：北京大学出版社，2009

8. [法] 亨利・巴蒂福尔，保罗・拉加德著，陈洪武等译. 国际私法总论. 北京：中国对外翻译出版公司，1989

9. Peter North & J. J. Fawcett. Cheshire and North's Private International Law. 14th ed. Butterworths. ，2008

10. O. Kahn-Freund. General Problems of Private International Law. A. W. Sijhoff International Publishing Company，1976

参考法规

1. 1804 年《法国民法典》

2. 1971 年美国《第二次冲突法重述》

3. 1987 年《瑞士联邦国际私法》

4. 1986 年《中华人民共和国民法通则》

5. 1988 年最高人民法院《关于贯彻执行〈中华人民共和国民法通则〉若干问题的意见（试行）》

6. 2010 年《中华人民共和国涉外民事关系法律适用法》

7. 海牙国际私法会议通过的国际私法诸公约以及其他一些国家的国际私法和国际私法公约，这些资料可在以下书中找到：

(1) 韩德培，李双元主编．国际私法教学参考资料选编（上，下）．武汉：武汉大学出版社，1991

(2) 李双元，欧福永，熊之才编．国际私法教学参考资料选编（上，中，下）．北京：北京大学出版社，2002

(3) 黄进，何其生，萧凯编．国际私法：案例与资料（中英文）．北京：法律出版社，2004

引例 科恩夫人继承案

科恩（Re Cohn）夫妇是住所在德国的德国人。1918 年，他们在德国用德文立了一个共同遗嘱，指定互为继承人；并宣布，他们二人都死后，他们的财产平分给他们的子女（一子两女）。科恩先死，1940 年科恩夫人和她的一个女儿奥本海默夫人（住所在德国的德国人）在伦敦的一次空袭中被同一枚炸弹炸死。科恩夫人留下一笔动产在英国。她和奥本海默夫人谁先死的问题与她的遗产继承有关。

对于谁先死的问题，只能根据法律推定。如果把这个推定问题视为程序法问题，应适用法院地法，即英国法，英国法推定年长者先死，奥本海默夫人对她母亲的遗产有权继承；如果把这个推定视为实体法问题，就应适用案件的准据法，该案的准据法是被继承人的住所地法，即德国法，德国法规定同时死亡，不发生相互继承。英国法院认为，这个推定是对案件的结果作出结论的推定，是实体法问题，应适用德国法。结果，科恩夫妇的儿子和另一个女儿得到科恩夫人的这笔遗产。①

本案涉及的主要法律问题有：法律推定属于实体法抑或程序法问题？如何对案件的争诉点进行识别？

在本章中，我们将结合前引“科恩夫人继承案”及以下各节中列举的案例，对冲突规范和准据法的确定所涉及的主要问题从理论、立法和实践等方面作一探讨，包括：冲突规范的概念及构成，连结点和系属公式的运用，准据法的概念及确定，时际冲突的解决，人际冲突的解决，区际冲突的解决，外交承认的问题，识别问题的解决，先决问题的解决等。

① 参见杜新丽主编：《国际私法教学案例》，18 页，北京，中国政法大学出版社，1999。

对这些内容的学习，有助于我们在处理国际民商事案件过程中，正确地适用冲突规范，合理地处理好识别问题、先决问题，解决好确定准据法过程中可能出现的一些特殊情况，最终适当地确定案件所适用的准据法。

第一节 冲突规范及构成

引例 英国钱斯利公司案

1990年9月27日，申请人英国钱斯利公司（Chancery PLC）和柏林人银行与被申请人希腊山奇士海运有限公司（Sukisssed Marine Co. LTD，为借款方）签订贷款合同，借款用于经营被申请人下属塞浦路斯籍“卡帕玛丽”[Kappa Mary，1992年更名为“帕玛”（Pammar）]轮；柏林人银行委托申请人全权代为处理贷款事宜；被申请人应分6次以等量连续分期付款的方式向代理人偿还贷款。同日，申请人作为抵押权人、被申请人作为船主，双方签订了船舶抵押合同，申请人与柏林人银行提供贷款310万美元，被申请人将其所有的“帕玛”轮设置抵押。申请人作为抵押权受益人在塞浦路斯利马索尔由当地登记官作了抵押登记。因其他海事请求权人申请扣押并拍卖“帕玛”轮，申请人于1994年7月27日向我国某海事法院提出债权登记申请，请求确认申请人对被申请人的抵押债权本息三百六十余万美元。在审理过程中，被申请人对申请人的请求全部予以承认，双方选择适用中国法律，申请人还向法院提供了《塞浦路斯共和国海商法（暂行条例）》。法院认为，当事人选择适用中国法律，根据《中华人民共和国海商法》（以下简称《海商法》）第271条的规定，“船舶抵押权适用船旗国法律”。“帕玛”轮悬挂塞浦路斯共和国国旗，故处理本案的实体争议应适用塞浦路斯共和国法律。海事法院根据《海商法》第271条及《塞浦路斯共和国海商法（暂行条例）》第31条，判决确认申请人的抵押债权成立。

本案涉及的主要法律问题有：如何正确理解冲突规范？

一、冲突规范的概念

冲突规范（conflict rules）是国际私法的核心规范。所谓冲突规范，是指由国内法或国际条约规定的，指明某一国际民商事法律关系应适用何种法律的规范。它又叫法律适用规范（rules of application of law）或法律选择规范（choice of law rules）。

在国际私法中，存在着大量如下形式的法律规范：人的权利能力适用当事人本国法，不动产所有权适用不动产所在地法，合同方式依合同缔结地法，侵权关系适用侵权行为地法，等等。这类规范，国际私法上的专用名词就叫冲突规范。《民法通则》第八章“涉外民事关系的法律适用”中，第142～149条都属于这类规范，如第143条规定：“中华人民共和国公民定居国外的，他的民事行为能力可以适用定居国法律。”也就是说，有关定居国外的中国公民的民事行为能力问题，可以适用该人定居国的法律来确定究竟是完全行为能力、限制行为能力，还是无行为能力。

冲突规范是一种特殊的法律规范，同一般的法律规范相比，它具有以下几个特点：

第一，冲突规范不同于一般的实体法规范，它是法律适用规范。冲突规范仅指明某种国际民商事法律关系应适用何种实体法律，以期公平合理地处理这种关系，从而促进国际经济、文化和技术交流，因而它并不直接规定当事人的权利与义务。例如，不动产的所有权，适用不动产所在地法。在“英国钱斯利公司案”中，法院错误地理解了“合同适用当事人选择的法律”这条冲突规范，按照当事人意思自治所选择的法律应是实体法，而非冲突法。

第二，冲突规范不同于诉讼程序规范，它是法律选择规范。尽管冲突规范并不直接规定当事人的权利和义务，而是在相冲突的法律中指定其一来调整国际民商事法律关系，但它终究不同于以诉讼关系为调整对象的诉讼法规范，它主要是指导一国法院如何选择和适用法律。

第三，冲突规范是一种间接规范而非直接规范，因而缺乏一般法律规范所具有的明确性和预见性。

第四，冲突规范的结构不同于一般的法律规范。一般的法律规范包括三个部分，即规范适用的条件、概括的行为模式和法律后果，其中，行为模式主要有命令、禁止和授权三种，法律后果则包括对合法行为的肯定和对违法行为的制裁两个方面。[①] 冲突规范作为一种特殊的法律规范，一般没有明确规定法律后果，并没有将规范适用的条件和行为模式明确分开，而是将两者有机地结合在一起，形成了一种独特的结构：由范围和系属两部分组成。

二、冲突规范的结构

1. 范围，又称为连结对象（object of connection）、起作用的事实（operative facts）、问题的分类（classification of issue）等，是指冲突规范所要调整的民商事法律关系或所要解决的法律问题，通过冲突规范的“范围”可以判断该规范用于解决哪一类民商事法律关系。例如《民法通则》第146条规定，“侵权行为的损害赔偿，适用侵权行为地法律”。这条冲突规范中的范围是“侵权行为的损害赔偿”，可以看出是用于解决侵权行为损害赔偿的法律适用问题的。再如，“人的行为能力，适用当事人本国法”这条冲突规范中，“人的行为能力”是其“范围”。此外，物权、知识产权、合同、结婚、扶养、法定继承、遗嘱继承，等等，各种各样的国际民商事关系都是有关冲突规范的“范围”。这一部分既可以是法律关系，也可以是法律事实，还可以是法律问题。

2. 系属，指规定冲突规范中“范围”所应适用的法律。它指引法院在处理某一具体国际民商事法律问题时应如何适用法律，或允许当事人或法院在冲突规范规定的范围内选择应适用的法律，又被称为“冲突原则”。其语言结构常表现为“……适用……法律”或“……依……法律”。上述“范围”中列举的两条冲突规范中，“侵权行为地法”和“当事人本国法”部分，分别为这两条冲突规范的“系属”，它们指明了两种国际民商事关系应适用的特定法律。“系属”的种类很多，如“不动产所在地法律”、“卖方住所地法律”、“婚姻缔结地法律”、“合同缔结地法律”、“法院地法律”，等等。

三、冲突规范的类型

根据冲突规范中“系属”的不同规定，可以将其区分为不同的种类。所谓“系属”不

---

① 参见张志铭：《法律规范三论》，载《中国法学》，1990（3）。

同，实际上是“连结点”不同，表现在对内国法和外国法的不同“援引”上。一般来说，冲突规范可以分为四种基本类型：单边冲突规范、双边冲突规范、重叠适用的冲突规范和选择适用的冲突规范。

（一）单边冲突规范

所谓单边冲突规范（unilateral conflict rules），是指其“系属”直接指出某国际民商事关系应适用某国法的冲突规范，也叫单方冲突规范。它既可以明确指出适用内国法，如1896年《德国民法施行法》第24条第1款规定：“德国人之继承，虽于外国有住所，依德国法。”1804年《法国民法典》第3条第2款规定：“不动产，即使属于外国人所有，仍适用法国法律。”1983年颁布的《中华人民共和国中外合资经营企业法实施条例》第15条规定：“合营企业合同的订立、效力、解释、执行及其争议的解决，均应适用中国的法律。”也可以明确规定适用外国法，如《苏俄婚姻家庭及监护法典》第162条第4款规定：“外国人在苏联境外按照有关国家的法律结婚，在苏联承认有效。”它还可以明确规定适用某一特定国家的法律，如《苏联和比利时、卢森堡经济同盟临时贸易专约》第13条规定：“关于苏联驻比利时商务代表处订立或担保的贸易合同的一切争议，如在该合同内设有关于司法管辖或仲裁的专门条款，应受比利时法院的司法管辖，并依比利时法解决。”

单边冲突规范的特点是其“系属”，或者指出适用外国法，或者指明应适用内国法：指明适用内国法时，不能适用外国法；指明适用外国法时，不能适用内国法。这是单边冲突规范和双边冲突规范根本不同的地方，也是单边冲突规范的本质特点。

（二）双边冲突规范

所谓双边冲突规范（bilateral conflict rules），是指其“系属”并不直接规定适用内国法或外国法，而只规定一个可推定的系属，再根据此系属中的连结点，结合实际情况去寻找应适用某一个国家的法律的冲突规范。

这类冲突规范的连结点是抽象的，具有隐含的双边意义，它指向的法律存在着内国法或外国法两种可能，因而被称为双边冲突规范。例如，我国《民法通则》第144、145、147、148、149条都是双边冲突规范，以第144条为例：“不动产的所有权，适用不动产所在地法律。”这条冲突规范的“系属”只指出应根据“不动产所在地法律”来处理，至于究竟依何国法处理，还要根据具体情况来确定：如商品房产位于外国，则依外国法；如位于中国的深圳经济特区，就应依《深圳经济特区商品房产管理规定》处理。从内容上讲，任何一个双边冲突规范都可以分解为两个对立的单边冲突规范。再如，“合同方式依合同缔结地法”，就是一条双边冲突规范，其中的“依合同缔结地法”就是一个需要推定的系属：如果合同在内国缔结，就适用内国法；反之，如果合同在外国缔结，就适用外国法。可见，双边冲突规范所指定的准据法既可能是内国法，也可能是外国法，它体现了对内外国法律的平等对待。因此，它是现代各国国际私法立法中最常用的一种规范。

双边冲突规范与单边冲突规范既有联系又有区别。双边冲突规范一般回答一个普遍性的问题，因而具有普遍适用性并比较完备；而单边冲突规范一般只规定某一特殊问题应适用特定国家的法律，因而常留下法律适用的缺口留待司法机关补充。从内容上讲，任何一个双边冲突规范都可以分解为两个对立的单边冲突规范，如“侵权行为依侵权行为地法”就可以分解为“在内国发生的侵权行为，依内国法”和“在外国发生的侵权行为，依该外国法”两个单边冲突规范。反之，一个单边冲突规范，经过有权机关的解释，也可以扩展为双边冲突规范。

（三）重叠适用的冲突规范

所谓重叠适用的冲突规范（double rules for regulating the conflict of laws），是指其“系属”中有两个或两个以上的连结点，它们所指引的准据法必须同时适用于某一国际民商事法律关系的冲突规范。它是一种特殊的双边冲突规范。例如 1902 年《海牙关于离婚与别居的法律冲突和管辖权冲突公约》第 2 条规定：“离婚之请求，非依夫妇之本国法及法院地法均有离婚原因者，不得为之。”这表明，离婚问题必须同时适用夫妇之本国法和法院地法，只有两者均认为有离婚原因时，才准许当事人离婚。再如我国 1986 年《民法通则》第 146 条规定：侵权行为之债，在适用侵权行为地法或当事人共同本国法或共同住所地法时，必须中国法律也认为是侵权行为时，才能作为侵权行为处理。这种冲突规范，体现了内国法律限制外国法律适用和严格适用条件的做法。在许多情况下，重叠适用的冲突规范规定的两个应重叠适用的准据法中，有一个往往是法院地法，立法者试图借此维护法院地的公共秩序不至于被破坏。

（四）选择适用的冲突规范

所谓选择适用的冲突规范（choice rules for regulating the conflict of laws），是指其“系属”中有两个或两个以上的连结点，但只选择其中之一来调整有关的国际民商事法律关系的冲突规范。它也是一种特殊的双边冲突规范。根据选择方式的不同，选择适用的冲突规范又可以分为两种：

1. 无条件选择适用的冲突规范。在这种冲突规范的“系属”所指明的几种法律中，法院和当事人可以任意或无条件地选择其中之一来调整某一国际民商事法律关系，而不分主次、前后，也不附带任何条件。例如，日本 1961 年《关于动产遗嘱方式的准据法》规定，可以在行为地法、立遗嘱人立遗嘱或死亡时国籍所属国法、立遗嘱人立遗嘱时或死亡时的住所地法、立遗嘱人立遗嘱时或死亡时的经常居所地法中，任意选择一种，即动产遗嘱的方式，只要符合上述任何一个法律的规定，其方式即为有效。再如 1979 年《奥地利联邦国际私法》第 16 条第 2 款规定：“在国外举行的婚姻，其方式依结婚各方的属人法；但已符合婚姻举行地法关于方式的规定者亦属有效。”这条冲突规范表明，在奥地利法看来，当事人在奥地利以外举行的婚姻，无论依据其属人法还是婚姻举行地法规定的方式均为有效。也就是说，当事人的属人法和婚姻举行地法在确定婚姻方式上具有同等价值，没有轻重之分，也没有什么条件限制。

2. 有条件选择适用的冲突规范。在这种冲突规范的“系属”所指出的几种法律中，法院和当事人只能进行有条件的选择，只有在前一种法律无法得到适用或具备了适用后一种法律的条件时，才能选择后一种法律来调整某一国际民商事法律关系。例如，1898 年《日本法例》第 20 条规定：“亲子间的法律关系，依父之本国法；若无父时，依母之本国法。”再如我国《民法通则》第 145 条规定：“涉外合同的当事人可以选择处理合同争议所适用的法律……涉外合同的当事人没有选择的，适用与合同有最密切联系的国家的法律。”这就是一条有条件选择适用的冲突规范，它要求法院在处理国际合同纠纷时，首先应适用当事人选择的法律作为合同的准据法；只有在当事人没有选择法律时，才能适用与合同有最密切联系的国家的法律。

（五）小结

在现代各国国际私法立法当中，上述四类冲突规范常常交替出现，这显然涉及立法技术问题，但它远远不止是一个立法技术问题。如果国家认为对某些国际民商事法律关系特别需要依自己的实体法处理，就常采用单边冲突规范；如果国家认为要对某些国际民商事法律关系从严掌握，可采用重叠适用的冲突规范，而且常要求重叠适用法院地法；如果国家认为某些国际民商事法律关系可以从宽掌握，便可采用双边冲突规范或选择适用的冲突规范。可见，冲突规范并不是一种抽象的公式，它与一国的政治、经济生活密切相关，具体采用哪一种冲突规范来解决某一国际民商事法律关系的法律适用问题，常常取决于该国的实体政策。目前，双边冲突规范，特别是选择适用的冲突规范，在各国国际私法立法中所占的比重明显增加，这主要是由于它们能够适应当今世界频繁而复杂的国际民商事交往的实际需要，在法律适用方面提供了较大的灵活性，从而有利于保障国际民商事法律关系的稳定使然。

当然，20 世纪中叶后，随着世界经济一体化趋势的出现，在国际民商事关系日益多样化、内容日益复杂化的条件下，传统冲突规范的过于简单和概括的缺陷逐渐暴露，并暴露出僵化和呆板的弱点。为了克服冲突规范过于僵化、机械的缺陷，许多国家陆续走上了冲突规范“软化处理”（softening process）的道路。① 在美国出现了“冲突法革命”，以里斯主持编写美国《第二次冲突法重述》而告一段落，最终确立了以最密切联系原则为指导思想的核心地位。在欧洲及其他许多国家则出现了软化冲突规范的立法倾向和理论思潮。总的来看，通过软化连结点，采用开放的连结点，扩展或分割法律关系要素等方式，创造“灵活的冲突规范”，以便有效地解决当代国际私法实践中日益复杂的法律冲突，在愈来愈多的个案中，达到公平和正义的法律适用效果。②

四、连结点

（一）连结点的概念

在冲突规范的系属中，连结点（point of contact）是个很重要的部分，又被称为“连结因素”、“联系因素”（connecting factor）或“连结根据”（connecting ground）。

它是指冲突规范系属中据以联系和确定应予适用的法律的客观标志部分，是把冲突规范的“范围”与所援引的准据法联系起来的因素、纽带或媒介，从而使冲突规范调整的国际民商事关系，可以借助连结点作为纽带或媒介找到应适用的准据法。

例如，关于侵权行为，可供考虑的要素有加害者和受害者的国籍、住所，加害行为地，损害发生地，等等。作为完善的立法，就要选择一个关系最密切的要素作为媒介。当某一要素，如加害行为地被选为媒介时，它就是连结点。再如“不动产所有权，适用不动产所在地法律”这条冲突规范，“不动产所在地”就是连结点，它是该不动产应予适用的法律的根据。

运用冲突规范解决国际民商事法律冲突的方法，实际上就是选择并确定“连结点”的方法。国际私法历史发展中出现的诸多理论、学说，也都正是围绕着“连结点”展开的，因此，“连结点”在国际私法上具有重要意义。从形式上看，连结点是一种把冲突规范中“范围”所指的法律关系与一定的法律联系起来的纽带或媒介。每一条冲突规范必须至少有一个

① 参见李双元、张明杰：《论法律冲突规范的软化处理》，载《中国法学》，1989（2）；徐崇利：《冲突规则的回归》，载《法学评论》，2000（5）。

② 例如，在“黑龙江省东宁县华埠经济贸易公司与中国外运山东威海公司等船舶进口代理合同、废钢船买卖合同纠纷再审案”中，法院认为：当事人和合同事实均在中国境内，应适用中国法，但涉案船舶系从俄罗斯进口，部分证据源于俄国，故有关船舶所有权的转移及源于俄国的证据的效力，应适用中俄双边条约。该案法院较好地采用了“分割”方法，在区分合同、证据、所有权等不同法律关系的基础上适用了不同法律，体现了追求法律适用“明确性”与“灵活性”的最大平衡的精神。关于该案详情，参见《中华人民共和国最高人民法院公报》，2002（3），105 页。

连结点，没有这个连结点，便不能把一定的法律关系和应适用的法律连结起来。从实质上看，这种纽带或媒介反映了该法律关系与一定的法律之间存在着内在的实质的联系或隶属关系，它表明某种法律关系应受一定国家法律的约束，应受一定主权者的立法管辖，如果违反这种约束或管辖，该法律关系就不能成立。

（二）连结点的种类

从不同的标准和角度，连结点可区分为不同的种类。

1. 客观连结点和主观连结点

以是客观存在的标志还是当事人合意为标准，可以区分为客观连结点和主观连结点。前者是一种客观存在的标志，主要有国籍、住所、居所、物之所在地、法院地、行为地等；后者是指当事人之间的合意，主要指当事人选择适用于合同之债的连结点。最密切联系地的确定有时也需要借助法官的主观判断，但对它是否为主观连结点这一问题，有不同的看法。我们认为，最密切联系地应属于客观连结点，不因法官的主观判断而改变其客观属性，无论是哪一种最密切联系地，最终都归属于某一客观所在地，因此，对最密切联系地的认定要区分其本身的客观属性和法官的主观判断。

2. 动态连结点和静态连结点

以可以改变还是固定不变为标准，可以区分为动态连结点和静态连结点。前者是可以改变的连结点，如国籍、住所、居所、动产所在地等。例如，“人之能力依其本国法（或住所地法）”，“继承依被继承人国籍所属国法”；我国《民法通则》第 149 条规定：“遗产的法定继承，动产适用被继承人死亡时的住所地法律。”后者是固定不变的连结点，主要是指不动产所在地以及涉及过去的事件或行为地，如婚姻举行地、侵权行为地、合同缔结地、付款地、出票地、背书地、立遗嘱地等。

3. 单纯事实连结点和法律概念连结点

单纯的事实主要包括物之所在地和法院地。物之所在地即物的现实所在场所，法院地是指提起和进行国际诉讼案件的地点，这些连结点通常事实上能够确定。除此之外的连结点不是单纯的事实，而是法律概念，如国籍、住所、法律行为地，等等。

此外，中国台湾地区学者马汉宝教授将连结点综合为与“主体”有关的连结点、与“客体”有关的连结点、与“行为”有关的连结点和与“当事人意思”有关的连结点四类。欧美有些学者还将连结点分为“开放的”（open-ended）连结点和“硬性的”（black-letter）连结点。

（三）连结点的确定

连结点的确定也叫连结点的选择，是指在一个法律关系诸多构成要素当中，应依哪一国的法律来选择、确定一个最能反映“范围”中所要解决的问题的本质，并以与之有最重要联系的要素作为连结点，以指引准据法的选择，从而公平、合理地解决国际民商事纠纷。由于各国法律对连结点有不同的理解和规定，所以产生了如何选择和确定的问题。这一问题的解决，对于准据法的确定具有十分重要的意义。可以说连结点的选择，乃冲突规范立法的中心任务。

任何连结点的选择和确定都不是任意的，而是有其客观根据的。第一，一个新的连结点的形成与发展有其客观依据，它与一国的政治、经济，特别是国际民商事活动的发展密切相关。例如，16 世纪以前，合同关系同其他法律关系一样，都不允许当事人自由选择准据法。后来，由于商业发展的迫切需要，逐渐产生了当事人意思自治原则这个新的连结点。这是资本主义所要求的契约自由的必然反映，也是资本主义自由竞争的需要在法律上的反映。随着国际经济、贸易的扩展，这个连结点已为多数国家认可和接受。第二，一国对某一法律关系的连结点的选择不是一成不变的，而是随着客观情况的变化而变化的。例如，早期的法规均未对各种不法行为作具体的分析，而笼统地规定“不法行为之债适用不法行为地法”。实践证明，这种立法技术并不能保证法院在所有情况下都能够选择出最适合于案件的准据法。现代学说已倾向于废除这种做法，进而主张对各种性质不同的不法行为进行区分，根据它们的不同情况，选择不同的连结点，从而指引不同的法律作准据法。第三，一国立法机关对某一法律关系究竟选择哪一要素作为连结点，通常要考虑冲突规范的“范围”所要解决的法律问题的性质与分类，区分不同连结点的含义和作用。有关的连结点必须是各国立法机关经常作为自己行使立法管辖权的根据，有关的连结点必须便于认定、便于适用，并与特定的地域相联系，有关连结点的选择必须符合一国处理国际民商事法律关系的政策。

(四) 连结点的软化处理

冲突规范的软化处理，关键在于连结点的软化处理。对此从日趋灵活开放、复数可以选择和含义多样化三方面进行分析。

1. 采用灵活开放的连结点

连结点的软化，最重要的是以灵活、开放的连结点取代僵化的、封闭的连结点。卡恩-弗罗恩德甚至称之为“当代国际私法发展的一个主要特征”①。实践中，就是运用当事人的合意和最密切联系地等弹性而开放的连结点来改变以往连结点的僵硬性、封闭性，从而使得冲突规范能在复杂多变的国际民商事关系中，发挥积极、公正地处理争议的作用。例如，原来的“合同由合同订立地法支配”观念，与国际贸易多集中于某些固定的市场并受该市场习惯约束的情况是完全吻合的。但当合同通过邮件、电报、电话等方式订立时，合同订立地与合同的联系就带有偶然性，合同订立地有时甚至根本无法确定。在当事人不得不在数个国家履行合同时，合同履行地这个连结点的命运亦是如此。这个时候，“意思自治原则”便应运而生，并得到充分发展。再如，任何法律关系适用与其有最密切联系的国家的法律，是连结点的自然要求。这种做法由于在指导法律适用上的灵活性和准确性，很快为世界各国所接受，而风行全球。中国现有立法和司法解释也多处直接规定最密切联系地为冲突规范的连结点。

2. 采用复数可以选择的连结点

这种方法是指，对适用于特定国际民商事关系的冲突规范，规定两个或两个以上可供选择的连结点，从而软化连结点、软化冲突规范的方法。这种方法与国际民商事关系法律调整的要求存在内在的联系。例如，侵权行为之债适用侵权行为地法。何谓侵权行为地？有的国家就允许当事人在加害行为地和侵权行为结果地之间选择一个。这种方法也反映了国际私法发展的价值取向，给特定范围内的国际民商事关系增加连结点，从而增强法律适用的可选择性，是国际私法为克服冲突规范的僵化、机械而出现的发展趋势。这种方法还体现了“与其使之无效，不如使之有效”原则的精神，有复数连结点时，就可选择有效的连结点，从而尽量使国际民商事关系有效成立。因此，在国际私法实践中，这种方法为各国普遍采用。例如，2007年修订的《土耳其国际私法和国际诉讼程序法》第15条规定：“对于调整夫妻财产关系所适用的法律，夫妻双方可以在他们的惯常居所地法或他们结婚时的本国法中选择。当事人没有选择的，适用夫妻双方共同的本国法。没有共同本国法的，适用缔结婚姻时夫妻

---

① O. Kahn-Freund, *General Problems of Private International Law* 260 (1976).

共同惯常居所地法。没有共同惯常居所地法，则适用土耳其法。”再如我国 2010 年《涉外民事关系法律适用法》第 23 条规定：“夫妻人身关系，适用共同经常居所地法律；没有共同经常所住地的，适用共同国籍国法律。”

3. 连结点含义的多样化

第二次世界大战后，一些国家对于诸如住所、侵权行为地等连结点，因使用的场合不同，为达到不同目的或发挥不同功能而赋予不同的含义。在美国，早在 1934 年编纂美国《第一次冲突法重述》时已有人反对对住所不论用于何种目的而下一概括定义的做法，如住所可作为指引离婚管辖、动产继承、遗嘱效力的准据法的连结点。设定选择住所必须具备居住事实及久住意思两个条件。但现在美国法院在决定离婚管辖时，对设定选择住所所要求的住所含义就没有像处理继承那样严格。这是因为不同政治单位之间或不同法域之间人口迁移迅速增加，不能在离婚管辖问题上对设定住所规定得太严格，而在继承问题上则不然。对侵权行为地也发生同样问题，不论在大陆法系国家还是在普通法系国家，侵权行为地传统上是确定管辖权及法律选择的连结点，但在适用于法律选择时其含义要广泛一些。在不同场合，根据其不同功能，确定其不同含义，不仅是妥当的，也是必要的。[①] 对于这一点，1988 年最高人民法院《关于贯彻执行〈中华人民共和国民法通则〉若干问题的意见（试行）》也曾规定：“侵权行为地的法律包括侵权行为实施地法律和侵权结果发生地法律。如果两者不一致时，人民法院可以选择适用。”

五、系属公式

（一）系属公式的概念

所谓系属公式（formula of attribution），就是把一些解决法律冲突的规则固定化，使它成为国际上公认的或为大多数国家所采用的处理原则，以便解决同类性质的法律关系的法律适用问题。在国际私法上，系属公式也叫“冲突原则”。单边冲突规范对应适用什么法律已作了明确规定，并不需要凭借某种公式加以表述，因此，系属公式是通过双边冲突规范发展起来的。在长期的国际私法实践中，一些双边冲突规范的系属，因具有普遍、稳定和典型的性质，而被逐渐固定和保留下来，成为系属公式。

（二）常见的系属公式

常见的系属公式主要有属人法、物之所在地法、行为地法、当事人合意选择的法律、法院地法、国旗国法、最密切联系地法，等等。

1. 属人法（lex personalis，personal law）

属人法表示，要适用作为民商事关系主体的自然人的国籍、住所、惯常居所所属国家的法律，或以自然人国籍、住所、惯常居所为连结点的系属公式。它经常用来确定自然人权利能力和行为能力方面的一些问题，诸如能力、身份、婚姻家庭和动产继承等方面的法律冲突问题。属人法这个系属公式，早在公元 13、14 世纪就已开始形成。19 世纪中叶以来，欧洲大陆法系国家如法国、德国、意大利、西班牙、葡萄牙等，把属人法理解为自然人国籍所属国法，而普通法系国家如英国、美国、阿根廷、巴西、秘鲁等，则把属人法理解为自然人住所地法，从而形成属人法的两大派别：本国法（lex patriae）和住所地法（lex domicilii）。为了调和两大法系在属人法上的矛盾，现在常常用惯常居所地法来代替住所地法

① 参见卢峻：《战后国际私法的新发展》，载《中国国际法年刊》，9 页，1987。

或本国法作为属人法。此外，还有一种所谓“法人属人法”（personal law of a legal person），它一般是指法人的国籍国法，常用来解决法人的成立、解散及权利能力和行为能力等方面的问题。

2. 物之所在地法（lex lici actus，law of the place where thing is located）

物之所在地法表示，要适用作为民商事关系客体的物的所在地国家的法律，或以民商事关系客体——物之所在地作为连结点的系属公式。它被作为解决物权法律冲突最基本的原则，如“物权依物之所在地法”、“不动产所有权适用不动产所在地法”等。

3. 行为地法（lex loci actus，law of the place where act occurs）

行为地法表示，要适用法律行为完成地国家的法律，或以法律行为或有法律意义的行为完成地为连结点的系属公式，来源于古老的“场所支配行为原则”。它被经常用来解决有关法律行为方式及其他一些问题如事实行为、侵权行为，也有用来解决行为实质内容问题的。由于法律行为的性质不同，客观上存在各种各样的法律行为，所以行为地法表示一系列的系属公式，例如，(1) 合同缔结地法：表示要适用合同签订地国家的法律，以合同签订地为连结点的系属公式，通常用来解决合同方式特别是合同有效性问题；(2) 债务履行地法：表示要适用债务履行地国家的法律，以履行债务地为连结点的系属公式，经常用来解决债权人和债务人之间的权利义务关系问题；(3) 侵权行为地法：表示要适用侵权行为发生地国家的法律，经常用来解决因不法行为而发生的债务问题，是以侵权行为地为连结点的系属公式，但对侵权行为地有加害行为地和损害发生地两种理解；(4) 婚姻举行（缔结）地法：表示要适用婚姻缔结地国家的法律，是以婚姻缔结地为连结点的系属公式，一般用来解决婚姻方式问题，但也不排除解决婚姻实质要件问题；(5) 立遗嘱地法：表示要适用立遗嘱人立遗嘱地国家的法律，是以立遗嘱地为连结的系属公式，经常用来解决遗嘱方式问题。

4. 当事人选择的法律（lex voluntatis，party autonomy）

这个系属公式表示要适用当事人所选择的法律，是以当事人的合意选择为连结点的系属公式，经常用来解决合同债务纠纷问题，也用于解决有关信托内容的法律冲突。意思自治原则是由16世纪法则区别说学者杜摩林首创，后来为许多资本主义国家所接受，目前为全世界所承认和采用的冲突原则。在中国，《民法通则》第145条第1款规定：“涉外合同的当事人可以选择处理合同争议所适用的法律，法律另有规定的除外。”

5. 法院（仲裁）地法（lex fori，law of the court or the tribunal）

它表示要适用审理案件的法院或仲裁机构所在地国家的法律，是以法院或仲裁机构所在地作为连结点的系属公式，一般用来解决诉讼（仲裁）程序问题，也可作为识别的依据，以及指引某些国际民商事法律关系的准据法，如离婚案件适用受理案件的法院所在地法律。

6. 国旗（徽）国法（lex bandi，law of the flag）

它表示要适用国旗（徽）所属国家的法律，是以国旗（徽）为连结点的系属公式，常用来解决船舶和飞行器在运输中的一些问题，以船舶挂国旗、飞行器画国徽为标志。

7. 最密切联系地法（law of the place of the most significant relationship）

它表示要适用与国际民商事关系有最密切联系的国家的法律，是以最密切联系的因素为连结点的系属公式。该系属公式开始时用来解决合同和侵权的法律冲突问题，目前有逐渐适用于其他国际民商事关系的趋势，中国已在合同、侵权和扶养关系中采用。

第二节 准据法及其确定

引例 路德诉萨戈尔案[1]

该案的原告是一俄国公司，但其多数股份为英国公司掌握，在俄国从事木材加工业。“十月革命”以后，它在俄国所有的一批木材，被苏俄政府根据国有化法令没收。后来，苏俄政府将这批没收的木材卖给被告萨戈尔公司，被告将之运往英国。于是，原告在英国提起诉讼，要求法院确认它对这批木材的所有权，判决被告偿还该项财产的价值。因为这批木材被没收时在俄国，应根据俄国的法律决定苏俄政府没收的效力。但这里有一个俄国法是苏维埃俄国的法律还是旧俄国法律的问题。在初审时，英国尚未承认苏维埃政府。初审法院在判决中指出：苏俄政府的国有化法令是否为英国法院可以承认的有效立法行为，取决于该政府是否是俄国的主权政府。英国法院在对待外国政府或政权方面应采取的态度是：如果外国政府被英国政府承认，法院必须承认该外国政府的主权及行为的效力；如果外国政府未被英国政府承认，英国法院不能，至少不必或不应该理睬或承认该外国政府。在初审时，英国尚未承认苏维埃政府。因此，初审法院不适用苏俄政府法律而选择适用旧俄国的法律，判决支持原告。但是，当案件到上诉审时，英国政府承认了苏俄政府，英国上诉法院便根据苏俄政府的法律判定木材的所有权已合法转移给苏俄政府，从而该政府能有效地把产权转让给被告。最后，被告胜诉。

本案涉及的主要法律问题有：在准据法的确定过程中，是否受外交承认的影响？

一、准据法的概念

所谓准据法（lex cause，applicable law，proper law），是指按照冲突规范的指引而援引来具体确定国际民商事法律关系当事人的权利与义务的特定的实体法律。[2] 例如，我国《民法通则》第144条规定：“不动产的所有权，适用不动产所在地法律。”在这条冲突规范中，不动产所在地国家的实体法，就是有关不动产所有权关系的准据法。如受理案件的法院应用这条冲突规范，如确认所涉不动产位于中国并适用中国实体法，则中国有关实体法，就是该不动产所有权关系的准据法。可见，准据法是国际民商事法律关系所具体适用的法律，而不是冲突规范所抽象指定的法律。由于冲突规范的直接作用只是确定法律选择，或者说援引准据法，故它并不能直接调整国际民商事法律关系，它只有和它所指定的准据法结合起来才能

① 参见黄惠康、黄进：《国际公法国际私法成案选》，30～32页，武汉，武汉大学出版社，1987。

② 关于准据法的概念考察，参见刘慧珊：《“Proper Law”问题探究》，载《中国国际私法与比较法年刊》，第7卷，3～32页，北京，法律出版社，2005；肖永平：《准据法概念新论》，载《法学杂志》，1992（1）。

调整这种关系。因此，冲突规范的间接调整国际民商事法律关系的作用的发挥离不开准据法。

准据法作为国际私法上的一个特有概念，具有如下特点：

第一，准据法必须是能够具体确定国际民商事法律关系当事人权利义务关系的实体法。虽经冲突规范的指定或援引但不能用来直接确定当事人的实体权利与义务的法律，譬如，在反致情况下，经内国冲突规范所援引的外国冲突规范，就不是准据法。准据法既可能是内国法，也可能是外国法，还可能是国际条约和国际惯例，但均必须是实体法。当然，以国际惯例形式出现的实体规范大多为任意性惯例，只有当合同当事人按意思自治原则选择它们作为准据法时，它们才对合同当事人具有法律拘束力。[①] 至于以国际条约形式出现的实体法本来是不经冲突规范援引而直接适用于缔约国及其自然人和法人的，但在特殊情况下，如果冲突规范援引某一条约缔约国的法律为准据法，该缔约国参加的这一条约可视同该国国内法作为准据法来适用。[②]

第二，准据法必须是经冲突规范所指引的实体法。如不是由冲突规范所援引的某特定实体法，无论是作为统一实体法的国际条约和国际惯例还是直接适用的国内实体法，因为未经冲突规范援引，均不能称为准据法，而只能叫作“直接适用的法律”[③]。

第三，准据法不是冲突规范逻辑结构的组成部分，它必须依据冲突规范中的系属并结合有关国际民商事案件的具体情况才能确定。例如，在“婚姻方式依婚姻举行地法”中，“婚姻举行地法”是系属，为了确定某一国际婚姻方式的准据法，法院需要将该系属中的“婚姻举行地”与该案件中的具体情况结合起来考虑。如果婚姻举行地在中国境内，那么，中国法就是规范该婚姻方式的准据法。因此，系属与准据法不同，“准据法”是具体的、特定的，而“系属”是抽象的、泛指的。

二、准据法的确定

【案例 4—1】蔡×玉遗产继承案

被继承人蔡×玉生前住台北市中正区中华路×段×号，于 1992 年 9 月 30 日返大陆探亲时，在福建省福清市沙埔镇因病死亡。申请人为被继承人之母亲。蔡×玉在台未婚，亦无子女，申请人为被继承人唯一之继承人，已依“台湾地区与大陆地

---

① 在“韩国国民银行信用证纠纷案”中，原告上海苏豪国际贸易有限公司因与被告（韩国）国民银行、比利时联合银行上海分行发生信用证纠纷，向上海市第一中级人民法院提起诉讼。后（韩国）国民银行不服一审判决，以上海苏豪国际贸易有限公司、比利时联合银行上海分行为被上诉人向最高人民法院提起上诉。就本案的法律选择和法律适用而言，原审法院认为，原告与被告（韩国）国民银行在信用证业务中明确约定受《跟单信用证统一惯例》（简称 UCP）1993 年（修订本）国际商会 500 号出版物约束。UCP500 号虽不是法律，但是一旦写进信用证中，则对信用证下当事人具有约束力，带有一定的强制性，当事人必须遵守。最高人民法院也认为，上诉人（韩国）国民银行开立以被上诉人苏豪国际贸易有限公司为受益人的不可撤销即期信用证中，明确约定，该信用证受 UCP500 号（1993）条文的约束。因此，UCP500 号（1993）条文对本案信用证当事人具有约束力，带有一定的强制性，双方当事人理应遵守。因此，两审法院均认定本案应适用《跟单信用证统一惯例》（UCP500 号）。参见上海市高级人民法院（2001）沪高经终字第 339 号民事判决书。

② 这一点在 1980 年《联合国国际货物买卖合同公约》第 1 条第 1 款中得到肯定，它是这样规定的：“如果国际私法规则导致适用某一缔约国的法律”，该公约也可以适用于营业地在不同国家的当事人之间所订立的货物销售合同。

③ 关于“直接适用的法律”，参见韩德培主编：《中国冲突法研究》，29～32 页，武汉，武汉大学出版社，1993；徐冬根：《论“直接适用的法”及其与冲突规范的关系》，载《中国法学》，1990（3）。

区人民关系条例”之规定，向法院声明继承，并准予备查在案。法院查蔡×玉遗有坐落台北市中正区永昌段×小段六三八地号，面积 1 663 平方公尺，应有部分 1/158 土地一笔及其上建物门版台北市中华路×段×号房屋一栋。申请人因年迈，且身处大陆福建家乡，无法亲赴台湾处理遗产，为此申请指定何×街、余×功二人为遗产管理人，并提出除户户籍本、委托书、继承系统、备查函等件为证。按大陆人民不得在台湾地区取得或设定不动产物权，又大陆人民依规定不能继承取得以不动产为标的之权利者，应将该权利折价为价额；大陆人民依法继承其所有财产总额，每人不得逾新台币 200 万元，超过部分台湾地区无继承人者，归属“国库”，“台湾地区与大陆地区人民关系条例”第 69 条、第 67 条第 1 项、第 5 项分别定有明文。①

本案涉及的主要法律问题有：我国台湾地区与大陆之间区际继承关系如何确定准据法？

准据法是冲突规范所援引的特定实体法，但准据法又是独立于冲突规范的特定实体法，只是由于冲突规范的援引才成为处理某国际民商事关系问题的准据法。因此，准据法的选择和确定，都离不开冲突规范。所谓准据法的确定，是指当事人、法院和仲裁机构等如何根据国际私法上冲突规范的规定，确定应予适用的准据法。这在国际私法中具有重要意义。能否选择并确定适当的准据法，关系到法律适用正确与否，这在司法实践中尤为关键。② 从根据国际私法规定确定准据法的过程来看，大致可以分为三步：通过“识别”，确定有关国际民商事关系的性质，确定连结点，找出应予适用的冲突规范，从而初步确定何种实体法为准据法。确定了应以某实体法为准据法后，还可能出现一系列特殊的问题需要加以解决，如区际法律冲突、时际法律冲突、人际法律冲突、外交承认问题、先决问题等。解决了区际、时际、人际法律冲突等特殊问题后，还要面临反致、公共秩序保留、法律规避等与冲突规范的适用有关的基本制度的筛选，以最终确定准据法。这里先就区际法律冲突、时际法律冲突、人际法律冲突和外交承认问题作些介绍。

（一）区际法律冲突的解决

当国际私法的冲突规范指定应适用某一外国的法律，但该外国国内法制不统一，具有不同的法域，存在区际法律冲突时，究竟应适用该外国的哪一个法域的法律作为准据法呢？在立法中，有如下几种不同的解决办法：第一种办法即根据该外国的区际私法确定准据法。例如，1966 年《波兰国际私法》第 5 条规定：“应适用的外国法有数个法律体系时，应适用何种法律体系由该外国法确定。”这里讲的“该外国法”就是指该外国的区际私法。这是最普遍的做法，其他做法多为这种做法的补充。第二种办法即根据最密切联系原则确定准据法。

① 参见我国台湾地区台北地方法院 1994 年度继字第 605 号民事裁定书。

② 最高人民法院为指导各级人民法院正确地适用法律，专门于 2003 年 7 月 21 日发布了《关于我国法院审理涉外商事案件适用法律情况的通报》[法（2003）121 号]，该通报中指出：“……不少人民法院对适用法律问题意识不强，甚至在裁判文书中没有对适用法律问题进行任何分析和论述。涉外案件相对于国内案件而言，有其特殊性和复杂性，法律适用即是其中最为重要的一个方面。要搞好涉外商事审判工作，就必须提高法律适用方面的意识。正确地适用法律是公正裁判的基础。人民法院应当在涉外商事案件裁判文书的论理部分首先对于该案应适用的法律作出分析和判断，并具体说明理由。绝不能无视法律适用问题而想当然地适用本国法，也不能只得出关于适用法律的结论而对原因不予阐述。对于上述问题，各级人民法院应该在今后的审判实践中予以高度重视，并不断总结经验教训，以进一步提高涉外商事裁判文书的水平，维护我国人民法院公正司法的形象。”

例如，1979 年《奥地利联邦国际私法》第 5 条第 3 款规定："如外国法由几部分法域组成，则适用该外国法规则所指定的那一法域的法律。如无此种规则，则适用与之有最强联系的那一法域的法律。"这种做法是目前多数国家的国际私法立法所采取的在无区际私法情况下应适用的补充做法。第三种办法即以当事人的住所地法、居所地法或所属地方的法律代替其本国法。例如，1898 年《日本法例》第 27 条第 3 款规定，在适用当事人本国法的场合下，如"当事人其国内各地法律不同时，依其所属地方的法律"。第四种办法即采用国际私法的规定确定准据法。例如，1966 年《葡萄牙民法典》第 20 条第 2 款规定："在外国无区际私法规范时，采用该外国的国际私法。"在"蔡×玉遗产继承案"中，由于大陆和我国台湾地区在法域①意义上是平等的，且相关法律制度不同，故会在一个国家内产生法域之间的区际法律冲突。又由于中国目前尚无统一的区际冲突法，故本案区际继承案件的处理就依各法域的冲突法来解决。

(二) 人际法律冲突的解决

当国际私法中的冲突规范指定适用某一外国法律，但该外国法制不统一，其内部存在两个或两个以上的适用不同法律制度的人员集团，存在人际法律冲突时，就提出究竟应以对该外国的哪一类人适用的法律为准据法的问题。在立法中，通常的解决办法是由该外国的人际冲突法或人际私法确定。例如，1966 年《葡萄牙民法典》第 20 条第 3 款规定："如准据法在地域上形成单一法律秩序，而在该法律秩序内有适用于不同类别的人的不同法制，则必须遵守该法就该法律冲突而作的规定。"如果该外国没有人际冲突法，则适用与案件或当事人有最密切联系的法律。有的国家的有关规定既适用于区际法律冲突情形，也适用于人际法律冲突情形。例如，1986 年修改后的《德国民法施行法》第 4 条第 3 款规定："若需适用多种法制并存国家的法律，除非适用本身已有的规定，否则依该国法律确定适用何种法制的法律；如果该国法律并无适用何种法制的规定，适用与案件有最密切联系的法制的法律。"

(三) 时际法律冲突的解决

【案例 4—2】重庆雨田房产公司案

1996 年 7 月至 8 月，重庆雨田房地产开发有限公司（以下简称雨田房产公司）与约克国际（北亚）有限公司（以下简称约克国际公司），在重庆市签订了编号为 SCCD96-7-A 的合同及附件三份，约定雨田房产公司向约克国际公司购买三台 YSFAS55CIC 型约克牌水冷螺杆机组（型号：YSFAS55CIC），合同总金额（CIF 上海）39 万美元，该价格包括调试、开车、操作人员的现场培训费用。合同签订后，约克国际公司于 1996 年 12 月和 1997 年将合同项下三台水冷螺杆机组运抵重庆，交付给雨田房产公司。雨田房产公司收到机组后于 1997 年 3 月将机组运到并安装到雨田大厦设备层，并在约克公司工作人员的指导下开箱安装。同年 10 月，在约克国际公司重庆办事处人员的指导下开机调试。在试机过程中，发现编号为 SMFM-225540 和 SMEM-225670 的两台机组不能正常运行，经检查，该两台机组的触发板、逻辑板和上/卸载电磁阀线圈因受潮而导致损坏。雨田房产公司因与约

① 在国际私法上，通常把一个国家内部存在两个或两个以上的具有自己独特法律制度的地区或区域，叫作"法域"或"法区"。当然，一个实行单一法律制度的国家在与这些"法域"或"法区"打交道时也可称之为"法域"或"法区"。

克国际公司就上述零配件受损问题多次协商未果，遂诉至人民法院，请求判令约克国际公司更换两块触发板、逻辑板和两个电磁阀线圈或赔偿相应损失人民币112 654.48元，并承担本案的诉讼费用。约克国际公司认为两台机组的电子敏感元件由于雨田房产公司收货后长期不使用而受潮致损，责任应由雨田房产公司承担。法院经审理认为：双方当事人未选择买卖合同的法律适用，由于合同的签订地、货物的交付地均在中国境内，根据最密切联系原则应适用中国法处理本案。双方当事人签订、履行合同的行为在《中华人民共和国合同法》颁布实施之前，故本案应适用该法施行前的法律、法规。①

本案涉及的主要法律问题有：如何解决时际法律冲突？

在法律领域，时际法律冲突是一种普遍的现象，任何法律制定出来后都不可能是一成不变的，它或者可能被新的立法代替，或者可能被部分修订。所谓时际法律冲突，是指先后于同一地区施行并涉及相同问题的新旧法律或前后法律规定之间在时间效力上的冲突。一般来说，新法施行后产生、变更或消灭的法律关系，毫无疑问应由新法调整。而对于新法施行前产生、变更或消灭的法律关系，特别是对于新法施行前产生，但在新法施行后仍然存在的法律关系，有时则会提出是依新法还是依旧法进行调整的问题。这个问题就是时际法律冲突问题。②

国际私法上的时际法律冲突有三种情况：一是法院地的冲突规范在国际民商事法律关系发生后发生了变更，有可能是冲突规范的连结点发生了变化，也有可能是限定连结点的时间因素发生了变化，还有可能是上述两者同时发生了变化，在这种情况下需要确定根据什么时候的冲突规范去指定准据法；二是法院地的冲突规范未变，但其所指定的实体法发生了改变，这时需要确定是适用某一法律关系成立时的旧法还是适用已改变了的新法；三是法院地的冲突规范及其所指定的实体法均未发生改变，但有关当事人的国籍或住所，或者动产的所在地等连结点发生了改变，这时需要确定是适用依原来的连结点所指引的法律还是适用依新的连结点所指引的法律。③ 在第一种情况下，准据法的确定应根据时际冲突法的一般原则加以解决，即按法律不溯及既往以及后法优于前法或新法优于旧法的原则加以解决。例如，1979 年《匈牙利国际私法》第 75 条第 2 款规定："本法令的规定也适用于在本法令生效前发生而未经确定判决的有关法律关系的法律争议。"在第二种情况下，准据法的确定也应根据时际冲突法的一般原则加以解决。但由于冲突规范指定的实体法可能是内国法，也可能是外国法，所以尤其要注意查明有关实体法本身的时际规定。例如，我国 1985 年《涉外经济合同法》原则上确定没有溯及力，但允许当事人合意选择适用该法，从而使该法具有溯及既往的效力。第三种情况在国际私法理论上叫作动态冲突（conflicts mobiles）。为了避免这种冲突，在实践中最为可取的做法是在立法时对冲突规范中的连结点加以时间上的限制。例如，2007 年修订的《土耳其国际私法和国际诉讼程序法》第 3 条规定："除法律另有规定外，当需要依据国籍、住所或惯常居所来决定法律适用时，则以审理案件时的国籍、住所或惯常居所为准。"

在"重庆雨田房地产公司案"中，由于雨田房产公司与约克国际公司签订、履行合同的

① 参见重庆市高级人民法院（2003）渝高法民终字 61 号民事判决书。

② 参见黄进：《区际冲突法研究》，72～73 页，上海，学林出版社，1991。

③ 参见李浩培：《论条约法上的时际法》，载《武汉大学学报》（社会科学版），1983（6），61～69 页。

行为在《合同法》颁布实施之前，根据时际冲突法的法律不溯及既往原则，该案应适用该法施行前的法律、法规。最高人民法院《关于适用〈中华人民共和国合同法〉若干问题的解释(一)》第1～5条对《合同法》实施的时际问题作了更为明确的规定，这些规定也适用于国际合同的时际法律冲突的解决。[①]

(四)外交承认问题的解决

一国法院根据本国冲突规范指定适用某外国法，而该外国国家或政府没有得到本国政府的承认。在这种情况下，是否应选择适用该外国法呢？对此，在理论上和实践中均存在分歧。一种主张认为不应适用，其理由是司法机关的立场应同本国外交政策保持一致；另一种主张认为应适用，其理由是国际民商事法律关系属私法关系，适用外国法有利于国际民商事交往。英国在著名判例“路德诉萨戈尔案”中曾确定，适用外国法只能适用已被承认的国家或已被承认的政府所施行的法律。从这个案件我们可以看出，外交承认在一定程度上影响着准据法的确定。但应该注意的是，在国际社会中，外交承认具有很强的政治色彩，同国际民商事关系有较大的距离，绝对地以外交承认与否作为准据法确定的根据是不妥当的。在国际民商事交往日益频繁的今天，有时可以考虑将国际政治同国际私法问题区别开来，在一定条件下适当地承认和适用未被本国承认的国家或政府的法律，以便维持国际民商事法律秩序的稳定。

第三节 识别问题的解决

引例 安东夫人继承案

安东夫妇均系马耳他人，并在马耳他结婚后于1870年移居到当时的法属阿尔及利亚，安东先生在法属阿尔及利亚购置了土地。1889年安东先生去世。安东夫人即根据马耳他法律在阿尔及利亚法院对安东先生的遗产管理人巴特鲁起诉，要求享有夫妻共同财产的一半和死者遗产土地的1/4用益权。安东夫人起诉时，她的住所仍在法属阿尔及利亚。阿法院受理了此案。按照当时的法国国际私法的规定，配偶权利依结婚时当事人的住所地法，不动产（土地）继承依物之所在地法。因此，如果将安东夫人的请求识别为配偶权利，则因安东夫人结婚时住所在马耳他而应适用马耳他法，安东夫人就可以取得土地的1/4用益权；如果将其请求识别为继承权，则因该土地在法属阿尔及利亚而应适用

---

① 其具体内容如下：(1)《合同法》实施以后成立的合同发生纠纷起诉到人民法院的，适用《合同法》的规定；《合同法》实施以前成立的合同发生纠纷起诉到人民法院的，除该解释另有规定的以外，适用当时的法律规定，当时没有法律规定的，可以适用《合同法》的有关规定。这一规定体现了法律不溯及既往的原则。(2) 合同成立于《合同法》实施之前，但合同约定的履行期限跨越《合同法》实施之日或者履行期限在《合同法》实施之后，因履行合同发生的纠纷，适用《合同法》第四章的有关规定。(3) 人民法院确认合同效力时，对于《合同法》实施以前成立的合同，适用当时的法律合同无效而适用《合同法》合同有效的，则适用《合同法》。这一规定体现了尽量使合同有效的原则。(4)《合同法》实施以后，人民法院确认合同无效，应当以全国人大及其常委会制定的法律和国务院制定的行政法规为依据，不以地方性法规、行政规章为依据。(5) 人民法院对《合同法》实施以前已经作出终审裁决的案件进行再审，不适用《合同法》。

法国法，安东夫人就不能取得土地的用益权。最后，阿法院及法国最高法院均认定安东夫人的请求属于配偶权，按照法国国际私法的规定，应适用安东夫妇结婚时的住所地法即马耳他法，判决安东夫人取得亡夫土地1/4的用益权。①

本案涉及的主要法律问题有：继承亡夫遗产的请求属于配偶权抑或继承权？对此进行识别的法律依据何在？为何会发生这种识别冲突？这种冲突如何解决？

一、识别的概念

国际私法中的识别（characterization）也称为定性（qualification）或分类（classification），特指法院在适用冲突规范时，依据一定的法律观念，对有关的事实构成或问题作出定性或分类，将其归入特定的法律范畴，以便具体确定应予适用的冲突规范及其所援引的某一准据法，并对有关冲突规范所使用的名词进行解释的认识活动过程。②

实际上，各国法院在处理纯国内案件和国际案件、适用法律时，均存在对有关案件事实进行识别的过程。正如英国学者格雷夫森所指出的那样，即使在处理纯国内案件时，法官也首先需要找出发生的事实与有关的法律规则之间的本质联系，从而确定它是不是一个法律问题，是一个什么性质的法律问题，最适合于适用哪一类法律规范。③ 但是，在纯国内案件中，法官只依本国法律观念和法律概念进行识别，并不发生识别冲突，因而不需要专门研究识别的依据问题，而在国际私法案件中，往往会因各国法律观念的不同产生识别冲突，需要加以解决。因此，识别问题是确定准据法时的一个基本问题，也是法院在审理任何国际民商事案件时所首先要面临的问题。

国际私法上的识别具有特殊的含义，它是和冲突规范的适用过程紧密相连的，包括相互制约和影响的两个阶段：第一步，对有关的法律事实和问题进行识别，从而确定应予适用的冲突规范，即确定争议问题的性质，属于什么类别，是合同关系还是侵权关系，等等；第二步，对冲突规范本身进行识别，即对冲突规范中的"范围"、"连结点"中的有关法律概念进行解释，例如是不是不动产，各国规定就有所不同。从上述法国最高法院对"安东夫人继承案"的处理来看，当时的识别只是对案件事实构成——安东夫人的请求属于配偶权还是继承权——进行定性，确定应予适用的冲突规范——配偶权利依结婚时当事人的住所地法，不动产（土地）继承依物之所在地法，而并不包括对冲突规范、连结点的解释。但是，法国最高法院对该案处理的过程，在国际私法学界引起了极大的兴趣。德国学者卡恩和法国学者巴丹相继于1891年和1897年首先把识别作为国际私法上的独立问题提出来。后来，洛伦森（E. Lorenzen）和贝克特（Beckett）分别于1920年和1934年将之介绍到美国和英国。自此，识别问题在国际私法学界引起了广泛的重视和研究。

① 参见全国法院干部业余法律大学国际私法教研组：《国际私法教学案例选编》，1～2页，北京，人民法院出版社，1988。

② 参见肖永平、喻术红：《国际私法识别问题比较研究》，载《武汉大学学报》，1994（6）。

③ See R. H. Graveson, *Conflict of Laws* 43, 7th ed., 1974.

二、识别冲突及原因

【案例 4—3】奥格登婚姻案

一个住所在法国的 19 岁法国人，未取得父母同意，去英国与一位住所在英国的妇女结婚。后来，丈夫以未取得父母同意为由认为他没有结婚能力并经法国法院判决婚姻无效。此后，妻子又在英国与一在英国有住所的英国人结婚。在本案中，原告（英国男子）以他与该妇女结婚时，该妇女尚有合法婚姻存在为由而请求英国法院宣告他们的婚姻无效。解决本案的前提是要确定该妇女前一婚姻的有效性，而这又取决于对该法国男子未满 25 岁又未获得其父母同意就结婚这一事实作出定性。若按英国法识别，这种同意为婚姻的形式要件，而婚姻的形式要件适用婚姻举行地法，即英国法。英国法对未满 25 岁子女结婚并无“需要父母同意”的限制，该妇女的前婚姻有效，可以满足原告的要求。若依法国法识别，这种同意为婚姻能力问题，而婚姻能力依当事人的住所地法，即法国法，就要承认法国法院的离婚判决，故应驳回原告的请求。

本案涉及的主要法律问题有：取得父母同意是结婚的形式要件抑或实质要件？为何会发生这种识别冲突？这种冲突如何解决？

（一）识别冲突的概念

识别冲突指的是由于法院地国与有关外国的法律对冲突规范的“范围”中同一法律概念赋予不同的内涵，或者对同一法律事实作出不同的分类，故采用不同国家的法律观念识别就会导致适用不同的冲突规范和不同的准据法的结果。从法院地国的角度来看，识别冲突就是依内国法识别和依有关外国法识别之间的冲突。例如在“奥格登婚姻案”中，英国法院需要对法国男子未获得其父母同意就结婚这一事实作出识别。若按英国法识别，这种同意为婚姻的形式要件，而婚姻的形式要件适用婚姻举行地法，即英国法，则该法国男子的婚姻仍然有效。若依法国法识别，这种同意为婚姻能力问题，而婚姻能力依当事人的住所地法，即法国法，就要承认法国法院的离婚判决，该法国男子的婚姻因离婚判决而终止。因此，从冲突规范的适用来看，识别冲突又可称为冲突规范之间的冲突。

从各国司法实践来看，需要解决识别冲突的通常有以下一些问题：时效问题和举证责任问题是程序法问题还是实体法问题；配偶一方对已死配偶的财产请求权是配偶权问题还是继承权问题；无单放货是合同不履行还是侵权行为；妻子的扶养请求权应适用夫妻财产法的规定还是夫妻身份法的规定；无人继承的动产，财产所在地的国家是以最后法定继承人的资格继承还是以物权法上的先占原则取得动产所有权；禁止配偶间互为赠与的规定是婚姻的一般效力还是夫妻财产法或合同法上的问题，等等。面对上述问题，各国法院必须首先依据一定的标准解决识别冲突，才能正确地适用冲突规范，最终正确援引适当的准据法。

（二）识别冲突的原因

关于识别冲突产生的原因，学者们有不同的解释。卡恩认为，即使两国有相同的冲突规范，如果其冲突规范中的法律概念并不相同，也会对同一事实的法律性质作出不同分类，从而导致适用不同的冲突规范。卡恩把这种情况叫作“隐存的法律冲突”，戴西和莫里斯则直接称为“冲突规则之间的冲突”（conflict between conflict rules）。巴丹称之为“识别冲突”，并且认为，即使世界各国达成了统一的冲突规则，只要它们的法律观点或法律概念不同，包括相同事实构成的案件在不同国家，除了公共政策和程序方面的差异等因素外，它们对事实的法律性质仍会有不同认识，仍可能会作出不同的判决。

归纳起来，产生识别冲突的原因主要有以下三个：

第一，不同国家对同一事实赋予不同的法律性质，因而可能援引不同的冲突规范，由此得出不同的判决结果。例如，关于未达一定年龄的青年结婚需要父母的同意问题，法国法把这种事实识别为婚姻能力问题，英国法则视之为婚姻形式问题。适用前一识别，应援用当事人的属人法来判定其有无结婚能力；而适用后一识别，则应适用婚姻举行地法。再如，在英国法院1911年审理的"霍尔斯案"中，一个住所在安大略省的英国人未立遗嘱而死亡，留下一张涉及维多利亚省内土地的抵押利益的契约。对该契约的性质，如依英国法和安大略省的法律观念识别，此种土地受益人的利益应属不动产，而依维多利亚省的法律观念识别，则其为动产。因此，究竟如何识别，就关系到继承人对这一土地抵押契约的继承权是依不动产所在地法还是依被继承人死亡时的住所地法来裁判的问题。

第二，不同国家的法律把同一内容的法律问题往往归入不同的法律部门。例如时效问题，或归入程序问题，或归入实体问题，因而适用法律不同，程序问题一般依法院地法，实体问题按其不同性质适用不同的实体法，也就意味着，作不同的识别往往会导致适用不同的冲突规范。再如，在"科恩夫人继承案"中，英国法院首先必须对"推定死亡"是一个实体法问题还是程序法问题作出识别：如果视为程序法问题，则应适用法院地法，即英国法，将财产判归科恩夫人的女儿的继承人；如果视为实体法问题，就应按照英国的冲突规则，适用被继承人死亡时的住所地法，即德国法，将财产判归科恩夫人的儿子和另一女儿。审理该案的法官奥特瓦德（Uthwatt）认为，这类推定制度是实体法规则，而不是程序法规则，因为这种规定并不能指导帮助查明任何事实。因此，英国法院最后适用德国法处理了此案。

第三，由于社会制度或法律历史传统不同，不同国家有时有不同的法律理解，不同的法律概念，或者一国有的法律概念，另外的国家则不存在。例如，各国法律都主张"不动产依不动产所在地法"，但各国对什么是不动产、什么是动产有不同理解，法国把蜂房看作动产，荷兰则视之为不动产。又如，许多国家都有占有时效制度，而中国只有诉讼时效制度。在一个国际案件中，有关国家的法律如果出现这种差异，也需要先进行识别，然后才能确定应适用的冲突规范和准据法。在德国帝国法院于1939年审理的"埃及人父子关系案"中，一德国女子在生下一非婚生子后，与一埃及人结婚，结婚时该埃及人在身份官员面前表示他是该非婚生子之生父，而该非婚生子却主张他与该埃及人无血缘关系，并诉请法院确认父子关系不存在。依德国法，关于准正或收养应适用生父或收养人的本国法，在此案中即埃及法。但查当时埃及法的规定，某人如认领血统不明的子女为其子女的，只要有此项表示即确立父子关系，至于是否需要在有关行政官员前表示以及子女是否同意，皆在所不问。这与德国民法上的因生父、生母的后继结婚而发生的准正制度完全不同，帝国法院因此认为德国民法上没有埃及法上的这项制度，只得将其解释为"类似收养的行为"。但是，德国民法规定，如生父或收养人为外国人，而子女具有德国国籍，所为的准正或收养须有子女本人或对其有监护关系的第三人的同意，否则无效。法院最后以法定条件欠缺为由否定了父子关系的存在。①

三、识别冲突的解决

识别冲突的解决也就是识别的依据问题，即应根据什么原则或方法来确定依何国法律

① 参见马汉宝主编：《国际私法论文选辑（上）》，368～370页，台北，五南图书出版公司，1984。

进行识别的问题。这是识别问题的关键。对识别冲突的解决或识别的依据问题，一百多年来，各国国际私法理论、立法和司法实践存在不同主张，先后提出了法院地法说、准据法说、分析法学与比较法说、个案识别说、功能定性说以及中间途径说等多种学说。

(一) 法院地法说

此种主张最早由卡恩和巴丹提出，后为许多国际私法学者所赞同，目前一般国家都采用这一主张。这种主张认为，审理案件的法院总是按照自己国家的法律观点来判断法律关系的性质。其理由主要是：首先，冲突规范是按照法院地国家的法律观点和法律语言制定的，同一事实构成和同一概念在冲突规范中，只有该国法律所赋予的一个意义；其次，符合国家主权的要求，可以防止损害法院地国家的立法和司法主权。如依外国法识别，无异于由外国法来决定法院地国冲突规范的适用；最后，依法院地法识别简便易行，不涉及外国法的查明问题。法官只熟悉本国的法律和法律观念，依法院地法识别实际可行。

但反对此说的人认为，如果只依法院地法进行识别，有时会导致错误适用外国法的不合理结果，例如，导致具体案件应适用的外国法没有得到适用，不该适用的外国法却得到了适用。而且，在法院地法中没有关于被识别对象的法律制度时，更会出现麻烦，无法依法院地法识别。另外，对于不动产的识别总是依不动产所在地法进行，而不是依法院地法识别。为了克服上述弊端，有人提出依法院地国的国际私法进行识别，并称之为“新法院地法说”[①]。这一主张有一定的合理性并得到不少学者的拥护。英国学者戚希尔和诺斯就认为，识别应依法院地的国际私法，不能依纯内国法来识别，因为国际私法有其不同于内国法的调整对象。

(二) 准据法说

此种主张由法国的德帕涅和德国的沃尔夫所倡导，他们认为，应根据适用的冲突规范所援引的某特定国家的实体法（准据法）进行识别，即用于解决争议问题的准据法，同时也应当是解决识别冲突的依据。其理由主要是：首先，准据法是支配具体法律关系的法律，如不依它进行识别，其结果等于准据法没有被适用；其次，适用冲突规范旨在指定准据法，依准据法既可避免因对冲突规范识别不准确而歪曲适用法律，又可防止改变应适用的准据法；最后，因为准据法是和事实构成有密切联系的法律，以事实构成为出发点来解决识别问题，就应采用准据法识别。

但是，这种主张因自身存在着逻辑矛盾而遭到反驳，在理论和实践中支持者不多。识别问题是在冲突规范适用过程中产生的一个问题，通过识别来确定法律关系的性质，确定应予适用的冲突规范，才能找到应予适用的准据法，从而完成识别的任务。在识别之前尚未确定冲突规范，又如何得知准据法为何国法？如何用准据法去识别？

(三) 分析法学与比较法说

此种主张由德国的拉贝尔（Rabel）、英国的贝克特等提出，他们认为，在识别的标准上，不能局限于一国的法律，而应从建立在比较法研究基础上的分析法学中得来，即在比较研究的基础上获得普遍适用的共同原则、共同概念，寻找出某种各国都能接受的“普遍性概念”或“一般法律原则”，并依此进行识别。其理由主要是：国际私法中的冲突规范，是在若干个法律制度中选择何国法的规范，在认识上具有国际普遍性，因而应在比较法和分析法基础上来解决识别依据问题。这种主张很吸引人，但到目前为止，根据比较法研究，各国普遍适用的一般法律原则并不多。而且，要真正消除各国法律认识上的分歧，只有彻底改变各

---

① O. Kahn-Freund, *General Problems of Private International Law* 227-231 (1976).

国法律本身，这自然是不可能的。更何况这个学说会大大增加法院的负担，使法院感到十分为难。因此，在实践中采用分析法学和比较法说识别的例子并不多。

（四）个案识别说

此种主张由苏联的隆茨和联邦德国的克格尔等提出，他们不主张对识别依据问题采取统一的解决办法，而主张对不同的案件，分别依不同的法律进行识别。其理由主要是：识别问题，归根到底是对冲突规范的解释问题。在此问题上，不存在统一的识别问题，因而对此问题的解决，不应采取统一的方法，而应按照案情的具体情况和一国制定冲突规范时所追求的目标，决定是依法院地法还是依相关国家的法律进行识别。但是，这种理论遭到匈牙利学者萨瑟的反对，他认为，这种理论是一种相对主义、不可知论，使识别标准成为一种游移不定的东西，不利于识别冲突的解决。

（五）中间途径说

此种主张由英国学者法尔肯布里奇（J. D. Falconbridge）提出，他试图在法院地法说和准据法说之间寻求一种折中的中间途径。他主张法院在最后选择准据法之前应当进行一种临时的或初步的识别；对任何有可能得到适用的法律的规定，法院应该从上下文的联系上考虑那些规定，从它们的一致结论中决定应当适用的冲突规范和准据法。英国法院在“科恩夫人继承案”中就采用了这种方法。依英国冲突规范，动产继承实质性问题适用死者死亡时住所地法，程序问题适用法院地法。在该案中，母女俩同时死亡，需要推定谁先死，这个问题要么是程序性的，要么是实质性的，处理该案的法官首先依英国《1925年财产法条例》第184条识别，认为推定死亡制度是实质性的而不是程序性的，接着他又根据《德国民法典》第20条识别（因母女均为德国公民），认为也是实质性的而不是程序性的，最后确定应当依英国冲突规范指引，适用德国法来解决。① 这种理论表面上很有道理，但它只有在有关国家的法律对同一事实识别一致的情况下，也就是没有识别冲突的情况下才有效。如果依有关国家法律识别不能获得一致，仍不能解决问题。

（六）功能定性说

此种主张是由德国学者纽伊豪斯（Neuhaus）在1926年提出来的。他认为上述几种识别方法都是从“法律结构上的定性”着眼的，如能用“功能定性”取代“结构定性”，许多识别问题就可解决。所谓“功能定性”，就是按各个制度在法律生活中的功能来定性。例如，对于后死配偶的财产请求权，在国际私法上常用法律结构的定性方式，将之视为“夫妻财产法上的请求权”或“继承法上的请求权”，但它显然忽视了后死配偶财产请求权的目的。因为不论是哪种请求权，其目的都相同，无非是要使后死的配偶得到应有的财产，使之生活不致发生困难。依纽伊豪斯之见，既然两种请求权具有同样目的、同样的功能，不如将“财产法上的请求权”的行使限制在配偶双方生存时的财产关系上，而在一方死亡时，即应适用“继承法上的请求权”，也就是适用被继承人死亡时的本国法。②

（七）小结

综观上述各种理论，它们都有一些缺陷与不足。法院地法说简便易行，但却忽略了国际民商事案件的特殊性。准据法说存在无法克服的逻辑缺陷。分析法学与比较法说在理论上的完美决定了它在实际操作中缺乏可行性。个案识别说弹性太大，使识别方法成为游移不定的

---

① See R. H. Graveson, *Conflict of Laws* 55-56, 7th ed., 1974.

② 参见施启扬：《国际私法上定性问题的历史发展及其解决方法》，载马汉宝：《国际私法论文选辑（上）》，381～383页，台北，五南图书出版公司，1984。

标准。中间途径说试图在法院地法说和准据法说之间寻求一种折中的办法，但该尝试也以失败告终。因此，对于究竟依什么法律识别不能一概而论。一国法院在处理国际民商事案件时，应从有利于促进国际民商事交往、保护民商事关系的稳定、维护当事人的合法权益、便利案件处理的目的出发，确定识别标准。

一般说来，各国法院普遍依法院地法对与案件有关的事实或问题进行识别，但又不能把依法院地法识别作为一种僵硬不变的模式。在下列情况下，应当考虑依与案件有一定联系的有关法律制度来识别：首先，如果有关冲突规范是由国际公约规定的，应以该公约作为识别的依据。通过国际统一立法的方式来消除识别冲突是一种最为理想的途径。当然，公约应该对公约本身的适用范围和某些关键的法律概念作出限定、明确。例如，1973 年海牙《产品责任法律适用公约》第 2 条规定："产品"一词应包括天然产品和工业产品，无论是未加工还是加工的，是动产还是不动产；"损害"一词系指对人身的侵害或财产的损害以及经济损失，除非与其他损害有关，产品本身的损害以及由此而引起的经济损失不应包括在内。其次，如果应依法院地法识别，而法院地法中没有关于某一法律关系的概念时，就应按照与组成该法律关系具有最密切联系的外国法来确定它的概念。也就是说，国内法院在审理国际民商事案件时，在无法依本国法进行识别的情况下，法官应该对案件的事实、争论的问题、当事人中的连结点的数量及质量等作一比较和分析，找出与本案有最密切联系的国家，该最密切联系国家的法律即为本案进行识别所依据的法律。① 最后，如果案件涉及特殊的或专门的国际民商事法律关系，如动产或不动产的识别，则应根据财产所在地国家的法律规定确定。

四、中国的有关规定与实践

（一）中国的有关规定

由中国国际私法学会集体起草的"中华人民共和国国际私法示范法"第 9 条建议："对国际民商事关系的定性，适用法院地法。但如果依法院地法不能适当确定的，可以参照可能被选择适用的法律来解决。"该示范法采用以法院地法为主、准据法为辅的立法方式。而 2001 年《中华人民共和国民法典（草案）》第九编"涉外民事关系的法律适用法"第 5 条规定："涉外民事关系的分类和定性，以法院所在地法律为依据，也可以该涉外民事关系应当适用的法律为依据。"也就是采用法院地法与准据法并行的方式。上述两种立法方式均与大多数国家现有的立法规定相一致。2010 年《涉外民事关系法律适用法》第 8 条明确规定："涉外民事关系的定性，适用法院地法律。"

（二）中国的有关实践

【案例 4—4】中国技术进出口总公司案

1984 年 12 月 28 日，被上诉人中国技术进出口总公司受浙江省温州市金属材料公司的委托，与美国旭日开发公司签订购买 9 000 吨钢材的合同。之后，旭日开发公司因无力履约，请求中国技术进出口总公司同意将卖方变更为上诉人瑞士工业资源公司，瑞士工业资源公司随即于 1985 年 3 月 14 日向被上诉人发出电传称"货物已在装船港备妥待运"，"装船日期为 1985 年 3 月 31 日"，要求被上诉人"将信用证开给挪威信贷银行（在卢森堡），以瑞士工业资源公司为受益人"。同年 3 月

---

① 参见刘铁铮：《国际私法上定性问题之研究》，载《国际私法论丛》，239～249 页，台北，三民书局，1989。

26日，上诉人又向被上诉人发出电传称，“所供钢材可能由我们的意大利生产厂或西班牙生产厂交货”，并告知了钢材的价格条款、交货日期等。1985年4月1日，上诉人的法定代表人考赫授权旭日开发公司董事长孙道隆，代表上诉人与被上诉人在上海就旭日开发公司与被上诉人所订立的原合同签订了《合同修改协议书》，约定将钢材数量由原定的9 000吨增至9 180吨，价款为229.5万美元不变，上诉人应在接受信用证后两周内装船待运。

1985年4月19日，被上诉人通知中国银行上海分行开出以上诉人为受益人、金额为229.5万美元的不可撤销的信用证。信用证载明：钢材“从意大利拉斯佩扎装运到温州，最迟限期为1985年5月5日。不允许分批装运，不允许转船运输”，“受益人必须保证所发的每件货物都与合同中的约定完全一致”。随后，上诉人将全套单据通过银行提交被上诉人。提单签发的日期为1985年5月4日，载明装运人为上诉人，并由其在提单上背书。由上诉人开具的销货发票，载明钢材数量为9 161吨，货款2 290 250美元。同年6月1日，中国银行上海分行将上述货款汇付上诉人。货款汇付后，被上诉人因未收到上述钢材，从1985年7月起连续十余次以电传、函件向上诉人催询和交涉。但上诉人或拒不答复，或以种种托词进行搪塞。经被上诉人一再催促，上诉人才于同年9月5日回电称“中国港口拥挤，船舶将改变航线”，“最迟抵达日期预计为1985年10月20日”。届时，被上诉人仍未收到钢材，去电指责上诉人的欺诈行为，并声言要“将此事公之于众”时，上诉人于同年10月30日致电被上诉人，全盘推卸自己作为合同卖方和货款受益人的责任。

根据双方提供的证据证实，上诉人在意大利和西班牙既无钢厂，也无钢材；向被上诉人提交的意大利卡里奥托钢厂的钢材质量检验证书、重量证书和装箱单均系伪造。以上诉人为托运人并经其背书的提单上载明的装运船“阿基罗拉”号，在1985年内并未在该提单所载明的装运港意大利拉斯佩扎停泊过，从而证明上诉人并未将钢材托运装船，所提交的提单是伪造的。上诉人在答复被上诉人催问的电函中所称“中国港口拥挤”和“船舶将改变航线”的情况也纯属虚构。为此，被上诉人于1986年3月24日向上海市中级人民法院提起诉讼，要求上诉人返还货款2 290 250美元，赔偿银行贷款利息951 032.66美元，经营损失2 048 033.16美元，其他费用（包括律师费、调查费、佣金费等）301 928.39美元，合计5 591 244.21美元，并申请诉讼保全。上海市中级人民法院准许被上诉人的诉讼保全申请，裁定冻结上诉人在中国银行上海分行的托收货款4 408 249美元，查封了上述托收项下的全套单据。上诉人在答辩的同时提起反诉，要求被上诉人赔偿因申请冻结其在中国银行上海分行的托收货款而造成其需向银行支付利息的损失以及本案诉讼的律师费用。

上海市中级人民法院经审理后判决：(1) 瑞士工业资源公司应偿还中国技术进出口总公司的钢材货款2 290 250美元；并赔偿钢材货款的银行贷款利息873 784.58美元，经营损失1 943 588.25美元，国外公证和认证费、国内律师费29 045.77美元，共计5 136 668.6美元。(2) 驳回瑞士工业资源公司的反诉。诉讼费13 311美元，中国技术进出口总公司承担1 082.18美元，瑞士工业资源公司承担12 228.82美元。反诉费4 540美元，由瑞士工业资源公司承担。

上诉人不服一审判决，向上海市高级人民法院提出上诉称：双方签订的购销钢材合同中有仲裁条款，原审法院对本案无管辖权；原审法院裁定准许被上诉人诉讼保全申请，冻结上诉人的与本案无关的货款不当；上诉人被诉有欺诈行为并无事实依据；被上诉人在不同的法院对上诉人提出重复的诉讼不当；根据《中华人民共和国涉外经济合同法》的规定，禁止赔偿间接损失，原判损害赔偿数额过高，并无事实和依据的支持；请求撤销原判。上诉人并在二审时对其反诉被原审判决驳回表示不服。被上诉人就上诉人的反诉作了答辩。

上海市高级人民法院经公开审理确认：上诉人瑞士工业资源公司在无钢材的情况下，谎称"货物已在装运港备妥待运"，"装船日期为 1985 年 3 月 31 日"，"在我方银行收到信用证二周内交货"，诱使被上诉人与其签订合同。这证明，上诉人在签订《合同修改议定书》时，就使用了欺诈手段。上诉人在收到被上诉人指示中国银行上海分行开出的信用证后，在货物没有装船的情况下，向被上诉人提交了包括提单在内的全套伪造单据，以骗取被上诉人的巨额货款。上诉人利用合同形式，进行欺诈，已超出履行合同的范围，不仅破坏了合同，而且构成了侵权。双方当事人的纠纷，已非合同权利义务的争议，而是侵权损害赔偿纠纷。被上诉人有权向法院提起侵权之诉，而不受双方所订立的仲裁条款的约束。因本案侵权行为地在上海，依照《中华人民共和国民事诉讼法（试行）》第 22 条关于"因侵权行为提起诉讼的，由侵权行为地人民法院管辖"的规定，以及该法第 185 条、第 156 条的规定，上海市中级人民法院对本案具有管辖权。上诉人提出中国已加入《承认及执行外国仲裁裁决公约》，当事人签订的合同又有仲裁条款，中国法院无管辖权，其理由不能成立。被上诉人并未在其他法院对上诉人提起过侵权损害赔偿的诉讼，因此，也不存在重复诉讼的问题。原审法院准许被上诉人的诉讼保全申请，冻结上诉人在中国银行上海分行的托收货款，符合《中华人民共和国民事诉讼法（试行）》第 92 条第 1 款和第 93 条第 1 款、第 2 款的规定，应予认可。本案是因欺诈行为引起的侵权损害赔偿纠纷，侵权人除应当返还受害人的货款外，对于受害人因被欺诈遭受的其他重大损失，亦应当赔偿。原审法院判决上诉人返还被上诉人的钢材货款，赔偿被上诉人的钢材货款的银行贷款利息、经营损失以及其他费用，并无不当。上诉人反诉要求被上诉人赔偿因申请冻结其 4 408 249 美元而造成上诉人需向银行支付利息，以及支付本案的诉讼费、保证金、律师费用等，共计 1 157 819.6 美元的损失，没有理由，不予支持。鉴于在原审法院判决后钢材货款的银行贷款利息继续孳生，赔偿金额亦应增加。据此，上海市高级人民法院于 1988 年 10 月 11 日，判决如下：(1) 驳回上诉人瑞士工业资源公司的上诉，维持原判；(2) 上诉人应增加赔偿被上诉人中国技术进出口总公司自原审法院判决后至本判决宣判之日的钢材货款的银行贷款利息 163 338.71 美元，自宣判之日起 10 日内一次付清。逾期按《中国人民银行结算办法》处理。本案二审诉讼费由上诉人承担。①

本案涉及的主要法律问题有：如何识别本案中的法律关系？如何处理违约与侵权的关系？

关于该案法律关系，如果将其识别或定性为合同纠纷，由于合同中订有仲裁条款，根据

① 参见《中华人民共和国最高人民法院公报》，1989 (1)，26～28 页。

我国1982年《民事诉讼法（试行）》第192条的规定，仲裁条款具有排斥法院管辖权的效力。中国和瑞士均是1958年《纽约公约》的成员国，该公约也有类似的规定。因此，中国法院便必须解决在这种情况下的仲裁协议能否排除法院的管辖权这一颇为复杂的问题。如果将其识别为侵权纠纷，则要按照我国《民事诉讼法（试行）》第22条关于“因侵权行为提起的诉讼，由侵权行为地人民法院管辖”的规定决定管辖权，并按照侵权关系决定法律的适用和损害赔偿的计算方法。

在本案中，中国法院显然是依照法院地的法律观念进行识别，同时充分考虑了原告的选择权利，即在合同行为和侵权行为竞合的情况下，看原告提起侵权之诉还是合同之诉来决定案件的性质。在中国的司法实践中，常从分析当事人的目的来区分合同不履行的行为和利用合同进行欺诈的行为。从本案的有关事实来看，被告自始至终使用欺骗手段，利用合同形式达到骗取钱财的目的，根本就没有打算履行合同；原告提起的也是侵权损害赔偿之诉。因此，上海市中级人民法院①和高级人民法院将它识别为侵权行为是恰当的。最高人民法院在公报上予以公布，也表明了其支持和肯定的态度。当然，对于这一做法也有学者提出质疑，特别是对于仲裁协议的独立性问题。在1994年《仲裁法》实施后，最高人民法院在后来的类似案件中，实际上已改变了态度，特别是强调司法支持仲裁的精神。

【案例4—5】美国总统轮船公司案

1993年7月29日，被上诉人万宝集团广州菲达电器厂（以下简称菲达厂）与新加坡艺明灯饰公司（GBLIGHTINGSUPPLIER，以下简称艺明公司）以传真的方式签订了一份协议书，约定：菲达厂向艺明公司出口一批灯饰；菲达厂发货后，以传真的形式将提单发出；艺明公司须在三天内将货款全数汇出；菲达厂收到汇款通知副本后，再将正本提单交付给艺明公司；若有违法提货的行为，以诈骗论。协议签订后，被上诉人菲达厂于1993年8月14日委托被上诉人中国长城工业广州公司（以下简称长城公司）办理910箱照明灯具和变压器的出口手续，8月21日委托广州外资企业物资进出口公司办理783箱照明灯具的出口手续。广州外资企业物资进出口公司接受委托后，交由其下属即被上诉人菲利（广州）工业有限公司（以下简称菲利公司）负责办理。长城公司、菲利公司分别在黄埔港以托运人名义，把装有菲达厂货物的两只集装箱装上上诉人美国总统轮船公司（以下简称美轮公司）下属的“EAGLEWAVEV.002”轮和“EAGLECOMETV.112”轮，委托该公司承运。美轮公司为此给长城公司、菲利公司分别签发了编号为APLU023158043、APLU023157949的一式三份记名提单。两票提单均记载：承运人为美轮公司，收货人为艺明公司，装货港为黄埔，卸货港为新加坡，运费预付。黄埔海关提供的《出口货物报关单》证实，两票提单项下货物的贸易术语是FOB，货物价值分别为58 994.148美元、39 669美元。

上述货物运抵新加坡后，买方艺明公司未依协议向被上诉人菲达厂付款，却在未取得正本提单的情况下，先后于1993年9月16日、9月17日致函上诉人美轮公司，要求美轮公司将两票货物交给其指定的陆路承运人YUNGXIE运输（私人）有限公司承运，车号13445880000C，并保证承担由此可能产生的任何后果。新加

① 上海市中级人民法院于1995年分立为两个中级人民法院，即上海市第一中级人民法院和第二中级人民法院。

坡港务当局证实，这两票货物已分别于1993年9月16日、17日交付放行。上述两票货物提单背面的首要条款均规定："货物的收受、保管、运输和交付受本提单所证明的运输协议的条款调整，包括…… (3) 美国1936年《海上货物运输法》的条款或经1924年布鲁塞尔公约修改的1921年海牙规则生效的国家内一个具有裁判权的法院裁决因运输合同而产生争端的规定。"持有上述两票货物全套正本提单的被上诉人菲达厂以上诉人美轮公司无单放货为由，向广州海事法院提起诉讼，被上诉人长城公司、菲利公司同时申请以第三人身份参加该诉讼，并表示支持菲达厂的诉讼请求。广州海事法院依法受理此案后，裁定准予长城公司和菲利公司作为第三人参加诉讼。美轮公司没有提出管辖异议并应诉。

广州海事法院审理后，根据《中华人民共和国海商法》（以下简称《海商法》）第71条、《中华人民共和国民法通则》（以下简称《民法通则》）第106条、第117条的规定及国际惯例判决：美轮公司赔偿菲达厂货物损失98 666.148美元及利息。利息从1993年9月17日起至判决生效之日止，按中国人民银行企业流动资金同期美元贷款利率计算。

美轮公司不服广州海事法院的一审判决，向广东省高级人民法院提出上诉。理由是：按照双方在运输合同中的约定，本案应适用美国法律或者新加坡法律。凭正本提单放货，在国际惯例中是针对作为物权凭证的可转让提单而言的。中国法律明确要求，承运人只能将记名提单项下的货物交给提单中载明的收货人。这是承运人签发记名提单的保证，而不论正本提单如何。另外，被上诉人不通知美轮公司暂停向记名提单所记载的收货人交货，放任损失的发生，后果应当自负。判决让美轮公司赔偿菲达厂损失98 666.148美元及利息，没有依据。一审判决适用法律错误，应当纠正。

广东省高级人民法院终审认为：本案为涉外经济纠纷。被上诉人菲达厂以美轮公司无单放货、侵害其所有权为由提起侵权之诉，双方之间的权利义务关系应受侵权法律规范的调整，而不受双方原有的运输合同约束。《民法通则》第146条规定："侵权行为的损害赔偿，适用侵权行为地法律。"最高人民法院《关于贯彻执行〈中华人民共和国民法通则〉若干问题的意见（试行）》第187条规定："侵权行为地的法律包括侵权行为实施地法律和侵权结果发生地法律。如果两者不一致时，人民法院可以选择适用。"本案的货物交付地在新加坡，侵权行为实施地即为新加坡。现菲达厂持有正本提单，无单放货行为侵害了其对货物的所有权，故侵权结果发生地为我国。由于侵权行为实施地和侵权结果发生地不一致，人民法院可以选择适用法律。由于本案侵权结果发生地是我国，原告的住所地、提单的签发地等也均在我国境内，本案与我国的法律有更密切的联系。况且菲达厂向广州海事法院起诉后，上诉人美轮公司没有提出管辖异议并已应诉。因此由广州海事法院对本案行使管辖权并选择适用我国法律，并无不当。美轮公司上诉称，对本案应适用美国法律或者新加坡法律处理，缺乏理由和依据，不予采纳。

《海商法》第71条规定："提单，是指用以证明海上货物运输合同和货物已经由承运人接收或者装船，以及承运人保证据以交付货物的单证。提单中载明的向记名人交付货物，或者按照指示人的指示交付货物，或者向提单持有人交付货物的条款，构成承运人据以交付货物的保证。"对于被上诉人菲达厂是本案所涉货物的托运人和所有人，双方当事人都没有异议。从菲达厂至今仍持有正本提单的事实看，提单没有转移，应视为货物没有交付，货物的所有权尚未转移给购销合同的买方，菲达厂事实上仍是本案货物的所有权人。上诉人美轮公司未征得作为托运人的菲达厂同意，在没有收回正本提单的情况下，将货物交给了非正本提单持有人，违反了《海商法》关于承运人应凭正本提单交付货物的规定，侵害了菲达厂对本案货物的所有权，菲达厂有权向法院提起侵权之诉。美轮公司应对将货物交给非正本提单持有人负全部责任，赔偿菲达厂因此遭受的损失。根据海关确认的FOB价格计算，该损失共计98 666.148美元。

上诉人美轮公司上诉主张：凭正本提单放货作为国际惯例，只是针对作为物权凭证的可转让提单而言的。对这一主张，美轮公司没有提供相应的证据，故不予支持。另外，对承运人凭正本提单放货，《海商法》已有规定，所以本案无须考虑适用国际惯例。《海商法》第71条只规定了提单是承运人保证据以交付货物的单证，没有把提单区分为记名提单和非记名提单。故对此条应理解为，无论记名提单或非记名提单，承运人均有义务凭正本提单交付货物。上诉人美轮公司上诉认为，中国法律明确要求承运人只能将记名提单项下的货物交给提单中载明的收货人，这是承运人签发记名提单的保证，而不论正本提单如何。这一上诉理由，是美轮公司对《海商法》第71条规定的误解。

被上诉人菲达厂没有通知上诉人美轮公司暂停向记名提单所记载的收货人交货，不能免除承运人凭正本提单交货的义务，更不意味着菲达厂放任损失的发生。美轮公司上诉认为，菲达厂没有行使权利，放任损失的发生，后果应当自负，理由不能成立。

一审判决认定事实清楚，证据确凿，适用法律正确，程序合法，处理结果恰当，应予维持。据此，依照《中华人民共和国民事诉讼法》第153条第1款第1项的规定判决：驳回上诉，维持原判。

美轮公司不服，向最高人民法院申请再审，同时请求中止执行广东省高级人民法院的终审判决。其理由是：(1) 提单是海上货物运输合同的书面形式之一。交付提单项下的货物，是履行海上货物运输合同。本案纯属海上货物运输合同纠纷。双方争议的焦点是，承运人在未见到正本记名提单的情况下，将提单项下的货物交付给提单记名的收货人，是否符合海上货物运输合同的约定。这不同于在没有合同约定的情况下，承运人不见正本提单而放货，使货物所有人物权遭受侵害的侵权纠纷。原审判决认定，本案承运人无正本记名提单放货是侵权之诉，不是海上货物运输合同纠纷之诉，是错误的。(2) 本案所涉记名提单的首要条款明确约定：因本提单而产生的争议适用1936年美国《海上货物运输法》或海牙规则。该法律适用，是当事人合法、有效的选择，对各方均具有法律约束力。原审判决无视当事人对法律适用的选择及有关国际惯例，将相对独立的海商法律关系视同一般的民事侵权法律关系，以致适用法律错误。(3) 上诉人作为承运人，将货物交付给提单上的记名收货人，没有过错。被上诉人将提单传真发给艺明公司后，在没有按时收到艺明公司货款的情况下，没有依法行使通知承运人停止向艺明公司交付货物的权利，致使艺明公司在新加坡顺利合法地提货。被上诉人无权向无过错的上诉人索赔。

菲达厂书面答辩的理由是：(1) 本案属于国际海上货物运输合同纠纷，应当适用海上货物运输的相关法律，需要解决的关键问题是承运人无正本提单放货是否合法。(2) 本案提单的背面条款约定适用海牙规则或1936年美国《海上货物运输法》，这是双方当事人自愿约定，合法有效。但是这个约定中没有明确，对海牙规则或者1936年美国《海上货物运输法》，二者是择其一适用还是同时适用；况且这两个法律，对于承运人凭提单副本即可交货是否合法，都没有规定或没有加以明确规定，因此影响当事人权利义务的承担。(3) 上诉人预借提单，是一种欺诈行为，是根本违约，无权援用提单中载明的法律适用条款提出抗辩。在这种情况下，对本案适用中国法律和有关的国际航运惯例，就成为唯一的选择。(4) 提单是物权凭证，是海上运输合同的证明，是承运人据以交付货物的单证。我国法律明确规定，承运人有凭正本提单交货的义务。根据航运习惯，承运人凭正本提单放货是一种默示保证，这个保证对记名提单也不例外。因此上诉人必须承担无单放货的责任。(5) 原审判决确有不妥之处，但不能因此否定上诉人要对无单放货给被上诉人造成的损失负责的事实。

被上诉人长城公司没有答辩。

最高人民法院提审查明：原审上诉人美轮公司与原审被上诉人菲达厂对原审查明的本案基本事实没有异议。原审第三人长城公司、菲利公司虽然在一审时申请并被一审法院准予参加诉讼，但都承认对本案提单项下的货物无任何利益，参加诉讼仅是为了支持菲达厂对美轮公司的诉讼主张。最高人民法院经审理认为：双方当事人争议的焦点，是本案应适用的准据法和承运人应否向未持有记名提单的记名收货人交付货物。

对于本案是国际海上货物运输合同无单放货纠纷，双方当事人没有异议，应予认定。《海商法》第269条规定："合同当事人可以选择合同适用的法律，法律另有规定的除外。合同当事人没有选择的，适用与合同有最密切联系的国家的法律。"本案提单是双方当事人自愿选择使用的，提单首要条款中明确约定适用1936年美国《海上货物运输法》或海牙规则。对法律适用的这一选择，是双方当事人的真实意思表示，且不违反中华人民共和国的公共利益，是合法、有效的，应当尊重。但是，海牙规则第1条规定，该规则仅适用于与具有物权凭证效力的运输单证相关的运输合同，而本案提单是不可转让的记名提单，不具有物权凭证的效力；并且，海牙规则中对于承运人如何交付记名提单项下的货物未作规定，因此，解决本案的海上货物运输合同纠纷，不能适用海牙规则，只能适用1936年美国《海上货物运输法》。1936年美国《海上货物运输法》第3条第4款规定，该法中的任何规定都不得被解释为废除或限制适用美国《联邦提单法》。事实上，在适用1936年美国《海上货物运输法》确认涉及提单的法律关系时，只有同时适用与该法相关的美国《联邦提单法》，才能准确、一致地判定当事人在提单证明的海上货物运输合同中的权利、义务。因此，本案应当适用1936年美国《海上货物运输法》和美国《联邦提单法》。原审被上诉人菲达厂在抗辩中主张对本案适用中国法律，不符合当事人在合同中的约定，不予支持。原审法院认定本案属侵权纠纷，并以侵权结果发生地在中国为由，对本案适用中国法律，不符合本案事实，是适用法律错误，应予纠正。

本案提单载明的托运人虽然是原审被上诉人长城公司、菲利公司，但长城公司和菲利公司仅是原审被上诉人菲达厂的出口代理人，各方当事人都承认菲达厂是涉案货物的实际托运人。菲达厂作为托运人，合法持有上诉人美轮公司签发的提单，因此提单所证明的菲达厂与美轮公司之间的国际海上货物运输合同，合法有效。记名提单与非记名提单不同。记名提单是不可转让的运输单证，不具有物权凭证效力；而非记名提单可以转让，具有物权凭证的效力。根据1936年美国《海上货物运输法》和美国《联邦提单法》第2条、第9条（b）款的规定，承运人有理由将货物交付给托运人在记名提单上记名的收货人。承运人向记名提单的记名收货人交付货物时，不负有要求记名收货人出示或提交记名提单的义务。原审上诉人美轮公司作为承运人，根据记名提单的约定，将货物交给记名收货人艺明公司，或者按照艺明公司的要求将货物交付给艺明公司指定的陆路承运人，这个交货行为符合上述美国法律的规定，是适当地履行了海上货物运输合同中交付货物的责任，并无过错。美轮公司的申诉有理，应予支持。原审被上诉人菲达厂在货物运抵目的港后、交付前，没有通知作为承运人的原审上诉人美轮公司停止向提单记名的收货人交付货物，由此产生的后果应当由菲达厂自己承担。菲达厂未能收回货款的损失，是其与艺明公司贸易中的风险，与美轮公司无关。原审判决认定美轮公司未正确履行凭正本提单交付货物的义务不当，判令美轮公司对菲达厂的货款损失承担赔偿责任错误，应予纠正。原审被上诉人菲达厂在答辩中提出，原审上诉人美轮公司是预借提单，但没有提交相关的证据支持这一主张，并且涉案提单是否为预借提单，也与菲达厂的原诉讼请求无关，本院不予审理。

综上，最高人民法院依照《中华人民共和国民事诉讼法》（1991年）第153条第1款第2项、第184条的规定，于2002年6月25日判决：（1）撤销广东省高级人民法院的二审民事判决。（2）撤销广州海事法院的一审民事判决。（3）驳回原审被上诉人菲达厂对原审上诉人美轮公司的诉讼请求。本案一审诉讼费人民币41 490元、二审诉讼费人民币41 490元，由原审被上诉人菲达厂负担。本判决为终审判决。①

本案涉及的主要法律问题有：如何识别本案中的法律关系？如何正确适用本案中的法律？

关于该案法律关系的识别或定性，菲达厂以侵权为由起诉，但在再审中，美轮公司与菲达厂双方均认为，本案属于国际海上货物运输合同纠纷。需要解决的关键问题是，承运人在未见到正本记名提单的情况下，将提单项下货物交付给提单记名的收货人，是否符合海上货物运输合同的约定。广东省高级人民法院认为，本案属于涉外经济纠纷，菲达厂以美轮公司无单放货、侵害其所有权为由提起诉讼，双方之间的权利义务关系应受侵权法律规范的调整，而不受双方原有的海上运输合同的约束。最高人民法院认为，对于本案是国际海上货物运输合同无单放货纠纷，双方当事人没有异议，应予认定。广东省高级人民法院认定本案属侵权纠纷，不符合本案事实，应予纠正。

我们认为，对法律关系的定性或认定，主要考虑两个因素：一是当事人意思。一个案件中可能涉及两种或两种以上法律关系，比较常见的是合同关系与侵权关系的竞合，在此情况下，当事人在诉讼时可以选择其一作为诉由，法院应当尊重当事人的选择。本案涉及两种关系，即海上货物运输合同关系和无单放货侵权关系，双方当事人均认定为合同关系，这种选

① 参见《中华人民共和国最高人民法院公报》，2002（5），175～178页。

择没有违反中国法律规定，应当是有效的。二是案件本身事实。本案法律关系的基础是双方的海上货物运输合同，是在合同履行过程中，美轮公司无单放货，造成菲达厂货款损失。实际上，是否侵害货物所有权取决于运输合同履行是否得当，也就是美轮公司无正本提单放货是否符合合同约定。因此，从上述两种因素出发，最高人民法院的认定正确，而广东省高级人民法院的认定错误。

关于该案件争议的法律适用，一审中存在两个问题：一是法院面对这起涉外海商案件，未经法律选择就径直适用中国法律，似为不妥。即使认定为侵权案件，也必须首先适用《民法通则》第 146 条有关侵权法律关系的冲突规范，然后根据冲突规范的指引来援用相关的具体准据法。二是法院除了适用中国相关实体法之外，还提到了国际惯例。能否适用国际惯例？为何要适用国际惯例？是什么国际惯例？一审判决对这些问题似乎语焉不详。二审中，法院错误地将法律关系认定为侵权关系，从而未能考虑当事人的法律选择，错误地适用了中国法律。这也是美轮公司申请再审的主要理由。再审中，法院在认定案件为国际海上货物运输合同无单放货纠纷的基础上，尊重当事人在提单中的法律选择，并仔细分析了相关的准据法规定，最终根据本案应适用的美国法律作出了正确判决。[①]

第四节　先决问题的解决

引例　施韦伯尔再婚案

犹太人威克多托与其妻即本案被告昂加尔在匈牙利设有住所，后来他们移居以色列。在去以色列途中，他俩在意大利的一个犹太人居住区（按照犹太人的司法外离婚方式）离婚。对此离婚，匈牙利法不承认（当时匈牙利仍是他俩的住所地），但以色列法则承认。随后，他俩又均在以色列获得选择住所。昂加尔取得这种住所后到加拿大多伦多与另一男子即本案原告施韦伯尔结婚，但施韦伯尔接着以她的第二次婚姻属于重婚为由在加拿大安大略法院请求宣告婚姻无效。法院认为：如果根据该女子没有住所所在的安大略法而不是根据她住所所在的以色列法，决定该女子的前一个婚姻是否有效解除，将违背国际私法原则，并且容易加剧这样一种趋势，即某人在一国被认为有效离婚，而在另一国则被认为仍未离婚。而且，如果在以色列法院提起关于被告身份的诉讼，毫无疑问，她将被认为是单身女子。如果该女子在以色列结婚，那么，根据以色列法为有效的婚姻，在安大略应被认为有效。最后，法院适用以色列国际私法解决了该女子的再婚问题，判决再婚有效。[②]

本案涉及的主要法律问题有：如何认定先决问题？如何确定先决问题的准据法？

---

① 参见杜焕芳：《“美国总统轮”案中的若干法律问题分析》，载《律师与法制》，2003（5）。

② 参见杜新丽主编：《国际私法教学案例》，11～12 页，北京，中国政法大学出版社，1999。

一、先决问题的概念

【案例 4—6】希腊公民继承案

一个住所在希腊的公民未留遗嘱而死亡，留下动产在英国，其“妻子”主张继承此项动产。本来，无论依英国的有关冲突规则（继承依死者住所地法）或希腊的有关冲突规则（继承依死者的本国法），都应适用希腊的继承法，其财产的一定部分应归属于死者的妻子。但现在需要首先确定她是不是死者的妻子。由于他们是在英国按民事方式而不是按希腊法所要求的宗教仪式结的婚，因而对于他们之间是否存在夫妻关系，如依作为法院地法的英国法的冲突规则（婚姻方式依婚姻举行地法）指定的准据法（即英国法），他们的婚姻是有效的，她可以取得这部分遗产；但依“主要问题”准据法所属国（即希腊）的冲突规则（婚姻方式依当事人本国法）指定的准据法（即希腊法），他们的婚姻是无效的，她就不能取得这部分遗产。

本案涉及的主要问题有：如何认定先决问题？

先决问题（preliminary question），又称附随问题（incidental problem），它是主要问题（principal question）的对称，是指法院在处理国际民商事案件时，一项主要争议（主要问题）的解决必须以解决另外一个问题为前提，而这另外一个问题就是先决问题。在“施韦伯尔再婚案”中，涉及的主要问题是该女子的再婚能力问题，而先决问题是该女子与其第一个丈夫离婚的有效性问题。在该案中，该女子再婚能力问题的解决有赖于她与其第一个丈夫离婚的有效性问题的解决，后者就是前者的先决问题。又例如，在“希腊公民继承案”中，这个关于“妻子”与死者之间是否存在合法夫妻关系的问题，就是解决该案“主要问题”即继承问题的“先决问题”。国际私法上的先决问题是由德国法学家梅尔基奥尔（Melchior）和温格勒尔（Wengler）在1932年至1934年提出来的。[①]

对主要问题的解决，有时可能不只需要解决一个先决问题，而是需要解决两个以上的先决问题。例如，甲未立遗嘱而死亡，乙主张他作为甲的婚生子而享有对甲的财产的继承权，而乙是否为婚生子又取决于他的父母之间当时的婚姻是否有效这个先决问题，他的父母之间当时的婚姻有效却又以其父或母以前与第三人所缔结的婚姻无效为先决问题，等等。这就需要首先分别解决两个先决问题。当然，这种情况在实践中比较少见。

二、先决问题的构成

先决问题在国际民商事案件中具有独立性，因此需要单独考虑其准据法的确定。而且，其准据法的确定，影响到主要问题的解决。但是，在实践中，并非所有国际民商事案件都涉及先决问题，与国际民商事案件有关的某些问题也并不一定属于先决问题。一般认为，构成国际私法中的先决问题，必须符合下列三个条件：

1. 主要问题的准据法，依法院地国的冲突规范援引的是外国法。例如在“希腊公民继承案”中，英国法院解决该继承问题便是以希腊法作为准据法的；

2. 先决问题对主要问题来说，本身含有涉外因素，具有相对独立性，可作为独立争议

---

① 参见刘卫国：《论国际民事关系中“先决问题”的冲突法适用》，载《法商研究》，1998（1）；裴蕾：《论国际私法上的附随问题》，载《法学评论》，1990（6）。

向法院提出，并且有它自己相应的冲突规范可以援用；

3. 在确定先决问题的准据法时，法院地国的冲突规范和解决主要问题的准据法所属国适用于先决问题的冲突规范不同，所援引的准据法不同，判决的结果也将不同。

三、先决问题的解决

【案例 4—7】布伦特伍德婚姻登记员案

一意大利男子和一瑞士女子结婚后在他们的住所地离了婚，离婚后女方再婚，而男方想同一个住所在瑞士的西班牙女子在英格兰结婚。但是，英格兰婚姻登记员布伦特伍德（R. v. Brentwood）拒绝为他们登记，因为他认为他们之间存在结婚障碍。按照瑞士法，结婚能力依当事人的国籍国法，而意大利男子当时的国籍国法即意大利法不承认意大利国民可以离婚。①

本案涉及的主要法律问题有：先决问题依照何种法律解决？

先决问题的解决，主要是如何确定其准据法。目前国际私法实践中没有统一的做法，大致存在两种对立的主张，从而出现了三种不同意见：

1. 梅尔基奥尔、温格勒尔、罗伯逊和沃尔夫等认为，先决问题的准据法应适用主要问题准据法所属国家的冲突规范来确定。这种主张强调附随性，并且认为，为了避免可能出现的人为地分割主要问题和先决问题，只有这样做才能求得两者协调一致的判决结果。既然法院地国的冲突规范指定了主要问题的准据法，表明该主要问题的先决问题应依归该准据法，那么，将解决主要问题的准据法所属国的冲突规范指定的法律用于解决先决问题就顺理成章了。目前，英国、加拿大、美国和澳大利亚等国家采此做法。例如，加拿大法院在审理"施韦伯尔再婚案"时，解决主要问题（女方的再婚能力问题）的准据法为以色列法，先决问题（离婚的效力问题）则按以色列的冲突规范来处理，而不是依法院地国即加拿大的冲突规范来处理。又如，在"布伦特伍德婚姻登记员案"中，主要问题是男方的再婚能力问题，按照英格兰的冲突规范，它由作为男方住所地法的瑞士法决定；先决问题是男方的离婚是否有效，按照英格兰的冲突规范指定的法律，男方的离婚是有效的，但按照瑞士的冲突规范指定的法律，男方的离婚是无效的。英格兰法院最终确认了婚姻登记员对男方再婚不予登记的理由。这样，瑞士法支配主要问题，先决问题则按瑞士法的冲突规范处理，而不按法院地即英格兰的冲突规范处理。

2. 拉佩（Raape）、努斯鲍姆和科麦克等认为，先决问题的准据法应依法院地国家的冲突规范来确定。这种观点主要考虑问题的相对独立性，因为主要问题与先决问题是两个独立的问题，应按照先决问题自身的性质，由法院地国的冲突规范来指定其准据法。例如，1979年美洲国家国际私法特别会议通过的《美洲国家间关于国际私法通则的公约》第 8 条规定："由主要问题产生的先决问题，不必一定依适用于主要问题的法律解决。"

3. 为了避免前述两种主张片面强调一方面所带来的缺点，还有一些学者如英国学者莫里斯等认为，对先决问题，不能用一个机械的办法去解决，每一个案件可以根据先决问题是与法院地法还是与主要问题的准据法关系更为密切的情况，谋求个别解决，即主张先要看先决问题的重心究竟偏于哪个方面。

---

① 参见［英］莫里斯：《法律冲突法》，李东来等译，492～493 页，北京，中国对外翻译出版公司，1990。

由于先决问题在理论上的不统一，各国国际私法立法还鲜见对先决问题的法律适用进行明确规定，即是偶见，也颇为含糊。例如，1995 年《意大利国际私法制度改革法》第 6 条规定："如果对于所提出的诉讼请求的判决取决于意大利无管辖权的其他问题的解决，则意大利法院可以对该问题附带作出判决。"这一规定只是针对法院管辖权，至于应依什么法律适用规则，却缄默不语。1996 年《列支敦士登国际私法》的第 2 条也只就"决定连结因素的先决问题的确定"作了规定，该条规定："决定适用于某一特定法律的事实上和法律上的先决问题应由法院确定，除非在某一需要进行法律选择的事件上，根据程序法条款当事人事实上的意愿被认为是真实的。"因此，法官在处理涉及先决问题的案件时，一般不应局限于某种理论，而应根据案件的具体情况进行判断，究竟是适用法院地冲突规范，还是适用外国的冲突规范。

四、中国的有关规定与实践

从中国现行有效的法律法规来看，尚未对先决问题作出明确规定。但在立法工作方面，曾有一些初步的设想。《中华人民共和国民法典（草案）》第九编"涉外民事关系的法律适用法"第 8 条规定："对于涉外民事争议的先决问题，应当根据该先决问题的自身性质确定其所应当适用的法律。"但这一规定非常不明确，没有说明先决问题究竟依据法院地冲突规范还是依据主要问题准据法所属国冲突规范进行解决。由中国国际私法学会集体起草的"中华人民共和国国际私法示范法"第 15 条建议："国际民商事案件或者事项的主要问题的解决依赖另一先决问题的解决时，先决问题所涉及的民商事关系的法律适用应根据本法依照该民商事关系的性质加以确定。"该示范法指出先决问题是根据"本法"即法院地冲突规范来加以确定。这种建议被最高人民法院《关于适用〈中华人民共和国涉外民事关系法律适用法〉若干问题的解释（一）》所采纳，该解释第 12 条规定："涉外民事争议的解决须以另一涉外民事关系的确认为前提时，人民法院应当根据该先决问题自身的性质确定其应当适用的法律。"

从中国国际民商事审判实践来看，可以广州某法院审理的"李伯康案"为例。

在该案中，李伯康于 1938 年在家乡广东台山与范素贤结婚，婚后一直无子女。1943 年李伯康前往美国定居，住在加利福尼亚州洛杉矶。1967 年 11 月，李伯康与周乐蒂在美国内华达州结婚。1981 年 7 月，李伯康在美国洛杉矶去世。在李伯康的遗产中，有一栋位于广州的 4 层楼房。1986 年 5 月，已离开广东台山到香港定居多年的范素贤得知李伯康在美国去世后，到广州某公证处办理了继承上述房产的有关证明，同年 7 月领得房屋产权证。周乐蒂在美国得知这一情况后，立即委托代理人在广州某区人民法院起诉，要求继承其亡夫留下的上述房产。法院认为，（香港居民）范素贤是（定居美国 38 年的）李伯康之结发妻子，李伯康在未与范素贤解除婚姻关系的情况下，与在美国的周乐蒂结婚属重婚，确认无效。遂根据《中华人民共和国婚姻法》第 2 条的规定，判决驳回原告请求继承上述房产之诉。①

请问：（1）本案的主要问题是什么？是否有先决问题？（2）你认为法院的处理是否恰当。为什么？

① 参见杜新丽主编：《国际私法教学案例》，12～13 页，北京，中国政法大学出版社，1999。

【问题与思考】

1. 冲突规范在法院处理国际民商事案件时有何作用？冲突规范的软化处理有何意义？

2. 应如何评价某海事法院对英国“钱利斯案”的法律适用？该海事法院对“合同适用当事人选择的法律”这条冲突规范的理解是否正确？

3. 法院在处理国际民商事案件时，如何确定准据法？如何解决区际法律冲突、时际法律冲突和人际法律冲突？

4. 你如何从现在的立法和实践来看待中国“技术进出口总公司案”中的法律问题？如何处理合同与侵权竞合的案件？

5. “施韦伯尔再婚案”中的主要问题和先决问题是什么？如何确定本案先决问题的准据法？

第五章 与冲突规范适用相关的制度

参考书目

1. 韩德培主编．国际私法．北京：高等教育出版社，北京大学出版社，2000

2. 李双元主编．国际私法（冲突法篇）．武汉：武汉大学出版社，2001

3. 章尚锦，杜焕芳主编．国际私法．5 版．北京：中国人民大学出版社，2014

4. 张仲伯．国际私法学．4 版．北京：中国政法大学出版社，2012

5. 黄进主编．国际私法．2 版．北京：法律出版社，2005

6. 肖永平．中国冲突法立法问题研究．武汉：武汉大学出版社，1996

7. 杜涛．国际经济贸易中的国际私法问题．武汉：武汉大学出版社，2005

8. ［德］马丁・沃尔夫著，李浩培等译．国际私法．2 版．北京：北京大学出版社，2009

9. Peter North & J. J. Fawcett. Cheshire and North's Private International Law. 14th ed.. Butterworths，2008

10. O. Kahn-Freund. General Problems of Private International Law. A. W. Sijhoff International Publishing Company，1976

参考法规

1. 1804 年《法国民法典》

2. 1971 年美国《第二次冲突法重述》

3. 1979 年《奥地利联邦国际私法》

4. 1987年《中华人民共和国民法通则》

5. 1988年最高人民法院《关于贯彻执行〈中华人民共和国民法通则〉若干问题的意见（试行）》

6. 2010年《中华人民共和国涉外民事关系法律适用法》

7. 美洲国家组织1979年《美洲国家间关于国际私法通则的公约》

8. 海牙国际私法会议1951年《关于解决本国法与住所地法冲突的公约》

以及其他一些国家的国际私法和国际私法公约，这些资料可在以下书中找到：

(1) 韩德培，李双元主编．国际私法教学参考资料选编（上，下）．武汉：武汉大学出版社，1991

(2) 李双元，欧福永，熊之才编．国际私法教学参考资料选编（上，中，下）．北京：北京大学出版社，2002

(3) 黄进，何其生，萧凯编．国际私法：案例与资料（中英文）．北京：法律出版社，2004

引例　基尔伯诉东北航空公司案

基尔伯是美国纽约人，在纽约有住所。被告东北航空公司是在马萨诸塞州注册的公司，它从事纽约至马萨诸塞州之间的空中旅客运输。基尔伯在纽约买了该公司的机票，乘坐飞机前往马萨诸塞州，中途因飞机在马萨诸塞州坠毁而死亡。死者的遗产管理人在纽约州法院提起诉讼，要求被告赔偿。马萨诸塞州法律规定，受害人向从事公共运输者索赔的数额为2 000美元以上、150 000美元以下，且索赔的具体数额要根据被告的过错程度来确定。纽约州法律则禁止索赔的最高限额。纽约地方法院根据侵权行为适用侵权行为地法即马萨诸塞州法律，判决被告向原告赔偿15 000美元。原告不服，上诉至纽约州上诉法院。

负责审理此案的法官德斯蒙德认为，从纽约起飞的飞机，在几小时内可能经过好几个州；飞机可能由于恶劣的天气或其他不测事件而进入某州，因此，何处成为损害发生地纯属偶然。若有可能，法院应为本州公民提供保护，使他们避免由于其他法院作出的不公正判决而遭损失。纽约州1894年宪法中禁止赔偿最高限额的规定，正是反映了这种精神。纽约州宪法是根本法，它这一规定是明确的、古老的，因而它更强有力。实际上，近几年很多州已不再限制致死人命案中索赔的最高限额。马萨诸塞州法律中关于索赔最高限额的规定，是与纽约州公共政策相违背的，所以，不能予以适用。至于索赔的计算方法，它属于程序问题。程序问题依法院地法，所以，应适用纽约州法。①

本案涉及的主要法律问题有：禁止索赔的最高限额是否属于公共政策范畴？如何运用公共秩序保留制度？

① 参见赵一民主编：《国际私法案例教程》，28页，北京，知识产权出版社，2004。

在本章中，我们将结合前引“基尔伯诉东北航空公司案”及以下各节中列举的案例，对外国法适用的限制和排除所涉及的主要问题从理论、立法和实践等方面作一探讨，包括反致的概念、构成、理论和实践问题的处理，法律规避的概念、构成和法律效力的认定，外国法查明的概念、性质、方法和无法查明的救济，公共秩序保留的概念、作用、理论、立法和实际运作问题等。通过对这些内容的学习，有助于我们在处理国际民商事案件适用外国法的过程中，正确地运用反致、法律规避、外国法的查明和公共秩序保留等基本制度，合理地处理好适用本国法与适用外国法之间的平衡关系，适当地限制和排除外国法。

第一节　反致问题

引例　福尔果继承案

福尔果（Forge）是1801年出生在巴伐利亚的非婚生子，5岁时随其母去法国，并在那里安居到1859年死亡。他在法国留下一笔动产，但未立遗嘱。福尔果的母亲和妻子都已死亡，又没有子女。其母亲的旁系血亲要求继承。依巴伐利亚法律，他是可以作继承人的。法国法院根据自己的冲突规范，本应适用巴伐利亚法律。但根据巴伐利亚的冲突法却应适用死者“事实上的住所地法”，因而反致于法国法。据此，法国法院接受这种反致，认为这笔财产依法国民法为无人继承财产，应收归国库。①

本案涉及的主要法律问题有：冲突规范指引的法律是指实体法，还是也包括冲突法？如何构成反致？采用反致有何意义？

一、反致的概念

虽然17世纪中叶，荷兰、瑞士法院中已出现过“反致”问题，但是，国际私法学界对“反致”问题的广泛兴趣和研究，是从1878年法国最高法院对“福尔果继承案”的处理开始的。法国最高法院这个适用法律的过程，被称为反致。反致（renvoi）有广义和狭义之分，广义的反致包括直接反致（即狭义的反致）、转据反致、间接反致。这是冲突规范适用过程中产生的一个问题，也是一种限制外国法适用的手段。②

（一）直接反致

直接反致（remission）即狭义的反致，是指对于某一国际民商事案件，A国法院按照自己的冲突规范本应适用B国法，而B国法中的冲突规范却指定应适用法院所在地的A国法，法院结果适用了法院地A国的实体法的法律适用过程。这个过程即为：A国冲突规范→B国冲突规范→A国实体法。假设一个住所在意大利的英国公民未留遗嘱死亡，死后留有动产在英格兰。按照英国冲突法规则，动产继承依被继承人的住所地法（意大利法），但意大利

① 参见赵一民主编：《国际私法案例教程》，19页，北京，知识产权出版社，2004。

② 参见韩德培：《国际私法上的反致问题》，载《韩德培文选》，10～34页，武汉，武汉大学出版社，1996。

的冲突规范规定动产继承依被继承人的本国法（英国法）。对这笔动产的继承问题，如果英国法院最终以其本国法来处理，即构成狭义的反致。这种反致在法文中又称为“一级反致”（renvoi au premier degré）。在“福尔果继承案”中，法国最高法院接受的就是这种直接反致。

（二）转据反致

转据反致（transmission）简称转致，是指对于某一国际民商事案件，A 国法院按照自己的冲突规范本应适用 B 国法，而 B 国的冲突规范指定适用 C 国法，A 国法院因此适用了 C 国实体法的法律适用过程。这个过程即为：A 国冲突规范→B 国冲突规范→C 国实体法。在英国法院于 1887 年判决的“特鲁福特继承案”中，特鲁福特是一瑞士公民，在法国有住所，在英国有动产，他有一独生子。特鲁福特死在法国，留下一项遗嘱，将其在英国的全部财产交给其教子。其独生子在英国法院起诉，要求继承这笔遗产。英国冲突法规定，动产继承适用被继承人住所地法，因而指向法国法，而法国冲突规范规定动产继承依被继承人本国法，因而指向瑞士法。最后，英国法院按瑞士实体法的规定（被继承人的子女应继承 90%的遗产）判决此案，满足了特鲁福特的独生子的要求。[①] 这种转致在法文中又称为“二级反致”（renvoi au second degré）。[②] “特鲁福特继承案”是从住所地法（法国法）向本国法（瑞士法）转致的案件。

（三）间接反致

间接反致（indirect remission）又称大反致，是指对于某一国际民商事案件，A 国法院依自己的冲突规范应适用 B 国法，依 B 国的冲突规范又应适用 C 国法，而依 C 国的冲突规范却应适用 A 国法，A 国法院因此适用自己的实体法的法律适用过程。这个过程即为：A 国冲突规范→B 国冲突规范→C 国冲突规范→A 国实体法。它比直接反致、转致更复杂。例如，一个阿根廷人死在英国，并在英国有住所，而在日本留有不动产，继承人在日本法院要求继承该不动产。法院按照 2006 年日本《法律适用通则法》第 36 条的规定，“继承，依被继承人本国法”，即阿根廷法，但按照《阿根廷民法典》第 3282 条的规定，应“依被继承人最后住所地法”[③]，也就是英国法，这就发生了转致。然而按照英国判例法，“不动产继承依不动产所在地法”，即日本法。最后，日本法院适用了本国实体法。这个适用法律的过程就构成间接反致。

二、反致的构成

国际私法中反致问题的产生，必须具备主观条件、法律条件和客观条件三个相互关联的条件：

（一）主观条件

审理国际民商事案件的法院认为，法院地国的冲突规范指向的某个外国法，既包括该国实体法，又包括该国冲突法。如果法院地国把本国冲突规范所援引的外国法仅理解为该国实

---

① 参见赵一民主编：《国际私法案例教程》，22～23 页，北京，知识产权出版社，2004。

② 从理论上讲，转致还可能出现再转致，即 C 国冲突规范援引 D 国法，D 国冲突规范又援引 E 国法，最后，法院按 E 国实体法处理了案件的法律适用过程，但这种再转致的情况非常罕见。

③ 1974 年《阿根廷国际私法（草案）》第 30 条也作了类似规定：“继承受被继承人最后住所地法支配，不论他所留财产的种类或位置如何。”

体法，依该实体法就可确定双方当事人的权利、义务，反致问题就不会发生。因此，认为本国冲突规范所指引的外国法是该外国的包括实体法和冲突法的全部法律制度，这是反致问题产生的主观条件。

（二）法律条件

两个或两个以上国家，对同一国际民商事关系规定了不同的连结点或不同的“冲突原则”，因而规定了不同的冲突规范，彼此存在冲突，如对属人法和侵权行为地有不同的识别。也就是说，不同国家就同一国际民商事法律关系或法律问题制定的冲突规范的连结点不同，或在连结点表面相同的情况下，各自对连结点有不同的解释。如果仅仅满足上述第一个条件，但相关国家的冲突规范相同、连结点相同，适用的准据法也相同，就不会产生反致问题。因此，相关国家冲突规范的冲突是产生反致问题的法律条件。

（三）客观条件

相关国家的冲突规范之间存在致送关系，这是反致产生的客观条件。当冲突规范或连结点发生积极冲突时，两个冲突规范援引的准据法都是本国法（实体法），就不会发生反致问题。只有当冲突规范或连结点发生消极冲突时，两个冲突规范援引的准据法都不是本国法（实体法），才会发生反致问题。也就是说，即使相关国家都认为本国冲突规范指定的外国法包括对方国家的冲突法，如无致送关系，反致也无从产生。例如，对于不动产的法定继承，甲国冲突规范规定适用不动产所在地法，而乙国冲突规范规定适用死者的本国法。这时，如乙国公民死在甲国，遗有不动产，并发生诉讼，无论在甲国或乙国诉讼，因为发生了连结点的积极冲突，法院都只适用本国实体法，就不会产生反致问题；反之，如甲国公民死后在乙国留有不动产，无论在甲国或乙国诉讼，甲、乙两国法院都无法根据自己的冲突规范而适用本国实体法，在这种情况下，就会产生反致问题。

凡具备了上述三个条件，在一国法院处理国际民商事案件时，就可能出现反致问题。实践中，由于对属人法和侵权行为地有不同的识别，因而在婚姻、家庭、继承及侵权行为的损害赔偿上容易发生反致问题。例如，“人的身份能力依当事人属人法”，如两国都把属人法识别为当事人本国法或住所地法，就不会出现反致问题；如两国把属人法分别理解为当事人本国法和住所地法，就会产生反致问题。在反致制度下，法院地冲突规范所指引的那个外国法律没有被适用，而最终适用了本国法或对自己有利的外国法，从而限制了法院地冲突规范的效力，也可以说是限制了外国法的适用。很显然，在“福尔果继承案”中，法国法院采用反致是为了扩大内国法的适用，并因适用内国法而获得经济利益。

三、反致的理论

对于反致问题，理论上存在不同的见解。总的来看，可以分为赞成和反对两种意见，焦点在于：是否妨碍尊重国家主权原则，能否达到判决结果的一致性，能否把外国法的冲突规范和实体法规范加以分割等问题。

（一）赞成反致

赞成反致的认为，反致应当成为国际私法中的一项制度。其理由主要有：第一，符合尊重国家主权原则的要求。根据外国冲突规范的规定而适用法院地法，尊重了外国的立法主权。外国法既然作了规定，说明该外国自动放弃了自己的实体法而适用法院地法或第三国法，与该国的主权和立法意旨相一致。第二，有利于达到判决结果的一致性。采用反致，可以避免同一案件在不同国家的法院处理而作出不同的判决，有利于内国法院的判决为外国法院所承认与执行。第三，有利于维护和尊重外国法律的完整性。法院地国家的冲突规范援引的外国法，是一种总括性的指引，包括了外国的冲突法和实体法，这是不可分割的整体，因而是合理的，也不易发生恶性循环的现象。第四，可以扩大内国法的适用范围。在直接反致和间接反致的情况下，可以导致法院地国家法律的适用，有利于维护法院地国的公共秩序等。

（二）反对反致

反对反致的认为，采用反致制度不仅毫无实际意义，而且有碍于国际私法的发展和贯彻实施。其理由主要有：第一，只看到外国的主权而忽视了法院地国家的主权。既然法院地国家的冲突规定适用外国法，就应依据规定去适用外国法，否则就是不尊重自己国家的主权和立法意旨。第二，在各国都采取反致的情况下，也并不一定能取得判决的一致性。前述"福尔果继承案"，如果分别在法国和巴伐利亚法院处理，结果就将不同。第三，将出现相互援引、无限循环的现象，永远无法确定准据法。如果被内国冲突规范所援引的外国法，也包括冲突规范的话，就会出现这种互相援引的情况，否则，适用内国法或第三、四国实体法，未免过于武断，是法律上的专横行为。第四，大大增加了法官和当事人查明外国法的任务，导致实践中的不便。有时甚至要查明多个国家的冲突规范、有关识别和公共秩序保留制度后，才能作出法律适用的结论等。

（三）小结

上述赞成与反对的理由都不十分令人信服，有的说法未免言过其实，近于夸张，甚至有些牵强。我们认为，传统国际私法的一个主要目的是追求判决结果的一致，这是自萨维尼以来的法学家们梦寐以求的理想。但是，各国冲突规范总是互不相同，有的国家也不接受反致制度。这就需要一个调和的办法，以求对同一案件，无论由哪一个国家的法院受理，都将适用同一实体规范，从而得到同一判决结果。承认反致，便是一个比较好的调和方法。当然，利用反致促使判决一致并非在任何情况下都能做到，它受到一定条件的制约。既然反致具有这方面的功能，我们为何弃而不用呢？再说，尚有一部分国家不接受反致制度，在接受反致制度的国家中，彼此接受的程度又不相同，反对论者所谓的不可解脱的循环实际上极少发生。

四、反致的实践

正是由于理论上的分歧，各国在立法和司法实践中对反致的态度不一，即使抱肯定态度的国家，做法也彼此有异。

（一）关于反致的国内立法

自 1896 年《德国民法施行法》第 27 条①最先规定以来，目前各国立法中，大致存在着以下三种不同态度：第一，全部接受反致制度，包括狭义的反致、转致和间接反致，例如奥地利、法国、英国、波兰等。《波兰国际私法》第 4 条规定："（1）依本法而适用的外国法对波兰法反致时，则适用后者；（2）如依本法指定适用的外国法，对另一国法律转致时，则适用后者。"1979 年《奥地利联邦国际私法》第 5 条第 1、2 款则规定得最为详细，而且各种法律关系都适用反致。但是，英国于合同关系不适用反致，美国只在动产继承和离婚方面接受反致。第二，部分接受反致制度，即只接受狭义的反致，拒绝转致。实践

① 该条规定："关于行为能力、婚姻、夫妻财产制、离婚及继承，依德国国际私法原应适用某一外国法，如依该外国法应适用德国法时，即依德国法决定。"

中，俄罗斯、匈牙利、日本、泰国等只规定了狭义的反致，有的国家还规定了适用反致的例外规则。第三，完全不接受反致制度。实践中，荷兰、希腊等国家不接受任何形式的反致。例如，1964 年《希腊民法典》第 32 条规定："在应适用的外国法中，不包括该外国的国际私法规则。"

（二）关于反致的国际公约

在国际公约的实践中，对反致的态度也可分为赞成和反对两种。一些国际公约赞成反致，例如 1902 年《婚姻法律冲突公约》第 1 条规定："缔结婚姻的权利依当事人各该本国法的规定，但依其本国法规定应适用其他法律者，不在此限。"1930 年《关于解决汇票和本票某些法律冲突的公约》、1931 年《解决支票某些法律冲突的公约》等也明确接受直接反致；1955 年《关于解决本国法和住所地法冲突的公约》则明确规定接受反致和转致。一些国际公约则明确排除反致制度，例如 1985 年《国际货物销售合同法律适用公约》第 15 条规定："凡适用依本公约确定的任何国家的法律，是指该国现行有效的法律规则，而不包括国际私法规则。"

（三）关于反致的司法实践

在 1962 年"理查德诉联邦政府案"中，原告为一飞机失事受害者的法定继承人。飞机是从美国俄克拉荷马州起飞的，失事地点在美国密苏里州。原告提出美国政府在俄克拉何马州执行有关检查事宜时有过失，要求美国政府对受害者给予赔偿。那么，依据哪个州的法律呢？美国联邦最高法院接受此案时，对联邦侵权求偿法关于"联邦依作为或不作为地法律负侵权赔偿责任"的规定作出解释，称"作为或不作为地法律"系指该地包括冲突规则在内的整个法律。本案的侵权人不作为地是在俄克拉何马州，根据该州有关侵权赔偿的法律规定，对赔偿数额不作限制。原告主张应依俄克拉何马州这一法律规定对受害人作出赔偿。但俄克拉何马州有一条冲突规则规定，过失致死的损害赔偿依损害结果发生地法律。美国联邦最高法院遂据此转而适用本案的损害结果发生地法律——密苏里州法律，根据该州关于侵权赔偿有数额限制的法律规定作出了判决。①

此案发生在美国冲突法经历重大变革的时期，传统理论对审判结果的确定性、可预见性和一致性的片面追求，正为现代理论的注重个案公正与合理所取代，"结果选择"等激进思潮盛行一时。但在司法实践中依然有传统的冲突规则存在，反致为避开这些规则提供了可能。从美国联邦最高法院适用法律的角度看，可将此案视为采用转致的例子。

五、中国的有关规定与实践

【案例 5—1】湖南省技术进出口公司案

2001 年 8 月，原告湖南省技术进出口股份有限公司（以下简称湖南技术公司）为履行其与叙利亚电力能源公司的贸易合同，委托被告湖南湘远国际货运代理有限公司（以下简称湘远货代公司）将 31 104 只 20 千伏长棒绝缘子（陶瓷型）自湖南长沙安排出运至叙利亚拉塔基亚（LATTKIA）。该票货物由原告湖南技术公司装箱、点数和密封，计 7 760 箱 432 托，共 18 个 20 英尺集装箱。同年 9 月 7 日，湖南远洋报关行对该票货物向中国长沙海关办理了报关手续。被告法国达飞轮船有限公司（CMACGM）（以下简称达飞轮船公司）接收货物后，9 月 18 日，由中

① 参见杜新丽主编：《国际私法教学案例》，25～26 页，北京，中国政法大学出版社，1999。

国长沙外轮代理公司代其向湖南技术公司签发三份正本联运提单，编号为CMAC-SXW0011。提单载明承运船名为CMACGMBIZET；装运港为中国长沙；目的港为拉塔基亚（LATTKIA）；运费预付；收货人由叙利亚商业银行第五分行指示。提单条款约定：承运人或任何潜在承运人在装货港装货至承运人或任何潜在承运人在卸货港卸货期间，货物发生灭失或损坏，承运人的责任将根据海牙规则或任何使海牙规则或任何对海牙规则的修改强制适用于本提单的国内法确定；提单条款未涉及的任何事项上，应适用法国法，在解释提单条款上亦适用法国法。货物出运后，11月6日，湖南技术公司向湘远货代公司支付运费和报关费等共计人民币239 270元。货物运抵目的港叙利亚拉塔基亚后，达飞轮船公司未经湖南技术公司同意，凭货物买方的担保将货物交给叙利亚电力能源公司。2002年5月24日、7月10日，湖南技术公司两次以传真形式向湘远货代公司发函，告知货物已被客户凭担保提取，要求其联系收货人支付货款，同时将函件抄送达飞轮船公司长沙办事处。湘远货代公司和达飞轮船公司长沙办事处未作出书面复函。同年8月19日，湖南技术公司向达飞轮船公司长沙办事处送交函件，要求达飞轮船公司赔偿货款231 724.80美元及利息。同年9月16日，湖南技术公司向法院起诉，诉请判令被告达飞轮船公司因无单放货赔偿原告湖南技术公司货款损失231 724.80美元及其利息；赔偿其他损失（差旅费）人民币20万元；同时判令被告湘远货代公司对此承担连带赔偿责任。[①]

本案涉及的主要法律问题有：被告达飞轮船公司的交货行为是否构成无单放货？本案应如何适用法律？

（一）中国的有关规定

在起草《民法通则》的过程中，有些学者试图规定接受反致和转致，但有些学者以反致不符合国际私法的宗旨为由反对采用反致。结果，《民法通则》对反致问题没有作出明文规定。后来，最高人民法院于1988年发布的《关于贯彻执行〈中华人民共和国民法通则〉若干问题的意见（试行）》也未明确规定这个问题。

最高人民法院2007年《关于审理涉外民事或商事合同纠纷案件法律适用若干问题的规定》第1条规定："涉外民事或商事合同应适用的法律，是指有关国家或地区的实体法，不包括冲突法和程序法。"这项司法解释表明中国在决定国际合同的法律适用方面不接受反致，而表明中国对反致的一般态度的则是"中华人民共和国国际私法示范法"和《中华人民共和国民法典（草案）》第九编"涉外民事关系的法律适用法"。前者第8条建议："本法规定应适用的法律，是指现行有效的民商事实体法律，不包括冲突规范，但本法另有规定的除外。在民事身份领域，外国冲突规范对中华人民共和国法律的反致应予接受。"后者第2条规定："依照本法规定应当适用的法律是指有关国家的民商事实体法，而非冲突法，但对于自然人的法律地位和身份关系，依照本法规定应当适用某外国法律，而依照该国冲突法又应当适用中华人民共和国法律的，可以适用中华人民共和国法律。"上述规定说明，中国原则上不接受任何领域任何形式的反致，但在民事身份领域，中国接受直接反致。但是，2010年《涉外民事关系法律适用法》明确排除了反致，该法第9条规定："涉及民事关系适用的外国法

① 参见武汉海事法院（2002）武海法商字第43号民事判决书。

律，不包括该国的法律适用法。”

（二）中国的有关实践

在“湖南省技术进出口公司案”中，被告达飞轮船公司的交货行为是否构成无单放货？原告湖南技术公司认为，提单中法律适用条款系格式条款，达飞轮船公司没有与湖南技术公司协商，也未提请注意，该条款不是双方的合意，应依据最密切联系地原则确定适用的法律。本案原告为中国法人，被告在中国设有办事机构，提单在长沙签发，因此，合同最密切联系地无疑是中国，处理本案纠纷应适用中国法律。依据中国《海商法》的规定，承运人应谨慎地运输和保管货物，并向正本提单持有人交付。达飞轮船公司未收回正本提单，凭担保函将货物交给湖南技术公司的贸易对方，已构成无单放货，应承担湖南技术公司的货款及利息损失。

被告达飞轮船公司认为，本案系涉外民事纠纷，核心问题是货物交付行为的合法性。根据《民法通则》第 145 条和“场所决定行为”的国际私法原则，达飞轮船公司交货是否合法应适用交货行为地叙利亚国的有关法律和港口惯例确定。根据叙利亚国的法律，收货人出示担保函等文件，即便无正本提单，承运人也负有在 60 日内交货的强制义务，因此，货物是被收货人依法强制提取，并非达飞轮船公司有意识交付，不应构成无单放货。合议庭认为：依据提单规定，提单条款未涉及的任何事项适用法国法，在解释提单条款上亦适用法国法。但达飞轮船公司庭审中明确表示放弃适用法国法而依据中国法处理合同争议，原告湖南技术公司亦表示同意，且当事人以新选择的法律代替原来的选择不为中国法律所禁止，因此，湖南技术公司和达飞轮船公司在诉讼中作出的适用法律选择有效，中国法律的有关规定为处理本案合同争议的准据法。依照中国海商法有关规定，达飞轮船公司作为货物承运人，其风险责任自接收货物签发正本提单始至交付货物收回正本提单止，在责任期间内，对货物负有谨慎保管、正确交付的合同义务。达飞轮船公司未收回正本提单，将货物交给湖南技术公司的贸易对方，其行为已构成无单放货。

对于上述争诉点，关键在于依据何国法律来认定，当事人选择解决合同争议的中国法是否包括冲突法，合同争议的范围是否包括货物的交付方式。提单是托运人与承运人之间海上货物运输合同的证明，在没有其他约定情况下，提单背面条款为运输合同条款，当事人可在提单中约定处理合同争议所适用的法律。依据本案提单规定，提单条款未涉及的任何事项适用法国法。提单条款未对达飞轮船公司是否应凭正本提单放货作出规定，故应依据相关法国法确定其法律责任。但是，达飞轮船公司与湖南技术公司在诉讼中一致同意放弃适用法国法而选择中国法处理合同争议，该变更法律选择行为不为中国法律所禁止。因此，中国法律应作为解决本案合同争议的准据法。

在中国的司法实践中，在国际合同的法律适用方面，不接受反致已经成为共识。因此，达飞轮船公司主张根据《民法通则》第 145 条和“场所决定行为”的国际私法原则，适用交货行为地叙利亚国的有关法律和港口惯例确定其交付货物行为的合法性，不属于适用中国法的实体法律规范。其主张没有法律依据。“合同争议”应作何理解？是否包括本案中的交货方式的争议？按照中国的司法实践，“合同争议”应作广义的理解。凡是双方当事人对合同是否成立、合同成立的时间、合同内容的解释、合同的履行、违约的责任，以及合同的变更、中止、转让、解除、终止等发生的争议，均应包括在内。根据此种理解，交付货物行为的合法与否所产生的争议应属于“合同争议”范围，解决“合同争议”的实体法律也应是解决交货方式争议的实体法律。依照《海商法》第四章第二节“承运人的责任”的有关规定，达飞轮船公司已经构成无单放货。法院的认定正确。

第二节 法律规避

引例 鲍富莱蒙婚姻案

该案原告鲍富莱蒙（Bauffremont）王子的妃子原为比利时人，因与鲍富莱蒙结婚而取得法国国籍，后欲离婚与一罗马尼亚人结婚，但当时法国的法律不准离婚（1884 年以前），她便只身移居德国并归化为德国人，随即在德国获得离婚判决，然后在柏林与罗马尼亚的比贝斯哥（Bibesco）王子结婚。鲍富莱蒙遂申请法院宣告其妻加入德国国籍及离婚、再婚均属无效。法国最高法院认为，依照法国法，离婚虽然应适用当事人的本国法，但鲍富莱蒙妃子取得德国国籍的动机，显然是为了逃避法国法律禁止离婚的规定，因而构成了法律规避，判决她在德国的离婚和再婚均属无效。至于入德国国籍问题，法院无权受理。①

本案涉及的主要法律问题有：法律规避如何构成？法律规避的效力如何？

一、法律规避的概念

法律规避（evasion of law），是指国际民商事法律关系的当事人，为了逃避本来应该适用于他们之间民商事关系的某国实体法，通过故意制造条件、改变冲突规范的连结点的方法，而适用了对他们有利的另一国实体法的逃法或脱法行为。这也是影响冲突规范效力，进而影响外国法适用的一个问题，又称为“窃法舞弊”、“法律诈欺”或“欺诈设立连结点”。1878 法国最高法院对“鲍富莱蒙婚姻案”的判决便是关于法律规避的典型案例。国际私法上，对法律规避有广义和狭义两种不同的理解。狭义的法律规避只指规避内国法的行为；广义的法律规避除了包括规避内国法的行为，还包括规避外国法的行为。②

在现代国际经贸交往中，经常会发生法律规避问题。从目前的国际民商事交往来看，在下列领域，法律规避现象较为普遍：国际投资、补偿贸易、国际租赁、婚姻和财产继承等关系。例如，有的企业界人士，欲在英国境内设立公司从事特定的商业营业，但又不愿受英国法关于该特定公司征收设立税规定的约束，于是就在欧洲其他免税或低税的国家成立公司，再到英国以外国公司的名义，在英国进行该特定公司的特定商业经营；又如，有的发展中国家，为了发展本国经济，给予本国公司以优惠待遇，有的发达国家的投资人，便到该发展中国家建立公司，取得当地本国公司的名义，而享受优惠待遇，等等。当然，国际私法上的法律规避有其自身的特点和构成要件。

① 参见王军主编：《国际私法案例教程》，54～56 页，北京，法律出版社，1999。

② 参见黄进：《国际私法上的法律规避》，载《百科知识》，1995（10）；肖永平、邓朝晖：《国际私法中法律规避问题比较研究》，载《法商研究》，1998（3）。

二、法律规避的构成

传统国际私法理论认为，构成法律规避行为，应该具备下列五个要件：

其一，从行为主体上看，法律规避是当事人自己所为的行为。这与反致不同，反致是各国冲突法的规定不同造成的，与当事人的主观愿望和行为无关，当事人也没有责任。

其二，从主观动机上看，法律规避是当事人有目的、有意识所为的直接故意，也就是说，当事人主观上有逃避对其不利的法律适用的动机。

其三，从规避对象上看，被规避的法律必须是依冲突规范本应适用的强制性或禁止性法律，而不是任意性法律。任意性法律对当事人来说，既可以适用，也可以不适用，当事人根本不需采用规避手段。

其四，从行为方式上看，当事人是通过人为地制造或改变一个或几个动态连结点来达到规避法律的目的，如改变构成连结点的具体事实——国籍、住所、行为地、物之所在地，等等，以此改变冲突规范所援引的法律，从而达到适用对其有利的法律的目的。

其五，从客观结果上看，当事人的规避行为已经完成，即在客观上已经完成了改变连结点的具体事实，如果按照原来的冲突规范，就要适用对当事人不利的法律。如前述“鲍富莱蒙婚姻案”，当事人在法律上已经违反了本应遵守的实体法，而适用了对其有利的另一国实体法。

三、法律规避的效力

在国内民法上，法律规避行为自然是非法的，并应受到制裁。但国际私法上的法律规避行为，既涉及被规避的法律，又涉及行为人故意改变连结点的行为和因此而成立的法律关系，而被规避的法律有时是内国法，有时是外国法。因此，有关法律规避的效力问题，各国在立法、理论和司法实践方面存在着较大分歧，大致可归纳为三种情况：

（一）全面否定法律规避的效力

大多数欧洲大陆法系国家的学者认为，法律规避是一种欺骗行为，因而在发生法律规避的情况下，就应排除适用当事人希望援用的法律，而适用本应适用的法律。所谓“欺诈使一切归于无效”（fraus omnia corrumpit）便是其理论根据。法国学者巴丹和巴迪福认为，规避法律的行为损害了冲突规范及其指定的准据法的威信，本质上是一种欺诈行为，只要不存在其他相反的解释，就不应承认其效力。在立法上，也有一些国家作了明文规定，例如，《阿根廷民法典》第 1207 条规定：“在国外缔结的规避阿根廷法律的契约无效，即使该契约依契约缔结地法是有效的。”其第 1208 条规定：“在阿根廷缔结的规避外国法的契约无效。”1979 年《美洲国家间关于国际私法通则的公约》第 6 条也规定：“成员国的法律，不得在另一成员国的法律基本原则被欺诈规避时，作为外国法而适用。”

（二）部分否定法律规避的效力

【案例 5—2】佛莱夫人离婚案

佛莱（Ferrai）夫妇为意大利人，为了规避意大利法律中只许别居、不许离婚的限制性规定，两人商定由妻子归化为法国人，并向法国法院提出离婚请求。当时的法国法已取消了限制离婚的规定。法国最高法院在审理该案时不仅没有否定女方规避意大利法律的行为，而且依法国冲突规范规定的离婚适用当事人本国法，作出了准予离婚的判决。[1]

本案涉及的主要法律问题有：规避外国法是否有效？

【案例 5—3】美国表兄妹结婚案

住在美国某州的一对表兄妹为逃避该州法律禁止近亲通婚的有关规定，便去另一州结婚，然后又回到该州居住。后来，男方在该州执行公务时死亡，女方即以死者妻子的身份在被告所在州依据《联邦雇主责任法》对男方的雇主提起赔偿诉讼。被告所在州法院没有适用"在婚姻缔结地有效的婚姻到处有效"的规则，而是以当事人规避法律为由，拒绝承认当事人婚姻的效力，因而驳回诉讼。[2]

本案涉及的主要法律问题有：规避内国法是否有效？

许多国家的国际私法，只否定当事人规避内国法行为的效力，例如 1982 年《南斯拉夫法律冲突法》第 5 条规定："如适用依本法或其他联邦法可以适用的外国法是为了规避南斯拉夫法的适用，则该外国法不得适用。"在"美国表兄妹结婚案"中，被告所在州法院认为当事人的婚姻关系是采用规避法律的行为而取得的，因此认定其无效。法律规避行为使本应适用的本州强制性法律或者禁止性法律不予适用，影响了该州的重大利益，因此，法院不承认法律规避行为产生的后果。而许多国家的国际私法对于规避外国法行为的效力不作规定，或者应根据不同情况区别对待。其中一些国家认为，法律规避仅指规避内国法的行为，规避外国法的行为不属于违法行为，因而应承认规避外国法的行为有效。例如"弗莱夫人离婚案"就持这种态度。另外一些国家认为，规避内国法的行为，固然属于不生效力的违法行为，对规避外国法的行为也应根据不同情况区别对待：如果当事人规避的是外国法中正当而合理的规定，应认定其规避行为无效；如果当事人规避的是外国法中不合理或带有歧视性的规定，则可承认其规避行为有效。

（三）基本肯定法律规避的效力

一些国家对法律规避行为采取宽容态度，特别是英美国家的国际私法理论，并不认为法律规避行为是一种违法行为，而是一种为法律允许的合法行为，无论这种行为规避的是内国法还是外国法，均属有效。其理由主要是：一方面，从尊重个人自由原则出发，当事人规避连结点具体事实的行为并不违背冲突规范的原意，既然冲突规范为当事人提供了选择法律的可能，那么，当事人通过创造事实条件，使冲突规范指向其希望适用的法律，就不应归咎当事人。要防止冲突规范被人利用，只能由立法者作出规定。另一方面，法律规避在本质上，不能等同于违反公共秩序的行为。如果发生了某一法律规避行为，有违反法院地国家公共秩序的情况，则完全可以通过公共秩序保留制度来排除相关外国法的适用。

四、中国的有关规定与实践

（一）中国的有关规定

目前的国际私法立法中，尚未对法律规避问题作出明确规定。但 1988 年最高人民法院《关于贯彻执行〈中华人民共和国民法通则〉若干问题的意见（试行）》第 194 条就规避中国法律的行为作了司法解释——"当事人规避我国强行性或禁止性法律规范的行为，不发生适

① 参见杜新丽主编：《国际私法教学案例》，38 页，北京，中国政法大学出版社，1999。

② 参见李双元、蒋新苗编著：《国际私法学案例教程》，100 页，北京，知识产权出版社，2004。

用外国法律的效力”，但没有规定规避外国法的问题。“中华人民共和国国际私法示范法”第13条建议：“当事人故意规避中国强制或者禁止性法律规定的，不得适用当事人企图适用的法律。”在2002年9月下旬征求《中华人民共和国民法典（草案）》第九编“涉外民事关系的法律适用法”的起草意见会上，有主张不规定法律规避行为无效的，后来该第九编未规定法律规避问题。草案公布后，意见很大。[①] 最高人民法院2012年《关于适用〈中华人民共和国涉外民事关系法律适用法〉若干问题的解释（一）》第11条又明确规定：“一方当事人故意制造涉外民事关系的连结点，规避中华人民共和国法律、行政法规的强制性规定的，人民法院应认定为不发生适用外国法律的效力。”

（二）中国的有关实践

中国目前运用法律规避的司法实践主要涉及外汇管制、涉外担保等方面。在实践中，如果当事人在涉外担保合同中约定适用外国法，但涉外担保合同未履行批准、登记手续，该法律适用条款的效力如何？中国是实行外汇管制的国家，承担外债必须履行相关的批准、登记手续是强制性的规定。当事人未履行批准、登记手续的行为规避了中国强制性法律规范，不发生适用外国法律的效力，即未履行批准、登记手续的涉外担保合同中的法律适用条款是无效的，而应当适用中国法律。[②]

在“香港中成财务公司案”中，1995年5月10日，香港中成财务有限公司（以下简称中成公司）与香港鸿润（集团）有限公司（以下简称鸿润公司）签订了“贷款协议书”，约定由中成公司借款1 000万元港币给鸿润公司。鸿润公司提供远期可兑现公司支票给中成公司作抵押；中成公司接受鸿润公司推荐广东省江门市财政局（以下简称江门财政局）为其作担保人，江门财政局向中成公司出具了“不可撤销担保书”，承诺为鸿润公司向中成公司借款进行担保，担保书约定适用香港法律。后来，鸿润公司未能按期偿还借款。中成公司要求江门财政局履行担保义务未果，遂于2000年8月25日向江门市中级人民法院提起诉讼，请求判令鸿润公司偿还借款本金及利息，江门财政局承担连带清偿责任。

江门市中级人民法院经审理认为，根据香港法律的规定，中成公司与鸿润公司签订的“贷款协议书”合法有效，对中成公司请求鸿润公司偿还贷款的请求应予以支持。对于“不可撤销担保书”中约定“本担保书适用香港法律”，该条款规避了中国法律的强制性、禁止性规定，依照《中华人民共和国涉外经济合同法》第9条的规定，应认定无效，本案应适用内地法律调整中成公司与江门财政局之间的担保关系。因中国法律、法规和司法解释都明确规定国家机关不得作担保人，因此，该担保应确认无效。[③] 中成公司不服一审判决，向广东省高级人民法院提出上诉，要求判令江门财政局对上述借款和利息承担连带清偿

---

① 中国多数学者认为：由于国际私法所调整的法律关系不仅涉及本国和某外国两个国家，甚至常常涉及三个或四个国家的法律，当事人既可适用外国法来规避本国法，也可适用第二国法来规避第三国法，而第二国法和第三国法对法院来说都是外国法。因此，国际私法上的法律规避应包括一切法律规避在内，既包括规避本国法，也包括规避外国法。至于法律规避的行为是否有效，应视不同情况而定，首先，规避本国法一律无效。其次，对规避外国法要具体分析、区别对待，如果当事人规避外国法中某些正当的、合理的规定，应该认为规避行为无效；反之，如果规避外国法中反动的规定，则应认定该规避有效。参见肖永平：《国际私法原理》，126页，北京，法律出版社，2003。

② 参见最高人民法院《涉外商事海事审判实务问题解答（一）》第51条，载中国涉外商事海事审判网，2004-04-08。

③ 1995年《担保法》第8条规定：“国家机关不得为保证人，但经国务院批准为使用外国政府或者国际经济组织贷款进行转贷的除外。”2000年最高人民法院《关于适用〈中华人民共和国担保法〉若干问题的解释》第3条规定：“国家机关和以公益为目的的事业单位、社会团体违反法律规定提供担保的，担保合同无效。”

责任，因为涉外合同的当事人有权选择准据法的适用，应按照当事人意思自治原则适用法律。

广东省高级人民法院认为：江门财政局在“不可撤销担保书”中约定“本担保书适用香港法律”，明显是规避内地禁止性法律、法规的规定，根据1988年最高人民法院《关于贯彻执行〈中华人民共和国民法通则〉若干问题的意见（试行）》第194条的规定，应确认为无效。本案担保法律关系应适用内地法律来处理。造成担保合同无效，江门财政局、中成公司均有过错，依法应承担相应的过错责任，即江门财政局应对鸿润公司不能清偿的本案债务承担1/2的清偿责任。①

第三节　外国法的查明

引例　南京华夏海运公司案

原告南京华夏海运公司（以下简称华夏海运公司）所属的“华宇”轮，船籍中国，船籍港为中国南京。该轮为完成曼谷至日本的航次租船合同于1994年6月10日20时由印度尼西亚的雅加达港空载驶往泰国曼谷港锚地，于同月13日18时15分靠妥曼谷港湄南河南侧3号码头，准备装载运往日本国的12 800吨散装白糖。次日22时23分，“华宇”轮受载到2 429.62吨时，被进港的被告塞浦路斯澳非尔堤斯航运有限公司（以下简称澳非尔堤斯航运公司）下属的“珊瑚岛”轮的左舷艏部撞击。1994年7月30日，“珊瑚岛”轮驶抵中国南京港，经原告华夏海运公司申请，武汉海事法院于1994年8月1日对该轮实施扣押。

关于本案适用实体法的问题，一审期间，武汉海事法院认为：根据《中华人民共和国海商法》关于涉外海商关系的法律适用原则，本案法律适用的第一选择是《1910年统一船舶碰撞若干法律规定的国际公约》，但该公约对中国尚未生效，故不能被选择适用；第二选择是泰国法律即侵权行为地法，但双方当事人均不属泰国籍，又不主张适用泰国的法律，视为当事人对泰国法不举证，因此，泰国法律不能被选择适用；第三选择是法院地法，即《中华人民共和国海商法》，双方当事人亦主张适用中国法。基于双方当事人的主张和前两种选择不成立的原因，本案应适用《中华人民共和国海商法》。根据《中华人民共和国民事诉讼法》第5条第1款、第9条及第134条第1款、第2款，《中华人民共和国海商法》第186条的规定，武汉海事法院于1994年12月28日判决：(1)澳非尔堤斯航运公司赔偿华夏海运公司船舶损失费251 007.65美元、人民币2万元；(2)澳非尔堤斯航运公司赔偿华夏海运公司因碰撞引起的其他损失573 821.52美元、人民币1万元；(3)以上二项合计824 829.17美元、人民币3万元，在本判决生效后10日内履行完毕。

① 参见广东省高级人民法院编：《涉外商事案例精选精析》，29页以下，北京，法律出版社，2004。

澳非尔堤斯航运公司不服武汉海事法院的判决，向湖北省高级人民法院提起上诉。华夏海运公司表示服判。湖北省高级人民法院经审理认为：关于本案适用实体法的问题，根据《中华人民共和国海商法》第273条第1款的规定，应当适用侵权行为地法律即泰国的法律。但本院依照最高人民法院《关于贯彻执行〈中华人民共和国民法通则〉若干问题的意见（试行）》第193条规定的途径未能查明泰国的有关法律。根据该条的规定，本案应适用中华人民共和国的法律。原审法院未完全依照前述规定查明泰国法即适用中华人民共和国的法律不妥，本院予以纠正。原审认定事实清楚，证据充分，处理恰当。依据《中华人民共和国民事诉讼法》第153条第1款第1项的规定，湖北省高级人民法院于1996年2月28日判决如下：驳回上诉，维持原判。①

本案涉及的主要法律问题有：外国法属于法律还是事实？采用法官职权主义还是当事人主义？外国法查明的方法有哪些？外国法无法查明时如何办？

一、外国法查明的概念

外国法的查明（ascertainment of foreign law），亦称外国法的证明（proof of foreign law）或外国法内容的确定，是指一国法院在审理国际民商事案件时，如果依本国的冲突规范（包括当事人基于意思自治原则而选择）应适用某一外国实体法时，如何查明该外国法关于这一国际案件特定问题的规定或规则的问题。② 比方说，如果冲突规范指向的是美国法，那么是美国的合同法还是侵权法？如果是美国合同法，那么是美国成文合同法中的第X条还是第Y条？或者是美国判例合同法中的X判例还是Y判例？只有查明了具体外国实体法以及其中的具体规则之后，法官才能对国际案件中当事人的具体权利义务关系作出判断，进而作出裁判。

产生外国法查明的原因主要有两方面：一方面，实际上的困难。处理国际民商事案件的法院和法官，事实上不可能通晓世界上所有国家法律。各国法律浩如烟海，千差万别，又经常修改、变化，外国法的内容到底怎么样，就需要予以查明。③ 另一方面，诉讼程序上区分事实和法律分别采用不同程序。法院和法官知道法律，适用法律应由法院和法官负责；但有关事实的一切举证责任，则应由当事人自行负责，法院只根据当事人举证的事实，运用应予适用的法律来作出判决。由此，在处理国际民商事案件时，就产生了一系列问题：根据冲突规范所援用的外国法是法律还是事实？外国法由谁提出和证明？外国法的内容不能查明时如何处理？外国法错误适用时能否上诉？这些都是查明外国法时经常碰到

---

① 参见杜涛、陈力：《国际私法学》，229～230页，上海，复旦大学出版社，2004。

② 参见黄进：《论国际私法中外国法的查明——兼论中国的实践》，载《河北法学》，1990（6）；俞灵雨：《外国法的选择适用和查明》，载《人民司法》，2003（6）；王瀚：《试论外国法不能查明的确认和补救》，载《法学杂志》，1997（6）。

③ 美国学者荣格在其著作中曾对确定、解释和适用外国法的困难作了论述。See Friedrich K. Juenger，*Choice of Law and Multistate Justice* 157-159（1993）.

的问题。[1] 对此，各国理论、立法和司法实践不同。

二、外国法查明的性质

对于外国法查明的性质，各国的认识并不一致，理论上主要有三种主张：

(一) 事实说

普通法系国家的学者多奉行此说。他们认为，依本国冲突规范而适用的外国法相对于内国而言，只是一个单纯的事实，而非法律。英国和美国的司法实践均采取这种观点。不过，它们的观点目前有所改变。例如，根据英国《1981年最高法院法》的规定，过去由陪审团决定外国法这一“事实”问题，现在由法官单独决定。因此，英国学者莫里斯说：“外国法虽是一个事实问题，但它是一个特殊类型的事实问题。”[2] 但是，外国法本来就是法律，并不因为人们把它说成是事实而改变其性质。内国法院适用外国法是根据本国冲突规范的指引，说到底，它是适用内国法的结果，承认外国法是法律丝毫不会损害本国主权。

(二) 法律说

这是意大利、法国等国家的学者所主张的理论。该说认为，内国法院适用外国法，是根据法律关系的本座而适用的；由于内外国法律是完全平等的，因此，本国法官适用外国法同适用内国法一样，没有什么区别。这种理论也有其不可克服的弊端，即外国法是法律而非事实，这是对的，但本国法官适用外国法与适用内国法是有根本区别的，否认这种区别同样会陷入形而上学的泥坑。

(三) 折中说

德国、日本等国家采取这种做法。该说主要是为了调和事实说与法律说的矛盾，它主张外国法既非单纯的事实，亦非绝对的法律，而是依本国冲突规范的指定应适用的外国法律。从本国法角度而言，它适用的是外国法；从外国法角度来看，它是依据法院地国法而被援用的。因此，它既有别于本国法又有别于外国法，是一种特殊的法律事实。所以，证明外国法也必须采取有别于确定事实的程序，又不同于确定法律的程序。

在中国，民事诉讼法规定“以事实为根据，以法律为准绳”的原则，人民法院在审理国际民事案件时，要作出切合实际、合理的判决，维护当事人的正当权益，促进中国对外开放事业的发展，不管是“事实”还是“法律”，都必须查清。因此，到底把外国法看成是“法律”还是“事实”的争论，在中国没有实际意义。

三、外国法查明的方法

从各国对外国法查明的理论和实践来看，外国法查明的方法大致可以分为三类：

1. 由当事人举证证明

把冲突规范所援引的外国法看作是事实，而不是法律，从而要求当事人举证证明。一般来说，如诉讼双方当事人对该外国法有一致的理解，应向法院提交双方就此达成协议的声

---

① 正因为此，为躲避外国法的查明给审理国际私法案件的法官提出的难题，他们常常被迫中断或有意避开法律选择程序，将本是国际私法案件的案件作为国内案件来处理，还经常使用识别、公共秩序保留等制度来逃避适用外国法。正如著名法学家茨威格特所言：“法官适用外国法时畏畏缩缩，只是个一知半解的初学者，而法官在适用法院地法时却是专家，是高高在上的主权者……总的说来，法官适用外国法，较之适用法院地法，其司法过程的质量无疑要差一些。”[Zweigert, Some Reflections on the Sociological Dimensions of Private International Law: What Is Justice in the Conflict of Laws, 4 *U. Colo. L. Rev.* 283, 293 (1973).]

② J. H. C. Morris, *The Conflict of Laws* 37, 4th ed., 1993.

明，法院就可按协议确定外国法的内容；如双方对该外国法的内容理解不同，必须由双方各自举证证明，然后由法院认定。至于当事人举证的方式，可在诉状或答辩状中引证外国法，或请有关专家提供证明。目前，采用这种方法的国家主要有：英国、美国、英联邦国家、比利时、荷兰、阿根廷、墨西哥等。当然，各国的具体做法有所不同。

2. 法官依职权查明

把冲突规范所援引的外国法当作法律而不是事实，外国法的内容，无须当事人负责证明，由法官依职权调查并证明。欧洲一些大陆法系国家，如奥地利、意大利等国家，以及采用《布斯塔曼特法典》的拉丁美洲国家都持这种观点。1979 年《奥地利联邦国际私法》第 3 条规定："外国法一经确定，应由法官依职权并按该法在原管辖范围那样予以适用。"该法第 4 条规定："外国法应由法官依职权查明，可以允许的辅助方法有：有关人员参加、联邦司法部门提供资料以及专家意见。"1928 年《布斯塔曼特法典》第 408 条规定："各缔约国的法官和法院应在适当的条件下依职权适用其他国家的法律。"

3. 法官依职权查明，当事人亦负有协助义务

在查明外国法内容时，既不同于确定单纯事实的程序，也不同于确定法律的程序。外国法基本上被视为法律，主要由法院负责查明，必要和需要时也可以由当事人提出有关证明，或由有关专家提供资料或提出意见。德国、瑞士等一些国家采用这种做法。例如《德国民事诉讼法》第 25 条规定："当事人对于法官不知之外国法，虽有举证之责，但法官对于不知之法律，依其职权亦得从事调查。"1987 年《瑞士联邦国际私法》第 16 条规定："法官负责查明外国法的内容，法官可以要求当事人予以合作。"

四、外国法无法查明的救济

查明外国法是适用外国法的前提，但在实践中，如果采用一切可能的办法仍不能查明外国法的内容，或者内国法律制度中不存在与外国法律概念相对应的概念，应当怎么办？各国立法和司法实践有以下不同的解决办法：

（一）以法院地法替代

国际上，采用依内国法处理的国家比较多。其理由为：外国法不能查明的事实，既可以推定为该外国法内容与内国法相同，也可以推定为当事人放弃了适用外国法的权利。在这种情况下，代之以法官最熟悉的法院地法，是公平可行的。奥地利、瑞士等国家都采用这种做法，例如 1979 年《奥地利联邦国际私法》第 4 条规定："如经过充分努力，在适当时期内仍不能查明外国法内容时，应适用奥地利法。"1987 年《瑞士联邦国际私法》第 16 条规定："外国法不能查明时，适用瑞士法律。"

（二）类推适用内国法

在英美法系国家，在普通法系国家之间采用"类推"办法，"推定"适用法院地法。如在英国，如当事人主张适用外国法，又提不出外国法的内容和证据，或法院认为证据不足时，在英美法系国家之间，英国法院就不适用外国法，而"推定"其与英国法"类似"，而适用英国法。英国《1972 年民事证据法》第 4 条第 2 款规定："皇家法院、高等法院、枢密院委员会的判决和裁定，如引用外国法，则可以以它为证据；如果当事人提不出证据，或法院认为'证据不足'，则法院可用'推定'办法来适用'类似'的英国法。"

（三）驳回当事人的诉讼请求或抗辩

当外国法内容无法查明时，法院有权拒绝受理当事人的诉讼请求或抗辩请求，作为无法查明外国法的解决办法或辅助解决方法。采取这种做法的国家，主要是德国和美国。《德国

民事诉讼法》第293条规定："德国法院应依职权确定外国法的内容，但也有权要求当事人双方提供有关外国法的证明，如果负责证明外国法内容的一方不能提出证据，法院可以证据不足为由，驳回当事人的诉讼请求或抗辩请求。"在美国，当事人不能证明外国法内容时，同属普通法系国家的，则可"类推"适用美国法；若属于非普通法系国家，则不能采用"类推"适用办法，在这种情况下，法院有权以"证据不足"为由，驳回当事人的请求。

(四) 适用同本应适用的外国法相近似或类似的法律

德国在司法实践中曾采用这种方法。例如，在早期的一个案例中，一个厄瓜多尔人依其父亲的遗嘱被剥夺了他对其父亲遗产的保留份的权利，为此而发生争议。当时，第一次世界大战刚刚结束，无法得到《厄瓜多尔民法典》。但是，法院知道，《厄瓜多尔民法典》是以《智利民法典》为模本的，认为适用同《厄瓜多尔民法典》相似的《智利民法典》比适用法院地法即德国法似乎更接近于正确的解决方法。日本也有判例采取这种做法。[①] 但在立法上明确规定外国法无法查明时适用与其相近似的法律的尚不多见。

(五) 适用最密切联系国家的法律

1995年《朝鲜人民民主主义共和国涉外民事关系法》第12条规定："在外国国家的某一法律被确定为准据法而该法内容无法查明的情况下，可以适用与当事人有最密切联系国家的法律或朝鲜人民民主主义共和国的法律。"

五、外国法错误适用的救济

外国法错误适用是指当一国法院在运用冲突规范援引某一外国（准据）法来处理某国际民商事案件时，适用冲突规范错误或适用外国（准据）法错误的情况。

(一) 外国法错误适用的情形

从广义讲，适用外国法错误，大致包括两种情形：一是因不当适用内国冲突规范而导致对外国法的错误适用，也就是适用冲突规范错误，也叫"适用错误"。由于错用冲突规范，就可能出现援引的准据法错误的情况：应适用内国法而适用了外国法；应适用外国法而适用了内国法；应适用外国甲国法而适用了外国乙国法；应适用外国乙国法而适用了外国甲国法，等等。二是因适用外国法本身不当而导致对外国法的错误适用，也就是适用准据法本身错误，也称"解释错误"。由于把外国法作了错误的解释或不正确的适用，就可能出现几种错误适用的情况：把外国法的含义解释错了；在时际法律冲突时，应适用新法而适用了旧法，或应适用旧法而适用了新法；在区际法律冲突时，应适用甲地区法而适用了乙地区法或者相反；在人际法律冲突时，应适用宗教法而适用了世俗法或者反之，等等。

(二) 外国法错误适用的救济

外国法错误适用的救济是指法院在适用冲突规范错误或适用外国（准据）法错误时，能否得到补救，也就是当事人能否以外国法错误适用为由，向有关司法机关上诉予以纠正的问题。

1. 适用冲突规范错误的救济

对于这种错误能否得到补救的问题，尽管有不同意见，但一般主张应允许上诉。因为这

① 东京家庭裁判所昭和38年（1963年）6月13日关于养子关系认可申请案的判决要点指出：被指定的外国法内容不明时，应依据《日本法例》关于准据法指定的精神探求其内容。首先应从该外国的整个法律秩序中推断其内容，如尚不明，则从其以前施行的法令或政治上或民族上相近的国家的法律秩序中推定其法律的内容。参见［日］北胁敏一：《国际私法——国际关系法Ⅱ》，姚梅镇译，63～64页，北京，法律出版社，1989。

种错误，本质上属于内国法的适用问题，违反的是内国法。冲突规范是内国法，司法实践往往将其与其他的内国法适用错误等同对待。

2. 适用外国法本身错误的救济

因外国法是法律还是事实，以及在审级制度上采用上诉审制还是法律审制等关系，这个问题比较复杂，大致分为两种不同态度：

（1）可以上诉。具体又可分三种情况：第一，采用上诉审制（第二审为事实审）的国家，把外国法看作是事实，可以“判决所根据的事实不当”为由上诉。例如，英国采用上诉制，其第二、三审法院采用“事实审”方式，又把外国法看作是事实，适用外国法错误上诉，上诉法院可以改变下级法院适用外国法错误的判决。第二，采用法律审制（第二、三审为法律审）的国家，把外国法视为法律，或对外国法内容的查明采取特殊程序，如俄罗斯以及意大利、奥地利等，一般是以“法律审”为由上诉，上级法院可以改变下级法院适用外国法错误的判决，重新作出判决。第三，采用《布斯塔曼特法典》的拉美国家，根据该法典第412条的规定，因外国法适用错误，可以上诉到最高司法机关。1979年《美洲国家间关于国际私法通则的公约》也明确规定，允许有关国家当事人对成员国法院在外国法适用中的错误提起上诉。

（2）不能上诉。具体又可分为两种情况：第一，在将外国法看作是“事实”的第二、三审为法律审制度的国家，“判决所根据的事实不当”，不能作为法律审上诉的理由上诉。这是因为，在这些国家，只有根据“适用法律不当”的理由，才能上诉。例如，法国上诉审采用“法律审”方式审理案件，外国法是“事实”，“事实”错误不能向“法律审”上诉。而且，法国认为最高法院的设立，只是为了保证法国法适用的统一，并不监督适用外国法的正确性和一致性。第二，在采用特殊程序查明外国法内容的国家，如瑞士，不正确地适用外国法时，最高法院不能以“法律审”方式作为撤销错误适用外国法判决的理由。

六、外国法本身的解释问题

在国际案件中，法官在对外国法加以查明后进而具体适用该外国法的过程中，还会有一个对外国法如何解释的问题，即对冲突规范所指定的外国法的内容和性质作出解释和确认的问题。这个问题的产生主要是因为各国法官对外国法的认识和了解毕竟有限，而且外国法本身亦难免存在模糊和不清之处。

关于对外国法的解释，在立法上明确作出规定的并不多。一些国家的国际私法立法对这个问题作了规定，但没有将之放在识别条款下加以规定，而是将之同外国法的查明一同加以规定。有规定的立法主要是两种做法：一是依其所属法律体系进行解释，二是由审理案件的法官进行解释。前者如1966年《葡萄牙民法典》第23条第1款规定：“解释外国法，应在其所属法制范围内并按该法制所定之解释规则为之。”1984年《秘鲁民法典》第2055条规定：“对外国准据法的解释，依其所属的法律体系。”1998年《突尼斯国际私法》第33条规定：“对冲突规范所指定的外国法律的解释，应依照包含于其正式渊源中的应适用的规则的整体含义进行。”1995年《意大利国际私法制度改革法》第15条规定：“外国法应根据其本身的解释和适用标准予以适用。”后者如1972年《塞内加尔家庭法》第850条中规定：“外国法的含义与范围由主审法官确认。”

在理论上，学者们大都主张依外国法所属法律体系来解释外国准据法的有关规定。因为任何一种法律只有依其所属法律体系的原则、精神、概念、定义等进行解释，才可能作出正确的解释。准据法如为内国法，则依法院地法进行解释。准据法如为外国法，则依该外国法进行解释。如依法院地法对外国的准据法加以解释，只会似是而非。既然法官决定适用外国法，就应当像外国法官在适用其本国法时一样来适用该外国法，对于外国法的解释自然也要按照该国法律的解释规则和解释方法。

七、中国的有关规定与实践

【案例 5—4】美国某公司欠款案

原告美国某公司仅以一张欠款欠据为主要证据向中国法院起诉被告英国某公司。双方约定，发生纠纷时选择美国法律处理争议。在外国法的查明方面，一审法院委托了中国司法部委托美国的公证人某律师行的某律师就争议焦点问题出具法律意见，并采纳了该意见作出判决。被告英国某公司不服，上诉称：(1) 一审法院将外国法的查明与适用问题交给美国的一家律师行及公证机关审查，并最终根据其出具的具有判决性质的法律意见书作出判决，缺乏法律依据，使得美国的律师行和公证机关代行了部分审判权，并剥夺了被告英国某公司的答辩权。(2) 一审法院根据中国法律的规定，可以通过五种途径查明外国法，但查明外国法后，应独立审查该外国法是否适用，一审法院违反了这一规定。该案上诉后，二审法院经审查认为，法院可以通过包括中外法律专家提供等五种途径查明外国法，一审法院委托美国律师行就应适用的美国法律作出解释，经审查后依据该法律下判并无不妥，遂维持原判。①

本案涉及的主要法律问题有：如何查明外国法及其内容？

（一）中国的有关规定

1. 关于外国法查明的方法。1987 年最高人民法院《关于适用〈涉外经济合同法〉若干问题的解答》（已失效）第 2 条第 11 款曾以司法解释的形式作了规定："在应适用的法律为外国法律时，人民法院如果不能确定其内容的，可以通过下列途径查明：1. 由当事人提供；2. 由我驻该国的使、领馆提供；3. 由该国驻华使、领馆提供；4. 由中外法律专家提供。"而后，1988 年最高人民法院《关于贯彻执行〈中华人民共和国民法通则〉若干问题的意见（试行）》第 193 条又增加了一个途径："由与我国订立司法协助协定的缔约对方的中央机关提供。"1988 年 2 月 8 日生效的《中华人民共和国和法兰西共和国关于民事、商事司法协助的协定》第 28 条也规定："有关缔约一方的法律、法规、习惯法和司法实践的证明，可以由本国的外交或领事代表机关或者其他有资格的机关或个人以出具证明书的方式提交给缔约另一方法院。"2007 年最高人民法院《关于审理涉外民事或商事合同纠纷案件法律适用若干问题的规定》第 9 条第 1、2 款规定："当事人选择或者变更选择合同争议应适用的法律为外国法律时，由当事人提供或者证明该外国法律的相关内容。人民法院根据最密切联系原则确定合同争议应适用的法律为外国法律时，可以依职权查明该外国法律，亦可以要求当事人提供或者证明该外国法律的内容。"这一司法解释在涉外合同纠纷所应适用外国法律的查明问题上作出了新的尝试，将当事人选择与法院根据最密切联系原则确定的外国法予以区别对待，前者一概由当事人查明，而后者由法院依职权查明，并可由当事人辅助查明。这方面，作出一般性规定的是 2010 年《涉外民事关系法律适用法》第 10 条第 1 款："涉外民事关系

① 参见张磊：《外国法的查明之立法及司法问题探析》，载《法律适用》，2003 (1)、(2)，98 页。

适用的外国法律，由人民法院、仲裁机构或者行政机关查明。当事人选择适用外国法律的，应当提供该国法律。”

2. 关于外国法不能查明的认定和异议程序。最高人民法院2012年《关于适用〈中华人民共和国涉外民事关系法律适用法〉若干问题的解释（一）》第17条规定：“人民法院通过由当事人提供、已对中华人民共和国生效的国际条约规定的途径、中外法律专家提供等合理途径仍不能获得外国法律的，可以认定为不能查明外国法律。根据涉外民事关系法律适用法第十条第一款的规定，当事人应当提供外国法律，其在人民法院指定的合理期限内无正当理由未提供该外国法律的，可以认定为不能查明外国法律。”第18条规定：“人民法院应当听取各方当事人对应当适用的外国法律的内容及其理解与适用的意见，当事人对该外国法律的内容及其理解与适用均无异议的，人民法院可以予以确认；当事人有异议的，由人民法院审查认定。”

3. 关于外国法无法查明的救济。中国在此问题上的规定前后有些细微变化。最高人民法院在1987年《关于适用〈涉外经济合同法〉若干问题的解答》中规定“可以参照我国相应的法律处理”（第2条第11款），但在1988年《关于贯彻执行〈中华人民共和国民法通则〉若干问题的意见（试行）》中改为“适用中华人民共和国法律”（第193条）。“中华人民共和国国际私法示范法”建议“适用与该外国法律类似的法律或者中华人民共和国相应的法律”（第12条）。而《中华人民共和国民法典（草案）》第九编“涉外民事关系的法律适用法”第12条则规定“可以适用中华人民共和国相应的法律”。2010年《涉外民事关系法律适用法》又改为规定“适用中华人民共和国法律”（第10条第2款）

4. 关于外国法错误适用的救济。在中国，对民事案件实行两审终审制，无法律审和事实审的区别。因此，无论什么错误，当事人不服，都可以提起上诉。如果是明显的错误，或造成了严重的不合理后果，还可以通过审判监督程序予以纠正。这种做法有利于维护正当的国际民商事法律关系。

（二）中国的有关实践

【案例5—5】江苏省轻工业品公司案

原告江苏省轻工业品进出口股份有限公司（以下简称江苏轻工）因与被告江苏环球国际货运有限公司（以下简称江苏环球）、被告美国博联国际有限公司（以下简称美国博联）产生海上货物运输合同纠纷，起诉至武汉海事法院。就法律选择和法律适用而言，该院经审理认定，双方当事人在提单首要条款中约定1936年美国《海上货物运输法》为处理本案的法律，符合我国《海商法》第269条关于合同当事人可以选择合同适用的法律的规定。本案所涉的主要争议是承运人能否不凭正本提单向记名收货人交付货物，而1936年美国《海上货物运输法》对此未作出明确规定，即当事人选择的法律不能适用于合同所涉全部内容，只调整合同当事人部分权利义务关系，应视为双方当事人在合同中对该项争议的处理没有选择适用的法律。因此，根据《海商法》第269条的规定，合同当事人对该项争议所适用的法律没有选择的，应依照最密切联系原则确定其所适用的法律。最密切联系原则注重法律关系与地域的联系，采用连结因素作为媒介来确定合同的准据法，且所有与某个特定的争议有关的连结因素都应在决定该争议适用的准据法时被考虑，只有与合同存在密切联系的法律才能确定为准据法。本案所涉的海上货物运输合同主要有合同签订地、履行地（包括运输始发地和目的地）、当事人营业所所在地、标的物所在地等连结因素，而当事人之间争议的主要问题是国际海上货物运输合同履行过程中承运人交货行为的法律后果。该项争议因承运人在美国港口交货中产生，而非在提单签发地或运输始发地产生。由于承运人在运输目的地的交货行为直接受交货行为地法律的约束，与交货行为地——美国的法律的联系比其与合同签订地或运输始发地——中国的法律的联系更为真实、具体，存在着实质性联系，交货行为地法律是事实上支配争议最有效的法律，因此，合同签订地——中国的法律不是与该项争议最密切联系的法律。同时，本案当事人之间的国际海上货物运输合同采用由承运人提供的格式合同（提单），其首先必须符合承运人营业所所在地法的规定，承运人营业所所在地亦与国际海上货物运输合同联系最密切。本案运输目的地、标的物所在地、承运人营业所所在地均在美国，因此，本案应适用相关的美国法律为准据法。被告美国博联认为本案应适用《美国统一商法典》等美国相关法律的主张，应予支持。①

本案涉及的主要法律问题有：如何查明外国法及其内容？外国法无法查明时如何适用法律？

总的来看，中国有关外国法查明的立法还不完善，现有规定又缺乏可操作性，致使外国法查明的司法实践混乱。中国有些法院往往并不按照最高人民法院的司法解释规定的途径去认真地查明外国法，而是简单地经过查明后，就以外国法无法查明为由，适用中国法律代替。其主要问题在于外国法查明的途径具有局限性，经不起推敲。当然，在这种情况下，我们仍应该看到，有些法院的司法实践还是给外国法的查明提供了新的方法和新的思考。

在"南京华夏海运公司案"中，确定准据法是法院审理该案必须首先解决的问题，审理此案的一、二审法院虽均将中国法确定为本案的准据法，但它们确定的依据不同。一审法院认为，本案法律适用的第一选择是《1910年统一船舶碰撞若干法律规定的国际公约》，但因为该公约对中国尚未生效，故不能被选择适用；第二选择是泰国法律即侵权行为地法，因双方当事人均不属泰国籍，不主张适用泰国法，视为当事人对泰国法不举证，故泰国法不能被选择适用；第三选择是法院地法，基于双方当事人的主张和前两种选择不成立的原因，本案应当适用《中华人民共和国海商法》。二审法院认为，根据《中华人民共和国海商法》第273条第1款关于"船舶碰撞的损害赔偿，适用侵权行为地法律"的规定，本案应当适用泰国法，但根据1988年最高人民法院《关于贯彻执行〈中华人民共和国民法通则〉若干问题的意见（试行）》第193条的规定，对于应当适用的外国法律，可通过下列途径查明：(1) 由当事人提供；(2) 由与我国订立司法协助协定的缔约对方的中央机关提供；(3) 由我国驻该国使领馆提供；(4) 由该国驻我国使馆提供；(5) 由中外法律专家提供。通过以上途径仍不能查明的，适用中华人民共和国法律。二审法院通过这些途径仍不能查明泰国法，遂决定适用中国法。可见，在如何确定本案准据法这个问题上，我国《海商法》和1988年最高人民法院《关于贯彻执行〈中华人民共和国民法通则〉若干问题的意见（试行）》有明确规定。一审法院没有依照这些规定确定本案的准据法显然不当，故二审法院依法进行了纠正。②

---

① 参见武汉海事法院（1999）武海法宁商字第80号民事判决书。

② 当然，鉴于中国与泰国的广泛交流，查明泰国法律似乎不应成为问题，关键在于法院是否真正用尽司法解释中规定的查明途径。例如，在"美国某公司欠款案"中，法院就较好地利用了外国法律专家审查并解释外国法。

在“江苏省轻工业品公司案”中，法院面对这起涉外案件，首先尊重了当事人的意思自治，选择适用1936年美国《海上货物运输法》作为本案的准据法，但该法对案件争议的处理并没有相关规定。在当事人选法落空的情况下，法院及时作了法律适用调整，根据最密切联系原则，法院对与法律关系有联系的各种因素作了通盘考察，然后得出结论：美国与本案具有最密切的联系，本案应适用美国的相关法律（《美国统一商法典》）为准据法。实际上，本案主要涉及的是外国法的查明问题，也就是要解决在外国法无法查明时如何适用法律的问题。各国的司法实践关于外国法无法查明时的解决方法是多种多样的，但上升到立法上的规定则只有适用内国法和驳回诉讼请求两种。我国1988年最高人民法院《关于贯彻执行〈中华人民共和国民法通则〉若干问题的意见（试行）》规定“适用中华人民共和国法律”。但本案并没有按照上述做法，在当事人有法律选择但事实上所选法律不存在的情况下，最终是由法院运用最密切联系原则解决了有关争议的法律适用问题。这种司法实践是对上述司法解释的突破，也是对外国法无法查明时的解决方法的发展。在中国法院法律适用透明度不高的背景下，这种外国法查明的方法也可以在今后的立法中予以明确。

第四节　公共秩序保留

引例　德国帝国铁路局案

霍尔泽是犹太血统德国籍人，受雇于辛克尔公司。1931年年底，辛克尔公司并入德国帝国铁路局，霍尔泽被任命为该局总管。1933年，德国帝国铁路局免去了霍尔泽的总管职务。理由是：根据德国议会关于非雅利安人的立法，犹太人不得担任领导或管理职务，已担任的必须解除。霍尔泽是犹太人，所以必须解除其职务。在被解除职务后，鉴于德国帝国铁路局在美国纽约的银行有存款账户，霍尔泽即前往美国向纽约法院对德国帝国铁路局提起诉讼。法官柯林斯认为，根据霍尔泽与德国帝国铁路局之间的雇佣契约是在德国订立并在德国履行这一事实，按美国关于雇佣关系应适用雇佣契约签订地或履行地的冲突法规范，本案应适用德国法律。但是，德国关于非雅利安人的法律规定与美国的公共秩序相违背，德国法律不能适用。他解释说：如果德国法律表现为与美国的司法、自由和道德的精神相违背的话，国际礼让并不要求我们适用德国法律。本案要解决的并不是德国人的良知问题，而是我们自己的良知问题。既然已经确认德国关于非雅利安人的法律规定如此强烈地违背我们深刻的信念，那么对于当事人向美国法院提出的诉讼，就只能适用美国的公共政策观念。被告以血统的理由解除原告的职务，如果我们予以认可，这是美国的公共政策所不允许的。虽然被告的这种行为在德国被认为是法律的表现，是符合法律规定的，但如果我们承认这种种族歧视行为的合法性，就无异于出卖我们自己的良心，违背美国的传统和否定美国宪法及各州的宪法。因此，应当拒绝适用德国法。最后判决原告霍尔泽胜诉。①

---

① 参见李双元、蒋新苗编著：《国际私法学案例教程》，105～106页，北京，知识出版社，2004。

本案涉及的主要法律问题有：种族歧视是否属于公共秩序的范畴？如何体现公共秩序保留制度的法律作用？

一、公共秩序保留的概念

公共秩序保留（reservation of public order），在英美法中称为公共政策（public policy），在法国法中称为公共秩序（ordre public），在"德国法中称为保留条款"（Vorbehaltsklausel）或排除条款（Ausschiebungsklausel）。它是指一国法院在处理某国际民商事案件的过程中，依其内国冲突规范本应适用外国法，但因该外国法的适用与法院地国的重大利益、基本政策、道德的基本观念或法律的基本原则相抵触，而排除其适用的一种保留制度。①

实际上，国际私法中"公共秩序"的概念早在 13、14 世纪的意大利"法则区别说"中已有萌芽。按照巴托鲁斯的主张，在各城市国家之间，一城市国家对另一城市国家的所谓"令人厌恶的法则"（statuta odiosa），如对女子歧视的继承法则，即可不予承认。降至 17 世纪，荷兰主张"国际礼让说"的胡伯认为，一国出于礼让，虽然承认外国法在内国也具有效力，但有一个条件：不得有损于内国主权者和公民的权益。首先以法律形式将公共秩序规定下来的法律是 1804 年《法国民法典》，该法典第 6 条规定："个人不得以特别约定违反有关公共秩序和善良风俗的法律。"这一规定本来是在国内案件中适用于契约的，但在后来法国的审判实践中，被用于涉外案件，即援用的外国法如违反法国的公共秩序，则不予适用。1856 年《意大利民法典》明确规定了对外国法律的适用可援用公共秩序予以排除，该法典这样规定："不论前面条文作如何规定，凡外国的法律、行为或判决，以及个人的处分与契约，在任何情况下，均不得与王国关于私人所有权或行为的法律相背离，均不得与任何被认为公共秩序或良好道德的法律相背离。"从此以后，许多国家的立法都把公共秩序保留作为一项基本制度规定下来，20 世纪 80 年代以来也规定在一些国际条约中，各国学者无不肯定公共秩序是国际私法上限制外国法适用的一项重要制度。

当然，国际上至今对公共秩序没有一个统一的确切的明确解释，作为一个弹性概念，各国立法中有各种各样的名称，例如公共秩序、公共政策、善良风俗、基本政策、基本制度、公共利益、社会利益、法律政策、法律目的，等等，不一而足。笼统地说，公共秩序是指一国的根本利益问题，是指关系到一国的国内基本制度、基本政策、基本原则和社会公共利益的法律秩序与道德秩序。但是，各国在不同历史时期都有自己的解释。例如，公共秩序是保证社会平衡的法律的总和，由法官自由裁量而定；公共秩序是善良风俗和道德；英国的公共政策是英国司法的基本观念、英国的道德观念、联合王国对外正常关系和利益以及英国的个性解放与行动自由的观念；公共秩序是一国政治与法律的基本原则或基础，等等。在"德国帝国铁路局案"中，被告以血统的理由解除原告的职务，这是美国的公共政策所不允许的。在美国的公共政策观念中，种族歧视违背美国的传统和否定美国宪法及各州的宪法，因此法院拒绝适用德国法。

① 参见黄进：《国际私法上的公共秩序问题》，载《武汉大学学报》（社会科学版），1991（6）；黄进：《再论国际私法中的公共秩序问题》，载《河北法学》，1998（2）。

二、公共秩序保留的作用

公共秩序保留的作用，主要是排斥外国法适用的效力，否定根据外国法产生的权利和义务，作为适用冲突规范必要的补充手段，起到“安全阀”的作用。但从实际来看，公共秩序保留制度既具有排除外国法适用的否定或防范作用，又具有直接适用内国法中强制性规范的肯定作用，它一般运用于下列三种情况①：

第一，按内国冲突规范本应适用的外国法，如果予以适用将与内国的道德、社会、经济、文化或意识形态的基本准则相抵触，或者与内国的公平、正义观念或根本的法律制度相抵触，公共秩序对法律适用起着一种安全阀的作用，其作用是消极的，即不适用原应适用的外国法。例如在“德国帝国铁路局案”中，美国纽约州法院就借公共政策排斥了本应适用的德国法，使原告的要求得以满足。再如，按照伊斯兰法，一个男子可以有 4 个妻子。假如一个穆斯林男子已有配偶一个，拟在甲国再行结婚。按甲国的冲突规范，婚姻的实质要件适用当事人本国法，但甲国法院将以适用该穆斯林男子的本国法会损害甲国的公共秩序为由，不适用该法，从而不准其再行结婚。

第二，一国民法中的一部分法律规则，由于其属于公共秩序法的范畴，在该国有绝对效力，从而排除与之相抵触的外国法的适用。这里，公共秩序保留肯定内国法的绝对效力，其作用是积极的。例如，对于联邦德国民法中关于订约时一方有胁迫或欺诈的情事时他方可以撤销所订契约的规定，该国法院认为是有关该国公共秩序的规定，所以在这个问题上将绝对适用自己的法律，而不管合同准据法是否承认这一撤销原因。

第三，按照内国冲突规范应适用的外国法，如果予以适用，将违反国际法的强行规则、内国所负担的条约义务或国际社会一般承认的正义要求时，也可以适用该外国法将违反国际公共秩序为由，而不予适用。例如，按照 1966 年《消除一切形式种族歧视的国际公约》，一国关于种族歧视的法律应被认为是违反国际法强行规则的法律，从而在外国不能得到适用。

公共秩序保留之所以能起到排斥外国法的适用，而为世界各国所广泛采用，是因为它具有下列法律特点：（1）符合主权原则，为主权原则所允许；（2）含义不具体、不明确，名称多，概念弹性化，运用时具有较大的灵活性和伸缩性；（3）比其他限制外国法效力的识别、反致、法律规避、外国法的查明等制度，更直接而彻底地排斥外国法的效力；（4）从法律上把不适用外国法的责任，推给了相应外国法。当然，在国际实践中，公共秩序保留除了排斥外国法在内国的效力外，还可以拒绝承认和执行外国法院判决或仲裁裁决，拒绝认可在外国作成的法律文书在内国的使用，等等。

三、公共秩序保留的理论

公共秩序保留作为一项制度得到了各国理论和实践的普遍肯定，但对于什么是公共秩序、如何算违反公共秩序，各国学者提出了不同的看法。

（一）公共秩序的不同主张

一般来说，欧洲大陆法系学者主要是从法律分类的角度来确定什么为公共秩序的，而英美普通法系国家的学者习惯于从在什么场合适用公共秩序出发来探讨公共秩序的内涵。

---

① 参见《中国大百科全书》（法学卷），11 页，北京，中国大百科全书出版社，1984。

1. 萨维尼的理论

德国法学家萨维尼作为“法律关系本座说”的创立者，他主张某一国际民事法律关系的“本座”如在外国，就适用该外国法，但他同时认为在一定条件下可以排除外国法的适用。他把任何国家的强行法分为两类：一类是纯粹为了保护个人利益的，如那些根据年龄或性别而限制当事人行为能力的规定；另一类是不仅为了保护个人利益，而且是根据道德上的理由或基于政治上、警察上、国民经济上的公共幸福而规定的。前一类法律虽不能因个人的约定而排除其适用，但在根据冲突规范须适用外国法时，它就应让位于外国法。而后一类法律则在制定该法律的国家内绝对适用，排除外国法适用的可能性。可见，萨维尼把后一类强行法视为公共秩序法。不过，萨维尼主张，公共秩序只是国际私法基本原则的一种例外。

2. 孟西尼的理论

意大利学者孟西尼认为国际私法有国籍原则、公共秩序原则和意思自治原则共三个基本原则，因此，孟西尼把公共秩序提高到基本原则的高度。他也主张将国家的法律分为两类：一类是为个人利益而制定的，应以国籍为标准确定适用于其所属的所有公民，不管他们出现在哪个国家；另一类是为保护公共秩序而制定的，必须依属地原则适用于其所属国家领域内的一切人，包括内国人和外国人，而属于这类法律范畴的事项根本不适用外国法。孟西尼及其学派列举下列法律为公共秩序法：宪法、财政法、行政法、刑法、警察和安全法、物权法、强制执行法、道德法和秩序法等。

3. 布鲁歇的理论

瑞士学者布鲁歇（Brocher）从萨维尼把强行法分为两部分的观点出发，提出了国内公共秩序法和国际公共秩序法的概念。他认为，国内公共秩序法是在适用法院地法时才应予以适用，而国际公共秩序法则绝对要求在国际私法领域内适用。例如，一国关于婚龄的规定具有强行性，应该无条件地适用于其所属公民，但它只是国内公共秩序法，在国际婚姻关系中，它就不一定适用了，而取决于内国冲突规范如何指引。另一方面，在婚姻领域，关于禁止重婚、禁止一夫多妻和禁止直系亲属间结婚的规定，则为国际公共秩序法，具有绝对强行效力，能排除外国法的适用。

4. 斯托里的理论

美国法官斯托里从“国际礼让”的观点出发，认为：一国法律要在另一国产生无论怎样的权利和义务，都完全取决于另一国的态度。因此，一旦外国法的适用“给自己国家和公民的权益带来损害”，或“使主权与平等受到破坏与威胁”，公共秩序保留就负起解除“礼让”所产生的副作用的任务，主权者在任何时候都可以援用公共秩序排除外国法的适用，无论什么人都不能反对它这样做，因为这是从国家主权派生出来的权利。很显然，斯托里并没有指出适用公共秩序保留应有的限度。

5. 戴西的理论

英国法学家戴西在反对“礼让”说的基础上提出了“既得权”理论。他认为，一国法官在根据本国冲突规范去承认并保护依外国法取得的权利时，并不是承认外国法的域外效力，而只是承认依外国法取得的权利。因此，在“公共政策”这个概念之外，他还提出了一个“法律政策”（legal policy）概念，他认为，对于英国来说，只有三种依外国法取得的权利不在保护之列：一是与英国成文法相抵触的权利，二是与英国法律政策相抵触的权利，三是与英国主权利益相抵触的权利。那么，什么才是法律政策呢？它与许多国家关于公共秩序的立法中所称的“法律的基本原则”有所不同，而与一国的司法政策很相似，因而也极富伸缩性。

6. 戚希尔的理论

英国学者戚希尔认为，如果不给公共政策以合理的解释，就会在很大程度上取消了国际私法的原则，他因此提出了“特殊政策”（distinctive policy）的概念，并认为，只有英国的“特殊政策”才是必须优先于外国法的。对于什么才构成与英国的“特殊政策”相抵触的情况，他也列举了几种情况：与英国基本的公平、正义观念不相容；与英国的道德观念相抵触；损害了英国的利益以及同外国的友好关系；一外国法侵犯了英国关于人和行动自由的观念。

（二）公共秩序的适用标准

对于何为违反公共秩序，也就是如何判断公共秩序的适用标准，学界也提出了两种不同的主张：主观说和客观说。①

1. 主观说

该说认为，法院依本国冲突规范本应适用某一外国法，如该外国法本身的规定与法院地国的公共秩序相抵触，即可排除该外国法的适用，而不问具体案件适用该外国法的结果如何。主观说强调外国法本身的可恶性、有害性或邪恶性，而不注重法院地国的公共秩序是否因适用该外国法而受到损害。

2. 客观说

此说不重视外国法本身是否不妥，而注重个案是否违反法院地国的公共秩序。细分起来，它又有两种：其一，联系说。该说认为，外国法是否应被排除适用，除了该外国法违背公共秩序的概念外，还需看个案与法院地国的联系如何。如果个案与法院地国有实质的联系（substantial contact），则应排除该外国法的适用；如果个案与法院地国无实质联系，则不应排除该外国法的适用。其二，结果说。此说认为，在援用公共秩序保留时，应区分外国法内容违反法院地国的公共秩序，还是外国法适用的结果违反法院地国的公共秩序。如果仅是内容上的违反，并不一定妨碍该外国法的适用，只有外国法的适用结果危及法院地国的公共秩序时，才可以援用公共秩序保留排除该外国法的适用。

主观说尽管运用方便，但因外国法本身的内容违反法院地国的公共秩序的情况很少见，故很少被各国法院采用。客观说，尤其是其中的结果说，重视个案的实际情况，区分外国法的内容还是外国法的适用结果违反法院地国的公共秩序，从而既能维护法院地国的公共秩序，又有利于个案的公正、合理解决，故为多数国家的实践所采用。

四、公共秩序保留的立法

公共秩序保留具有肯定和否定或者积极和消极两方面的作用，因此，各国国际私法规定公共秩序保留的立法方式主要分为三种：间接限制式、直接限制式和合并限制式。

（一）间接限制式

所谓间接限制式，是指立法不直接规定在什么情况下拒绝适用外国法，只规定某些国内法规则为绝对强制性规范，并必须直接适用，从而间接地排除外国法适用的方式。例如1804年《法国民法典》第3条第1款规定：“有关警察和公共治安的法律，对于居住于法国境内的居民均有强行力。”此外，《比利时民法典》等也都采用这种方式。在采取这种立法方式时，每一规定是否在国际私法上具有强行的直接适用效力，常有待有权解释才能确定。例如，1896年《德国民法典》第123条规定：“凡因诈欺或胁迫而为的意思表示应为无效。”

① 参见赵晋枚：《国际私法上外国法适用限制之实际标准》，载马汉宝主编：《国际私法论文选辑（上）》，332～334页，台北，五南图书出版公司，1984。

它没有明确规定是否适用于国际民商事法律关系，而是经有权解释后才被认为也是国际私法上有关公共秩序的规定。

（二）直接限制式

所谓直接限制式，是指立法直接规定违背内国公共秩序的外国法不予适用的方式。例如1948年《埃及民法典》第28条规定："如果外国法的适用与埃及的公共秩序或善良风俗相抵触，则将排除依上述条款而适用的外国法。"1979年《奥地利联邦国际私法》第6条规定："外国法的规定，在其适用会导致与奥地利法律的基本原则互相抵触的结果时，不得适用。"这种立法方式并未指明何种外国法的适用违背内国的公共秩序，而完全由法官自由裁量，在实践中的伸缩性较大，因而有利于法官根据案件的实际情况作出适当裁决。因此，在目前国际实践中，大多数国家的立法采用这种立法形式。

（三）合并限制式

所谓合并限制式，是指在同一法典中，一方面直接规定某些法律条款为绝对强制性规定，另一方面又规定有害公共秩序的外国法不予适用的方式。例如1978年《意大利民法典》第28条规定："刑法以及警察和治安法拘束所有在意大利领土上的人。"第31条又规定："尽管有前述各条的规定，外国国家的法律和法规、任何机构或实体的规则和规定或私人间的规定和协议，如果违背公共秩序或道德，在意大利领土上均无效力。"另外，《西班牙民法典》第8条和第11条，《刚果民法典》第14条和第15条等，均为合并限制的立法方式。

五、公共秩序保留的运作

公共秩序保留制度的最大特征是它的不确定性，在实施中带有极大的灵活性和伸缩性，主要取决于法官的自由裁量。但是，随着国际民商事交往的日益发展，公共秩序保留不能漫无边际地被滥用，只应作为一种例外地排除外国法适用的手段。因此，在公共秩序保留制度的实际运作过程中，应着重注意以下问题：

（一）必须把国内民法上的公共秩序和国际私法上的公共秩序加以区别

许多在处理纯国内民法关系时作为强行法的事项，在处理国际民商事关系时就不一定是强制性的。例如，就本国公民来说，关于婚龄的法律规定是强制性的，他们必须无条件地适用，但在国际婚姻中，如本国公民在国外与外国公民结婚，或外国人与外国人在外国结婚而要在内国发生效力，这一规定就不一定发生排除婚姻举行地法或当事人住所地法有关婚龄的规定的效力。因此，在实践中，应注意将国内民法上的公共秩序与国际私法上的公共秩序加以区别，排除的仅仅是国际私法上的公共秩序。如将两者完全等同起来，就可能妨碍许多合理的国际民商事法律关系的成立，或者否定许多依外国法已经成立的国际民商事法律关系，从而不利于国际民商事交往的发展。

（二）公共秩序保留不应与他国主权相抵触、与外国公法的排除相混淆

国家主权是国家固有的对内的最高权和对外的独立权，任何国家在其领土范围内的主权行为只要不违背国际法，他国就无权干涉，并应予以尊重。如果援用本国的公共秩序保留而侵犯他国主权，例如拒绝承认外国国家的国有化法令，这显然违背了国家主权原则，滥用了公共秩序保留制度。同理，如果冲突规范指定适用的是一个未被承认的国家或政府的法律，也不应以该外国国家或政府未被承认作为援用公共秩序保留的根据。另外，外国刑法、行政法、财政法等公法不为内国法院所适用，几乎是各国一致的立场。这是因为，排除外国

公法的适用，完全基于国家主权原则，建立在公法具有严格地域性的基础上，这与公共秩序保留有明显区别，不可混为一谈。

（三）应当慎用公共秩序保留条款来限制国际条约中的冲突规范的效力

在过去的实践中，对于国际条约中的冲突规范，除非条约成员国在缔结或参加该条约时作出了保留，一般不能在条约生效后又援用公共秩序保留来限制其效力。然而，在第二次世界大战以后出现了一种新趋势，几乎所有的国际私法条约都订立了公共秩序保留条款，允许缔约国在认为根据条约中的规定适用某外国法会与自己的公共秩序相抵触时，援用这种保留条款来排除条约中的冲突规范的适用。这种趋势的出现，是为了在保障各缔约国国内强行法效力的前提下，推动各国较快达成协议，在较为广泛的范围内缔结各项有关国际私法条约。因此，只要条约中订有公共秩序保留条款，缔约国就可援用它，限制其效力，但也应慎用。

（四）援用公共秩序保留条款不应与直接适用一国强制性法律规范相混淆

“直接适用的法”是20世纪50年代后期从欧洲发展起来的一种新观念、新理论。① 它是一些用以调整当事人之间的权利义务关系的个别的法律规范，主要是涉及一国政治、社会和经济重大利益方面的具有强制性的内国法规范，在调整国际民商事关系时，可以绕过传统的法律选择规范，从而直接适用于该国际民商事法律关系。公共秩序保留是在本应适用的外国法律影响到法院地的公共秩序时才可适用，因而它建立在适用外国法的基础上。“直接适用的法”是基于内国法的考虑，而根本不考虑有关外国法的规定，因而是无条件的。随着国家对社会、经济生活干预的进一步加强，这类“直接适用的法”必将日益增多，现在已扩展到国际货物买卖、国际保险、信贷、证券、反不正当竞争、环境保护、劳工保护等领域。当然，从某种意义上来说，“直接适用的法”也是公共秩序法律的一部分，在每一条“直接适用的法”背后都隐藏着立法者的公共政策和法律基本原则。

（五）援用公共秩序保留不应与援用法律规避制度排除外国法律相混淆

公共秩序保留条款的运用是适用外国法的最后一道防线，而法律规避制度的设置主要是考虑被规避的法律本身的强制性。具体来说，两者存在以下区别：在起因上，前者是由于冲突规范适用外国法的结果与法院地的公共政策相冲突，而后者是当事人故意改变某种连结点的事实引起的；在保护对象上，前者只是本国法中的基本原则、基本精神，不是所有的禁止性规范，而后者既可以是本国法，也可为外国法，但多为禁止性法律规范；在行为性质

① “直接适用的法”是随着第二次世界大战后现代福利国家的兴起，国家干涉主义的观念占据了主导地位，国家对经济生活的干预与日俱增的背景下产生的，其目的是能够在国际民商事交往中更好地保护国家和社会的利益。在国外，最早提出“直接适用的法”（loi d' application immdiate，directly applicable law）这一概念的是希腊裔法国籍的国际私法学者福勋·弗郎西斯卡基斯（Phocion Francescakis）。弗氏认为，国家所制定的那些具有强制力的法律规范在调整国际民商事关系时，可以绕过传统的国家所制定的那些法律选择规范，直接适用于该国际民商事法律关系，即所谓的“直接适用的法”。“直接适用的法”在英文里称为“自我定界的规则”或“空间受调节的规则”，另外还有“必须适用的法”、“警察法”、“立法定位法”、“强制性规范”等称谓。如果说20世纪50年代以前，由于“直接适用的法”理论尚未兴起，这类法律规范数量很少，司法实践也很少运用，把它放入“积极的公共秩序”中考虑并无太大不妥的话，那么到了当代，随着国家干预经济生活的日益加强，国家制定了大量的“直接适用的法”，这已非公共秩序所能容纳。公共秩序在现代国际私法中的适用趋于减少，但公共秩序观念在某些法律领域中的个别化、具体化使得这种因素在法律选择过程中作为“直接适用的法”提前发生作用，大量的“直接适用的法”的制定正可证实这一点。关于“直接适用的法”的理论及其与公共秩序保留的关系，参见韩德培：《国际私法的晚近发展趋势》，载《中国国际法年刊》，1988；徐冬根：《论法律直接适用理论及其对当代国际私法的影响》，载《中国国际法年刊》，1994；肖永平、胡永庆：《论“直接适用的法”》，载《法制与社会发展》，1997（5）。

上，前者属于国家行为，而后者属于私人行为；在后果上，前者当事人不承担任何法律责任，而后者不仅不适用外国法，当事人可能要负担法律责任。

(六) 援用公共秩序保留条款排除外国法后，不可一概代之以法院地法

在通过公共秩序保留制度排除了本应适用的外国法后，过去的做法倾向于用法院地法的相应规定取代被排除的外国法，这种做法符合某些国家通过公共秩序保留限制外国法的适用、扩大本国法适用范围的要求，现在仍有许多国家的立法与实践采取这种做法。但近年来，随着严格适用、限制适用公共秩序保留的趋势，许多人主张，因公共秩序保留而排除外国法的适用后，不应一概以法院地法代替适用，否则，容易助长各国滥用公共秩序保留的倾向。因此，在实践中，排除的应当仅是与法院地国公共秩序相抵触部分的外国法的适用，并应根据其他的冲突原则或者根据最密切联系原则确定新的准据法，最后的选择才是法院地法。

六、中国的有关规定与实践

(一) 中国的有关规定

中国立法历来对公共秩序保留持肯定态度，在有关文件和正式立法中作了不少规定。例如，1950 年中央人民政府法制委员会《关于中国人与外侨、外侨与外侨结婚问题的意见》中指出："中国人与外侨、外侨与外侨在中国结婚或离婚的，不仅可以适用中国的婚姻法，而且适当限度内应考虑适用当事人本国的婚姻法，但适用当事人本国的婚姻法以不违背我国的公共秩序、公共利益和目前的基本政策为限度。"1986 年《民法通则》第 150 条规定："依照本章规定适用外国法律或国际惯例的，不得违背中华人民共和国的社会公共利益。"2010 年《涉外民事关系法律适用法》第 5 条规定："外国法律的适用将损害中华人民共和国社会公共利益的，适用中华人民共和国法律。"2012 年《民事诉讼法》第 282 条规定：对于外国法院要求中国承认和执行的判决，中国法院只有在查明该判决不违反"中华人民共和国法律的基本原则或者国家主权、安全或者社会公共利益的，裁定承认其效力，需要执行的，发出执行令"；凡"违反中华人民共和国法律的基本原则或者国家主权、安全、社会公共利益的，不予承认和执行"。从上述立法来看，对于公共秩序保留，中国立法采取的是直接限制方式；公共秩序的含义比较广泛，包括公共秩序、公共利益、基本政策、基本原则、国家主权安全和社会公共利益等；公共秩序保留制度，既可以排除外国法的适用，也可以排除外国判决的承认和执行等程序事项；适用公共秩序，是基于外国法的适用将导致有违于中国公共秩序的效果，而不是基于外国法内容上的差异；在通过公共秩序保留制度排斥外国法的适用后，法院将以法院地法即中国法代替其适用。

(二) 中国的有关实践

从中国目前的司法实践看，以公共秩序保留排斥外国法适用的案例不多，已有的案例多数为拒绝承认和执行外国法院判决或仲裁裁决，拒绝接受公证、认证文件。一般来说，中国法院或有关机关在下列情况下可援用公共秩序保留排除外国法的适用：(1) 如果适用外国法违反中国宪法的基本精神和基本原则，有损于国家统一和民族团结的；(2) 如果适用外国法有损于我国国家主权和安全的；(3) 如果适用外国法违反有关部门法的基本准则的；(4) 如果适用外国法违背中国缔结或参加的国际条约所承担的义务，或违反国际法上公认的公平、正义原则的。

在"王钰、杨洁敏婚姻案"中，夫妻二人均为中国公民，婚后旅居阿根廷。因发生婚姻纠纷，阿根廷法律又不准离婚，夫妻二人就按阿根廷法律规定的方式达成长期分居协议，并

请求中国驻阿根廷大使馆领事部予以承认和协助执行。中国最高人民法院就该案给中国驻阿根廷大使馆领事部的复函指出："我国驻外使馆办理中国公民间的有关事项应当执行我国法律，该分居协议不符合我国婚姻法的规定，故不能承认和协助执行；该分居协议系按照阿根廷法律允许的方式达成，故只能按照阿根廷法律规定的程序向阿根廷有关方面申请承认；如果当事人要取得在国内离婚的效力，必须向国内原结婚登记机关或结婚登记地人民法院申办离婚手续。"① 由于中国婚姻法没有规定分居制度②，法院以这种制度不符合中国婚姻法的规定为由，最终拒绝承认和协助执行夫妻双方依阿根廷法律达成的分居协议。这正是公共秩序保留制度的运用。

在"香港铭鸿发制品厂案"中，申请执行人香港铭鸿发金属胶业制品厂与被申请执行人广东省吴川市梅录新光塑料制品厂因合资经营合同发生纠纷，于1995年7月15日经中国国际经济贸易仲裁委员会深圳分会裁决。由于被申请执行人逾期未能履行仲裁裁决，申请执行人香港铭鸿发金属胶业制品厂于1996年3月12日向广东省湛江市中级人民法院申请强制执行。湛江市中级人民法院依据裁决书内容，委托有关部门对合资公司的资产进行清算，认为：裁决书中认定事实的主要证据与事实不符，执行该裁决违背社会公共利益。遂依照《中华人民共和国民事诉讼法》（1991年）第260条第2款之规定，裁定对仲裁裁决不予执行。本案中，法院以裁决书中认定事实的主要证据与事实不符为由，认为裁决违背社会公共利益，这是错误的。根据《中华人民共和国民事诉讼法》（1991年）第260条第1款的规定，人民法院在审查国际仲裁裁决时，只审查程序问题，并不审查实体问题。退一步讲，即使存在法院所称的认定事实的主要证据与事实不符的情形，是否就能定性为违背社会公共利益，也值得商榷。一般认为，社会公共利益指一个国家的重大利益、重大社会利益、基本法律原则和基本道德规则。随着仲裁制度的发展和各国对仲裁的支持，各国倾向于对其作狭义的理解和严格的限制，不轻易使用作为拒绝执行仲裁裁决的理由。而中国的一些法院在执行仲裁裁决时，却常常将其作为维护地方利益和个别利益的保护伞，造成地方法院对国际裁决的审查所采用的标准不一，裁决的执行受阻。

【问题与思考】

1. 通过"福尔果继承案"、"特鲁福特继承案"和"理查德诉联邦政府案"，你认为在司法实践中采用反致有何实际意义？如何去判断反致的构成？

2. 在涉及法律规避的案件中，你认为如何判断行为人的目的才比较合理？你对法国法院对"鲍富莱蒙案"的判决有何评论？

3. 在"香港中成财务公司案"中，中国法院运用法律规避的规定，排除了香港法律在内地的适用。你认为对于外汇管制等强制性、禁止性规定的适用，是否还可以援用"公共秩序保留条款"或"直接适用的法"为由加以排除？

4. 如何查明外国法是各国国际民商事司法或仲裁实践中最为棘手的问题，从实务的角度，你认为中国应如何构建完善的外国法查明体系？

---

① 李双元、胡振杰：《从我国法院的几个案例谈国际私法上公共秩序保留制度的正确运用》，载《政法论坛》，1992（5）。

② 分居也称别居，是一些国家为调整夫妻关系所规定的一种特别的法律制度。按照这种制度，夫妻双方通过达成协议或经法院判决而得以免除同居义务，但婚姻关系并不因此而解除。

5. 公共秩序保留能否排除国际惯例的适用？从中国立法和实践来看，在哪些场合可以援用公共秩序保留？

6. 在外国法的适用过程中，反致、法律规避、外国法的查明和公共秩序保留等制度是如何限制和排除外国法的？其出发点是什么？适用外国法与限制外国法这对矛盾在实践中是如何化解的？如何看待本国法与外国法的平等适用理念？如何评价国际私法中法律适用上的“回家去”的趋势？

第三编

国际民商事关系的法律适用

第六章

国际物权关系的法律适用

参考书目

1. 韩德培主编．国际私法．北京：高等教育出版社，北京大学出版社，2000

2. 李双元主编．国际私法（冲突法篇）．武汉：武汉大学出版社，2001

3. 章尚锦，杜焕芳主编．国际私法．5版．北京：中国人民大学出版社，2014

4. 张仲伯．国际私法学．4版．北京：中国政法大学出版社，2012

5. 黄进主编．国际私法．2版．北京：法律出版社，2005

6. 肖永平．中国冲突法立法问题研究．武汉：武汉大学出版社，1996

7. 程清波．国际破产法研究．长沙：湖南师范大学出版社，1995

8. 石静霞．跨国破产的法律问题研究．武汉：武汉大学出版社，1999

9. ［德］马丁·沃尔夫著，李浩培等译．国际私法．2版．北京：北京大学出版社，2009

10. L. J. BlomCooper. Bankruptcy in Private International Law. London Press，1954

参考法规

1. 1979年《奥地利联邦国际私法》

2. 1987年《瑞士联邦国际私法》

3. 1986年《中华人民共和国民法通则》

4. 1988年最高人民法院《关于贯彻执行〈中华人民共和国民法通则〉若干问题的意见（试行）》

5. 2010 年《口华人民共和国涉外民事关系法律适用法》

6. 欧洲联盟 1995 年《欧盟理事会关于破产程序的公约》

7. 海牙国际私法会议 1984 年《关于信托的法律适用及其承认的公约》以及其他一些国家的国际私法和国际私法公约，这些资料可在以下书中找到：

(1) 韩德培，李双元主编．国际私法教学参考资料选编（上，下）．武汉：武汉大学出版社，1991

(2) 李双元，欧福永，熊之才编．国际私法教学参考资料选编（上，中，下）．北京：北京大学出版社，2002

(3) 黄进，何其生，萧凯编．国际私法：案例与资料（中英文）．北京：法律出版社，2004

引例　卡梅尔诉西韦尔案

一位俄国代理商受英国人卡梅尔的委托，要从俄国把一批货物运到英国港口城市赫尔，并将一份普通提单交付给英国商人。运输该货物的船是一艘德国船，由德国人担任船长。该船在挪威海域失事，但货物被运到岸上。根据挪威法律，在上述失事的情况下，船长有权出卖货物，善意买受人可以取得货物所有权。但如果他不适当地出卖，则必须对原所有人承担责任。该批货物本来可以转船运往英国，但船长行使他的自决权，通过公开拍卖，将所载货物卖给了一位善意的第三者克劳斯。后来，克劳斯又将货物卖给了西韦尔，西韦尔又将该货物运到了英国。卡梅尔于是在英国法院提起诉讼，对该批货物主张权利，并要求被告赔偿其货物被非法占有所受的损失。按照英国的法律，船长无权转让上述货物。①

本案涉及的主要问题有：西韦尔取得货物所有权是否合法？应适用何国法律？

在本章中，我们将结合前引"卡梅尔诉西韦尔案"及以下各节中列举的案例，对国际物权的法律适用所涉及的主要问题从理论、立法和实践等方面作一探讨，包括物之所在地法原则的产生及适用范围和例外，国有化的域外效力和补偿标准，国际破产的管辖权、法律适用及破产宣告的域外效力，国际信托的法律冲突及其法律适用。通过对这些内容的学习，有助于我们在国际民商事案件处理过程中，正确地运用物之所在地法原则解决一般物权的法律适用问题，合理地处理好国有化的实际补偿标准问题，适当地确定国际破产案件的管辖权和准据法，并解决好国际信托业务发展中存在的法律适用问题。

① 参见李双元、蒋新苗编著：《国际私法学案例教程》，160 页，北京，知识产权出版社，2004。

第一节　一般物权的法律适用

引例　卡特科利夫继承案

本案的被继承人在加拿大安大略省设有住所，去世前未留遗嘱，曾将其位于英国的土地出售，所得收益用来购买了一家英国公司发行的股票，以作为再投资。该被继承人去世后，其近亲属请求按照安大略省的法律继承这些股票，认为股票属于动产。案件在英国法院审理，根据英国关于无遗嘱继承的冲突规则，不动产继承适用不动产所在地法律，动产继承适用被继承人死亡时住所地法律。如果将本案所涉及的股票视为不动产，对其继承则应适用不动产所在地英国的法律；如果将其视为动产，对其继承则应适用被继承人死亡时住所地加拿大安大略省的法律。①

本案涉及的主要法律问题有：依何国（地）法律识别这些股票是不动产还是动产？

一、物权及其法律冲突

（一）物权及其类型

作为一个法律范畴，国内民法上的物权，系指由法律确认的主体对物的直接管领并排除他人干涉的权利。但物权在通常意义上仅指就有体财产设定的权利，而就权利财产或无体财产特别是就智力成果设定的财产权，则称为“准物权”。与债权不同，物权本质上是某种对世权、支配权、排他权和绝对权。

国际私法上的物权不同于国内民法上的物权，因为国际私法上的物权含有国际因素或涉外因素。② 也就是说，在人们结成的物权法律关系中具有国际因素或涉外因素，既包括物权主体为外国人的情况，也包括物权客体处于外国的情况，还包括引起物权产生、变更或消灭的法律事实发生在国外的情况。

在国际物权关系中，具有极端重要性的是国际所有权关系，各国所有权法上的冲突往往构成各类国际私法问题的基础。尽管各国的物权法或财产法有着极大的差别，但确认物权人在法律规定的范围内对其权利客体享有支配权和排除他人干涉的权利，是各国法律所共同接受的基本原则。

根据物权法定主义原则，物权的种类是由法律具体规定的，但是在不同的历史时期和不同国家的法律中，物权的种类是不一样的。

罗马法将物权分为所有权与定限物权两大类，而定限物权分为役权、永佃权、地上权、质权和抵押权。后来的1804年《法国民法典》和1900年《德国民法典》虽然受到罗马法的

① 参见赵一民主编：《国际私法案例教程》，82～83页，北京，知识出版社，2005。

② 参见黄进：《论国际私法上的物权问题》，载《法商研究》，1995（3）。

影响，但都有自己独特的分类。《法国民法典》除规定所有权外，还规定了役权和担保物权。《德国民法典》正式从立法上创立物权的概念，在其物权篇中，除规定所有权之外，还规定了地上权、役权、先买权、土地负担、抵押权、土地债务、定期金债务、动产质权和权利质权。但是，英美法系国家否认有物权类型法定和一物一权原则的必要性。在英美各国财产法中，财产权可分为衡平法上的所有权、法律上的所有权和期限性财产权三类，每一类所有权或财产权又均可分为上级所有权与下级所有权多种。此外，每一类财产权均可依其客体不同、权利期限不同、产生形式不同、权利内容不同而分为很多种类，其中最能体现这一特征的就是信托受益人所有权和各种各样的信托财产所有权。

一般而言，物权可分为所有权、地上权、地役权、抵押权、质权、留置权、典权、永佃权等，其中所有权属自物权，永佃权、地役权等属他物权。根据物权的客体物有动产和不动产的区分，物权可分为动产物权和不动产物权。另外，物权还有用益物权和担保物权之分，前者如地上权、永佃权等，后者如抵押权、留置权等。我国 2007 年《物权法》首次使用“物权”一词，并将物权分为所有权、用益物权和担保物权三类法定物权，所有权包括国家所有权和集体所有权、私人所有权、业主的建筑物区分所有权、相邻关系和共有，用益物权包括土地承包经营权、建设用地使用权、宅基地使用权和地役权，担保物权包括抵押权、质权和留置权。

（二）物权的法律冲突

由于各国在政治、经济和法律文化上的不同，其物权法的规定往往存在着较大的差异，这不仅体现在不同法系的国家之间，而且体现在同一法系的国家之间，因此，在国际物权关系方面往往产生复杂的法律冲突。这些法律冲突主要体现在以下几个方面：

1. 物权的主体

按照多数国家的法律，自然人、法人、国家和外国人均可作为平等的主体取得物权，享有同等的法律保护，但有些国家基于政策考虑，对于不同主体的物权取得能力加以限制。例如，挪威等国家的法律规定：外国人在内国不能取得房屋的所有权而只能取得房屋租赁权。中国目前的法律规定：土地所有权的主体仅限于国家和集体组织，其中，矿藏、水流、水面、海陆资源则仅归国家所有。因而在中国，一般的法人、自然人不能成为此类不动产的所有权主体。

2. 物权的客体

按照多数国家的法律，物权的客体可以分为动产和不动产，但各国在对动产和不动产的内容规定上则有所差别。例如，德国和日本的法律仅将土地及固定在土地上的物视为不动产；而法国和奥地利的法律则认为土地及地上设施的收益和固定附着物皆为不动产。此外，英国和美国的法律认为，除有体物之外，“权利财产”或“无体财产”也可以作为物权或财产权的客体；而德国民法则认为，物权的客体仅为有体物，所谓股票“所有权”实质上即为股权，而债券、票据、按揭的“所有权”实质上为债权。

3. 物权的种类

各国法律对物权的种类及各种物权的具体内容往往有不同的规定，这不仅体现在大陆法系和英美法系各国之间，而且体现在同一法系的不同国家之间。例如，德国民法规定的法定他物权为地上权、地役权、先买权、抵押权、动产质权和不动产质权等；法国民法规定的法定他物权包括人役权、地役权、优先权、抵押权、质权等；中国现行民事立法规定的用益物权则包括土地使用权、承包经营权、采矿权、企业经营管理权、相邻权等。

4. 物权的取得

各国法律关于物权的原始取得规则往往有不同的规定。例如，日本民法规定的物权原始取得方式为无主物先占、遗失物拾得、埋藏物发现、财产附合和物之混合、加工、添附以及取得时效等；意大利民法规定的物权原始取得方式包括先占、发现、添附、加工、附合、混合及多种占有时效；中国目前的民事法规和政策所认可的物权原始取得方式仅为加工、添附、善意取得等几种。①

5. 物权的变动

各国法律关于物权的变动规则也往往有不同的规定。例如，德国民法规定：动产移转以交付为变动要件，不动产移转以登记为变动要件；日本和法国的民法则规定：动产和不动产移转均以当事人意思表示为变动要件，交付和登记仅为对抗第三人之要件；英美国家的法律不仅允许财产依当事人意思表示而移转，而且允许当事人约定在交付财产占有后仍保留所有权不变动，即"所有权保留条款"。

6. 物权的保护

各国法律关于物权的保护方法往往也有很不同的规定，其中，德国民法对各种物权提供了极为详尽的保护方法，包括所谓"自力救济"和"公力救济"，包括占有保护和本权保护，还包括物权保护方法和债权保护方法等。法国民法关于物权保护的规定则较为简练，依其占有保护制度，财产权利人仅在其占有物遗失或被盗时，才可在时效期内主张财产返还之保护方法；其物上请求权制度也较德国法简单。

因此，在国际物权关系中，由于各国法律关于物权的主体、客体、种类、内容、取得、变更以及保护的规定大不相同，往往不可避免地会发生法律适用上的冲突，需要解决法律选择问题。对于物权的法律冲突，无论是动产物权的法律冲突还是不动产物权的法律冲突，世界各国一般主张适用物之所在地法原则加以解决。

二、物之所在地法原则

【案例 6—1】非洲银行诉科恩案

被告科恩是一位已婚妇女，住所在英国。她与原告非洲银行在英国签订了一项抵押合同，将她在南非的一块土地抵押给非洲银行，作为她丈夫向该银行借款的担保。后来，非洲银行在英国法院起诉，要求强制执行该抵押合同。被告科恩辩称，根据南非法律关于已婚妇女无能力为其丈夫担保的规定，她不能履行与原告订立的抵押合同。合同订立者具备缔约能力是合同的生效要件之一，本案被告是否具有能力缔结抵押合同为其丈夫担保，将直接影响该抵押合同的有效性乃至强制执行。②

本案涉及的主要法律问题是：依据什么法律判断被告的缔约能力？

（一）物之所在地法原则的产生

物之所在地法（lex loci rei sitae，lex rei sitae，lex situs）即物权关系客体物所在地的法

① 参见 1988 年最高人民法院《关于贯彻执行〈中华人民共和国民法通则〉若干问题的意见（试行）》第四部分之（一）。

② 参见赵一民主编：《国际私法教学案例》，66 页，北京，知识产权出版社，2005。

律。物之所在地法原则是对物权关系依客体物所在地法律解决的概括表述，它反映了物权关系与特定法律之间的客观联系。作为一项古老的法律适用原则，物之所在地法原则的产生可追溯至13、14世纪的意大利。当时，意大利"法则区别说"的集大成者巴托鲁斯，针对意大利北部城邦之间物权的法律冲突问题，主张将物权区分为动产物权和不动产物权，并认为不动产物权依物之所在地法即"物法"，而动产物权则依当事人的属人法即"人法"。

自"法则区别说"之后，不动产物权依物之所在地法这一做法得到国际私法学者的广泛支持，并相继为世界各国的法律所接受。许多学者主张，不动产物权的法律适用问题，不管有关案件在哪个国家的法院审理，都应依物之所在地国家的法律来解决。19世纪后，该原则又为欧洲大陆的成文国际私法立法和英美普通法的审判实践所沿袭。目前，世界各国的国际私法均确认了不动产物权适用物之所在地法的原则。例如，1804年《法国民法典》第3条第2款规定："不动产，即使属于外国人所有，仍适用法国法律。"1811年《奥地利民法典》和1865年《意大利民法典》同样确定了不动产物权依物之所在地法的规则。1948年《埃及民法典》第18条规定："占有、所有以及其他物权，不动产适用不动产所在地法。"在"非洲银行诉科恩案"中，英国法院依南非法律宣布被告无能力为其丈夫担保而订立抵押合同，因而该合同为无效合同，不能在英国执行。审理该案的法官认为，不动产权益由不动产所在地法支配是既定的国际私法规则，该规则也适用于不动产契约的缔约能力的确定，故该案被告抵押土地的能力应依土地所在地南非的法律来确定。

至于动产物权的法律适用，在意大利"法则区别说"的影响下，欧洲各国发展和流行这样的规则，即"动产随人"（mobilia personam sequuntur）或"动产附骨"（mobilia ossibus inhaerent）或"动产无场所"（mobilia hasno locality），也就是说，动产物权适用所有人或者占有人的住所地法来解决。近代的一些法典，如1794年《普鲁士邦一般法典》、1811年《奥地利民法典》、1865年《意大利民法典》和1888年《西班牙民法典》等，曾采用了这一规则。当时，之所以广泛适用动产物权依住所地法的规则，是因为那时国际民事关系相对来说还比较简单，动产的种类还不是很多，其经济价值与不动产相比也比较小，不具有不动产那样的重要性，而且它们一般存放于所有者的住所地。

然而，到了19世纪，随着资本主义经济和国际民商事交往的进一步发展，国际民商事关系越来越复杂，动产在经营性财产中所占的比例越来越高，它们往往分布于世界各地，而动产所有人的住所也日益具有复杂性和多变性。这时再将动产物权的法律适用集中于所有者的住所地法，不仅有悖于当事人的利益和意志，受到来自动产所在国的抵制，而且在多数情况下，物权争议双方的住所地往往也并不相同。因此，从19世纪末开始，许多国家逐渐在立法和司法实践中抛弃了"动产随人"规则，转而主张不分动产和不动产，物权关系一律适用物之所在地法。例如，2006年日本《法律适用通则法》第13条第1款规定："关于动产及不动产的物权及其他应登记之权利，依其标的物所在地法。"2007年修订的《土耳其国际私法和国际诉讼程序法》第21条第1款规定："动产和不动产所有权以及其他物权，适用实施法律行为时该物之所在地法律。"值得说明的是，尽管动产物权和不动产物权统一适用物之所在地法代表了物权法律适用的发展趋势，但动产物权适用物之所在地法的问题较之不动产物权的法律适用要复杂得多，因此，许多国家往往又规定了种种例外规则。

（二）物之所在地法原则的根据

那么，为什么要适用物之所在地法原则，或者说其根据何在？学者们为此提出过种种学说对这个问题加以回答。例如，法国学者梅兰（Merlin）认为，任何国家都有自己的主权，而主权是不可分割的。因此，物权关系依物之所在地法是主权在物权关系法律适用方面的体现。德国法学家萨维尼从他的法律关系本座说出发，认为物权关系之所以依物之所在地法，是因为物权关系的“本座”在标的物所在地。德国学者冯·巴尔和法国学者毕叶认为，法律是为了集体利益而制定的，物权关系适用物之所在地法是“集体利益”和“全人类利益”的需要。

我们认为，物权关系依物之所在地法，实际上是物权关系本身的性质决定的。首先，从表面上看，物权关系是人对物的关系，但物权关系同其他民事关系一样，实质上是人与人之间的社会关系，各国统治者从维护本国利益出发，总是希望以自己的法律来调整和支配与位于本国境内的物有关的物权关系。其次，物权关系也是一种人对物的直接利用的权利关系，权利人为了最圆满实现这种权利，牟取经济上的利益，只有适用标的物所在地的法律最为适当。再次，物权关系的标的是物，而物权就是人对标的物的权利，标的物只有置于其所在地的法律控制下，物权才能得到最为有效的保障。又次，物权具有排他性，权利人对物具有直接支配权，如果物权受到侵犯，或者权利人行使物权本身产生优先权、追及权和物上请求权，或者其他人对标的物提出请求，也只有在适用标的物所在地法律的情况下才能实现。最后，对处于某一国家的物去适用其他国家的法律，在技术上有许多困难，会使物权关系变得更为复杂，影响国际物权关系的稳定。正是基于上述情况，在物权关系的法律适用上，物之所在地法原则在各国的立法与司法实践中得到普遍的支持和肯定。[①]

（三）物之所在地的确定

如何确定物之所在地是物之所在地法原则调整国际物权关系所首先需要解决的一个问题。原则上，对于物之所在地的确定，应以法院地法为依据。要确定物之所在地，相对来说，不动产容易，而动产难；有体物容易，而无体物难。不动产的处所是固定的，其所在地的确定自然十分容易。而动产是可以移动的，其处所常常带有短暂性或偶然性，不易确定，动产的这种特性给其所在地的确定带来了困难。

在实践中，对动产所在地的确定，一般采取如下两种办法加以解决：一是在冲突规范中对动产的所在地加以时间上的限定。例如，1948 年《埃及民法典》第 18 条规定：“占有、所有以及其他物权，不动产适用不动产所在地法，动产适用导致取得或丧失占有、所有或其他物权的原因发生时该动产所在地法。”又如，1984 年《秘鲁民法典》第 2091 条规定：“在诉讼时效期间变更所在地的财产，其诉讼时效，由财产所在地法规定的时效届满时该财产所在地法确定。”二是在冲突规范中对一些特殊的动产物权关系不以物之所在地这一连结点为法律适用的根据，而以其他的连结点代替。也就是不采用物之所在地法原则，而用其他的冲突原则取而代之。例如，2007 年修订的《土耳其国际私法和国际诉讼程序法》第 21 条第 2 款规定：“运输中财产的物权适用财产送达地法律。”

三、物之所在地法的适用

从世界各国的立法和实践来看，物之所在地法的适用范围包括下列几个方面：

（一）决定动产与不动产的识别

由于各国民法对于动产和不动产的区分规则不同，往往会造成识别冲突。随着国际民事交往的发展和法律观念的变动，传统的一成不变的标准正在发生变化。尽管各国国际私法要求对于识别问题适用法院地法，但在动产与不动产识别上却无一例外地适用物之所在地法。例如，1979 年《奥地利联邦国际私法》第 31 条第 2 款规定：“物的法律识别……依物之所

---

① 参见黄进：《论国际私法上的物权问题》，载《法商研究》，1995（3），53 页。

在地国家的法律。”在“卡特科利夫继承案”中，根据英国有关法律，这些股票应视为土地，因而属于不动产，最后按不动产所在地英国的法律处理了该案股票的继承问题。英国法律作为该案的物之所在地法律，用于识别标的物为不动产还是动产，反映了物之所在地法在对物的性质进行识别方面所具有的支配的地位。即使物之所在地与法院地不一致时（该案中为同一地方），物之所在地法仍然经常用于识别物的性质。

（二）决定物权客体的范围

各国民法对于物权客体的范围有不同的规定，在发生此类法律冲突时，通常依据物之所在地法解决。这一原则实际上避免了国际物权关系依物之所在地法不可能或不合法的情况。

（三）决定物权的内容和种类

如前所述，各国民法对于物权种类和内容的规定很不相同，除两大法系在物权法制度上具有根本性差别外，在同一法系内部，各国在法定物权之外的物权（如公司财产权）和法律规则间的差别均可形成法律冲突。此类法律冲突也只能依物之所在地法解决。例如，1987年《瑞士联邦国际私法》第100条第2款规定：“动产物权的内容与行使，适用动产所在地国家的法律。”

（四）决定物权的取得与变动

在司法实践中，物权的取得、变动和消灭也常常发生复杂的法律冲突，这不仅仅涉及物权移转变动规则，而且还涉及物权原始取得规则、物权灭失风险规则等。在通常情况下，在物权取得、变动和消灭上的法律冲突也是依物之所在地法解决。例如，1979年《奥地利联邦国际私法》第31条第1款规定：“对有形物物权的取得与丧失，包括占有在内，依此种取得或丧失所依据的事实完成时物之所在地国家的法律。”

在“卡梅尔诉西韦尔案”中，该案属于货物所有权取得是否合法的问题，应属于物之所在地法的适用范围。根据案情可知，该批货物所有权的转移和被告取得所有权的地点在挪威，故应适用挪威法律。根据挪威法律的规定，船长在本案所发生的情况下，有权出卖货物，善意第三人可以合法取得货物所有权，故西韦尔可以获得货物的合法所有权。一般认为，如动产已依原所在地甲国法的条件作了处分后，其所在地变成乙国，即使此种处分未满足乙国法律规定的条件，也应认为处分有效；反之，如在甲国的处分不符合甲国法律规定的条件而转移至乙国，则即使满足乙国法律规定的条件，也不应认为已有效转移。因此，被告已取得该批货物的所有权不因其后来被转移到英国而被剥夺。

（五）决定物权的保护方法

物权人在其物权受到侵害时，他可以依法寻求对其物权的保护。其中大陆法系国家规定的公力救济方法主要是对物上请求权的维护，主要包括判令停止侵害、排除妨碍、消除危险、恢复原状、返还原物、确认产权、损害赔偿等，而英美法中对物权保护的方法更为全面。在发生物权保护方法上的法律冲突时，物权人是否有上述请求权以及如何行使均应依物之所在地法决定。

四、物之所在地法的例外

虽然物之所在地法原则在物权关系的法律适用上运用得非常广泛，但由于某些客体物具有特殊性或者处于某种特殊状态之中，若适用物之所在地法，则或是不可能，或是不合理。因此，在实践中，世界各国通常将一些特殊情况作为物之所在地法原则的例外。[①]

---

① 参见肖永平：《论几类特殊动产的法律适用》，载《政治与法律》，1994（1）。

（一）运送中物品的物权关系

运送中的物品处于经常变换所在地的状态之中，难以确定到底依哪一所在地法来调整有关物权关系。而且，运送中的物品有时处于公海或公空，这些地方不受任何国家的法律管辖，并不存在有关的法律制度。因此，运送中物品的物权关系便不适用物之所在地法。在实践中，运送中物品的物权关系的例外规则主要有如下几种：（1）适用送达地法。例如，1987年《瑞士联邦国际私法》第101条规定："运输中的货物，其物权的取得与丧失适用货物送达地国家的法律。"（2）适用发送地法。例如，1964年《捷克斯洛伐克国际私法及国际民事诉讼法》第6条规定："依照契约运送的货物，其权利之得失，依该标的物发运地法。"（3）适用所有人本国法。例如，1939年《泰国国际私法》第16条第2款规定："把动产运出国外时，依起运时其所有人本国法。"不过，上述例外规则仅仅适用于一般货物在直接运输途中的物权变动。当运输的货物在中途某地长期滞留或储于仓库时，则仍应适用物之所在地法。此外，当运输货物的权利已被证券化，成为提单交易的工具时，其物权变动应适用交易所登记地法。

（二）运输工具的物权关系

船舶、飞行器等运输工具处于运动之中，难以确定其所在地，加上它们有时处于公海或公空，而这些地方无有关法律存在，因此，有关船舶、飞行器等运输工具的物权关系适用物之所在地法是不恰当的。一般主张，有关船舶、飞行器等运输工具的物权关系适用登记注册地法或者其国旗国法或标志国法。[①] 例如，1979年《奥地利联邦国际私法》第33条第1款规定："水上或空中运输工具的物权依注册国的法律，但铁路车辆依在营业中使用该车辆的铁路企业有其主营业所的国家的法律。"应注意的是，上述一般主张并不排除权利人行使法定留置权或法定扣押权时依物之所在地法，或者有关债权人对在外国领水内的船舶依其实际所在地法予以处置的权利。

（三）遗产继承时涉及的物权关系

遗产继承的法律适用分别为两类：一类为单一制，即不将遗产区分为动产和不动产，遗产继承适用同一法律。有的根本不考虑适用物之所在地法，而主张适用被继承人的属人法。例如，《布斯塔曼特法典》第144条规定："法定继承和遗嘱继承，包括继承顺序、继承权利的数量相处分的内在效力，不论遗产的性质及其所在地，均受到权利所由产生的人的属人法支配。"另一类为区别制，即将遗产区分为动产和不动产，分别适用不同的法律：动产适用被继承人死亡时的属人法，不动产适用不动产所在地法。例如，1972年《加蓬民法典》第53条明确规定："继承关系，不动产，依不动产所在地法；动产，依死者最后住所地法。"

（四）外国法人终止或解散时的物权关系

根据多数国家接受的国际私法规则，在外国法人自行终止或者依其登记国法令被解散时，其财产清算和清算财产的归属问题也不适用物之所在地法，而通常适用该法人的国籍国法或设立登记国法。这一冲突原则实际上与各国的管辖权规则和法人财产整体清算的要求有着内在的联系。应当说明的是，这一例外规则仅仅适用于外国法人依据其国籍国法终止时的财产清算冲突。如果外国法人因侵害了东道国的利益而被东道国取缔时，或者外国法人在其终止清算程序之外的财产物权变动仍应适用东道国法律或物之所

---

① 关于船舶物权的法律适用问题，也有人认为，"方便旗"问题影响了船旗国法的适用，而最密切联系理论有了适用的空间。参见王娟：《船舶物权法律适用的反思》，载《时代法学》，2005（3）。

在地法律。

（五）关于国家豁免财产的所有权

根据世界各国所普遍接受的国家财产豁免权原则，外国国家享有司法豁免权的财产也不受物之所在地法管辖，而应适用该财产所属国法律。实际上，国家财产豁免权的本质正在于司法管辖豁免、法律适用豁免、诉讼程序豁免和强制执行豁免。但是，按照发达国家所普遍接受的有限豁免主张，仅以主权国家名义从事的主权行为和与此有关的国家财产才享有豁免权。而不少发展中国家则主张绝对豁免主义，要求对以主权国家名义从事的行为和相关的财产均赋予豁免权，除非主权国家以明示或默示方式放弃该权利。

五、中国的有关规定与实践

（一）中国的有关规定

1986年《民法通则》明确肯定了物之所在地法原则，其第144条规定：“不动产的所有权，适用不动产所在地的法律。”1988年最高人民法院《关于贯彻执行〈中华人民共和国民法通则〉若干问题的意见（试行）》第186条作了进一步解释：“不动产的所有权、买卖、租赁、抵押、使用等民事关系，均应适用不动产所在地法律。”至于何为不动产以及何为动产，该意见第186条规定：“土地、附着于土地的建筑物及其定着物、建筑物的固定附属设备为不动产。”除此之外，其他物均为动产。另外，根据2007年最高人民法院《关于审理涉外民事或商事合同纠纷案件法律适用若干问题的规定》第5条的规定，当事人未选择合同争议应适用的法律的，不动产买卖、租赁或者抵押合同，适用不动产所在地法；动产租赁合同，适用出租人住所地法；动产质押合同，适用质权人住所地法；债券的发行、销售和转让合同，分别适用债券发行地法、债券销售地法和债券转让地法。

就动产继承的法律适用，1985年《国继承法》第36条规定：“中国公民继承在中华人民共和国境外的遗产或者继承在中华人民共和国境内的外国人的遗产，动产适用被继承人住所地法律，不动产适用不动产所在地法律。外国人继承在中华人民共和国境内的遗产或者继承在中华人民共和国境外的中国公民的遗产，动产适用被继承人住所地法律，不动产适用不动产所在地法律。中华人民共和国与外国订有条约、协定的，按照条约、协定办理。”1986年《民法通则》第149条规定：“遗产的法定继承，动产适用被继承人死亡时住所地法律，不动产适用不动产所在地法律。”

另外，1992年《海商法》第十四章就国际船舶物权的法律适用作了如下规定：（1）关于船舶所有权，第270条规定：“船舶所有权的取得、转让和消灭，适用船旗国法律。”（2）关于船舶抵押权，第271条规定：“船舶抵押权适用船旗国法律。船舶在光船租赁以前或者光船租赁期间，设立船舶抵押权的，适用原船舶登记国的法律。”（3）关于船舶优先权，第272条规定：“船舶优先权，适用受理案件的法院所在地法律。”① 1995年《民用航空法》第十四章对国际民用航空器的物权问题作了如下规定：（1）关于民用航空器的所有权，第185条规定：“民用航空器所有权的取得、转让和消灭，适用民用航空器国籍登记国法律。”（2）关于民用航空器的抵押权，第186条规定：“民用航空器抵押权适用民用航空器国籍登记国法律。”（3）关于民用航空器的优先权，第187条规定：“民用航空器优先权适用受理案

---

① 船舶优先权是指海事请求人依照法律的规定，向船舶所有人、光船租赁人、船舶经营人提出的海事请求，对产生该海事请求的船舶具有优先受偿的权利。可见，它是基于债权的一种权利。但是，由于船舶优先权的海事请求产生于船舶，并对船舶物权产生直接的影响，故也可将之置于船舶物权法律适用项下进行讨论。

件的法院所在地法律。”

2010年《涉外民事关系法律适用法》专设第五章“物权”，比较全面地规定了一般物权和特殊物权、动产物权和不动产物权的法律适用问题：“不动产物权，适用不动产所在地法律。”（第36条）“当事人可以协议选择动产物权适用的法律。当事人没有选择的，适用法律事实发生时动产所在地法律。”（第37条）“当事人可以协议选择运输中动产物权发生变更适用的法律。当事人没有选择的，适用运输目的地法律。”（第38条）“有价证券，适用有价证券权利实现地法律或者其他与该有价证券有最密切联系的法律。”（第39条）“权利质权，适用质权设立地法律。”（第40条）

（二）中国的有关实践

【案例6—2】印度贸易公司案

1985年5月，印度贸易公司作为买方，与卖方马来西亚巴拉普尔公司、库帕克公司、纳林公司分别签订了购买棕榈脂肪酸馏出物的合同，规定了CIF价格条件、信用证支付和装船码头等条款。同年6月，印度贸易公司作为买方又与卖方马来西亚橡胶开发公司签订了购买烟花胶片和标准香蕉的合同，其中含有CIF价格条件和货物包装等条款。此外，马来西亚巴拉普尔公司、库帕克公司、纳林公司就棕榈脂肪酸馏出物分别向保险公司办理了保险手续，印度贸易公司也向本国保险公司办理了所购橡胶的保险手续。1985年7月，四位原告根据各自的合同共同租用巴拿马籍“热带皇后”号货轮承运其货物。“热带皇后”号货轮在驶往印度目的港途中，中断与船代理的联系而告失踪。四位原告遂以货物灭失为由，分别向其投保的保险公司提出索赔，保险公司分别对其作了赔偿。1985年8月，保险公司经过调查发现，停靠在广东汕头港的“塔瓦洛希望”号货轮即为失踪了的“热带皇后”号货轮，从该船卸下的货物就是四位原告先前装运的货物。原来，这些货物是香港利高洋行（本案第三人）卖给本案被告汕头广澳公司和北京兴利公司广东分公司的。经保险公司同意，四位原告向两位被告提出返还其货物的要求，经多次交涉未果，遂于1986年6月向广东省高级人民法院提起诉讼，主张对该批货物的所有权，并要求两被告返还货物。广东省高级人民法院于1988年3月对本案作出判决，确认本案争议物即不可转让的正本提单分别由四位原告持有，香港利高洋行向两被告提交的提单是不真实的提单；宣布四位原告分别为争议物的所有权人，两被告进口本案争议货物的行为无效，其不能通过该行为取得争议货物的所有权，故应将货物按现状返还给四位原告。①

本案涉及的主要法律问题是：（动产）货物所有权争议如何适用法律？

从1986年《中华人民共和国民法通则》及其司法解释来看，中国仅就不动产所有权规定适用不动产所在地法律，而未涉及动产所有权的法律适用问题。因此，解决本案所有权争议，如何确定准据法没有明确的立法依据。但是，广东省高级人民法院对本案的上述处理符合国际社会对动产物权也适用物之所在地法律的普遍做法。在此案中，中国是所有权争议发生时的物之所在地。根据中国的司法实践，善意第三人的合法权益应受保护，而本案两被告

① 参见赵一民主编：《国际私法教学案例》，80～81页，北京，知识产权出版社，2005。

对存在明显瑕疵或疑点的提单不进一步核实，且事实上也未支付货款，这表明其不能成为付出代价的善意第三人，故不能对抗原权利人。

第二节　国有化及其补偿问题

引例　意大利AGIP公司案

1962年，意大利AGIP公司依据刚果法律设立布拉公司，该公司主要从事石油产品的销售经营。1974年1月，刚果政府依该国有关法令对石油产品销售实行国有化。根据此前AGIP与刚果政府达成的一项协议，布拉公司作为例外，不在被国有化之列。该协议规定，AGIP公司将布拉公司50%的股权转让给刚果政府，后者同意保留布拉公司私法上的责任有限公司地位，并作出为布拉公司融资提供担保，以及确保布拉公司销售份额等多项承诺。由于刚果政府未履行其在协议中所作的部分承诺，布拉公司因而难以经营。1975年4月，刚果政府宣布对布拉公司实行国有化，理由是，该公司停止经营活动严重损害了作为公司股东之一的刚果人民共和国政府的利益。刚果政府同时还宣布该国有化法令不产生任何要求补偿的权利。后来，刚果政府通过发布新法令同意给予补偿。AGIP公司对此表示不满，遂提起仲裁，要求刚果政府赔偿AGIP公司所遭受的全部损失。

仲裁庭经过审理认为，刚果政府对布拉公司实行国有化违反了该政府与AGIP公司所订立协议的有关条款，这种违反协议的行为，按照刚果的法律并参照国际法，是不合法的、不正当的行为，因而应视为无效，故裁决刚果政府败诉，由其承担全部补偿AGIP公司实际所受损失的责任。①

本案涉及的主要法律问题是：刚果政府对布拉公司实行国有化是否合法？

一、国有化的概念

所谓国有化（nationalization），是指国家通过有关主权立法对原属私人（包括内、外国自然人和法人）所有的某项或某类财产以征收、征用、没收或其他类似方式收归国有，由国家或它的机构加以控制和使用的强制性法律措施。“征收”（expropriation）是指政府为了公家需要依法将私人的财物或企业收归公有，政府将给予补偿，也可能不给予补偿。“征用”（requisition）通常是指政府在紧急情况下为了公共利益而在一定期限内对私人财产予以征收使用，并给予一定补偿的一种措施。“没收”（confiscation）是指政府将私人财产永远收为公有，不给予任何补偿的一种措施。“其他类似方式”是指实际上将产生所有权变动效果的类似法律措施，包括逐步国有化等措施。从性质上讲，国有化措施具有主权性和强制性。首先，一个国家实行国有化是该国家的主权行为，任何主权国家都有权采取国有化措施，其他

① 参见李双元、蒋新苗编著：《国际私法学案例教程》，167页，北京，知识产权出版社，2004。

国家不得干涉。这已成为国际法上公认的原则。其次，一个国家实行的国有化措施是一种强制性措施，对国有化的对象具有强行法律效力，属于国有化对象的内外国人均不得违抗这种措施。

从历史上看，世界上许多国家特别是发展中国家在其法制建设的初期都曾采取过国有化措施，这一过程往往伴随着旧法统的废止和新法统建立之过程。在各国民商法制度完善之后，国有化措施往往被纳入其国内法框架中，而在国际经济贸易高度发展的情况下，各国的国有化措施又进一步被纳入国际公法和国际私法协调的体系。随着国家间相互依赖程度的加深，各国对国有化的态度发生了变化，认为国有化的实施应具备四个法律要件：国有化必须以公共利益为目的；国有化过程中不涉及歧视；实行国有化的国家应给予外国投资者以补偿；国有化应依正当的法律程序要求进行。在“意大利 AGIP 公司案”中，全部补偿的裁决结果实际上是以刚果政府实行国有化是不合法的这一判断为基础，这就涉及国有化的合法有效性问题，而不再是单纯的国有化补偿问题。

二、国有化的效力

国有化作为一个国家所采取的法律强制措施，具有如下法律效果：第一，国有化的结果改变了财产所有权的主体。在国有化前，被国有化的财产属于自然人或法人，在国有化后，被国有化的财产所有权转归实行国有化的国家。第二，一国实行国有化，对其境内的内外国人的财产均有法律效力。国有化措施具有主权性，根据国家主权派生出来的属地管辖权，一国国有化法令对其境内的内外国人的财产均有法律效力，外国人不能享有特权而不受国有化法令的管辖。第三，一国实行国有化的法令对本国自然人或法人在国外的财产具有域外效力，有关外国国家从尊重别国主权的原则出发，对这种法令的域外效力应加以承认。但是，这种法令对在本国的外国人在外国的财产是否具有效力则大有疑问。对此，不同国家的法律有不尽相同的主张。

西方国家的理论和实践通常认为，首先应区分国有化法令对外国人在其境内的财产的效力与国有化法令对本国人在其境外的财产的效力。对于前一种效力问题，德国学者沃尔夫指出，在没收的法令涉及没收国领土内的财产时，它的效力是把所有权转移于该国，而这种转移将到处得到承认，即使被没收的物品不属于该国国民时亦同。对于后一种效力问题，西方国家的理论和实践通常主张应将有补偿的征用和没有补偿的没收区别开来：对于通过有补偿的征用实行的国有化，认为其属于民事行为，他国应承认其域外效力；而对于通过没收实行的国有化，则不承认其域外效力，因为这种完全没有补偿的国有化，具有刑罚的性质，而刑法规范没有域外效力。另外，西方一些国家还常常以发展中国家或社会主义国家的国有化法令违反法院地国公共秩序、违反国际法为由，拒绝承认其域外效力。有的还采用“实际控制理论”：凡外国国家国有化措施所依据的国有化法令生效时，有关财产实际上已经处于该国境外的，境外国法院可以该外国法令对相关财产没有实际控制力为由否认其国有化措施的效力。

我们认为：国有化措施作为一种主权行为具有域内效力，其效果及于一国境内的所有财产，既包括本国人的财产，也包括外国人在本国的财产。同时，国有化法令又具有域外效力，其效果及于本国人在境外的财产，但不能及于外国人在境外的财产。因此，在国际民商事交往中，从尊重国家主权的原则出发，各国应当在不影响其公共秩序的基础上相互承认对方国有化法令对其本国人在境外财产的效力。

三、国有化的补偿

【案例 6—3】科威特石油公司案

1948 年 6 月，科威特与美国独立石油公司签订了石油特许协议，特许该公司在科威特的特定区域从事石油生产经营活动，该公司则向科威特支付一定的提成费。1974 年 11 月，几个海湾国家在阿布扎比议定了一项限制外国石油公司利润率的公式，即所谓的“阿布扎比公式”。美国独立石油公司对适用“阿布扎比公式”深感惊恐，遂与科威特政府展开谈判。在谈判破裂后，科威特政府采取单方面行动，于 1977 年 9 月发布法令，宣布终止特许协议，将美国独立石油公司收归国有，同时建立补偿委员会评估补偿数额。但美国独立石油公司拒不与补偿委员会合作，而是根据特许协议有关条款要求诉诸国际仲裁。经过谈判，双方于 1979 年 7 月达成仲裁协议，将争议提交一个特设仲裁庭在巴黎依法解决。

在补偿这一核心问题上，双方之间在仲裁过程中存在重大分歧。科威特主张依“账面净值”的方法作“适当补偿”，即以美国独立石油公司账簿上记载的位于科威特境内的固定资产购进时的原价为基数，扣除公司以及回收的折旧费即为补偿额。美国独立石油公司则认为起因科威特的非法行为而有权获得相当于安全恢复原状的损害赔偿，即以“折旧重置成本”的方法计算补偿额。具体而言，就是以重新购置现有固定资产的成本为基数，扣除公司以及回收的折旧费。此外，补偿还应包括公司非固定资产的价值和公司继续经营可能得到的预期利润。仲裁庭最后以多数意见作出结论，认为本案以“折旧重置成本”的方法计算公司固定资产的价值是合适的，并且考虑双方财务报告提供的非固定资产数字，以及特许权人的合法期望，补偿额应为 20 6C4.10 万美元，但扣除公司的对外债务，补偿额实为 8 300 万美元。①

本案涉及的主要法律问题是：国有化后应实行全部补偿抑或部分或适当的补偿标准？

尽管各国法律原则上均承认国有化措施的法律效力，但在国有化措施的条件和国有化的补偿问题上，发达国家与发展中国家却有着尖锐的对立。多数发达国家认为，国有化作为一种主权行为是可以采取的，但应当有前提条件。在一般情况下，主权国家只有基于公共政策，并依据正当程序方可实施此种措施。而对被国有化的财产是否给予补偿的问题，国际上也一直存在分歧，主要有三种不同主张：其一，不予补偿。此种主张认为，国有化是主权国家行使主权的内政问题。一国有权从国家利益出发，根据有关法律或法令采取国有化措施。一切外国自然人或法人都必须尊重和服从居住国的法律或法令。如果实行国有化的国家对本国人不予补偿，那么对外国人同样可以不予补偿。其二，充分、有效、即时的补偿。西方资本输出发达国从保护其海外私人投资及私有财产神圣不可侵犯的立场出发，以保护既得权和反对不当得利为法律依据，主张对财产被国有化的外国人应该给予“充分、有效、即时”的补偿。这一补偿标准说是由美国国务卿赫尔于 1938 年写给墨西哥政府的信中明确提

① 参见赵一民主编：《国际私法教学案例》，85～87 页，北京，知识产权出版社，2005。

出的，故称为“赫尔规则”。其三，适当的、合理的补偿。这是目前世界上多数国家，特别是发展中国家所持的主张。按照联合国大会1962年《关于自然资源永久主权宣言》、1974年《建立新的国际经济秩序宣言》和《各国经济权利与义务宪章》的规定，对于被征用的外资，应按国家经济财政状况给予适当的补偿。因此，“适当的”、“合理的”补偿做法承认给予补偿，但这种补偿是实行国有化国家的财政所能负担的，而且必须经双方协商同意，即补偿能为投资国所接受。这就是人们所称的“卡尔沃主义”。

以上不同主张中，完全不予补偿的观点在目前是不可取的，它脱离实际，在各国大力发展本国经济的今天，采取不予补偿的态度，无疑不利于建立良好的投资环境，不利于吸引和利用外资。西方发达国家所要求的“充分、有效、即时”的补偿，是过分的和不合理的。对于实行国有化的国家特别是发展中国家而言，实行国有化的目的是要摆脱外国资本的统治，保护民族经济，推动本国经济的发展。如果要求实行国有化的国家超过其财政负担能力对被征用的外国财产予以补偿，则会使国有化失去意义。而主张“适当的”、“合理的”补偿符合国际实践，也切实可行。

目前，许多国家为了发展国家间平等互利的投资关系，往往通过国际条约互相保证，在一般情况下不对对方私人投资采取国有化措施，如有必要采取国有化措施时，应给予适当的补偿。在“科威特石油公司案”中，仲裁庭认为联合国大会《关于自然资源永久主权宣言》等文件所确定的“适当补偿”的标准是合法国有化的通用标准，也是双方当事人已经接受的法典化原则。至于具体补偿额的计算，仲裁庭认为，“账面净值”的方法只能适用于一些投资建成不久的企业，因为其固定资产购进时的原价与重置成本不会相差太大，而本案适用“折旧重置成本”的方法较为适当，是考虑到国际法院和国际仲裁庭作过的有关判决或裁决，并未表明其接受“账面净值”的计算方法。本案是国际上有影响的一个判例，其部分补偿裁决所体现的“适当补偿”原则，有别于所谓的“充分、有效、及时”的补偿标准。

四、中国的有关规定与实践

中国目前基于本国国情和发展与世界各国平等互利投资关系的宗旨，通过与许多国家签署的双边投资保护协定和国内立法，在国有化问题上确定了以下基本规则：

第一，中国原则上对外资企业、合营企业和外国投资者的财产不实行国有化和征收，只有在根据社会公共利益的需要，按照法律程序，并且是在非歧视的条件下，才可对外资企业、合营企业或外国投资者的财产采取征收或其他相同效果的措施。

第二，实行国有化或相同效果的措施应当给予补偿，该补偿应当等同于被征收财产的实际价值，该补偿应当是可自由兑换和可自由转移的，该补偿不能不适当和无故地迟延。

第三，对于外国投资保护和国有化补偿的争议可以提交第三方按照双方所签订的协定和一般的国际法原则进行仲裁解决。

例如，2001年修订的《中外合资经营企业法》第2条第1款和第3款明确规定：“中国政府依法保护外国合营者按照经中国政府批准的协议、合同、章程在合营企业的投资、应分得的利润和其他合法权益。国家对合营企业不实行国有化和征收；在特殊情况下，根据社会公共利益的需要，对合营企业可以依照法律程序实行征收，并给予相应的补偿。”

从中国国际民商事审判实践来看，目前尚未报道过处理涉及国有化及其补偿的案件。

第三节　国际破产的法律适用

引例　国际商业信贷银行破产案

国际商业信贷银行（Bank of Commerce and Credit International，BCCI）是一家总部设在卢森堡的跨国银行集团，曾在许多国家设有子公司和分子机构，在中国深圳也设有一家分行。1990年以后，BCCI先后被六七十个国家的法院宣告破产。中国银行深圳分行作为BCCI深圳分行的最大债权人，也向深圳市中级人民法院提起宣告BCCI破产并进入破产还债程序的请求。

深圳市中级人民法院在1992年受理了此案。中国现行立法对跨国破产问题没有作出明确规定，但《深圳经济特区涉外公司破产条例》第5条规定，依外国破产法宣告的破产，对破产人在特区的财产不发生效力。深圳市中级人民法院于是依1991年《中华人民共和国民事诉讼》第243条任命了清算组，负责BCCI深圳分行的清算。清算组的报告表明，BCCI深圳分行在中国内地的财产大约有2 000万美元，而负债高达8 000万美元。中国债权人最后在深圳市中级人民法院开始的破产程序中得到了相应的分配。①

本案涉及的主要法律问题是：中国是否承认外国破产宣告的效力？

破产（bankruptcy，insolvency）是指债务人的全部财产不能清偿债务，法院依债务人本人或其债权人的申请宣告债务人破产。国际破产（international bankruptcy）是指含有国际因素或涉外因素的破产，又称跨国破产（cross-insolvency），例如，债权人与债务人具有不同的国籍或分别处于不同国家的境内，破产债务人的财产位于不同国家，或者破产债权是因受外国法支配的交易而产生等情况。

在国际民商事交往日益发达，跨国公司日趋增多的今天，国际破产问题不可避免地成为各国关注的一个重要的法律问题。由于破产案件本身的复杂性，它其中既包含程序问题，又包含实体问题；又由于各国立法中对于破产的条件、程序、破产的法律适用以及破产宣告的效力的规定各不相同，所以在国际破产案件中就产生了一系列的法律问题，其中主要是国际破产案件的管辖权、破产的法律适用以及破产宣告的效力问题等。②

一、国际破产的管辖权

国际破产案件面临的首要问题就是应由哪一国法院管辖该案的问题。对此各国理论上和实践中存在着不同的主张，比较有代表性的有：

---

① 参见石静遐：《中国的跨界破产法：现状、问题及发展》，载《中国法学》，2002（1）。

② 参见徐文超：《国际破产的法律适用》，载《江淮论坛》，2004（4）；刘力：《论涉外破产的法律适用》，载《法律适用》，2002（7）。

（一）由破产债务人住所地国家法院管辖

德国学者萨维尼主张破产债务人的住所地法院具有绝对管辖权。在 19 世纪形成了欧洲多数国家法院在破产案件受理方面实行相互协作的制度。根据这种制度，由破产债务人的住所地法院委任的有关破产案的资产管理人，有权要求有关本案资产所在的其他国家法院或者委任的管理人，给予司法协助。《布斯塔曼特法典》中规定了破产由债务人的住所地法院管辖，该法典第 414 条规定："如破产案件的债务人只有一个民事或商事住所，则对其在缔约各国内一切资产和债务，只可以有一次破产和解程序、一次停止支付和一个接受摊偿的和解契约。"第 415 条规定，"同一人或同一合伙组织如在几个缔约国内有经济上完全分立的营业所，或有若干营业所，即可以有若干破产和解程序的案件"。由破产债务人住所地（包括居所、营业所）法院行使破产案件的管辖权便于法院查清当事人间的债权债务关系，便于破产管理人清理债务人的资产。

（二）由破产债务人的管理中心所在地国家法院管辖

债务人管理中心所在地国家对案件享有专属管辖权，是双边破产条约中经常采用的原则，如欧洲理事会《关于特定国际性破产的欧洲公约》中即采纳了该标准，依该公约的规定，管理中心是指债务人通常管理自己权益的所在地，除非有相反的证明，对于企业、公司或法人而言，该地推定为其登记地。①

（三）由破产债务人财产所在地国家法院管辖

大陆法系一些国家和少数英美法系国家认为可以由债务人财产所在地法院行使破产案件管辖权。但大陆法系国家只把财产所在地作为确定法院管辖权的补充原则，即在债务人或破产人无营业所或住所时，其破产才由其主要财产所在地的地方法院管辖；而且仅以财产所在地管辖权为基础的破产宣告的效力仅及于法院地国内，而不及于债务人位于其他国家的财产。例如，德国 1989 年破产法第 238 条规定："如果债务人在德国既无居所也无主营业所，而且在德国仅建立了营业关系或仅有某些不动产，在德国宣告的破产仅及于该债务人在德国境内的财产。"

二、国际破产的法律适用

国际破产案件涉及的问题往往错综复杂，各国对其法律适用问题多采用分割方法，即根据国际破产的不同环节、不同方面分别确定其应适用的法律。一般地说，国际破产案件的法律适用主要表现在四个方面：

（一）破产程序的法律适用

整个破产程序可分为三个阶段，即破产申请、破产宣告和破产清算。若以破产宣告为界，还可分为破产宣告前的程序和破产宣告后的程序。由于破产程序也属于诉讼程序问题，根据程序应适用法院地法的一般原则，破产程序的法律适用也应该依法院地法，即破产开始地法，或者破产宣告国法。

（二）破产债权的法律适用

破产债权一般是指破产宣告之前成立的，针对破产债权人而享有的，可以通过破产程序受偿的财产请求权。各国破产法对破产债权的范围及清偿顺位有不同规定，对该问题的法律适用有两种主张：一般主张依破产宣告国法，但是如果权利是依据合同取得的，则该权利有

① 参见张茂：《国际破产法统一化运动评述》，载《当代国际私法问题》，248 页，武汉，武汉大学出版社，1997。

关的问题应适用合同的准据法解决。另一种主张是适用破产宣告时的财产所在地法。

（三）破产财产的法律适用

破产财产也称破产财团，是指在破产程序中，为清偿债权人的需要由破产管理人组织起来的破产人的全部财产。其中涉及的破产财产的范围问题，一般适用法院地法；不动产的问题，适用不动产所在地法；破产债权的抵销权和否认权应按与债权相应的准据法办理。对于有关债权人对破产财产的物权，如取回权、别除权，各国一般都规定适用物之所在地法。

（四）破产管理的法律适用

破产管理主要包括破产管理人的任命、申请债权的方式、债权人会议的权力、投票方式以及对破产财产的清查、估价、变卖、分配等问题。破产管理实际上既涉及许多程序问题，也涉及许多实体问题。一般认为，破产管理应适用管理地法，即法院地法或破产宣告国法。

总的说来，审理破产案件的法院更倾向于对有关破产的问题适用法院地法即破产宣告国法。这是因为：适用法院地法可使破产准据法保持统一性，因而具有方便性；适用法院地法是受公平对待无论位于何处的所有债务人、债权人、资产与负债这一公平概念的影响；同时考虑到公共政策的问题，在将破产法视为具有公法性质的国家更是如此；还有一个原因是破产诉讼要求迅速、有效，并不允许在准据法问题上犹豫不决。

三、破产宣告的域外效力

由于国际破产案件常常会遇到破产财产分别位于几国境内的情况，所以由一国法院所作的破产宣告，还会面临着是否具有域外效力的问题。也就是说，当债务人在一国被宣告破产时，是否能将破产债务人位于宣告国外的财产归入破产财产，进行集中管理，统一分配给所有债权人。这是一个非常重要又十分棘手的问题。对此，在国际私法的理论上和实践中一直存在两种对立的主张或做法。

（一）破产属地主义

破产属地主义（territoriality）又称复合破产制（plurality bankruptcies），即内国所作的破产宣告只在国内有效，不产生域外效力。持这种主张的国家允许当事人在国际上数处破产，只要债务人在数个国家有财产。例如1974年《阿根廷国际私法（草案）》第64条规定："外国的破产宣告不是在阿根廷开始破产程序的原因，不得援引外国的破产对抗其债权必须在阿根廷清偿的债权人，或者对他们在阿根廷领土的财产的权利提出异议，也不得使其与破产当事人所作的交易无效。"持这种主张的国家还有美国、日本等。破产属地主义的主要理论基础在于它将破产程序视为一种强制执行程序，且破产宣告对一国公共秩序特别是社会秩序、经济秩序有较大影响，所以破产宣告的效力仅应及于各主权国家的管辖范围内的财产。采取破产属地主义有利于保护本国债权人的利益与本国的经济秩序。但从实际执行来看，破产属地主义会导致债权人间的不平等以及造成破产财产管理的混乱。

（二）破产普遍主义

破产普遍主义（universality）又称单一破产制（unity bankruptcy），即破产人在他国的财产与在宣告国的其他财产为统一的整体，主张一国的破产宣告在他国具有效力，因而只允许当事人在国际上一处破产。例如1987年《瑞士联邦国际私法》第166条规定："外国所作的破产宣告，符合瑞士法律规定的承认和执行外国判决的条件的，或由外国破产财团或债权人提出申请的，瑞士予以承认。"《布斯塔曼特法典》则是采取普遍主义的典型。[①] 破产普遍主义来源于"破产之上再无破产"或"一人一破产"的法律格言，主张通过一次破产宣告，以债务人的所有财产对所有的债权人进行偿付，促进公平对待所有的债权人，而且单一程序比较简捷、迅速，有利于缩减多重破产程序所需要的费用，有利于高效、经济地对债务人的财产进行管理与分配。但破产普遍主义在实际执行中会遇到一些困难，因为一国单方面实行单一破产制，在实践中难以得到有关国家的承认与协助。

(三) 小结

综上所述，破产普遍主义与破产属地主义各有利弊。破产属地主义在许多国家曾长期占有主导地位。但随着社会的发展，属地主义的内在缺陷日益明显，普遍主义的优越性日益为人们所认识。目前一些国家（主要是欧洲大陆一些国家及美国）已在国内法中明确肯定破产普遍主义。另外，一些国际条约与国际公约也大力倡导破产普遍主义。应当说，破产普遍主义是一种理想的破产模式。但在现阶段，很少有国家绝对地、无条件接受外国破产宣告。此外，也很少有国家绝对地坚持属地主义。因此，目前比较切实可行的做法是采取有限的或相对的破产普遍主义，即原则上承认破产宣告具有域外效力，但以互惠或对等为条件或者附加一些其他条件。[②] 例如，2000 年欧盟理事会第 1346 号规则就放弃了 1990 年《欧洲破产公约》和 1995 年欧盟《破产程序公约》关于破产域外效力的普遍性原则，而是将普遍性原则和地域性原则结合起来，引入了主要破产程序和附属破产程序的概念，对其效力作了不同的规定。

四、中国的有关规定与实践

(一) 中国的有关规定

目前，中国规定破产问题的法律主要有：1986 年《企业破产法（试行)》，1991 年《民事诉讼法》(2007 年修订）第十九章"企业法人破产还债程序"，1999 年《公司法》(2005 年修订）第八章"公司破产、解散和清算"以及 2006 年《企业破产法》。此外，最高人民法院还就破产问题作过一系列司法解释，例如 2002 年 7 月 28 日《关于审理企业破产案件若干问题的规定》[③]，但这些规定都主要是针对国内破产制定的，很少涉及国际破产问题。

关于破产案件的管辖权问题，根据《中华人民共和国企业破产法》第 3 条和最高人民法院有关司法解释的规定，企业破产案件由债务人所在地（住所地）法院管辖。债务人的住所地是指债务人的主要办事机构所在地，债务人无办事机构的，由其注册地人民法院管辖。一般认为，上述规定也同样可适用于国际破产案件。"中华人民共和国国际私法示范法"第 26 条建议："对因破产提起的诉讼，如破产人主要办事机构所在地或可供破产清算的财产所在地位于中华人民共和国境内，中华人民共和国享有管辖权。"这是考虑到在国际破产案件中，破产登记迟延、跨国诉讼成本高昂、实体法律冲突等因素使得本国债权人难于得到合理清偿，为保护本国债权人的合法利益，当有破产财产位于中国境内时，中国法院应享有管

① 该法典第 416 条规定："确定破产人能力的宣告在各缔约国内有域外效力，但以预先遵行各国立法所要求的登记或公告手续为条件。"第 419 条规定："关于破产宣告的溯及效力以及由于此项判决而对某些文件宣告撤销，均依适用于各该项程序的法律予以确定，并得在所有其他缔约国领土内生效。"

② 参见汤维建：《论国际破产》，载《比较法研究》，1995（2）。

③ 法释［2002］23 号，2002 年 7 月 18 日最高人民法院审判委员会第 1232 次会议通过，自 2002 年 9 月 1 日起施行。

辖权。

关于国际破产的法律适用问题，目前中国立法中还没有规定。“中华人民共和国国际私法示范法”第148～150条分别建议：“破产，适用破产人主要办事机构所在地法或者破产人财产所在地法。”“破产人财产价值的评估，适用财产所在地法。”“破产清算，适用法院地法。”这3条规定在国际范围内有自己的特色，它主要考虑了中国的实际情况，当然有些规定也与国际社会的通行做法是一致的，因此值得立法时参考。

关于破产宣告的域外效力问题，尽管1986年《企业破产法（试行）》第28条曾对破产财产的范围作了规定①，但并未指出破产效力是否及于境外的财产。2002年《关于审理企业破产案件若干问题的规定》第73条和第78条规定：“破产企业在境外的财产，由清算组予以收回。债务人对外投资形成的股权及其收益应当予以追收。”这就指出了破产的效力及于境外的财产。这是以司法解释的形式第一次确认了中国法院的破产宣告具有域外效力，即采取普遍破产主义。2006年《企业破产法》第5条第1款进一步明确规定：“依照本法开始的破产程序，对债务人在中华人民共和国领域外的财产发生效力。”

（二）中国的有关实践

【案例6—4】广东国际信托投资公司破产案

1999年1月11日，广东国际信托投资公司（以下简称广东国投公司）以严重资不抵债、无法偿付到期巨额债务为由，向广东省高级人民法院申请破产。广东省高级人民法院经审理查明：1992年以来，广东国投公司由于经营管理混乱，存在大量高息揽存、账外经营、乱拆借资金、乱投资等违规经营活动，导致不能支付到期巨额境内外债务，严重资不抵债。1998年10月6日，中国人民银行决定关闭广东国投公司，并组织关闭清算组对其进行关闭清算。关闭清算查明，广东国投公司的总资产为214.71亿元，负债361.65亿元，总资产负债率168.23%，资不抵债146.94亿元。广东省高级人民法院认为：《中华人民共和国企业破产法（试行）》[以下简称《企业破产法（试行）》]第3条第1款规定：“企业因经营管理不善造成严重亏损，不能清偿到期债务的，依照本法规定宣告破产。”第8条规定：“债务人经其上级主管部门同意后，可以申请宣告破产。”广东国投公司管理极度混乱，严重资不抵债，不能清偿境内外巨额到期债务，符合法律规定的破产条件，遂于1999年1月16日裁定：（1）广东国投公司破产还债。（2）指定清算组接管广东国投公司。

裁定宣布后，广东国投公司的破产清算工作依法按以下步骤进行：（1）债权的申报、审核和确认。1999年1月16日，广东省高级人民法院发布受理广东国投公司破产申请公告。公告期限内，共计320家债权人申报了债权，申报债权总金额共计387.7738亿元（包括167家境外债权人申报债权320.1297亿元）。1999年4月22日，广东省高级人民法院主持召开广东国投公司破产案第一次债权人会议，并组成债权人主席委员会。破产清算组对债权人申报的债权进行登记和审核，并经广东省高级人民法院裁定后，最终确认，广东国投公司破产案的债权人共计200家，

① 1986年《企业破产法（试行）》第28条规定：“破产财产由下列财产构成：（一）宣告破产时企业经营管理的全部财产；（二）破产企业在破产宣告后至破产程序终结前所取得的财产；（三）应当由破产企业行使的其他财产权利。”

债权金额总计 202.231 7 亿元。(2) 破产财产的审核、确认和处理。破产清算组经清算认定，广东国投公司被宣告破产时的账面总资产为 209.374 8 亿元。对于经依法确认属于广东国投公司的财产，广东省高级人民法院区别不同情况进行追收或变现。对于广东国投公司在美国、我国香港特别行政区等国外和境外的财产，由破产清算组依据当地的法律规定予以回收，共计追回投资及贷款折合 2.298 4 亿元。(3) 破产财产分配与终结破产程序。对广东国投公司的破产财产追收和变现后，依法优先拨付了破产清算费用，并在优先清偿广东国投公司所欠职工工资、劳动保险费用和所欠税款后，分三次按照比例清偿破产债权。分配破产财产共计 25.34 亿元，债权清偿率共计为 12.52%。对境外债权人的债权，经征得外汇管理部门同意，一律兑换外币支付。

"广东国际信托投资公司破产案"有关司法程序进行完毕后，破产清算组依法申请终结破产程序。广东省高级人民政府经审查认为，广东国投公司申请破产一案，债权确认工作已经完成，破产财产的范围已经界定，对外债权的追收工作已经全部采取有效法律措施，广东国投公司的主要破产财产已经拍卖变现，并已经分配给债权人，"广东国际信托投资公司破产案"已符合终结破产程序的法定条件，但因今后仍有可以追收的破产财产、追加分配等善后事宜需要处理，应保留破产清算组继续负责完成追收破产财产和追收分配工作。据此，于 2003 年 3 月 8 日依照《企业破产法（试行）》第 38 条和最高人民法院《关于审理企业破产案件若干问题的规定》第 97 条的规定裁定：(1) 终结"广东国际信托投资公司破产案"破产程序。(2) 破产清算组凭本裁定向广东省工商行政管理局办理广东国投公司的注销登记。(3) 保留破产清算组完成追收广东国投公司破产财产、追加分配等善后事宜。本案诉讼费减半收取，从破产财产中优先支付。①

本案涉及的主要法律问题是：中国破产程序的域外效力如何?

随着改革开放的进一步深化，特别是在成为世界贸易组织的正式成员后，中国不可避免地将会面临越来越多的国际破产案件，需要与其他国家或地区的法院进行相互的合作，以实现对债权人的最大利益。近十几年来出现的一批国际破产案件中，其中有些影响特别巨大，如 1992 年"国际商业信贷银行破产案"、1998 年"广东国际信托投资公司破产案"和 2000 年"广东控股集团公司破产案"，涉及了许多国外的债权人，引来国外对中国破产制度的瞩目。外国债权人与专家对我们现有的破产法和破产程序提出了许多疑问，对这些都需要在今后的立法中予以重视。

对于外国破产宣告的效力，中国是否承认？从"国际商业信贷银行破产案"可以看出，尽管本案存在全球清算程序，但中国债权人没有参加 BCCI 的全球清算，中国法院也是坚持属地破产主义，坚持适用法院地法处理破产中的程序问题和实体问题，这与中国缺乏明确的立法有关。特别是当外国当事人持外国法院的破产判决，直接请求中国法院予以承认与执行时，法院对于应该考虑何种因素、是否给予承认与执行等问题缺乏应有的了解。但广东省佛山市中级人民法院于 2001 年 11 月作出的一个民事裁定，则明确承认了意大利法院作出的破产判决在中国的法律效力。② 因此，随着中国加入 WTO 和国际经济合作的加强，跨国破产

① 参见《中华人民共和国最高人民法院公报》，2003 (3)，27～29 页。

② 参见广东省佛山市中级人民法院（2000）佛中法经初字第 633 号民事裁定书。

的国际合作理念恐怕应成为中国今后立法考虑的一个重要因素。2006年《企业破产法》第5条第2款规定："对外国法院作出的发生法律效力的破产案件的判决、裁定，涉及债务人在中华人民共和国领域内的财产，申请或者请求人民法院承认和执行的，人民法院依照中华人民共和国缔结或者参加的国际条约，或者按照互惠原则进行审查，认为不违反中华人民共和国法律的基本原则，不损害国家主权、安全和社会公共利益，不损害中华人民共和国领域内债权人的合法权益的，裁定承认和执行。"至于外国破产宣告在中国的承认与执行方式，可以按照《民事诉讼》有关承认与执行外国法院判决的规定进行。

中国法院的破产程序，是否具有域外效力？在具体司法实践中是持肯定态度的，也就是主张中国法院开始的破产程序能够及于债务人位于境外的财产。在"广东国际信托投资公司破产案"中，对于经依法确认属于广东国投公司的财产，广东省高级人民法院区别不同情况进行追收或变现，其中，对于广东国投公司在美国、我国香港特别行政区等国外和境外的财产，由破产清算组依据当地的法律规定予以回收，共计追回投资及贷款折合2.2984亿元。这种做法有助于实现债权人平等待遇的破产目标，有助于防止对位于境外的财产的个别扣押，因此具有重要意义。但在实践中，将中国破产宣告的效力及于破产人位于境外的财产，还是有很多困难的。特别是国外和境外的财产如果涉及不动产，中国的破产宣告的域外效力就会大打折扣。没有对方国家或地区的合作，破产裁定的执行就会成问题。广东国投公司破产清算组是否能够追回在美国、我国香港特别行政区等国外和境外的财产，在根本上取决美国、香港等国外和境外法院是否承认广东国投公司在中国进行的破产程序。因此，无论如何，这种效力的最终实现必须依赖于国（境）外法院的承认与执行，而非一厢情愿之事。1999年年底，在"中芝兴业财务有限公司诉广东国际信托投资公司案"[①] 中，香港特别行政区高等法院作出的一审判决则承认了广东国际信托投资公司破产程序在香港的效力。该案是中国法院开始的破产程序第一次正式得到境外法院的承认，它将对中国国际破产的立法与司法实践的发展产生非常积极的作用。通过香港高等法院对广东国投公司破产程序的承认，不难发现中国大陆（内地）的破产程序要得到境外法院的承认，必须公平对待境内外的所有债权人。当然，除此之外，法院应有合适的管辖权、程序的透明度等也是非常重要的。[②]

第四节 国际信托的法律适用

引例 米勒信托案

住所设在苏格兰的米勒以苏格兰法律规定的形式立下遗嘱，指明将其位于苏格兰和英格兰的土地交设信托，信托受益人为甲，并授予甲指定权，允许甲将该土地处分给其指定的直系男性继承人。法院审理此案需要确定，甲能否以遗嘱处分该土地。确定甲能否以遗嘱处分本案所涉土地，离不开对米勒所立

① 香港高等法院1999年第15651号讼案的判决书。

② 参见石静遐：《我国破产程序域外效力的实例分析——评香港高等法院对"广信"破产程序的承认》，载《政法论坛》，2002（3）。

遗嘱的解释。对此适用立遗嘱人住所地——苏格兰的法律，则结论为：甲能以遗嘱处分所涉土地。该结论对于米勒留在苏格兰境内的土地并无问题，但对于米勒留在英格兰境内的土地来说，则因其违反英格兰法律而将不能成为现实。根据英格兰法律，英格兰境内的土地必须严格依次继承，甲不得以遗嘱对其进行处分。因此，法院判决：米勒对其在英格兰境内的土地以遗嘱所作处分依英格兰法律确定其效力，故甲不得以遗嘱对该土地进行处置。[①]

本案涉及的主要法律问题是：如何确定信托当事人的行为能力的准据法？

一、国际信托及其法律冲突

信托（trust）是指委托人将其财产附有信托意图交付于受托人（trustee）所有，并使信托受益人依法享有信托财产上利益或受益请求权的制度。国际信托（international trust）是指具有国际因素或涉外因素的信托。从历史和比较法的角度来看，信托是最古老的法律制度之一。早在古埃及和古罗马时期就已经有了信托制度的萌芽，并且在法律发展过程中的不同时期出现了各种各样的形态，但其正式形式起源于 11 世纪英国的“用益权”制度。因此，一般来说，信托是英美法中特有的制度，是其财产法的重要组成部分，在大陆法中并没有与其完全对应的制度。不过，20 世纪以来，日本、韩国等大陆法国家以法典方式移植了英美信托法的某些基本规则，开创了信托法成文化的先河。

按照英美法学者的意见，成立一般的财产信托须具备四项构成要件：（1）确定的信托财产。这是构成信托关系和信托财产权的必备要素。（2）确定的信托意图。它具有限定受托人信托财产权内容和权利行使意图的作用，超越信托意图而滥用信托财产权将构成“违背信托”。（3）确定的受托人。尽管信托的成立不一定取决于受托人的意志，但受托人却是信托成立的必备要素。（4）确定范围的受益人。受益人可以是委托人，也可是委托人的亲属或其他无关第三人；可以是法人，也可以是自然人。

随着国际民商事交往的发展，国际信托业务大量发生。各国实体法上对信托的法律规定不尽相同，有些国家甚至没有信托制度，这种情况使国际信托法律冲突成为必然。例如，不仅大陆法系和英美法系的信托制度存在差异，即使是同属于英美法系的英国和美国，它们的信托制度亦不尽一致。美国型的信托以委托人的意思为最重要的东西，而英国型的信托以受托人的权利为最重要的东西。各国有关信托的法律冲突主要表现在以下几个方面：

1. 在信托法原理和规则方面，按照英美法的规定，受益人享有的请求权（衡平法上的所有权）属于上级所有权，而受托人享有的法律上的所有权属于下级所有权；而许多接受信托法的大陆法国家则认为，受益人享有的权利本质上为所有权，受托人的信托财产权本质上则为限制物权。

2. 在信托财产权的客体方面，多数大陆法国家认为，物权的客体仅限于既存物；而英美法国家则历来认为除有体物之外，诸如未来将存在的物、有体物上将形成的利益、土地使用权、租赁权、请求权、债权等均可成为信托财产权的客体。

---

① 参见李双元、蒋新苗编著：《国际私法学案例教程》，178 页，北京，知识产权出版社，2004。

3. 在信托财产权的类型和内容方面，多数大陆法国家基于物权法定原则，认为物权的类型和每种物权的内容仅可由法律规定，禁止当事人以特约创设物权类型和具有特约内容的物权；而英美信托法和财产法则不限制当事人以信托证书创设信托类型和每种信托财产权的特约内容。

4. 在信托的成立和效力方面，根据英国的判例法和成文法，信托的成立按照委托人意志、信托成立方式、信托的公益性质等可分为复杂的类型，每种类型的信托又适用复杂的成立规则、效力规则和内容推定规则，这是大陆法国家成文信托法所不能比拟的。

5. 在关于信托的管制规则方面，英美法学者认为，信托法不同于合同法，对它的移植不能简单地套用意思自治原则，信托法必须保有某些基本的强行法或管制法规则。

二、国际信托的法律适用

各国关于信托制度的法律规定不同，因此，在跨国信托法律关系中需要解决法律适用问题，以确定信托法律关系的准据法。国际信托的法律适用经历了由单一到灵活的演进过程。[①] 早期的信托大多是有关土地的信托，因而当然应适用物之所在地法。如英国和加拿大在 20 世纪上半叶之前往往并不考虑很多灵活的连结点，法院通常单纯适用物之所在地法或委托人的住所地法，当物之所在地法或委托人的住所地法同时又是法院地法时更是如此。

但是，第二次世界大战以后，信托的法律适用发生了显著的变化。法院开始采用更多的连结点来确定准据法，准据法的系属公式也因此而变得复杂起来，信托自体法应运而生。所谓信托自体法（proper law of trust），指的是当事人欲使信托受其支配的法律，如果当事人无此明示选择，且不能依情况认定当事人的选择意向，信托自体法应是与信托有最密切、最真实联系的法律。但不动产信托仍适用物之所在地法，因为不动产所在地通常有强制性法律规定。不过多数学者现在认为，应采用分割制确定信托准据法，即区分信托的不同方面分别适用不同的法律。英美法国家也均有对信托的不同问题在法律适用上作不同处理的判例。比较常见的分割方式是把信托问题分为信托的有效性、信托的管理和信托的解释等几个方面。

（一）关于信托的有效性

决定当事人设立或撤销信托能力的准据法一般由当事人的属人法支配，也可以由信托自体法支配。在“米勒信托案”中，对于立遗嘱人米勒作为信托当事人的行为能力问题，一般适用其住所地苏格兰法，但由于其住所地与部分不动产所在地（英格兰）不一致，而且依米勒住所地法律对其遗嘱进行解释会因不动产所在地——英格兰法律的规定而使遗嘱内容在该地实施成为不可能或不合法，英国法院遂转而依不动产所在地法律对不动产遗嘱进行解释。决定信托形式有效性的准据法为信托自体法、信托设立地法、信托管理地法、合同履行地法或立遗嘱人最后住所地法，而且只要符合其中之一的规定，信托在形式上均为有效。一般情况下，决定信托形式有效性的准据法同样可以支配由此而生的信托实质有效性，但也有某些例外，如委托人已经明确选择了支配信托实质有效性的法律，不动产信托的实质有效性由不动产所在地法支配。

（二）关于信托的管理

信托合同或遗嘱中一般都明确地或隐含地表明支配信托管理事项的法律，在没有这类表示时，有的认为应适用信托自体法，即支配信托效力的法律同样支配信托的管理，有的认

---

① 参见周玉华：《国际信托准据法研究》，载《法律科学》，1999（2）；邹志洪：《论信托关系的法律适用》，载《中国国际私法与比较法年刊》，第 3 卷，185～227 页，北京，法律出版社，2000。

为应把信托管理地法作为准据法。何谓信托管理地？有的主张认为一般是受托人居所地或营业地（尤其在受托人是信托公司时），也有主张认为是信托财产所在地。对于不动产信托的管理，通常适用不动产所在地法律。在英国法院审理的“威尔克斯案”（Re Wilks）中，立遗嘱人在加拿大安大略省有住所，并死于该地；受托人受托管理死者位于英国的财产。对该信托管理，英国法院认为受托人符合英国法的管理行为是正当的，而没有适用遗嘱及信托有效性的准据法——安大略法。①

（三）关于信托的解释

法院会极力寻求当事人的信托意图，以发现他们想要适用的法律。在缺乏明确的表示时，法院应对当事人的信托意图作出推断。在推断当事人的信托意图时，应参考下列因素：原始文件或行为的作成地，信托财产所在地，信托公司的登记地，信托的管理地等。在无法推断信托意图时，法院应根据信托自体法来解释信托，即在生前信托的情况下，适用与之有最密切联系和最真实联系的法律；在遗嘱信托的情况下，应适用立遗嘱人设立遗嘱时的住所地法。至于对不动产信托的解释，通常适用不动产所在地法律的解释规则。

三、《关于信托的法律适用及其承认的公约》

信托作为一种法律制度并未为各国所普遍采用，它主要适用于英美法系和少数大陆法国家（地区）。为解决信托法国家（地区）之间的信托法律冲突，也为解决它们与非信托法国家（地区）之间的信托法律冲突，1984 年 10 月，第 15 届海牙国际私法会议制定了《关于信托的法律适用及其承认的公约》，该公约于 1985 年 7 月 1 日通过，并已于 1992 年 1 月 1 日起生效，目前，澳大利亚、加拿大、中国香港、塞浦路斯、法国、意大利、卢森堡、马耳他、摩纳哥、荷兰、瑞士、英国和美国是该公约的成员。该公约共 5 章、32 条，其中第一章规定公约的适用范围，第二章规定信托的准据法，第三章规定对信托的承认，第四章规定一般条款，第五章是最后条款。

（一）公约的范围

该公约第 1 条规定，该公约适用于信托准据法的确定及承认。根据该公约的规定，它不仅适用于普通法国家（地区）中的信托制度，而且适用于符合该公约第 2 条规定标准的其他法系的类似制度，如日本、埃及、波兰、卢森堡和委内瑞拉等国家中存在的类似普通法系信托的法律制度。对于商务信托，基于其概念难以界定，该公约中没有明确规定不适用于商务信托，而是采取了一些其他措施，将商务信托排除在适用范围之外。该公约还规定它仅适用于当事人自愿设立的且有书面文件为证的信托，但是，该公约也允许成员国把该公约的适用范围扩大适用于法定信托和指定信托。

（二）信托的准据法

对于准据法的确定，该公约第 6 条规定首先适用当事人意思自治原则，但如果当事人所选国家的法律中不存在信托制度，则这种选择无效。当事人没有选择信托准据法，或选择无效时，应适用该公约第 7 条的规定，即适用与信托有最密切联系的国家的法律。该公约还列举了在实践中据以确定最密切联系的几种主要因素，包括信托管理地、信托财产所在地、受托人居所或营业所所在地、信托的目的及其目的实现地。但这些因素并不排除法院在实践中对其他因素的考虑，如住所等。对于相关因素的重要性，只能在个别案件中根据具体情况来

① See Cheshire & North, *Private International Law* 1038, 13th ed., 1999.

衡量。

该公约第 8 条还规定了信托准据法的适用范围。依该条规定，信托准据法支配信托的有效性、解释、效力及管理。同时，该公约第 9 条规定了分割制原则，即信托的某一可分割事项，特别是管理事项可由不同的法律支配。这一原则既适用于当事人指定法律的场合，也适用于依最密切联系原则确定准据法的时候。基于信托关系可能会延续很长一段时间，在其存续期间，信托准据法可能发生变更，该公约第 10 条规定信托准据法的变更应由支配信托有效性的法律来确定。

可以说，该公约基本上涵盖了确定信托关系准据法的各个方面，特别是该公约紧跟连结点的"软化"趋势，在信托准据法问题上，充分尊重当事人的意思自治，并以最密切联系原则为辅，体现了关于信托关系法律适用的最新发展。

（三）信托的承认

信托不是各国普遍采用的制度，因此该公约各成员国之间、成员国与非成员国之间就会出现对信托的承认问题。该公约规定了承认信托的基本原则，即根据该公约第 11 条中关于信托准据法的规定的法律所产生的信托，得被承认为信托。该项承认至少意味着信托财产为独立的资金，受托人能以受托人的身份起诉或应诉，而且可以这种能力在公证人和任何代表官方能力的人面前出现或行为。该公约还进一步规定了信托承认的内容，即受托人个人的债权人不得请求以受托财产清偿债务，受托财产不构成受托人无力还债或破产时的清算财产，等等。同时，该公约第 13 条还规定，除当事人指定的法律、信托管理地和受托人的惯常居所之外的其他重要因素，如果与信托有最密切联系的国家没有信托制度或对所涉信托种类未作规定的，对这种信托缔约国可不予承认。

（四）其他规定

此外，该公约还规定了有关法律适用的一些特殊事项。按照该公约第 15 条的规定，该公约不妨碍法院地冲突规则指定的法律中的强制性条款的适用，特别是关于对未成年人和无行为能力当事人的保护、婚姻的身份和财产效力、遗嘱或无遗嘱的继承权、财产所有权和财产上的担保利益的转移、破产事件中对债权人的保护等方面的事项。同时，该公约第 16 条规定，该公约也不妨碍法院地或与案件有足够密切联系的国家存在的对国际性案件必须适用的强制性法律的适用，除非按照规定作出保留。该公约第 17 条规定，该公约中"法律"一词系指在一国有效的除其冲突规则以外的法律规则，即排除反致和转致。另外，根据该公约第 18 条和第 19 条的规定，缔约国可以实施公共秩序保留，其在财政税务方面的权力也不受该公约的影响。

四、中国的有关规定与实践

中国于 2001 年制定了《信托法》，就总则、信托的设立、信托财产、信托当事人、信托的变更与终止、公益信托等方面作了比较具体的规定，但该法并没有对关于国际信托关系的法律适用进行规定，仅在第一章总则部分第 3 条规定："委托人、受托人、受益人在中华人民共和国境内进行民事、营业、公益信托活动，适用本法。"严格说来，从国际私法的角度看，这并不是一条冲突规范，而只是对该法适用范围所作的说明。

为了促进中国国际信托业务正常有序地发展，加强有关国际信托的法律适用问题方面的立法乃是当务之急。在制定国际信托法律适用的有关规定时，中国可借鉴有关国家及国际立法的规定，首先规定采取当事人意思自治原则，在当事人无法律选择时，适用最密切联系原则确定信托的准据法，并且在信托准据法问题上，可明确规定采取分割制原则，就信托的

一些具体问题分别确定其准据法。在这方面，2010 年《涉外民事关系法律适用法》第 17 条规定："当事人可以协议选择信托适用的法律。当事人没有选择的，适用信托财产所在地法律或者信托关系发生地法律。"

【问题与思考】

1. 在"非洲银行诉科恩案"中，抵押土地的缔约能力适用不动产所在地法律。由此，你能否总结一下当事人缔约能力方面的法律适用规则，包括一般的和特殊的法律适用规则？

2. 在"印度贸易公司案"中，由于中国法律未作相关的规定，法院参照物权法律适用的通行做法，即物之所在地法原则，适用了中国法。在结果上没有问题，但法院忽视了法律适用问题的分析过程，以及相关的程序公正问题。你认为还可以援用哪一法律条款作为适用中国法的依据？本案的被告又应如何进行索赔？

3. 在"意大利 AGIP 公司案"中，仲裁庭的全部补偿的裁决结果实际上是以刚果政府实行国有化是不合法的这一判断为基础，而不仅仅是单纯的国有化补偿问题。因此，在国有化争议中，你认为应该按照何种法律判断国有化的合法与否？

4. 在"广东国际信托投资公司破产案"中，涉及上百家境外债权人，涉及债务人的境外财产逾 3 亿人民币，历史上少有，世界上少有，美国《华尔街日报》这样评论：广东国投公司宣告破产，使中国金融业真正走向了市场，标志着中国法治从此进入新纪元。你认为在处理国际或跨界破产案件中，应注意哪些法律问题。在破产程序的域外效力上，你持何看法或见解？

第七章

国际知识产权关系的法律适用

参考书目

1. 李双元．国际私法（冲突法篇）．修订版．武汉：武汉大学出版社，2001

2. 韩德培．中国国际私法与比较法年刊（1998）．北京：法律出版社，1996

3. 章尚锦．国际私法．北京：中国人民大学出版社，2000

4. 余先予．国际私法教程．北京：中国财政经济出版社，1998

5. 陈卫佐．瑞士国际私法法典研究．北京：法律出版社，1998

6. Eugen Ulmer. *Intellectual Property Rights and the Conflict of Laws*. Kluwer & Commission of the European Communities（1978）

7. James J. Fawcett and Paul Torremans. *Intellectual Property and Private International Law*. Clarendon press oxford，1998

8. Marta Pertegas Sender. *Cross-border Enforcement of Patent Rights- An Analysis of the Interface Between Intellectual Property and Private International Law*. Oxford University Press，2002

9. Mercedes Novier. *La Propriété Intellectuelle en Droit International Privé Suisse*（瑞士国际私法上的知识产权）. Librairie Droz，Genève 1996

10. Tristan Azzi. *Recherche sur la Loi Applicable aux Droits Voisins du Droit D'auteur en Droit International Privé*（邻接权的法律适用国际私法问题研究）. Paris，LGDJ，2005

11. Yvon Loussouarn et Pierre Bourel. *Droit international privé*（国际私法）. 5ème Edition. Dalloz，1996

参考法规

1. 1886 年《保护文学艺术产权伯尔尼公约》
2. 1978 年《奥地利联邦国际私法》第 34 条
3. 1987 年《瑞士联邦国际私法》第 110 条（1）和（2）
4. 1995 年《意大利国际私法》第 54 条
5. 2010 年《中华人民共和国涉外民事关系法律适用法》第七章
6. 2007 年欧盟关于非合同之债的罗马Ⅱ条例第 8 条
7. 2008 年欧盟关于合同之债的罗马Ⅰ条例第 11，12 和 13 条

引例　奥地利作曲家案

奥地利作曲家甲在维也纳的家里演奏了其自己谱写的乐曲，过路的意大利人乙将其录入磁带，然后带到罗马用作其咖啡店的背景音乐。后来乙又将该乐曲交给法国出品人丙出版了磁带，这一音乐通过法国的电台丁而传播到比利时、德国、西班牙等国。上述所有这些使用和授权他人使用的行为，均未得到甲的授权。作为乐曲作者兼演奏者的甲遂将上述侵权人一并起诉到法庭，要求停止侵权并赔偿损失。

本案涉及的主要法律问题：知识产权法律冲突是否存在，国际知识产权关系的法律适用如何确定？

第一节　国际知识产权法律冲突

引例　艾塔—塔斯新闻社案①

一位俄罗斯记者的文章首先在俄罗斯的报纸和杂志上发表，后被美国纽约的俄文报纸在未经授权的情况下转载。由众多俄罗斯报纸和杂志出版商组成的原告声称，作品权属问题应适用美国法；而被告则认为，俄罗斯法律应被适用。适用美国法与适用俄罗斯法导致的结果是截然不同的。根据美国法，所有的出版商都将被认为权利人而具有诉讼资格；根据俄罗斯法，只有艾塔-塔斯新闻社才是原告。

① See *Itar-Tass News Agency v. Russian Kurier*, *Inc.* 153F 3d82（2d Cir. 1998）.

本案涉及的主要法律问题是：美国法律和俄罗斯法律是否竞相适用于该文章的著作权权属争议？俄罗斯法律能否适用于美国境内的著作权案件？

知识产权，作为一种无形财产权，具有专有性、时间性和地域性的特点。这些使其明显区别于物权和债权，不仅在民法体系内引发了众多值得研究的问题，而且使得知识产权法律冲突在国际私法领域具有相对的独特性。这些独特之处甚至引起了知识产权法律冲突存在与否的争论：多数知识产权法学者认为，在知识产权领域不存在法律冲突；而多数国际私法学者认为，知识产权领域也存在法律冲突。

一、关于知识产权法律冲突的争论

知识产权法学界很少谈及知识产权的法律冲突问题，而即便谈到，也多持否定的态度，认为在知识产权领域不存在法律冲突。他们认为，根据知识产权的地域性，依各国法产生的知识产权只在本国内有效，各国只保护依本国法产生的知识产权而不保护依外国法产生的知识产权。地域性是由知识产权保护对象的属性决定的，与知识产权客体的无形性不可分割，只要无形性存在，各国立法、科技、经济发展水平不一样，地域性就存在。我们不可能改变知识产权的属性，所以地域性是知识产权永远的本质属性。这种严格地域性的存在，就使国际知识产权关系领域不存在法律冲突，而所谓的知识产权法律冲突只是一种“虚拟的冲突”①；也有学者认为，严格的地域性原则是客观的现实，知识产权法律冲突也就不存在，但各国政府可以摒弃知识产权的地域性原则，从而法律冲突即会在此领域存在。② 这其实也是以地域性原则为由，否定知识产权法律冲突的存在。

这些否定知识产权法律冲突存在的观点，在根本上是由于其支持者过于强调知识产权的特殊性，从纯理论的角度将地域性原则高度绝对化，否定任何“有悖于”知识产权地域性的理论和实践的存在。其实，地域性并非知识产权独有的特性。③ 任何权利都是基于一定的法律规范而产生，该法律规范又存在于某一法律体系中，而每个法律体系都仅在其所属的法域内有效。知识产权的地域性之所以被强调，是因为其客体的无形性。物权基于对有形物的创造或占有而产生，同一有形物不会由不同的主体创造或占有，所以，法律基于创造或占有而认定权属不会引发冲突，即便该物权的主体和客体进入另一法域。而无形性使得同一知识财产可以由不同的主体创造或占有，所以法律必须为其拟制一个唯一的权利主体。就同一智力成果而言，在发生国际民商事法律关系时，一国法律拟制的知识产权可能会与另一国法律拟制的知识产权发生冲突。这就是强调知识产权地域性的根本原因。但是，这种源于客体无形性和权利拟制性的冲突是可以避免或消除的。比如在专利领域，绝对新颖性的广泛采用和发达的国际检索，使得不同主体对于同一发明拥有多个专利权的情形越来越少。在不同的法律体系中存在完全相同的知识产权客体的概率是很小

① 王春燕：《论知识产权地域性与知识产权国际保护》，载《中国人民大学学报》，1996（3），62页。

② 参见吕岩峰：《知识产权之冲突法评论》，载《法制与社会发展》，1996（6），52～60页。

③ See Nicolas Bouche, *Le Principe de Territorialité de la Propriété Intellectuelle*, Edition l'Harmattan, 2002, p. 159 et 560.

的，因为各国的知识产权取得条件也存在相当的差异。[①]

多数国际私法学者，在承认知识产权特殊性的前提下，以发展的眼光看待知识产权国际保护的新情况，对知识产权法律冲突的存在持肯定的态度，并从多个角度进行了论证。他们在对知识产权的地域性原则重新考察之后，对知识产权领域的法律冲突给予了较全面的分析。有观点认为，知识产权的地域性原则无疑是存在的，但"严格的地域性的要求已被一些国际条约和国内立法的实践所改变"，并以欧洲专利制度、比荷卢统一商标法、法语非洲国家以《班吉协定》[②] 为基础建立的跨国版权法为例，证明严格地域性已现实的被突破，还认为知识产权可以通过双边条约、多边条约和国际许可证协议三种途径获得域外效力，加之各国知识产权立法的差异，法律冲突不可避免地存在地。也有著作认为，知识产权地域性的突破体现在各国智力成果专有权在国外得到承认的需要，跨国知识产权的存在和各国在知识产权领域的相互依赖性，加之各国知识产权立法的差异和"有限制的国民待遇"，产生了知识产权法律冲突；另有观点认为，知识产权的严格地域性因"国民待遇"原则的广泛应用而逐渐淡化，知识产权逐步取得了在权利独立原则之下实现的间接域外效力，从而引发了权利冲突[③]；还有观点认为"知识产权领域内的法律冲突是指，对于同一项知识财产，在不同国家都寻求并获得承认有关权利的情况下，它在不同国家的知识产权的不同效力的冲突和有关法律适用问题"，并认为知识产权国际条约中不存在统一的实体规则，冲突规则就成了连接知识产权国际保护体系和国内保护体系不可缺少的媒介[④]；还有文章认为，知识产权法律冲突的产生不依赖于知识产权地域性的突破或知识产权管辖制度的创新，一国法院在处理国际知识产权案件时面临的内国及外国知识产权法都有适用可能的状态，从而知识产权法律冲突是存在的。[⑤]

对于知识产权法律冲突，应当从冲突法的一般理论出发并结合知识产权的特殊性进行全面考察。由此，对于法律冲突构成要件和实证法律发展的研究，就可以对知识产权法律冲突的存在进行基本的认定。

二、知识产权法律冲突的构成要件分析

法律冲突，是国际私法上的专门术语，它是指涉及两个或两个以上不同法域的民事法律对同一民事法律关系的规定各不相同，却又竞相要求适用于该民事关系，从而造成的该民事关系在法律适用上的冲突的现象。从这一定义出发，法律冲突的产生应具备一定的条件，关于法律冲突产生的条件有两条件说，三条件说和五条件说等，但核心的必要条件有四个：外国人民事法律地位的承认、国际民事法律关系的存在、各国法的规定各不相同、外国法在内国的域外效力的承认。

就国际知识产权关系而言，因所涉各国法律规定不同而发生的法律适用上的冲突也是存在的。我们就从上述法律冲突的构成要件出发，对知识产权法律冲突进行具体的分析：

---

① See Jean-Bernard Blaise, Principes Commandant l'Application du Droit Communautaire aux Droits de Propriété Industrielle, *Juris-Classeur*, fasc. 563-30, nov. 1991, p. 8

② 即 1977 年 3 月《关于修订〈建立非洲—马尔加什工业产权局协定〉及建立非洲知识产权组织的协定》。

③ 参见石巍：《知识产权的法律冲突与法律适用探微》，载《现代法学》，1999 (10)，74～76 页。

④ 参见李振纲：《知识产权与法律冲突》，载《中南财经大学学报》，1999 (1)，64～66 页。

⑤ 参见黄道熊：《论知识产权的法律冲突与法律适用》，载《福州大学学报（哲学社会科学版）》，2001 (2)，98～101 页。

1. 知识产权法领域外国人民事法律地位的承认

就目前的知识产权国际保护体系而言，外国人的民事法律地位是被广泛承认的。从缔约国众多的1883年《保护工业产权巴黎公约》和1886年《保护文学艺术作品伯尔尼公约》以及拥有140个成员方的TRIPs协议来看，这些公约一致规定的国民待遇原则，使得绝大多数国家在知识产权授予、利用、保护等方面给予其他缔约方的国民以不低于本国国民的待遇。这就是说，在知识产权领域，外国人的民事法律地位不但得到广泛的承认，而且这种承认已经达到了一种较高的水平。诚然，国际公约框架内的国民待遇原则有着广泛而重要的影响，在国际公约的义务范围之外，对外国人在知识产权领域的民事法律地位的承认也是存在的。比如，法国法对于文学艺术作品的国籍的确定，很早就采用首次出版地原则，即不管本国国民还是外国国民，只要其作品首先在法国出版就享有法国的著作权。

2. 国际知识产权法律关系的存在

经济贸易与科学技术的国际化发展，也使跨国的知识产权法律关系层出不穷，知识产权已直接或间接的渗透到各国经济、文化甚至日常生活的各个领域。跨国的专利研发、申请、使用、许可、侵权，跨国的商标注册、许可使用、假冒，跨国的著作权许可、盗版等事项已是司空见惯。比如，本节引例“奥地利作曲家案”中的情形。著作权人是奥地利国籍，侵权人是意大利国籍，侵权行为地分别是奥地利、意大利、法国，而侵权结果发生地是意大利、法国、比利时、德国、西班牙等。加之现代通讯、信息、出版技术的高度发达，知识产权的国际使用和侵权案件实在是举不胜举，这也正是各国政府高度重视知识产权的国际保护，知识产权国际保护公约大量产生的原因。

3. 各国知识产权立法的不同

知识产权的保护水平是与各国的经济科技发展水平密切相关的，而各国经济和科技发展水平的不同和经济利益不同，就导致了各国知识产权立法的差异。尽管知识产权国际保护公约的数量和成员方的数量都相当大，但这些公约并未建立明确详细的国际统一实体法，已有的国际公约对各国知识产权立法的影响主要在于其同化作用，即在众多领域规定国际最低保护标准并规定各国有义务保证国内立法的保护水平不低于公约的规定。这一国际协调的作用是很大的，但就国际知识产权保护的实际需要而言，仍是很有限的。这表现在：公约并没有也不能对知识产权的所有领域都规定最低标准，即使在规定了最低保护标准的领域也是允许和鼓励各国提高保护标准[①]，因而在最低保护标准的范围内，各国立法也是存在差异的；在相当多的领域中，公约往往允许各国结合自己的经济、社会发展状况制定变通的规则，比如国际版权公约的缔约方在确定“作者”的概念上是相当有差异的，反映出各国版权哲学的不同[②]；即使统一的规范，在各国的法律与社会背景不同的情况下，各国的解释与适用也会有很大差异的。比如，对于文字与图形是否可申请注册商标的问题，各国语言与社会文化背景的差异会给予相同的问题完全不同的回答；公约缔约方的数量是有限的，难以覆盖所有的国家；另外，即使同一公约的不同文本之间也是不同的，不同文本的参加方之间的立法差异也将是存在的。所以，在非公约缔约国之间、公约缔约国与非缔约国之间，此公约缔约国与彼公约缔约国间，甚至同一公约的不同缔约国之间都是存在知识产权立法的差异的。

---

① 参见TRIPs协议第1条第1款。

② See Graeme B. Dinwoodie, “A New Copyright Order: Why National Courts Should Create Global Norms”, 149 *U. Pa. L. Rev.* 491 (2000).

4. 外国知识产权法在内国的域外效力的承认

知识产权法律冲突存在与否，争论的焦点主要集中在对于外国知识产权法在内国的域外效力的承认问题上。诚然，在严格的地域性原则之下，一项知识产权即使涉及几个国家，也不会出现各国立法都主张对其加以管辖的情况。[①] 这就是说，由于知识产权立法具有严格属地性质，在知识产权领域就不会产生法律冲突。但严格的属地性已不是知识产权法的不变的特征，它已在国际公约的框架内外在一定程度上和一定的范围内被淡化和突破。

就国际公约确立的保护制度而言，一方面，广泛采用的独立保护原则和国民待遇原则使在一国取得的知识产权，得以在其他国家根据当地法律再获得所在国的知识产权，并且不同的所在国的知识产权的权利范围和保护方式也因公约的协调统一作用而差异渐小，这标志着知识产权法间接域外效力的取得[②]；另一方面，有的区域性国际公约在该区域的国家之间突破了知识产权的地域性[③]，如《布斯塔曼特法典》第 8 条规定，"根据本法典所取得的权利在缔约各国内具有充分的域外效力，但任何此种权利的效力或其后果如与国际公共秩序的规则抵触时，则不在此列"。欧洲专利和欧盟商标，均是依据统一的实体条件和授予程序产生在各成员国有效的知识产权，其本质是一国承认在另一法域产生的知识产权在本国的效力。这也是对于知识产权地域性的突破。

在知识产权公约的框架之外，或者说公约要求的保护标准之上，单边地自主承认外国知识产权在内国效力的事实也是存在的。比如，作为本节引例的"艾塔-塔斯新闻社案"中，法官就运用了最密切联系原则确认：俄罗斯法作为来源国法，是与作者权属关系最密切的法律，从而应当在美国适用。另外，法国的国际私法理论和判例也主张将来源国法适用于著作权权属纠纷，即使来源国并不是权利要求被保护的国家。

从以上分析可以看出，知识产权领域的法律冲突是现实存在的，实践的发展已得到理论的支持，并且这种法律冲突已经在国内和国际层面上受到立法、司法机构和理论研究者的重视。

三、知识产权冲突法的实证考察

国内层面上，许多国家已经有了关于知识产权的冲突法立法，立法体例和立法技术也呈多样性。如，1978 年《奥地利联邦国际私法》规定了包括知识产权在内的无形财产权的冲突法规则，1979 年《匈牙利国际私法》则将著作权与工业产权分开规定冲突规则，1984 年《秘鲁民法典》对知识产权规定了统一的冲突规则，1989 年 1 月生效的《瑞士联邦国际私法》[④] 将知识产权单列一编，就管辖权、法律适用、外国判决的承认与执行都作了规定；瑞士的立法又在很大程度上影响了 1995 年《意大利国际私法》，后者规定了无形财产适用开发使用地法律的规则；西班牙的知识产权冲突法则包括冲突法、和外国人待遇条件等。

国际层面上，1928 年制定的《布斯塔曼特法典（国际私法法典）》、1968 年《关于民商事案件管辖权和判决执行公约》（《布鲁塞尔公约》）和 1988 年《关于民商事案件管辖权和判决执行公约》（《洛迦诺公约》）、1980 年《国际合同义务法律适用公约》（《罗马公约》）都有与知识产权冲突法问题相关的规定。20 世纪 90 年代以来，知识产权领域的国际私法问题又

---

① 参见韩德培主编：《国际私法（修订本）》，43 页，武汉，武汉大学出版社，1989。

② 参见石巍：《知识产权的法律冲突与法律适用探微》，载《现代法学》，1999（10），74 页。

③ 如《比荷卢统一商标法》、法语非洲国家的《班吉协定》和《布斯塔曼特法典》。

④ *Loi Fédérale du* 18 *décembre* 1987 *sur le Droit International Privé*（*LDIP*）.

引起了国际层面的讨论。[①] 近年来，这种讨论和专注已经越来越多的落实在了有关国家和地区的国际私法立法活动之中。[②] 在欧洲，关于合同之债冲突法的罗马Ⅰ条例[③]和关于非合同之债冲突法的罗马Ⅱ条例[④]均涉及知识产权案件的冲突法规则。[⑤] 此外，世界知识产权组织（WIPO）先后组织了关于通过全球数据网传输的作品与邻接权客体的国际私法保护研讨会（1998年12月），互联网环境中使用商标的管辖权与法律适用专题研究（1999年6月、2000年3月），数字化时代版权法律适用专题研究（1999年10月），知识产权与国际私法论坛（2001年1月）。2000年5月，世界知识产权组织出版了《电子商务与知识产权问题入门》[⑥]，对国际知识产权案件的管辖权、法律适用和外国判决的执行等问题进行了概括性介绍。会上已出现了专门针对知识产权的国际私法公约专家草案稿；还有一些国际协会和国际组织也将知识产权的冲突法问题纳入自己的项目框架内。[⑦] 在中国，2010年通过的《涉外民事关系法律适用法》也专章规定了知识产权领域的冲突法规则。

总之，从法律冲突的构成要件来看，知识产权领域外国人民事法律地位得到广泛的承认，国际知识产权法律关系大量存在，各国知识产权立法仍在众多领域存在差异，地域性随着理论和实践的发展得到淡化和突破，这表明，知识产权法律冲突的产生和存在是一种必然。有关的国际国内组织和专家学者也对知识产权的法律冲突问题给予了高度的重视，并进行了广泛而深入的理论研究，有关知识产权的冲突法立法与司法实践已屡见不鲜。这从实证的角度说明，知识产权的法律冲突是客观存在的，并且有进一步发展的趋势。知识产权的冲突法问题已是理论上和实践中亟待解决的问题。

第二节　知识产权冲突规则

引例　华纳兄弟公司诉克里斯蒂安森案[⑧]

被告克里斯蒂安森Christiansen在伦敦购买了杰姆斯·邦德（James Bond）的电影《永不说不（Never Say Never Again）》录像带，并在其位于丹麦的音像店内出租。原告华纳兄弟公司（Warner Brothers）在丹麦提起诉讼。根据当

① 海牙国际会议和世界知识产权组织（WIPO）都曾组织过有关于此的国际研讨活动。See Graeme Austin, *Private International Law And Intellectual Property Rights- A Common Overview* (WIPO/PIL/01/5), *WIPO Forum on Private International Law And Intellectual Property*, Geneva, January 30 and 31, 2001.

② Stefania Bariatti, *Litigating Intellectual Property Rights Disputes Cross-Border: EU Regulations, ALI Principles, CLIP Project*, Casa Editrice Don. Antonio Milani, 2010. See also Intellectual Property: Principles Governing Jurisdiction, Choice of Law, and Judgments in Transnational Disputes (ALI Principles).

③ Regulation (EC) No 593/2008 of the European Parliament and of the Council of 17 June 2008 on the law applicable to contractual obligations (Rome I), *Official Journal L* 177, 04/07/2008 *P.* 0006 - 0016.

④ Regulation (EC) No 864/2007 of the European Parliament and of the Council of 11 July 2007 on the law applicable to non-contractual obligations (Rome Ⅱ), *Official Journal L* 199, 31/07/2007 *P.* 0040-0049.

⑤ 对罗马Ⅰ条例和罗马Ⅱ条例的评析，参见陈卫佐：《欧盟国际私法的最新发展》，载《清华法学》2008（5），105页。

⑥ See Primer on Electronic Commerce and Intellectual Property Issues (WIPO/OLOA/EC/Primer).

⑦ 见世界知识产权组织（WIPO）网站，http://www.wipo.org。

⑧ *Warner Brothers Inc v. Christiansen*. Case 158/86 [1988] ERC 2605.

时的英国版权法，著作权人不享有任何出租权（出租权，即只要该录像带在音像店被出租给顾客，版权人就获得报酬的权利），而丹麦版权法规定，著作权人享有出租其版权产品的权利，并有权从出租收益中提成。

本案涉及的主要法律问题是，丹麦法院应当适用丹麦法还是英国法的问题。

在知识产权法领域，依靠统一实体法解决法律冲突问题尚不具备足够的现实基础。尽管一系列的国际公约建立了广泛的国际知识产权保护体系，但消除法律选择的需要从来就不是现有知识产权国际公约起草者们现实的目标，一方面，公约的作用主要在于为成员国设定义务，要求他们按公约的规定制定和修改国内的知识产权法，以达到协调和统一各国知识产权立法的目的，另一方面，公约的内容往往是知识产权保护的原则和制度，而缺少明确、详细的规定，如1883年《保护工业产权巴黎公约》仅规定了工业产权国际保护的四项基本原则和制度，而其他许多问题的解决仍有待各国立法的适用。此外，在知识产权国际公约能否直接适用的问题上，持否定观点的人占大多数，比如TRIPs协议可谓现有知识产权国际公约的集大成者，不论在内容的详细程度上还是对于成员国要求的严格程度上，都远远超出以前的公约，但从理论界到各国实践，一般仍认为其不能被直接适用。① 由此，依据冲突规范确定应适用的国内法就成为知识产权领域主要的法律冲突解决途径，而冲突规范的制定和适用就成为知识产权国际私法领域的重心。

传统的国际私法理论关于法律的选择方法，可以为我们解决知识产权的法律适用问题提供一个思考的基础和出发点，但知识产权的特殊性又使得我们不能盲目的套用已有的国际私法理论。一方面，作为知识产权客体的智力成果的无形性，使得对知识产权的识别遇到了很大的问题，严格地说，不能将其简单的归类到物权中的动产之中；地域性原则仍在很大的范围内与程度上发挥着主观和客观的作用，所以知识产权冲突规范的确定受地域性原则影响很大，这也是知识产权的特性作用于其法律选择的重要表现。另一方面，知识产权的保护总与各国的经济和科技发展水平息息相关，因而各国的政治经济政策也将直接影响到各国关于知识产权法律适用的规定。所以，尽管各国有关知识产权的冲突法立法往往以复杂的法律推理为缘由，但切不可忽视其掩盖下的政治、经济上的理由。

就目前的理论和实践来看，关于知识产权的冲突规范和法律选择方法主要有以下几种：

一、保护国法主义

保护国法主义（*lex loci protectionis*），也称“权利主张地法主义”或“权利要求地法主义”，主张适用知识产权被要求保护的国家的法律（*the laws of the country where protection is claimed*）。这一法律适用原则为国际公约和各国立法广泛采用，是当前主流的理论观点和实践做法。

就国际公约而言，根据《巴黎公约》的国民待遇原则和专利独立保护原则，工业产权的

① 参见邓永杰、刘德吉：《TRIPs协议在国际上执行的理论与实践—兼评协定在我国的执行》，载《法学评论》，2001（3），86～93页。

保护和法律救济适用保护国法；《伯尔尼公约》更是多处明确规定了保护国法的适用：文学艺术产权的保护程度和权利救济方式（第 5 条（2）），作者死后其精神权利的行使（第 6 条 bis（2）），保障精神权利的救济方式（第 6 条 bis（3）），作品的保护期（第 7 条（8）），媒体对于时事报道转载的许可（第 10 条 bis（1）），电影作品的权属问题（第 14 条 bis（2）（a））等。国内法上，1979 年《匈牙利国际私法》第 3 章规定，著作权依被请求保护国家的法律，1987 年《瑞士联邦国际私法》第 110 条第 1 项规定，知识产权适用被请求权利保护的国家的法律。此外，某些有关知识产权的判例也采用保护国法主义。作为本节引例的“华纳兄弟公司诉克里斯蒂安森案”中，法院最终适用了作为保护国法的丹麦法，从而使原告成功地获得了丹麦法院禁止继续出租的禁令。

此外，欧盟的罗马Ⅰ条例对于知识产权侵权之债也采用了保护国法主义。条例第 8 条第 1 款规定，因知识产权侵权而产生的非合同之债，适用要求在其获得保护的国家的法律，即保护国法（lex loci protectionis）。就这一规定，需要探讨的问题有两个：知识产权侵权之债特殊冲突规则的必要性，保护国与侵权行为实施地和损害发生地之间的关系。知识产权侵权之债为何不适用条例第 4 条关于非合同之债的一般冲突规则，即为何不适用损害发生地法？这是因为在知识产权侵权案件中难以直接适用损害发生地（甚或侵权行为实施地）这一连结点。与传统民事侵权（人身权或财产权）中的侵权或损害相比，知识产权的侵权或损害有其特殊性：就传统民事权利而言，事实上或观念上的侵权或损害与法律上的侵权或损害基本是一致的，因而，通过事实或观念上的侵权或损害认定就可以确定冲突规则的连结点，从而适用冲突规则确定准据法。但就知识产权而言，事实上或观念上的侵权或损害并不总是法律上的侵权或损害，这是因为侵权或损害的成立首先以权利的存在和有效为前提，传统民事权利基本不会因法域的变更而产生质的改变，而知识产权（无论是否需要因申请或注册而产生）的存在、归属和效力则与法域存在根本联系。① 因此，就知识产权侵权案件而言，应先于损害或侵权行为而认定的是涉案知识产权是否在有关国家受保护（或有效），体现在冲突规则上，就是只能适用当事人要求其“权利”获得保护的国家的法律。保护国法主义是国际范围内广为接受的知识产权侵权案件冲突规则，罗马Ⅱ条例也认为应当对其予以遵守。② 应明确的是，此处的保护国并非程序法或司法管辖权意义上的法院地国，而是实体法或立法管辖权意义上的保护国。此外，条例本身还指出，建立特殊冲突规则的重要原因在于，条例第 4 条所设置的一般冲突规则不能实现加害人与受害人之间的合理利益平衡。换句话说，特殊冲突规则（知识产权侵权之债的冲突规则）被认为更好地实现了这一利益平衡。③ 保护国与侵权行为实施地和损害发生地之间是什么关系？保护国可以是两者任一，也可以两者兼是。比如，如果专利侵权产品的生产和销售均在 A 国发生而权利人要求在 A 国获得保护，则 A 国既是侵权行为实施地也是损害发生地；如果商标侵权产品通过 A 国网站向 B 国和 C 国进行许诺销售和销售而权利人请求在三个国家都获得保护，则 A 国为侵权行为实施地国，B 国和 C 国为损害发生地国。但就条例所设置的知识产权冲突规则的

---

① 参见冯术杰：《通过国际网络进行的商标侵权行为的管辖与认定——法国的相关判例及其启示》，载《法学》，2008（12），137～146 页。

② See Recital 26 of the Preamble of Regulation (EC) No 864/2007 (Rome Ⅱ).

③ See Recital 19 of the Preamble of Regulation (EC) No 864/2007 (Rome Ⅱ).

适用而言，没有必要确定侵权行为实施地或损害发生地，但仍要对侵权行为和损害进行认定。

保护国法主义的优点主要表现在：可以使来源于不同国家的智力财产在同一国内得到同样的保护，从而避免了对于同类行为给予不同的待遇；可以方便诉讼，使法官不必查找和适用其所不熟悉的外国法律；此外，在著作权方面，还可以避免作者通过选择首次出版地来选择作品的适用法。另一方面，保护国法主义的缺点也是明显的：严格的采用保护国法主义将极大地不利于知识产权的国际保护。因为如果知识产权的存在、保护概由保护国法决定，则在保护国未取得知识产权的智力财产将得不到保护。这意味着，在内国发生的侵犯外国知识产权的行为和在外国发生的侵犯本国知识产权的行为，将无法获得法律救济。在知识产权跨国保护制度不健全、不完善的情况下，这极大地方便了“侵权行为人”选择“侵权行为地”，从而逃避法律的制裁。

二、来源国法主义

来源国法主义（*lex loci originis*），也称原始国法主义，认为国际知识产权案件应适用知识产权来源国法。国际国内立法中采用这一法律选择原则的为数不少。1928 年《布斯塔曼特法典》第 105 条规定，“一切财产，不论其种类如何，均从其所在地法”；第 108 条进而规定，“工业产权、著作权以及法律所授予并准许进行某种活动的一切其他经济性的类似权利，均以其正式登记地为其所在地”。1979 年《匈牙利国际私法》第 20 条第一项规定：对发明者或其利益继承人的保护，适用专利证发出国或专利申请国法。1984 年《秘鲁民法典》第 2093 条规定：凡有关知识产权的存在和效力，如不能适用国际条约或特别法的规定时，应适用权利注册地法。罗马尼亚《关于调整国际私法法律关系的第 105 号法》第 60 条规定：“知识产品著作权的成立、内容和消灭，适用作品以出版、演出、展览、广播或其他适当方式首次公开发表的国家的法律”。

来源国法主义有利于外国知识产权在内国的保护，保证了同一知识财产在不同国家的相同待遇。但是，如果完全适用来源国法，就会导致来源于不同国家的同类知识产权在一国内的不同待遇，并且依外国知识产权法评判本国国民的行为合法性也不甚合理。此外，来源国法主义要求承认依外国法产生的知识产权在内国的效力，在知识产权地域性仍有重要影响的情况下，这一冲突规则的适用就具有很大的局限性。由于著作权的取得不必经过申请和审查程序，所以其跨国承认要比专利权和商标权等工业产权容易得多，并且各国在著作权领域的政治、经济利益考虑不像对于工业产权的考虑那么强烈，所以来源国法主义在著作权领域得到各国理论和实务的相当认可。

三、行为地法主义

行为地法主义（*lex loci actus*），主张知识产权法律关系由知识产权使用地（利用地）法或侵权行为地法（*lex loci delicti*）调整。这一法律适用原则被一些国家的立法所采纳。比如，1978 年《奥地利联邦国际私法》第 34 条规定，无体财产的成立、内容和消灭，依使用行为或侵权行为发生地国家的法律。

行为地法主义的理论基础主要是“场所支配行为（*locus regit actum*）”这一法律古训，

此外，它也与知识产权地域性原则相容。由于知识产权诉讼多是由使用行为或侵权行为引起的，所以依使用地法或侵权行为地法确定知识产权的内容、使用和利用方式并据以认定侵权是合乎逻辑的。[①] 但是，行为地法主义的缺点在于，当知识产权纠纷不是由使用行为或侵权行为引起的，也就没有行为地，行为地法主义也就失去了连结点。这种情况下如何适用法律，就成为空白。另外，行为地法主义也存在与保护国法主义相同的缺点，即不利于知识产权的跨国保护，因为行为地法的适用将只承认和保护依行为地法产生和存在的知识产权，这将使得依外国法产生的知识产权被拒之门外，而“侵权行为人”得以选择行为地实施“侵权行为”。

四、法院地法主义

法院地法主义（*lex fori*），主张以法院地法作为国际知识产权法律关系的准据法。采用法院地法主义作为知识产权冲突法立法指导原则的国家还很罕见。《瑞士联邦国际私法》第110条第2款规定，就侵权行为引起的请求而言，当事人得于损害事件发生后的任何时候约定适用法院地法。但这一条规定的法院地法的适用是有相当的限制条件的：首先，它的适用范围限于“因侵权行为而引起的请求”。这就是说，法院地法仅能适用于因侵权行为而引起的损害赔偿、补偿损失等事项，而侵权行为本身的认定仍必须适用该法第110条第1款的规定，即适用保护国法。其次，法院地法的适用是以侵权行为当事人的合意选择为前提的，所以这一条规定采用的立法指导原则其实是当事人意思自治原则，法院地法不过是法律限定的当事人选择的范围而已。

从根本上说，法院地法是缺少法律上的理论依据的。首先，尽管法院地法经常被适用，但适用的原因是法院地与侵权行为地或保护国常常是同一的，其适用的冲突规范连结点是“侵权行为地”或“保护国”，而不是法院国。其次，在知识产权案件的专属管辖权日渐突破的情况下，立法管辖权和司法管辖权在知识产权案件中的分工将越来越明确。司法管辖权不应左右立法管辖权，司法管辖权多为诉讼的便利与效率而设计，而立法管辖权则是为实体的公正而考虑。在这种情况下，适用法院地法往往会导致与案件无任何实体相关性的法律被适用。

五、最密切联系原则

最密切联系原则主张综合考虑知识产权关系所涉及的各种因素，确定和适用与该法律关系有最密切联系的国家的法律。这一原则的应用主要体现在英美法系国家的有关判例中。

尽管长期信奉地域性原则并以知识产权法为公法为由拒绝外国知识产权法的域内适用，美国对于知识产权冲突法问题的研究却是以传统的国际私法选法模式为出发点的。《第一次冲突法重述》中比尔（Joseph Beale）的既得权理论和《第二次冲突法重述》中里斯（Rease）的最密切联系原则，以及柯里的“政府利益分析说”，对于这一领域的探索无疑有着重要的影响。上述“艾塔-塔斯新闻社案”就是美国法院以积极态度应对知识产权法律冲突很有代表性的例证。[②] Jon O. Newman法官根据《第二次冲突法重述》中的最密切联系原

---

① See Graeme B. Dinwoodie, “International Intellectual Property Litigation: A Vehicle for Resurgent Comparativist Thought?”, *The American journal of comparative law*, vol. 49, number 3 summer 2001, p. 438.

② 此外，*Bridgeman Art Library, Ltd. v. Corel Corporation* [25*F. supp.* 2*d* 421 (*S. D. N. Y.* 1998)] 案也采用了与艾塔-塔斯新闻社案相同的法律选择方法。

则创造了一套版权冲突法，他认为，既然作品是由俄罗斯国民在俄罗斯创作并且首次出版地也在俄罗斯，俄罗斯就是唯一的与该作品的创作有最密切联系（most significant relationship）的国家，从而，该作品的权属问题应适用俄罗斯法。

与“艾塔-塔斯新闻社案”的法律选择方法相同，2004年的《比利时国际私法》第93条第2款也规定了最密切联系原则的适用：工业产权最初的权属纠纷应当适用与智力活动关系最密切的国家的法律。

最密切联系原则是一般国际私法理论在知识产权法律适用领域的初步尝试，它使得地域性原则对法律选择的决定性作用已显著下降。但是，法官对于最密切联系因素的确定具有很大的模糊性，其背后隐含的有关各方和各国的利益权衡操作也使其适用带有很大的主观性。而且，在知识产权地域性原则仍具有重要影响的目前阶段，若依最密切联系原则而完全适用外国法则不是很现实。在这方面，欧盟的罗马I条例关于知识产权合同的冲突法立法作出了重要推进，即它以特征性履行理论来适用最密切联系原则。

欧盟委员会原本在最初的罗马I条例草案中列入了知识产权合同的冲突规则：在当事人没有选择合同准据法的情况下，根据草案第4条第1款f项的规定，与知识产权有关的合同应当适用出让方惯常居所地国家的法律；草案同一条款g项和h项又规定，特许经营合同和销售合同应当分别适用被特许方或销售方惯常居所地国家的法律。欧洲议会法律委员会及有关法律专家认为，欧盟委员会草案的这些条款存在两方面的问题：一是冲突规范的连结点过于僵化，二是特征性履行理论在知识产权合同领域的适用不当。就冲突规范的连结点设置而言，欧洲议会法律委员会尤其认为，草案第4条不应对类型化合同的连结点采用“应当”的规定模式，而应采用“假定”的推定模式，以保留足够的适用灵活性。但最终，欧盟委员会追求法律适用确定性的意见占了上风，罗马I条例对第4条中的类型化合同采用了“应当”的绝对规定模式。①

在特征性履行理论的适用方面，欧洲马普知识产权冲突法研究组（CLIP）认为，条例草案没有考虑到不同知识产权合同的特点，未能实现合同各方利益的合理平衡。② 在简单的知识产权合同中，被许可方只有支付许可使用费的义务，不妨认定许可方负有特征性履行义务。但是，与知识产权相关的合同在内容上仍存在很多差异，某些合同会分别以销售、特许经营或合作为主要目的和内容，知识产权转让或许可仅是附属内容。条例草案使用的“与知识产权相关的合同”一语，不能明确条例应适用于上述合同的部分还是全部。以知识产权许可合同为例，多数许可合同规定被许可方的实施义务以及产量和质量要求，而且合同的实施地往往是被许可方的营业地。在这种情况下，条例草案第4条第1款f项的规定就过多地倾向于出让方而不利于受让方。③ 此外，条例草案对于特许经营合同和销售合同的准据法规定显然与知识产权合同的准据法规定存在法理上的冲突：就知识产权合同而言，特征性履行存在于出让方的义务之中，为何却又存在于被特许方和销售方的义务之中？草案无法解释这种矛盾。有鉴于此，CLIP认为罗马I条例可以在两种方案中择一采用：要么取消针对知识产权合同的单独规定，对其适用一般合同的冲突规则，即以特征性履行理论适用最密切联系原

① 应当承认，罗马I条例第4条就列举的合同所做的特征性履行解释符合绝大多数欧洲国家在罗马公约生效前的司法实践。

②③ Jean-Christophe Galloux, *op. cit.*

则，让法官根据各种知识产权合同的特点具体确定个案中的特征性履行[①]；要么仍以出让方惯常居所地国法为知识产权合同的准据法，除非被许可方明示或默示地负有实施义务。罗马I条例最终采用了第一种方案。

六、"分割论"

【案例7—1】铁幕案[②]

福克斯（Fcx）公司在美国拍摄了一部名为"铁幕"的电影。在未获得作者同意的情况下，福克斯公司在该片中采用了四位苏联作曲家的音乐片断。后来，福克斯—美国和福克斯—欧洲公司在法国放映了该影片，世界音乐协会（Le Chant du Monde）以上述音乐的受让人身份将福克斯公司起诉到法国法院，请求查封该影片并赔偿损失。

本案所涉及的主要法律问题包括：在苏联和法国之间不存在文学艺术产权保护公约的前提下，苏联作曲家的著作权能否在法国得到保护？如果可以获得保护，应依哪国法律确定其著作权的权利内容和保护方式？

"分割论"主张将知识产权法律关系的不同事项，分别确定适用不同的法律。比如，知识产权的权属问题应适用来源国法，而权利的内容、有效期，保护方式等事项应适用保护国法。

法国的判例一直试图对来源国法主义与保护国法主义进行调和。根据判例确立的理论，知识财产首先在一国根据该国法律以出版或完成申请或注册手续的方式而取得知识产权，而后该权利在其他国家被援引，但不能主张比保护国法律规定更广泛的权利而且应履行保护国法要求的保持该权利的程序。比如，在上述"铁幕案"中，由于苏联和法国之间不存在保护文学艺术产权的公约，苏联公民作为作者的作品或者首先在苏联境内发表的作品就不能依据法国法产生著作权。但是，从著作权是民事权利的角度出发，巴黎上诉法院和法国最高法院都认为，外国人可以在法国援引其依据来源国法产生的著作权（包括世界音乐公司通过著作权转让合同而取得的著作权），而该权利的行使和保护则应当适用保护国法（也即法国法）。[③]这样，在没有要求对等保护的情况下，法国法院承认和保护了苏联作曲家的著作权。

"分割论"主要适用于不存在国民待遇原则的情况，它承认依据来源国法产生的知识产权并依据保护国法确定权利内容和保护方式。这一理论在国际公约的框架之外进一步促进了知识产权的国际保护。但是，在严格遵循知识产权地域性的国家，"分割论"的适用有很大的局限性，而且该理论也主要适用于文学艺术产权领域，因为该类权利无须注册或审查程

---

① 欧洲马普知识产权冲突法研究组（CLIP）2009年4月8日发布的《知识产权冲突法原则》第3：502条建议，特征性履行义务的确定应考虑到受让方或被许可方的实施义务、知识产权实施地、转让费或许可费的计价和支付方式、受让方或被许可方的实施报告义务、出让方或许可方的作品创作义务等因素。See *Principles for Conflict of Laws in Intellectual Property Prepared by the European Max-Planck Group on Conflict of Laws in Intellectual Property*, First Preliminary Draft April 8, 2009.

② Société Fox-Europa c/ Société Le Chant du Monde, Cass. 1er civ., 22 déc. 1959.

③ G. Holleaux, Note sous arrêt, *RIDA*, 1960, juill., n° XXVIII, pp. 121-130; H. Desbois, "Le droit d'auteur des étrangers en France (à propos de l'affaire du 'Rideau de Fer')", *RIDA*, 1961, juill., n° XXVIII; B. Goldman, Note sous arrêt, *Journal du droit international* (*Clunet*), 1961, n° 2, pp. 422-426.

序就可以产生。[①] 此外，欧盟的罗马Ⅰ条例在“分割论”的适用上做了新的尝试。比如，在知识产权合同相关事项的准据法适用范围上，从罗马Ⅰ条例第10、11和12条的规定来看，条例主张准据法适用于合同的所有方面。但知识产权合同具有其特殊性：如果当事人选择的法律或条例冲突规则所指向的准据法不是知识产权实施地国家的法律，则作为合同标的的知识产权在实施地国家的存在、效力和权利内容等事项能否由外国法作为准据法来调整？比如，许可合同的标的是法国专利技术而在中国不受专利保护，或者作为许可合同标的的法国注册商标在中国为第三方主体所有，如果中国法是准据法，则该合同（或其标的）是否有效？这涉及一个问题的两个方面：一方面，知识产权的存在、效力和权利内容能否由合同来约定；另一方面，关于这些事项的知识产权法规则是否是强制规则（overriding mandatory rules）。[②] 由于知识产权与物权均属对世性财产支配权，对于知识产权应比照适用物权法定原则[③]，因而前述知识产权事项不能由合同约定。根据合同的相对性原则，可以将合同对前述知识产权事项的约定的效力限制在合同当事人之间。这虽然是尽可能地遵守物权法定原则，但却不能对第三方知识产权的对世效力形成逃避，比如，平行进口与对外贴牌加工（OEM）情形下对进口国和加工国第三方知识产权的侵犯。因此，结论是，应当区分知识产权合同中的合同事项与知识产权事项，合同事项适用合同的冲突法规则，而知识产权事项适用权利被请求保护之国家的法律。尽管这一分割（depecage）的做法[④]不能保证知识产权合同整体上以同一国家的法律作为准据法，但从本质上看并无不当：其一，罗马Ⅰ条例本身即允许当事人就部分合同事项选择准据法，这意味着对于其他合同事项可能以另外的法律作为准据法；其二，各国有关知识产权产生、存在、效力和权利内容等事项的法律规定属于强制规则，效力高于当事人的约定。[⑤]

七、意思自治原则

意思自治原则，主张通过当事人的自由选择来确定国际知识产权案件的法律适用。尽管以合同领域的法律适用为肇始，意思自治原则在众多的私法领域被广泛采用，但在知识产权领域，这一原则的提倡者仍为少数。由于知识产权与权利产生地、行使地、利用地、侵权行为地或保护国在法律上和政治、经济利益上的紧密联系，以及技术出口国和进口国之间的利益冲突导致的立法冲突、各国在知识产权法领域的强制性规定等，允许当事人自由选择法律来调整国际知识产权案件，确有较大的难度。

但是，知识产权领域也非完全的排斥当事人意思自治原则。如前所述，1987年11月的《瑞士联邦国际私法》第110条第2款规定，侵权行为的当事人可以就侵权行为引起的赔偿请求，合意选择适用法院地法。另外，在知识产权许可使用合同中，当事人可以就某些事项约定适用法律。但是，如果所约定适用的不是开发使用国的法律，那么合同所选择的法律仅对合同当事人有效。比如，在国际知识产权仲裁中，由当事人选择案件所适用法律的做法并

① 参见冯术杰：《“分割论”的合理性及其完善——知识产权冲突规范探微》，载《山东公安专科学校校报》，2004（6）。

② 根据罗马Ⅰ条例第9条的规定，首要的强制性规则是指对公共利益具有至关重要性的法律规则，比如政治、社会或经济的组织。

③ 参见崔国斌：《知识产权法官造法批判》，载《中国法学》，2006（1），144～164页，

④ 参见王卿：《论国际私法中的“分割方法”》，载《法律方法》，2012（12）。

⑤ 参见冯术杰：《论知识产权冲突规则的拟定——保护国法主义与分割论的结合适用》，载《法学》，2005（3），101～109页。

不罕见，但为了使仲裁裁决顺利地得到承认和执行，仲裁庭在适用法律上仍要注意各国的强行法的规定。[①] 即便在知识产权案件的仲裁方面比较前卫的瑞士，一般也认为，涉及外国知识产权效力的事项，仍要适用其所据以产生的法律。

我国《涉外民事关系法律适用法》第 50 条规定，知识产权的侵权责任，适用被请求保护地法律，当事人也可以在侵权行为发生后协议选择适用法院地法律。由于知识产权的地域性，保护国作为知识产权侵权之债冲突规则的连结点，这一点是理论上的共识和大多数国家的立法实践。[②] 但是，就知识产权侵权之债允许当事人协议选择非保护国法作为准据法原则上可行性较低，欧盟的罗马Ⅱ条例第 8 条第 3 款即明确禁止此种意思自由。如前所述，要确定在有关国家境内某一行为是否构成知识产权侵权，首先要确定相关知识产权的存在、效力和权利范围，其次要认定有关行为是否为法律所禁止。这两个方面都要适用保护国的法律来确定而不可能适用他国法律，因为知识产权侵权关系从最基本的性质而言是法定的而不是约定的，知识产权的地域性带给保护国法的这种立法管辖权有着强制法的性质。但是，当事人协议选择法律来调整侵权人应承担责任的具体形式和内容（如损害赔偿）倒是可能的，因为这涉及的仅是一种私法上约定的财产关系。而法院地法在这一协议选择中处于优先被考虑的地位是可以理解的，因为此类案件的管辖规则通常决定了法院地国非保护国即被告住所地国或其财产所在地国，这种选择不仅会有利于判决的执行，也避免了外国法的查明问题。[③] 从这个角度说，对《涉外法律关系适用法》第 50 条所规定的意思自治规则的适用范围应作出如上所述的限制。

第三节 中国的涉外知识产权保护

引例 美国杜邦公司诉北京国网信息有限责任公司案

杜邦公司于 1802 年在美国注册成立，现在在世界七十多个国家和地区设有一百八十余家子公司或合营公司。从 1988 年开始，杜邦公司在中国大陆设立了 11 个独资公司及合营公司，产品涉及电子、化工、农药等领域。

“DU PONT”，是一法文姓氏，系杜邦公司创立者的姓，杜邦公司设立以来一直在产品上使用椭圆字体“DU PONT”标志，并将其作为商标于 1921 年在美国注册，后来又在九十多个国家、地区和组织得到注册。在我国，杜邦公司从 1976 年 11 月开始对椭圆字体“DU PONT”和中文“杜邦”文字拥有注册商标。从 1992 年开始，杜邦公司在中国大陆对椭圆字体“DU PONT”商标作了持续的广告宣传，该商标也被应用在电子、化工、农药等领域。此外，杜邦公司在十七个国家注册了三级域名，均为“dupont. com. 行政区缩写”或“dupont. 行政区缩写”或“dupont. co. 行政区缩写”的模式。

被告北京国网信息有限责任公司（以下简称“国网公司”）于 1996 年 3 月

---

① 参见张楠：《涉外知识产权仲裁中的法律适用》，载《中国对外贸易》2001（8），21～24 页。

② See also *Abkco Music &Records, Inc. v Music Collection International Ltd*. [1995] RPC 657，660.

③ See also Arts. 109 and 110 of the Swiss Code on Private International Law of 1987.

注册成立，其经营范围为计算机网路服务和技术开发等。1998 年 11 月 2 日，该公司在中国互联网络信息中心注册了域名“dupont. com. cn”，但一直没有实际使用。

1999 年 3 月，杜邦公司在中国的子公司中国杜邦有限公司致函被告，要求被告立即停止使用 DUPONT 域名，并立即撤销对“dupont. com. cn”域名之注册。在交涉未果的情况下，美国的杜邦公司将中国的国网公司起诉到北京市第一中级人民法院（以下简称“北京一中院”），控告后者的商标侵权行为和不正当竞争行为。2000 年 11 月 21 日，北京一中院在判决中认定商标侵权行为和不正当竞争行为成立。一审被告上诉后，2001 年 11 月 15 日，北京市高级人民法院判决维持原判。

本案涉及的法律问题是：美国杜邦公司是否有权在中国主张其商标权和反不正当竞争权？本案所涉及的商标侵权行为和不正当竞争行为应适用哪国法律？

改革开放以来，中国为了建立社会主义市场经济体制和发展对外经贸合作，在学习借鉴西方工业发达国家的基础上逐步建立了现代知识产权制度。经过三十几年的探索与努力，我国的知识产权制度已经相当系统而完备，该领域的法制发展所取得的成绩是举世瞩目的。一方面，全国人大和中央政府先后制定和颁布了商标法，专利法、著作权法等一系列法律法规，建立了较全面的知识产权国内法律体制，另一方面，我国政府也加入了《建立世界知识产权组织公约》等一系列知识产权国际保护条约，将国内知识产权法与国际知识产权保护体制相衔接。这些知识产权国际条约和国内法就构成了我国涉外知识产权保护法律体制，也是我国涉外知识产权案件适用法律的主要渊源。

一、中国的涉外知识产权保护法制

(一) 国际知识产权条约

中国的对内改革是在对外开放的背景下进行的，而在国内知识产权法制的建设中，我国也积极参照了国际知识产权法。从上世纪 80 年代开始，我国陆续加入了一系列重要的国际知识产权条约，包括《建立世界知识产权组织公约》(1980 年 6 月 3 日加入)，《保护工业产权巴黎公约》(以下简称《巴黎公约》，1985 年 3 月 19 日加入)，《商标国际注册马德里协定》(1989 年 10 月 4 日加入)，《保护文学艺术作品伯尔尼公约》(以下简称《伯尔尼公约》，1992 年 10 月 15 日加入)，《世界版权公约》(1992 年 10 月 30 日加入)，《保护录音制品制作者防止未经许可复制其录音制品公约》(以下简称《日内瓦公约》，1993 年 4 月 30 日加入)，《专利合作条约 (PCT)》(1994 年 1 月 1 日加入)，《保护植物新品种国际条约》(1999 年 4 月 23 日加入)，《与贸易有关的知识产权协议》(以下简称“TRIPs 协议”，2001 年 12 月 11 日加入) 等。

上述公约在众多领域建立了国际知识产权保护体制，其规则制度涉及知识产权权利主体资格、知识产权取得条件，权利内容和保护措施等各个方面。尽管目前的知识产权国际保护体制尚不完备，但由《巴黎公约》、《伯尔尼公约》和 TRIPs 协议所确立的基本原则和保护标准在很大的程度和规模上协调了各国国内法，为知识产权国际保护提供了基本的制度和规则保障。这些原则和制度包括：国民待遇原则、最惠国待遇原则、独立保护原则、最低保护标准原则。

1. 国民待遇原则

工业产权国际条约中的国民待遇原则始于 1883 年 3 月 20 日的《巴黎公约》。根据该公约第 2 条第 1 款，在工业产权保护方面，《巴黎公约》一缔约国的国民在其他缔约国享受后者给予或将给予其国民的待遇，这样，各缔约方就必须给予其他缔约国国民与本国国民同样的保护和法律救济，这就是国民待遇原则。同时，该条第 2 款还规定，国民待遇原则的适用不以缔约国国民在工业产权保护国拥有住所或机构为条件。此外，该公约第 3 条还规定，在《巴黎公约》缔约国境内拥有住所或真实有效工商机构的非缔约国国民，也应按缔约国国民对待。这样，国民待遇原则适用的主体范围就被扩大了。

在文学艺术产权领域，1886 年 9 月 9 日的《伯尔尼公约》规定了国民待遇原则。该公约第 5 条第 1 款规定，作者就其受本公约保护的作品在来源国之外的缔约国享受后者给予或以后将给予其国民的待遇。该公约第 3 条给出了受保护的作者的范围，包括公约缔约国的国民、作品首次或同时在缔约国发表的非缔约国国民、在缔约国拥有惯常居所的非缔约国国民。就电影作品而言，即使作者不满足前述条件，只要制片人的总部或者惯常居所位于缔约国境内就可以受到保护；同样，只要建筑作品及建筑相关作品建于缔约国境内，也可以受到保护。

作为 WTO 条约组成部分的 TRIPs 协议，则将上述两个领域的国民待遇原则进行了整合。这表现在，一方面，TRIPs 协议第 2 条要求 WTO 成员方就协议第Ⅱ、Ⅲ、Ⅳ部分项下的义务遵守《巴黎公约》第 1 条到第 12 条和第 19 条，而该协议第 9 条要求 WTO 成员方遵守《伯尔尼公约》第 1 条到第 21 条及其附件；另一方面，TRIPs 协议第 3 条又单独规定了国民待遇原则，根据该条，在知识产权保护方面，WTO 成员方应给予其他成员方国民不低于其给予本国国民的待遇。

总的来说，上述条约中的国民待遇原则意味着各国将给予他国国民以与本国国民相同的待遇。在不存在或者尚不存在知识产权国际统一实体法的情况下，国民待遇原则的意义就在于，它确立了外国人在本国知识产权法上的权利主体资格。尽管由于知识产权地域性，依据一国法律产生的知识产权不能在其他国家得到承认和保护，但是，国民待遇原则间接地实现了知识产权的跨国保护。《巴黎公约》和《伯尔尼公约》在 19 世纪后期就将国民待遇原则确立为知识产权国际保护体制的基本原则，而 TRIPs 协议又在 20 世纪后期将这一原则在更广泛的范围内进行了巩固和推广，这就进一步促进了知识产权的跨国保护。

2. 最惠国待遇原则

《巴黎公约》和《伯尔尼公约》都没有规定最惠国待遇原则，是 TRIPs 协议将这一原则引入了知识产权国际保护领域。一般来讲，国民待遇原则的目的在于实现外国国民与本国国民的相同待遇，而最惠国待遇的目的在于实现不同国家的外国国民在本国的相同待遇。因为，在一国实施国民待遇原则的情况下，该国仍可以通过单独约定给予某些其他国家的国民以高于本国国民的待遇，这样就形成了对于只享受国民待遇的外国国民的歧视待遇。在货物贸易领域，这种歧视待遇将直接影响到各出口国的商品在进口国的竞争力，因而，调整货物贸易的《关税与贸易总协定（GATT）》（以下简称《关贸总协定》）将最惠国待遇原则规定为与国民待遇原则并列的无歧视原则。在WTO框架内，《服务贸易总协定（GATS）》和TRIPs协议是乌拉圭回合多边贸易谈判中产生的与《关贸总协定》相并列的两个支柱协议，分别调整服务贸易和知识产权保护。这样，一方面是由于既存的《关贸总协定》文本的模板效应，另一方面是由于知识产权保护与国际贸易的紧密联系（正如TRIPs协议的名称所揭示的那样，WTO框架内的知识产权是“与贸易有关的知识产权”），TRIPs就将本适用于货物贸易领域的最惠国待遇原则引入了知识产权国际保护领域。

TRIPs协议第4条规定，在知识产权保护方面，WTO成员方给予任一其他成员方国民的优势、好处、优惠或豁免都应立即无条件地给予其他成员方。但是，因以下四种情况产生的特殊待遇免于适用最惠国待遇：因一般的而不是局限于知识产权保护的司法协助或执法协定而产生的待遇、根据《伯尔尼公约》或《罗马公约》（即《保护表演者、录音制品制作者和广播组织国际公约》）所允许的对等待遇而不是国民待遇原则而给予的待遇、就本协议未作规定的表演者、录音制品制作者和广播组织的权利而给予的待遇、由WTO协议生效前已生效的知识产权国际保护协议产生的待遇（但成员方应将此类协议通知TRIPs协议理事会，而且由此产生的特殊待遇不应构成对于其他成员方国民的任意或不合理的歧视）。

这样，根据TRIPs协议的最惠国待遇原则，在协议所涵盖的知识产权保护方面，一成员方根据单独约定而给予任一其他成员方国民的优惠待遇是违反该协议项下条约义务的。任何未参与单独约定的成员方均可主张该优惠待遇适用于其本国国民。就中国而言，20世纪90年代的中美知识产权谈判中曾产生三个中美知识保护双边协议，中国政府给予美国国民单独的优惠待遇。在中国“入世”之后，这样的知识产权双边优惠待遇安排将受到TRIPs协议最惠国待遇原则的约束。

3. 最低保护标准原则

国民待遇原则和最惠国待遇原则实现了外国国民与本国国民和不同外国国民之间的平等待遇，但各国仍可能在不违反无歧视原则的条件下制定和实施低水平的知识产权保护立法。这样，各国的知识产权保护水平就会参差不齐，提供高水平保护的国家的国民在低水平保护国家受到的是低水平保护，而提供低水平保护的国家的国民却在高水平保护国家享受高水平保护。为减弱和消除这种制度上的缺陷，《巴黎公约》、《伯尔尼公约》和TRIPs协议都规定了最低保护标准原则。

《巴黎公约》第2条第1款规定，缔约国国民根据国民待遇原则在其他缔约国所享受的保护，不影响其根据《巴黎公约》本身的规定所享受的权利，这就是说，各缔约国不仅要给予其他缔约国国民以国民待遇，而且要给予不低于《巴黎公约》所规定的保护。《伯尔尼公约》第5条第1款也规定，缔约国国民在其他缔约国除享受国民待遇外，也享有该公约所授予的权利；该公约第19条还规定，本公约条款不妨碍作者根据成员国法律所赋予的更高水平保护而提出的请求。TRIPs协议在第1条第3款规定，成员方应给予其他成员方国民以本协议所规定的待遇；其第1条第1款更是规定，只要不违反协议有关条款，成员方可以，但不是必须，实施比本协议的规定更为广泛的知识产权保护。

但是，通过国际条约协调各国知识产权立法是一项艰难、复杂的工程，因为各国的历史背景、社会文化、法律制度、科技发展阶段、经济发展水都不相同，而与上述因素息息相关的知识产权法制也必须适应各国的具体情况。《巴黎公约》在工业产权保护方面所确立的实体规则很少，《伯尔尼公约》的实体规则相对较多，但仍在很多方面缺少规定。在各国知识产权法协调方面，TRIPs协议无疑具有里程碑式的意义。该协议在《巴黎公约》和《伯尔尼公约》的基础上，就八类主要知识产权的保护水平作出了详细规定，内容涉及知识产权的取得、效力、权利内容和保护措施等内容。同时，WTO成员方的广泛性也使得TRIPs协议在全球范围全面提升了知识产权国际保护水平，因为它对一百四十多个成员方的国内知识产权法提出了最低保护水平的要求。

4. 独立保护原则

公约对知识产权国际保护的作用体现在两个方面：一是通过国民待遇原则确立了外国人在本国的知识产权权利主体资格，二是通过最低保护标准原则协调了各国国内知识产权法。这样一来，知识产权国际保护就落实到各国通过国内法保护外国人在本国取得和行使知识产权的模式。各国知识产权立法彼此独立，依各国法所产生的知识产权彼此独立，各国法所提供的保护措施也是彼此独立的，这就是《巴黎公约》和《伯尔尼公约》所规定的独立保护原则。这一原则既是对知识产权地域性的确认，也是对国民待遇原则的呼应。就同一智力成果而言，独立保护原则就使得权利人在多个国家拥有多个独立的知识产权。

《巴黎公约》和《伯尔尼公约》均对知识产权独立保护原则作出了规定。《巴黎公约》第4条之二规定，就同一发明，成员国国民在不同成员方申请的专利与在其他国家取得的专利相独立，无论后者是否是《巴黎公约》成员国。这一独立性不仅适用于专利取得条件，而且适用于宣告专利无效或失效的理由以及保护期。该公约第6条还规定，成员国国民在来源国未进行商标申请、注册或续展的事实，不能成为该国民在其他成员国商标注册申请被驳回或者已注册商标被撤销的理由；在一成员国正常注册的商标应被视为独立于在其他成员国（包括来源国）注册的商标。根据《伯尔尼公约》第5条第2款，作者依国民待遇原则在非来源国所享有和行使的权利应独立于其作品在来源国所受的保护；因此，除本公约条款外，作者权利的保护程度和保护方式只应由保护国法调整。

（二）国内知识产权法

与上述知识产权国际保护体制相呼应，我国国内法在涉外知识产权保护方面主要突出了两点：一是根据国民待遇原则规定了外国人有权在我国取得和行使知识产权并获得保护，二是根据最低保护标准原则规定了我国的知识产权保护水平。

1. 外国人在我国知识产权法上的主体资格

针对不同的知识产权类型和取得条件，我国法律将外国人在我国知识产权法上的主体资格分别规定于著作权法、商标法和专利法等基本法律之中。

在著作权法领域，1990年《著作权法》第2条规定，外国人的作品首先在中国境内出版的，依照该法享有著作权；外国人在中国境外出版的作品，根据其所属国或者经常居住地国同中国签订的协议或者共同参加的国际条约享有的著作权，受本法保护。尽管我国当时尚未加入《伯尔尼公约》，但对于外国人作品保护的规定已经参考了该公约的“作品国籍”和“作者国籍”标准：就作品而言，不论其作者所属国是否与中国有条约关系，只要该作品首先在中国境内发表就受中国法保护；就作者而言，如果其作品不适用前款规定，则根据其国籍所属国同中国签订或者共同参加的国籍条约来确定其作品是否在中国受保护。我国于1992年10月15日加入《伯尔尼公约》之后，2001年修订的《著作权法》对涉外作品的保护做了更详细的规定。一方面，新法明确了对无国籍人与外国人的相似待遇，将无国籍人的经常居住地国视为所属国，从而适用“作者国籍”标准；另一方面，新法将《伯尔尼公约》第3条（1）款（b）项的规定纳入了国内法，规定，与中国没有相关条约关系的国家的国民和无国籍人的作品，如果首先在中国参加的国际条约的成员国出版，或者在成员国和非成员国同时出版，也受中国法保护。但是，就后一项规定而言，由于我国立法没有将“中国参加的国际条约”确指为《伯尔尼公约》，所以该条款也适用于其他国际公约的情形。这样，我国立法就提供了比《伯尔尼公约》的规定更为广泛的保护。

在商标法领域，1982年、1993年和2001年《商标法》都规定，外国人或者外国企业在中国申请商标注册的，应当按其所属国和中国签订的协议或者共同参加的国际条约办理，或者按对等原则办理；外国人或者外国企业在中国申请商标注册和办理其他商标事宜的，应当委托国家指定或认可的组织代理。这样，比如，《巴黎公约》的成员国公民或企业就可以依据该公约的国民待遇原则在中国申请商标注册，而与中国没有类似条约关系的国家的公民或企业，如果其所属国允许中国的公民和企业在该国申请商标注册，那么他们也可以在中国取得商标权。至于我国要求外国人和外国企业委托中国组织代理商标事务，这是行政程序上的合理要求，是《巴黎公约》第1条第3款所允许的。2002年《商标法实施条例》第7条又明确指出，这一程序要求仅适用于在中国没有经常居所或者营业所的外国人或者外国企业。

在专利法领域，1984年、1992年和2000年、2008年《专利法》都规定，在中国没有经常居所或者营业所的外国人、外国企业或者外国其他组织在中国申请专利的，依照其所属国同中国签订的协议或者共同参加的国际条约，或者依照互惠原则办理，但应当委托国务院指定的专利代理机构办理。由此，在中国有经常居所或营业所的外国人、外国企业或其他组织就可以直接在中国申请专利，这比商标法的规定更为直接，也符合《巴黎公约》第2条和第3条的要求。

此外，应当指出的是，上述条款中的协议或条约不仅包括《巴黎公约》、《伯尔尼公约》等多边条约，也包括中国和外国签订的双边条约。比如，1992年1月17日签订的《中华人民共和国政府与美利坚合众国政府关于保护知识产权的谅解备忘录》第3条就规定，本备忘录为中国《著作权法》第2条所说的国际条约；在中国加入《伯尔尼公约》和《日内瓦公约》之前，美国国民在中国境外发表的作品，包括计算机程序和录音制品，受中国法保护。由于备忘录约定该种互惠保护自备忘录签字后60天内生效，所以，从1992年3月17日开始，中美之间就建立了互惠的著作权保护关系。

2. 体现国际标准的知识产权保护水平

随着我国科技和经济的发展以及加入一系列知识产权国际公约，我国自20世纪80年代确立了基本的知识产权保护制度之后，又于20世纪90年代和2000年前后进行了两次知识产权法的修改和完善。这两次法律修改活动，一方面是为了适应我国社会的发展需要，另一方面是为了将国内法与我国签订或加入的国际条约相协调。

在著作权法领域，受法律保护的作品范围涵盖了《伯尔尼公约》和TRIPs协议等国际公约所要求的作品种类，其中，计算机软件由单独的《计算机软件保护条例》调整；作者享有广泛的财产权利和精神权利，保护期为作者有生之年加上死后 50 年；对作品合理使用的范围也由 2001 年修订的《著作权法》做了符合 TRIPs 协议的限定。在商标法领域，为与《巴黎公约》和 TRIPs 协议的规定相符，2001 年修订的《商标法》进一步扩大了可注册标志的范围，将地理标志纳入了商标法的保护范围，引入了商标注册的优先权制度，并进一步强化了对于驰名商标的保护。在专利法领域，1992 年修订的《专利法》已经全面向 TRIPs 协议看齐，新法将食品、饮料、调味品、药品和用化学方法获得的物质纳入了专利保护范围，增设了专利权人的进口权，将发明专利的保护期从 15 年延长到 20 年，在新产品的制造方法专利侵权中引入了举证责任倒置制度，强化了对于强制许可的条件限制；2000 年修订的《专利法》则增加了许诺销售的权利内容，并作出了在我国适用《专利合作条约（PCT）》国际申请程序的规定。

此外，我国还在著作权法、商标法和专利法中增加了符合 TRIPs 协议第Ⅲ部分的知识产权保护措施，包括临时措施、海关措施和行政、司法和刑事措施等。

这样，在由上述知识产权国际公约和我国国内法所构成的涉外知识产权保护体制下，有关公约缔约国的公民和法人就可以在我国得到知识产权保护，而我国公民和法人的知识产权也可以在有关公约的缔约国得到保护。这为我国对外科技文化交流和经济交往起到了积极的保障和推动作用，涉外知识产权案件的增多也从另一个侧面证明了这一点。

二、涉外知识产权案件的法律适用

就我国的司法实践而言，凡是涉及国际私法上的法律适用问题的案件都必须是涉外案件，因为不具有涉外因素的案件都由中国法律调整。所以，在处理涉外知识产权案件时，首先要确定的是该案件的涉外性质。最高人民法院于 1988 年 1 月 26 日发布的《关于贯彻执行〈中华人民共和国民法通则〉若干问题的意见（试行）》第 178 条规定，凡民事关系的一方或者双方当事人是外国人、无国籍人、外国法人的；民事关系的标的物在外国领域内的；产生、变更或者消灭民事权利义务关系的法律事实发生在外国的，均为涉外民事关系。由此，我们应当从当事人、标的物和法律事实三个因素来认定知识产权涉外案件，凡三者之一具有涉外因素的知识产权案件就是涉外知识产权案件。

在确定知识产权案件的涉外性质后，如果案件当事人具有涉外因素，应当先根据我国有关法律的规定和我国参加或缔结的协议或条约来确定该涉外当事人是否有权在我国取得和享有知识产权，然后再根据冲突规则确定该案中应适用的法律。

（一）外国人作为知识产权权利主体的资格认定

如前文所述，我国知识产权法上关于外国人法律地位的规定主要体现在《著作权法》第 2 条、《商标法》第 17 条和《专利法》第 18 条。由于在我国境内拥有经常住所或营业所的外国人、无国籍人或外国企业被视为我国企业，所以自然受到我国知识产权法的保护。需要认定在我国知识产权法上权利主体资格的就是在我国没有经常住所或营业所的外国人、无国籍人或外国企业。根据上述知识产权法上有关条款的规定，要确定具体的外国公民、无国籍人、外国法人或其他组织能否在我国获得知识产权保护，首先要核实其所属国是否与我国签订了有关知识产权保护的协议或者共同加入了有关知识产权国际条约，有关协议或条约是否规定该国国民可以在我国得到知识产权保护。如果上述涉外主体的所属国与我国没有上述条约关系，那就要适用对等原则，即需要核实该国是否给予我国国民以知识产权保护，我国在对等互惠原则下可以给予无条约关系的外国国民以知识产权保护。

在确定涉外主体的所属国时，就《巴黎公约》范围内的工业产权而言，应当适用国籍标准和住所地或营业地标准；就《伯尔尼公约》范围内的文学艺术作品而言，应当适用“作者国籍”和“作品国籍”的标准。这会使案件的调查和举证工作复杂化，但却是准确适用条约规定所必需的。

在“美国杜邦公司诉北京国网信息有限责任公司案”中，原告在美国注册成立，属于美国法人。根据《商标法》第 17 条的规定，美国杜邦公司能否在中国得到知识产权保护取决于中美两国之间的条约规定。由于中国和美国均属《巴黎公约》缔约方，该公约第 2 条要求各缔约方给予其他缔约方国民（包括公民、法人和其他组织）以国民待遇，这样，美国杜邦公司就可以在我国提出知识产权保护的要求。值得注意的是，如果该案的原告不是美国杜邦公司，而是其在中国的子公司，那么，由于后者在中国境内依中国法律成立，所以该子公司属于中国法人，该案的主体就不具有涉外因素，从而直接适用我国知识产权法。

（二）法律适用

在我国，涉外民事案件的法律适用一般都由《民法通则》第八章来调整。但是，该章并没有规定涉外知识产权案件的冲突规则，在涉外知识产权案件中能够适用的主要就是《民法通则》第 142 条关于国际条约和国际惯例适用的规定。根据该条，中国缔结或者参加的国际条约同中国的民事法律有不同规定的，适用国际条约的规定，但我国声明保留的条款除外；我国法律和我国缔结或者参加的国际条约都没有规定的，可以适用国际惯例。《涉外民事关系法律适用法》第七章规定了知识产权的冲突法规则。第 48 条规定，知识产权的归属和内容，适用被请求保护地法律。第 49 条规定，当事人可以协议选择知识产权转让和许可使用适用的法律。当事人没有选择的，适用本法对合同的有关规定。第 50 条规定，知识产权的侵权责任，适用被请求保护地法律，当事人也可以在侵权行为发生后协议选择适用法院地法律。

由于独立保护原则的适用，知识产权权利人一般都在其请求得到权利保护的国家提起诉讼请求，而由于知识产权地域性的存在，各国法院所适用的也基本都是保护国法。就我国知识产权涉外案件而言，当事人所主张的权利主要是基于我国法律所产生的知识产权，即中国知识产权，因此，保护国法主义在大多数情况下都指向我国知识产权法的适用，但这也不排除我国法院适用外国知识产权法的可能。

1. 保护国法主义指引适用中国法

【案例 7—2】美国微软公司诉北京巨人电脑公司案

1993 年，北京巨人电脑公司在销售电脑的同时，复制、销售 MS-DOS 5.0 版、MS-DOS 6.0 版、Windows 3.1 版计算机软件复制品，并持有 MS-DOS 6.2 版、MS-DOS 6.2 测试版中文系统、Windows 3.1 版中文测试版等软件。1994 年，美国微软公司将北京巨人电脑公司起诉到北京市第一中级人民法院，诉称，被告在未经其授权的情况下持有、复制和销售其享有著作权的软件，构成著作权侵权行为，请求法院判令被告停止侵权、赔礼道歉并赔偿损失。北京市第一中级人民法院于

1996 年 4 月 16 日作出判决，认定被告侵权行为成立。

本案既涉及原告在我国知识产权法上主体地位的确定，又涉及法律适用的问题。首先，根据我国《著作权法》第 2 条和 1992 年 1 月 17 日《中美知识产权保护谅解备忘录》的规定，美国国民的作品自 1992 年 3 月 17 日开始可以在中国得到保护。这意味着美国微软公司可以在该日期以后在中国获得著作权保护。其次，原告在本案中要求其软件在中国得到保护，中国就是该案件中的保护国，因此，本案适用中国法律。继而，法院应当根据中国法律来确定微软的对涉案软件的著作权、认定被告侵权行为的成立并计算赔偿数额。应当指出的是，原告所出具的其在美国对涉案软件的版权登记证书，并不能使其根据美国法所取得的版权在中国得到保护，因为微软公司只能在中国主张其根据中国著作权法所取得的权利。由于计算机软件是我国著作权法所保护的作品之一，微软公司作为涉案软件的开发者是该软件在我国的著作权所有人，从而应当得到我国法律的保护。

【案例 7—3】淑钻杯案①

原告法国弓箭国际公司是 Lady Diamond 淑钻系列直身杯的著作权人，作品创作完成时间 2009 年 12 月 7 日，首次发表时间 2010 年 1 月 1 日，并于 2013 年 7 月 12 日经中华人民共和国国家版权局登记，登记号为国作登字—2013-K-00098254。被告高某公司和汇某商行为中国大陆企业。被告未经原告许可在中国大陆制造和销售受著作权保护的玻璃杯。法院认为，当事人一方是外国企业的，可以认定为涉外民事案件。因弓箭国际系法国公司，关于侵害其著作权纠纷的审理，应首先确定法律适用。根据《中华人民共和国涉外民事法律关系适用法》的规定，知识产权的归属和内容以及知识产权的侵权责任，适用被请求保护地法律，故本案审理应适用中华人民共和国法律。

法院因此适用我国著作权法认定，弓箭国际作为涉案作品的著作权人，其受法律保护，他人未经许可，不得复制、发行其作品。高某公司未经许可，生产与涉案作品实质性相似的产品，该行为侵犯了弓箭国际的著作权；汇某商行未经许可，销售与涉案作品实质性相似的产品，亦构成侵权。两者应承担停止侵权和赔偿损失的法律责任。

2. 保护国法主义指引适用外国法

【案例 7—4】北影录音录像公司诉北京电影学院案

1992 年 5 月 5 日，作家汪曾祺先生将其小说《受戒》的电影、电视剧改编权和拍摄权转让给了本案原告，该转让合同有效期过后又被延至 1998 年 3 月。1992 年 10 月，北京电影学院文学系学生吴琼为完成改编课程作业，将小说《受戒》改编成电影剧本，上交被告。被告审核后选定吴琼改编的剧本《受戒》作为学生毕业作品的拍摄。1993 年 5 月，北京电影学院八九级学生联合拍摄完成电影《受戒》。片中注明了“根据汪曾祺同名小说改编”和“北京电影学院出品”字幕。该片曾在北京电影学院小剧场内放映一次，用于教学观摩，观看者为该院师生。1994 年 7 月，经广播电影电视部批准，被告携该片参加法国朗格鲁瓦国际学生电影节。在该

① 参见江苏省无锡高新技术产业开发区人民法院（2015）新知民初字第 18 号民事判决书。

电影节上，该片共放映两次，观众为参加电影节的各国学生及教师，也有当地公民。放映该片时，电影节组委会对外公开出售少量门票。被告未参加法国“克来芒”电影节。被告共拷贝电影《受戒》两份，一份封存于该院，另一份正由朗格鲁瓦电影节组委会寄回被告。原告于1995年将被告诉诸北京市海淀区人民法院，称被告侵犯了其作品改编专有权。

本案的涉外因素不存在于当事人和标的物，而在于引起权利义务关系产生的法律事实。原告和被告之间在中国境内就小说《受戒》的改编、拍摄等行为引起的权利义务关系，都不具有涉外因素，应当完全依据中国法判断被告的行为是否构成侵权。但是，涉案电影《受戒》在法国境内参加国际学生电影节并放映等行为则是发生在中国境外的法律事实，应当依据冲突规则确定应适用的法律。由于原告要求其权利在法国境内得到保护，法国就是该涉外知识产权关系中的保护国。根据保护国法主义，应当适用法国法来确定被告的行为是否构成侵权。换个角度看，根据知识产权地域性和独立保护原则，依据中国法产生的著作权权利内容和保护方式只在中国境内有效，原告在法国境内的著作权取决于法国法的规定。1992年10月15日中国加入《伯尔尼公约》之后，中国与法国都是该公约缔约国。根据国民待遇原则，中国国民的作品可以在法国获得著作权保护，由此，法院应查明法国法关于著作权权利内容、著作权合理适用和侵权认定的有关规定，对被告在法国境内的行为进行认定。

3. 国际条约和国际惯例的适用

应当说，国际条约和国际惯例的适用是保护国法主义和《民法通则》第142条结合适用的结果。本节引例“美国杜邦公司诉北京国网信息有限责任公司案”就是很好的例子。该案涉及驰名商标的保护和反不正当竞争行为，二者同属《巴黎公约》所保护的工业产权类型。中国和美国于案发时（1998年）都是《巴黎公约》缔约方，根据国民待遇原则，美国法人杜邦公司可以在中国获得商标权保护和反不正当竞争保护。所以，根据保护国法主义，本案应适用中国法。

在驰名商标的保护方面，当时有效的1993年《商标法》尚未将《巴黎公约》第6条之二关于驰名商标保护的规定纳入国内法；如果适用1993年《商标法》关于注册商标专用权的条款，原告并不能禁止被告注册与其同名的网络域名。在我国商标法与我国参加的《巴黎条约》规定不一致的情况下，应当根据《民法通则》第142条的规定适用《巴黎公约》第6条之二。法院首先认定了美国杜邦公司的“DU PONT”商标为驰名商标，然后从《巴黎公约》第6条之二出发论证了驰名商标应受到的优于普通商标的特殊保护。法院认为，因特网域名日益成为企业在互联网上的重要标志，具有重要的知识产权意义，被告将原告所有的驰名商标注册为域名的行为侵害了被告的合法权益。

应当注意的是，在保护国法主义指向我国知识产权法适用的情况下，只有在我国法律与国际公约规定不一致的情况下才适用国际公约。反之，在我国国内知识产权法与国际公约的规定一致的情况下，应当适用国内法。比如，就本案中的反不正当竞争行为而言，应当直接适用我国《反不正当竞争法》，而不必适用《巴黎公约》的规定。

此外，需要指出的是，尽管《民法通则》第142条规定了国际条约的直接适用，理论界和实务界一般也认为我国是“一元论”国家，条约是国内法的一部分，但这不意味着所有的国际知识产权协议都可以在我国直接适用。由于美国、欧盟和多数WTO成员方均否定TRIPs协议的直接效力，出于对等原则和公平的考虑，我国的理论界和实务界一般也认为TRIPs协议不应在我国直接适用。但是，在确定外国人在我国知识产权法上的权利主体地位时，TRIPs 协议的国民待遇原则应当可以被直接适用。

【问题与思考】

1. 试析保护国法主义的理论依据性及局限性。

2. “华纳兄弟公司诉克里斯蒂安森案”中，对于知识产权侵权行为的认定应适用哪国法律？理由是什么？

3. 结合“铁幕案”分析一下“分割论”有何积极意义，存在哪些局限性？

4. 如果“美国杜邦公司诉北京国网信息有限责任公司案”发生在 2001 年 12 月 1 日之后，该案应具体适用什么法律？

5. 我国《涉外民事法律关系适用法》第 48 条关于知识产权归属的冲突法规定与其第 41 条关于合同之债的冲突法规定有何关系？

第八章 国际合同之债的法律适用

参考书目

1. 韩德培主编．国际私法．北京：高等教育出版社，北京大学出版社，2000

2. 李双元主编．国际私法（冲突法篇）．武汉：武汉大学出版社，2001

3. 章尚锦，杜焕芳主编．国际私法．5版．北京：中国人民大学出版社，2014

4. 李双元主编．中国与国际司法统一化进程．修订版．武汉：武汉大学出版社，1998

5. ［英］施米托夫著，赵秀文译．国际贸易法文选．北京：中国大百科全书出版社，1993

6. 邵景春．国际合同适用法律论．北京：北京大学出版社，1997

7. 李双元等．中国国际私法通论．2版．北京：法律出版社，2003

8. G. C. Cheshire & P. M. North. Cheshire's Private International Law. eighth edition. London Butterworths，1970

参考法规

1. 国际统一私法协会《国际商事合同通则》，2004

2. 欧洲合同法原则．仲裁与法律，2000（4）

3.《中华人民共和国民法通则》第八章“涉外民事关系的法律适用”

4.《中华人民共和国民事诉讼法》第四编“涉外民事诉讼程序的特别规定”

5. 李双元，欧福永，熊之才编．国际私法教学参考资料选编（上，中，下册）．

北京：北京大学出版社，2002

6. 徐冬根，单海玲，刘晓红等编．国际公约与惯例（国际私法卷）．北京：法律出版社，1998

7. 2010年《中华人民共和国涉外民事关系法律适用法》

引例 费兰多案①

原告费兰多是一家意大利的公司，被告谢理外克国际公司是在纽约注册的公司。1990年年初，被告在与苏联的拉兹诺外贸公司订立了向后者供应皮靴的合同（以下简称为供货合同）后，又与本案的原告意大利的费兰多公司进行了购买皮靴的谈判，以履行其向苏联外贸公司的供货合同。其中供货合同规定，"与本合同有关的争议在莫斯科仲裁解决"。1990年3月，被告向原告发送了一份"备忘录协议"的要约，并在此协议上签了字。此协议包括了所要购买的皮靴的价格、支付和交货条款，规定采用信用证支付。此项要约中还包括了它与苏联外贸公司订立的供货合同中的仲裁条款。原告意大利费兰多公司收到此要约（备忘录协议）后，没有作出任何反应：既没有在此协议上签字，也未将此协议退给被告。同年5月，被告的银行按照备忘录协议中的规定，向原告开出了以原告为受益人的信用证。此信用证根据备忘录协议开出，其中也提到关于与苏联外贸公司的合同及仲裁条款。据此，原告便发运了一些皮靴并得到了部分价款。8月，原告在备忘录协议上签了字并退还给被告，在附具的信中称，尽管原告同意按被告提出的条件供货，但不同意其中的关于在莫斯科仲裁的条款。在履行向被告提供皮靴的过程中，由于被告未能付清全部货款，原告在纽约地方法院提起诉讼，要求原告支付其未付的货款。被告抗辩道，原告无权在纽约提起此项诉讼，因为按照双方当事人之间的约定，原告的请求只能在莫斯科通过仲裁解决。

法院按照《联合国国际货物买卖合同公约》中关于买卖合同的成立的有关规定，认定了本案合同在原告实际交货之日成立，原告实际交货时并未对被告在要约中提出的在莫斯科仲裁的条款提出异议，因此，本案合同的成立时间，就是该合同中的仲裁协议的成立时间，法院对本案无管辖权，当事人应将本案争议提交仲裁解决。

本案涉及的主要法律问题是：本案国际货物买卖合同成立的法律适用。

在本章中，我们将结合"费兰多案"和以下其他一些案例，就国际合同之债的法律适用，包括国际合同准据法的确定方法及作用、现代国际商事合同法律适用的发展趋势，以及

① Filanto v. Chilewich International Corporation, 789 F. Supp. 1229 (1992), United States District Court (S. D. N. Y.). See Richard Schaffer, Beverley Earle, Filiberto Agusti, *International Business Law and Its Environment*, West Publishing Company, third edition, pp. 167-168, 1996. 关于本案的详细介绍及评论，还可参见赵秀文主编：《国际商事仲裁案例解析》，54～63页，北京，中国人民大学出版社，2005。

我国有关国际合同法律适用的立法与实践，作一阐述。

第一节 国际合同及其法律适用概论

引例 昌盛地产公司案①

昌盛地产有限公司（Golden Acres Ltd.）与昆士兰房地产控股有限公司（Queensland Estates Pty. Ltd.）订立了代理协议，由昌盛公司在香港和东南亚寻找买主购买在澳大利亚昆士兰州的土地，昆士兰公司应当按照约定支付昌盛公司佣金。双方当事人选择香港法律作为该代理协议的适用法律。当代理人按协议规定要求被代理人支付佣金时，昆士兰公司主张该代理人不能取得佣金，因为其代理人资格没有得到昆士兰法律所要求的充当不动产代理人的许可证。而且，佣金金额也超过了昆士兰法律所允许的最高限度，不遵守该法的规定要被罚款。昌盛公司在澳大利亚提起诉讼。审理该案的法官霍雷（Hoare，J.）判决，当事人选择香港法为准据法是无效的，因为它违反了"意思自治"原则中的一个条件，即合同当事人不能弄虚作假地选择合同的准据法。由于本案当事人是为了逃避昆士兰法关于许可证和佣金的规定，故他们对香港法的选择无效，应适用昆士兰州的法律。

本案涉及的主要法律问题是：当事人选择国际合同的适用法律，不得违反相关国家的国内法，并且必须在法律允许的范围内选择，否则无效。

一、国际合同的基本概念

合同是当事人之间进行商业活动的出发点，是规范当事人之间权利与义务关系的基本依据。按照国际私法的一般理论与实践，国际合同是具有国际因素的合同，即在构成法律关系的主体、客体或者内容的诸要素中，只要其中的一项或者一项以上的内容含有国际因素，就可以称为国际合同。比如中国公司与外国公司订立的买卖外方计算机的合同，在"费兰多案"中，意大利皮鞋生产商费兰多公司向美国谢理外克公司出售皮靴的合同。在另外一些情况下，两个具有同样国籍的公司之间订立买卖位于第三国产品的合同，同样属于国际合同，因为买卖标的物位于两个当事人国籍所属国以外的国家和地区。在现代国际商事立法与实践中，一般对国际合同作广义上的解释，而不专门就国际合同的标准作出硬性规定。例如，国际统一私法协会制定 2004 年《国际商事合同通则》，目的在于"为国际商事合同制定一般规则"。而对于何谓"国际合同"，该通则的注释作出了如下描述："一份合同的国际性可以用很多不同的标准来确定。在国内和国际立法中有的以当事人的营业地或惯常住所地在不同的国家为标准，而有的则采用更为基本的标准，如合同'与一个以上的国家有重要联系'、'涉及不同国家之间的法律的选择'，或是'影响国际贸易的利益'。该通则并未明确规定这

① 转引自黄慧康、黄进编著：《国际公法国际私法成案选》，323～324 页，武汉，武汉大学出版社，1987。

些标准，只是设想要对‘国际’合同这一概念给予尽可能广义的解释，以便最终排除根本不含国际因素的情形，如合同中所有相关的因素只与一个国家有关。”①

由于国际合同涉及不同国家的因素，因而在解决合同争议的过程中，可能发生适用什么样的法律认定合同的有效性、违反合同的赔偿标准等问题。国际商事活动涉及各个领域，可以说，几乎所有的商业活动，都是通过合同连接起来的。从国际货物买卖合同到国际商事代理合同，从与国际货物买卖有关的运输、保险、支付、储存、保管等，到投资、融资租赁、技术转让与知识产权许可，可以说，合同关系是维系市场秩序的最为基本的组成部分，无论在国内还是国际，都是如此。

二、国际合同之债法律适用的理论与实践

国际合同的法律适用是一个十分复杂的问题。这是由于就国际合同本身而言，涉及的内容十分广泛，包括买卖、运输、保险、支付、技术转让、咨询服务、表演、医疗等社会生活的各个方面。就买卖合同而言，由于涉及的对象不同，其适用法律的规定也不尽相同，例如动产与不动产的买卖、技术的转让与许可等。此外，各国国内法对于一般商品与特殊商品的买卖、技术的买卖、特定服务的买卖以及不动产的买卖都规定了相应的管制措施，因此，当事人之间的合同还要受到相关国家国内法的制约。我们在这里讨论国际合同的法律适用，主要探讨国际合同法律适用的一般原则。

（一）国际合同法律适用的基本理论与原则

【案例 8—1】维他食品公司案②

维他食品公司（Vita Food Product Inc.）与乌纳斯航运公司（Unus Shipping Co. Ltd.）订立了由航运公司将其货物从纽芬兰运往纽约的合同，航运公司向维他食品公司签发了提单。该船在运输途中，在加拿大新斯科舍海岸外遭遇坏天气和冰雹，在船长决定把船开往避风港的过程中，由于船长疏忽而使货物受到损失，维他公司要求将受损的货物交给其并支付运费。本案涉及的法律问题是：航运公司是否应当对其船长的疏忽行为负责并承担该赔偿责任。提单明确规定了适用英国法。另外，事故发生地纽芬兰的法律规定，所有的运输合同都应当适用海牙规则。而不论是海牙规则还是英国法，均规定了航运公司的免责条款。英国上议院认为，尽管英国法与本案没有任何联系，但是当事人既然选择了适用英国法，本案应当适用英国法而不是海牙规则。怀特法官（Lord Wright）认为，当事人选择适用的法律应当是“善意、合法的，并不得违背社会公共政策”。

本案涉及的主要法律问题是：当事人可以选择与合同没有任何联系的国家的法律作为合同准据法，但此项选择应当是善意、合法的，并不得违反相关国家的公共政策。

1. 主观论与当事人意思自治原则

所谓国际合同适用法律的主观论，就是由合同双方当事人共同约定该合同的适用法律，

---

① 商务部条约法律司编译：《国际商事合同通则》（修订版），4～5页，北京，法律出版社，2004。

② See G. C. Cheshire & P. M. North, *Cheshire's Private International Law*, eighth edition, London Butterworths, at 207-208.

即当事人意思自治原则（parties' autonomy）。该原则最早是为反对法律适用上的封建属地主义而提出来的，是资本主义商品经济发展的必然产物，是当时的资产阶级所标榜的"契约自由"在合同关系中的具体体现，是资本主义自由竞争的需要在法律上的反映。其代表人物是法国的法学家杜摩林（1500—1566）。他在《巴黎习惯法评述》一书中，提倡统一各地的法律，并且提出在合同关系中，应该把当事人双方都愿意让自己的合同受其支配的那个习惯法适用于合同，决定合同的成立和效力问题，而在当事人未直接表明适用何种习惯法时，法院也应推定其默示的意向。国际合同法律适用中的当事人意思自治原则，归根结底是指当事人就他们之间的国际合同的适用法律作出约定，即自由地选择国际合同的适用法律。

随着资本主义商品经济的发展，当事人意思自治原则被广泛地运用于国际合同的适用法律的选择中，同时也为多数国家的国内法所认可。例如，《意大利民法典》（1942年制定，1978年修订）第25条规定：合同之债适用缔约双方共同的本国法；如无共同的本国法，适用合同缔结地法。在任何情况下，缔约双方有不同的意思表示时，依缔约双方的意思而定。1978年《奥地利联邦国际私法》第35条也专门规定"契约依当事人明示或默示选择的法律"。1987年《瑞士联邦国际私法》第116条第1款也规定："合同适用当事人所选择的法律。"一些国际公约也就当事人可以自由地选择国际合同的适用法律作出了规定。例如，1980年《国际合同义务适用法律公约》第3条第1款就当事人自由选择合同的适用法律作出了如下规定：合同依当事人选择的法律。法律选择必须通过合同条款或具体情况相当明确地加以表示或表明。双方当事人可自行选择适用于合同的全部或部分的法律。

当然，当事人意思自治原则的适用，也不是没有限制的。其中一个最为重要的限制，就是当事人所选择的适用法律不得违反相关国家的强制性法律规定，否则无效。例如，在"昌盛地产公司案"中，当事人在代理买卖位于澳大利亚的土地的合同中，选择适用了香港法，而不是不动产所在地的法律。而根据本案涉及的土地买卖所在地昆士兰州的法律，代理人并不具备代理资格，且代理费的收取也违反了当地的法律，所以法院认为当事人的选择是弄虚作假的选择，此项选择违背了不动产所在地的公共政策。因为当事人之所以选择香港法作为该合同的准据法，目的在于规避昆士兰法律，故法院认定该选择无效。

至于当事人所选择的法律是否必须与合同有着这样或者那样的联系，关键取决于相关国家的法律规定。例如，在"维他食品公司案"中，英国法与该案运输合同没有任何联系，英国法院认为只要该法律选择是善意、合法的，且不违背英国公共利益，法院就允许当事人作出此项选择。然而，美国《第二次冲突法重述》（1971年）第187条第2款规定，当事人选择合同适用的法律，应当与合同所涉及的交易或者合同有着合理的依据。1966年《波兰国际私法》第25条第1款，也规定了当事人选择的法律应当与其法律关系有一定的联系。[①]

2. 客观论与最密切联系原则

所谓国际合同法律适用的客观论，就是合同准据法应当依照客观的连结因素确定，而不应当按照当事人的意思决定。事实上，在国际私法的发展进程中，在杜摩林提出意思自治原则之前的相当长的时间内，合同效力的准据法通常都以合同缔结地为决定因素。这在一定程度上同样反映了中世纪封建属地主义的要求。

---

① 该条规定是：契约债权，依当事人所选择的法律，但所选择的法律与该法律关系要有一定的联系。

随着当事人意思自治原则的提出和越来越多地为各国国内法所认可，在各国国际私法立法与实践中，对于国际合同的法律适用，首先应当尊重当事人的选择，只有在当事人未能就合同的适用法律作出选择的情况下，法院或者仲裁庭才根据与合同有关的客观联系的情况，通常适用与合同有最密切联系的法律作为国际合同的适用法律。例如，1980 年《国际合同义务适用法律公约》第 4 条第 1 款就当事人未选择合同的适用法律时合同的适用法律问题作出了如下规定：凡未依第 3 条选择适用法律的合同，依与之最密切关系的国家的法律。但合同的可分割的部分如与另一国有较密切的关系，则该部分得作为例外，依该其他国家的法律规定。这就是说，在确定国际合同适用法律的问题上，首先应当根据当事人意思自治原则，适用当事人共同选择的法律。此项选择体现在合同的条款之中，例如“维他食品公司案”中的提单条款中的规定。只有在当事人未能就该适用法律作出选择的情况下，法院或者仲裁庭才能根据作为客观标准的最密切联系原则，确定该国际合同的适用法律。在“费兰多案”中，当事人并没有在合同中就该合同的适用法律作出规定，但是双方当事人的营业地分别位于美国和意大利，这两个国家都是《联合国国际货物买卖合同公约》（United Nations Convention on Contracts for the International Sale of Goods，CISG）缔约国。根据 CISG 第 1 条第 1 款（a）项的规定，CISG 应当适用于营业地位于不同缔约国的当事人之间订立的买卖合同。因而美国法院在认定该案合同成立的问题上，适用了该公约第 18 条第 1 款的规定，即被要约人声明或作出其他行为表示同意一项要约，即是接受。沉默或不行动本身不等于接受。在该案中，美国公司向意大利公司发出了与后者订立合同的要约，尽管意大利公司保持沉默，美国公司按照其要约率先向意大利公司开出了信用证，正是意大利公司按照信用证规定交货的行动，构成了买卖合同的订立。因此法院认为，本案买卖合同自意大利公司交货之日起生效。而意大利公司在交货时并没有对美国公司要约中关于在莫斯科仲裁的条款提出异议，而是在此之后提出的。因此，合同订立时包括了在莫斯科仲裁的条款。意大利公司提出的接受要约的其他条款而不包括仲裁条款的抗辩不能成立。理由是意大利公司在其交货后对仲裁条款的异议构成反请求，即新的要约，该要约只有被美国公司接受后才能成立，而美国公司当时就拒绝了意大利公司的请求。正因为如此，法院认为对本案争议无管辖权，当事人应当按照合同中的规定，在莫斯科仲裁解决。

至于如何对与合同有最密切联系的国家的法律作出决定，通常取决于法律的具体规定或者法院或者仲裁庭根据案件的具体情况作出的解释。以国际货物买卖合同为例，究竟卖方国家的法律还是买方国家的法律与买卖合同有着更加密切的联系，可以有不同的解释：第一，在买卖合同中，卖方能否交货决定着该合同的命运，如果卖方无货可交，买卖合同的目的就无从谈起。因此，我们可以解释为买卖合同与卖方所在国的法律有着更为密切的联系。第二，如果买卖合同所涉及的货物报价由买方提出，例如招标成交的合同，我们也可以解释为该合同与买方所在国有着更为密切的联系。

3. 特征性履行（Doctrine of Characteristic Performance）

如何确定某一特定的国际合同究竟与哪一个国家有着更为密切的联系，与其说是法律问题，不如说属于如何认定该合同与另一个国家有着更为密切的联系的事实问题。所谓特征性履行，是指在合同履行中决定合同涉及的主要问题的一方当事人对合同的履行，此项履行对于合同成功履行具有决定性的意义。例如，在国际货物买卖合同中，卖方的主要义务是交付合同项下的货物，而买方的主要义务则是支付该合同项下的货款。一般认为卖方履行合同具有决定性的意义，如果卖方无货可供，买方就不必支付该合同项下的货款。因此，在国际货物买卖合同中，卖方履行其交货义务，构成特征性履行。因此，卖方所在国的法律与该买卖合同有着更为密切的联系。然而，在另外一些情况下，买方对合同的履行，也可能构成特征性履行。例如在某些项目招标的过程中，往往买方作为招标人，首先提出了招标条件，而投标人则应根据买方提出的条件与之订立买卖合同。在这种情况下，买方对国际货物买卖合同的履行，就构成了特征性履行。法院就可以认定该合同与买方所在国的法律有着更为密切的联系。

特征性履行说就其实质而言，是法院或者仲裁庭如何确定某一特定国际合同究竟与哪一个国家的法律有着更为密切的联系的学说。从另一个角度看，该学说与历史上德国学者萨维尼所主张的“法律关系本座说”，有异曲同工之处。因为法律关系本座说所强调的也是某一特定法律关系依其性质总是与一定地域的法律相联系的。就债务关系而言，“债为无体物，并且不占有空间，因而常常需要借助某种可见的外观来表现其形态，故应借助形态而定其本座。而这种外观形态有两个：一个是债务发生地，另一个是债务履行地。但债务履行地更适合于表现债权的外观形态，故应以履行地为其本座，因为它是实现债权的场所”[①]。在各国解决国际商事争议的司法与仲裁实践中，法院或者仲裁庭往往根据它们自己对特征性履行学说的理解，确定该特定法律关系的本座，即哪一方当事人对合同的履行构成特征性履行，进而对合同与该方当事人所在国家的法律有着最密切的联系作出认定。在各国司法与仲裁实践中，法官或者仲裁员通过对具体合同的分析作出的与合同有最密切联系的法律认定往往不同的情况，同样是司空见惯的现象。

因此，特征性履行与法律关系本座说有着千丝万缕的联系，就其实质而言，就是确定对合同履行有着决定性作用的因素，并将其作为决定最密切联系的依据。

(二) 国际合同法律适用的单一论与分割论

1. 单一论

单一论主张整个合同适用同一法律。其理由是：一个合同无论从经济还是法律观点看，都应当是一个整体。因此，合同的解释、效力、违约责任、合同的解除等，都应当受相同的法律支配。从当事人的主观愿望来讲，他们也不可能期望将一个合同分割为若干方面，分别受制于不同的法律。在普通法上，人们都承认，合同自体法决定其实质和形式有效性、解释、效力和解除问题。丹麦著名学者兰多也认为这是一项指导原则。他指出，冲突法关于合同事项的一致原则被英格兰及其他英联邦国家、法国、瑞士及比利时、荷兰、卢森堡三国以及斯堪的纳维亚国家的法院所采用，并被吸收进 20 世纪 60 年代捷克斯洛伐克、波兰、葡萄牙以及 1975 年联邦德国的立法中。[②]

2. 分割论

分割论主张把合同诸因素，包括合同当事人的缔约能力、合同的形式、合同的成立及效力、合同的解释等加以分割，分别适用不同的法律。

分割论最早可以追溯到意大利的法则区别说时代，巴托鲁斯主张合同的形式和实质有效性，应当适用合同缔结地法；对于合同的效力，如果当事人一致同意在某地履行，则应适用该履行地法；当事人对此无明示或者默示的约定时，可适用法院地法；对于当事人的行为能力，则应适用该当事人的住所地法。在各国有关国际私法的立法与实践中，分割论也得到一定程度的采纳。

在现代国际私法立法与司法实践中，分割论也都得到了广泛的适用。例如，对于国际商

---

① 转引自韩德培主编：《国际私法新论》，62～63 页，武汉，武汉大学出版社，1997。

② 参见李双元主编：《中国国际私法通论》，2 版，305 页，北京，法律出版社，2003。

事合同当事人的缔约能力，通常适用该当事人的属人法。合同的其他方面通常受合同准据法的支配。

第二节 国际合同准据法及其适用范围

引例 切斯特曼信用案①

1911 年，一个德国人从一家荷兰银行借了一笔德国马克。当事人缔结的借贷合同规定德国法为准据法。在第一次世界大战爆发时，德国放弃了金本位制。当该项债务到期时，德国马克的实际价值几乎等于零。当事人为按金马克还是按战争爆发以后的马克了结债务发生争议，诉讼到英国法院。英国法院判决，债权人不能要求债务人按 1911 年的马克的实际价值偿还债务。法院指出，作为合同准据法的德国法，必须是经常变化着的德国法。债权人不能只按照当时的那个法律主张其权利。

本案涉及的主要法律问题是：合同准据法的适用范围和时间。

一、国际合同准据法的概念和特征

国际合同准据法（proper law of the contract，applicable law）是指为冲突规范所援引的，用来确定合同效力及当事人的权利与义务的实体法。

据此，作为国际合同准据法，首先应当是直接规定合同效力及当事人的权利与义务的实体法。某一合同是否有效订立，是否受到相关国家的法律保护，是合同准据法决定的首要问题。此外，合同当事人的各项权利与义务，包括违反合同的责任等，也应当由准据法决定。例如，在“维他食品公司案”中，鉴于作为运输合同证明的提单中明确规定了英国法作为运输合同的适用法律，因此，船长对于履行其职责过程中的疏忽行为是否承担相应的赔偿责任，应当根据英国法作出决定。又如，在“切斯特曼信用案”中，既然借贷合同规定德国法为该合同的准据法，那么，对于到期债务的偿还责任和金额，应当按照德国法，即合同到期时的德国法偿还。

此外，国际合同准据法的确定，通常受冲突规范的援引。鉴于国际合同涉及不同国家的法律，而这些不同国家的法律对合同的效力和当事人的权利与义务往往作出了不同的规定，究竟适用什么样的法律决定合同的效力和当事人的权利与义务，是法院或者仲裁庭要解决的问题。如果当事人就合同的适用法律（准据法）作出了约定，则根据各法律普遍认可的当事人意思自治原则，适用当事人共同选择的法律。如果当事人未能就该适用法律作出约定，则由法院或者仲裁庭根据合同的客观具体情况，决定该合同的适用的准据法。在“维他食品公司案”和“切斯特曼信用案”中，当事人所争议的合同中均规定了合同的适用法律，因此，合同中明确规定的准据法即确定当事人的权利与义务的适用法律。

① 转引自黄慧康、黄进编著：《国际公法国际私法成案选》，322～323 页，武汉，武汉大学出版社，1987。

二、国际合同准据法的确定

如前所述，国际合同准据法的确定，既可以由当事人共同约定，也可以由法院或者仲裁庭作出决定。现分述如下。

(一) 一般商事合同确定准据法的方法

1. 由合同当事人共同约定

此即按照当事人意思自治的原则，由合同双方当事人就他们之间合同的适用法律作出明确约定。当事人约定准据法的合同必须是相关国家的法律允许范围内的合同。一般而言，凡是法律允许当事人自行处分的一般商事争议，当事人都可以就合同应当适用的法律作出约定。

2. 法院或者仲裁庭决定

如果当事人未能在合同中对他们之间的合同准据法作出明确约定，则由负责处理合同争议的法院或者仲裁庭作出决定。根据许多国家的法律，应当根据最密切联系原则决定该特定合同的适用法律。例如，1967 年《法国民法典》第 2313 条规定："国际合同及其所生之债，依当事人共同同意受其管辖的法律。如无明示意愿，合同依与其经济，尤其是与其主要履行地有最密切联系的法律。"又如，1987 年《瑞士联邦国际私法》第 116 条对合同的适用法律作出了如下规定：合同适用当事人所选择的法律。当事人选择法律应采用明示方法，或从合同条款及有关情况中作出肯定的判断。当事人随时都可以选择法律或对其作出修正。如果在缔结合同时已选定所适用的法律的，该法律从合同成立之日起支配该合同。第三者的权利予以保留。

在一般国际商事合同中，确定准据法的方法之间的关系是：首先由当事人自行决定，只有在当事人未能对合同准据法作出约定的情况下，法院和仲裁庭才决定合同的适用法律。换言之，法院或者仲裁庭在适用法律的过程中，首先应当遵守当事人意思自治原则，按照当事人约定的合同准据法对商事合同争议作出裁定。只有在当事人未能就合同的准据法作出约定的情况下，才能自行决定合同的适用法律。

(二) 特殊情况下合同准据法的确定方法

所谓特殊情况，是指按照相关国家的法律当事人无权就合同准据法作出约定的情况。例如，在"昌盛地产公司案"中，尽管当事人约定的合同准据法是香港法，但是按照该地产所在地昆士兰的法律，当事人之间的约定无效，因为与不动产有关的民事法律行为，包括不动产的买卖、代理、租赁、继承等，属于当地法院的专属管辖事项，并应当适用昆士兰州的法律。所以，当事人约定适用的准据法是无效的，该案合同准据法应当是该不动产所在地法，而不是当事人约定适用的香港法。

三、国际合同准据法的适用范围

【案例 8—2】比利时独占分销协议案①

1974 年 3 月 23 日，比利时公司与瑞士公司签署了一项在比利时分销商品的独占分销协议。该协议中含有仲裁条款并明确规定适用瑞士法。双方在协议履行中发生争议，比利时公司在布鲁塞尔一审法院商事庭提起诉讼，瑞士公司以协议中含有仲裁条款为由，对法院的管辖权提出异议。一审法院认为，按照《纽约公约》第 2

① 本案案例参见赵秀文编著：《国际商事仲裁法》，151～154 页，北京，中国人民大学出版社，2004。

条第 1 款的规定，当事人提交法院审理的事项依据比利时法为不可仲裁的事项，因而判决该仲裁条款无效，由法院行使对该案的管辖权。上诉法院判决驳回布鲁塞尔一审法院商事庭的判决，认为该庭对被上诉人提交的争议无管辖权，当事人应当按照他们于 1974 年 3 月 23 日在合同中的约定，将争议提交仲裁解决。

本案涉及的主要法律问题是：合同的效力、解释应当适用当事人在合同中约定的或者法院认定的准据法。

一般而言，国际合同准据法通常解决如下主要问题：

（一）合同的效力

合同是否受国家的法律保护，由合同准据法确定。例如，在“切斯特曼信用案”中，贷款合同规定合同受德国法支配，那么，该贷款合同是否有效成立，由合同准据法，即德国法支配。在“维他食品公司案”中的运输合同履行过程中由于船长疏忽而造成的货损货差的损害赔偿责任，应当受提单中规定的英国法支配。

（二）合同的解释

对于合同本身的规定及合同履行中的争议，应当按照合同准据法作出解释。例如，关于独占分销协议项下的争议能否通过仲裁的方式解决，比利时一审法院之所以认定法院对该案享有专属管辖权，所依据的就是比利时当时的法律，即比利时法律为了保护当地代理人的合法权益，规定此类争议属于当地法院的专属管辖范围。而瑞士、意大利等多数国家的法律，都允许当事人协议争议解决的方式。而上诉法院之所以撤销了一审法院的判决，所依据的并不是按照比利时的法律对该案合同的解释，而是按照当事人在合同中约定的准据法瑞士法对该案合同争议的可仲裁性作出判断。鉴于瑞士法允许当事人选择仲裁方式解决他们之间的争议，上诉法院撤销了一审法院的判决，令当事人将争议提交仲裁解决，而比利时法院对此无管辖权。

（三）合同的履行

当事人是否按照合同规定适当地履行了其在合同项下的义务，也应当按照合同准据法作出判断。例如，在信用证付款的国际货物买卖合同交易中，由于买方没有按照合同规定的期限开出信用证，卖方未能按合同规定的期限交货而给买方造成损失是否应当承担责任，也应当按照合同准据法解释。

（四）违反合同的损害赔偿

一方当事人违反合同规定，未能按照合同规定的期限和方式履行其在合同项下的义务，由此给对方当事人造成损失，是否应当承担赔偿责任；此项赔偿责任应当如何计算，是否应当包括间接损失等，均应当由合同准据法决定。例如在下述“帕巴克案”中，由于双方当事人均没有对合同应当适用的法律作出约定，因而仲裁庭并没有按照双方当事人在仲裁程序中所主张的适用对方国家的法律解决他们之间的争议，而决定适用商人习惯法（lexmercatoria）中的公平合理原则就法国本人单方终止合同而给土耳其当事人造成的损害赔偿金额作出了终局裁决。

（五）合同之债的消灭

合同之债在什么样的条件下消灭，合同解除后是否还要对合同所涉及的保密事项继续承担保密义务，通常也应当由合同准据法决定。

（六）无效合同的后果

如果法院或者仲裁庭认定合同无效，那么由此产生的法律后果也应当按照合同准据法作出。例如在“昌盛地产公司案”中，尽管当事人约定了合同的适用法律，但是在澳大利亚的法律看来，该案合同的适用法律是该地产所在地昆士兰法，当事人约定的准据法无效。因此，该案合同的法律后果，同样应当适用昆士兰法而不是香港法。

在此必须再次强调指出，在各国有关国际私法的立法与司法实践中，在法律允许当事人选择合同准据法的情况下，法院或者仲裁庭首先应当按照当事人约定的合同准据法作出裁定，适用该准据法解释合同的效力、违反合同的后果等。只有在当事人对此没有约定的情况下，合同准据法才能由法院或者仲裁庭决定。例如，在“比利时独占分销协议案”中，当事人约定了该案合同的适用法律是瑞士法，争议应当通过仲裁的方式解决。那么，按照国际私法的一般原则，该合同的效力、解释、违反合同的法律后果等，应当适用瑞士法作出裁定。按照当事人约定适用的合同准据法瑞士法，该案争议应当通过仲裁方式并按照瑞士法的规定解决。而比利时和瑞士都是《纽约公约》的缔约国，而根据《纽约公约》第 2 条第 3 款的规定，当事人之间就诉讼事项订有仲裁协议时，缔约国法院受理诉讼时应依当事人一方的请求，令当事人将该事项提交仲裁解决，除非法院认定仲裁协议无效、失效或者不能履行。比利时法院之所以受理含有仲裁条款的案件，置瑞士当事人有关法院无管辖权的异议而不顾，所依据的正是当时的比利时法规定有关独占分销协议的争议根据比利时法为不能通过仲裁解决的争议。而上诉法院的判决则按该案合同准据法即瑞士法解释该案争议的可仲裁性，因而撤销了一审法院的判决，令当事人将争议提交仲裁解决。在该案中，比利时一审法院和二审法院对本案判决的不同，反映了法院对合同的适用法律作出了不同的认定。

四、国际合同准据法与强制性法律规则的适用

【案例 8—3】父子非法倒卖地毯案[①]

锡恩·索雷马尼（Sion Soleimany）是阿布尼·索雷马尼（Abner Soleimany）的父亲。1980 年至 1983 年间，父子俩双双从事从伊朗非法出口波斯地毯的生意：儿子阿布尼在伊朗注册了一家公司，从事违反伊朗税法和出口法规的非法倒卖地毯的工作；父亲负责在英国和其他国家或地区销售儿子非法从伊朗出口的地毯。父子两个对于分配这些被倒卖的地毯的收益问题发生争议，将该争议提交犹太人贝斯丁仲裁解决，贝斯丁适用犹太法对该案进行了仲裁。

贝斯丁于 1993 年 3 月 23 日作出裁决。裁决指出，儿子在伊朗购买了大量的地毯，并将这些地毯从伊朗非法出口……裁决还指出，鉴于在伊朗设立的公司本身就是非法的，因此该公司几乎没有留下什么档案。该仲裁员对非法所得进行了评估，但没有完全满足儿子提出的索赔金额，并且对于儿子在仲裁索赔中提出的有关走私费用请求，没有支持。该仲裁员在对儿子的收益份额进行评估后，裁定父亲应当向儿子支付 576 574 英镑。

裁决作出后，父亲没有履行上述裁决，儿子根据 1950 年仲裁法第 26 条的规定将该裁决在法院进行登记。1993 年 5 月 4 日，法院裁定准许强制执行该裁决。父亲则向法院申请撤销强制执行该裁决的裁定，理由是裁决所依据的协议违法，故他儿子提出的索赔请求无效，英国法院不能执行根据违法合同作出的裁决。因为如果将建立在非法协议和交易基础上的裁决作为判决执行，则与公共利益不符。英国上

① 参见赵秀文编著：《国际商事仲裁法》，118～123 页，北京，中国人民大学出版社，2004。

诉法院法官 Morritt，Waller 和 Christopher Staughton 一致认为，旨在强制执行违法合同的裁决不能在英格兰和威尔士得到强制执行。

本案涉及的主要法律问题是：旨在强制执行违法合同的裁决不能得到法院的承认与执行。

（一）强制性法律规则的含义

所谓强制性法律规则，是指当事人必须遵守的规则，这些法律规则与当事人所选择适用的法律及合同准据法并没有直接的关系。无论当事人是否选择了合同的适用法律，相关国家的强制性法律规则必须得以适用。例如在“昌盛地产公司案”中，尽管当事人在代理买卖在澳大利亚的土地的合同中约定合同适用法律是香港法，但是，审理该案的法官霍雷判决，当事人选择香港法为准据法是无效的，因为它违反了“意思自治”原则中的一个条件，即合同当事人不能弄虚作假地选择合同的准据法。由于该案当事人的目的是逃避昆士兰法关于许可证和佣金的规定，故他们对香港法的选择无效，应适用昆士兰州的法律。在该案中，由于当事人代理买卖的标的物是作为不动产的土地，根据各国有关不动产交易的法律适用原则，不动产适用不动产所在地法。因此，昆士兰州法院认为当事人所选择的法律根据当地法律为无效选择。又如，在“父子非法倒卖地毯案”中，尽管仲裁庭根据伊斯兰法就父子非法倒卖地毯而获得的非法收入的分成问题作出了裁决，但是在向英国法院申请执行的过程中，英国法院认为非法倒卖地毯行为本身违反了英国的公共政策，这样的行为在英国法看来是违法行为，而当事人之间因违法行为而产生的争议，是由于无效合同而产生的争议，该无效合同不能得到英国法律的保护，因而法院拒绝执行该案裁决。

（二）强制性法律规则与准据法之间的关系

强制性规则是国内法上的概念，即法律不允许当事人选择适用的规则。例如在不动产领域，国家通常对与不动产有关的事项行使专属管辖权。如不动产的买卖、租赁、继承等，属于不动产所在地的专属管辖范围，与此相适应，有关不动产的买卖、继承、租赁等的适用法律，也是该不动产所在地的法律，而不允许当事人选择适用该不动产所在地以外的国家和地区的法律。如果当事人置该不动产所在地的法律于不顾，其后果是当事人约定的适用法律不能得到该不动产所在地法院的认可，即此项选择根据不动产所在地的法律为无效法律行为。

所以，强制性的法律规则在制定该规则的国家必须得到适用，如果当事人约定适用其他国家的法律，此项约定就不能得到制定该规则的国家的法院的承认与执行。

第三节 国际合同法律适用的发展趋势

引例 帕巴克案[①]

土耳其帕巴克公司（Pabalk Ticaret Sirketi S. A. Turkey，以下简称土耳其公司）与法国诺索罗公司（Norsolor S. A. France，以下简称法国公司）之间订

① 参见赵秀文编著：《国际商事仲裁法》，381～384 页，北京，中国人民大学出版社，2004；赵秀文主编：《国际商事仲裁案例解析》，233～245 页，北京，中国人民大学出版社，2005。

立了代理合同。合同规定法国公司作为本人由作为代理人的土耳其公司在土耳其销售其产品。由于法国公司单方面中止该代理合同而发生了争议，土耳其公司根据合同中的仲裁条款，将该争议提交国际商会国际仲裁院依照其规则仲裁解决，仲裁地点在维也纳。在仲裁庭解决争议的过程中，由于合同没有规定应当适用的法律，土耳其公司要求适用法国法，因为根据法国法土耳其公司就可以得到更多的赔偿。而法国公司则坚持要求仲裁庭适用土耳其的法律，因为按照土耳其的法律，法国公司就可以向土耳其公司支付较少金额的补偿。1979年10月26日，仲裁庭在审理本案中认定，按照国际商会国际仲裁院1975年仲裁规则第13条有关解决争议适用法律的规定，应当由仲裁庭决定应当适用的法律。而仲裁庭在解决争议的过程中，既未采用申请人的意见适用法国法，也未采用被申请人的意见而适用土耳其法，而是直接适用了从事国际商事交易一般适用的商人习惯法中的基本原则，即善意与合理的原则，作出了本案合同应当终止，并且申请人应当向被申请人支付相当的赔偿金的裁决。

此裁决作出后，一方面，作为败诉方的法国公司不服该裁决，向奥地利的一审法院申请撤销此裁决，理由是仲裁庭适用商人习惯法超出了仲裁庭的权限范围；另一方面，作为胜诉一方的土耳其公司，则向法国法院申请承认与执行该裁决。奥地利一审法院驳回了法国公司的撤销申请，二审法院则撤销了一审法院的判决，而奥地利最高法院撤销了二审法院判决，认为仲裁庭按照应当适用的国际商会国际仲裁院仲裁规则第13条的规定，根据公平、合理的原则解决当事人之间的争议，并没有超出仲裁庭的权限范围。本案以法国法院承认与执行本案裁决告终。

本案涉及的主要法律问题是：当事人在合同中未能就合同适用的法律作出选择而由仲裁庭决定应当适用的法律问题时，仲裁庭打破了传统上的依最密切联系原则适用法国法或者土耳其法，而是根据“公平合理的原则”及仲裁庭认为应当适用的“法律规则”，即商人习惯法，作出裁决。

一、商人习惯法与法律适用规则统一化趋势

在各国有关国际合同法律适用的立法与司法实践中，解决国际商事争议适用的法律的含义是广泛的，从争议所依据的合同本身，到有关国家的法律，再到有关的国际公约和国际惯例，以及商人习惯法等，都可能成为解决争议的适用法律。关于国际商事合同的适用法律的理论与实践，国内已经不少的论著。[①] 国际经济贸易的迅速发展，迫切需要排除各国私法制度的不同而造成的法律障碍。早在20世纪五六十年代东西方意识形态尖锐对立的情况下，一些著名的国际贸易法学者就预言，国际贸易自治法（即商人习惯法）的形成，已经冲破了

① 参见卢松：《论最密切联系原则》，裁《国际法年刊》，1989；肖永平：《最密切联系原则在中国冲突法中的应用》，载《中国社会科学》，1992（3）；王军、陈洪武：《国际商事合同的法律适用》，北京，中国对外经济贸易出版社，1991；邵景春：《国际合同适用法律论》，北京，北京大学出版社，1997，等等。此外，在众多的国际私法教科书及与此相关的论著中，也对国际合同的适用法律作了一些介绍。

国内法的障碍，具有独立的性质，且超出了不同法律制度之间的差别。它无论在自由市场经济国家还是在实行计划经济的国家，也不论在承袭罗马法还是普通法传统的国家，都有明显的相似之处。用波兰学者查谟教授的话来说，世界各国的国际法学家们不难发现，他们在讲“一种共同的语言”①。随着经济全球化进程的加快，在国际商事交易领域内的商人习惯法正在得到广泛的适用，这是由商人习惯法自从形成以来所体现的公平交易原则精神所决定的。

二、商人习惯法的起源与发展

商人习惯法产生于中世纪西欧商人中间，是调整他们彼此间关系的一系列习惯和法律。② 这些法律与当时封建王朝的地方性法律相比，具有以下几个特点：（1）它超越国界，普遍适用于各国商人；（2）它不是由专业法官来掌管而是由商人自己选出的法官来掌管的；（3）它的程序比较简单，而且不拘泥于形式；（4）它强调按公平、合理的原则来处理案件。③ 施米托夫教授将其称为旧商人习惯法，指“事实上支配那些往返于商业交易所在的文明世界的各港口、集市之间的国际商人团体的普遍适用的一整套国际习惯法规则”④。其特点是：发展不成体系，缺乏计划性，它从习惯性做法发展为惯例，再到法律。⑤

自 15 世纪以后，随着欧洲中央集权国家的兴起，欧洲各国都采取不同的方式把商法纳入国内法的范畴，使它成为国内法的一部分，从而使商法丧失了它原有的跨国性或国际性。即著名的国际贸易法专家施米托夫描述国际贸易法或国际商法发展的前两个阶段，即从国际法到国内法的转变。20 世纪以来，特别是第二次世界大战后，随着国际贸易的蓬勃发展，国际贸易法也有了长足的发展。于是又出现了在国际商事交易中适用的“新的商人习惯法”（new law merchant）的概念。⑥ 施米托夫教授认为，新的商人习惯法表现为国际商业界采纳的货物买卖共同条件与标准合同格式，以及由各国纳入其本国法中的国际公约和统一法。新的商人习惯法建立在国际商业中普遍采用的做法和世界各地商人们共同意识的基础上，它是所有从事国际贸易国家的共同的法律，是普通法国家、大陆法国家、自由市场经济国家和社会主义国家的法学家们相互了解与交流的讲坛，建立在各国普遍认可的合同自由和商事仲裁裁决这两条孪生原则的基础上，并由调整有关专门问题的国际立法加以补充。⑦

因此，商人习惯法并不是独立于国际立法与国内立法的法律体系，而是与它们有着千丝万缕的联系，商人习惯法的基本原则和规则⑧得到各国国内法的普遍认可。这些基本原则和规则，构成了商人习惯法的主要内容。例如，由国际商会制定的《国际贸易术语解释通则》、《跟单信用证统一惯例》等，得到各国商人们的普遍遵守、国内法的认可和保护。国际统一私法协会制定的《国际商事合同通则》中体现的适用于国际商事合同的基本原则和规则，与各国合同法中所体现的基本原则和规则是一致的。在国际商事交易中，当事人既可以选择适用某一特定国家的法律，也可以选择适用作为一般法律原则和商人习惯法的《国际商事合同

---

① ［英］施米托夫：《国际贸易法文选》，198～199 页，北京，中国大百科全书出版社，1993。

② 参见《牛津法律大辞典》，524 页，北京，光明日报出版社，1988。

③ 参见沈达明、冯大同：《国际贸易法新论》，2～3 页，北京，法律出版社，1989。

④ ［英］施米托夫：《国际贸易法文选》，226 页，北京，中国大百科全书出版社，1993。

⑤ 参见上书，247 页。

⑥ 参见上书，2～24 页。

⑦ 参见上书，24 页。

⑧ 这些基本的原则和规则主要体现为当事人意思自治原则、诚实交易与公平合理的原则以及根据这些原则而衍生出来的为商事交易当事人应当遵守的各国法律普遍认可的各项规则。

通则》，作为国际合同的准据法。商人习惯法中所体现的各项基本原则，均表现于各国的国内法、国际公约、国际惯例、示范法及国际组织制定的有关的文件中。

三、商人习惯法的主要特征

一般而言，商人习惯法具有以下几个方面的特征。

首先，商人习惯法的概念与传统的法律概念不同，因为传统上的法律是指某一个特定国家的法律，商人习惯法不从属于任何一个国家，它不是由立法机关制定的规范性文件，而是由从事国际经济贸易的个人或团体在长期的国际商事交易中自发地形成和发展起来的进行特定领域内的国际商事交易应当遵守的最起码的行为规范，违反了这些规范，就要承担相应的责任。

其次，商人习惯法是从事商事交易的人们所必须遵守的起码的规范，因为这是从事特定领域内的商事交易的任何通情达理的人们所合理期待的行为规范，不需要提供任何法律上的依据来证明此项违反。例如在采用FOB价格的买卖合同的情况下，如果卖方依据合同规定的期限将合同项下的货物备好并向买方发出通知后，买方未能派船到指定的装运港接收该货物，由此造成的仓储费用及延期交货的责任，无疑应当由买方自行承担，这是不言而喻的，无须由双方当事人在合同中作出专门约定。因为这是任何从事国际货物买卖交易的当事人应当知道的起码的常识：凡是采用FOB价格成交的货物买卖，由买方自行安排该货物的运输。如果买方在履行此项合同的过程中未能在卖方发出货物已经备好的通知后及时派船到装运港码头接收货物，由此造成的仓储费用及延期交货的损失，买方无权要求卖方赔偿。这是近一个世纪以来进行国际贸易的起码常识，也是商人习惯法的组成部分。当然，一些国际组织将这些做法整理成规范性文件，并结合国际商事交易的发展不断地进行修订，供国际商事交易当事人自觉地采纳。

最后，商人习惯法是为各主权国家所认可的规范。尽管商人习惯法不是由各国的立法机关制定，但这些规范性的做法得到各主权国家的同意或认可。商人习惯法的核心原则在许多国家的国内立法中都有所体现，并在许多情况下都构成国内法的组成部分。例如，作为商人习惯法基本内容的诚实信用原则，在一些国家的有关法律中就有明确规定。[①] 对国际商事交易一般做法的违反而产生的损害赔偿问题，受到各国法律的认可，即由于违反商人习惯法而产生的损害赔偿，均得到各国法律的支持。这是由于国家法律承认与执行这些商人习惯法在其各自本国内的法律效力。商人习惯法的各项基本原则，如当事人意思自治原则、诚实信用原则、公平交易原则、守法原则等，均得到各国有关立法与司法的认可。事实上，在这些国家法院的司法实践中，在适用本国法的过程中，在许多情况下也在适用商人习惯法。

所以，商人习惯法不是指一般意义上的法律体系，而是体现在国际立法和国内立法及国际惯例之中的规范。因此，我们不能将商人习惯法与国际立法、国内立法和国际惯例割裂开来，而应当将它们融为一体。因此，任何将商人习惯法与国际立法和国内立法割裂开来的看法，不符合国际商事交往的实际情况。特别是在现代国际商事交往中，一国的立法与实践，不可能与外面的世界完全隔离，任何国家的立法机关在制定本国商人与外国商人进行交易应当遵守的各项规则时，不可能不顾及其他国家有关这方面的立法与实践，以及有关的国际公约和国际惯例。

---

① 如《法国民法典》第1134条和《德国民法典》第157条中的规定，以及《美国统一商法典》第1～203条及相关条款。

此外，这里还需再次强调指出，商人习惯法是在主权国家认可的范围内发展起来的法律规则。如果没有各主权国家对这些规范和规则的普遍认可，商人习惯法也不可能在世界范围内有所发展。这些规则一般均为选择性的规则。而对于有关国家对特定商事交易所规定的必须遵守的强制性规则，同样也应当遵守。如在东道国投资，当然应当遵守东道国的法律。如果特定国家规定某些事项不能通过仲裁的方式解决，那么，即便当事人之间就该特定争议通过仲裁方式解决达成协议，这样的协议也是无效的。当事人在国际商事交易中应当遵守各有关国家的法律[①]，也是商人习惯法的主要内容。

总之，商人习惯法是不从属于任何国家而又为各国所普遍认可的适用于国际商事交易的原则和规则的总称，即为一些国家在立法上明确规定的允许当事人或仲裁庭适用于解决当事人之间在国际商事交易中所发生的争议的"法律规则"[②]。

四、商人习惯法的适用

在国际商事仲裁实践中，商人习惯法可以由当事人选择适用，也可以由仲裁庭直接适用。

（一）在双方当事人同意的情况下适用

在当事人选择适用的情况下，一般并不是由当事人在国际合同中的法律选择条款中就商人习惯法的适用作出选择，通常是授权仲裁庭作为友好公断人（amiable compositeur）按照公平、合理的原则（ex aequo et bono）解决合同项下的争议。此项授权不一定采用书面形式，只要经双方当事人同意，仲裁庭就可依据公平、合理的原则解决当事人之间的争议。

在现代国际商事合同中，当事人共同选择适用的法律，并不一定局限于某一特定国家的国内法，他们可以选择适用某一特定国际惯例，或者是国际公约，或者是一般法律原则等。例如，1981 年《法国民事诉讼法典》第 1474 条规定："除非当事人在仲裁协议中授权仲裁院作为友好调停人解决争议，仲裁员应当按照法律规则作出裁决。"上述法律规定的仲裁庭解决争议应当适用的法律规则，并不局限于某一特定国家的国内法。

（二）由仲裁庭依据仲裁规则适用

商人习惯法的适用，并不像有的学者所言，必须在合同当事人选择适用它时才可以适用，即便当事人没有选择通过公平合理的原则解决他们之间的争议，如果依据仲裁应当适用的仲裁规则，仲裁庭可以适用其所认为适当的法律规则时，也可以直接适用商人习惯法解决当事人之间的争议。例如，在许多国际合同中，当事人并未就合同应当适用的法律作出约定，而只是约定了通过仲裁解决由于合同而产生的有关争议。在这种情况下，就应当由仲裁庭对应当适用的法律作出决定。例如在"帕巴克案"中，由于双方当事人没有在合同中就合同的适用法律作出规定，仲裁庭在解决争议的过程中，土耳其的当事人要求适用法国法，因为根据法国法的规定，单方面解除合同的当事人应当向另一方当事人作出的赔偿金额远远高于依据土耳其的法律。正因为如此，法国当事人要求适用土耳其法作为本案合同的适用法律。仲裁庭没有采纳双方当事人的请求，适用了作为商人习惯法的核心原则的公平合理原则，解决了当事人之间的争议，即仲裁庭对于法国当事人向土耳其当事人赔偿的金额，既没

---

① 这些法律主要指在特定国家从事商事交易必须遵守的强制性规则。

② 如《法国民事诉讼法典》第 1496 条第 1 款、《荷兰民事诉讼法典》第 1504 条所规定的关于仲裁庭适用法律的规定，即仲裁庭适用当事人所选择适用的法律解决争议，如果当事人未能对此作出选择，仲裁庭可以依其职权决定应当适用的法律规则。

有采用法国法规定的较高金额，也没有采纳土耳其法律规定的较低的标准，而是采用了两者之间的平衡标准作出裁决。此裁决作出后，法国公司不服，向奥地利的一审法院申请撤销此裁决，理由是仲裁庭适用商人习惯法超出了仲裁庭的权限范围。一审法院经审查后认定，仲裁庭在作出裁决的过程中并未超出其权限范围。后来，维也纳上诉法院撤销了一审法院的判决，认为仲裁庭在裁决中所适用的商人习惯法是“world law of questionable validity”，把它作为应当适用的法律并按照公平原则裁决超出了其权限范围。1982 年 11 月 18 日，奥地利最高法院撤销了上诉法院针对一审法院驳回法国公司申请撤销仲裁裁决的请求的判决而作出的撤销判决，决定维持一审法院的判决，即仲裁庭适用商人习惯法没有超出仲裁协议的范围，该案以法国最高法院承认与执行该仲裁裁决而告终。

其他国家中也有一些承认与执行没有适用某一特定国家的国内法作出的裁决。例如，早在 1987 年，英国上诉法院就裁定承认与执行了仲裁员在瑞士作出的没有适用任何特定国家的法律的仲裁裁决。[①]

关于由仲裁庭决定解决争议应当适用的准据法的情况，有些仲裁规则对此作出了明确的规定，例如，联合国贸法会 1976 年仲裁规则第 33 条第 1 款就规定了仲裁庭在作出仲裁裁决时应当适用的法律：“仲裁庭应适用当事人双方预先指定的适用于解决争议实体问题的法律，当事人未有此项指定时，仲裁庭应当适用法律冲突法所决定的认为可以适用的法律。”1961 年《欧洲国际商事仲裁公约》第 7 条第 1 款也对此作了明确规定：“当事人可以通过协议自行决定仲裁员就争议所适用的实体法。如果当事人没有约定此项适用法律，仲裁员可按照其认为可适用的冲突规则的规定，适用某种准据法。在上述两种情况下，仲裁员均应考虑到合同条款和商业惯例。”国际商会国际仲裁院 1998 年仲裁规则第 17 条第 1 款的规定是：“当事人得自由约定仲裁庭解决争议实体问题所使用的法律规则。如无此约定，仲裁庭得适用它所认为适当的法律规则。”按照上述有关规定，仲裁庭决定解决争议应当适用的法律的方法有两种情况。

一种情况是仲裁庭直接决定应当适用的准据法，如国际商会国际仲裁院 1998 年仲裁规则的规定。美国仲裁协会 1997 年国际仲裁规则第 28 条第 1 款也有类似规定：“仲裁庭应当适用当事人指定的适用于争议解决的一个或数个实体法或法律规则。如无此项指定，由仲裁庭决定其认为适当的一个或数个法律或法律规则。”美国仲裁协会和国际商会国际仲裁院的上述规定反映了国际商事仲裁的最新发展情况，它打破了传统上的适用法律的方法：仲裁庭在决定适用的法律时，首先应当确定应当适用的冲突法规则，然后依据此项冲突规则决定应当适用的准据法。

另一种情况是仲裁庭通过应当适用的法律冲突规则决定应当适用的准据法。这也是传统的确定国际合同的适用法律的方法。在国际商事仲裁实践中，许多仲裁机构的仲裁规则并未就仲裁应当适用的法律作出规定，在这种情况下，传统的做法就是由仲裁庭首先决定应当适用的冲突规则，然后通过该规则的指定，决定应当适用的准据法。仲裁庭在决定应当适用的冲突规则时，一般有两种适用冲突规则的方法：第一，适用仲裁地的国际私法中关于适用法律的规则；第二，由仲裁庭直接决定应当适用的冲突规则。然而，无论采用上述哪一种方法，就仲裁庭所适用的冲突规则而言，按照各国普遍认可的国际私法上关于合同适用法律的基本原则，一般均适用与合同有最密切联系的国家的法律解决争议的实体问题。在具体的准

---

① See William W. Park，“National Law and Commercial Justice：Safeguarding Procedural Integrity in International Commercial Arbitration”，*Tulane Law Review*，vol. 63，1989，at 673.

据法的适用上，最终则取决于仲裁庭对该“最密切联系的法律”的解释，或者直接适用商人习惯法作出裁决。

国际商会国际仲裁院受理的仲裁案件中，有些就是根据商人习惯法作出裁决的。例如，在第 3267 号案件中，墨西哥的分承包商与比利时的总承包商就承包合同的履行发生争议，仲裁员被授权按照公平、合理的原则解决当事人之间的争议。仲裁庭适用了国际商事交易的一般原则作出裁决，在该裁决中并未提及某一国家的国内法。① 在另外一起涉及仲裁协议的有效性的案件中，一位美国公司的负责人代表其在埃及的子公司在合同上签了字，而事实上该子公司正在办理相关的成立手续之中。仲裁员根据“诚实信用与贸易惯例”和“揭开公司面纱”的原则，处理了相关的争议。②

从国际商会国际仲裁院对其仲裁规则所进行的修订情况看，商人习惯法在国际商事仲裁中的适用已经在该会的仲裁规则中得到肯定。现代国际商事仲裁的理论与实践也已表明，无论是当事人选择的准据法，还是仲裁庭决定应当适用的准据法，都不一定局限于某一国家的法律。仲裁庭在决定适用的法律时，首先应当考虑的是双方当事人之间的合同是如何规定的，包括就他们之间的具体的权利与义务和合同应当适用的法律所作的约定。其次，对于争议所涉及的事项是否有该特定行业的惯例，如国际贸易惯例，如有此项惯例，不管当事人是否对此在合同中作出约定，按照联合国贸法会仲裁规则第 33 条第 2 款、国际商会国际仲裁院 1998 年仲裁规则第 17 条第 2 款、美国仲裁协会 1997 年国际仲裁规则第 28 条第 2 款等，仲裁庭均应考虑该特定惯例的适用。例如在国际货物买卖合同中，如果买卖双方所属国均为《联合国国际货物买卖合同公约》的缔约国，关于合同的订立及买卖双方当事人的权利与义务，就可适用该公约，无论当事人是否对该公约的适用作出约定。

国际商会国际仲裁院对其 1988 年至 1998 年间仲裁庭作出的仲裁裁决的统计表明，至少 52 个案件中的仲裁庭选择将跨国法律规则和原则，即商人习惯法、法律的基本原则、UNIDROIT 原则（国际商事合同通则）或者国际贸易惯例，作为适用于解决当事人之间争议的法律。此外，还有 9 个案件中的当事人选择上述法律规则作为解决他们之间的合同争议的适用法律。③

商人习惯法所包括的原则和规则的核心内容，是对当事人公平和公正，而这种公平和公正，是通过仲裁员适用法律规则而实现的。而仲裁员适用商人习惯法所要达到的目的，也是使双方当事人之间的争议得到妥善的解决，即公平、合理地解决他们之间的争议。商人习惯法不是某一特定国家的法律规则，而是为世界上许多国家的国内法、国际公约或国际惯例所认可的规则。当然，在具体审理案件和适用这些规则的过程中，如何达到公平和公正，是一个事实问题，归根结底取决于审理案件的独任仲裁员或多数仲裁员对它所作的理解和客观上是否对当事人公正。对于同一个裁决，每个人由于文化背景和价值观念不同，可能会作出不同的判断。即便在同一个国家，不同的法官对同一案件进行审理时，在查明事实和适用法律的过程中也可能作出不同的判断，进而作出不同的判决。应当说这也是正常的。至于公众对于法官的判决所作出的不同的反应，同样也是正常的。这里的关键问题是具体审理案件的仲裁员应当秉公执法，坚持诚信原则，在审理案件的过程中，给各方当事人充分表达其各自意见的机会，审理程序公正。尽管仲裁程序不像司法程序那样严格，但它特别强调的是公正

---

① ICC Award，No. 3267，in *Yearbook Commercial Arbitration*，1987，at 87-89.

② ICC Award，No. 5721，CLUNET，1990，1019.

③ See Fabien Gelinas，“Arbitration and the Challenge of Globalization”，*J. Int'l Arb.* 17（4）2000，at 122.

地对待双方当事人，充分地尊重他们的意思。仲裁员审理仲裁案件的权力来自两个方面：争议双方的同意和法律的认可。如果法律不允许仲裁庭审理特定种类的案件，尽管当事人同意通过仲裁方式解决该争议，但由于法律不允许仲裁此项争议，则仲裁庭据此协议作出的仲裁裁决，就不能得到法院的承认与执行。所以，仲裁员在执行法律的过程中，同样应当受到法院的监督，以保证公正执法。

五、国际合同法律适用的发展趋势

在现代国际商事交往实践中，由于科学技术进步、交通通讯工具的发展和电子计算机的普及和广泛应用，调整国际商事交易的法律规范也在许多方面都在日趋协调和统一。许多国际组织的成员国和国际公约的缔约国都超过了 100 个[①]；一些国际组织，包括政府间的组织和非政府间的组织，制定了许多国际文件和示范法，它们对于协调和统一调整国际商事交易的法律所发挥的作用，也是不可低估的。

由联合国贸法会制定的供临时仲裁机构采纳的 1976 年仲裁规则第 33 条对仲裁适用的法律和按照公平、合理的原则解决当事人之间的争议作出了专门规定。该条第 1 款就规定仲裁庭应当按照双方当事人约定适用的法律解决他们之间的争议。如果当事人之间没有约定，仲裁庭应当根据其认为适当的冲突法规则，决定其认为应当适用的法律。第 2 款则就仲裁庭可以按照公平、合理原则解决争议的情况作出规定：只有得到当事人授权的情况下，仲裁庭才可以按照该原则对其受理的争议案件作出裁决。我们在这里要提请注意的是该条第 3 款的规定，据此规定，无论当事人在合同中是否就解决争议的适用法律作出约定，仲裁庭都应当根据合同条款进行裁决，因为合同是当事人为他们自己设定的法律规则，理应得到遵守，除非当事人之间的约定违反了相关国家的公共政策。该款还规定了仲裁庭应当考虑到适用于该具体交易的贸易惯例。也就是说，仲裁庭有权按照合同中规定的条款和从事特定贸易应当遵守的规则作出裁决。对于应当适用的贸易惯例，无论当事人是否在合同中对此作出规定，仲裁庭在作出裁决的过程中，都有权对该惯例的适用予以考虑。

在国际仲裁实践中，商人习惯法的适用是大势所趋。在国际商事仲裁领域最有影响的巴黎国际商会国际仲裁院 1998 年仲裁规则中关于适用法律条款的修订，就代表了这一趋势。按照该会以往的仲裁规则，包括“帕巴克案”涉及的第 13 条第 3 款的规定，如果当事人没有选择解决争议应当适用的法律，仲裁员应当按照其所认为适当的法律冲突规则，确定应当适用的准据法。如今，这一条款已经修订，它绕过了法律冲突规则，而由仲裁庭直接决定它认为应当适用的法律规则。[②] 该院仲裁规则的上述规定，与联合国贸法会仲裁规则第 33 条第 3 款的规定，不谋而合。国际商会国际仲裁院仲裁规则第 13 条第 3 款中规定的应当适用的法律规则，显然是广泛意义上的法律规则，特别是商人习惯法。该规则与联合国贸法会仲裁规则的规定的不同，在于仲裁庭可以直接适用该规则，而不必首先根据应当适用的冲突规范的指引，按照公平合理的原则解决争议。而公平合理的原则，正是商人习惯法的核心内容。正如一些学者所说的那样，如果说在 1994 年以前，对商人习惯法的探讨仅限于学者之间所进行的理论上的探讨，那么在此之后，随着国际统一私法协会公布的《国际商事合同通

---

① 前者如世界贸易组织、世界知识产权组织、国际商会等，后者如《纽约公约》、《巴黎公约》、《多边投资担保机构公约》、《解决国家与他国国民之间投资争议国际公约》等。

② 参见该规则第 17 条第 1 款：“当事人得自由约定仲裁庭解决争议实体问题所适用的法律规则。如无此约定，仲裁庭得适用它所认为适当的法律规则。”

则》和《欧洲合同法原则》的颁布，商人习惯法及其适用，则已经成为现实。[①] 而国际商会国际仲裁院1998年修订的仲裁规则中关于适用法律规则的规定，恰恰说明了商人习惯法的适用不仅是必要的，而且是可能的。

第四节 中国有关涉外合同的法律适用

引例 “宏大”号远洋运输合同争议案[②]

1989年1月11日，远东中国面粉厂有限公司（以下简称远东公司，本案原告）委托一香港公司在美国购买了5 250吨小麦，并交由利比里亚美姿船务公司下属的、由香港东昌航运有限公司经营的“宏大”轮承运。该轮是一艘利比里亚籍散装货轮，1989年2月中旬分别在美国和加拿大港口装载了上述小麦后，由船长签发了提单。3月9日，远东公司收到了上述货物的两份提单。该提单上载明：“提单的有效性依照1936年《美国海上货物运输法》，并受其约束。”2月21日至3月8日，该轮在航行途中遇到了5级至11级大风，3月9日驶出风浪区，11日驶抵中国蛇口港。经中国有关部门对该船的检验证实：该轮货舱盖严重锈蚀并有裂缝，舱盖板水密橡胶垫老化、损坏、拓开、变质及通风筒损坏。开舱时发现在裂缝、舱盖、边缘、舱盖板接缝下以及通风筒下的货物潮湿、发霉、发热、结团、变质。为此，远东公司向广州海事法院起诉利比里亚美姿船务公司及香港东昌航运公司（以下简称被告），要求按照1936年美国《海上货物运输法》的规定，赔偿因船舶不适航给其造成的各种损失共计330万美元。

被告辩称：“宏大”轮在起航前和起航时均处于适航状态，货损是由于船舶在航行中遭遇连续17天的7至11级大风暴雨导致海水进舱所致。根据1936年美国《海上货物运输法》的规定，承运人不承担因海上灾难而引起的一切责任。

广州海事法院经审理后认定：本案属涉外海上货物运输合同纠纷。海运提单上载明适用1936年美国《海上货物运输法》的条款，而且当事人双方在庭审中又一次统一选择美国上述法律作为准据法。此项选择符合国际上通用的“当事人意思自治”原则，也符合我国《涉外经济合同法》第5条第1款“当事人可以选择处理合同争议所适用的法律”的规定，应予尊重。1936年美国《海上货物运输法》第3、4条规定：“承运人应在开航前和开航时恪尽职责，以使船舶适航，否则承运人应当对因船舶不适航所引起或造成的货物灭失或损害负责。”“宏大”轮在开航前和开航时不适航，被告提出该船舶在航行中遇到不可抗拒的海上灾难证据不足。承运人应当对船舶不适航所造成的货损负责。又据1936年美国《海上货物运输法》第4、5条，承运人只负责实际发生

① See Klaus Peter Berger, *The Creeping Codification of the Lex Mercatoria*, Kluwer Law International, 1999, at 3.

② 本案资料来源于杨贤坤主编：《中外国际私法案例述评》，87～91页，广州，中山大学出版社，1992。

的损失。而该实际发生的损失，双方同意应当为“货物到达港的市场价格减去受损失货物的残值，加上处理货物的合理费用，以及这些费用在诉讼期间的银行利息”。

经法院调解，双方当事人达成了如下协议：本案两被告一次性赔偿原告100万美元。

本案涉及的主要法律问题是：如果当事人选择了运输合同的适用法律，法院应当根据当事人意思自治原则，按照当事人之间约定的法律，决定双方当事人之间的权利与义务。

一、我国涉外合同法律适用的基本原则

我国现行《合同法》第126条规定：“涉外合同的当事人可以选择处理合同争议所适用的法律，但法律另有规定的除外。涉外合同的当事人没有选择的，适用与合同有最密切联系的国家的法律。”2010年《涉外民事关系法律适用法》第41条对于涉外合同的法律适用也作了类似的规定：“当事人可以协议选择合同适用的法律。当事人没有选择的，适用履行义务最终体现该合同特征的一方当事人经常居所地法律或者其他与该合同有最密切联系的法律。”据此规定，我国涉外合同法律适用的基本原则如下：

（一）当事人意思自治原则

当事人意思自治原则是被包括我国在内的绝大多数国家的法律认可的国际合同法律适用的基本原则。该原则在我国现行《合同法》第126条第1款中得到了最为充分的体现。此外，我国《民法通则》第145条第1款、《海商法》第269条第1款，也规定了涉外合同当事人可以选择合同的适用法律。可见，除了我国法律特别规定的事项外，我国现行立法允许当事人就一般涉外合同的适用法律作出约定。

当事人意思自治原则也广泛地用于我国法院的审判和仲裁实践中。在“‘宏大’号远洋运输合同争议案”中，作为运输合同的提单明确规定了适用1936年美国《海上货物运输法》，在广州海事法院审理该案的过程中，双方当事人进一步认可了应当以美国1936年《海上货物运输法》作为该案运输合同的均据法，并以该准据法作为解决该案争议的适用法律。法院在占有大量证据的情况下，在查明本案争议事实的基础上，尽管该案最终是以双方当事人达成和解协议而告终，法院正是按照美国上述法律确认了承运人应当承担的责任。

按照我国现行法律规定，当事人选择适用的法律，可以是某一特定国家的法律，也可以是特定国际公约或者国际惯例的规定。同时，法律也并没有规定当事人所选择适用的法律必须与案件有着这样或者那样的联系。只要此项选择不违背我国现行法律和社会公共利益，此项选择就会得到我国法院的认可。

根据我国的司法实践，如果当事人在涉外合同中没有就合同的适用法律作出选择，人民法院受理案件后，允许当事人在开庭审理之前作出选择。如果当事人仍不能协商一致作出选择，人民法院则按照最密切联系原则确定所适用的法律。①

① 参见李双元等编：《国际私法教学参考资料选编》上册，91～92页，北京，北京大学出版社，2002。

此外，无论是当事人选择适用的法律，还是人民法院按照最密切联系原则确定的处理合同争议所适用的法律，均是指现行实体法，而不包括冲突法规范和程序法。①

（二）最密切联系原则

根据我国《民法通则》、《合同法》、《海商法》和《涉外民事关系法律适用法》等相关法律有关涉外合同法律适用的规定，涉外合同的当事人没有选择的，适用与合同有最密切联系的国家的法律。

对于人民法院如何按照最密切联系原则确定处理涉外合同应当适用的法律，最高人民法院曾在《关于适用〈涉外经济合同法〉若干问题的解答》中作出了如下解释：如果当事人未选择合同所适用的法律，对于下列涉外经济合同，人民法院按照最密切联系原则确定所应适用的法律，在通常情况下是：

1. 国际货物买卖合同，适用合同订立时卖方营业所所在地的法律。如果合同是在买方营业所所在地谈判并订立的，或者合同主要是以买方确定的条件并应买方发出的招标订立的，或者合同明确规定卖方须在买方营业所所在地履行交货义务的，则适用合同订立时买方营业所所在地的法律。

2. 银行贷款或者担保合同，适用贷款银行或者担保银行所在地的法律。

3. 保险合同，适用保险人营业所所在地的法律。

4. 加工承揽合同，适用加工承揽人营业所所在地法律。

5. 技术转让合同，适用受让人营业所所在地法律。

6. 工程承包合同，适用工程所在地的法律。

7. 科技咨询或者设计合同，适用委托人营业所所在地的法律。

8. 劳务合同，适用劳务实施地的法律。

9. 成套设备供应合同，适用设备安装运转地的法律。

10. 代理合同，适用代理人营业所所在地的法律。

11. 关于不动产租赁、买卖或者抵押的合同，适用不动产所在地的法律。

12. 动产租赁合同，适用出租人营业所所在地的法律。

13. 仓储保管合同，适用仓储保管人营业所所在地的法律。

但是，合同明显地与另一国家或者地区的法律具有更密切的关系，人民法院应以另一国家或者地区的法律作为处理合同争议的依据。

（三）法律规定除外原则

无论是当事人选择的还是人民法院确定的涉外合同的适用法律，都不得违反我国现行法律的相关规定。我国法律规定某些特定国际合同必须适用中国法律的，当事人如果选择适用外国法律，则此项选择为无效选择。例如，在我国境内履行的中外合资经营企业合同、中外合作经营企业合同、中外合作勘探开发自然资源合同，必须适用我国法律。如果当事人选择适用其他国家或者地区的法律，则该项选择为无效的选择。因为按照我国现行《合同法》第126条第2款的规定，“在中华人民共和国境内履行的中外合资经营企业合同、中外合作经营企业合同、中外合作勘探开发自然资源合同，适用中华人民共和国法律”。

（四）国际公约优先原则

所谓国际公约优先原则，就是指如果我国现行合同法或者我国其他相关法律与我国缔

① 参见李双元等编：《国际私法教学参考资料选编》上册，92页，北京，北京大学出版社，2002。

结或者参加的国际公约有不同规定的，适用国际公约的规定，但是我国声明保留的条款除外。例如，我国在参加《联合同国际货物买卖合同公约》时对该公约第 11 条关于国际货物买卖合同可以采取任何形式的规定作出了保留声明，因为当时我国《涉外经济合同法》规定涉外经济合同必须采取书面形式。尽管我国 1999 年《合同法》规定了合同不必采取书面形式，但是在我国正式撤回对该公约第 11 条的保留之前，我国当事人与外国当事人之间订立的国际货物买卖合同，如果该合同应当适用该公约，就该国际货物买卖合同而言，仍然应当采用书面的形式。

二、外国法的适用及内容的查明

我国当事人订立的国际合同，如果当事人选择适用外国法，或者在未选择的情况下法院根据最密切联系原则确定适用某一特定外国国家或者地区的法律，如果适用该外国或者地区的法律违反我国法律的基本原则和我国的社会公共利益，则不予适用，而适用我国相关的法律。

此外，在应适用的法律为外国或者地区的法律时，人民法院如果不能确定其内容的，可以通过下列途径查明：(1) 由当事人提供；(2) 由我驻该国的使、领馆提供；(3) 由该国驻华使、领馆提供；(4) 由中外法律专家提供。

通过上列途径仍不能查明的，可以参照我国相应的法律处理。

三、商人习惯法在我国的适用

【案例 8—4】韩国中小企业银行案①

2002 年 4 月 24 日，韩国中小企业银行（汉城总行）[INDUSTRIALBANK OF KOREA SEOUL (HEAD OF FICE SEOUL)，以下简称韩国中小企业银行，一审被告，二审上诉人] 根据申请人韩国汉城昌技企业有限公司（以下简称昌技公司）的申请，开出了金额为 110 500 美元的以连云港口福食品有限公司（以下简称口福公司，一审原告，二审被上诉人）为受益人（信用证上注明的英文为：LIANYUNGAND KUCHIFUDU FOODS CO.，LTD）的不可撤销的即期付款跟单信用证一份，信用证有效期到 2002 年 6 月 30 日。该信用证还规定了最迟的装船日期为 2002 年 5 月 31 日，所需单据包括：已签署的商业发票一式 3 份，全套正本清洁提单、装箱单一式 3 份。附加条件为若提交的单据有不符点，则从申请的款项或实际款项中扣除 50 美元或等值的不符点费。信用证项下的票据必须背书并含有在韩国中小企业银行提款的条款，迟于装运日后 21 天但在本信用证有效期内提交的单据可以接受。单据只能在 2002 年 5 月 31 日至到期日（6 月 30 日）期间提交议付，提前提交的单据不予接受。

口福公司交货后，于 2002 年 6 月 6 日向中国银行连云港市核电站支行（以下简称中行核电站支行，一审被告）提交了信用证项下的全套议付单据，其中提单正本载明的装船日期为 2002 年 5 月 31 日。中行核电站支行收到单据后，收取了验单费 1 145 元、快邮费 300 元，经对全套单据进行了严格审查并认为单证相符后于 6

---

① 参见徐美芬：《韩国中小企业银行（汉城总行）与连云港口福食品有限公司、中国银行连云港市核电站支行信用证纠纷案》，载《涉外商事海事审判指导》，2004 年第 1 辑，84～94 页，北京，人民法院出版社，2004。

月7日通过快邮寄给了开证行。同月19日，中行核电站支行收到韩国中小企业银行2份拒付通知书，拒付理由为：(1) 商品品名在发票、装箱单、提单上不一致；(2) 提单上的日期是伪造的；(3) 汇票上注明的付款行为“INDUSTRIAL BANK OF KOREA SEOUL (HEAD OFFICE SEOUL)”，而不是信用证上的“INDUSTRIAL BANK OF KOREA SEOUL”；(4) 没有注明收货人的地址。中行核电站支行收到开证行的拒付电后，于同月20日回函开证行，认为韩国中小企业银行提出的不符点不能成立，因为单据上的品名完全相符；关于提单上的装运日，根据UCP500号第4条和第15条，其只处理单据而不管有关货物的服务和/或工作；“INDUSTRIAL BANK OF KOREA SEOUL (HEAD OFFICE SEOUL)”与“INDUSTRIAL BANK OF KOREA SEOUL”相同；信用证尚未要求注明收货人的地址，故要求韩国中小企业银行接收单据并立即付款。韩国中小企业银行称口福公司存在着欺诈行为，故拒付货款。

2002年9月，口福公司向南京市中级人民法院起诉韩国中小企业银行，要求支付信用证项下的货款110500美元及相应的利息，并承担本案的一切诉讼费用；并要求中行核电站支行承担连带支付责任。

江苏省南京市中级人民法院经审理后认为：根据我国《民法通则》第142条的规定，涉外民事法律关系的法律适用应依照我国法律的有关规定，我国法律及我国缔结或参加的国际条约没有规定的，可以适用国际惯例。UCP500号规定了信用证关系中各有关当事人的权利、义务，是国际上通行的规则，故本案争议应当适用UCP500号。信用证关系独立于基础合同，且韩国中小企业银行未在举证期限内提供任何证据证明口福公司存在欺诈行为，本案原告履行了信用证项下的义务，第一被告应当支付该信用证项下的货款。本案第二被告未向原告明确表示议付信用证项下的货款，故不承担连带责任。

第一被告不服一审法院判决，向江苏省高级人民法院提起上诉，称：(1) 原审判决主体错误，本案信用证上的受益人为LIANYUNGAND KUCHIFUDU FOODS CO., LTD，而口福公司的英文名称为LIANYUNGANGKUCHIFUKU FOODSCO. LTD，因此本案口福公司不是信用证项下的受益人。(2) 口福公司伪造单据，欺诈信用证项下的当事人。具体体现在提单上注明的装船日期为2002年5月31日，而提单签发人中远集装箱运输公司提供的提单副本复印件和装船资料表明，本案所涉货物的装船日期为2002年6月1日。

江苏省高级人民法院查明，口福公司收到上诉人的信用证后，即组织了信用证项下的货物，并联系好韩国泛洋商船株式会社装运本案货物事宜，但泛洋商船株式会社声称收货人拒收货物而拒载了口福公司的货物，为此泛洋商船株式会社经中华人民共和国青岛海事法院调解赔偿了口福公司9万元的损失。此后，口福公司又与中远集装箱运输公司联系装运货物事宜，得到了后者关于在信用证规定的装船日期前装船的承诺。2002年6月1日4时（其中口福公司只有少量货物在5月31日后装船），该批货物的提单签发日期为2002年6月1日。法院认为口福公司的行为不构成欺诈，故维持原判，驳回上诉。

本案涉及的主要法律问题是：国际惯例在解决我国当事人与外国当事人之间的合同争议的适用。

（一）商人习惯法与国际贸易惯例的含义

如前所述，商人习惯法是不从属于任何国家而又为各国所普遍认可的适用于国际商事交易的原则和规则的总称。国际贸易惯例是在长期实践中形成的为特定行业的人们普遍遵守的行为规则，而这些规则又得到了个主权国家法律的认可，具有法律上的拘束力。因此，就其实质而言，国际贸易惯例就是商人习惯法的同义语。

（二）国际贸易惯例的效力及在我国的适用

国际贸易惯例在我国同样具有法律上的拘束力。而此项拘束力，需要得到法院的认可。我国《民法通则》第142条第3款规定："中华人民共和国法律和中华人民共和国缔结或者参加的国际条约没有规定的，可以适用国际惯例。"这就是说，我国法律认可了在特定条件下对国际惯例的适用，即就某一特定涉外民商事关系应当适用我国法律时，如果我国法律或者我国缔结或者参加的国际条约没有相关的规定，即可适用国际惯例，即商人习惯法。

鉴于商人习惯法的核心是建立在当事人意思自治和诚实信用的基础上，并在此基础上公正、合理地对待商事交易中的每一方当事人，在各国立法与司法实践中，商人习惯法所体现的原则、规则和精神事实上已经深深地植根于各国国内立法之中。我国《合同法》上规定的当事人自愿订立合同（第4条）、按照公平原则确定各方的权利和义务（第5条）、诚实信用原则（第6条、第42条、第43条、第59条、第60条、第125条），充满了商人习惯法的精神。而所有这些，也同样得到各国法律的认可。

在"韩国中小企业银行案"中，口福公司根据诚实信用的原则，履行了信用证项下的所有义务，尽管所提供的单据存在着某些瑕疵，包括提单的签发日期，但并不构成欺诈。因为口福公司本来可以在2002年5月31日以前交货，正是韩国的承运人拒载信用证项下的货物，使得口福公司不得不寻找新的承运人，并要求承运人在5月31日装船完毕，而中远集装箱运输公司在此期限未能将全部货物装上承运的船舶，并不是口福公司的责任。至于信用证中的个别字母的错误，并不影响受益人的主体资格。这些瑕疵是无关紧要的瑕疵，不影响开证行按照其承诺支付该信用证项下的款项。韩国中小企业银行以单证不符为由，拒付信用证项下的货款，显然曲解了UCP500号的本意，以及国际贸易惯例所体现的诚实信用的原则。上诉人上诉的理由过于牵强附会，我国法院适用国际贸易惯例对该案作出判决，是正确的。该案同样体现了商人习惯法在我国司法实践中的运用。

此外，中国国际经济贸易仲裁委员会2005年仲裁规则第43条第1款规定："仲裁庭应当根据事实，依照法律和合同规定，参照国际惯例，并遵循公平合理原则，独立公正地作出裁决。"这就是说，仲裁庭在审理仲裁案件中，应当在查明争议事实的基础上，分清各方当事人的责任，按照应当适用的法律，包括合同中的各项规定，作出公正、独立的裁决。

【问题与思考】

1. 结合"费兰多案"和"昌盛地产公司案"，谈谈国际合同法律适用的主观论与客观论、单一论与分割论？何谓特征性履行？它与当事人意思自治原则和最密切联系原则之间的联系与区别是什么？

2. 结合"昌盛地产公司案"，谈谈有关涉外不动产合同法律适用的基本原则。昆士兰州法院为什么未能适用当事人在合同中约定的香港法，而适用当地的法律对本案作出判决？

3. 在"维他食品公司案"中，法院适用了什么样的法律对本案承运人的权利与义务作出判决？当事人在合同中选择适用的法律是否必须与合同有着这样或者那样的联系。

4. 结合“切斯特曼信用案”，谈谈如何确定国际合同的准据法（适用法律）。准据法的作用是什么？如何确定合同准据法的适用范围和适用准据法的解释？

5. 结合“比利时独占分销协议案”和“父子非法倒卖地毯案”，谈谈何为强制性法律规则？该规则在实践中是如何适用的？强制性法律规则与准据法之间的关系是什么？

6. 在“帕巴克案”中，仲裁庭为什么没有按照当事人的请求根据最密切联系原则适用法国法或者土耳其法确定由于单方终止代理合同而引起的损害赔偿，确定本人与代理人之间的权利与义务，而是按照公平合理的原则对本案作出裁决？你对商人习惯法及其在各国立法与实践中的适用有何看法？

7. 在“‘宏大’号远洋运输合同争议案”中，广州海事法院依据什么样的法律对本案争议作出了判决？

8. 结合“韩国中小企业银行案”谈谈国际贸易惯例的效力，以及在我国司法实践中是如何适用的。

第九章

国际侵权责任的法律适用

参考书目

1. 李双元，欧福永主编．国际私法．北京：北京大学出版社，2015

2. 杜新丽主编．国际私法．北京：中国人民大学出版社，2015

3. 章尚锦，杜焕芳主编．国际私法．5版．北京：中国人民大学出版社，2014

4. 赵相林主编．国际私法．北京：中国政法大学出版社，2014

5. 韩德培主编（肖永平主持修订）．国际私法．北京：高等教育出版社，2014

6. ［英］莫里斯主编．戴西和莫里斯论冲突法．李双元等译．北京：中国大百科全书出版社，1998

7. 黄进，何其生，萧凯编．国际私法：案例与资料（中、英文）．北京：法律出版社，2004

8. 黄志慧．国际人格权侵权法律适用问题之司法协调：从欧盟到中国．北京：政法论坛，2015（3）

9. 王晓媛．美国涉外侵权冲突法的最新发展——俄勒冈州《侵权与其他非合同请求的法律选择法》评介．环球法律评论，2011（4）

参考法规

1. 1986年《中华人民共和国民法通则》（以下简称“《民法通则》”）第146条

2. 1988年最高人民法院《关于贯彻执行〈中华人民共和国民法通则〉若干问题的意见（试行）》第187条

3. 2010 年《中华人民共和国涉外民事关系法律适用法》（以下简称“《法律适用法》”）第 2、3 条，第 44～46 条，第 50、51 条

4. 2012 年最高人民法院《关于适用〈中华人民共和国涉外民事关系法律适用法〉若干问题的解释（一）》（以下简称“《法律适用法解释（一）》”）第 7、8、10、15 条

5. 1992 年《中华人民共和国海商法》（以下简称“《海商法》”）第 273～275 条

6. 2015 年修正的《中华人民共和国民用航空法》（以下简称“《民用航空法》”）第 189 条

引例 M'FOUTOU 诉 MACKYTANGITOUKOULOU、IKENGUISSIAYESSA 侵害名誉权案①

该案双方当事人均系刚果（布）在华留学生。原告 M'FOUTOU（中文名为比亚迪）诉称，2014 年 1 月 29 日，两被告 MACKYTANGITOUKOULOU（中文名为东埃马尔）和 IKENGUISSIAYESSA（中文名为英雄）在网上发布内容不实的任职信，对原告造成不利影响，损害了原告的名誉。请求法院判令两被告删除在网络上发布的任职信，书面赔礼道歉，并各赔偿原告经济损失 20 000 元。经审理查明，2014 年 2 月，两被告以自己的社交软件账号先后发布任职信：“2014 年 1 月 25 日开会后，我们所有南京刚果留学生，在本任职信上我们不要苏米作为我们南京的代表，也不要比亚迪做秘书，因为他们对学生的父母不礼貌、欺骗，帮助了学生父母后索要回报。他们还联系中国警察带走反对他们的留学生。我们所有学生联名要求免除他们的职位并要求任命东埃马尔和英雄为代表和秘书。”2014 年 4 月 23 日，两被告将发布在网上的任职信删除。2013 年至 2014 年 1 月纠纷发生期间，原告系刚果（布）留学生南京代表之一。判决书中未注明原、被告的经常居所地，也未阐释法律适用问题。

本案涉及的主要法律问题是：涉外民事关系中当事人的经常居所地如何认定，法院应适用何国法律确定侵权责任？

第一节 国际侵权责任及其法律冲突

侵权责任是指行为人侵害他人的人身、财产权益，依法应当承担的损害赔偿等民事责任。由于历史、经济、政治、文化等方面的差异，各国对侵权责任的认识不尽相同，有关侵

① 参见江苏省南京市鼓楼区人民法院（2014）鼓民初字第 1581 号民事判决书。

权责任的法律规定也不尽一致，从而导致同一个侵权责任案件适用不同国家的法律，得出的判决结果不同，即国际侵权责任法律适用上的冲突。

具体而言，各国有关侵权责任法律规定上的差异主要体现在以下几个方面：

首先，保护的民事权利和利益的范围不同。权利是类型化的利益。一般来说，与发展中国家相比，发达国家侵权责任法保护的民事权益的范围更广。以个人信息权为例，德国1976年即通过《个人资料保护法》系统、集中地保护个人信息权。在大陆法系国家，目前已有二十多个国家和地区制定了个人信息保护法。① 而我国迄今在民事法律中还未确立个人信息权。类似的情况还存在于环境权、信用权、受教育权、生育自主权等民事权益的侵权责任法保护上。

其次，受害人的范围不同。大多数国家的法律规定，侵权行为的受害人为直接遭受损害的人，间接受害人不能作为受害人。但有些发达国家规定间接受害人也可以成为独立的侵权责任请求权人。例如，《日本民法典》第721条规定：胎儿，就损害赔偿请求权，视为已出生。在英美法系国家的判例中，与直接受害人存在“爱和感情的亲密关系”的人，比如未婚夫或未婚妻、有着稳定同居关系的人也可以成为间接受害人。有些情况下，即便是与直接受害人没有“爱和感情的亲密关系”的人，比如雇员、救助者，也可以享有侵权损害赔偿请求权。②

再次，侵权责任的构成要件不同。关于侵权责任的构成要件，在我国，“四要件说”为通说，即违法行为、损害事实、违法行为与损害事实之间有因果关系和过错这四个要件齐备，方可构成侵权责任。法国、比利时等大陆法系国家和英美法系国家则采取“三要件说”，将违法行为和过错等同。③

又次，免除或者减轻侵权责任的事由不同。在英美法系侵权法中，自甘风险可作为免责事由，我国则没有类似规定。

最后，损害赔偿的原则、范围、标准、计算方法和限额不同。关于赔偿原则，包括我国在内的很多国家采取全面补偿原则，即损失多少，赔偿多少。英美法系国家对故意、恶意、毫不顾及他人权利或重大过失的侵权人通常给予惩罚性赔偿，在充分补偿受害人的基础上，发挥侵权法的惩罚和遏制功能。④ 关于赔偿范围，对于既得利益的直接损失，各国一般均予赔偿，但是对于可得利益的间接损失，发展中国家通常不予赔偿或赔偿较少。关于赔偿限额，各国法律规定的差别主要体现在有无限额和限额高低上。总体而言，发达国家给予的侵权损害赔偿数额远远高于发展中国家。

本节引例属于通过网络侵害他人名誉权的特殊侵权案件，根据《法律适用法》第46条的规定，通过网络或者采用其他方式侵害姓名权、肖像权、名誉权、隐私权等人格权的，适用被侵权人经常居所地法律。对于涉外民事关系当事人经常居所地的认定，《法律适用法解释（一）》第15条规定，自然人在涉外民事关系产生或者变更、终止时已经连续居住一年以上且作为其生活中心的地方，人民法院可以认定为涉外民事关系法律适用法规定的自然人

---

① 参见王利明：《论个人信息权的法律保护——以个人信息权与隐私权的界分为中心》，载《现代法学》，2013（4）。

② 参见张新宝、高燕竹：《英美法上“精神打击”损害赔偿制度及其借鉴》，载《法商研究》，2007（5）。

③ 参见张民安：《作为过错侵权责任构成要件的非法性与过错——我国过错侵权责任制度应当采取的规则》，载《甘肃政法学院学报》，2007（4）。

④ 参见王利明：《美国惩罚性赔偿制度研究》，载《比较法研究》，2003（5）。

的经常居所地，但就医、劳务派遣、公务等情形除外。据此，出国留学不属于经常居所地认定的例外情形，被侵权人的经常居所地在中国，因此本案应适用中国法律。

第二节　一般国际侵权责任的法律适用

引例　孙佩一诉杨跟强、貌敏卫侵害健康权、身体权纠纷案[①]

原告孙佩一受雇于被告杨跟强，为其驾驶汽车运输货物。2014年2月22日，孙佩一受杨跟强指派到缅甸木姐货场将被告貌敏卫的压缩打包棉花运输至瑞丽。原告在等待装车时，下车行走至一辆等待卸货的货车旁，被车上坠落的压缩棉花包砸伤昏迷，后被送至瑞丽市人民医院住院治疗2天，2月24日转入德宏州人民医院住院治疗14天。6月30日，孙佩一伤情经德宏求实司法鉴定所鉴定为八级伤残。货车上的压缩棉花包属于被告貌敏卫所有。事发当时，车上棉花包的绳索已被解开，但没有人在卸货。

法院认为，被告貌敏卫系缅甸联邦公民，侵权行为地发生在国外，“根据《中华人民共和国民事关系法律适用法》第27条之规定，本案适用中华人民共和国法律”。

本案涉及的主要法律问题是：法院适用法律是否正确，本案侵权责任的性质是什么，《法律适用法》第44条规定的“当事人共同经常居所地法律”中的当事人是否包括第三人，如果将本案定性为物件损害责任，应适用什么法律？如果定性为个人劳务责任，可否适用中国法律？

一、一般国际侵权责任法律适用的一般原则

（一）侵权行为地法

侵权行为适用侵权行为地法是一条古老的法律适用原则，最早可追溯到意大利法则区别说时代提出的“场所支配行为”原则。长期以来，该原则在各国的立法和实践中一直居于主导地位。本节引例“孙佩一诉杨跟强、貌敏卫侵害健康权、身体权纠纷案”中，当事人没有协议选择适用法律，也没有共同经常居所地，根据我国《法律适用法》第44条的规定，应当适用侵权行为地缅甸的法律。

对于侵权责任适用侵权行为地法的理论依据，各国学者提出了不同的观点。法则区别说的倡导者和追随者认为，侵权责任是由侵权行为这一法律事实引起的，根据场所支配行为原则，侵权损害赔偿应由侵权行为地的法律支配。日本学者认为，侵权行为地国因侵权行为蒙受的损失最大，而且，侵权法属于社会保护法，为了加重侵权人对其行为危险性的预测和评价责任，侵权责任的确定适用侵权行为地法最为恰当。德国学者巴尔认为，侵权行为适用侵权行为地法是维护侵权行为地国公共利益和主权的需要。英美学者基于既得权说，认为侵权

---

① 参见云南省瑞丽市人民法院（2014）瑞民一初字第252号民事判决书。

行为地法赋予受害人的损害赔偿请求权属于一种既得权，该权利存在与否及内容的确定理应适用侵权行为地法。

虽然侵权责任适用侵权行为地法这一原则已为各国普遍采纳，但当侵权行为发生地和损害结果发生地不一致时，对于侵权行为地的认定，各国立法却存在分歧，主要做法有：(1) 适用侵权行为实施地法律。波兰、奥地利、瑞士、意大利、阿尔巴尼亚、日本等国均采取这种做法。(2) 适用侵权结果发生地法律。1972 年《加蓬民法典》第 41 条规定，侵权责任依损害发生地法。美国 1934 年《第一次冲突法重述》第 377 节也采取这种做法。[①] (3) 无条件选择适用侵权行为实施地法律或者侵权结果发生地法律。采取这种做法的有前捷克斯洛伐克和我国。(4) 有条件选择适用侵权行为实施地法律或者侵权结果发生地法律。这里的条件，或者是相信受害人理性，将选择权交给受害人；或者由法官按照有利于保护受害人权益的原则选择应适用的法律。2013 年修正的《德国民法施行法》第 40 条第 1 款规定，侵权诉讼中，受害人可以要求适用结果发生地法以替代行为地法。1982 年前南斯拉夫《法律冲突法》第 28 条规定，侵权责任适用行为实施地法或结果发生地法中对受害人最为有利的法律。

适用侵权行为地法的优点在于，该原则符合属地优越权原则，有利于维护侵权行为地的公共利益，也有利于当事人正当期望的保护。对于法院来说，通常情况下适用侵权行为地法还具有简单、明确的特点。然而，适用侵权行为地法的缺点也是显而易见的：今天，侵权行为的方式越来越多样化，对于各种不同类型的侵权责任，一概适用侵权行为地法，难免僵化；侵权行为地法偏重于法律的属地性，轻视了法律的属人性，在人员跨国流动日趋频繁的背景下，不考虑当事人尤其是受害人的经常居所地，往往有失公允；侵权行为地有时带有偶然性，在交通运输事故中尤其如此；此外，随着互联网和通信技术的发展，侵权行为地难以确定的情形也越来越多。因此，各国在立法和实践中逐渐改变了侵权责任一概适用侵权行为地法的传统做法，通过限制或例外规定弥补适用侵权行为地法的不足。

(二) 法院地法

侵权责任适用法院地法主要是德国学者的观点，萨维尼在 1849 年出版的《现代罗马法体系》第 8 卷中即持此观点。这种观点认为，侵权行为与犯罪类似，侵权责任法规范主要是强行性规范。《查士丁尼民法大全》将侵权行为分为"私犯"和"准私犯"，私犯包括对身私犯、对物私犯、窃盗和强盗。其中的窃盗和强盗就是今天的盗窃罪和抢劫罪。《十二铜表法》对侵害名誉权的侵权行为采取的是刑罚的方法。[②] 刑法不具有域外效力，由此，侵权责任法也不具有域外效力，一国法院受理的侵权责任案件只能适用法院地法。英国法院很长一段时间把赔偿问题视为程序问题，适用法院地法。

【案例 9—1】查普林诉博伊斯案[③]

本案双方当事人均为英国人，并均在英国驻马耳他的部队中服兵役。1969 年，

---

① 1934 年《第一次冲突法重述》中使用的术语是"the state of the last event"。根据 1971 年《第二次冲突法重述》的解释，"the state of the last event is the state where the injury occurred"，即所谓的"最后事件地"就是"损害发生地"。

② 参见杨立新：《侵权责任法》，26 页，北京，法律出版社，2011。

③ See Willis L. M. Reese, "Choice of Law in Tort Cases", *American Journal of Comparative Law*, Vol. 18, No. 1 (Winter, 1970), pp. 189-194.

查普林乘坐的摩托车与博伊斯驾驶的汽车在马耳他的一条公路上相撞，查普林受到严重伤害。经查，事故系由博伊斯的疏忽引起。查普林随后在英国高等法院起诉，要求博伊斯赔偿损失。根据马耳他法律，原告只能就实际财产损失包括医药费和工资损失获得赔偿。而根据英国法律，原告还可以就其遭受的肉体和精神上的痛苦获得赔偿。一审法院裁定，该案适用英国法。被告不服，先后上诉至英国上诉法院和上议院。后来，英国法律委员会在1984年工作报告中指出，在国外发生的侵权，在英国提起诉讼，当事人的权利和义务由法院地法确定。[①]

随着现代侵权责任法的功能从制裁走向补偿，侵权责任适用法院地法受到越来越多的批评：缺乏可预见性；导致当事人挑选法院的倾向。[②] 因此，今天各国立法中单纯采取侵权责任适用法院地法的国家已不多见。

（三）重叠适用侵权行为地法和法院地法

重叠适用侵权行为地法和法院地法也即双重可诉原则，是指一项侵权责任的构成，必须同时符合侵权行为地法和法院地法。1870年，威勒斯法官通过“菲利普斯案”在英国确立了侵权责任法律适用上的双重可诉原则。

【案例9—2】菲利普斯诉艾尔案[③]

被告曾任英属殖民地牙买加的总督，在牙买加革命时对原告进行过殴打和监禁。原告为此在英国法院起诉要求损害赔偿。在本案之前，牙买加议会通过一项法案，对在动乱期间所采取的行为不予追究。威勒斯法官在判决书中写道，“要想在英国法院对声称发生在境外的不法行为提起诉讼，必须满足两项条件：第一，如果不法行为发生在英国，它具有可诉的性质；第二，依据不法行为发生地法，它是不正当的。”

双重可诉原则至少从表面上看，是要吸收侵权行为地法和法院地法这两项法律适用原则的合理性。然而，该原则与“原告就被告”的管辖权原则一起使原告与被告相比处于非常不利的地位。这种带有歧视色彩的地方保护主义的做法很难长久。英国和其他普通法国家如加拿大、澳大利亚都先后放弃了双重可诉原则，或者极大地限制了它的适用范围——要么只适用于诽谤侵权，要么只适用于损害赔偿额的计算。[④] 我国《民法通则》第146条第2款规定，中国法律不认为在中国领域外发生的行为是侵权行为的，不作为侵权行为处理。这种在侵权责任构成要件上重叠适用侵权行为地法和法院地法的立法已被《法律适用法》废弃。

（四）当事人共同属人法

实践中，侵权行为地往往带有偶然性。此时，如果当事人双方国籍相同或者在同一国家有住所、经常居所，适用当事人共同本国法或共同住所地法、共同经常居所地法可能更合理。1987年《瑞士联邦国际私法》第133条规定，如果侵权行为人与受害人在同一国家有习惯居所，基于侵权行为的诉讼请求，由该国家法律支配。如果侵权行为人与受害人在同一

---

① 参见刘力：《论我国涉外一般侵权行为法律适用的立法考量》，载《法学杂志》，2009（10）。

② 参见袁发强：《分割法：涉外侵权法律适用中的二元价值追求》，载《法律科学》，2013（1）。

③ See Cheshire and North, *Private International Law* (13th ed. 1999), Butterworths, at 609.

④ 参见宋晓：《双重可诉规则：进退之际》，载《法律科学》，2009（1）。

个国家有住所，这种请求由侵权行为实施地国家的法律支配。但是如果结果发生在其他国家，并且侵权行为人应当预见结果将在该国发生，适用该国法律。2007 年欧盟《非合同之债法律适用条例》第 4 条第 2 款规定，如果损害发生时责任人和受害人的惯常居所位于同一国家，则适用该国法律。

【案例 9—3】李裕斌、张清芬与河南建总国际工程有限公司房屋所有权纠纷案①

上诉人李裕斌原系中建总公司河南分公司马里经理部负责人，马里经理部为中建总公司河南分公司的分支机构。中建总公司河南分公司经国有企业改制，变更为河南建总国际工程有限公司。1990 年马里经理部出资在巴黎购置房产一套，登记在李裕斌和同在马里经理部工作的李裕斌的妻子张清芬名下。该套房产总计 813 平方米，2007 年企业改制时经会计师事务所评估价值为人民币 2 753 758.8 元。2003 年李裕斌被免去马里经理部负责人职务，但仍然实际占有本案房产。2009 年，被上诉人向郑州市中级人民法院起诉，要求上诉人返还巴黎房产。经查，本案双方当事人的国籍均为中国，住所地都在郑州市。2011 年，河南省高级人民法院裁定，原审法院适用当事人本国法律作为本案准据法正确。

二、一般国际侵权责任法律适用的新发展

【案例 9—4】贝科克诉杰克逊案

1960 年 9 月 16 日，住在纽约州的杰克逊夫妇邀请同住该州的贝科克小姐乘坐他们的汽车前往加拿大度周末。当汽车行驶至加拿大安大略省时，由于杰克逊的疏忽，汽车撞到了一堵墙上，贝科克因此受重伤。回到纽约州后，贝科克即对杰克逊提起损害赔偿诉讼。

（一）最密切联系原则

侵权责任适用与其有最密切联系的法律，也即侵权行为自体法，这种理论首先由英国学者莫里斯提出。他在 1951 年《哈佛法律评论》上发表的《论侵权行为自体法》一文中指出，把一种单一而机械的冲突规则适用于所有侵权责任以及侵权责任的所有方面是不可能的，应该有一种更加灵活的法律适用原则，既可适用于通常的情况，又可满足例外的需要，这就是侵权责任适用与该侵权案件有最密切联系的法律。

实践中，美国纽约州上诉法院在“贝科克诉杰克逊”案中，首开侵权责任适用最密切联系原则的先河。该案中，除了事故偶然发生在安大略省之外，其他所有相关因素都集中在纽约州，即双方当事人都是纽约州人，住所地都在纽约州，被告驾驶的汽车在纽约州购买的保险，旅行的始点和终点也都是纽约州。与安大略省相比，纽约州与本案有更为密切的联系。据此，纽约州上诉法院推翻了初审法院适用侵权行为地法的判决，适用了免费乘客有权求偿的纽约州法律，满足了贝科克小姐的诉讼请求。1971 年美国《第二次冲突法重述》第 145 条正式确立了这项原则：侵权关系当事人的权利义务适用与侵权行为和当事人有最密切联系的法律。在判定最密切联系的法律时，应当考虑的因素包括损害发生地、侵权行为实施

① 参见河南省高级人民法院（2010）豫法民三终字第 115 号民事判决书。

地、双方当事人的住所、居所、国籍、公司成立地和营业地以及当事人之间有联系时其联系最集中的地方。①

“贝科克诉杰克逊案”对其他国家的立法也产生了很大影响。1978年《奥地利联邦国际私法》第48条、1982年《土耳其国际私法和国际诉讼程序法》第25条、1987年《瑞士联邦国际私法》第133条、1995年《英国国际私法（杂项规定）》第12条、2007年欧盟《非合同之债法律适用条例》第4条等都在不同程度上引入了最密切联系原则。

（二）共同经常居所地法

传统上，属人法在大陆法系国家主要是指当事人的国籍国法，在英美法系国家主要是指当事人的住所地法。随着全球经济一体化趋势的不断加强，人员跨国流动日益频繁，国籍国和住所地国不一致、双重国籍、无国籍等现象越来越多，同时，国籍国和住所地可能也不再是当事人的生活中心。而惯常居所或经常居所这一连结点，一方面弥合了大陆法系与英美法系国家之间在属人法上的冲突，另一方面往往也与当事人有着更为密切的联系。于是，从20世纪70年代起，惯常居所地法逐渐成为各大法系主要的属人法。② 反映在侵权责任的法律适用上，1979年《匈牙利国际私法》第32条规定，如果侵权行为人和受害人的住所在同一国家，适用该国法。1987年《瑞士联邦国际私法》第133条在肯定共同惯常居所地法的同时，明确否定了共同住所地法的适用。2007年欧盟《非合同之债法律适用条例》第4条则只规定了共同惯常居所地法，未再提及共同住所地法。

（三）有利于保护受害人权益原则

有利于保护弱者权益原则是晚近国际私法立法的新发展，适用有利于保护受害人权益的法律是这一原则在侵权责任法律适用上的体现。具体做法是，在立法上采取利益分析和结果选择等方式，允许受害人或法院在一定范围内选择一种对受害人最为有利的法律。2010年1月1日起施行的美国俄勒冈州《侵权与其他非合同请求的法律选择法》第8条第3款第3项规定，如果当事人的住所位于不同国家，行为实施地和损害发生地也在不同国家，那么受害人可以在行为实施地法之外选择适用损害发生地法。条件是：首先，侵权行为人能够预见到行为导致的损害结果会在特定国家发生；其次，受害人不能选择将损害发生地法只适用于部分争议事项，而对其他事项仍要求适用行为实施地法；最后，在形式上，受害人必须通过诉状或修正诉状正式提出法律适用要求。③ 实践中，美国法院2009年审理的115起侵权案件中有86%的案件最终适用了有利于原告的法律。④ 其他一些国家或地区的立法中也有类似规定，如1979年《匈牙利国际私法》第32条、1982年前南斯拉夫《法律冲突法》第28条、1987年《瑞士联邦国际私法》第139条、1992年《罗马尼亚国际私法》第112条、1995年《意大利国际私法制度改革法》第62条、2010年我国台湾地区“涉外民事法律适用法”第26、27条。

（四）意思自治原则

意思自治本是确定合同准据法的一项基本原则，近年来，一些国家将其引入侵权领域。

---

① 参见吕岩峰、王彦志：《国际侵权关系法律适用规则之适当法评论》，载《吉林大学社会科学学报》，2011（4）。

② 参见杜新丽：《从住所、国籍到经常居所地——我国属人法立法变革研究》，载《政法论坛》，2011（3）。

③ 参见王晓媛：《美国涉外侵权冲突法的最新发展——俄勒冈州〈侵权与其他非合同请求的法律选择法〉评介》，载《环球法律评论》，2011（4）。

④ Symeon C. Symeonides, “Choice of Law in Cross-Border Torts: Why Plaintiffs Win and Should”, 61 *Hastings L. J.* 337, 380 (2009).

1987年《瑞士联邦国际私法》首先确认了侵权责任法律适用上的意思自治原则——当事人可以选择适用法院地法。此后，突尼斯、俄罗斯、德国、比利时、日本、土耳其等国也在立法上允许当事人选择侵权责任准据法。[①] 不过，为防止权利的滥用，各国一般都对当事人的意思自治作出种种限制。2007年欧盟《非合同之债法律适用条例》第14条规定，当事人可以选择非合同之债的准据法，但是，这种选择应在侵权行为发生之后，除非各方当事人都在从事一项商业活动；这种选择不得损害第三人的权利；如果案件的所有相关因素都位于被选法律所属国以外的某个国家，则当事人的选择不得减损该国法律中的强制性规定；如果案件的所有相关因素都位于一个或多个成员国，则当事人的选择不得减损共同体法律中的强制性规定。

对于把意思自治原则引入侵权责任法律适用的做法，也有学者认为其象征意义远大于实践意义。[②] 侵权行为发生后，当事人之间处于利益对立状态，对一方有利的法律，可能对另一方不利，因此，双方达成法律适用协议的可能性并不大。

第三节 特殊国际侵权责任的法律适用

侵权责任法的发展从一定意义上讲就是侵权责任类型不断细化的过程，与此相适应，把一些特殊类型的侵权责任从一般侵权责任中分离出来，根据其性质和特点另行规定应适用的法律，是当代国际私法在侵权责任法律适用问题上的一个重大进步。以美国为例，1971年《第二次冲突法重述》在一般侵权的法律适用之外，又规定了人身损害、对有形物的损害、欺诈及虚假陈述、诽谤、跨州诽谤、伤害性虚假陈述、隐私权、对隐私的跨州侵犯、干涉婚姻关系和恶意控告及滥用法律程序10种特殊侵权的法律选择规范。本节阐述几种特殊侵权责任的法律适用。

一、产品责任的法律适用

【案例9—5】斯考特诉中华人民共和国等产品责任纠纷案

1977年7月2日，美国儿童马·斯考特燃放我国出口的烟花“空中旅行”时，炸伤了其弟狭恩·斯考特的右眼。狭恩·斯考特的父母于1979年6月将中华人民共和国作为烟花生产制造商列为第一被告，以我国外交部长为中华人民共和国代理人，以烟花进口商远东进出口公司和烟花经销商为第二、第三被告，向美国得克萨斯州达拉斯地区地方法院提起诉讼，要求赔偿600万美元，其中100万美元为人身损害赔偿，500万美元为惩罚性赔偿。美国驻华使馆送来传票，传我国外交部部长出庭应诉，被我国拒绝。美国法院声称，如我方不出庭，美方可根据原告单方请求作出缺席判决，并随时扣押我国在美国的财产。

---

① 参见肖永平、张弛：《论一般侵权法律适用规则中意思自治的限制》，载《苏州大学学报（法学版）》，2014(1)。这篇文章将侵权责任法律适用中的意思自治分为单方意思自治和双方意思自治。我们认为，单方意思自治实际上是有利于保护受害人权益原则的一种具体表现形式，所以，这里意思自治仅指双方意思自治。

② 参见霍政欣：《涉外侵权之债的法律适用——以“7.23甬温线特别重大铁路交通事故”中外籍伤亡乘客的赔偿为视角》，载《法商研究》，2011(6)。

在民法上，美国最早将产品责任从一般侵权责任中分离出来。在国际私法上，瑞士在其1987年立法中最早将产品责任的法律适用从一般侵权责任的法律适用中分离出来。随后，罗马尼亚、意大利、土耳其、日本和等国家和台湾地区也相继对侵权责任的法律适用作出单独规定。这些立法中的具体规定不尽相同，但一般都以有利于保护受害人权益为基本原则。例如，2011年5月26日起施行的我国台湾地区“涉外民事法律适用法”第26条规定：“因商品之通常使用或消费致生损害者，被害人与商品制造人间之法律关系，依商品制造人之本国法。但如商品制造人事前同意或可预见该商品于下列任一法律施行之地域内销售，并经被害人选定该法律为应适用之法律者，依该法律：（1）损害发生地法；（2）被害人买受该商品地之法；（3）被害人之本国法。”①

在“斯考特诉中华人民共和国等产品责任纠纷案”中，损害结果发生地、受害人惯常居所地、受害人取得产品地等都在美国，根据1971年《第二次冲突法重述》中确立的最密切联系原则，美国法院适用了美国的产品责任法。②

国际立法方面，第12届海牙国际私法会议通过了《产品责任法律适用公约》。该《公约》1973年10月2日开放签字，1977年10月1日生效，截至2016年9月，已有挪威、法国、荷兰、卢森堡、西班牙、芬兰等11个国家批准、加入或继承了该《公约》。③

关于产品责任的法律适用，《公约》规定了五种连结因素，即损害发生地、直接受害人惯常居所地、赔偿义务人主营业所所在地、直接受害人取得产品地和受害人的选择。以这五种连结因素为基础，《公约》通过重叠适用的冲突规范和有条件选择适用的冲突规范规定了四种法律适用顺序：第一，《公约》第5条规定，产品责任首先适用直接受害人惯常居所地法，只要该国同时又是赔偿义务人主营业所所在地，或者直接受害人取得产品地；第二，《公约》第4条规定，如果第5条指定的法律不能适用，则适用损害发生地法，只要该国同时又是直接受害人惯常居所地，或者赔偿义务人主营业所所在地，或者直接受害人取得产品地；第三，《公约》第6条规定，如果第5条和第4条指定的法律都不能适用，那么原告可以主张适用损害发生地法；第四，《公约》第6条还规定，如果第5条和第4条指定的法律都不能适用，而原告也没有主张适用损害发生地法，则适用赔偿义务人主营业所所在地法。

为了保护赔偿义务人的利益，《公约》第7条又规定，如果赔偿义务人证明其不能合理地预见产品或其同类产品会经商业渠道在该国销售，则根据第4条、第5条和第6条指定的直接受害人惯常居所地国法和损害发生地法均不适用，而应适用赔偿义务人主营业所所在地法。

《公约》第9条、第10条和第11条还规定，不管适用哪个国家的法律，产品销售地通行的行为规则和安全规则应予考虑；根据《公约》指定的法律只有在其适用会明显违反法院地的公共秩序时方可拒绝适用；根据《公约》指定的法律即使是非缔约国法律，也应予以适用。此外，《公约》强调应适用的法律为一国的“内国法（internal law）”，不是国内法（domestic law），可见，《公约》排除反致的适用。

1973年海牙《产品责任法律适用公约》采用多元化的连结点和灵活的法律选择方法，既坚持了侵权责任适用侵权行为地法的传统做法，又吸收了最密切联系原则的合理因素，在

---

① 林燕萍：《海峡两岸涉外侵权法律适用规则之比较》，载《法学》，2011（12）。

② 经美国律师调解，原告同意撤诉，最后接受了中国国际贸易促进委员会募集的95 000美元救济金，本案在庭外调解解决。

③ 葡萄牙、意大利和比利时是公约的签字国，但并未批准该公约。

保护受害人权益的同时，也兼顾了产品生产者和销售者的利益，可以说，《公约》确立的产品责任法律适用规则具有较强的科学性、确定性和公正性。

二、人格权侵权责任的法律适用

国际人格权侵权与其他侵权相比具有一定的特殊性：首先，各国人格权法的内容差异巨大，比如，人格权侵权通常同时导致财产损害与非财产损害，但在非财产损害的认定、赔偿数额的计算等问题上，发达国家和发展中国家的做法迥异，由此，极易导致国际人格权侵权案件中的选择法院倾向；其次，国际人格权侵权的性质和方式日益复杂，对于特定案件准据法的确定，单纯的属地法和单纯的属人法都难以做到客观公正；最后，国际人格权侵权问题，实质上涉及宪法层面上的两种基本权利——人格权和言论自由权之间的潜在冲突，这种冲突显然难以通过立法上抽象的效力等级来协调，往往需要在个案中通过追求法意平衡的方式来解决。① 这些特殊性表明，对于国际人格权侵权，有必要制定专门的冲突规范。

人格权侵权责任法律适用规范的制定，需要平衡人格权保护与言论自由保障、受害人与侵权人的利益，还需要考虑本国的经济和社会发展水平。一些国家在这方面作出了有益的尝试。1971 年美国《第二次冲突法重述》第 152 条规定，侵犯隐私权的诉讼，适用侵权行为实施地法，其他州与案件或当事人有更密切联系时除外。1995 年《英国国际私法（杂项规定）》对诽谤侵权保留了双重可诉原则，即对侵权责任的构成，重叠适用侵权行为地法和法院地法。2002 年《摩尔多瓦民法典》第 1616 条规定，因媒体侵犯人格而产生的请求权，依受害人的选择适用：（1）受害人的本国法；（2）受害人的住所地国法或惯常居所地国法；（3）损害结果发生地法；（4）著作权人的住所地国法或惯常居所地国法。2004 年《比利时国际私法典》第 99 条第 2 款第 2 项规定，诽谤、侵犯隐私权或人身权的侵权之债适用原告选择的法律。原告的选择仅限于侵权行为地、损害发生地、损害可能发生地所在国家的法律，除非侵权人证明他无法预见到损害在该地发生。2006 年《日本法律适用通则法》第 19 条规定，因侵害他人名誉或者信用的侵权行为而产生的债权的成立及效力，依被害人经常居所地法。被害人为法人及其他社团或财团时，依其主要营业所所在地法。2010 年我国台湾地区“涉外民事法律适用法”第 28 条规定，被害人之人格权被侵害者，依其本国法。此外，瑞士、土耳其、罗马尼亚等国也有关于人格权侵权法律适用的专门规定。

三、公路交通事故责任的法律适用

对于公路交通事故责任的法律适用，各国国内法一般不作专门规定，实践中，通常依照一般侵权责任的法律适用规范确定应适用的法律。国际上，第 11 届海牙国际私法会议通过了《公路交通事故法律适用公约》。该《公约》1975 年 6 月 3 日生效，截至 2016 年 9 月，已有法国、奥地利、比利时、荷兰、卢森堡、瑞士、西班牙和波兰等 21 个国家批准、加入或继承了该《公约》。

对于公路交通事故责任的法律适用，《公约》规定应适用事故发生地法。但下列情形除外：(1) 如果事故只涉及一辆车，且该车在非事故发生地国登记，则适用登记国法来确定下列人员的责任：司机、车主、车辆控制人或其他车辆的利害关系人，不论这些人的惯常居所位于何处；作为乘客的受害人，如其惯常居所不在事故发生地国；车外的受害人，如其惯常

---

① 参见黄志慧：《国际人格权侵权法律适用问题之司法协调：从欧盟到中国》，载《政法论坛》，2015 (3)。

居所在登记国。如果有两个或两个以上受害人，则应分别对其确定应适用的法律。(2) 如果事故涉及两部及两部以上车辆，且所有车辆在同一国家登记，则适用登记国法。(3) 如果事故涉及车外的一人或数人，且其可能对事故负有责任，则 (1) 和 (2) 的规定只有当所有这些人在车辆登记国均有惯常居所时才适用。这些人也是受害人时亦同。

在车辆没有登记或者在几个国家登记的情况下，适用车辆惯常停放地法，而不是登记国法；如果事故发生时，车主、车辆占有人或控制人或司机的惯常居所都不在登记国，也适用车辆惯常停放地法。

《公约》还规定，不管适用哪个国家的法律，在确定事故责任时，事故发生时当地有效的交通管理和安全规则应予考虑。

【案例 9—6】杜永与安盛天平财产保险股份有限公司珠海中心支公司等机动车交通事故责任纠纷案[①]

> 杜永系美国公民，经常居所地在广东省珠海市。2014 年 3 月 15 日，张敏（一审被告）驾车转入珠海市水湾路时，与被上诉人杜永（一审原告）驾驶的汽车发生碰撞，事故造成杜永车辆损坏。经查，王杰（一审被告）是张敏驾驶的车辆的所有人，上诉人安盛天平保险珠海公司（一审被告）是该车的承保公司，除交强险外，保险公司还承保了 50 万元的商业第三者责任险。另查，王杰、张敏均为中国公民，经常居所地都在珠海市。一审和二审法院均认为，涉案交通事故发生在广东省珠海市，根据《法律适用法》第 44 条的规定，本案应适用中国法律。

这是一起典型的涉外公路交通事故责任纠纷案，根据我国一般侵权责任的法律适用原则，当事人有共同经常居所地的，应适用共同经常居所地法，而不是侵权行为地法。

四、海上侵权责任的法律适用

海上侵权指发生在海上、与海相通的可航水域以及港口的侵权，包括发生在一国内水、领海、专属经济区和公海的侵权。根据海上侵权侵害的权利的性质和主体的不同，可以把海上侵权分为海上人身侵权、海上财产侵权和海洋环境侵权。[②] 实践中常见的海上侵权主要有以下几种情形：因船舶碰撞或船舶与海上固定物或漂浮物触碰发生的侵权；因船舶溢出或排放油类造成的污染及其损害；因海上旅客、货物运输发生的人身或财产损害；以及发生在船舶内部的侵权，如旅客与海员之间或旅客之间的侵权。

（一）船舶碰撞的法律适用

当船舶碰撞发生在一国的领海或内水，且碰撞船舶国籍不同时，侵权行为地法是船舶碰撞法律适用的基本原则；当碰撞发生在公海时，有的国家适用船旗国法，有的国家适用法院地法。例如，2001 年《韩国国际私法》第 61 条规定，发生在公海的船舶碰撞的责任，各船舶属相同船籍国时适用其船籍国法，各船舶船籍国不同时适用加害船舶的船籍国法。而英美有关公海上不同国籍船舶之间的碰撞引起的损害赔偿案件几乎都是适用法院地法。[③]

1977 年《统一船舶碰撞中有关民事管辖权、法律选择、判决的承认和执行方面若干规

---

① 参见广东省珠海市中级人民法院（2015）珠中法民四终字第 108 号民事判决书。

② 参见李志文：《论海上侵权行为法的范畴》，载《深圳大学学报（人文社会科学版）》，2005 (5)。

③ 参见肖曼：《船舶碰撞的法律适用》，载《当代法学》，2002 (1)。

则的公约》(尚未生效)第4条规定，除当事人另有协议外，碰撞在一国内水或领海内发生时，适用该国法律；如碰撞发生在领海以外的水域，则适用受理案件法院的法律，但如有关船舶都在同一国登记或由它出具证件，或即使没有登记或由它出具证件，但都属同一国家所有，则不管碰撞发生在何处，都适用该国法律。但是，如果有关船舶在不同的国家登记或由它们出具证件，或即使没有登记或出具证件，但属不同的国家所有，则受理案件的法院应适用对所有这些国家都实行的公约。无论本条中有何规定，任何当地的有关航行的成文或不成文的规则或规定都应得到适用。

(二) 国际油污损害民事责任的法律适用

因船舶溢出或排放油类造成的污染及其损害，即国际油污损害民事责任，根据英国船东互保协会统计，燃油污染事故占全部污染事故的1/2以上。[①] 对于这类事故，一般依2001年《燃油污染损害民事责任国际公约》确定事故责任。该《公约》2008年11月21日生效，截至2014年6月30日，已有包括我国在内的78个缔约国。

【案例9—7】东海区渔政局与印度航运有限公司、康中明海域污染损害赔偿纠纷案[②]

2009年5月7日，印度航运有限公司所有的“带什”轮由马来西亚PENARA海运码头开航至中国大连港。该轮航行至温州海域时，与康中明所有的“闽龙渔2802”轮发生碰撞。碰撞使“闽龙渔2802”轮受损，造成全船贮存的燃油溢出，在被救助拖带回温岭的过程中形成了一条漂浮的漏油带，对沿途海域的渔业资源造成损害。我国东海区渔政局遂于2009年6月11日向宁波海事法院提起诉讼，请求判令印度航运有限公司和康中明赔偿损失。

该案系船舶碰撞后燃油溢出引起的海域污染损害赔偿纠纷，碰撞发生地和油污损害结果发生地均在我国海域。根据我国《海商法》第273条的规定，船舶碰撞的损害赔偿，适用侵权行为地法，即我国法。同时，这也是一起国际油污损害民事责任纠纷，根据我国《民法通则》第142条第2款的规定，应适用2009年3月9日起对我国生效的2001年《燃油污染损害民事责任国际公约》确定事故责任。

对于因海上旅客、货物运输发生的人身或财产损害，因为当事人之间存在运输合同关系，所以一般依据合同准据法确定承运人的责任。发生在船舶内部的侵权行为，无论该船舶是处于公海或是某国领海，通常适用船旗国法或者法院地法。

五、空中侵权责任的法律适用

常见的空中侵权主要有三种情形：一是因航空器碰撞或航空器与其他物体碰撞发生的侵权；二是因航空事故造成旅客伤亡或货物毁损；三是发生在航空器内部的侵权。航空器飞行速度快，这个特点使侵权行为地这一连结点在空中侵权法律适用中的意义远不如其在公路上、海上侵权法律适用中的意义大。

因航空器碰撞或航空器与其他物体碰撞发生的侵权责任的法律适用，1928年泛美会议通过的《布斯塔曼特法典》的规定比较典型。该法典第289条至第294条规定，在领空发生的意外碰撞，如各航空器具有共同国籍，适用国籍国法；否则，适用侵权行为地法；在领空

① 参见陈海杰：《“2001燃油公约”评述与建议》，载《中国水运(学术版)》，2006(12)。

② 参见浙江省高级人民法院(2012)浙海终字第19号民事判决书。

发生的过失碰撞，适用侵权行为地法。在公空发生的碰撞，无论是否存在过失，如各航空器具有共同国籍，适用国籍国法；否则，对于过失碰撞，适用被撞航空器的国籍国法，对于意外碰撞，依其中一国法律分摊全部损失的一半，依另一国法律分摊另一半。

1965年美国哥伦比亚特区巡回上诉法院在审理“特拉蒙塔纳案”时，对航空器碰撞发生的损害赔偿责任适用了加害方航空器登记国的法律。特拉蒙塔纳是美国马里兰州的居民，在巴西乘坐一架美国海军的飞机，该飞机在里约热内卢上空被一架巴西航空公司的飞机碰撞，特拉蒙塔纳在事故中丧生。根据巴西航空法的规定，对航空事故死亡者的最高赔偿金是10万元克鲁塞罗（当时合170美元）。显然，这比根据美国法计算的赔偿金少很多。巡回上诉法院认为，巴西是最关心此案赔偿问题的国家，它的航空法是为了保护其年幼的航空运输事业的发展而制定的，因此，本案应该适用巴西航空法。

因航空事故造成旅客伤亡或货物毁损的侵权责任，也就是旅客或托运人对航空运输承运人的损害赔偿请求权问题，目前主要适用国际条约。1999年国际民航组织在蒙特利尔通过了旨在取代“华沙体系”的、全新的《统一国际航空运输某些规则的公约》，简称1999年《蒙特利尔公约》。该《公约》2003年11月4日生效，截至2016年9月，共有包括中国在内的120个成员方。①

【案例9—8】马美兰诉泰国国际航空大众有限公司案

2008年3月29日，中国公民马美兰乘坐泰国国际航空大众有限公司的飞机前往泰国曼谷旅游。飞机在飞行至泰国上空时，发生事故，在没有任何预警的情况下，启动了空中防撞系统，急速拉高，导致严重颠簸，原告因此摔倒，右脚踝严重骨折。泰航在承担了原告在泰国医院接受手术治疗的医疗及机票、住宿等相关费用共计人民币6万余元后，拒绝再承担原告赴泰国进行第二次手术的费用及其他费用。于是，原告向北京市东城区人民法院提起诉讼，要求泰航根据1999年《蒙特利尔公约》赔偿第二次手术费、精神损害抚慰金等共计人民币54万元。

这是中国公民首次依据1999年《蒙特利尔公约》提起的损害赔偿诉讼。关于管辖权，《公约》第33条第2款规定，原告可以选择事故发生时旅客的主要且永久居所地国起诉。②关于法律适用，鉴于泰国国际航空大众有限公司在其官方网站的“合同条款与其他重要通知”中提及“蒙特利尔公约或华沙公约系统，可能适用于您的旅程”，根据我国《法律适用法》第44条以及《民法通则》第142条第2款的规定，该案应适用1999年《蒙特利尔公约》。

发生在航空器内部的侵权，如“不轨旅客”侵权③，一般主张适用航空器登记国法。航空器飞行速度快，侵权行为地不易确定；即便能确定，侵权行为地和侵权行为的联系也纯属偶然，因此，把航空器登记国法视为侵权行为地法更为合理。

---

① 该《公约》2005年7月31日对我国生效。

② 《公约》第33条第2款规定：对于因旅客死亡或者伤害而产生的损失，诉讼可以在这样一个当事国领土内提起，即在发生事故时旅客的主要且永久居所在该国领土内，并且承运人使用自己的航空器或者根据商务协议使用另一承运人的航空器经营到达该国领土或者从该国领土始发的旅客航空运输业务，并且在该国领土内该承运人通过其本人或者与其有商务协议的另一承运人租赁或者所有的处所从事其旅客航空运输经营。

③ 不轨旅客（disruptive/unruly passengers），指那些不遵守机上行为规则或不听从机组人员指挥，扰乱机上正常秩序的违法旅客。

第四节 我国侵权责任法律适用的立法与实践

引例 塞拉利昂籍“LEDOR”轮遭阿尔巴尼亚船东基恩毕船务有限公司弃船案①

承运我国某大型国企2万吨进口铁矿石的塞拉利昂籍船舶“LEDOR”轮于2011年10月从印度陈奈港开往我国江苏南通港途中搁浅在福建莆田。莆田海事部门认为该轮存在断裂、沉没、危及人身安全及污染海洋环境的风险，要求船东提交船舶脱险方案、过驳货物及船上存油的措施，收货人则要求船东就地卸货，均未果。该轮船体老旧、压载舱及部分货舱破损、证书过期，阿尔巴尼亚船东基恩毕公司无力使船舶续航，遂将船舶连同十几名外籍船员及货物遗弃在福建莆田。2012年7月，收货人向厦门海事法院申请海事强制令和海事请求保全，请求扣押船舶和强制卸货。船上1名阿尔巴尼亚籍船长和17名叙利亚籍船员起诉要求船东支付工资；收货人起诉船东要求赔偿货物损失等；因该轮搁浅而受损的养殖户以及该轮搁浅期间为该船提供防污服务和物料油料供应、代理服务的各家公司等相继起诉，要求支付相关费用，由此引发了一系列类型各异的重大复杂疑难案件。

本案涉及的主要法律问题有：案件涉及哪些类型的涉外民商事关系，对其分别应适用什么法律确定相关当事人的权利与义务？

一、一般国际侵权责任法律适用的立法与实践

关于一般国际侵权责任的法律适用，2010年《法律适用法》第44条规定，侵权责任，适用侵权行为地法律，但当事人有共同经常居所地的，适用共同经常居所地法律。侵权行为发生后，当事人协议选择适用法律的，按照其协议。《民法通则》第146条规定，侵权行为的损害赔偿，适用侵权行为地法律。当事人双方国籍相同或者在同一国家有住所的，也可以适用当事人本国法律或者住所地法律。中国法律不认为在中国领域外发生的行为是侵权行为的，不作为侵权行为处理。1988年最高人民法院《关于贯彻执行〈中华人民共和国民法通则〉若干问题的意见（试行）》第187条规定，侵权行为地的法律包括侵权行为实施地法律和侵权结果发生地法律。如果两者不一致时，人民法院可以选择适用。此外，《法律适用法》第51条规定，《民法通则》第146条与本法的规定不一致的，适用本法。从这些规定中可以看出，我国对于一般国际侵权责任的法律适用，采取了以下三项原则。

（一）当事人意思自治原则

这是我国一般国际侵权责任法律适用的首要原则。结合《法律适用法解释（一）》的相

① 参见最高人民法院：《人民法院为“一带一路”建设提供司法服务和保障的典型案例》，见 http://www.court.gov.cn/zixun-xiangqing-14897.html，2015-07-07。

关规定，当事人可以在侵权行为发生后，一审法庭辩论终结前，协议选择或者变更选择适用的法律；当事人的选择可以是明示的，也可以是默示的，但默示选择仅限于“各方当事人援引相同国家的法律且未提出法律适用异议”这种情形；当事人可以选择与系争的涉外民事关系没有实际联系的法律。此外，当事人的选择还要受直接适用的法、公共秩序保留和法律规避等国际私法制度的规制。[①] 此外，当事人的选择不得存在欺诈、胁迫、恶意串通或以合法形式掩盖非法目的等情形。

【案例 9—9】顶超（开曼岛）控股有限公司、泰斯科百货有限公司与张志荣等侵害商标权及不正当竞争纠纷案[②]

2007 年 1 月 21 日，原告顶超公司在中国注册了“乐购”商标，2010 年 11 月 5 日，原告泰斯科公司在中国注册了“TESCO”商标。2010 年 12 月 6 日，被告张志荣在仪征市工商局注册了个体工商户，字号为仪征市大仪镇乐购百货超市。2012 年 7 月 20 日、8 月 1 日、2013 年 4 月 16 日，两原告三次到被告张志荣经营的仪征市大仪镇乐购百货超市购物，发现其超市外立面店名、内部装修装饰、购物袋、电子秤标签、员工制服及胸牌、价格标签等处均标注有“TESCO 乐购”标识，电脑收银条和超市会员卡上均标注有“乐购”标识。据此，两原告认定被告的行为侵害了其商标专用权，并构成不正当竞争，遂向仪征市人民法院提起诉讼。

这既是一起商标专用权侵权纠纷，又是一起不正当竞争侵权纠纷。对于不正当竞争，《法律适用法》并未将其列为特殊侵权，因此，应按照一般侵权的法律适用原则确定其准据法。在该案庭审中，双方当事人协议选择法院地法作为准据法，法院据此适用了我国法律。这是《法律适用法》自 2011 年 4 月 1 日起施行以来，在涉外侵权领域，第一起当事人协议选择适用法律的案例。

（二）当事人共同经常居所地法原则

根据《法律适用法》第 44 条的规定，如果侵权行为发生后，当事人没有协议选择应适用的法律，但当事人有共同经常居所地的，适用共同经常居所地法。与《民法通则》的相关规定不同，这种情况下，共同经常居所地法是“应当适用”，而不是“也可以适用”。另外，《法律适用法》在侵权责任法律适用上把当事人共同属人法限于共同经常居所地法，既不包括共同国籍国法，也不包括共同住所地法。这是《法律适用法》在属人法问题上的进步。[③]

本章第二节案例 9—3“李裕斌、张清芬与河南建总国际工程有限公司房屋所有权纠纷案”中，侵权行为地在法国巴黎，但是当事人有共同经常居所地——中国郑州市，因此，也可以认为法院适用了当事人共同经常居所地法。

（三）侵权行为地法原则

如果当事人既没有选择应适用的法律，又没有共同经常居所地，那么侵权责任适用侵权行为地法。侵权行为地法既包括侵权行为实施地法，也包括侵权结果发生地法，两者不一致

---

① 参见肖永平、张弛：《论一般侵权法律适用规则中意思自治的限制》，载《苏州大学学报（法学版）》，2014 (1)。

② 参见江苏省仪征市人民法院（2013）仪知民初字第 4 号民事判决书。

③ 参见黄进：《中国涉外民事关系法律适用法的制定与完善》，载《政法论坛》，2011 (3)。

时，由法院选择适用。一般认为，我国应在侵权责任的法律适用问题上引入有利于保护受害人权益原则，当侵权行为实施地法和侵权结果发生地法不一致时，由法院选择适用有利于保护受害人权益的法律；或者相信当事人的理性，将选择权交给受害人，并规定，如果受害人的选择对其不利时，法官应行使释明权。

另外，《法律适用法》在侵权责任的构成问题上，放弃了《民法通则》第 146 条第 2 款确立的双重可诉原则，即中国法律不认为在中国领域外发生的行为是侵权行为的，不作为侵权行为处理。本书认为，在侵权责任的构成上放弃双重可诉原则有利于保护受害人权益，但在侵权损害赔偿的范围和数额计算上，适用该原则，可平衡当事人的利益，使侵权人免于承担完全不可预见的外国法规定的赔偿数额，这比援用公共秩序保留排除适用外国法中的惩罚性赔偿更可行。[①]

本节引例“塞拉利昂籍‘LEDOR’轮遭阿尔巴尼亚船东基恩毕船务有限公司弃船案”涉及多种涉外民商事关系，其中包括因轮船搁浅导致养殖户受损的侵权关系，对此，应适用侵权行为地法，即中国法。

二、特殊国际侵权责任法律适用的立法与实践

我国立法规定了产品责任、人格权侵权、知识产权侵权、船舶碰撞和民用航空器损害责任五种特殊国际侵权责任的法律适用。其中，知识产权侵权责任的法律适用在本书国际知识产权关系的法律适用一章中已作阐述，这里不再赘述。

（一）产品责任的法律适用

《法律适用法》第 45 条规定，产品责任，适用被侵权人经常居所地法律；被侵权人选择适用侵权人主营业地法律、损害发生地法律的，或者侵权人在被侵权人经常居所地没有从事相关经营活动的，适用侵权人主营业地法律或者损害发生地法律。据此，我国产品责任的法律适用顺序为：首先，如果受害人选择，则适用侵权人主营业地法或者损害发生地法；其次，如果受害人没有选择，且侵权人在受害人经常居所地从事相关经营活动，则适用受害人经常居所地法；最后，如果侵权人在受害人经常居所地没有从事相关经营活动，则适用侵权人主营业地法或者损害发生地法。

上述规定在一定程度上采用了组合连结因素，融入了最密切联系原则和有利于保护受害人权益原则。但是，损害发生地法，或者基于受害人的选择，或者基于侵权人在受害人经常居所地没有从事相关经营活动，即可适用。由于产品责任中损害发生地有时具有偶然性，这样的规定有过度保护受害人之嫌。因而，从平衡当事人的利益出发，并考虑我国的经济和社会发展水平，可以借鉴 1973 年《产品责任法律适用公约》的规定，如果侵权人证明其不能合理地预见产品会经商业渠道在该国销售，则适用侵权人主营业地法。

（二）人格权侵权责任的法律适用

《法律适用法》第 46 条规定，通过网络或者采用其他方式侵害姓名权、肖像权、名誉权、隐私权等人格权的，适用被侵权人经常居所地法律。这里的侵权方式，既包括通过网络

---

① 参见周后春：《论侵权责任法的功能定位对涉外侵权行为法适用的影响》，载《河南师范大学学报（哲学社会科学版）》，2010（1）。

侵权，也包括通过其他媒介侵权。①

本章引例“M'FOUTOU 诉 MACKYTANGITOUKOULOU、IKENGUISSIAYESSA 侵害名誉权案”中，当事人都是刚果（布）人，侵权结果发生地也有可能在外国，但当事人的经常居所地都在我国南京市，因此根据《法律适用法》第 46 条的规定，该案应适用中国法。

（三）海上侵权责任的法律适用

《海商法》第 273 条规定，船舶碰撞的损害赔偿，适用侵权行为地法。船舶在公海上发生碰撞的损害赔偿，适用法院地法。同一国籍的船舶，不论碰撞发生于何地，碰撞船舶之间的损害赔偿适用船旗国法。此外，该法第 274 条和第 275 条还规定了共同海损理算和海事赔偿责任限制的法律适用，分别适用理算地法和法院地法。

【案例 9—10】青岛华顺船务有限公司诉马克劳德公司、切诺亚航运有限公司船舶碰撞案

2014 年 4 月 12 日，被告马克劳德公司所有，由被告切诺亚航运有限公司光租经营的“MarCloud”轮在青岛港附近海域与青岛华顺船务有限公司所有的“华顺 88”轮发生碰撞。事故导致“华顺 88”轮沉没。

本案船舶碰撞地和侵权结果发生地均在中国。法院根据《海商法》第 273 条和《民法通则》第 142 条第 2 款的规定，适用了中国法和 1972 年《国际海上避碰规则》确定当事船舶的责任。②

（四）民用航空器损害责任的法律适用

2015 年修正的《民用航空法》第 189 条规定，民用航空器对地面第三人的损害赔偿，适用侵权行为地法律。民用航空器在公海上空对水面第三人的损害赔偿，适用受理案件的法院所在地法律。

其他情形的空中侵权责任的法律适用，该法未作规定，实践中，可适用《法律适用法》第 44 条关于一般侵权责任法律适用的规定；仍无法确定准据法的，可根据《法律适用法》第 2 条的规定适用有最密切联系地的法律。随着我国经济和社会发展水平的不断提高，乘坐飞机出行越来越普遍，空中侵权发生的概率也越来越大，因此，有必要在立法中细化空中侵权责任的法律适用。

【问题与思考】

1. 各国侵权责任法的冲突主要体现在哪些方面？
2. 传统上，一般国际侵权责任的法律适用原则有哪些？
3. 《法律适用法》第 44 条规定的“当事人共同经常居所地法律”中的当事人是否包括第三人？

---

① 在以权利为起点和归宿的观念下，侵权责任的成立，以存在受侵害的民事权利为前提。因此，侵权责任的类型化应以民事权利的分类为依据，而不是以侵权的媒介为依据。网络只是侵权的媒介，从这个意义上讲，通过网络侵权与通过其他媒介侵权本质上没有区别。同理，网络侵权的法律适用与通过其他媒介侵权的法律适用本质上也没有区别。参见尹田：《评侵权责任的独立成编与侵权行为的类型化》，载《清华法学》，2008（4）。

② 该《公约》1977 年 7 月 15 日生效，根据国际海事组织官方网站上提供的数据，截至 2014 年 12 月 31 日，共有包括中国在内的 156 个成员方。

“孙佩一诉杨跟强、貌敏卫侵害健康权、身体权纠纷案”中可否通过对法律关系性质的不同识别达到适用法院地法的目的？

4. 侵权结果发生地如何认定？“孙佩一诉杨跟强、貌敏卫侵害健康权、身体权纠纷案”和“马美兰诉泰国国际航空大众有限公司案”中的侵权结果发生地在哪里？

5. 一般国际侵权责任的法律适用有哪些新发展？

6. 国际私法中特别侵权责任类型化的依据是什么？你怎么看待网络侵权责任的法律适用？

7. 1973 年海牙《产品责任法律适用公约》关于产品责任法律适用的规定是什么，有什么特点？我国关于产品责任法律适用的规定是什么，存在什么问题？

8. 从“东海区渔政局与印度航运有限公司、康中明海域污染损害赔偿纠纷案”中，国际油污损害民事责任有什么特殊性？

9. 国际上关于空中侵权责任法律适用的规定有哪些？

10. 1965 年“特拉蒙塔纳案”和 1960 年“贝科克诉杰克逊案”在适用法律上有什么异同？

11. 我国关于一般侵权责任法律适用的规定是什么？

12. “塞拉利昂籍‘LEDOR’轮遭阿尔巴尼亚船东基恩毕船务有限公司弃船案”涉及哪些类型的涉外民商事关系，对其分别应适用什么法律？

13. “顶超（开曼岛）控股有限公司、泰斯科百货有限公司与张志荣等侵害商标权及不正当竞争纠纷案”涉及哪些类型的涉外民商事关系，对其分别应适用什么法律？

第十章 国际家庭关系的法律适用

参考书目

1. 李双元等．涉外婚姻继承法．北京：中国政法大学出版社，1989
2. 孟宪伟，三玉洁．涉外婚姻家庭与法．广州：广东人民出版社，1995
3. 蒋新苗．国际收养法律问题研究．北京：法律出版社，1999
4. 齐湘泉．涉外民事关系法律适用法：婚姻、家庭、继承论．北京：法律出版社，2005
5. 汪金兰．抚养冲突法．武汉大学2002年博士学位论文
6. 林秀雄．婚姻家庭法之研究．北京：中国政法大学出版社，2001
7. 杨大文，马忆南主编．婚姻家庭法原理与实务．北京：高等教育出版社，2002
8. 赵守博．国际私法中亲属关系的准据法比较研究．台北：学生书局，1977
9. N. Lowe & G. Douglas eds.. Family Across Frontiers. Martinus Nijhoff Publishers，1996
10. Jaap Doek，Hans van Loon & Paul Vlaardingerbroek eds.. Children on the Move：How to Implement The ir Rights to Family Life. Martinus Nijhoff Publishers，1996

参考法规

1. 1979年《奥地利联邦国际私法》

2. 1987 年《瑞士联邦国际私法》

3. 1986 年《中华人民共和国民法通则》

4. 1988 年最高人民法院《关于贯彻执行〈中华人民共和国民法通则〉若干问题的意见（试行）》

5. 2010 年《中华人民共和国涉外民事关系法律适用法》

6. 海牙国际私法会议 1902 年《婚姻法律冲突公约》

7. 海牙国际私法会议 1980 年《婚姻缔结和承认婚姻效力公约》

8. 海牙国际私法会议 1978 年《夫妻财产制法律适用公约》

9. 海牙国际私法会议 1956 年《抚养儿童义务法律适用公约》

10. 海牙国际私法会议 1973 年《扶养义务法律适用公约》

11. 海牙国际私法会议 1996 年《关于保护儿童的父母责任和措施的管辖权、准据法、承认、执行和合作的公约》

12. 海牙国际私法会议 2000 年《关于成年人国际保护的公约》

13. 海牙国际私法会议 1965 年《收养管辖权、法律适用的判决承认公约》

14. 海牙国际私法会议 1993 年《关于跨国收养的儿童保护和合作的公约》以及其他一些国家的国际私法和国际私法公约，这些资料可在以下书中找到：

（1）韩德培，李双元主编．国际私法教学参考资料选编（上，下）．武汉：武汉大学出版社，1991

（2）李双元，欧福永，熊之才编．国际私法教学参考资料选编（上、中、下）．北京：北京大学出版社，2002

（3）黄进，何其生，萧凯编．国际私法：案例与资料（中英文）．北京：法律出版社，2004

引例　王伟、张莉婚姻无效案

中国公民王伟，男性，现年 21 岁。中国公民张莉，女性，现年 19 岁。王伟与张莉是邻居，自幼相处，两小无猜，是年二人决定结婚，到住所所在地街道办事处登记。街道办事处工作人员认定两人未到法定婚龄，不予登记。为了达到结婚目的，王伟、张莉参加了某旅行社组织的新加坡、马来西亚、泰国旅游团，在泰国按宗教方式举行了结婚仪式。回国后，二人以夫妻名义共同生活。第二年，王伟死于一场意外车祸。为遗产继承问题，张莉与王伟的亲属发生纠纷。张莉认为自己是王伟的妻子，与其共同生活一年多，是法定继承人之一。王伟亲属认为，张莉与王伟未进行婚姻登记，在泰国按宗教仪式举行了婚姻仪式违背我国法律关于婚姻形式要件的规定，属无效婚姻，因此，不是遗产继承人。双方协商未果，遂诉诸法院。

法院经审理查明，王伟、张莉未达到法定结婚年龄登记结婚被拒绝，之后，二人到泰国采取宗教方式结婚，婚后回国居住。法院认为：王伟、张莉在婚姻实质要件不符合我国法律规定的情况下到泰国采取宗教方式结婚，婚后回国居住，是规避我国法律的行为，其婚姻无效。采用宗教方式结婚，我国法律不予认可。张莉对王伟的遗产不享有继承权。[1]

本案涉及的主要问题是：我国法律对婚姻形式要件如何规定？婚姻缔结方式有几种类型？法院认定张莉不享有继承权是否正确？

在本章中，我们将结合前引“王伟、张莉婚姻无效案”及以下各节中列举的案例，对国际家庭关系的法律适用所涉及的主要问题从理论、立法和实践等方面作一探讨，包括国际结婚的法律适用，国际离婚的法律适用，夫妻人身关系和财产关系的法律适用，父母子女关系的法律适用，国际扶养的法律适用，国际监护的法律适用，国际收养的法律适用。通过对这些内容的学习，有助于我们在国际家庭案件处理过程中，正确地运用法律适用规则解决国际结婚、离婚的法律适用问题，合理地处理好夫妻关系和父母子女关系中的法律适用问题，适当地确定国际扶养、监护案件的准据法，并解决好国际收养中存在的法律适用问题。

第一节　国际结婚的法律适用

引例　乔治与王芳结婚案

英国人乔治生于1977年，于1995年来中国，在北京某大学就读。读书期间与本校中国籍女学生王芳相识并产生恋情。1997年8月，王芳毕业后在一家外资企业找到工作，二人决定结婚，并到王芳住所地的街道办事处进行结婚登记。办事处工作人员认为，他（她）们之间的婚姻属涉外婚姻，应到区人民政府婚姻登记机关办理结婚登记。乔治与王芳遂到区政府婚姻登记机关办理结婚登记。婚姻登记机关审查了乔治提供的证明材料后认为，乔治现年20岁，不符合《中华人民共和国婚姻法》关于结婚年龄的规定，而且没有按照民政部《中国公民同外国人办理婚姻登记的几项规定》提供有关证件，系证件不全，决定不予登记。[2]

本案涉及的主要法律问题是：外国人与中国人在中国境内结婚的法律适用应如何确定？中国民政部要求外国人在中国登记结婚应提供哪些证件？

结婚，是男女双方根据法律规定的程序和条件结成夫妻的一种法律行为。国际结婚是指含有跨国因素或涉外因素的婚姻成立行为。结婚包括国际结婚只有符合法律规定的实质要件和形式要件，才能够有效地成立。由于各国法律规定不同，这方面经常发生法律冲突，因此，如何解决国际结婚的法律适用问题就成为国际私法的重要任务之一。

---

① 参见杜新丽主编：《国际私法教学案例》，278～279页，北京，中国政法大学出版社，1999。

② 参见杜新丽主编：《国际私法教学案例》，275～276页，北京，中国政法大学出版社，1999。

一、结婚实质要件的法律适用

结婚的实质要件包括婚姻当事人必须具备的条件和必须排除的条件。前者一般指双方当事人必须达到法定婚龄，双方当事人自愿结婚等。后者一般指双方当事人不在禁止结婚的血亲之内，没有不能结婚的疾病或生理缺陷，不存在另外的婚姻关系等。由于各国法律对结婚的实质要件规定不同，在国际结婚方面容易产生法律冲突。例如，在法定婚龄问题上，英国规定男、女均为 16 岁；法国规定男为 18 岁、女为 15 岁；意大利规定男为 16 岁、女为 14 岁；西班牙规定男为 14 岁、女为 12 岁；美国各州对最低婚龄的规定中，男子从 15 岁到 21 岁不等，女子从 14 岁到 18 岁不等。又如，在近亲关系问题上，中国婚姻法规定，直系和三代以内的旁系血亲禁止结婚；日本法律规定，三亲等内的旁系血亲之间不准结婚；菲律宾法律规定，四亲等以内的旁系血亲不准结婚。再如，在结婚的疾病问题上，中国婚姻法规定，患麻风病未经治愈或患其他医学上认为不应当结婚的疾病的人，禁止结婚；瑞士法律则完全禁止精神病人结婚。为解决上述法律冲突，对于结婚的实质要件，一般采用以下几种做法：

（一）适用婚姻举行地法

结婚的实质要件依婚姻举行地法，是一条古老但目前仍然流行的原则。按照这一原则，如果结婚符合婚姻举行地法有关结婚实质要件的规定，该婚姻就是有效的婚姻，而且在任何地方都是有效的婚姻；如果结婚不符合婚姻举行地法有关结婚实质要件的规定，该婚姻就是无效的婚姻，而且在任何地方都是无效的婚姻。采取这一做法，简便易行，婚姻举行地容易辨认，能给婚姻登记机关和当事人减少不少麻烦，便于解决法律冲突。另外，有的国家认为婚姻也是一种契约关系或法律行为，根据“场所支配行为”原则，婚姻成立的实质要件当然应受婚姻举行地法支配。采用此原则的除英国早期的判例外，还有美国的许多州和大多数的拉丁美洲国家，如阿根廷、巴拉圭、危地马拉、秘鲁、哥斯达黎加和墨西哥等国家。

（二）适用当事人属人法

许多国家认为婚姻关系属于身份关系，故主张结婚的实质要件适用当事人的属人法。凡符合当事人属人法的婚姻即为有效婚姻，否则为无效婚姻。在采用当事人属人法的国家中又分为采用本国法的国家和采用住所地法的国家。前者如奥地利、比利时、法国、德国、希腊、意大利、卢森堡、荷兰、葡萄牙、西班牙、瑞士、土耳其、瑞典等，后者如英国、加拿大、澳大利亚、新西兰、丹麦、挪威等。在一般情况下，当事人与其国籍国或住所所在国建立了长期的联系，适用当事人属人法对当事人来说也比较合理。

如果双方当事人属人法相同，适用当事人属人法自然简便、容易。如果双方当事人的属人法不同，就要解决如何适用当事人属人法的问题。在这种情况下，主要有以下几种做法：(1) 适用丈夫的属人法。但这一做法有悖于现在普遍主张的男女平等原则，已为许多国家所放弃。(2) 分别适用双方当事人各自的属人法。只要婚姻分别符合双方当事人各自属人法规定的实质要件，该婚姻就是有效的婚姻，而不管他们的属人法是否存在抵触。例如 2006 年日本《法律适用通则法》第 24 条第 1 款规定：“婚姻成立的实质要件适用夫妻双方各自的本国法。”波兰、奥地利和秘鲁等国家也采用此种做法。(3) 重叠适用双方当事人的属人法。婚姻只有在满足双方当事人的属人法所规定的实质要件时，才被认为是有效的婚姻。1979 年《匈牙利国际私法》第 37 条第 1 款就是如此规定的。(4) 适用法院地法。在当事人中有一方的国籍或住所在法院地国时，有的国家就主张适用法院地法。例如 1986 年修改的《联邦德国国际私法》就作了如此规定。

另外，对无国籍人的结婚显然不能适用其本国法，因而一般均以他们的住所地法或惯常居所地法为属人法。当事人如果没有住所或惯常居所，则适用当时的居住地法或法院地法。对于政治避难者的结婚问题，也宜适用住所地法或惯常居所地法，而不宜适用其本国法。

（三）兼采婚姻举行地法和当事人属人法

这种做法是指关于婚姻成立的实质要件，或是以婚姻举行地法为主，但在一定条件下也可以适用当事人的属人法，或是以当事人的属人法为主，但在一定条件下也可以适用婚姻举行地法的混合方法。此种方法考虑了在不同的情况下适用不同的准据法，避免了机械地适用婚姻举行地法或当事人属人法的不足。由于其比较灵活和切实可行，已为越来越多的国家所接受。

前者以 1995 年通过、1998 年最后修订的《俄罗斯联邦家庭法典》为例。该法第七编第 156 条第 2 款规定："在俄罗斯联邦境内结婚，准备结婚之人每一方的结婚条件，在遵守本法典第 14 条针对阻碍结婚的情况而规定的要求的同时，由该方结婚之时所属国的法律规定。"第 158 条规定："俄罗斯联邦公民之间、俄罗斯联邦公民同外国人、无国籍人之间在俄罗斯联邦境外的结婚，如果符合婚姻举行地法的规定，并且不存在根据本法典第 14 条而产生的障碍，则在俄罗斯境内被承认有效。外国人之间在俄罗斯境外依照该国法律缔结的婚姻，在俄罗斯被承认为有效。"

后者以 1979 年《匈牙利国际私法》为例。该法第 37 条第 1 款规定："婚姻有效的实质要件，依双方当事人缔结婚姻时的共同属人法。如果双方当事人的属人法在缔结婚姻时不同，则婚姻只有在满足双方当事人的属人法所要求的实质要件时，才认为有效。"第 38 条进一步规定"如果外国人意欲在匈牙利结婚，他必须证明其属人法对其缔结婚姻没有障碍"；如果"依匈牙利法缔结婚姻有不可逾越的障碍"，则"不能在匈牙利结婚；匈牙利公民在国外结婚，也必须依匈牙利法，不存在婚姻障碍"。可见，匈牙利在结婚实质要件方面以采属人法为主，在一定条件下，兼采婚姻举行地法原则。

二、结婚形式要件的法律适用

结婚形式要件是指缔结合法婚姻的具体方式。目前有关结婚的方式主要有民事登记方式和宗教方式。由于各国法律对结婚的形式要件规定不同，在国际结婚方面也容易产生法律冲突。根据民事登记方式，结婚的双方当事人必须到法律指定的机关办理登记手续，取得一定的证件后，婚姻才成立。但是各国对民事登记的要求却有不同的规定，例如日本民法规定，结婚经登记而生效，而登记必须由双方当事人和成年证人以口头或书面形式作出；而法国民法规定，结婚既要进行登记又要举行仪式才为有效，要求按照一定的形式将未来配偶的姓名、职业、住所以及举行结婚的地点张贴公告。根据宗教方式，结婚的双方当事人应当根据自己信仰的宗教的规定，举行一定的宗教仪式后，婚姻才成立。目前，世界上的许多国家包括中国在内都采取民事登记方式。除极少数国家外，大部分国家已不再将依宗教方式结婚视为婚姻成立的必要条件。在许多国家中，当事人在进行民事登记的同时也举行宗教婚礼，在举行宗教婚礼时也办理民事登记。为解决上述法律冲突，对于结婚的形式要件，一般采用以下几种做法：

（一）适用婚姻举行地法

根据"场所支配行为"的原则，对于婚姻的形式要件的法律适用，世界上许多国家长期以来都适用婚姻举行地法。按照这种做法，结婚的方式只要符合婚姻举行地法的要求，即为有效。一般认为，结婚的形式要件涉及婚姻举行地的公共秩序和善良风俗，因而强制采用婚姻举行地法，而不考虑当事人的本国法。日本、土耳其、匈牙利等国家即采用这一做法。

（二）适用当事人本国法

一些推行宗教婚姻的国家要求当事人在结婚形式要件上适用当事人本国法。例如，希腊、西班牙、塞浦路斯、也门等国家要求，本国公民或住所在本国的人即使在外国结婚，也必须遵守本国法规定的宗教方式，不承认本国公民或在本国有住所者在国外依其他方式成立的婚姻。而另一些国家的立法要求内国人的婚姻必须依民事登记方式，即使在国外举行亦然。如原捷克斯洛伐克法就规定，捷克公民非依民事登记方式结婚者无效。

（三）兼采婚姻举行地法和当事人本国法

单纯适用婚姻举行地法或当事人本国法，有时会出现“跛脚婚姻”（limping marriage）现象，即在一国有效而在另一国无效的婚姻。① 为了避免发生这种情况，有些国家除了规定结婚的形式要件适用婚姻举行地法外，还规定本国公民在国外结婚也必须遵守本国法规定的方式，或者规定在内国结婚的外国人，如果遵守了他们的本国法对婚姻方式的要求，亦为有效。例如，2006 年日本《法律适用通则法》第 24 条第 2 款规定：“关于婚姻的方式，适用婚姻举行地法。”第 3 款又进一步规定：“符合当事人一方的本国法规定的方式，亦为有效。但如果婚姻在日本举行，当事人一方为日本人时，则不在此限，在此种情况下则适用婚姻举行地法”，也即一方当事人本国法的日本法。据此规定，外国人之间在日本举行的结婚或外国人和日本人之间在国外举行的结婚，如果符合当事人一方的本国法，也是有效的。这种立法方式，明显地表现了广泛地承认婚姻效力的倾向。这种立法精神，也反映在近年来的一些阿拉伯国家的法律中。例如 1977 年《约旦国际私法》第 13 条规定：“外国人与外国人、外国人与约旦人之间的婚姻，如果在形式要件方面符合婚姻缔结地法，或者符合婚姻当事人各自的本国法，均应认为有效。”

三、中国的有关规定与实践

【案例 10—1】古达拉申请结婚案

古达拉是某国来中国的留学生，来中国之前已在本国娶有妻子。在中国留学期间，古达拉认识了某公司女职员中国公民刘某，双方交往频繁且产生了感情，于是提出结婚。因古达拉已在本国娶有妻子，刘某所在单位的同事强烈反对刘某同古达拉结婚，刘某父母也极力反对此事。刘某却愿意同古达拉结婚，于是古达拉即以其本国法律允许一夫多妻且刘某自愿同其结婚为由，向刘某户籍所在地的民政部门提出与刘某结婚的申请，请求发给双方结婚证。

本案涉及的主要法律问题是：古达拉可否依其本国法要求在中国申请结婚登记？本案应如何处理？

（一）中国的有关规定

中国处理涉外结婚的法律规定主要有：1980 年颁布的《中华人民共和国婚姻法》（2001 年修订），1983 年民政部发布的《中国公民同外国人办理婚姻登记的几项规定》，1983 年外交部、最高人民法院、民政部、司法部、国务院侨务办公室联合发布的《关于驻外使领馆处理华侨婚姻问题的若干规定》，1983 年民政部作出的《关于办理婚姻登记中几个涉外问题处

---

① 参见戴小冬：《论国际私法中的跛脚婚姻》，载《吉首大学学报》（社会科学版），2001（3）。

理意见的批复》，1986 年通过的《中华人民共和国民法通则》，1997 年民政部、外交部发布的《出国人员婚姻登记管理办法》，2003 年国务院颁布的《婚姻登记条例》以及 2010 年《涉外民事关系法律适用法》。

中国处理涉外结婚的法律规定主要涉及以下几方面：中国人和外国人在中国境内结婚；外国人之间在中国境内结婚；中国人和外国人在中国境外结婚；中国人之间在中国境外结婚；外国人之间在中国境外结婚，要求在我国承认其效力。

《民法通则》第 147 条规定："中华人民共和国公民和外国人结婚适用婚姻缔结地法律。"因此，中国公民和外国人在中国境内结婚，适用中国法；中国公民和外国人在中国境外结婚，适用婚姻举行地国家的法律。该规定没有区别结婚的实质要件和形式要件，可以理解为既适用于实质要件也适用于形式要件。①

关于中国人之间在境外结婚应适用的法律，《民法通则》无明确规定，但可参照 1983 年外交部、最高人民法院、民政部、司法部、国务院侨务办公室联合发布的《关于驻外使领馆处理华侨婚姻问题的若干规定》，即"严格按照我国婚姻法的基本精神，并照顾到他们居住在国外的实际情况，加以妥善处理"②。2003 年《婚姻登记条例》第 19 条规定："中华人民共和国驻外使（领）馆可以依照本条例的有关规定，为男女双方均居住于驻在国的中国公民办理婚姻登记。"

关于外国人之间在中国境外结婚应适用的法律，《民法通则》也无明确规定，但依其第 147 条的规定，既然中国人和外国人在境外结婚适用婚姻缔结地法，推定外国人之间在境外结婚也适用婚姻缔结地法，应该是没有问题的。只要婚姻缔结地法认为有效，中国也承认其效力。

根据民政部《关于办理婚姻登记中几个涉外问题处理意见的批复》的规定，对于男女双方都是来华工作的外国人，或是一方为来华工作的外国人，另一方为临时来华的外国人，要求在中国办理结婚登记的，只要他们具备《中国公民同外国人办理婚姻登记几项规定》所要求的证件，符合中国婚姻法的规定，可予以办理结婚登记。但为了保证中国婚姻登记的有效性，使中国的婚姻登记在当事人本国或第三国有效，可以让婚姻当事人提供其本国法律准许在国外办理结婚登记的条款规定。外国双方当事人可以按宗教仪式结婚，但如要使其婚姻在中国具有法律效力，就必须按中国法律规定到婚姻登记机关进行登记。在条约或互惠的基础上，中国也承认具有相同国籍的外国人双方在其本国驻华使领馆成立的婚姻为有效。

2010 年《涉外民事关系法律适用法》规定了结婚条件和结婚手续的法律适用："结婚条

---

① 参见刘仁山：《关于〈民法通则〉第 147 条的修改意见》，载《法商研究》，1999（1）。

② 其主要内容有：（1）为了方便华侨（指双方均为华侨）在居住国结婚，应该鼓励他们按居住国法律在当地办理结婚登记或举行结婚仪式。如当地有关当局为此征求我驻外使领馆的意见，则应分别不同情况作如下处理：1）如该婚姻符合中国婚姻法的规定，可应其要求，以口头或书面证明其婚姻符合《中华人民共和国婚姻法》关于结婚的规定。2）如该婚姻除年龄和禁止近亲通婚的规定外，其他符合中国婚姻法的规定，可以口头或书面证明："鉴于×××与×××已在××国定居，如××国有关当局依照当地法律准许他们结婚，我们不表示异议。"3）如该婚姻违反中国婚姻法关于禁止干涉婚姻自由和禁止重婚的规定，中国既不能承认该婚姻为有效，也不能为其出具任何证明。（2）凡双方均为华侨，且符合中国婚姻法的规定，要求在驻在国的中国使馆结婚的，只要驻在国法律允许，中国使馆可为他们办理结婚登记，颁发结婚证书。如驻在国有关当局要求，我使馆也可为此种证书出具译文，并证明其与原本相符，但不得受理华侨与外国人（包括外籍华人）结婚登记的申请。此外，凡驻在国法律不承认外国使馆办理的结婚登记为有效，以及该婚姻不符合中国婚姻法关于结婚的规定的，中国使馆均不宜受理此类申请。

件，适用当事人共同经常居所地法律；没有共同经常居所地的，适用共同国籍国法律；没有共同国籍，在一方当事人经常居所地或者国籍国缔结婚姻的，适用婚姻缔结地法律”（第 21 条）。“结婚手续，符合婚姻缔结地法律、一方当事人经常居所地法律或者国籍国法律的，均为有效”（第 22 条）。

（二）中国的有关实践

在“王伟、张莉婚姻无效案”中，为达到结婚的目的，王伟、张莉参加旅行社组织的境外旅游，在外国采用宗教方式结婚，婚后回到中国生活。王伟、张莉在外国缔结婚姻的目的很明确，就是要规避中国婚姻法中关于婚龄的强制性规定。根据 1988 年最高人民法院《关于适用〈中华人民共和国民法通则〉若干问题的意见（试行）》第 194 条“当事人规避我国强制性或禁止性法律规范的行为，不发生适用外国法律的效力”的规定，王伟、张莉在外国缔结的婚姻，尽管依婚姻缔结地法在婚姻的实质要件和形式要件两方面均无瑕疵，但这种婚姻因规避中国法律，为中国法律所不承认，因而不发生适用外国法的效力，双方的婚姻无效，张莉也因此不能继承王伟的遗产。

在“古达拉申请结婚案”中，涉及涉外结婚的法律适用问题。该案中古达拉的本国法律允许一夫多妻制，而中国法律规定了一夫一妻制原则，到底适用哪一国的法律必须由中国的冲突规范来确定。《民法通则》第 147 条规定：“中华人民共和国公民和外国人结婚适用婚姻缔结地法律。”因此，中国公民和外国人在中国境内结婚，不区分结婚的实质要件和形式要件，一律适用中国法。依中国法律规定的一夫一妻制原则，古达拉已有妻子，民政部门因此应驳回其结婚申请，不予登记，并应向双方指出其行为的违法性。即使适用古达拉的本国法，中国也可以其一夫多妻制违背中国一夫一妻制这一婚姻法基本原则为由，拒绝适用其本国法，改而适用中国法，驳回其结婚登记申请。

在“乔治与王芳结婚案”中，涉及涉外结婚的实质要件和程序问题。本案的当事人一个是英国人、一个是中国人，按英国法，男女满 16 岁即达到最低法定婚龄，可以结婚；而按中国婚姻法，男满 22 岁，女满 20 岁，方达到婚龄的法定标准，才能结婚。因此，按英国法，乔治与王芳可以结婚，而按中国法，则不能结婚。这就涉及法律适用问题。根据《民法通则》第 147 条“中华人民共和国公民和外国人结婚适用婚姻缔结地法律”的规定，乔治与王芳在中国境内结婚，包括法定婚龄在内的结婚实质要件理应适用中国法，由于乔治未达到中国婚姻法规定的婚龄，所以婚姻登记机关不能予以结婚登记。但是，在结婚问题上，一律适用婚姻缔结地法，会有失偏颇，特别是在目前有利于结婚的倾向之下，不能仅仅由于一方的婚龄不符合婚姻缔结地法而使整个婚姻无效或不能成立。因此，在此案中，对于乔治的法定婚龄问题，也可考虑适用其本国法，中国婚姻登记机关似可准予结婚登记。

当然，在本案中，乔治未能出具中国法律规定的身份证件或证明，也是中国婚姻登记机关不予以婚姻登记的原因之一。根据 2003 年《婚姻登记条例》的规定，办理结婚登记的内地居民应当出具下列证件和证明：（1）本人的户口簿、身份证；（2）本人无配偶以及与对方当事人没有血亲和三代以内旁系血亲关系的签字声明。办理结婚登记的香港居民、澳门居民、台湾居民应当出具下列证件材料：（1）本人的有效通行证、身份证；（2）经居住地公证机构公证的本人无配偶以及与对方当事人没有直系血亲和三代以内旁系血亲关系的声明。办理结婚登记的华侨应当出具下列证件和证明材料：（1）本人的有效护照；（2）居住国公证机构或者有权机关出具的、经中华人民共和国驻该国使（领）馆认证的本人无配偶以及与对方当事人没有直系血亲和三代以内旁系血亲关系的证明，或者中华人民共和国驻该国使

（领）馆出具的本人无配偶以及与对方当事人没有直系血亲和三代以内旁系血亲关系的证明。办理结婚登记的外国人应当出具下列证件和证明材料：（1）本人的有效护照或者其他有效的国际旅行证件；（2）所在国公证机构或者有权机关出具的、经中华人民共和国驻该国使（领）馆认证或者该国驻华使（领）馆认证的本人无配偶的证明，或者所在国驻华使（领）馆出具的本人无配偶的证明。

第二节 国际离婚的法律适用

引例 付春花离婚案

中国公民王华实与中国公民付春花于1987年在北京结婚，1989年生有一子。1990年，王华实自费到美国留学，1996年取得博士学位，在加拿大安大略省一家公司找到工作。1997年8月，王以夫妻长期分居为由在加拿大安大略省多伦多法院提起离婚诉讼。王在离婚申请书中隐瞒了他生育一子的事实。离婚申请书由王华实的律师邮寄给付春花后，付很气愤。付春花经过一番咨询，决定向北京市某区人民法院提起离婚诉讼。北京市某区人民法院公开审理此案，王华实未到庭，法院缺席判决双方离婚，王华实承担儿子抚养费每月人民币350元。加拿大多伦多法院也审理了王华实提起的离婚诉讼，付春花未到庭，法院判决双方离婚。

本案涉及的主要法律问题是：加拿大法院已经受理了该案件，中国法院是否有权受理该离婚诉讼案件？本案的法律适用又应如何确定？

离婚是指在配偶生存期间解除婚姻关系的法律行为。离婚制度是各国婚姻法律的不可缺少的组成部分。离婚同结婚一样，受到各国历史文化、宗教信仰、风俗习惯等的影响，各国立法对离婚的管辖权、离婚原因、方式、程序及法律后果等方面的规定互有不同，这方面经常发生法律冲突，因此，如何解决国际离婚案件的管辖权及法律适用问题也就成为国际私法的重要任务之一。

一、离婚案件的管辖权

在解决国际离婚案件过程中，确定案件的管辖权是与法律适用密切相关的一个问题。离婚案件或被认为涉及内国的公共秩序，或被认为直接关系到内国公民及其家庭的利益，因此，一般而言，对离婚案件行使管辖权的原则有两个：一是以当事人的住所为依据，二是以当事人的国籍为依据。目前，也有兼采住所标准和国籍标准的。①

英美国家一般依据当事人住所或居所来行使管辖权。根据英国《1973年住所与婚姻诉讼法》第5条第2款的规定，只有当婚姻当事人在诉讼开始时，在英国有住所，或到诉讼开始日止，在英国有惯常居所达一年之久时，英国法院才有管辖权。此处的婚姻当事人，既可

① 参见邬琳玲：《涉外离婚诉讼管辖权问题研究》，载《法学评论》，1987（5）。

以是原告也可以是被告，既可以是妻子也可以是丈夫，配偶双方处于平等地位。① 在美国，传统上，住所地州的法院被认为是与离婚有密切关系的法院。当然，作为行使离婚管辖权基础的住所的概念也在发生变化，从婚姻住所地到无过错一方的住所，到配偶任何一方的住所。最近，美国许多州颁布法律，授权法院管辖军事人员的离婚案件，前提是军事人员在该州连续驻扎一定时期，通常为 1 年。1971 年美国《第二次冲突法重述》采用了这种观点，即可依住所以外的连结因素，如当事人长时间居住在某一州，该州便可行使离婚管辖权。在拉丁美洲国家，虽然也依住所确定离婚案件管辖权，但与英美不同，它们不是以配偶任何一方的住所为连结点，而是以夫妻的婚姻住所为连结点。

欧洲大陆一些国家原则上依当事人的国籍确定离婚案件的管辖权，最典型的当首推过去《法国民法典》的规定，依该法第 14、15 条，只要夫妻一方为法国人，而被告在法国有住所且不居住在外国，法国便享有管辖权。过去有的国家甚至认为对本国公民的离婚案件有专属管辖权，如原苏联和匈牙利。现在则很少有国家持这种观点，而且以国籍为确定管辖权唯一依据的国家已不多见。单采住所标准或国籍标准，不利于离婚诉讼的进行，不利于避免"跛脚婚姻"现象的发生，因此，现在许多国家在依当事人的国籍确定离婚案件管辖权的同时，还规定也可依据当事人的住所或惯常居所行使离婚管辖权。

二、离婚关系的法律适用

关于离婚关系的法律适用，大致有以下几种不同的做法②：

(一) 适用法院地法

此说最早为萨维尼倡导，而且在 1896 年《德国民法施行法》颁布以前，德国也常有此类判例。到 20 世纪初，这种主张仍为大陆法系的许多国家的学者所支持。采法院地法的还有英、美等国，它们的法院一旦确定自己对离婚案件有管辖权，一般就只适用法院地法。由于英国和美国的法院主要是以婚姻当事人的住所或惯常居所作为行使管辖权的依据，所以法院地法通常就是婚姻当事人的住所地法或惯常居所地法。适用法院地法的主要依据是：离婚涉及一国的公共秩序和善良风俗，因而关于离婚的法律也多为强行法，法院应该适用自己的法律。当然，适用法院地法可能会促使当事人寻找对自己有利的法院去起诉，从而产生挑选法院（forum shopping）的现象。

(二) 适用当事人属人法

在离婚准据法的选择上采属人法的有西班牙、卢森堡等国家。主张离婚适用属人法的主要根据是：离婚是消灭既存婚姻关系的一种法律行为，与人的身份有密切关系，所以应当适用当事人的属人法；另外，离婚应与婚姻成立的准据法一致，既然婚姻的成立适用属人法，离婚也应适用属人法。过去离婚适用当事人的属人法多适用丈夫的本国法，这种做法已不符合男女平等时代的要求。后来也有主张适用当事人共同本国法或共同住所地法的，但如果当

---

① 英国法院自 1895 年"默兹里诉默兹里案"（Le Mesurier v. Le Mesurier）确立只有配偶双方的住所所在地的法院有解除他们的婚姻的管辖权后，长时期内一直适用这个标准。因为依据当时的英国法，丈夫的住所即妻子的住所，依上述判例确立的原则，便只有丈夫住所地的法院有权受理有关的离婚诉讼。到了《1937 年婚姻诉讼法》才进一步规定，如丈夫住所不在英国而妻子被丈夫遗弃，或丈夫被联合王国放逐并于放逐前在英国有住所，则妻子也有权向英国法院提起离婚之诉。这一规定一直延续到 1973 年。由于《1973 年住所与婚姻诉讼法》确认了妻子有于丈夫住所不同的地方独立设立住所的权利，所以现在英国的离婚诉讼管辖权已开始放宽，并且采用了惯常居所作补充管辖权的连结点。

② 参见肖永平：《论涉外离婚的法律适用》，载《社会科学家》，1993（5）。

事人国籍或住所不同，就会给法院适用法律带来困难。东欧一些国家的法律规定，如果夫妻国籍不同，没有共同的本国法，可直接适用法院地法。而1979年《匈牙利国际私法》规定，在夫妻离婚时双方国籍不同的情况下，法院可从几个准据法中选择适用一个准据法。

（三）兼采法院地法和当事人属人法

大多数欧洲大陆国家、日本和泰国等都采用本国法和法院地法相结合的做法，或者允许就当事人属人法或法院地法选择适用其一，或者重叠适用当事人属人法和法院地法。持前一观点的理由是：如果允许选择，实现离婚比较容易。持后一观点的理由是：如果要求重叠适用上述两个法律，可以避免"跛脚婚姻"现象发生。例如，1982年《南斯拉夫法律冲突法》要求在夫妻无共同本国法时，应并行适用当事人各自的本国法，但如依该各自本国法不能解除婚姻时，应允许选择适用南斯拉夫法（即法院地法）。1987年《瑞士联邦国际私法》第61条的规定是以适用法院地法（瑞士法）为主，但也规定了当配偶双方有共同外国国籍而只有一方在瑞士有住所时，适用当事人的共同本国法。按2006年的日本《法律适用通则法》第25条和第27条的规定，如果当事人有共同本国法，适用当事人共同本国法，如无共同本国法而有共同惯常居所时，适用共同惯常居所地法，如果既无共同本国法也无共同惯常居所地法时，适用与夫妇有最密切关系地的法律。但是，如果离婚当事人一方为在日本有惯常居所的日本人时，则适用日本法（即法院地法）。

（四）适用有利于离婚的法律

近年来，欧洲大陆一些国家为了适应离婚自由化的趋势，逐渐放松了离婚的条件，在国际离婚问题上采取适用有利于离婚（favor divortii）的法律的做法，最普遍采用的方法是以法院地法作为辅助的应适用的离婚准据法。例如，1979年《奥地利联邦国际私法》第20条规定："离婚的要件和效力，依离婚时支配婚姻人身效力的法律，如依该法婚姻不能根据所举事实解除，或适用于婚姻人身法律效力的准据法（包括共同属人法、最后共同属人法、共同习惯居所地法、最后共同习惯居所地法、奥地利法或与配偶有最密切联系的法律）无一存在时，则适用离婚时原告的属人法。"1986年修订的《德国民法施行法》第17条第1款、1987年《瑞士联邦国际私法》第61条第3款以及1982年《南斯拉夫法律冲突法》的规定也反映了有利于离婚的倾向。

三、中国的有关规定与实践

（一）中国的有关规定

1. 离婚案件的管辖权

根据1991年《民事诉讼法》第22条和第23条第1款的规定，中国法院在受理涉外离婚案件时，采取原告就被告的原则，只要被告在中国有住所或居所，中国法院就有管辖权。同时，对于被告不在中国境内居住的离婚案件，如原告在中国境内有住所或居所，则原告住所地或居所地法院也有管辖权。

另外，根据1992年最高人民法院《关于适用〈中华人民共和国民事诉讼法〉若干问题的意见》的规定，中国法院在以下几种情况下也具有管辖权：（1）在国内结婚并定居国外的华侨，如定居国法院以离婚诉讼须由婚姻缔结地法院管辖为由不予受理，当事人向人民法院提出离婚诉讼的，由婚姻缔结地或一方在国内的最后住所地人民法院管辖。（2）在国外结婚并定居国外的华侨，如定居国法院以离婚诉讼须由国籍所属国法院管辖为由不予受理时，当事人向人民法院提出诉讼的，由一方原住所地或在国内的最后住所地人民法院管辖。（3）中国公民一方居住在国外，一方居住在国内，不论哪一方向人民法院提起离婚诉讼，国内一方住所地人民法院都有管辖权。如国外一方在居住国法院起诉，国内一方向人民法院起诉的，受诉人民法院有管辖权。(4) 中国公民双方在国外但未定居，一方向人民法院起诉离婚的，应由原告或者被告原住所地人民法院管辖。由此可见，中国法院对国际离婚案件管辖权的范围是比较宽泛的。

2. 离婚案件的法律适用

根据1986年《民法通则》第147条的规定，中国公民与外国人离婚适用受理案件的法院所在地的法律。在这种国际离婚案件中，一方当事人必须是中国公民，另一方当事人是外国人。根据“法院所在地”的位置不同，具体适用时又有三种情况：

(1) 法院地在中国境内，即由中国法院受理中国公民与外国人之间的离婚案件，根据上述规定，应适用法院地法即中国法，也就是中方当事人的本国法。另外，1988年最高人民法院《关于贯彻执行〈中华人民共和国民法通则〉若干问题的意见（试行）》第188条进一步规定：“我国法院受理的涉外离婚案件，离婚以及因离婚而引起的财产分割，适用我国法律。认定其婚姻是否有效，适用婚姻缔结地法律。”

(2) 由外方当事人本国法院受理的中国公民与外国人之间的离婚案件，适用法院地法，也就是外方当事人的本国法。

上述两种情况中，受案法院所适用的法院地法，实际上就是离婚一方当事人的本国法。法院所适用的法律与离婚当事人有着密切联系，法院作出的判决也比较容易为当事人本国所接受。

(3) 如果受案法院在第三国，则依第三国法律处理中国公民与外国人之间的离婚案件。由于第三国与中国公民或外方当事人都没有直接联系，因此由第三国法院依其法律作出的离婚判决往往不符合中国法或外方当事人本国法的规定，从而引起离婚判决承认与执行上的困难。

此外，对于居住在中国境内的外国人与外国人之间离婚的法律适用，《民法通则》第147条并未规定。在上述情况下，不能单纯地采用法院地法为准据法，考虑到双方当事人都是外国人及中国法院的判决能否为当事人所属国家承认与执行等问题，我们应采取较为灵活的方式：如果双方当事人有共同属人法，则适用起诉时当事人的共同属人法比较合适；如果双方当事人没有共同属人法，则可适用法院地（中国）的法律解决，或者对当事人选择与案件毫无关系的国家的法院起诉的行为作出适当限制等。

《涉外民事关系法律适用法》规定了诉讼离婚和协议离婚的法律适用。“诉讼离婚，适用法院地法律。”（第27条）“协议离婚，当事人可以协议选择适用一方当事人经常居所地法律或者国籍国法律。当事人没有选择的，适用共同经常居所地法律；没有共同经常居所地的，适用共同国籍国法律；没有共同国籍的，适用办理离婚手续机构所在地法律。”（第26条）

(二) 中国的有关实践

在“付春花离婚案”中，北京市某区人民法院的处理是正确的。这是一宗典型的涉外离婚案，涉及管辖权、法律适用、送达程序和判决的承认与执行等一系列问题。

关于本案的管辖权问题，加拿大法院已经受理了该案件，中国法院是否有权受理该离婚诉讼案件？如果中国法院受理，必然产生管辖权方面的冲突，并很可能导致两地判决结果的不一致，给判决的承认与执行带来障碍。因此，本案明显存在管辖权的积极冲突问题。国际民事诉讼中，“一事不再理”并非一个得到公认的原则，也就是说，对于一个具体的案件，可能存在两个或更多的法院具有管辖权，这些法院就同一诉因受理了相同当事人之间的争议。本案正是这种情况：一方已向加拿大法院提出离婚诉讼，而另一方则向北京的某区人民法院提起诉讼。1992年最高人民法院《关于适用〈中华人民共和国民事诉讼法〉若干问题的意见》第15条规定："中国公民一方居住在国外，一方居住在国内，不论哪一方向人民法院提起离婚诉讼，国内一方住所地的人民法院都有权管辖。如国外一方在居住国法院起诉，国内一方向人民法院起诉的，受诉人民法院有权管辖。"该条未明确双方的起诉时间的先后问题，但应认为不论国外法院受理在先还是在后，中国法院均有权受理此类案件。因此，北京市某区人民法院对该案具有管辖权。

关于本案的送达程序问题，在加拿大法院受理的离婚案中，离婚申请书由王华实的律师邮寄给付春花。这不符合中国有关外国法院向境内当事人送达的规定，中国在加入1965年《海牙送达公约》时也对此作出了保留。但在中国法院对外送达的情形下，按照《民事诉讼法》第245条第6款的规定，中国法院在受送达国的法律允许邮寄送达的情况下，可以邮寄的方式送达。

关于本案的法律适用问题，离婚案件适用受理案件的法院地法，是各国通行的做法。当然，本案的判决中看不出这一分析和援引相应冲突规范的过程。正确的做法应该是，法院援引1986年《中华人民共和国民法通则》第147条"中国公民与外国人离婚适用受理案件的法院所在地法律"的规定，然后按照中国婚姻法的规定作出实体判决。当然本案中两法院的判决结果基本一致，只是在子女的抚养费问题上有所不同，且造成这种差异不是两地法律适用结果的不同，而是当事人一方隐瞒事实的结果。

关于外国判决的承认与执行问题，1992年最高人民法院《关于适用〈中华人民共和国民事诉讼法〉若干问题的意见》第306条规定："中华人民共和国人民法院和外国法院都有管辖权的案件，一方当事人向外国法院起诉，而另一方当事人向中华人民共和国人民法院起诉的，人民法院可予受理。判决后，外国法院申请或当事人请求人民法院承认和执行外国法院对本案作出的判决、裁定的，不予准许；但双方共同参加或者签订的国际条约另有规定的除外。"因此，在中国和加拿大没有共同参加或者签订的国际条约另有规定的情况下，加拿大法院的判决不能得到中国法院的承认与执行。此外，付春花也可以到加拿大法院应诉，拿到判决后，可以向北京市的中级人民法院申请承认与执行该判决。这种方法，对付春花来说更加有利（比如抚养费用很可能比国内法院判得高），当然也要考虑到国外应诉所带来的必要的开支和费用。

第三节　夫妻关系的法律适用

引例　吴帆与姚红离婚案

1985年，中国公民吴帆自费去日本留学。1988年，吴帆的妻子姚红赴日陪读。1990年，姚红因不适应在日本的生活及单位要求按期回国等原因回国。1992年年底，吴帆在日本学有所成，找到一份体面的职业，并定居日本。1993年年底，吴帆回国接姚红去日本共同生活做家庭主妇。姚红认为自己学的专业在日本无法找到工作，沦为家庭主妇又不甘心，加之生活上的不习惯，以及国内的居住、生活条件都很好等原因，姚红不同意放弃现有职业去日本，并试图劝说吴帆回国发展。双方意见相左，僵持不下，遂协议离婚。

本案涉及的主要法律问题是：在夫妻关系中，妻子婚后是否有权选择职业？

夫妻关系是合法有效的婚姻所产生的特定男女当事人之间的一种法律关系，一般涉及夫妻人身关系和夫妻财产关系两个方面。在历史上，相当长的时期内，都实行“夫妻一体主义”(Coverture system)，即妻的法律人格为夫所吸收，从而完全丧失独立性，无财产所有能力和行为能力。随着社会的进一步发展，男女平等已为许多国家确定为宪法原则，才逐渐将此种不平等规定加以修改而确立了“夫妻别体主义”(Separate system)。这种进步的倾向，在国际私法上，对夫妻人身关系和财产关系的法律适用，已带来许多新的变化。

一、夫妻人身关系的法律适用

夫妻人身关系是指具有合法婚姻关系的男女双方，在社会和家庭中的地位、身份等方面的权利与义务关系，一般包括姓氏权、同居义务、忠诚义务、住所决定权、从事劳动和社会活动的权利、夫妻间的日常家务代理权等方面内容。在这些问题上，由于各国政治制度、经济状况、社会风俗、历史传统、宗教信仰等不同，法律规定也有较大差异，极易产生法律冲突。为了解决法律适用上的冲突，大致有以下几种不同的做法：

(一) 适用当事人属人法

一些欧洲国家主张适用当事人的本国法，而拉丁美洲一些国家，如乌拉圭、秘鲁和巴西等，适用当事人的住所地法。在早期立法中，适用当事人的本国法以适用夫的本国法为多见，例如日本、约旦、阿拉伯联合酋长国等都对此作了规定。目前，适用夫妻共同属人法的趋势有所加强。例如，1898年《日本法例》第14条规定婚姻的效力适用夫的本国法。1989年修改后的《日本法例》第14条改为：“关于婚姻的效力，如果夫妻双方具有相同的本国法，依该法。无共同本国法时，如夫妻具有共同惯常居所地法，则依共同惯常居所地法。既无共同本国法，也无共同惯常居所地法时，适用与夫妻有最密切关系的地方的法律。”2006年日本《法律适用通则法》第25条亦作同样规定。另外，近年来有一种放弃本国法而采用住所地法的倾向。采用这一原则的国家认为，婚姻关系与住所地的公共秩序和经济负担有关，因此婚姻与住所地的关系极为密切，夫妻人身关系主要应适用住所地法。英国、美国、丹麦、乌拉圭、秘鲁、巴西、瑞士等国家采用这一原则，东欧一些国家也倾向于采用住所地法。

(二) 适用法院地法或行为地法

由于夫妻人身关系有时关系到法院地或行为地的公共秩序和善良风俗，例如夫妻任一方与第三者为特定行为时是否应取得另一方的许可或同意，夫妻之间的相互扶养义务以及夫妻之间的契约的效力等，因此也有主张夫妻人身关系的某些方面应该适用法院地法或行为地法。例如，在英国，夫妻人身关系一般适用夫妻的住所地法，但关于丈夫是否可以对妻子施加强力，以及一方对他方的扶养义务如何等问题，则适用法院地法。国际公约中也有类似的做法。例如1928年《布斯塔曼特法典》第43条和第45条规定：“关于夫妻间保护和服从的义务，以及夫如变更居所，妻有无义务随夫等问题，应适用夫妻双方的属人法，在两者不同时，则适用夫的属人法。但关于夫妻共同生活彼此忠贞和互相帮助的义务，均依属地法原则解决。”

（三）适用可选择的准据法

为避免单一适用某一准据法带来的弊端，一些国家允许在更广泛的范围内选择夫妻人身关系的准据法。例如1979年《奥地利联邦国际私法》第18条规定：“（1）婚姻的人身效力依配偶双方的共同属人法，如无共同属人法，依他们的最后共同属人法，只要还有一方仍保有它；（2）否则，依配偶双方均有习惯居所的国家的法律，只要一方仍保有它；（3）如婚姻依上述第1款所指定的法律未生效，而在奥地利的管辖范围内为有效，其人身法律效力依奥地利法；但如配偶双方与第三国有较强联系，并且根据它的法律，该婚姻也产生效力，则以该第三国法律取代奥地利法。”再如1986年《联邦德国国际私法》第14条规定：“婚姻的人身效力依：（1）夫妻双方所属国家的法律或在婚姻关系存续期间夫妻一方最后所属国家的法律；否则，（2）夫妻双方有惯常住所国家的法律或在婚姻关系存续期间夫妻一方有最后惯常居所的国家的法律；此外，（3）与夫妻双方有最密切联系的国家的法律。”

二、夫妻财产关系的法律适用

夫妻财产关系又称夫妻财产制，主要包括婚姻对双方当事人的婚前财产发生什么效力，婚姻存续期间所获财产的归属，以及夫妻对财产的管理、处分和债务承担等方面的制度。夫妻财产制从不同的角度可以作不同种类的划分。从是否允许夫妻约定财产关系出发，可划分为约定财产制和法定财产制；从财产关系的内容出发，可划分为夫妻共同财产制和夫妻分别财产制。在解决夫妻财产关系的法律冲突时，主要有以下几种做法：

（一）适用当事人选择的法律

大多数西方国家，如美国、英国、法国等，把夫妻关系看作是一种特殊的契约关系，都主张适用解决契约关系的法律冲突原则来处理夫妻财产关系的法律冲突，即实行当事人意思自治。但在采用夫妻意思自治原则的国家中，有的不加任何限制，如法国、奥地利、美国、卢森堡等国家允许当事人作广泛的自主选择；有的则对夫妻的法律选择的权利和范围作了一些限制，例如2007年修订的《土耳其国际私法和国际诉讼程序法》第15条规定：“当事人虽可以选择调整夫妻财产关系的法律，但只应在他们的住所地法律或他们结婚时的本国法律中作出选择。”当然，关于当事人订立婚姻财产契约的能力问题，大都认为应适用一般行为能力的同一冲突原则，即当事人属人法。关于订立婚姻财产契约的形式有效性应适用的法律，也多主张应适用一般法律行为的形式有效性的同一冲突原则，即行为地法。

（二）适用当事人属人法

也有一些国家在夫妻财产制上，排除当事人的意思自治，硬性规定应适用的法律。在排除意思自治的国家中，波兰、原捷克斯洛伐克、奥地利、原南斯拉夫、土耳其主张适用夫妻双方的共同本国法。例如，1966年《波兰国际私法》第17条规定：“（1）夫妇之间的人身关系及财产关系，依夫妇双方的本国法。夫妇财产契约的缔结、修改或解除，亦依夫妇双方的本国法。（2）夫妇依契约而产生的财产关系，依缔结契约时夫妇所服从的本国法。（3）夫妇双方无共同本国法时，依波兰法。”原捷克斯洛伐克法律也规定，夫妻之间的财产关系，依夫妻本国法；夫妻国籍不同时，依捷克法。

（三）区别动产、不动产分别适用法律

一些国家，特别是英美普通法国家主张区分动产和不动产，分别适用不同的冲突规范。这样做的好处在于可使解决夫妻财产关系的准据法与解决物权和继承的准据法保持一致，并且使关于财产（特别是不动产）的处置易于得到物之所在地国的承认和执行。在英国和美国，如当事人对财产关系无协议，法官也无法推定财产关系的准据法时，法院将适用物权的冲突法原则，动产适用当事人住所地法，不动产适用不动产所在地法，如 1971 年美国《第二次冲突法重述》第 233 条的规定即是如此。但是，大多数国家认为采用分割制，会使夫妻财产关系的处理更加复杂化，因而不主张采用这种做法。

三、中国的有关规定与实践

2010 年前，中国对于国际夫妻关系的法律适用没有明确的法律规定，但《民法通则》和《婚姻法》的有关规定可资参考。在夫妻人身关系方面，《民法通则》及其司法解释中规定，夫妻间相互扶养，应当适用与被扶养人有最密切联系的国家的法律。扶养人和被扶养人的国籍、住所以及供养财产所在地，均可视为最密切联系地。在夫妻财产关系方面，中国采取夫妻共同财产制。中国现行婚姻法规定：夫妻在婚姻关系存续期间所得的财产，归夫妻共同所有，双方另有约定的除外。对共同所有的财产，夫妻双方有平等处理权。与此有关的法律适用，可参照 1988 年最高人民法院《关于贯彻执行〈中华人民共和国民法通则〉若干问题的意见（试行）》第 188 条“我国法院受理的涉外离婚案件，离婚以及因离婚而引起的财产分割，适用我国法律”的规定。据此，中国一般采用法院地法原则来解决这个问题。

《涉外民事关系法律适用法》规定了夫妻人身关系和财产关系的法律适用。“夫妻人身关系，适用共同经常居所地法律；没有共同经常居所地的，适用共同国籍国法律。”（第 23 条）“夫妻财产关系，当事人可以协议选择适用一方当事人经常居所地法律、国籍国法律或者主要财产所在地法律。当事人没有选择的，适用共同经常居所地法律；没有共同经常居所地的，适用共同国籍国法律。”（第 24 条）

在“吴帆与姚红离婚案”中，按照当事人的属人法，即《中华人民共和国婚姻法》第 15 条的规定，“夫妻双方都有参加生产、工作、学习和社会活动的自由，一方不得对他方加以限制或干涉”，故在本案中，姚红作为妻子有独立选择工作和职业的权利。当然，在从事职业和社会活动方面，确实有些国家规定妻子不享有独立选择工作和职业的自由权利，有些国家规定妻子有相对的就业权。例如，《瑞士民法典》第 167 条规定：“妻在取得夫的明示或默示的承诺后，无论采取何种夫妻财产制，均有从事职业的权利。夫拒绝承诺时，妻如能证明其就业对婚姻共同生活或家庭有益，可请求法院授予从事职业的权利。”

第四节　亲子关系的法律适用

引例　王达仁非婚生子离境案

新加坡人王达仁在新加坡与高丽风结婚，婚后多年不育。王达仁来到中国福建省某地，经人介绍，与福建省某地女子李娟达成借腹生子协议，由李娟为王达仁生一子女，男女均可，所生子女为王达仁和高丽风所有，李娟哺乳 6 个月后交王达仁，王达仁付李娟人民币 5 万元。协议达成后，王达仁、李娟二人同居，致使李娟怀孕，后分娩生下一男孩。哺乳期 6 个月后，李娟将孩子交给王达仁，王达仁付李娟 5 万元人民币。在王达仁准备带孩子回新加坡时，中国有关部门拒绝王达仁带孩子出境。王达仁便以生父的名义带孩子离境，因王达仁与李娟不存在婚姻关系，且中国法律不允许借腹生子，也同样被拒。后来，王达仁便以收养的名义带孩子出境，由于王达仁与孩子有血缘关系，中国公证机关拒绝为王达仁出具收养关系证明和手续，再次被拒。

本案涉及的主要法律问题是：王达仁与李娟所生的子女，应否认定为非婚生子女？在王达仁借腹生子已成事实的情况下，应采取何种措施对所生子女进行保护？

亲子关系，即父母子女关系，是指父母与子女之间的一种法律关系，包括人身关系和财产关系两个方面。父母子女关系按照父母与子女之间是否有血缘关系分为亲生父母子女关系和养父母子女关系。在亲生父母子女关系中，依子女是否为有效婚姻关系所生，又可分为父母与婚生子女关系和父母与非婚生子女关系。本节主要讨论婚生子女地位的法律适用，非婚生子女准正的法律适用和一般亲子关系的法律适用。

一、婚生子女地位的法律适用

婚生子女是指在有效婚姻关系中怀孕所生育的子女，而非婚生子女是指非婚姻关系（包括无效婚姻）中所生的子女。随着时代的发展，许多国家的立法正在努力缩小婚生子女与非婚生子女的差别。但是，法律上对非婚生子女的歧视和不平等待遇仍有不同程度的存在。子女是否具有婚生地位经常影响子女的姓名、住所、国籍、扶养和继承等问题。各国对于如何确认婚生子女地位的法律规定不同，由此产生法律冲突。对于婚生子女地位的法律适用，一般有以下几种做法：

（一）适用父母属人法

主张适用父母属人法的国家中又分为：（1）适用生母之夫的本国法。1896 年《德国民法施行法》第 18 条规定："子之嫡出，如其出生时母之夫为德国人或者母之夫于子出生前死亡时为德国人，依德国法。"其他如泰国、希腊、意大利等都有类似的规定。当然，这里的"夫"在生父母根本无婚姻关系或婚姻无效时，应指子女的生父。（2）适用生父的住所地法。英国有些学者和判例主张适用父的住所地法来决定子女是否为婚生子女。丹麦也采用生父住所地法作为准据法。（3）适用子女出生时生母的属人法。1804 年《法国民法典》第 311～314 条规定："子女是否婚生的问题由子女出生时生母的属人法决定。"（4）适用父母双方的属人法。1979 年《奥地利联邦国际私法》第 21 条中规定："子女婚生的要件及因此而发生的争议，依该子女出生时配偶双方的属人法，如子女出生前婚姻已解除，依解除时配偶双方的属人法……"（5）分别适用父母的各自属人法。1934 年美国《第一次冲突法重述》则主张由父的住所地法决定父与子女的婚生关系，由母的住所地法决定母与子女的婚生关系。卢森堡、比利时、荷兰等国家也采用这一做法。

（二）适用子女属人法

晚近以来，一些国家从保护子女利益出发，相继采用子女的属人法为准据法。例如，1966 年《波兰国际私法》第 19 条第 2 款规定："父子关系或母子关系的否认与承认，依出生时子女的属人法。"《法国民法典》第 311～314 条同时也规定："如果子女的属人法对子女更为有利，则应适用子女的属人法来决定其是否为婚生的问题。”但以子女的属人法为准据法并不一定总是对确认子女的婚生地位有利，特别是在依血统确定国籍的国家中，子女的国籍在没有确定其为婚生之前，是不能确定的。实际上，子女的利益只能通过冲突规范直接指向对子女最有利的法律加以保护，即使适用了子女的属人法也不完全保证该法律的实体规定将对子女有利。

（三）适用支配婚姻效力的法律

1974 年《阿根廷国际私法（草案）》第 26 条、1972 年《塞内加尔家庭法》第 844 条等都规定子女是否婚生由支配父母婚姻效力的法律决定。英国的判例也曾采用这种做法，并且认为，如果根据支配婚姻效力的法律，父母的婚姻为无效婚姻，那么在这种婚姻中出生的子女为非婚生子女。适用支配婚姻效力的法律并不意味着如果婚姻无效，子女就一定为非婚生子女。子女是否婚生依支配婚姻效力的冲突规则所指向的实体法来决定，只有该实体法以有效婚姻作为婚生的前提条件，才会导致所生子女为非婚生子女，否则，即使婚姻无效，也不会影响子女的婚生地位。婚生子女地位适用婚姻效力的准据法只是说明婚生子女地位与婚姻效力适用同一冲突规则，指向同一准据法。

（四）适用有利于子女婚生的法律

由于适用子女的属人法，也不一定对子女就是有利的，故近来更有明确规定适用有利于子女婚生的法律。例如 1979 年《奥地利联邦国际私法》第 21 条中规定：“……配偶双方的属人法不同时，依其中更有利于子女为婚生的一方的法律。”1964 年《捷克斯洛伐克国际私法及国际民事诉讼法》、1979 年《匈牙利国际私法》、1984 年《秘鲁民法典》第 2803 条、1991 年加拿大《魁北克民法典》第 3091 条、1996 年《列支敦士登国际私法》第 22 条等也有类似规定。

二、非婚生子女准正的法律适用

在世界上不少国家中，婚生子女和非婚生子女的地位并不相同，各国为改变非婚生子女的不幸境遇作了许多努力，在立法上确立了非婚生子女的准正制度（legitimation），使非婚生子女在法律上取得婚生子女的地位。对于非婚生子女准正方式、条件、效力的法律规定，各国差异较大，因而也需要国际私法来调整。

（一）非婚生子女准正的方式

1. 事后婚姻（subsequent marriage）。如果非婚生子女的父母事后结婚，非婚生子女可取得婚生子女的地位。在有些国家事后婚姻是使非婚生子女准正的唯一的方式。但有些国家如日本、法国等规定，仅有父母的事后结婚并不能使非婚生子女准正，还要求父母有某些认领行为，如在登记官面前明确或正式地承认该子女为其后代。如果父母的事后结婚为无效婚姻，子女的准正就可能会受到影响。

2. 认领方式（recognition）。一些国家的法律规定父对非婚生子女的认领可以使子女获得婚生子女的资格。但在有些国家被认领的非婚生子女并不能完全取得婚生子女的地位，认领只赋予被认领的非婚生子女以有限的权利。

3. 国家行为（national act）。这种准正形式可追溯到罗马法时代，在那时，罗马皇帝可以以敕令宣布非婚生子准正。这种准正方式目前主要是通过确认亲子关系的诉讼，由法院作出判决。这种准正方式可以使子女在父母一方死亡、父母不能事后结婚或父不愿认领的情况下，由国家行为（法院判决）宣布准正，因而带有某些强制的性质。

（二）非婚生子女准正的准据法

有些国家不区分各种不同的准正方式，而是笼统地规定准正应适用的法律。例如1982年《土耳其国际私法和国际诉讼程序法》第16条规定："非婚生子女准正，适用准正时的父亲的本国法；依父亲本国法如无法准正，则适用母亲的本国法或子女的本国法。"出于保护非婚生子女的利益，目前则趋向于适用有利于准正的法律（favor legitimitatis）。

有些国家则分别规定了事后结婚、认领及国家行为准正所应适用的法律：（1）对于通过事后婚姻的准正，或主张适用父母事后结婚时的住所地法（如英国和美国），或主张适用事后结婚时的父的本国法，或主张适用父母属人法（如奥地利），或主张适用子女属人法，或主张适用支配婚姻效力的法律（如德国）。（2）对于通过认领的准正，常区分认领的形式要件准据法和实质要件准据法。一般来说，认领的形式要件只要符合认领行为发生地的要求就足矣。关于认领的实质要件的准据法，或者主张适用父母属人法（如泰国），或者主张适用子女属人法（如奥地利），或者主张分别适用父母和子女的属人法（如1928年《布斯塔曼特法典》第60条）。（3）对于通过国家行为的准正，一般来说，其准据法主要应是准正国家的法律，或法院认为应适用的法律。

三、一般亲子关系的法律适用

一般亲子关系即父母子女间的权利义务关系，这是最近的直系血亲关系。实践中，各国立法在规定父母子女关系时，主要是规定父母对未成年子女的人身和财产的权利和义务。但是，各国有关父母子女关系的立法在具体规定上仍有差异。有的国家规定父母对子女有惩戒权（如《日本民法典》第882条第1款），有的国家则没有规定。有的国家规定父母对未成年子女的财产有使用、收益权（如《德国民法典》第1649条），有的国家则没有规定。这方面的立法差异也会在实践中导致法律冲突，需要国际私法加以调整。关于亲子关系的法律适用，主要有如下几种做法：

（一）适用父母属人法

1942年《意大利民法典》第20条规定："父母子女间的法律关系，依父的本国法，如无父时，依母的本国法。"也有的国家主张适用父亲的住所地法。一些普通法系国家认为，父亲的住所是行使亲权的中心场所，故应适用父亲的住所地法来调整父母子女关系。英国法院的判例采取这种做法。

（二）适用子女属人法

出于为子女的幸福和利益考虑，现在一些国家的立法与实践主张适用子女的属人法。波兰、匈牙利、瑞士和日本等国家的立法就明显表现出保护子女利益的意图。例如，1987年《瑞士联邦国际私法》第82条规定："父母子女关系由子女惯常居所地国家的法律支配。"2006年日本《法律适用通则法》第32条规定："亲子间的法律关系，如果子女的本国法与父的本国法或母的本国法或如果父母一方死亡时与另一方的本国法相同，依子女的本国法。其他情况下依子女的惯常居所地法。"

（三）适用亲子共同属人法

在亲子关系中，如对子女的监护、教育，并不能完全理解为谋求子女的利益，借维护子女的利益而完全排斥双亲的属人法的适用也不见得完全妥当，因此也有的主张适用亲子共同属人法。例如，1982年《南斯拉夫法律冲突法》第40条规定："（1）父母和子女之间的关系，依他们的本国法。（2）如父母和子女的国籍不同，依他们的共同住所地法。（3）如果父母和子女的国籍不同，住所不同，只要子女或父母中任何一人为南斯拉夫公民，则依南斯拉夫法。”1987 年《瑞士联邦国际私法》第 82 条在规定父母子女关系由子女惯常居所地国家的法律支配的同时，又用但书规定：“如父母任何一方在子女的惯常居所地均无住所，而父母和子女有同一国籍，则适用该国的法律。”

四、中国的有关规定与实践

对于婚生子女问题，根据《民法通则》和《婚姻法》的有关规定，在中国，婚生子女和非婚生子女与他们父母之间的权利义务关系是没有差别的。《婚姻法》第 25 条中规定：“非婚生子女享有与婚生子女同等的权利，任何人不得加以危害和歧视。”对于亲子关系的法律适用问题，《民法通则》第 148 条仅涉及父母子女之间的相互扶养问题。根据具体情况，在涉外父母子女相互扶养的案件中，扶养人和被扶养人的本国法、住所地法以及供养被扶养人的财产所在地法，均可作为父母子女之间相互扶养的准据法。

《涉外民事关系法律适用法》规定了亲子人身关系和财产关系的法律适用：“父母子女人身、财产关系，适用共同经常居所地法律；没有共同经常居所地的，适用一方当事人经常居所地法律或者国籍国法律中有利于保护弱者权益的法律。”（第 25 条）

“王达仁非婚生子离境案”是一起涉外借腹生子案件，目前中国尚无相应的法律规范予以调整。对非婚生子女，《婚姻法》第 25 条规定：“非婚生子女享有与婚生子女同等的权利，任何人不得加以危害和歧视。不直接抚养非婚生子女的生父或生母，应负担子女的生活费和教育费，直至子女能独立生活为止。”从中国立法的精神和法律规定来看，尽管王达仁、李娟二人借腹生子违反中国法律和社会公德，违反中国的计划生育政策，对这种行为应予以严厉制裁，但是父母的过错不应殃及子女，因此，对王达仁与李娟所生的非婚生子的法律地位应依法予以保护。从生父母双方的经济条件上看，孩子在新加坡生活的各方面条件均优于在我国，鉴于此，可由王达仁将孩子带到新加坡抚养。对此事的处理，既应考虑到维护中国法律的尊严，又要实事求是，兼顾对非婚生子女权利的保护。

第五节　国际收养的法律适用

引例　新加坡居民宋某收养案

原籍辽宁省的新加坡居民宋某，于 1949 年在新加坡定居。宋某在新加坡结婚，婚后无子女。其妻在新加坡病逝后，宋某孑然一身。1991 年，宋某回中国探亲时，经人介绍在中国收养一子，并在养子所在地的民政部门办理了收养手续，到当地公安机关进行了户籍登记。后来，宋某发现养子有先天性心脏病，遂反悔，否认他与养子之间的收养关系成立。为此，宋某与养子的亲生父母发生争执，诉至法院。法院经调查认为，收养人、送养人系成年人，被收养人系未成年人，符合我国法律规定的收养条件。收养人已经履行了收养法定手续，收养关系已正式成立，具有法律效力，应予确认。宋某否定收养关系的存在，与事实不符，有悖法律。但送养人未向收养人如实告知其儿子的身体情况，亦是事实。法院从实际情况出发，对本案予以调解，解除了宋某与养子之间的收养关系。

本案涉及的主要法律问题是：收养关系的准据法如何确定？收养子女应履行哪些手续？收养关系一经成立，产生哪些法律后果？

收养是一种在收养人和他人子女（被收养人）之间建立起父母子女关系（即人为的、法律拟制的亲子关系）的法律行为。收养关系一经成立，在收养人与被收养人之间产生拟制血亲关系。国际私法中的收养是指含有跨国因素或涉外因素的收养，在收养人与被收养人之间至少有一方为外国人。世界上绝大多数国家都承认收养制度①，但各国法律在收养的成立、效力以及解除上的规定却有差别，在收养方面难免产生法律冲突。因此，如何解决国际收养案件的管辖权及法律适用问题也就成为国际私法的重要任务之一。

一、收养案件的管辖权

收养案件的管辖权一般是以住所或国籍为依据。1971 年美国《第二次冲突法重述》第 78 条规定："凡收养人或被收养人的住所在该州，以及收养人和被收养人或对被收养儿童有合法保护权的人愿意服从该州的对人管辖，该州便可行使此种管辖权。"根据 1975 年《英国收养法》的规定，只要收养申请人在英国有住所，英国高等法院就有权颁布收养令，如果被收养人或其生父母或监护人于收养申请提出时在英国，则英国高等法院和地方法院均可发布收养令。

大陆法系国家也往往是以国籍或住所为行使管辖权的依据。例如，1987 年《瑞士联邦国际私法》第 75 条规定："如果收养人或收养人夫妻双方住所地在瑞士，瑞士法院对宣告收养有管辖权。如果收养人或收养人夫妻双方在瑞士没有住所，其中一方为瑞士人，并且他们在外国住所地不可能进行收养或被不合理地要求依当地收养程序收养时，瑞士原始所属地法院主管机关对宣告收养有管辖权。"但在一些立法中，惯常居所这一连结点也受到了重视。例如，1986 年《联邦德国对免除诉讼费用法的修订文本》第 436 条规定："如果收养人、收养夫妻一方、被收养人是德国人，或在德国有惯常居所，德国法院有管辖权。"在国际立法方面，1965 年海牙《收养管辖权、法律适用和判决承认公约》第 3 条规定："收养人惯常居所地国家或国籍国的主管机关有审批收养的管辖权。"

二、收养关系的法律适用

收养必须符合一定的条件和程序才能成立。收养关系在一定条件下也可解除。收养的成立必须符合收养的实质要件和收养的形式要件。收养的实质要件包括被收养人和收养人的年龄、身份和意思表示等内容。收养的形式要件即收养的法律程序，各国一般要求经过申请及有关主管部门的核准备案，进行公证或登记。但在具体法律手续上，互有差异。因此，在收养的成立、收养的效力和收养的解除等方面都可能发生法律冲突，需要解决其法律适用问题。②

---

① 在伊斯兰国家，收养是不合法和无效的，因为它引起了血统的混乱。但是伊斯兰国家也承认别的国家照顾伊斯兰儿童，但前提是不得建立父母子女关系。

② 参见蒋新苗：《国际收养准据法的选择方式》，载《法学研究》，1999（1）。

（一）收养成立的法律适用

关于收养成立的形式要件，如是否需经当事人申请，是否需经公证或登记，大都主张适用收养成立地法。也有的适用与解决收养实质要件相同的准据法。不少国家为了使侨居国外的本国公民在收养问题上适用本国法，还规定了使领馆收养登记制度。

关于收养成立的实质要件，其法律适用主要有以下几种做法：

1. 适用法院地法。在英国，收养成立要件的法律选择并不重要，英国法院首先关心的是管辖权问题。如果英国法院对涉外收养有管辖权，一般就只适用英国国内法来决定这一收养。1971 年美国《第二次冲突法重述》认为，法院应该适用本地法决定是否准许收养。

2. 适用收养人属人法。收养的成立对收养人的权利义务影响较大，因此，有些国家采用收养人的属人法作准据法。例如，1986 年《联邦德国国际私法》第 22 条规定："子女的收养适用收养人收养时的国籍所属国法。"波兰、奥地利、日本、意大利等也采用这种做法。

3. 适用被收养人的属人法。法国和比利时的少数判例曾以被收养人属人法为准据法。但完全以被收养人属人法为准据法的国家并不多见，很多国家只是在某些要件上适用被收养人属人法。例如，1979 年《奥地利联邦国际私法》第 26 条第 1 款规定："收养适用养父母的各自属人法，如子女的属人法要求取得他的同意或他与之具有合法亲属关系的第三者的同意，该法则在此限度内起决定作用。"

4. 适用收养人和被收养人各自的属人法。这种立法的理由是收养不仅影响收养人的权利与义务，而且也影响被收养人的权利与义务。另外，这种立法还考虑了收养需在国外承认的问题。例如，1984 年《秘鲁民法典》第 2087 条第 1 款规定："在收养人和被收养人的住所地法均允许时，才能为收养。"采用这种立法的国家还有希腊、土耳其等。在国际立法方面，1993 年海牙《跨国收养方面保护儿童及合作公约》规定收养程序的开始须适用收养人所在国和被收养人所在国双方的法律，即对儿童是否适于收养的条件适用儿童原住国法律，而对预期养父母是否适合收养儿童的条件适用收养国的法律。

5. 适用收养行为地法。1987 年《瑞士联邦国际私法》第 77 条第 1 款规定："在瑞士宣告的收养条件，由瑞士法律支配。"这一规定实际上是主张收养的成立适用收养行为地法。

（二）收养效力的法律适用

收养的效力涉及收养对养子女与养父母关系的法律效力和收养对养子女与生父母关系的法律效力。收养的效力大体上包括收养关系能否解除，收养后被收养人与生父母的关系以及收养后被收养人能否自动取得收养人国籍等问题。关于收养的效力，各国法律有不同的规定。例如，在养子女与生父母的关系问题上，有的国家规定，收养成立后，养子女与生父母即丧失父母子女关系；有的国家则规定，养子女与生父母的关系，不因收养而终止；有的国家规定，养子女与生父母的关系问题必须由收养合同决定。

关于收养效力的问题，其法律适用主要有以下几种做法：

1. 适用收养人本国法。例如，2006 年日本《法律适用通则法》第 31 条第 1 款规定："收养，依收养人收养时的本国法。"

2. 分别适用收养人和被收养人属人法。例如，1928 年《布斯塔曼特法典》第 74 条规定："收养的效力，就收养人的遗产而言，依收养人的属人法调整，但关于姓氏，被收养人对其原来家庭所保留的权利义务，以及收养人对其遗产的关系，依被收养人的属人法调整。"

3. 原则上适用收养人或被收养人本国法或者他们共同的本国法，同时以其他法律作为补充。例如，1979 年《奥地利联邦国际私法》第 26 条第 2 款规定："收养的效力，依收养人的属人法；如为配偶双方收养，依支配他们婚姻的人身法律效力的法律；但在配偶一方死亡后，依另一方的法律。”

4. 适用收养人或被收养人的住所地法。例如，秘鲁、阿根廷等国家主张，收养的效力依收养人的住所地法。

5. 适用收养行为地法。例如，前述1987年《瑞士联邦国际私法》第77条第1款的规定也适用于收养的效力。

（三）收养解除的法律适用

除收养人或被收养人死亡外，收养关系一般可以依法解除。收养的解除既可依双方当事人的协议而解除，也可依当事人一方的要求而解除，但各国的具体规定不同。收养解除后，收养人与被收养人之间的权利与义务即告终止，与此同时，被收养人与生父母及其亲属之间的权利与义务随之恢复。

关于收养解除的法律适用主要有两种做法：一是适用被收养人本国法，如奥地利就采取这种做法；二是适用收养人本国法，如2006年日本《法律适用通则法》第31条第2款规定：“收养的效力及收养的终止，依收养人收养时的本国法。”

三、中国的有关规定与实践

（一）中国的有关规定

关于涉外收养案件的管辖权，中国现行立法未作单独规定。“中华人民共和国国际私法示范法”第42条建议：“对因收养的成立和效力提起的诉讼，如收养关系成立地位于中华人民共和国境内，中华人民共和国法院享有管辖权。对因解除收养关系提起的诉讼，如收养人或者被收养人的住所地或者惯常居所地位于中华人民共和国境内，或者被收养人具有中华人民共和国国籍，中华人民共和国法院享有管辖权。”

关于涉外收养的法律适用，《民法通则》无明文规定，仅其第148条的规定可以类推适用于涉外收养的效力。在1991年之前，在中国进行涉外收养一般是按照《婚姻法》及有关行政法规来办理的。1991年颁布的《收养法》中仅第20条笼统地对外国人在中华人民共和国收养子女作了规定，即“外国人依照本法可以在中华人民共和国收养子女”。而1998年修订后的《收养法》也仅在第21条中对涉外收养作了粗线条规定，即：“外国人依照本法可以在中华人民共和国收养子女。外国人在中华人民共和国收养子女，应该经其所在国主管机关依照该国法律审查同意。收养人应当提供由其所在国有权机构出具的有关收养人的年龄、婚姻、职业、财产、健康、有无受过刑事处罚等状况的证明材料，该证明材料应当经其所在国外交机关或者外交机关授权的机构认证，并经中华人民共和国驻该国使领馆认证。该收养人应当与送养人订立书面协议，亲自向省级人民政府民政部门登记。收养关系当事人各方或一方要求办理收养公证的，应当到国务院司法行政部门认定的具有办理涉外公证资格的公证机构办理收养公证。”

民政部根据《收养法》于1999年5月25日发布了《外国人在中华人民共和国收养子女登记办法》。该办法第2条规定了适用范围：“外国人在中华人民共和国境内收养子女，应当依照本办法办理登记。收养人夫妻一方为外国人，在华收养子女，也应当依照本办法办理登记。”对于涉外收养的法律适用，该办法第3条规定：“外国人在华收养子女，应当符合中国有关收养法律的规定，并应当符合收养人所在国有关收养的法律的规定；因收养人所在国法律的规定与中国法律的规定不一致而产生的问题，由两国政府有关部门协商处理。”由此可见，这是一条重叠性冲突规范，即在中国境内进行的涉外收养，必须同时符合中国有关收养的法律和收养人所在国的法律。

与其他国家有关收养的立法相比，中国的上述现行规定是不完善的：一是对适用范围作了特定的限制，即只适用于外国人在华收养子女，而对于其他几种涉外收养情况的法律适用未能作出规定，如中国人在境外收养子女或外国人在境外收养子女等。二是从保护中国儿童出发，对收养要求适用中国法，是有必要的，但没有必要在所有问题上都采用中国法。可以考虑像多数国家一样，原则上采用收养人属人法，而在某些问题上采用被收养人属人法。这既有利于收养的成立，又不至于损害被收养人的利益。三是由于上述规定并未区分收养的成立、效力和解除，而从字面来看，这些规定似乎只是旨在规定收养成立的要件，因此，有必要详细加以规定。①

鉴于此，《涉外民事关系法律适用法》第 28 条明确规定："收养的条件和手续，适用收养人和被收养人经常居所地法律。收养的效力，适用收养时收养人经常居所地法律。收养关系的解除，适用收养时被收养人经常居所地法律或者法院地法律。"

2005 年 4 月 27 日，第十届全国人民代表大会常务委员会第十五次会议决定：批准于 1993 年 5 月 29 日经海牙国际私法会议第 17 次外交大会通过的，于 2000 年 11 月 30 日由中华人民共和国政府代表签署的《跨国收养方面保护儿童及合作公约》②；同时声明：(1) 中华人民共和国民政部为中华人民共和国履行该公约赋予职责的中央机关。(2) 该公约第 15 条至第 21 条规定的中央机关职能由中华人民共和国政府委托的收养组织——中国收养中心履行；只有在收养国政府或政府委托的组织履行有关中央机关职能的情况下，该国公民才能收养惯常居住在中华人民共和国的中国儿童。(3) 中华人民共和国涉外收养证明的出具机关为被收养人常住户口所在地的省、自治区、直辖市人民政府民政部门，其出具的收养登记证为收养证明。(4) 中华人民共和国没有义务承认根据该公约第 39 条第 2 款所达成的协议而进行的收养。因此，中国今后可以援引该公约机制来解决中国的涉外收养法律问题。

(二) 中国的有关实践

1978 年改革开放以后，随着对外开放和交流的发展，中国涉外收养的数量有所增加。据司法部有关统计资料表明，自 1981 年至 1989 年，外国人、外籍华人、华侨、港澳同胞在中国办理的涉外收养公证约一万余件。③ 1989 年以后，中国的涉外收养呈现出突飞猛进的势头，在世界"收养潮"的推动下，不只是在中国居住的外籍教师、留学生和工作人员要求收养中国儿童，其他一些未在中国居住的外国人也加入了这支收养大军，从而使得中国的涉外收养数量迅速增加。进入 21 世纪，不仅来中国收养儿童的人员呈现多样化，而且来中国收养儿童的外国人所属国家的范围也越来越广泛。总的来说，中国的涉外收养从无到有、从小到大，已初具规模并继续朝前发展。

中国收养中心受中国政府委托，专门从事涉外收养服务工作，该中心的主要职责和任务是：负责接收外国政府或外国政府委托的收养组织转交的外国人来华收养儿童的申请及其他证明文件；负责接收送养人和被收养人的证明文件；为符合《中华人民共和国收养法》规

---

① 参见蒋新苗：《中国涉外收养法律适用问题探析》，载《环球法律评论》，2005 (6)。

② 该公约主张加强各国的合作机制，最大限度地便利跨国收养程序，最佳保护儿童的利益。该公约共分 7 章、48 条，包括适用范围、跨国收养的实质要件、中央机关和委任机构、跨国收养的程序要件、收养的承认及效力、一般规定和最后条款。参见孙劲：《〈关于保护儿童和国际收养合作的公约〉评介》，载《中国国际私法与比较法年刊》，第 4 卷，北京，法律出版社，2001；朱志晟：《评〈跨国收养方面保护儿童及合作公约〉》，载《政治与法律》，2000 (4)。

③ 参见胡杏兰：《海牙国际私法会议通过〈跨国收养方面保护儿童及合作公约〉》，载《中国国际法年刊》，359 页，北京，中国对外翻译出版公司，1994。

定的外国收养人寻找和安排收养对象，并签发“来华收养通知书”和“同意送养通知书”；跟踪了解并掌握中国被收养儿童在外国生活、成长的情况；协助中国政府有关部门处理中国被收养儿童的涉外权益保护案件；保管涉外收养关系当事人的档案材料，包括外国收养人、中国送养人和被送养人的各种原始证明材料，以及中国被收养儿童在国外生活、成长情况的资料；负责涉外收养工作的对外联络、咨询、协调和服务；办理其他与涉外收养工作有关的事务。

那么，外国人来华收养子女如何办理收养登记？首先，外国人来华收养子女，应当亲自来华办理登记手续。夫妻共同收养的，应当共同来华办理收养手续。一方因故不能来华，应当书面委托另一方。委托书应经所在国公证和认证。其次，外国收养人来华后，应当与送养人订立书面收养协议。收养协议书一般应当包括收养人愿意收养、送养人同意送养及双方同意建立收养关系的内容。协议书一式3份，收养人、送养人、收养登记机关各收存一份。最后，外国收养人与送养人和被收养人应当共同到被收养人常住户口所在地的省、自治区、直辖市人民政府民政部门办理登记。登记时，外国收养人应当按规定填写来华收养子女登记申请书，向登记机关提交中国收养中心签发的“来华收养子女通知书”、收养人的身份证件和照片。登记机关收到外国人来华收养子女登记申请书后，应当自次日起7日内进行审查，对于符合《外国人在中华人民共和国收养子女登记办法》规定的，为当事人办理收养登记，发给收养登记证书，收养关系自登记之日起成立。

在“新加坡居民宋某收养案”中，收养关系的成立与效力均发生在中国，理应适用中华人民共和国有关收养的法律、法规。由于宋某在中国收养子女是其真实意思表示，并到民政部门办理了收养手续，到公安机关进行了户籍登记，收养关系已经成立。宋某否定收养关系的存在，与事实不符，有悖法律。但是，送养人未向收养人如实告知其儿子的身体情况，送养人隐瞒被收养人的健康状态，送养行为有瑕疵，所以收养关系可以解除。

第六节　国际监护的法律适用

引例　赵小虎受监护抚养案

1985年，中国籍男子赵耿虎与日本籍女子佐佐木智子在中国结婚，婚后生一子，取名赵小虎。根据《中华人民共和国国籍法》第5条的规定，父母双方一方是中国人，其子女出生在中国的，具有中国国籍。因此，赵小虎具有中国国籍。1990年，佐佐木智子回日本，长期不归。1993年，赵耿虎以夫妻长期分居、感情淡漠为由，到住所地法院提起离婚诉讼。在子女监护抚养问题上，赵耿虎要求监护、抚养赵小虎，佐佐木智子要求赵小虎由她带到日本监护、抚养。法院询问赵小虎愿随父还是愿随母生活，赵小虎答与谁一起生活均可。

本案涉及的主要法律问题是：本案审理应适用的法律如何确定？应将赵小虎判给赵耿虎监护抚养，还是判给佐佐木智子监护抚养？

监护是对未成年人或禁治产人的人身和财产利益依法实行监督和保护的一种法律制度。

监护制度来源于罗马法，当时设立监护的目的是防止未适婚人、女子或精神病人等因不善管理，损害宗族成员的继承权。目前各国立法均设立了以保护受监护人的利益为目的的监护制度。监护可分为对未成年人的监护和对成年人的监护。未成年人监护一般是在未成年人无父母或父母不能行使亲权时设立。成年人如被宣告禁治产时，也应设立监护。由于各国法律对于监护人的职责和权利、被监护人、监护终止等方面规定不同，在国际监护中常常产生法律冲突，所以，如何解决国际监护案件的管辖权及法律适用问题也就成为国际私法的重要任务之一。

一、监护案件的管辖权

对于监护案件，各国一般以住所地、居所地或国籍为依据行使管辖权。例如，英国法院可在下面三种情况下行使管辖权：(1) 未成年人在英国，即使他的住所在国外并且在英国也无财产。(2) 未成年人是英国国民，即使他不在英国。(3) 未成年人在英国有惯常居所，即使他是外国国民并且不在英国，也不妨碍英国法院为其指定监护人的权力。"中华人民共和国国际私法示范法"第 43 条建议："对因监护纠纷提起的诉讼，如被监护人的住所地或者惯常居所地位于中华人民共和国境内，中华人民共和国享有管辖权。"1996 年海牙《关于父母责任和保护儿童措施的管辖权、法律适用、承认及执行和合作公约》确定了儿童惯常居所地国行使采取保护儿童措施的管辖权的基本原则，同时允许受理父母离婚案件的法院地国的并存管辖权和其他有最密切关系国家的补充管辖权，具有管辖权的机关采取措施时适用本国法。

二、监护关系的法律适用

关于监护的法律适用，各国国际私法立法一般都有具体的规定。监护制度是为保护受监护人的利益而设置的，从此目的出发，各国立法大都以被监护人的属人法作为有关监护问题的准据法，但也有适用法院地法的。目前一些新的立法在涉及监护人的某些利益方面（如是否可以拒绝接受担任监护人），也允许适用监护人的本国法。

(一) 适用被监护人的属人法

原则上都主张适用被监护人的本国法，而一些美洲国家则主张适用被监护人的住所地法。前者如 1995 年《意大利国际私法制度改革法》第 43 条规定："针对无行为能力的成年人的保护措施的条件和效力，以及无行为能力人与其监护人之间的关系，适用无行为能力人的本国法。"后者如 1984 年《秘鲁民法典》第 2071 条规定："监护和其他保护无行为能力人的制度，依无行为能力人住所地法。"考虑到外国人在内国的人身或财产也可能需要设立监护的情况，日本、泰国、土耳其等国家还对在内国有住所或居所的外国人或无国籍人或者在内国有财产的外国人的监护问题作了规定。

(二) 适用法院地法

这可以英国为例。英国在监护问题上仍是首先从管辖权入手。一般来说，如果英国法院对某一涉及监护的案件有管辖权，它便只适用英国法。此外，1995 年《意大利国际私法制度改革法》第 43 条还补充规定："为了临时和在紧急情况下保护无行为能力人的人身和财产，意大利法官可采取意大利法律所规定的措施。"

(三) 适用国际公约的规定

目前已有的关于未成年人监护的国际公约有 3 个：一是 1902 年海牙《关于未成年人监护的海牙公约》；二是 1961 年海牙《关于未成年人保护的管辖权和法律适用的海牙公约》，

后者现已取代前者；三是1996年海牙《关于父母责任和保护儿童措施的管辖权、法律适用、承认及执行和合作公约》，明确提出以其取代前两个公约。该公约第3条对父母责任的准据法作了明文规定，即适用儿童惯常居所地法。不仅如此，该公约对涉外监护问题特别强调各缔约国的合作，以便有效地保护未成年人的最大利益。该公约自2002年1月1日起生效。

目前已有的关于成年人保护的国际公约有两个：一是1905年海牙《关于禁治产及类似保护措施的公约》①；二是2000年海牙《关于成年人国际保护公约》，截至2009年4月16日，已有4个国家（大不列颠联合王国和北爱尔兰、法国、德国和瑞士）批准了该公约，该公约自2009年1月1日起生效。

2000年海牙《关于成年人国际保护公约》共7章、59条，其主要内容为：第一，适用范围。该公约适用于保护那些心智丧失或精神耗弱，在保护其自身利益方面处于不利地位的成年人（已达18岁）。该公约同样适用于在采取保护措施时年龄尚未达到18岁的成年人的保护措施。第二，管辖权。该公约规定，该成年人惯常居所所在地缔约国的司法或行政当局享有管辖权，并得采取措施保护其人身或财产。如果该成年人惯常居所移至另一个缔约国，新惯常居所所在地国当局享有管辖权。成年人财产所在地缔约国当局享有管辖权以采取措施保护有关财产，但此种措施应与依前述规定享有管辖权的有关当局采取的措施相当。第三，法律适用。该公约规定，为行使上述管辖权，缔约国当局应适用本国法；因保护成年人人身、财产的需要，有管辖权的当局亦可例外地适用或考虑适用与此有实质联系的另一国法律（第13条）。在一缔约国采取的措施需要在另一缔约国执行时，其执行条件应适用执行地国法（第14条）。成年人不能保护其权益而协议委托或通过单方行为而授予的代理权，其存在、范围、变更、终止，适用协议时或行为时成年人惯常居所所在地国法，除非另有明确规定（第15条）。上述规定并不排除对成年人予以保护的国家的法律的适用；不管在该国适用何种法律，该国强行法应予适用（第21条）。第四，承认与执行。缔约国当局所采取的措施应当在所有其他缔约国得到承认（第22条）。按照第22条的规定，任何利害关系人均可请求缔约国合格当局对另一缔约国所采取的某项措施是否承认作出决定，其程序适用被请求国法（第23条）。享有管辖权的措施采取国当局所裁判的事实依据，同样约束被请求国当局（第24条）。就前述条款之适用，非出于必要，不得对采取措施的实质进行审查（第26条）。在缔约国所采之措施为在另一缔约国获得执行而为登记并经宣告为可执行者，该另一缔约国应当将其视为本国所采之措施且依被请求国法律予以执行（第27条）。第五，合作机制。缔约国应当指定中央机关以履行该公约所设立之义务（第28条）。该公约还具体规定了合作的事宜及费用（第29～37条）。②

三、中国的有关规定与实践

1988年最高人民法院《关于贯彻执行〈中华人民共和国民法通则〉若干问题的意见（试行）》第190条规定："监护的设立、变更和终止，适用被监护人的本国法律。但是，被

---

① 1928年第6届海牙国际私法会议，对该公约进行了修正。该公约目前在意大利、波兰、葡萄牙和罗马尼亚之间仍然有效。See Paul Lagarde，Explanatory Report on the 2000 Hague Convention on the Protection of Adults，in *Proceedings of the Special Commission of a Diplomatic Character* 23（1999）. 当然，根据2000年海牙《关于成年人国际保护公约》第48条的规定，该公约在缔约国间的追溯力上取代1905年海牙《关于禁治产及类似保护措施的公约》。

② See Eric Clive，"The New Hague Convention on the Protection of Adults"，2 *Yearbook of Private International Law* 15（2000）.

监护人在我国境内有住所的，适用我国法律。”由此可见，在中国司法实践中，以被监护人本国法作为处理涉外监护问题的一般原则，只是在特殊情况下才适用被监护人的住所地法。这一规定在强调监护原则上适用被监护人本国法方面，同大陆法系国家的主张一致。但在被监护人在中国境内有住所的情况下，不论被监护人本国法关于监护的规定如何，中国坚持适用中国法即被监护人住所地法。这一规定比大陆法系国家的规定更进一步，将被监护人的本国法和住所地法有机结合起来。

2010 年《涉外民事关系法律适用法》第 30 条进一步采用有利原则，规定：“监护，适用一方当事人经常居所地法律或者国籍国法律中有利于保护被监护人权益的法律。”

在“赵小虎受监护抚养案”中，中国籍男子赵耿虎与日本籍女子佐佐木智子结婚后在中国生下赵小虎，根据《中华人民共和国国籍法》的规定，赵小虎具有中国国籍，是中国公民。现赵耿虎与佐佐木智子欲离婚，双方争夺赵小虎的监护权和抚养权。处理这一案件的前提是确定这一案件应适用的准据法。按照 1988 年最高人民法院《关于贯彻执行〈中华人民共和国民法通则〉若干问题的意见（试行）》第 190 条的规定，本案应适用中国法。《中华人民共和国民法通则》第 148 条规定：“扶养适用与被扶养人有最密切联系的国家的法律。”在本案中，赵耿虎具有中国国籍，赵小虎具有中国国籍，赵小虎在中国出生并在中国生活，所以，中国与本案有最密切联系，本案应适用中国法。《中华人民共和国民法通则》第 16 条规定：“未成年人的父母是未成年人的监护人。”《中华人民共和国婚姻法》第 21 条规定：“父母对子女有抚养教育的义务。”第 23 条规定：“父母有保护和教育未成年子女的权利和义务。”从中国法律规定来看，父母对子女的监护权、抚养权是平等的。在法律没有明确子女监护权、抚养权归属的情况下，应参考中国的司法实践，即“中国公民与外国公民离婚时，其子女的监护权原则上归中国公民行使；对子女的抚养费，由双方协商解决，协商不成，由法院判决或裁定”①。据此，本案中赵小虎的监护权适宜由赵耿虎行使，抚养费由双方协商，并一次性支付；协商不成的，由法院判决或裁定。

第七节 国际扶养的法律适用

引例 李某与张某同居案

原告李某，女，深圳居民；被告张某，男，美籍华人。原告在打工期间，于 1995 年 10 月认识被告，此后不久即与被告同居生活。1997 年 4 月原告生育一女后，双方逐渐开始分居，且被告不负担原告及其子女的生活费。为此，原告向法院起诉，请求法院解除其与被告的同居关系，并承担子女扶养费一次性支付人民币 50 万元。法院审理中，被告对解除同居关系表示同意，但对子女的抚养费数额有异议，认为即使根据美国法律，这笔扶养费也过高。法院进行调解，但双方协商未果。法院经审理后认为：原、被告之间因没有办理结婚登

① 1962 年 3 月 24 日，最高人民法院致新疆维吾尔自治区高级人民法院的批复中有此精神。参见赵一民主编：《国际私法案例教程》，297～298 页，北京，知识产权出版社，2005。

记手续，属于非法同居关系。原告所生子女为非婚生子女。对于原告请求解除同居关系，应予准许。遂依照《中华人民共和国民事诉讼法》第128条和《中华人民共和国婚姻法》第32条、第36条的规定，判决如下：(1) 解除原告李某与被告张某的非法同居关系。(2) 非婚生子女由原告抚养，被告一次性支付抚养费10万元人民币。

本案涉及的主要法律问题是：本案的主要问题和先决问题各是什么？法院处理本案的法律适用有何不妥？

扶养，是指根据身份关系，在一定的亲属间，有经济能力的对于无力生活的应给予扶助以维持其生活的一种法律制度。扶养有广义和狭义之分：广义上的扶养包括抚养（即尊亲属对卑亲属的扶养）、赡养（即卑亲属对尊亲属的扶养）和狭义的扶养（即配偶之间的扶养）。在扶养关系中，有扶养义务的人称为扶养义务人（或扶养人），有受扶养权利的人称为扶养权利人（或被扶养人）。虽然各国的扶养制度具有一些共同特征，但关于扶养的立法，各国仍存在相当的差异，扶养制度方面的法律冲突十分激烈，常常构成扶养权利人行使扶养费追索权的障碍。因此，如何解决国际扶养的法律适用问题就成为国际私法的重要任务之一。

一、扶养案件的管辖权

英美法系国家一般以住所为行使管辖权的依据。根据经修改的英国《1973年婚姻诉因法》第27条，如果在提出申请之日，当事人任何一方的住所在英格兰；或者到上述日期为止，当事人任何一方已在英格兰惯常居住有一年；或者在提出申请之日，被告本人在英格兰，英格兰法院有权以未提供合理扶养费为由而发出扶助（financial）命令。根据该法第35条，如果当事人任何一方的住所或居所在英格兰，英格兰法院可以改变扶助或扶养（maintenance）命令。此外，如果被告的居所在英格兰或者在《1920年扶养令（执行便利）法》扩大适用的外国国家，或者被告的居所在《1972年扶养令（相互执行）法》第一部分或者第二部分扩大适用的外国国家，治安法院有权发布扶养令。1971年美国《第二次冲突法重述》第77条规定，如果一州对配偶另一方有管辖权，该州即有权行使司法管辖权，规定配偶一方由该另一方扶养，或者如果该州对配偶另一方的财产有管辖权，则它在该财产数额内也可以行使这种管辖权。在对配偶另一方不享有管辖权时，一州不能行使司法管辖权以免除配偶一方对该另一方可能负有的扶养义务。而根据该重述第27、70～71条，配偶双方或一方住所或居所所在地州的法院对配偶有管辖权。

大陆法系国家一般以国籍或住所为行使管辖权的依据。1964年《捷克斯洛伐克国际私法及国际民事诉讼法》第39条规定，对于未成年人的抚养、教育及其他有关事项，只要未成年人是捷国公民，即使生活在外国，也由捷国法院行使审判权。根据1987年《瑞士联邦国际私法》第75条的规定，子女的惯常居所地或作为被告一方的父或母的住所地或惯常居所地的瑞士法院，或者子女或作为被告一方的父母在瑞士既没有住所，又没有惯常居所，但只要其中一方具有瑞士国籍的，其国籍所在地的瑞士法院有权受理请求支付抚养费的诉讼和由母亲提出的请求支付生育子女和抚养子女的补偿费的诉讼。

二、扶养关系的法律适用

由于扶养有配偶之间的扶养、亲子之间的扶养以及其他亲属之间的扶养，有的国家对上述三类扶养分别规定准据法，有的则统一对三者或对其中一二种扶养规定准据法，具体做法又有所不同。

（一）分别不同扶养适用不同法律

1979年《匈牙利国际私法》第39条规定："夫妻之间的扶养，应适用起诉时夫妻共同的属人法；如无，则适用其最后的共同属人法；如没有最后的共同属人法，则适用夫妻最后的共同住所地法；如夫妻没有共同住所，则适用法院地或其他机构地法。"第45条规定："父母对子女的扶养，应适用子女的属人法。"第47条规定："子女对父母的赡养以及其他亲属间的扶养义务、条件、程序和方法，应根据权利人的属人法确定。"1964年《捷克斯洛伐克国际私法及国际民事诉讼法》第24条规定："父母对子女的扶养义务适用子女的本国法，但对居住在捷克境内的，只要对子女有利，就适用捷克法；子女对父母的赡养，适用父母的本国法。"

（二）适用扶养义务人的属人法

对于扶养关系的法律适用，有些国家曾经认为扶养义务是扶养制度的基础和本体，从而主张适用扶养义务人的属人法。例如，1982年《土耳其国际私法和国际诉讼程序法》第21条规定："扶养义务适用扶养人的本国法。"1962年韩国《关于涉外民事法律的法令》第23条也规定："扶养义务，依扶养义务人的本国法。"

（三）适用扶养权利人的属人法

有些国家则从扶养制度是为扶养权利人的利益而设置的角度出发，认为应该适用扶养权利人的属人法，如1986年《联邦德国国际私法》第18条，1979年《匈牙利国际私法》第45条、第47条，1948年《埃及民法典》第15条，1982年《南斯拉夫法律冲突法》第42条，1939年《泰国国际私法》第36条等。适用扶养权利人的属人法是晚近立法的趋势，一些原本采用扶养义务人属人法的国家在新法中已转而采用扶养权利人的属人法，而且，属人法的连结点多采用扶养权利人的惯常居所地，如土耳其和韩国。

（四）适用双方的共同属人法

有些学者指出，扶养义务在一定亲属间是双向的，此时的扶养权利人彼时也可能成为扶养义务人，因此，扶养的准据法选择也应兼顾两者的利益而适用双方的共同属人法。这种主张在晚近一些国家的国际私法立法中得到了某些程度的反映，例如，1986年《联邦德国国际私法》第18条尽管原则上规定扶养义务适用被扶养人惯常居所地的法律，但该法同时补充规定："如果被扶养人依照该法无法得到扶养，则应适用扶养人与被扶养人的共同本国法。"

（五）适用有利于被扶养人的法律

在扶养准据法的选择上，晚近的立法从过去适用扶养人属人法转而适用被扶养人属人法。然而，尽管从一个角度讲适用被扶养人属人法较之适用扶养人属人法能更好地保护被扶养人的利益，但是采用"硬性冲突规范"来解决国际扶养的法律适用问题终究是不尽如人意的。在实践中，有时恰恰相反，对被扶养人最为有利的法律是扶养人的属人法或扶养财产所在地法。基于上述原因，1998年《突尼斯国际私法》和1973年海牙《扶养义务法律适用公约》，采取了结果选择的方法。例如，前者第51条规定："扶养义务由权利人的本国法或住所地法支配，或由义务人的本国法或住所地法支配。法官应适用对权利人最有利的法律。无论如何，配偶间的扶养义务由离婚的准据法支配。”

（六）适用国际公约的规定

瑞士是1973年海牙《扶养义务法律适用公约》的成员国，1987年《瑞士联邦国际私法》第83条对父母与子女之间的扶养义务的准据法未作具体规定，而是指出有关扶养义务的问题直接适用或类推适用该海牙公约的规定。1995年《意大利国际私法制度改革法》第45条也作了类似的规定。日本和德国为了与该海牙公约的规定相适应，分别于1986年颁布了《关于扶养义务准据法的法律》和《联邦德国国际私法》，前者的规定和后者的第18条各款与该公约的内容是一致的。

1973年《扶养义务法律适用公约》的立法宗旨是就所有种类的扶养义务问题制定一个统一的法律适用公约，不仅适用于对儿童的扶养义务，而且适用于对成年人的扶养义务。该公约采用补充性连结点的方式确定扶养义务的准据法，并对几种特殊情形的法律适用问题作出了特别规定。

1. 首先适用扶养权利人的惯常居所地法。该公约第4条第1款规定，扶养权利人的惯常居所地国家的法律应支配该公约所规定的扶养义务。适用扶养权利人的惯常居所地法，是扶养义务的首要法律适用原则。除该公约另有规定外，该基本规则应适用于该公约所规定的各种扶养义务。其目的是保护扶养权利人，使其能正常生活，并易于各国内法的协调和接受。

2. 补充适用共同本国法与法院地法。该公约第5条和第6条规定了两条补充性冲突规则。如果被扶养人依照第4条规定的法律，不能从扶养义务人那里获得扶养费，则依他们的共同本国法；如果被扶养人依照第4条和第5条规定的法律，不能从扶养义务人处获得扶养费，则依受理机关的国内法。这两条补充性冲突规则克服了机械运用扶养权利人惯常居所地法所导致的弊端，因而成为保护扶养权利人的重要方法。

3. 几种特殊情况的法律适用规则。第一，关于离婚后的配偶扶养义务的法律适用。该公约第8条规定，在准许或承认离婚的缔约国内，离婚的配偶之间的扶养义务以及有关此种义务的判决的再审，应按适用于离婚的法律决定。该项规定应适用于法定分居的案件以及宣布婚姻无效或撤销的案件。该条规定的实质是，无论扶养是与离婚请求同时提出还是离婚之后提出，适用于离婚的法律也是支配离婚后配偶间扶养义务的法律。第二，关于公共机构对所提供的扶养费行使追偿权的法律适用。根据该公约第9条和第10条的规定，公共机构向扶养权利人所提供的给付而应取得偿还的权利，应依支配该机构的法律决定。该法还决定公共机构向扶养权利人提供给付而要求偿还时，扶养义务人应负债务的范围。

三、中国的有关规定与实践

【案例10—2】梁某与江某离婚案

原告梁某，女，美国公民，被告江某，男，中国公民，原、被告于1999年12月3日在中国深圳市人民政府登记结婚，婚后于2000年6月和2002年1月生育两个儿子。因被告出国留学，原告在国内，而被告回国后原告又回美国居住，致使双方长期分居造成感情破裂。双方经协商同意离婚，并在孩子抚养和财产分割问题上达成一致意见，请求法院对双方的离婚和子女抚养问题作出判决。法院审理后认为，原、被告要求本院按照双方达成的协议作出判决，其请求符合法律规定，本院予以准许。遂依照《中华人民共和国民事诉讼法》第128条和《中华人民共和国婚姻法》第32条、第36条的规定，判决如下：（1）准许原告梁某与被告江某离婚。

(2) 两婚生儿子由被告抚养并负担抚养费。(3) 各自的自用物品归各自所有，各自的债权、债务归各自享有和承受。

本案涉及的主要法律问题是：法院处理本案有何不妥？原、被告之间的协议符合法律的要求，法院应予准许，其依据何在？

(一) 中国的有关规定

关于涉外扶养的管辖权，中国现行立法未作单独规定。国际上一般以当事人的住所、居所或国籍为管辖依据。"中华人民共和国国际私法示范法"第42条建议："对因扶养纠纷提起的诉讼，如被扶养人的住所地或者惯常居所地位于中华人民共和国境内，中华人民共和国法院享有管辖权。"

关于涉外扶养的准据法，《民法通则》第148条在借鉴、吸收外国有关扶养准据法的立法和司法实践经验的基础上，作出了如下规定："扶养适用与被扶养人有最密切联系的国家的法律。"在扶养准据法选择上，用"最密切联系原则"来取代传统的硬性的空间连结点，大大增强了法律选择的灵活性。

在适用《民法通则》第148条解决涉外扶养问题时，按1988年最高人民法院《关于贯彻执行〈中华人民共和国民法通则〉若干问题的意见（试行）》第189条所作的司法解释，有两点值得注意：第一，对该条的适用范围，"扶养"一词应作广义解释，不同于《婚姻法》第4条中的扶养仅是指夫妻之间的扶养，而是包括父母子女相互之间的扶养、夫妻相互之间的扶养以及其他有扶养关系的人之间的扶养。第二，至于何为"与被扶养人有最密切联系的国家的法律"，扶养人和被扶养人的国籍、住所以及供养被扶养人的财产所在地，均可视为与被扶养人有最密切的联系。

《涉外民事关系法律适用法》第29条进一步明确规定："扶养，适用一方当事人经常居所地法律、国籍国法律或者主要财产所在地法律中有利于保护被扶养人权益的法律。"

(二) 中国的有关实践

目前，中国的跨国家庭不在少数，因一方出国留学、工作或双方在国外学习、工作，而需要扶养的人留在中国境内的情形也越来越多。但是，单独提起扶养诉讼请求的个案极少。从现有的法院审理的涉及扶养请求的案例来看，几乎都是在离婚或解除同居关系中作为离婚或解除同居关系的后果来处理的。从涉外扶养的个案来看，法院处理涉外扶养争议仍然存在许多问题。

在"梁某与江某离婚案"中，原告是外国公民，根据最高人民法院的有关司法解释，本案应属于涉外离婚案件，因此，在审理案件的过程中，法院首先应对案件作出正确的定性。只有作出正确的定性，才会适用正确的冲突规范对案件作出判决。没有定性的过程，必然导致法院对案件的法律适用方法不妥。

第一，本案判决中并没有体现法院援引中国冲突规范的过程。既然该案是一起涉外离婚案件，那么应根据《中华人民共和国民法通则》第147条的规定，适用受理案件的法院地国家的法律。尽管按照该规定，该案件最终也适用《中华人民共和国婚姻法》，但两者在性质上有区别。前述判决是直接适用《中华人民共和国婚姻法》这一实体法，而不是由《中华人民共和国民法通则》第147条的冲突规范的指引所致。

第二，该案没有将离婚的法律适用和子女扶养的法律适用两者加以区分。按照中国的司法传统和习惯，法院在处理离婚案件时，可以将离婚、财产分割及子女扶养等问题合并审理并作出判决，但在法律适用上应当是独立的，对离婚和子女扶养应分别适用各自的冲突规范。对于涉外扶养义务，《中华人民共和国民法通则》第 148 条专门规定：“扶养适用与被扶养人有最密切联系的国家的法律。”该案中与子女有最密切联系的法律是否为中国法，法院应综合案件的具体情况加以判断，但前述判决缺乏对最密切联系因素的分析，似不妥。

在“李某与张某同居案”中，主要问题是非婚生子女的抚养义务问题。对于非婚生子女的抚养义务，一般以非婚生子女的生父身份的确认为前提。在该案判决中，法院没有对该先决问题加以确定。这是该案处理中的缺陷之一。不容否认，这种做法与中国婚姻法没有规定非婚生子女的确认或认领制度有关。但在涉外扶养案件中，不能忽视对该先决问题的解决。此外，在法律适用方面，法院也没有根据《中华人民共和国民法通则》第 148 条有关涉外扶养的冲突规范来确定应适用的法律。扶养费的计算方法和扶养费的支付也没有说明法律依据。上述涉外扶养案件审理中存在的不足，是中国国际私法司法实践的整体状况不佳的一个折射。针对涉外扶养案件而言，应改变法院处理国内婚姻家庭案件的司法模式的惯性影响，牢固树立涉外案件的法律适用意识，正确理解涉外扶养的冲突规则精神，以维护涉外扶养当事人的正当权益。

【问题与思考】

1. 在“王伟、张莉婚姻无效案”中，法院认为王伟、张莉在婚姻实质要件不符合我国法律规定的情况下到泰国采取宗教方式结婚，是规避我国法律的行为，其婚姻无效。你认为除了用法律规避制度排除外国法在内国的效力外，还可以用国际私法中的哪一项制度排除外国法在内国的效力？两者有何异同，在本案中用哪一种制度更为合理？

2. 在“乔治与王芳结婚案”中，结婚适用婚姻缔结地法，是否绝对？从目前有利于结婚的发展趋势来看，你认为在传统规则的基础上应增加哪些更为灵活的方法？

3. 通过“付春花离婚案”的分析，你认为法院处理涉外离婚案件需要解决哪些问题，中国目前这方面的立法与实践如何，应如何加以完善？

4. 电视连续剧《北京人在纽约》取材于真实的人和事，剧中主人公王起明和郭燕在北京时是一对恩爱夫妻，到纽约后，因工作、生活上的诸种困惑和矛盾，最终他们选择了离婚。他们在纽约办理离婚手续后不久，郭燕与美国老板结婚，后又离婚。从国际私法角度引人注意的是：在王起明和郭燕都无美国国籍且未定居美国的情况下，他们在美国的离婚有效吗？具有中国国籍的郭燕和美国老板在美国结婚、离婚又应适用何国法律？中国涉外婚姻关系的法律适用与美国及世界上主要国家的规定有何差异？应如何加以完善？

5. 通过对“新加坡居民宋某收养案”的分析，你认为在跨国（跨境）收养及其争议解决中，哪些部门或机构可以有所作为？中国目前这方面的立法与实践如何，应如何加以完善？

6. 2005 年 4 月 27 日，中国批准了于 2000 年 11 月 30 日签署的海牙 1993 年《跨国收养方面保护儿童及合作公约》，根据中国政府的声明，你认为中国今后如何援引该公约机制来解决中国的涉外收养法律问题？

7. 目前在未成年人和特殊成年人的国际监护或保护方面，国际社会取得了哪些主要成果？这些成果中除了法律适用规则的统一之外，最能使未成年和特殊成年人获得保护的机制是什么？中国目前有无加入这些公约的必要性和可行性？

8. 目前在国际扶养方面，国际社会取得了哪些主要成果？这些成果中除了法律适用规则的统一之外，最能使被扶养人获得保护的机制是什么？目前有何新的进展？中国目前有无加入这些公约的必要性和可行性？中国在处理涉外扶养案件的司法实践中还存在哪些问题需要加以改进？

第十一章

国际继承关系的法律适用

参考书目

1. 韩德培主编．国际私法．北京：高等教育出版社，北京大学出版社，2000

2. 黄进主编．国际私法．2 版．北京：法律出版社，2005

3. 李双元等．涉外婚姻继承法．北京：中国政法大学出版社，1989

4. 肖永平．中国冲突法立法问题研究．武汉：武汉大学出版社，1996

5. 孟宪伟，王玉洁．涉外婚姻家庭与法．广州：广东人民出版社，1995

6. 齐湘泉．涉外民事关系法律适用法：婚姻、家庭、继承论．北京：法律出版社，2005

7. 林秀雄．婚姻家庭法之研究．北京：中国政法大学出版社，2001

8. 杨大文，马忆南主编．婚姻家庭法原理与实务．北京：高等教育出版社，2002

9. ［德］马丁·沃尔夫著，李浩培等译．国际私法．2 版．北京：北京大学出版社，2009

10. N. Lowe & G. Douglas eds.. Family across Frontiers. Martinus Nijhoff Publishers，1996

参考法规

1. 1979 年《奥地利联邦国际私法》

2. 1987 年《瑞士联邦国际私法》

3. 1986 年《中华人民共和国民法通则》

4. 1988 年最高人民法院《关于贯彻执行〈中华人民共和国民法通则〉若干问题的意见（试行）》

5. 2010 年《中华人民共和国涉外民事关系法律适用法》

6. 海牙国际私法会议 1961 年《遗嘱处分方式法律适用公约》

7. 海牙国际私法会议 1973 年《死者遗产国际管理公约》

8. 海牙国际私法会议 1989 年《死者遗产继承法律适用公约》以及其他一些国家的国际私法和国际私法公约，这些资料可在以下书中找到：

(1) 韩德培，李双元主编．国际私法教学参考资料选编（上，下）．武汉：武汉大学出版社，1991

(2) 李双元，欧福永，熊之才编．国际私法教学参考资料选编（上，中，下）．北京：北京大学出版社，2002

(3) 黄进，何其生，萧凯编．国际私法：案例与资料（中英文）．北京：法律出版社，2004

引例 沈加奇法定遗产继承案

沈加奇与原配妻子朱玉文侨居印度尼西亚时，收养沈征、沈雷、沈强、沈伟 4 人为养子。沈加奇与朱玉文原生有一女，自幼许配给张志远，后因病夭折，但沈加奇、朱玉文夫妇仍视张志远为女婿，以后张志远与黎慧结婚，沈加奇夫妇便将黎慧视为女儿的替身，曾在经济上给予一些支持。另有一女沈丽，沈加奇原拟将其作为养子沈雷的童养媳，后将沈丽改收为养女。1955 年，沈加奇偕妻子朱玉文回国定居，在广东省某市拥有自建房屋一栋二层楼，面积 145 平方米。现在该房屋由沈加奇的养子沈强一家居住。1963 年，朱玉文去世，当时沈加奇在中国银行广东分行存有人民币 8 万元。

1964 年，沈加奇与肖芳结婚，1972 年，沈加奇与肖芳移居香港，成为香港居民。沈加奇与肖芳在香港购置房屋一栋，面积 160 平方米，二人婚后未生育子女。198[illegible] 年，因遗产继承问题发生了纠纷，原告沈丽和黎慧（居住于广东省某市）以沈强（现居住于广东省某市）、肖芳、沈伟（现居住于香港）、沈征及沈雷（现居住于印度尼西亚）5 人为共同被告，起诉至某市中级人民法院，要求继承其养父母的遗产。在诉讼期间，被告之一的沈强未经其他继承人的同意，私自将广东省某市自建楼房的一层租给某单位，每月租金 6 000 元，至 1988 年 6 月，法院判决之前，沈强已收取租金 7.2 万元。在诉讼中，原告黎慧认为自己被沈加奇夫妇视为亲生女儿，因此，有权继承沈加奇和朱玉文的遗产。被告肖芳认为自己是沈加奇的配偶，有权获得沈加奇的一半遗产。

某市中级人民法院经审理认为：位于某市的自建二层楼房及沈加奇在银行的存款 8 万元，原为沈加奇与朱玉文夫妇在婚姻关系存续期间的共同财产。朱玉文去世后，属于她所有的部分可以由其法定继承人继承。属于沈加奇所有的份额因他与肖芳结婚时间较长可视为沈加奇与肖芳的共同财产。现沈加奇去世，属于他所有的份额应由其法定继承人共同继承。法院认定沈征、沈雷、沈强、沈伟及沈丽是沈加奇和朱玉文的养子女，依法享有继承沈加奇、朱玉文遗产的权利，肖芳有继承其夫遗产的权利，但没有继承朱玉文遗产的权利。故肖芳要求取得上述财产的一半没有法律依据。黎慧被沈加奇、朱玉文生前视为去世女儿的再生，并未共同生活，不构成收养关系，依据法律规定不具有继承权。为此，依照我国继承法的规定，自建二层楼房和 8 万元的存款除属于肖芳应占部分外，均由沈加奇、朱玉文的法定继承人分别继承。沈强收取的 7.2 万元租金为被继承人遗产的孳息，应由各继承人按所占份额进行分配。遂根据《继承法》第 2 条、第 5 条、第 10 条第 2 款及第 5 款的规定判决如下：(1) 驳回黎慧的诉讼请求。(2) 自建二层楼房的二层由肖芳和沈丽继承、使用，其中肖芳占 3/4，沈丽占 1/4。一层由沈征、沈雷、沈强、沈伟各继承使用 1/4。花园、车库、通道、楼梯、天台均由各继承人共同使用。(3) 存款 8 万元，肖芳分得 2.5 万元，沈征、沈雷、沈强、沈伟、沈丽各得 1.1 万元。利息也按所分得比例分配。(4) 沈强收取的租金 7.2 万元，肖芳分得 2.1 万元，沈征、沈强、沈雷、沈伟、沈丽各得 10 200 元。自 1988 年 7 月起，租金由沈征、沈雷、沈强、沈伟四人收取均分。①

本案涉及的主要法律问题是：法定继承的准据法如何确定？本案应适用什么法律来处理？依据是什么？

在本章中，我们将结合前引“沈加奇法定遗产继承案”及以下各节中列举的案例，对国际继承的法律适用所涉及的主要问题从理论、立法和实践等方面作一探讨，包括法定继承的法律适用制度、遗嘱继承的法律适用制度、无人继承财产的法律适用问题。通过对这些内容的学习，有助于我们在国际继承案件处理过程中，正确地运用同一制和区别制解决法定继承的法律适用问题、遗嘱继承以及无人继承财产的法律适用，合理地处理好遗嘱的形式要件、遗嘱的能力和遗嘱的实质效力各自适用的法律，并妥善解决好无人继承财产的归属问题。

第一节 法定继承的法律适用

引例 李其然夫妇遗产继承案

李其然与其妻周新丽系美籍华人。李其然夫妇生前在上海置有房产两处。一处为位于延安东路 26 号的混凝土三层楼房，总面积 201.46 平方米；另一处位于淮海中路 132 弄 14 号的二层楼房，总面积 98.76 平方米。另外，李其然夫妇在美国加利福尼亚州还购有住宅一座。李其然和周新丽分别于 1960 年和 1972 年在美国去世，未留下遗嘱处分其财产。李其然和周新丽有婚生子女 2

① 参见赵一民主编：《国际私法案例教程》，319～321 页，北京，知识出版社，2005。

人——儿子李宜能、女儿李宜群以及养子李宜民，3人均为美籍华人，住所在美国。儿子李宜能已于1980年去世。

李宜能有子女3人，女儿李启佳、长子李启明、次子李启亮，其中李启佳与李启亮为美国籍人，住所在美国，李启明为加拿大籍人，住所在加拿大。李其然夫妇购置的上海淮海中路132弄14号的二层楼房有50平方米被征用，房屋折款1 500元由李启佳领得。另一栋延安东路26号的三层楼房全部出租，20世纪50年代后由李启佳代收房屋租金，管理房屋修理等事宜。在美国的住宅，由李其然夫妇及女儿李宜群共同居住。李其然夫妇去世后，由李宜群及其丈夫居住。1985年，李宜群委托代理人起诉于上海市中级人民法院，要求继承其父母所购置的上海延安东路26号的楼房。法院在查明事实之后，根据《中华人民共和国继承法》第9条、第10条、第13条的规定，作出判决如下：(1) 位于上海市延安东路26号的楼房一层1/2和二层1/2产权由李宜群继承；(2) 该楼房一层另1/2和三层的1/2产权由李宜能的子女李启佳、李启明、李启亮共同继承；(3) 该楼二层另1/2和三层另1/2产权由李宜民继承。

本案涉及的主要法律问题是：法院适用《中华人民共和国继承法》解决本案继承纠纷是否正确？依据是什么？

一、法定继承及其法律冲突

法定继承是继承人的范围、继承顺序和遗产的分配由法律予以规定的继承方式。由于法定继承是在被继承人未留下遗嘱或遗嘱无效或遗嘱继承人拒绝继承财产时按法律的规定进行继承的制度，所以，法定继承也称为无遗嘱继承。法定继承是以一定的人身关系为前提，即依继承人和被继承人之间的婚姻、血缘关系而确定的。在法定继承中，对于继承人的范围、继承顺序、遗产分配等问题，各国都是以强制性的法律规范来调整的，除了被继承人依法用遗嘱方式加以变更外，其他任何人都无权变更。国际私法中的法定继承是指含有跨国因素或者外国因素的法定继承。各国立法由于受其政治制度、经济状况、社会文化、宗教信仰、风俗习惯等的影响，对法定继承的规定存在较大的差异，致使产生法律冲突。[①] 法定继承的法律冲突主要表现在以下几个方面：

（一）法定继承人的范围

各国法律对继承人范围的规定不尽相同。《中华人民共和国继承法》主要根据婚姻关系、血缘关系以及抚养关系来确定继承人的范围。继承人的范围包括配偶、子女、父母、兄弟姐妹、祖父母、外祖父母、其他对死者尽了生养死葬义务的人，以及被继承人生前抚养的缺乏劳动能力而又没有生活来源的人。西方国家法律从保护私有财产的角度出发，一般把继承人范围规定得较宽，以防止被继承人的财产因其死亡而流失。如《德国民法典》规定，死者的亲属分成五个继承人顺序继承财产，甚至包括其曾祖父母及其后裔，以及死者较远的后裔及

① 参见陈国英：《涉外继承案件的法律问题》，载《法学》，1992 (5)；张萍：《论涉外财产继承的法律适用》，载《宁夏社会科学》，2003 (6)。

其后裔，几乎死者的一切亲属都有资格继承其遗产；意大利法律规定十亲等以内有继承权；《法国民法典》规定，十二亲等以内的亲属均有继承权，母系的尊血亲与父系的尊血亲有同等的继承权；荷兰法律规定六亲等以内的亲属享有继承权。

（二）法定继承人的顺序

对于法定继承人的顺序，各国法律的规定有较大差异。《中华人民共和国继承法》根据血统和生活上相互依赖程度，将法定继承人分为两个顺序：第一顺序是配偶、子女、父母，第二顺序是兄弟姐妹、祖父母、外祖父母。同一顺序的继承人之间没有先后次序之分。《法国民法典》则规定了四个继承顺序，即死者的子女，子女的直系卑血亲，直系尊血亲，其他旁系血亲。《德国民法典》规定了五个顺序，即死者的后裔，死者的父母及其后裔，死者的祖父母和外祖父母及其后裔，死者的曾祖父母及其后裔，死者较远的后裔及其后裔。日本民法规定了四个顺序，即直系卑亲属，直系尊亲属，兄弟姐妹，兄弟姐妹的直系卑亲属。

（三）继承遗产的分配份额

各国立法大体上都规定根据亲等的远近来确定分配的遗产份额，但具体规定内容又有许多不同。《中华人民共和国继承法》第13条规定，同一顺序继承人继承遗产的份额一般应均等；对生活有特殊困难的缺乏劳动能力的继承人，分配遗产时，应予以照顾；对被继承人尽了主要扶养义务或者与被继承人共同生活的继承人，分配遗产时，可以多分；有扶养能力和扶养条件的继承人，不尽扶养义务的，分配遗产时，应当不分或者少分。日本民法对继承人应继承的份额作了固定的规定，如直系卑亲属和配偶是继承人时，直系卑亲属应继承遗产的2/3，配偶应继承遗产的1/3；直系尊亲属和配偶是继承人时，直系尊亲属和配偶各继承遗产的1/2；配偶和兄弟姐妹是继承人时，配偶的继承份额为遗产的2/3，兄弟姐妹为1/3；直系卑血亲、直系尊血亲或兄弟姐妹有数人时，各自继承的份额应相等。《法国民法典》对不同顺序的继承人取得遗产的份额所作的规定不同，但对同一顺序的继承人采取平均分配的原则。

二、法定继承的法律适用

关于如何确定国际法定继承的准据法，目前世界上并无统一的原则。但从各国国际私法立法和司法实践以及国际条约中的规定来看，适用于国际法定继承的冲突原则不外乎被继承人属人法（包括被继承人的本国法、被继承人的住所地法）和遗产所在地法这两项冲突原则。当然，有的只采取其中之一，有的则采取其中的两个，有的将被继承人的本国法和遗产所在地法组合在一起，有的则将被继承人的住所地法和遗产所在地法组合在一起。例如，2007年修订的《土耳其国际私法和国际诉讼程序法》第20条规定：遗产的法定继承适用被继承人本国法律，继承在土耳其境内的不动产适用土耳其法律。目前，也还有极少数国家如乌拉圭等，在继承准据法选择上，规定，不论动产继承或不动产继承，概依遗产所在地法。继承依遗产所在地法这条古老的冲突规范，是封建经济的产物。这一制度的一个最突出的缺陷就是，一个人的财产可能遍及许多国家，从而在处理其遗产继承时，将受多种法律的支配。所以，这种古老的做法已逐渐被淘汰。

目前在实践中，根据是否将遗产中的动产和不动产区别开来分别确定国际法定继承的法律适用，又有“区别制”（scission system）和“同一制”（unitary system）之分。

（一）区别制

在国际私法上，区别制又称分割制，是指在涉外继承中，主张就死者的遗产区分动产与不动产，分别适用不同的冲突规范所指向的不同的准据法，即动产适用死者的属人法，不动产适用物之所在地法。这一制度，最早是由 14 世纪意大利法则区别说创始人巴托鲁斯的弟子巴尔特（Bardus，1327—1400）提出来的。巴尔特根据法则区别说的理论，主张把动产继承归入“人法”范畴，适用死者的属人法，而把不动产继承列入“物法”范畴，适用物之所在地法。

区别制在 19 世纪已成为占主导地位的涉外继承法律适用原则，即使到现在仍为英美法国家以及若干大陆法国家所采用，例如，英国、美国、法国、比利时、卢森堡、泰国、保加利亚、玻利维亚、智利、加蓬以及一些英联邦国家、白俄罗斯等。我国也采用区别制。凡是采用区别制的国家，遗产中不动产的继承都是适用物之所在地法的。究其原因，主要是因为不动产价值较大，与所在地国家密切相关，适用物之所在地法，可保证有关判决的执行。至于遗产中动产继承的准据法，上述各国的做法又可分为两类：其一是少数国家，如保加利亚、卢森堡和玻利维亚等，采用被继承人死亡时的本国法；其二是大多数国家采用被继承人死亡时的住所地法，如英国、美国、法国、比利时、智利、泰国、加蓬、白俄罗斯等。

（二）同一制

在国际私法上，同一制也称单一制，是指不管遗产是动产还是不动产，继承关系作为一个整体适用同一冲突规范所指向的准据法，即被继承人的属人法（本国法或住所地法）。动产继承和不动产继承概依死者的属人法这条古老的冲突规范，渊源于古代罗马法的总括继承（universal succession），在 19 世纪后期逐渐取得优势。按照古代罗马法的观点，继承就是继承人在法律上取得被继承人的地位，是死者人格的延伸。英国著名的法律史学家梅因（Maine）曾指出，古罗马人通常认为“继承权是对于一个死亡者全部法律地位的一种继承”。还有学者从继承法与亲属法之间所具有的紧密联系来论证统一适用死者属人法的意义。因为就各国继承制度而言，继承人顺序以及特留份等都是依与死者亲属关系的远近来确定的，亲属法上的变化必然直接影响到继承关系，故继承应统一适用死者属人法。

目前采用同一制的国家已为数不少。其中，采用被继承人本国法的国家有意大利、日本、奥地利、德国、西班牙、葡萄牙、荷兰、希腊、瑞典、埃及、伊朗、伊拉克、叙利亚、古巴、委内瑞拉、墨西哥、巴拿马和土耳其等，采用被继承人住所地法的国家有挪威、丹麦、冰岛、巴西、哥伦比亚、阿根廷、秘鲁、尼加拉瓜、危地马拉和哥斯达黎加等。同时，同一制在一些国际立法上也得到了支持和肯定。比如，1928 年《布斯塔曼特法典》第 7 条规定，继承依被继承人的属人法，只是没有指明是住所地法还是本国法，而听任有关国家自行决定。1988 年海牙《死者遗产继承法律适用公约》也采用了同一制。该公约第 3 条规定：首先，继承受死者死亡时有惯常居所且为其国民的那个国家的法律支配；同时，继承也受死者死亡时有惯常居所不少于 5 年的那个国家的法律支配，但在例外情况下，如果死者死亡时明显与他的国籍所属国有更密切的联系，则适用那个国家的法律；在其他情况下，继承受死者死亡时的本国法支配，除非死者死亡时明显与另一国家有更密切的联系。

（三）小结

区别制和同一制各有利弊。继承制度具有财产法和身份法的双重性质。一般来说，强调继承的财产法性质的国家采用的是区别制，强调继承的身份法性质的国家采用的是同一制。实行区别制的最大好处，莫过于判决易在外国得到承认与执行。但是，实行区别制也有很大的缺陷，就是一个人的遗产继承可能要分别受几个法律的支配，从而带来种种麻烦和困难。比如说，根据其中一个法律，某人是有继承权的，而按照另一个法律，他却没有继承权。于是，在 19 世纪中叶以后，特别是经德国的萨维尼和意大利的孟西尼等的提倡，财产继承上的“同一制”就更多地出现在许多国家的国际私法立法与实践中了。目前国际立法对国际继承的准据法主要趋向于采同一制。

采用同一制有一个最大的优越性，就是简单、方便。但其缺陷在于：如果死者遗留的不动产不在其国籍国或住所国境内，而且死者国籍国或住所国和遗产所在地国关于不动产继承的实体法规定歧异，那么根据死者国籍国法或住所地法作出的判决，便往往不能在不动产所在地国得到承认和执行。正是因为同一制也有这些不足，所以有些采同一制的国家在特定条件下对区别制作出某些让步，以求得对不动产继承切实可行的处理。比如说，德国的国际私法对继承原本只适用被继承人死亡时的本国法，但如遗产位于死者的国籍国境外，并且依该遗产所在地的冲突规范，该项遗产继承应适用遗产所在地的内国法时，则上述原则即可以不予适用；但对于在同一制国家境内的不动产继承，则仍应适用死者的本国法。既然在继承准据法上，无论采区别制还是同一制，都有自身的缺陷和不足，为求二者的适当协调，在涉外继承方面，许多国家都接受反致和转致。例如，日本是采同一制的国家，而且也只适用被继承人的本国法，但如一个采区别制国家的公民死后在日本遗留有不动产，对于该不动产继承，日本法院就会根据该外国死者本国的有关不动产继承依物之所在地法的冲突规范而最终适用日本法。

三、法定继承准据法的适用范围

法定继承准据法的适用范围，各国立法也不尽一致，但一般来说，法定继承准据法应支配以下几方面的问题：

（一）继承的开始及原因

继承开始的原因、时间和场所以及有关继承财产的费用由继承的准据法支配。在任何一个国家继承都是因为被继承人死亡而开始，这一般不会产生什么问题。但被继承人被宣告死亡时，继承是从法院宣告判决之日还是从法院判决中确定的失踪人死亡之日起开始？1985年我国最高人民法院《关于贯彻执行〈中华人民共和国继承法〉若干问题的意见》曾规定以法院判决中确定的被继承人死亡日期为继承开始的时间，但1988年最高人民法院《关于贯彻执行〈中华人民共和国民法通则〉若干问题的意见（试行）》规定，继承从判决宣告之日起开始。此外，关于失踪和死亡宣告的效力，各国立法与实践也并非一致。有的国家认为，在只宣告为失踪的情况下，并不构成继承开始的原因，而只使被宣告失踪人的财产转归财产管理人管理。而有的国家的法律则规定宣告失踪即具有宣告死亡的效力，因而构成继承开始的原因。诸如此类问题，一般均应依继承的准据法。

（二）继承人的范围和顺序

继承准据法还可以解决什么样的人可以成为继承人、被继承人可否通过遗嘱指定继承人、允不允许通过继承契约来处理遗产继承或放弃继承等问题。另外，继承人是否必须在被继承人死亡时已经出生；失踪人可否成为继承人；一个对被继承人犯下谋杀或虐待、遗弃等罪行的人可否成为继承人；在相互有继承权的数人于同一事件中死亡而无法证明谁死于后时，对继承人应作如何推定；继承人的继承顺序如何解决，以及在何等情况下发生代位继承等问题，皆应适用继承准据法来作出回答。至于作为继承人的某人是否为被继承人的子女或配偶等，如在涉外继承中发生争议，因其属于继承的先决问题，应适用的法律需另行选择，这个法律既可能是继承的准据法，也可能是各该先决问题自身的准据法。

（三）继承开始的效力

继承准据法也应支配继承开始的效力。这类问题包括：在继承人有数人时遗产应如何继承？各人应取得多少分额？遗产应如何分割？共同继承人的担保责任如何，即某个或部分继承人所分得的财物或权利存在瑕疵时，其他继承人对瑕疵给该继承人所造成的损失应否负担保责任，对该继承人的损失给予赔偿？继承人已经开始继承，是否还可以放弃继承？放弃继承应于何时进行？是否可以进行限制继承，即是否可以限制法定继承人的范围或限制继承财产的范围？在限制继承的情况下，继承人的权利、义务又应如何确定？另外，继承准据法还应支配被继承人的哪些权利、义务可由继承人继承和承担，以及继承人应如何继承和承担这些权利、义务。至于这些权利、义务能否通过继承而转移以及在什么条件下才能转移的问题，则应由该权利、义务自身的准据法来解决。

(四) 被继承人以遗嘱处分财产的权利

继承准据法还应支配被继承人以遗嘱处分其财产的权利的有无及大小。这不同于设立遗嘱的能力问题。关于设立遗嘱的能力，在国际私法上一般主张适用立遗嘱人的属人法。因此，尽管许多国家的国际私法规定了遗嘱成立及效力的准据法，但被继承人可否不受限制地处分其财产这一问题要由继承准据法来决定。如继承准据法关于特留份的规定，此种规定在各国继承法中多被认为属于强行法，因此，关于遗嘱可否剥夺应享有特留份人的继承权，特留份的权利人是被视为一般继承人还是被视为继承债权人，特留份应如何计算，以及特留份的时效期限如何等问题，均应适用继承准据法来解决。

四、中国的有关规定与实践

【案例 11—1】中国公民 A 遗产继承案

在本案中，A 系中国公民，在中国有住所。1988 年 A 在澳大利亚去世。去世时 A 在澳大利亚有房屋两栋，生前在中国某银行有存款及利息若干，在某投资公司有股票及股息若干。A 生前未立遗嘱，配偶早死，有两个儿子，一个住在中国，一个住在澳大利亚。A 死后，两个儿子因遗产继承问题发生纠纷，诉至中国某法院。①

本案涉及的主要法律问题是：中国法院对此案是否有管辖权？应如何适用法律解决该继承财产的归属？

(一) 中国的有关规定

关于涉外法定继承的法律适用，20 世纪 50 年代，中国同苏联及东欧国家签订的一些领事条约曾对这个问题作过规定。例如，1959 年 6 月 23 日中国和苏联订立的领事条约第 20 条规定："缔约任何一方公民死亡后遗留在缔约另一方领土上的财产，包括动产和不动产均按财产所在地国家的法律处理。"这一规定在涉外继承的法律适用方面采取单一制，即对涉及中、苏两国的继承案件的处理，不区别遗产中的动产和不动产，统一适用遗产所在地法。应该注意的是，该条约已被两国于 1986 年 9 月 10 日订立的领事条约代替，其中所包含的关于涉外继承法律适用的规定也随之废止。

在涉外法定继承的法律适用方面，中国的现行立法则采用区别制。② 1985 年《继承法》

---

① 参见李双元、蒋新苗编著：《国际私法学案例教程》，321～322 页，北京，知识出版社，2004。

② 参见朱子勤：《对我国法律关于法定继承法律适用规定的思考》，载《河南省政法管理干部学院学报》，2004 (3)；郭思永：《从海牙国际私法会议论我国涉外继承的法律制度》，载《政治与法律》，1987 (6)。

第 36 条第 1、2 款规定："中国公民继承在中华人民共和国境外的遗产或继承在中华人民共和国境内的外国人的遗产，动产适用被继承人住所地法律，不动产适用不动产所在地法律。外国人继承在中华人民共和国境内的遗产或继承在中华人民共和国境外的中国公民的遗产，动产适用被继承人住所地法律，不动产适用不动产所在地法律。"1985 年最高人民法院《关于贯彻执行〈中华人民共和国继承法〉若干问题的意见》第 63 条规定："涉外继承，遗产为动产的，适用被继承人住所地法律，即适用被继承人生前最后住所地国家的法律。"1986 年《民法通则》第 149 条进一步明确规定："遗产的法定继承，动产适用被继承人死亡时住所地法律，不动产适用不动产所在地法律。"

《继承法》第 36 条第 3 款和《民法通则》第 142 条第 2 款还规定，如中国缔结或者参加的条约、协定对此有不同规定的，则适用条约、协定的规定。因此，在法定继承的法律适用问题上，如果中国缔结或参加的国际条约对国际法定继承问题作了规定，那么，在处理与缔约国有关的法定继承案件时，应该优先适用该国际条约的规定。2010 年《涉外民事关系法律适用法》第 31 条的规定与《民法通则》第 149 条的规定基本相同，即"法定继承，适用被继承人死亡时经常居所地法，但不动产法定继承，适用不动产所在地法律"，但其第 34 条还规定，遗产管理等事项，适用遗产所在地法律。

（二）中国的有关实践

"李其然夫妇遗产继承案"无疑是一起涉外继承案件，应按《中华人民共和国继承法》和《中华人民共和国民法通则》规定的有关冲突规范确定适用的准据法。从法院的判决中看不出这一过程。本案涉及的继承人均为外籍华人，被继承人的遗产为位于我国境内的两处房产。《中华人民共和国继承法》第 36 条第 2 款规定："外国人继承在中华人民共和国境内的遗产或继承在中华人民共和国境外的中国公民的遗产，动产适用被继承人住所地法律，不动产适用不动产所在地法律。"《中华人民共和国民法通则》第 149 条规定："遗产的法定继承，动产适用被继承人死亡时住所地法律，不动产适用不动产所在地法律。"因此，李其然夫妇遗留在上海的两处房屋应按不动产所在地中国的法律处理，按照《中华人民共和国继承法》第 10 条、第 13 条的规定，遗产按照下列顺序继承：第一顺序：配偶、子女、父母。该法所说的子女，包括婚生子女、非婚生子女、养子女和有扶养关系的继子女。同一顺序继承人继承遗产的份额，一般应当均等。因此，李其然夫妇的儿子李宜能、女儿李宜群及养子李宜民对涉案的两处房屋均有平等的继承权，应各分得 1/3。其中，由于李宜能已死亡，其应得 1/3 部分由其子女李启佳、李启明和李启亮均分。当然，本案中李其然夫妇在美国的房产，其儿子李宜能、女儿李宜群及养子李宜民也均有平等的继承权。李启佳、李启明和李启亮可以其父李宜能的名义，李宜民可以继承人的名义向房产所在地的美国法院起诉。

在"中国公民 A 遗产继承案"中，因被继承人的国籍、住所、部分遗产在中国，当事人向中国人民法院起诉，依照我国民事诉讼法的有关规定，因遗产继承纠纷提起的诉讼，由被继承人死亡时住所地或主要遗产所在地人民法院管辖，故中国法院对此案有管辖权。在法律适用上，当时《中华人民共和国继承法》和《中华人民共和国民法通则》均已颁布，该两法及其司法解释均规定：遗产的法定继承，动产适用被继承人死亡时住所地法，不动产适用不动产所在地法。本案中 A 死亡时的住所在中国，在国内留有存款、股票及股息等动产，在澳大利亚留有两处房屋等不动产，故对国内的动产适用中国法律，对位于澳大利亚的两处房屋则按不动产所在地——澳大利亚的法律处理。

第二节 遗嘱继承的法律适用

引例 巴特查特遗产继承案

巴特查特去世时住所在苏格兰，妻子已上年纪，女儿病弱。但巴特查特生前所立遗嘱未提到给妻子和女儿留下财产，而是指明将他所有的财产赠给一位对他一直很好的侄女，这些财产中有不动产位于新西兰。巴特查特去世后，其遗孀和女儿依苏格兰法律有权分别取得死者遗产 1 000 英镑和 200 英镑。由于生活困难，巴特查特的遗孀在新西兰法院起诉，请求从亡夫留在新西兰的不动产中分得更多的财产。诉讼程序开始不久，巴特查特的遗孀去世，其女儿继续参加诉讼。法院认为巴特查特的遗孀按苏格兰法律取得的亡夫财产，对于一位老年妇女的生活是足够的，故其提出的诉讼请求不予以支持。至于巴特查特的女儿，她则可依新西兰法律从其亡父留在新西兰的不动产中取得 1 000 英镑的份额，并可依苏格兰法律取得继承亡父留下的其他财产以及继承亡母的财产的权利。①

本案涉及的主要法律问题是：该案的准据法是哪国的法律？为什么？

一、遗嘱继承及其法律冲突

遗嘱是立遗嘱人在生前对其财产进行处分并于死后发生法律效力的单方法律行为。遗嘱继承，是指继承人按照被继承人的遗嘱，继承被继承人遗产的法律制度。立遗嘱的被继承人称为立遗嘱人，遗嘱指定的继承人称为遗嘱继承人。在一般情况下，遗嘱继承优先于法定继承。遗嘱继承主要涉及立遗嘱人的能力、遗嘱方式、遗嘱内容和效力以及遗嘱的撤销等问题。国际私法中的遗嘱继承是指含有跨国因素或者外国因素的遗嘱继承，也就是在遗嘱继承关系的主体、客体以及法律事实等因素中，涉及一个或一个以上的外国因素。由于各国法律对于遗嘱继承问题的规定并不相同，遗嘱继承的法律冲突也就在所难免，这些法律冲突主要表现在以下几方面：

（一）遗嘱的能力

设立遗嘱是一种法律行为，各国立法都规定必须达到一定的年龄才能设立遗嘱，但具体年龄界限不同。有的国家规定有行为能力的成年人才能设立遗嘱；有的国家则规定，达到一定年龄的未成年人也具有遗嘱能力。在中国，具有完全民事行为能力人才能设立遗嘱。《中华人民共和国继承法》第 22 条规定，无行为能力人或者限制行为能力人所立的遗嘱无效。日本民法则规定，已满 15 岁的未成年人可以设立遗嘱。瑞士法律规定，设立遗嘱的人必须是成年人。德国民法规定，年满 16 岁的人可以设立遗嘱。因此，由于各国规定设立遗嘱的能力在年龄要求上不同，就会在实际遗嘱继承纠纷中发生法律冲突。

① 参见李双元、蒋新苗编著：《国际私法学案例教程》，320～321 页，北京，知识出版社，2004。

（二）遗嘱的方式

遗嘱的方式属于遗嘱的形式要件，各国法律对设立遗嘱的方式都作了规定，但具体内容不同。法国、日本、德国和瑞士等无代书遗嘱的规定。而除我国和韩国外，几乎所有国家均无录音遗嘱的规定。《中华人民共和国继承法》第 17 条规定，公证遗嘱由立遗嘱人经公证机关办理；自书遗嘱应由立遗嘱人亲笔书写，签名并注明日期；此外，代书遗嘱、录音遗嘱和口头遗嘱的设立也必须符合法律规定。根据日本民法的规定，遗嘱方式可分为普通方式和特殊方式两大类。普通方式有 3 种——自书证书遗嘱、公证证书遗嘱和密封证书遗嘱，特殊方式有 4 种——生命危急者的遗嘱、因传染病流行而被隔离者的遗嘱、船上人的遗嘱和船舶遇难人的遗嘱。每一种遗嘱都要求有一定的形式，如自书证书遗嘱要求由立遗嘱人亲笔书写遗嘱全文、日期，签名盖章。

（三）遗嘱的内容

遗嘱内容实质上是指遗嘱自由的范围，也就是立遗嘱人通过立遗嘱在多大范围内可以处分个人财产。各国立法普遍要求遗嘱内容不得违反法律规定，但对遗嘱自由的限制程度有不同规定。《中华人民共和国继承法》第 16 条规定，公民可以立遗嘱将个人财产指定由法定继承人的一人或者数人继承。第 19 条规定，遗嘱应当对缺乏劳动能力又无生活来源的继承人保留必要的份额。英国法律对立遗嘱人的遗嘱自由作了若干限制，如规定，遗嘱应当对未亡的配偶、未成年或无劳动能力的儿子、未成年或未出嫁的女儿保留必要的数额。法国也把被继承人的财产分为自由处分和不能任意处分两部分。

二、遗嘱继承的法律适用

【案例 11—2】莱瓦尔授产能力案

一个 20 岁的英国妇女莱瓦尔与一个法国男子结婚后，她原先设在英国的住所随之变更在法国，然后她立下一份遗嘱，指明以丈夫为她的完全受遗赠人。该遗嘱设立时，莱瓦尔还不满 21 岁。10 年后她去世，当时仍住在法国。英国法院审理了莱瓦尔的遗产继承案。依照英国法律，她不具有立遗嘱的能力，因为她立遗嘱时尚不足 21 岁。而根据法国法律，不足 21 岁但已满 16 岁者，可以立遗嘱处置其足龄时才有权处置的财产的一半。

本案涉及的主要法律问题是：英国法院依英国法律还是依法国法律确定该妇女立遗嘱的能力？

在国际私法上，对遗嘱问题的处理必须区分可以根据遗嘱为何种行为的问题（即遗嘱的实质内容问题）和遗嘱本身的问题（即作为意思表示形式的遗嘱本身的问题）。由于遗嘱的实质内容问题主要由作为该实质内容法律关系的准据法决定，而该准据法因遗嘱的实质内容的不同而有所不同，故在国际私法上无法统一加以规定。此外，遗嘱只不过是意思表示的一种形式而已，因此，遗嘱本身是否成立及效力等问题的准据法，与遗嘱实质内容问题的准据法不同，在国际私法上可以统一地进行处理。①

（一）遗嘱能力的法律适用

关于遗嘱能力问题的法律冲突，一般认为应由当事人的属人法解决。其中，一些国家采

① 参见朱子勤：《涉外遗嘱继承的法律适用》，载《人民司法》，2000（4）。

用被继承人的本国法，如日本、奥地利、韩国、捷克、埃及和土耳其等；另一些国家采用被继承人的惯常居所地法或住所地法。[①] 在英国，就动产遗嘱的能力由被继承人的住所地法决定。此外，有些国家对在本国境内的不动产遗嘱的能力要求适用不动产所在地法。英国学者戚希尔和诺思认为，对不动产遗嘱的能力应由不动产所在地法决定，至少当不动产位于英国时。1987 年《瑞士联邦国际私法》则采用多种选择性连结点来确定遗嘱能力的准据法。该法第 97 条规定，根据立遗嘱人的住所地法、惯常居所地法或本国法，立遗嘱人有立遗嘱能力的，即认为其具有立遗嘱的能力。在“莱瓦尔授产能力案”中，英国法院确定本案被继承人莱瓦尔的遗嘱能力，适用的属人法是“当事人住所地法原则”，因此，依被继承人立遗嘱时住所地——法国的法律确定其遗嘱能力，判决她有权处置的一半财产归其丈夫所有，而另一半属其无权处置的财产，作为未指定继承人的情况处理。

在适用当事人属人法时，如果立遗嘱时与死亡时属人法不一致，即当事人的本国法或住所地法发生改变时，应该依何时的属人法？对于这一问题，在立法实践中，不少国家规定适用被继承人立遗嘱时的属人法，如日本、泰国、波兰和土耳其等。这样规定的理由是，一项法律行为的有效与否，不应因以后属人法的改变而改变。而美国一些州对立遗嘱人处理动产的能力采用立遗嘱人死亡时的住所地法。另外，1979 年《奥地利联邦国际私法》第 30 条第 1 款规定，原则上适用立遗嘱时被继承人的属人法，但如果依该法立遗嘱人无立遗嘱能力而依被继承人死亡时的属人法有立遗嘱能力，则适用被继承人死亡时的属人法。

（二）遗嘱方式的法律适用

对于遗嘱方式的有效性问题，一些国家不区分动产与不动产，统一规定应适用的法律。[②] 这些国家一般采用属人法和行为地法为准据法，其具体做法又可分为：（1）首先依立遗嘱人的属人法，如果属人法不认为其遗嘱方式为有效，但立遗嘱人立遗嘱时所在地法认为其方式为有效者，则依该法。（2）在立遗嘱人属人法和立遗嘱时所在地法中，只要有一个国家的法律认为遗嘱方式为有效，即承认其为有效。例如，1939 年《泰国国际私法》第 40 条规定：“遗嘱的方式，依遗嘱人本国法，或依遗嘱地法。”

有些国家则区分动产与不动产，分别规定应适用的法律，如英国、美国、日本和匈牙利等。这些国家一般规定，不动产遗嘱方式适用不动产所在地法，动产遗嘱方式适用的法律则比较灵活。采取这种做法的国家在很大程度上受到 1961 年海牙国际私法会议制定的《遗嘱处分方式法律适用公约》的影响。该公约第 1 条明确规定：凡遗嘱处分在方式上符合下列各法律的即为有效：（1）立遗嘱人立遗嘱时所在地法；（2）立遗嘱人立遗嘱时或死亡时的国籍国法；（3）立遗嘱人立遗嘱时或死亡时的住所地法；（4）立遗嘱人立遗嘱时或死亡时的惯常居所地法；（5）在涉及不动产时财产所在地法。而且，该公约还规定，它不妨碍缔约国现有的或将来制定的法律规定上述规则所指定的法律以外的法律所确定的遗嘱方式之有效性。目前，普遍的观点是对遗嘱方式的准据法采取放宽、灵活的态度。1961 年海牙《遗嘱处分方式法律适用公约》集中地反映了这种趋势，现在有的国家在国内立法中也反映了该公约的精神。例如，英国《1963 年遗嘱法》和日本《1964 年关于遗嘱方式准据法》。

（三）遗嘱解释的法律适用

对遗嘱的解释因各国法律观念的不同也会产生法律冲突。在立法上，由于许多国家并没

---

① 参见肖永平、夏雨：《遗嘱能力的法律适用问题探讨——〈中华人民共和国民法（草案）〉第九编第七十二条之评析》，载《河南省政法管理干部学院学报》，2005（2）。

② 参见田晓云：《涉外遗嘱继承形式要件的法律适用》，载《法学杂志》，1997（5）。

有对遗嘱解释另行规定可适用的法律，因此，一般认为遗嘱解释应受遗嘱实质要件的准据法支配。在“巴特查特遗产继承案”中，新西兰对遗嘱继承和无遗嘱继承的准据法均采用“区别制”，即规定“有遗嘱或无遗嘱的不动产继承适用不动产所在地法律，动产继承适用被继承人死亡时的住所地法律”。因此，新西兰法院对于该案遗嘱继承的不动产部分适用该不动产所在地新西兰的法律，对动产部分适用立遗嘱人死亡时的住所地——苏格兰的法律。

在英国，如果遗嘱表达的内容清楚明白，就无须借助国际私法的帮助。但如果遗嘱使用的语言使立遗嘱人的意思表示含糊不清或模棱两可，或者遗嘱中未能规定某些事项，就会发生法律选择的问题。确定遗嘱解释的准据法也分为动产遗嘱解释的准据法和不动产遗嘱解释的准据法。对于动产遗嘱的解释，一般依立遗嘱人意欲适用的法律，如果立遗嘱人没有相反的意思表示，准据法通常为立遗嘱人立遗嘱时的住所地法。因为对一般人来说立遗嘱时的住所地是其立遗嘱时最熟悉的法律。对于不动产遗嘱的解释，也依立遗嘱人意欲适用的法律，如果立遗嘱人没有相反的意思表示，该法一般也是立遗嘱人立遗嘱时的住所地法。不过，如果依立遗嘱时的住所地法的解释而产生的利益不能为不动产所在地法允许或承认，不动产所在地法优先。

在美国，1971 年美国《第二次冲突法重述》第 240 条规定，对于不动产遗嘱的解释，适用立遗嘱人指定的州或国家的法律；没有指定时，适用不动产所在地法院将予适用的解释规则。第 264 条规定，对动产的遗嘱解释，适用立遗嘱人指定的州或国家的法律；立遗嘱人没有指定时，适用立遗嘱人死亡时的住所地法院将予适用的解释规则。具体言之，立遗嘱人可以指定遗嘱解释适用的法律，没有此种指定时，对不动产遗嘱的解释，法院通常适用立遗嘱人立遗嘱时的住所地法。这是考虑到立遗嘱人的家庭、当事人的合理期望，以及立遗嘱人在计划处分不动产时最有可能依据参考的框架术语，立遗嘱时的住所地法是合适的法律，特别是在用一个遗嘱处分位于不同州的土地的案件中更是如此。如果问题涉及一受益人转移所有权或其转移某一利益的范围或程序，则不动产所在地法可能是更合适的选择。对动产遗嘱的解释，不少法院适用立遗嘱人的住所地法。当立遗嘱时与死亡时的住所地不一致时，一般适用立遗嘱时的住所地法。

（四）遗嘱撤销的法律适用

【案例 11—3】巴里地产遗嘱撤销案

住所在美国伊利诺伊州的巴里立下遗嘱，以处分她位于英国的地产。该遗嘱符合地产所在地英国的法律，因而是有效的。后来，她在遗嘱的 5 个地方及封面上注上“无效”字样，并签了名。根据伊利诺伊州法律，该遗嘱已有效撤销，而根据英国法律，该遗嘱尚未撤销。

本案涉及的主要法律问题是：法院确定该遗嘱是否已有效撤销的准据法是哪个法律？

一个有效成立的遗嘱可能会因立遗嘱人后来的遗嘱、行为（如焚毁或撕毁）或事后发生的事件（如结婚、离婚或子女的出生）而被撤销。遗嘱的撤销主要涉及撤销人撤销遗嘱的能力和撤销的方式两个问题。有些国家如日本、奥地利、捷克等往往对此分别加以规定，遗嘱撤销的能力应适用与遗嘱能力相同的准据法，遗嘱撤销的方式应适用与遗嘱方式相同的准据法。但是，另一些国家对遗嘱撤销的法律适用单独加以规定，如 1939 年《泰国国际私法》第 42 条规定：“撤销全部或部分遗嘱，依撤销时遗嘱人住所地法。”1986 年《联邦德国国际私法》第 26 条第 5 款规定，遗嘱撤销依支配继承关系的法律，该法通常情况下为死者死亡时的本国法。一些国际条约也采取了这一做法，如 1928 年《布斯塔曼特法典》第 151 条规定："关于撤销遗嘱的程序、条件和效力，依遗嘱人的属人法，但撤销的推定决定于当地法。"

在英美国家，一般是区分动产和不动产以及不同类型的遗嘱撤销方式，分别适用不同的法律。例如在英国，对于销毁、焚毁等撤销遗嘱的方式，不动产遗嘱撤销的准据法为不动产所在地法，动产遗嘱撤销的准据法为立遗嘱人的住所地法。如果立遗嘱人住所地在撤销遗嘱时与死亡时不同，一般认为应该依撤销时的住所地法。对于因事后结婚而使遗嘱被撤销的情形，如果发生法律冲突，该事项则适用立遗嘱人婚姻住所地法。再如在美国，对于动产遗嘱撤销的效力，法院一般适用决定动产遗嘱其他问题的住所地法。在立遗嘱人以正式文件撤销遗嘱时，通常采用支持立遗嘱人所要进行的处分的法律。如果因离婚而发生遗嘱是否撤销的问题，一般适用离婚时的住所地法。如果因结婚或子女出生而发生遗嘱是否撤销的问题，一般适用立遗嘱人死亡时的住所地法。对于不动产遗嘱撤销的效力，通常适用不动产所在地法。例如，在"巴里地产遗嘱撤销案"中，由于遗嘱处分的是不动产，因而遗嘱的撤销适用不动产所在地法律，于本案也就是适用地产所在地英国的法律。

三、中国的有关规定与实践

【案例 11—4】姜伟勋遗嘱效力案

姜伟勋与任爱玲于 1958 年 12 月在广州市登记结婚。婚后育有姜玉秀、姜玉洁两个女儿。1963 年，姜伟勋只身赴英国定居，起初以做小生意为生。1983 年 5 月 2 日，姜伟勋在英国开设了新记毛织公司，从事制衣业。1984 年 10 月 6 日，姜伟勋和王美珍代表新记毛织公司与广东省某市某针织厂签订了来料加工合同，合同期限为 3 年。根据合同规定，由英国方向某市某针织厂提供不作价借用的制衣专用设备一套共 126 台（件），原总价值 40 万港元。双方履行合同后，在 1984 年 10 月至 1985 年 12 月间，英国方按合同规定应获得纯利润人民币 26 100 元（王美珍收到 18 440 元）。1985 年 12 月 28 日，姜伟勋在英国立下遗嘱，将其所有财产全部赠给王美珍。王美珍也在英国根据英国法律规定作出了接受遗赠的声明书。姜伟勋除新记毛织公司所有财产外，另有股票计港币 9.6 万元。1986 年 1 月 10 日，姜伟勋在英国医院因病医治无效去世。

1986 年 3 月 11 日，姜伟勋的妻子任爱玲及两个女儿姜玉秀、姜玉洁，向广东省某市人民法院起诉，要求继承姜伟勋的所有财产。原告任爱玲认为自己为姜伟勋的妻子，应有一半财产归自己所有，此外请求法院认定姜伟勋的遗嘱无效，并继承应得的部分财产。姜玉秀、姜玉洁认为自己是姜伟勋亲生女儿，是第一顺序法定继承人，有权继承父亲的财产。被告王美珍认为姜伟勋所立遗嘱符合英国法律规定，自己亦按英国法律规定作出接受，姜伟勋之遗产应全部归自己所有。

某市人民法院依据中国法律规定，认定姜伟勋在英国和某市所有的财产，均属于姜伟勋和妻子任爱玲在婚姻关系存续期间所得财产，属夫妻共同财产。姜伟勋在英国所立遗嘱，根据中国法律规定只能部分有效，即他只能处理其本人所有的那一部分财产即所有财产的 1/2，而不能处理其妻子任爱玲所有的那部分财产。因此判决如下：(1) 位于英国的新记毛织公司所有财产及其孳息，归原告任爱玲和被告王美珍共同所有，各占1/2；(2) 英国新记毛织公司借给广东省某针织厂的全套专用设备126台（件）及附件和按合同应得的利润人民币18 440元由原告任爱玲、被告王美珍共同所有，各占1/2；(3) 英国新记毛织公司与广东省某针织厂所订的合同，自1986年1月至1987年10月间，双方继续履行，所得收益，归原告任爱玲、被告王美珍共同所有，各占1/2；(4) 姜伟勋拥有的股票计港币9.6万元，原告任爱玲、被告王美珍各得1/2；(5) 驳回原告姜玉秀、姜玉洁的诉讼请求。[①]

本案涉及的主要法律问题是：应适用什么法律来确定姜伟勋所立遗嘱的效力？

(一) 中国的有关规定

根据《继承法》第36条和《民法通则》第149条的规定及司法解释的基本原则，在遗嘱人的立遗嘱能力方面，外国人要在中国境内设立遗嘱，无论其处分的财产在中国境内或境外，都必须是完全民事行为能力人。外国人在外国设立遗嘱处分其在中国境内遗产，应符合其本国法或其住所地法。中国人在外国设立遗嘱，不论其处分的财产在何国，必须符合其定居国法律。因此，中国对于立遗嘱人立遗嘱的能力一般适用立遗嘱行为地法。在遗嘱的方式方面，由于目前世界上大多数国家采用多种准据法，因此，在中国境内所立遗嘱，其方式应符合中国法律的规定；在中国境外所立遗嘱，从有利于保护当事人的合法权益的角度出发，其方式可依立遗嘱人住所地法、本国法或立遗嘱行为地法。在遗嘱的内容方面，外国人设立遗嘱处分其在中国境内的遗产，内容不得违反中国法律的规定；中国人在外国设立遗嘱处分其在国内的遗产，也应符合中国法律的有关规定。

《涉外民事关系法律适用法》第32条规定："遗嘱方式，符合遗嘱人立遗嘱时或者死亡时经常居所地法律、国籍国法律或者遗嘱行为地法律的，遗嘱均为成立。"第33条规定："遗嘱效力，适用遗嘱人立遗嘱时或者死亡时经常居所地法律或者国籍国法律。"

(二) 中国的有关实践

在"姜伟勋遗嘱效力案"中，因本案是带有涉外因素的遗嘱继承关系，这就需要解决准据法的确定问题。从判决内容来看，涉及的是遗嘱内容的效力，法院适用中国法律来认定。为什么适用中国法律？判决书对此没有说明。对于涉外遗嘱继承如何确定准据法，中国法律尚未作出明确规定，但可以考虑参照中国法律已有的其他规定。《继承法》第36条和《民法通则》第149条均有关于涉外动产继承适用被继承人（死亡时）住所地法律和不动产继承适用不动产所在地法律的规定，只不过后者指明适用于"法定继承"，但它并非不可以作为中国司法实践中确定遗嘱准据法的一种参考；而前者的规定，由于其未明确指出适用范围，因而可以认为涉外遗嘱继承也可以援用此规定。另外，许多国家关于遗嘱效力的动产部分适用立遗嘱人死亡时住所地法律和不动产部分适用不动产所在地法律的规定，也可以适当作为中国司法实践的一种参考。综上所述，对本案中姜伟勋所立遗嘱的内容效力，可以考虑对其动产部分适用立遗嘱人姜伟勋死亡时住所地英国的法律，对其不动产部分适用不动产所在地英国的法律，也就是说，姜伟勋所立遗嘱的内容效力，不论动产和不动产，均依英国的法律确定。实际上，在本案遗嘱处分的全部财产中，大部分（包括动产和不动产）均在英国，仅有一小部分动产（即借给广东某针织厂的制衣专用设备）在广东某地。

---

① 参见杜新丽主编：《国际私法教学案例》，308～309页，北京，中国政法大学出版社，1999。

第三节　无人继承财产的法律适用

引例　马尔多纳多继承案

马尔多纳多是一个寡妇，1924 年 10 月 11 日，她死于西班牙。死者既无直系亲属又无旁系亲属，也没有根据西班牙法律规定享有继承权的其他亲属。马尔多纳多是西班牙人，死亡时住所在西班牙。她在英国留下一笔无遗嘱的遗产，这笔遗产是由英国伦敦银行股份有限公司保管的股票。这些股票在死者死亡时价值为 13513 英镑，而在就此笔遗产提起诉讼时，其价值已超过 2.6 万英镑。西班牙政府在英国遗嘱检验法院起诉，要求把死者留在英国的遗产的管理证书发给西班牙依法指定的代理人。因为依西班牙法律，西班牙国家是死者财产的唯一继承人。《西班牙民法典》第 956 条规定：若一个死亡者没有留下遗嘱，而本身又无子女、父母、祖父母、配偶以及其他在第六亲等内的旁系血亲，则国家将会以最后继承人的身份取得死者的遗产，然后送到慈善机构去。该案被告是英国财政部法务官，他声称死者在英国的遗产为无人继承财产，主张依先占权取得死者的遗产，即死者遗产应归英国所有。审理此案的法官支持西班牙国家的主张，并作出了有利于西班牙的判决。被告英国财政部法务官不服判决，向英国上诉法院提起上诉。上诉法院的巴纳德（Barnard）法官作出了驳回上诉的终审判决。①

本案涉及的主要法律问题是：无人继承财产如何适用法律？

一、无人继承财产及其法律冲突

无人继承财产，在国内法上又称为绝产，是指尽管继承已经开始，但在法定期限内没有合法继承人或合法继承人都放弃继承权的遗产。根据各国的立法与实践，出现无人继承财产的情形主要有：（1）没有法定继承人，又没有立遗嘱指定继承人；（2）所有的继承人都放弃继承权；（3）被继承人以遗嘱剥夺一切继承人的继承权而又没有指定受遗赠人；（4）有无继承人情况不明，经有权机关发布公告，期满后仍无人主张继承权。国际私法上的无人继承财产，是指含有跨国因素或者涉外因素的无人继承财产，一般来说，是指一国公民在另一国死亡后留下的无人继承财产；从一国的角度来看，是指本国公民死亡后留在外国的无人继承财产和外国公民死亡后留在本国的无人继承财产。

对于无人继承财产，各国法律一般均规定归属国库或其他公共团体。但国家或公共团体是以什么资格取得无人继承财产的呢？对此有两种不同的主张：一为法定继承人说，由德国的萨维尼首创，即主张国家是以特殊的继承人的资格取得无人继承财产。这种方法又称为继承取得。因此，无人继承财产应由被继承人国籍所属的国家取得。德国、意大利、瑞士、西

① 参见王军主编：《国际私法案例教程》，8～9 页，北京，中国政法大学出版社，1999。

班牙、瑞典等采取这一做法。如德国民法规定，继承开始时，被继承人既无血亲，又无配偶，以被继承人死亡时所属邦之国库为法定继承人；被继承人如果不属于任何邦的德国公民，则以德国国库为其法定继承人。二为无主物先占说，由法国的魏斯首创，即主张国家是以无主物先占者的资格取得无人继承财产。这种方法又称为先占取得。因此，无人继承财产应由遗产所在地国家取得。英国、美国、法国、奥地利、土耳其、日本等采取这一做法。如《法国民法典》规定，一切无主或无继承人的财产，或继承人放弃继承的财产，均归国家所有。1971 年美国《第二次冲突法重述》第 266 条规定，在依法确定无人有权继承无遗嘱财产时，该项动产归管理州或国所有。

由于各国对国家取得无人继承财产的依据有不同的认识，在解决无人继承财产的归属时有可能发生冲突。例如，一个住所在德国的德国人，在英国死亡并留有一笔动产，根据英国的冲突法，动产继承应依被继承人的住所地法，因而英国法院认定处理该动产继承的准据法是德国法。但该德国人未立遗嘱，按德国法又无法定继承人，该项动产即成了无人继承财产。那么，该动产应归属何国呢？依作为准据法的德国法，该动产应由德国国库以法定继承人资格继承取得；而依遗产所在地法——英国法，该动产应由英国国库依属地先占权先占取得。此时，就产生了法律冲突。因此，解决无人继承财产的法律适用及归属问题也就成为国际私法的组成部分。

二、无人继承财产的法律适用

无人继承财产的法律适用问题，主要包括两方面内容：一是以何国法确定什么财产是无人继承财产，二是以何国法决定无人继承财产的归属问题。

关于无人继承财产确定的法律适用问题，各国一般主张依继承本身的准据法来确定。[①] 例如，1979 年《奥地利联邦国际私法》第 28 条第 1 款规定："死亡继承依死者死亡时的属人法。"第 29 条规定："如依第 28 条第 1 款所指定的法律，遗产无人继承，或将归于作为法定继承人的领土当局……"1984 年《秘鲁民法典》第 2100 条规定："继承，无论遗产在何国，只适用死者最后住所地法。"第 2101 条规定："如果依死者住所地法，遗产须交给外国或其权力机关……"由于各国关于继承的准据法规定不一，所以，确定无人继承财产的准据法也不一致，或者是被继承人的本国法，或者是被继承人的住所地法，或者是遗产所在地法。

关于无人继承财产归属的法律适用问题，各国的立法和司法实践主要采取以下做法：

（一）被继承人本国法

即由被继承人国籍所属国法决定无人继承财产归何国所有，采用这种做法的多为主张法定继承人主义的国家。德国的审判实践即是如此。例如，对于英国人死后留在德国的无人继承财产，德国法院适用作为被继承人本国法的英国法来判定无人继承财产的归属。而依英国法，无人继承财产应由财产所在地国依属地先占权先占取得，因而该英国人留在德国的无人继承财产便由德国国库收取。但如果是西班牙公民在德国留有无人继承财产，按照西班牙法，无人继承财产应由被继承人国籍国收取，因而德国法院即应将无人继承财产交给西班牙国库所有。在"马尔多纳多继承案"中，西班牙政府即主张以被继承人本国法作为该案马尔多纳多无人继承遗产的准据法，两审法院的判决均支持了这一主张。

---

① 参见黄本金：《国际私法上无人继承财产法律适用问题研究》，载《台声·新视角》，2005（7）。

（二）遗产所在地法

即由无人继承财产所在国的法律决定无人继承财产归何国所有，采用这种做法的多为主张无主物先占主义的国家。例如，1979 年《奥地利联邦国际私法》第 29 条规定："如依第 28 条第 1 款所指定的法律，遗产无人继承，或将归于作为法定继承人的领土当局，则在各该情况下，应以死者财产在其死亡时之所在地国家的法律，取代该法律。"这就表明，对于涉外无人继承财产的归属问题，奥地利主张应适用财产所在地法，而不是适用继承的准据法。2007 年修订的《土耳其国际私法和国际诉讼程序法》第 20 条第 3 款也规定："无人继承财产，位于土耳其境内的归土耳其国库所有。"法国等在实践中也采用这一做法。

（三）采用分割制

一些国家将无人继承财产分为动产与不动产，分别加以处理，即无人继承财产中动产的处理依被继承人死亡时国籍所属国法，而不动产的处理依不动产所在地法。在英国的司法判例中，分割制的运用具有典型意义。例如，英国人死亡时在某外国有住所，并在该外国留有无人继承的动产，如果住所地法规定，无人继承动产由死者国籍所属国取得，英国即取得这笔动产。又如，外国人死亡时在该外国有住所，在英国留下无人继承的动产，如果住所地法规定，财产所在地国依先占权取得无人继承财产，英国可获得这笔动产。至于无人继承的不动产，由于位于英国，根据不动产所在地法的原则，应依英国的先占权原则，归英国所有。在原苏东国家之间以及东欧国家之间缔结的司法互助协定或条约中，普遍就缔约国之间关于涉外无人继承财产的归属问题作出实体法上的规定。其规则通常为：无人继承财产中的动产，归继承人死亡时国籍所属国所有；无人继承财产中的不动产，归不动产所在地国所有。

三、中国的有关规定与实践

【案例 11—5】巴图无人继承财产案

巴图为蒙古国公民，住所在蒙古，2005 年 4 月在中国山东青岛旅游时，因心脏病突发死亡。死亡时留有现金、照相机、信用卡等价值人民币 6 万元。经查证，该公民配偶早亡，无子女，也没有其他亲属随其一同生活，生前也未留有遗嘱。为确定其继承人，当地外事部门申请青岛市中级人民法院对外发出寻找继承人的公告。青岛市中级人民法院在《人民法院报》、《人民日报》（海外版）上发出公告，公告期 6 个月。6 个月后，没有人申请法定继承权。

本案涉及的主要法律问题是：对该蒙古国公民的遗产依何国法律如何处理？

（一）中国的有关规定

关于无人继承财产的确定的法律适用，中国法律没有明确规定。大多数学者认为应适用继承的准据法，即按照《民法通则》第 149 条援引的法律，采用分割制，具体为：动产遗产是否为无人继承财产，适用死者死亡时的住所地法；不动产遗产是否为无人继承财产，适用不动产所在地法。但是，《中华人民共和国民法典（草案）》第九编"涉外民事关系的法律适用法"第 75 条则采用了单一制，具体为："无人继承财产的确定，适用死者死亡时的本国法。依前款规定虽无人继承，但依死者死亡时的住所地法或者经常居住地法之规定有继承人的，则遗产不作为无人继承财产处理。"但该条款未被 2010 年通过的《涉外民事关系法律适用法》所采纳。

关于无人继承财产的归属的法律适用，1988 年最高人民法院《关于贯彻执行〈中华人民共和国民法通则〉若干问题的意见（试行）》第191条作了解释性规定："在我国境内死亡的外国人，遗留在我国境内的财产如果无人继承又无人受遗赠的，依照我国法律处理，两国缔结或者参加的国际条约另有规定的除外。"也就是说，无人继承财产的归属问题，凡与中国订立条约有规定的，按照条约规定处理；没有条约的，按照中国法律处理。《继承法》第36条第3款也规定："中华人民共和国与外国订有条约、协定的，按照条约、协定办理。"这里，"我国法律"主要是指《继承法》第32条的规定——"无人继承又无人受遗赠的遗产，归国家所有。死者生前是集体所有制组织成员的，归所在集体所有制组织所有。"以及1954年9月28日中国外交部、最高人民法院发布的《外国人在华遗产继承问题处理原则》第6条的规定——"如果所有的合法继承人及受赠人均拒绝受领，或有无继承人不明确，在公告继承期满6个月，仍无人申请继承，财产即成为无人继承财产，应收归我国公有。"和第7条的规定——"如果外国人遗留在我国的无人继承财产为动产，该外国人所属国与我国建立了外交关系，则在互惠原则下，可将动产遗产移交给该外国人所属国驻我国使领馆处理。""国际条约"如于1987年2月7日生效的《中蒙领事条约》第29条第4款规定："派遣国公民死亡后在接受国境内留下的遗产中的动产，应将其移交给派遣国领事官员。"

"中华人民共和国国际私法示范法"第148条在参考国际上多数国家的做法，并结合中国法律实践的基础上，对无人继承财产的归属的法律适用原则采用分割制，提出了这样的建议："无人继承财产的处理，动产归死者死亡时国籍所属国所有，不动产归不动产所在国所有。"《涉外民事关系法律适用法》则采用遗产所在地法主义，其第35条规定："无人继承遗产的归属，适用被继承人死亡时遗产所在地法律。"这就与以往的规定和做法差异较大。

（二）中国的有关实践

在实践中，在无人继承财产的归属问题上，中国主要采取分割制，即无人继承财产中的动产，在遵守国际条约义务的前提下，由死者所属国取得，其中的不动产则为不动产所在地国家所有。在"巴图无人继承财产案"中，被继承人为蒙古国公民，住所地在蒙古，在中国死亡，动产遗产所在地为中国，故为涉外继承案件。蒙古国公民生前未留有遗嘱，公告期满，无人申请法定继承权，依照1954年中国外交部、最高人民法院发布的《外国人在华遗产继承问题处理原则》第6条的规定，该蒙古国公民遗留的无人继承财产应收归中国所有。但是，依照1988年最高人民法院《关于贯彻执行〈中华人民共和国民法通则〉若干问题的意见（试行）》第191条和《继承法》第36条第3款的规定，涉外无人继承财产，依照中国法律处理，两国缔结或参加的国际条约应优先适用。由于中国与蒙古国存在生效的1987年《中蒙领事条约》，因此，依该条约第29条第4款的规定，该蒙古国公民的遗产应移交蒙古驻中国的领事官员，即由死者所属蒙古国所有。

【问题与思考】

1. 在"沈加奇法定遗产继承案"中，作为一起涉外继承案件，中国法院理应按《中华人民共和国继承法》和《中华人民共和国民法通则》规定的有关冲突规范确定适用的准据法，但从法院的判决中看不出这一过程。你认为法院在审理本案中有何不妥，应当如何正确处理该案遗产的法律适用？

2. 目前在实践中，根据是否将遗产中的动产和不动产区别开来分别确定国际法定继承的法律适用，有"区别制"和"同一制"之分，你认为哪一种做法更合理？1988年海牙《死者遗产继承法律适用公约》的规定代表了哪种倾向？有何意义？

3. 在“姜伟勋遗嘱效力案”中，如果当事人对遗嘱内容所涉财产是完全为立遗嘱人合法所有还是夫妻二人共同所有以及各有多少这一问题发生争议需要解决，其准据法如何确定？本案法院依中国法律认定姜伟勋以遗嘱处分的财产中一半归其妻子所有，这个结论所依据的中国法律是为何得以适用的呢？

4. 在实践中，对于无人继承财产的归属问题，当被继承人所属国和遗产所在地国不一致，且被继承人所属国规定由国籍国取得财产，而遗产所在地国规定依先占权取得财产时，遗产所在地国常会以“二级识别”、“公共秩序保留制度”等为由，使遗产归本国所有，英国的司法判例就是这方面的典型。但是，在“马尔多纳多继承案”中，英国法官支持了西班牙国家的主张，作出了有利于西班牙的判决，你认为理由何在？

第四编

国际民事诉讼与商事仲裁法

第十二章

国际民事诉讼法

参考书目

1. 李浩培．国际民事程序法概论．北京：法律出版社，1995

2. 屈广清，欧福永主编．国际民商事诉讼程序导论．北京：人民法院出版社，2004

3. 谢石松．国际民商事纠纷的法律解决程序．广州：广东人民出版社，1996

4. 李旺．国际民事诉讼法．北京：清华大学出版社，2003

5. 徐宏．国际民事司法协助．武汉：武汉大学出版社，1996

6. 徐卉．涉外民商事诉讼管辖权冲突研究．北京：中国政法大学出版社，2001

7. 刘力．国际民事诉讼管辖权研究．北京：中国法制出版社，2004

8. 沈达明．比较民事诉讼法初论．北京：中国法制出版社，2002

9. 李玉泉主编．国际民事诉讼与国际商事仲裁．武汉：武汉大学出版社，1994

10. 金彭年主编．国际经济争端法导读．杭州：浙江大学出版社，2000

参考法规

1.《中华人民共和国民事诉讼法》第四编“涉外民事诉讼程序的特别规定”

2. 最高人民法院《关于适用〈中华人民共和国民事诉讼法〉的解释》第522～551条

3. 2002 年 2 月 25 日最高人民法院《关于涉外民商事案件诉讼管辖若干问题的规定》

4. 1991 年 7 月 5 日最高人民法院《关于中国公民申请承认外国法院离婚判决程序问题的规定》

5. 1965 年海牙《关于向国外送达民事或商事司法文书和司法外文书公约》

6. 1970 年海牙《关于从国外获取民事或商事证据公约》

其他法律、法规等资料可参见：李双元，欧福永，熊之才编．国际私法教学参考资料选编．北京：北京大学出版社，2002

引例　五味晃申请承认和执行日本法院判决案①

1990 年，日本日中物产有限公司及其法定代表人宇佐邦夫以在中国投资的中国大连发日海产食品有限公司急需资金为由，向申请人五味晃借款 15 000 万日元。因到期未还，五味晃以日中物产有限公司及宇佐邦夫为被告，起诉至日本国横滨地方法院，要求二被告连带偿还该贷款，并承担利息。1991 年，日本国横滨地方法院小田分院作出第 529 号判决，判决二被告偿还借款并承担利息。但因该二被告在日本没有可供执行的财产，判决生效后一直无法执行。1993 年 12 月 21 日，日本国熊本县地方法院根据该生效判决，在执行中作出第 171 号债权扣押令，追加中国大连发日海产食品有限公司为债务第三人，并责令中国大连发日海产食品有限公司将二被告在该公司的投资款人民币 485 万元予以扣押，不得向二被告偿还。同月，熊本县地方法院玉名分院又作出第 76 号债权转让命令，要求中国大连发日海产食品有限公司将上述扣押令扣押的人民币 485 万元转让给五味晃。1994 年 2 月，日本国法院依据《关于向国外送达民事或商事司法文书和司法外文书公约》（即《海牙送达公约》），通过其中央机关经我国司法部将上述债权扣押令送达大连发日海产食品有限公司。大连发日海产食品有限公司收到债权扣押令后认为，该公司虽系与该案被告之一日中物产有限公司合资成立，但该公司自 1988 年以后再无投资，故该公司此后在国内所欠债务与该公司无关，日本法院欲将该案两被告在国内所欠债务转嫁给该公司，没有道理；况且，该公司系中国法人，只接受中国法律保护和管辖，没有义务履行外国法院的判决和裁定。因此，该公司拒绝履行该债权扣押令。五味晃因日本国法院的裁判不能得到执行，于 1994 年 5 月 27 日向中国大连市中级人民法院提出申请，要求中国法院承认日本国上述法院的判决、债权扣押命令和债权转让命令的法律效力，并执行在大连发日海产食品有限公司的扣押款。

大连市中级人民法院接到五味晃的申请后，依据《中华人民共和国民事诉讼法》第 267 条的规定，予以立案受理。该院经审查认为：中国和日本国之间，没有两国共同参加的相互承认和执行法院判决的国际条约，亦无互惠根据。

① 引自黄进、何其生、萧凯编：《国际私法：案例与资料》（中英文，下），1536～1537 页，北京，法律出版社，2004。

日本国横滨地方法院小田分院作出的判决，其当事人均系日本国国民，且双方借贷行为也发生在日本，与中国大连发日海产食品有限公司无任何法律关系。日本国熊本县地方法院在执行上述判决不成的情况下，未经通知中方便追加中国大连发日海产食品有限公司为债务第三人，没有任何法律依据，实属侵犯中华人民共和国司法主权之行为。另外，日本国横滨地方法院小田分院的判决系在被告之一宇佐邦夫缺席情况下作出的，申请人未能向中国法院提供足以证明受案法院已向宇佐邦夫发出过合法传唤的证据。故对于申请人请求承认和执行的上述日本国法院的判决、债权扣押令和债权转让令等，我国法院不能承认。依照《中华人民共和国民事诉讼法》第268条的规定，大连市中级人民法院于1994年11月15日裁定如下：驳回申请人五味晃的请求。

本案涉及的主要法律问题是：承认与执行外国法院判决的程序、条件、形式，司法文书的域外送达，司法协助中的公共秩序保留问题。

国际民事诉讼程序虽然被称为“国际”的程序，但事实上都是由一国国内法院来审理涉外民事案件的，所以国际民事诉讼规则主要就是一国民事诉讼法中有关涉外民事案件审理的特殊规定，当然，对于国际民事诉讼程序的调整不仅只依赖国内立法，也同时依赖一国参加或缔结的有关国际条约。本章将结合“五味晃申请承认和执行日本法院判决案”以及以后各节中援引的案例就涉外案件审理时所遇到的特殊问题进行介绍，如涉外民事案件管辖权，外国人民事诉讼法律地位中的国民待遇原则、诉讼费用担保、诉讼代理制度，我国关于国际民事司法管辖的立法，我国法院对外司法协助的途径和方式，我国关于承认与执行外国法院判决的方式和条件等。

第一节　国际民事诉讼法概论

引例　张丽与美籍华人刘伟离婚案

张丽与刘伟原是同村人，双方于1949年前结婚。之后，刘伟随他人去国外经商，随后就定居美国，之后加入美国国籍。由于张丽及双方子女均在国内，所以，刘伟除“文化大革命”期间外，基本上每年回国探亲一次。1988年，刘伟回国探亲后，带张丽去美国居住。1989年，刘伟把张丽留在美国，自己独自回国“探亲”。刘伟回国后，在A省购置了一套私房，开始与一年轻妇女王萍非法同居。刘伟的子女发现其行为后，即写信告知在美国居住的母亲张丽，张丽得知此事后立即赶回了国内。刘伟得知张丽回国后，担心其非法行为受到中国的法律追究，随即返回美国，并向美国法院起诉，请求与张丽离婚。美国法院受理后，在未合法传讯中国当事人张丽的情况下，判决准予双方离婚。判决后，美国法院亦未将判决书送达中国女方张丽。1990年，刘伟携带美国法院的判决书回到中国，并持该未被中国人民法院承认的美国法院的判决书，和原与其非法同居者王萍到A省的某一涉外婚姻登记机关骗取结婚登记手续、领取了结婚登记证。此事被发现后，张丽起诉到我国法院，要求否认美国法院判决的效力。

本案涉及的主要问题是：外国法院判决在我国的效力，国家主权原则在国际民事诉讼中的体现。

一、国际民事诉讼程序的概念

国际民事诉讼程序也称涉外民事诉讼程序，是指一国法院在审理涉外民事案件时，法院、当事人和其他诉讼参与人所必须遵守的特殊程序。

在我国立法中，《民事诉讼法》第四编对涉外民事诉讼程序作了专门的规定，其中第259条规定："在中华人民共和国领域内进行涉外民事诉讼，适用本编规定。本编没有规定的，适用本法其他有关规定。"第260条规定："中华人民共和国缔结或者参加的国际条约同本法有不同规定的，适用该国际条约的规定，但中华人民共和国声明保留的条款除外。"此外，还有一系列最高人民法院的司法解释也对这类问题作出了规定。同时，我国还加入了《海牙送达公约》等多边条约，并与法国、比利时、意大利、泰国、俄罗斯、乌克兰、土耳其、乌兹别克斯坦等国家签订了双边司法协助条约。

二、国际民事诉讼程序的基本原则

所谓国际民事诉讼程序的基本原则，是指为世界大多数国家公认的，贯穿于国际民事诉讼的各个领域和各个阶段的，具有普遍指导意义的原则。各国民事诉讼立法，虽然形式各异，但都有基本原则作为指导。至于国际民事诉讼程序有哪几个基本原则，学者提法各异。主要有以下四个原则：

1. 国家主权原则。这是国际公法中的首要原则，也是国际民事诉讼程序最根本的原则。在国际民事诉讼程序中，国家主权原则体现在四个方面：第一是司法管辖权，任何一个主权国家对其领域内的一切人和物，除国际法公认可以豁免者外，都有权行使司法管辖。国家对其领域内的一切人和物行使司法管辖权，是各国公认的原则，它构成了国际民事诉讼程序的基础。第二是司法豁免权，同司法管辖权一样，司法豁免权也是从国家主权原则引申来的权力。国家是主权者，所以都是平等的。根据"平等者间无裁判权"这一国际法原则，国家行为及财产享有司法豁免权。第三是诉讼程序依法院地法，即一国在其领域内审理涉外民事案件，除其缔结或参加的国际条约另有规定外，只适用本国的民事诉讼程序规范。第四是任何外国法院的判决，未经本国法院承认，在本国领域内不发生法律效力，得不到执行。

在"张丽与美籍华人刘伟离婚案"中，美国法院的判决尚未得到我国法院承认，不能在我国发生法律效力。我国A省的某涉外婚姻登记机关根据此判决给刘伟办理了新的婚姻登记，违背了我国法律的规定，此次登记无效。此外，在国际上，各国的立法和司法实践都认为，一个未给被告人以合理的通知和陈述其立场的公正机会的外国法院的判决，是得不到一国的承认和执行的。我国最高人民法院于1991年发布的《关于中国公民申请承认外国法院离婚判决程序问题的规定》也明确指出，对外国法院在被告缺席且未得到合法传唤情况下作出的离婚判决，我国不予承认。在该案中，美国法院在未传唤中国当事人的情况下，判决准予双方离婚，在程序上显然是不公正的，其判决也不能为我国法院承认。

2. 平等互惠原则，又称对等原则，指在本国公民和法人在外国享受某种民事诉讼权利的条件下，给予该外国公民和法人以同等的民事诉讼权利；如该外国对本国公民和法人的民事诉讼权利予以限制，则本国对该外国公民和法人的民事诉讼权利作对等的限制。实行这个原则，目的在于保证本国公民和法人在各该外国享有同等的民事诉讼权利，防止本国公民和法人在外国境内遭受歧视，同时，还起着防止外国公民和法人在本国境内享有特权的作用。

3. 国民待遇原则，是指一个国家把给予本国公民和法人的民事诉讼权利，也给予在本国境内的外国公民和法人。国民待遇原则与平等互惠原则密切相关。各国都是在有条约规定和互惠的条件下给予外国人以国民待遇。而且，有些国家还对国民待遇原则施加限制，也就是说在民事诉讼的某些方面对外国人的权利加以限制，外国人的诉讼费用担保制度即为一例。

4. 信守国际条约和参照国际惯例原则。一国法院在审理涉外民事案件时，应当尊重和信守国际条约的规定，即使其规定与国内法的规定不同亦是如此。对于国际惯例，只要不危害本国主权和安全，不违背本国的公共秩序，为增进国际交往起见，即可考虑参照适用。

第二节 外国人的民事诉讼地位

引例 德国籍人尤塔·毛雷尔在中国法院进行离婚诉讼委托诉讼代理人案[①]

德国人尤塔·毛雷尔根据中德学术交流计划，来到中国上海市某大学任教。在任教期间与在该大学任教的中国公民×××结婚。后因双方性格不合等因素，尤塔·毛雷尔向上海市中级人民法院起诉，要求与×××离婚。起诉后，尤塔·毛雷尔任教期满，回到本国。由于考虑到诉讼的问题，尤塔·毛雷尔向上海市中级人民法院提出，欲委托在上海市任教的某德国籍人或者德国驻上海领事馆的工作人员，担任其在离婚诉讼中的诉讼代理人。由于法律规定中没有明确此问题，上海市高级人民就是否允许外籍当事人委托居住在我国境内的外国人或本国驻我国领事馆工作人员为诉讼代理人问题，向最高人民法院请示，要求作出司法解释。

最高人民法院对此作出批复指出：(1) 外籍当事人委托居住在我国境内的本国人为诉讼代理人，不违背我国《民事诉讼法（试行）》(注：当时处于该法施行期间）的规定，可以准许。(2) 外国驻华使、领馆官员，受本国国民的委托，以个人名义担任诉讼代理人时，亦应准许。同时根据我国参加的《维也纳领事关系公约》的规定，外国驻华领事馆官员（包括经我国外交部确认的外国驻华使馆的外交官同时兼有领事官衔者），当作为当事人的本国国民不在我国

① 引自林准主编：《国际私法案例选编》，132 页，北京，法律出版社，1996。

境内，或由于其他原因不能适时到我国法院出庭时，还可以在没有委托的情况下，直接以领事名义担任其代表或者为其安排代表在我国法院出庭。

本案涉及的主要问题有：国际民事诉讼中的诉讼代理制度、公民代理、领事代理问题。

一、外国人民事诉讼地位的概念和基本原则

外国人民事诉讼地位，是指外国人能否向他国寻求司法保护，以及在进行涉外民事诉讼时，外国人享有何种民事诉讼权利、承担何种民事诉讼义务。这里所说的外国人，既包括外国公民，也包括外国法人和其他组织。

外国人的民事诉讼地位是外国人民事法律地位的一个重要组成部分，它也是外国人在内国进行国际民事诉讼的前提和基础。

目前，世界各国一般都赋予外国人在民事诉讼地位方面以国民待遇，也就是说，外国人在内国进行民事诉讼，享有与内国人同等的民事诉讼权利。国民待遇原则已成为世界各国调整外国人民事诉讼地位的最普遍的原则。它的意义在于使外国人的民事权利能够得到与本国公民同等的保护。但国民待遇原则也不是绝对的，各国在赋予外国人在民事权利方面国民待遇的同时，也往往要求其他国家赋予本国人同样的待遇，如果某国对外国人的诉讼权利进行了某种限制，则其他国家也会根据对等的原则，对该国人的诉讼权利进行同样的限制。

在我国立法中也规定了国民待遇原则，《民事诉讼法》第 5 条第 1 款明确规定："外国人、无国籍人、外国企业和组织在人民法院起诉、应诉，同中华人民共和国公民、法人和其他组织有同等的诉讼权利义务。"同时，为了保证我国公民或法人能在外国享有平等的民事诉讼地位，我国也采取了有条件的国民待遇原则。《民事诉讼法》第 5 条第 2 款规定："外国法院对中华人民共和国公民、法人和其他组织的民事诉讼权利加以限制的，中华人民共和国人民法院对该国公民、企业和组织的民事诉讼权利，实行对等原则。"此外，在我国与其他国家订立的双边司法协助条约中，也都规定了国民待遇原则。例如，我国与法国签订的民、商事司法协助协定中第 1 条第 1 款规定："缔约一方的国民在缔约另一方领域内，享有与另一方国民同等的司法保护，有权在与另一方国民同等的条件下，在另一方法院进行民事、商事诉讼。"

二、外国人的诉讼行为能力

外国人的诉讼行为能力，是指外国人以自己的行为行使民事诉讼权利和承担诉讼义务的能力。

民事诉讼行为能力与民事行为能力是相对应的，但二者并非完全一致，民事行为能力在我国民法上有三种，即有行为能力、无行为能力和限制行为能力，而民事诉讼行为能力只存在有诉讼行为能力和无诉讼行为能力两种。这样就造成了在某些案件中，限制行为能力人具有完全的民事诉讼行为能力的情况。

诉讼行为能力的有无，以及它的范围和内容对于当事人的诉讼地位有着重要的影响。对于外国人的民事诉讼行为能力，目前各国普遍是依属人法确定，但具体规定又有所不同，大

陆法系国家，如德国、日本等规定依照当事人的本国法确定其诉讼行为能力，而英美法系国家则通常适用当事人的住所地法去判定。

为了保护本国人的利益和涉外民商事关系的正常秩序，在确立以属人法原则为解决当事人诉讼行为能力的主要原则的同时，各国还普遍以法院地法的规定对外国人的诉讼行为能力加以限制。具体的做法是，若依法院地法当事人有诉讼行为能力，而依其属人法无诉讼行为能力的，应当认定为有诉讼行为能力。如《日本民事诉讼法》第51条规定："外国人依据其本国法律虽然没有诉讼能力，但如果依据日本法律有诉讼行为能力的，视为有诉讼行为能力的人。"

对于外国人的诉讼行为能力的认定问题，目前在我国立法中还没有明确的规定，学者们对该问题的看法也不一致，参照国际上的惯行做法和我国的立法精神①，较为合理的是采取以属人法为主，并以法院地法加以限制的原则，即外国人的民事诉讼行为能力应当依其属人法判定，但若依其属人法没有诉讼行为能力，而依我国法律有诉讼行为能力的，应当认定其有诉讼行为能力。

三、诉讼费用担保制度

诉讼费用担保制度，是指外国人或在内国没有住所的人在内国提起诉讼时，法院依法责令其预先缴纳一定金额，以防止外国原告滥用其诉讼权利，并保证其败诉时不致逃避缴纳诉讼费用的义务。

设立该项制度，首先是考虑到国际民事诉讼的复杂性，为防止外国原告败诉后拒不缴纳诉讼费用，而法院对其征缴又无能为力，因而采取的一种保障措施。此外，这样做也可以防止外国原告在没有事实依据的情况下恶意诉讼，从而给本国人造成不必要的损失。但采取该制度，后果是造成了外国人在诉讼地位上与内国人的不平等，是对外国人诉讼权利的一种限制。

我国缔结的双边司法协助条约中，一般都规定了缔约双方互相免除对方国民的诉讼费用担保义务，例如，我国与意大利签订的司法协助条约第3条规定："对于在缔约一方境内有住所或居所的缔约一方国民，当其在缔约另一方法院提起诉讼或以第三人身份参加诉讼时，不得因其外国人身份或因其在缔约另一方境内无住所或居所而令其交纳诉讼费用保证金。"

四、诉讼代理制度

民事诉讼代理是指民事诉讼代理人根据法律规定、法院指定或者当事人的委托，以被代理人的名义，代理当事人进行民事诉讼的行为。

在国际民事诉讼中，由于交通、语言、环境和法律等诸多方面的限制，外国人在他国进行诉讼时比内国人有许多不便之处，而由适宜的诉讼代理人来代理其进行诉讼就尤其显得重要。但各国的民事诉讼制度各不相同，关于涉外民事诉讼代理的规定，也有较大差别，主要有以下几种做法：

1. 律师代理。这是在涉外民事诉讼中普遍采取的制度，但在具体规定上，又有所不同。

---

① 最高人民法院《关于贯彻执行〈中华人民共和国民法通则〉若干问题的意见（试行）》第180条规定："外国人在我国领域内进行民事活动，如依其本国法律为无民事行为能力，而依我国法律为有民事行为能力，应当认定为有民事行为能力。"

有的国家，如法国、奥地利实行强制性的律师代理制度，当事人必须委托律师为诉讼代理人，而当事人则不必亲自出庭。而英、美则规定，无论当事人是否已委托诉讼代理人，都必须亲自出庭。涉外民事诉讼中的律师代理有一个特点，即各国都要求聘请法院地国的律师。法院地国不允许委托外国律师代理诉讼有两种理由：第一，委托诉讼代理人的目的在于寻求法律上的帮助，而外国律师一般对法院地国的法律不熟悉。第二，一个主权国家是不能容忍外国律师出入本国法庭参加诉讼的。允许外国律师出庭，无异于让律师干预本国的司法活动，从而破坏本国的司法主权。

2. 领事代理，是指一个国家的领事可以在驻在国法律规定的范围内，代表本国国民参加民事诉讼，以保护本国公民的合法权益。[①] 1963年《维也纳领事关系公约》对此作出了专门的规定，此外，在双边的国际条约中，也有这方面的规定，如《中美领事条约》第24条对领事代理制度作出了规定。领事代理的特点在于这是领事官员的一项职务，这既是他的一种权利，又是一种义务，而这种权利行使是基于国际条约和驻在国国内立法来行使的，无须经过当事人的特别委托，但是当事人委托了代理人，或当事人自己承担保护自己权益的任务时，领事代理即告终止。

依照我国《民事诉讼法》第263条和第264条的规定，外国人、无国籍人、外国企业和组织在我国法院起诉、应诉的，既可以亲自参加诉讼，也可以委托代理人，如果委托律师代理的，必须委托中国律师，委托代理应当有委托书，若是从境外寄交或托交的委托书，应当经所在国公证机关证明，并经中华人民共和国驻该国使领馆认证，或者履行中华人民共和国与该所在国订立的有关条约中规定的证明手续后，才具有效力。我国是《维也纳领事关系公约》的成员国，同时与许多国家签订有双边领事条约，依照这些国际条约的规定，也确立了领事代理制度。

根据最高人民法院对德国籍人尤塔·毛雷尔在中国法院进行离婚诉讼委托诉讼代理人案的意见，外国人在我国参加民事诉讼，委托公民代理的，既可以委托中国公民，也可以委托外国公民。需要注意的是，外国律师在中国法院审理的案件中，不能以律师身份代理诉讼，但可以以非律师身份代理（公民代理）诉讼。

第三节 国际民事诉讼管辖权

引例 北京机电进出口公司案

中国北京机电进出口公司（以下简称北京公司）与美国太平洋电器公司（以下简称美国公司）于2001年10月15日在北京签订了一份设备进出口合同，合同约定，双方以FOB条件成交，由北京公司提供机器设备一套，总价值10万美元。托收方式结算。货物起运港为天津港。双方若发生争议将由北京市高级人民法院管辖，适用中国法律解决。美国公司收到货物后，认为货物质量存在问题，因此一直拖延付款，而北京公司则坚持认为，货物质量合格，仪器不能正常使用是美方操作有误所致。双方协商未果，2002年11月5日，

① 参见张仲伯主编：《国际私法》，378页，北京，中国政法大学出版社，1995。

北京公司依合同的约定向北京市高级人民法院提起诉讼，要求美国公司支付合同项下的货款。北京市高级人民法院则以双方协议管辖的约定无效为由，裁定驳回了原告的诉讼请求。

本案涉及的主要法律问题是：涉外民事案件的协议管辖、级别管辖问题。

引例　江都造船厂案①

原告江都造船厂（以下简称造船厂）因与被告中国工商银行扬州分行（以下简称扬州工行）、中国银行香港分行（以下简称香港分行）产生信用证纠纷，向江苏省高级人民法院提起诉讼。香港分行在提交答辩状期间对管辖权提出异议，香港分行认为：本案中诉讼标的物不在中国内地境内，香港分行在境内没有代表机构，在境内亦没有可供扣押的财产，信用证开证申请人、开证银行及信用证项下汇票承兑和支付的地点都在香港，即合同签订地或履行地均不在中国内地境内，因此江苏省高级人民高院没有管辖权。

法院经审理认定：1997年5月23日，香港分行开立了以造船厂为受益人的不可撤销跟单信用证，该信用证约定适用《跟单信用证统一惯例》（UCP500号）。依据UCP500号第2条给信用证所作的定义，信用证是银行向受益人作出的一项附条件的承诺，所附条件就是受益人必须提交符合信用证规定的单据，承诺的内容就是开证行审查受益人提供的单据与信用证条款相符时的付款责任。因此，信用证是一种特殊的合同，即信用证合同。“就性质而言，信用证与可能作为其依据的销售合同或其他合同，是相互独立的交易。”（UCP500号第3条）因此，受益人向开证行提交单据和开证行向受益人付款均是履行信用证合同的行为，本案原告造船厂通过扬州工行向香港分行提交了信用证规定的单据，受益人原告所在地应是本案所涉信用证合同的履行地之一。遂依照《中华人民共和国民事诉讼法》的规定，江苏省高级人民法院对本案有管辖权。香港分行对本案管辖权提出的异议不能成立，应予以驳回。

本案涉及的主要问题是：涉外案件的特别地域管辖、信用证关系的法律性质问题。

一、国际民事诉讼管辖权的概念

国际民事诉讼管辖权，是指一国受理涉外民事案件的法律依据，即该国受理涉外民事案件的范围或权限。它所要解决的是涉外民事案件由哪一国法院来管辖的问题。

由于涉外民事案件是具有涉外因素的案件，它必然会涉及两个或两个以上的国家或地区，所以涉外民事诉讼就面临着该案应由哪一国或地区的法院管辖的问题。国际民事诉讼管

① 参见江苏省高级人民法院（2001）苏经初字第3号民事裁定书。

辖权在国际公法和国际私法中都具有重要意义。首先，国际民事诉讼管辖权是国家主权的体现，根据国际公法上的国家主权原则，国家对其领土内的一切人和物以及发生的行为都拥有管辖权，国家对国际民事诉讼管辖权的调整是一国主权范围内的事情。其次，管辖权问题是国际民事诉讼中面临的首要问题，不解决案件应由哪一国法院审理的问题，其他一切问题都无从谈起。最后，案件由哪一国法院管辖对当事人的利益影响很大。由于各国的实体法、程序法和冲突法都各不相同，在不同的国家进行诉讼要适用不同的程序规则，根据不同法院地国家的冲突规范可能会导致适用不同的实体法，从而可能导致当事人的实体权利义务关系在不同国家进行诉讼会产生不同的结果。

所以，管辖权问题不仅为各国立法者和司法者所关注，也为当事人高度重视。每一方当事人都会尽可能地争取到对自己最有利的国家去进行诉讼。而为了保障国际民商事秩序正常运作，以及维护本国国民的利益，就需要国家通过立法或缔结国际条约的方式来合理地解决管辖权问题。

二、国际民事诉讼管辖权的分类

国际民事诉讼管辖权可以按不同的标准从不同的角度进行分类。

1. 根据以领土还是以国籍为标准，可分为属地管辖和属人管辖

属地管辖，又称地域管辖或领土管辖，是以国家领土作标志确定管辖权的原则。只要涉外民事案件的当事人、诉讼标的物位于一国领域内，除享有司法豁免权者外，该国即对该案件享有管辖权。

属人管辖，系指以诉讼当事人的国籍确定管辖权的原则。在实行该原则的国家里，对于当事人一方为本国人的案件，不论其为原告还是被告，也不论其在国内还是国外，都行使管辖权。如果诉讼双方当事人均具有本国国籍，本国可以行使管辖权，这是自不待言的事。适用属人管辖原则，目的在于保护本国当事人的利益，但往往使外国当事人处于不利地位，判决显失公正，因此未得到广泛承认。

2. 根据管辖权的性质和适用范围，可分为一般管辖和特殊管辖

前者指对一般涉外民事案件都适用的管辖原则，如由被告住所地法院管辖。后者则指根据涉外民事案件的性质来确定管辖权的原则，如侵权行为、船舶案件中的管辖等。

3. 根据管辖权的效力和作用，可以把管辖权分为专属管辖、选择管辖和排除管辖

专属管辖是指国家对特定范围的涉外民事案件主张独占的、排他的管辖权，不承认其他国家对这类案件的管辖权，因此又称“独占管辖”或“无条件管辖”。专属管辖是一种强制管辖。如果当事人去其他国家法院进行诉讼，其他国家法院的判决在该国将会被拒绝承认和执行。为了保护本国当事人的利益，各国都对一定范围内的涉外民事案件主张专属管辖权。一般来说，各国也都尊重他国的专属管辖权。选择管辖，又称平行管辖，是指一国对某些涉外民事案件主张管辖权，但同时也承认其他国家对这些案件的管辖权。排除管辖，指国家明确宣布对某类案件不行使管辖权，对于这类案件法院不予受理。

4. 按照管辖权产生的根据，可以把管辖权分为法定管辖和协议管辖

法定管辖是指以国内立法或国际条约中的规定为根据行使管辖权。如专属管辖和级别管辖，都是以法律为依据的，都是法定管辖。协议管辖，系指当事人明白约定或默示同意将他们之间发生的纠纷交某个国家的法院管辖。协议管辖原则的理论基础是“当事人意思自治”。世界各国普遍承认协议管辖原则，只是允许管辖的案件的范围不同而已。有的国家将协议管辖限制在契约范围内，有的国家没有这种特别严格的规定，也允许某些其他案件适用

协议管辖。一般说来，协议管辖不能排除专属管辖。

三、有关国际民事诉讼管辖权的国际条约

世界各国都对国际民事诉讼管辖权作出了自己的立法规定，这些规定又各不相同，这样就不可避免地会造成在管辖权问题上的冲突，对于同一个案件，可能多个国家的法律都宣称该国拥有对该案的管辖权。虽然出于对本国国家、社会和国民利益进行保护的考虑，各国都尽可能地扩大本国法院的管辖权，但由此产生的管辖权冲突却在客观上妨碍了涉外民商事纠纷的顺利、合理解决，使得双方当事人的利益保护具有不确定性，从而不利于国际民商事交往的正常进行。这样就不仅危害了国际民商事交往的合理秩序，也同时损害了参与对外交往的各国公民和法人的利益，所以，对世界各国来说，都有制定一套合理、有效的关于国际民事诉讼管辖权的法律制度的需要，国际社会在这方面作了大量的努力，并取得了一些成果，其中比较重要的有：

1952 年在布鲁塞尔签订的《关于统一船舶碰撞中民事管辖权若干规则的公约》和 1977 年在里约热内卢签订的《统一船舶碰撞中有关民事管辖权、法律选择、判决的承认和执行方面若干规则的公约》，这两个公约涉及海损事故案件的管辖权问题；1958 年在海牙签订的《国际有体动产买卖协议管辖权公约》，该公约涉及国际有体动产买卖案件；1965 在海牙签订的《收养管辖权、法律适用和判决承认公约》，1969 年《国际油污损害民事责任公约》。上述公约都是只涉及某一类民事案件的管辖权问题的专门性公约。

规定一般性管辖权问题的国际公约目前数量很少，比较有影响的有：1928 年的《布斯塔曼特法典》，这是一个美洲国家间的公约。该法典第四卷“国际程序法”的第二编第一章、第二章对民事和商事案件的国际司法管辖权规定了一般规则及例外条款。

1965 年《协议选择法院公约》是海牙国际私法会议上签订的，至今尚未生效。该公约主要就国际民商事案件中当事人合意选择管辖法院的协议的有效性和实际效力制定了一些规则。

1968 年欧共体六国（法国、德意志联邦共和国、意大利、荷兰、比利时和卢森堡）在布鲁塞尔签订了《关于民商事案件管辖权及判决执行公约》，它是欧共体国家在国际民事诉讼法领域合作的结果，是现今国际社会在国际民商事诉讼管辖权方面规定得最为详细完备、适用范围最为广泛的一个地区性公约。

应当指出的是，迄今为止，世界上还没有一个真正意义上的具有全球范围影响力的公约来解决管辖权问题，虽然自 1992 年以来，海牙国际私法会议就开始召集各国共同致力于制定一个全球性国际民商事诉讼管辖权公约，但是由于各国的司法制度差距甚大，管辖权问题又关乎国家与国民的重大利益，各国都要求按照自己的主张制定公约中的条款，所以到 2005 年 6 月 30 日，海牙国际私法会议仅通过了《协议选择法院公约》，与预期的广泛性公约差距很大。可以预见，国际民事诉讼管辖权立法的统一化道路将是漫长和曲折的。

四、“一事两诉”和“一事再理”

在本教材第十章第二节引例“付春花离婚案”中，同一起离婚案中双方当事人分别在中国和加拿大提起诉讼，中国和加拿大法院分别就该案作出判决。这种“一事两诉”和“一事再理”现象在国际民事诉讼中并不罕见。国际民事诉讼中“一事两诉”是指就某一涉外民事案件，当事人在一国起诉后，又在另一国起诉，这其中既包括一方当事人在两个国家提起诉讼，也包括一方当事人在一国起诉、另一方当事人在另外的国家提起诉讼的现象。“一事再

理”是指如果同一案件的同一要求已由某国法院受理或已作出生效判决，另一国法院对该案的同一要求再予受理的现象。

虽然在国内民事诉讼中，各国一般都禁止“一事两诉”和“一事再理”，但在国际民事诉讼中，这却是一个比较常见的现象。它产生的原因是多方面的：首先是当事人出于对自身利益的考虑，希望能够到便于自己进行诉讼活动的国家去起诉，并期望能够获得有利的判决，或是对已生效的判决不满，希望在别国能够改判。另外，有些国际民事诉讼中的当事人担心只在一国进行诉讼，即使胜诉，法院的判决也难以在另一国执行，从而同时向与案件有关的两个或多个国家的法院起诉，以期最大限度地保护自己的利益。

但是“一事两诉”和“一事再理”产生的真正的法律上的原因，还是各国立法上的差异，直接原因是不同国家的法律都规定了对同一国际民事案件拥有管辖权。“一事两诉”与“一事再理”实质上反映了各国在维持本国国家和国民利益上的冲突。

“一事两诉”与“一事再理”虽然可能会给具体案件中的当事人带来某种好处，如在一国败诉后又在另一国获得胜诉，但对整个国际民商事交往的正常进行却是有害的。它使得当事人的利益不能得到确定的保护，当不同国家的法院对同一案件作出了不同的判决时，判决的执行也会遇到问题。

解决这一问题的途径首先是通过国内立法来避免“一事两诉”与“一事再理”的产生，例如允许当事人协议选择法院，或是依据不方便法院原则拒绝对某些案件行使管辖权等。但在这一类问题上，各国立法有较大差异，如印度、巴基斯坦和缅甸的民事诉讼法都规定，诉讼在一个外国法院进行并不妨碍本国法院受理基于同一原因提起的诉讼。

解决这一问题更好的途径是订立国际条约，包括签订双边的司法协助条约和多边的国际条约，如1968年布鲁塞尔《关于民商事案件管辖权及判决执行公约》第21条规定，如相同当事人就已在缔约国一方法院受理的同一案件，在缔约国另一方的法院起诉，后一国家的法院应宣布自己无权受理。

五、我国关于国际民事诉讼管辖权的立法

我国法院对涉外民事案件行使管辖权的法律依据有两类：(1) 我国缔结或参加的国际条约中关于管辖权的规定。这些条约主要有1929年《统一国际航空运输某些规则的公约》及1955年修改该公约的《海牙议定书》，1951年《国际铁路货物联运协定》，1969年《国际油污损害民事责任公约》等。此外，在我国与一些国家订立的双边司法协助条约中，也有关于管辖权问题的规定。对于上述条约调整范围内的涉外民事案件，应分别按照各有关条约的规定确定管辖权。根据上述条约规定应由我国法院管辖的案件，具体应由哪一级法院、哪个地方的法院管辖，按照我国法律的规定办理。(2) 我国国内法的规定。现有的国内法主要是《民事诉讼法》，该法除在第四编第二十四章对涉外民事案件的管辖权作了专门规定外，其第一编第二章关于管辖权的一般规定在无专门规定可循的情况下，也可适用于涉外民事案件。

根据我国民事诉讼法及最高人民法院的有关司法解释，我国关于涉外民事案件的管辖权的规定主要有：

（一）普通地域管辖

普通地域管辖是指涉外民事案件由被告住所地法院管辖，所以也被称为“原告就被告原则”，这也是各国普遍采用的立法原则。我国《民事诉讼法》第21条规定，民事诉讼由被告住所地人民法院管辖，被告住所地与经常居住地不一致的，由经常居住地人民法院管辖。按照这一规定，如果涉外民事案件当事人（自然人、法人或其他组织）的住所地或经常居住地

在我国，我国人民法院应有管辖权。

（二）特别地域管辖

对于被告在中国境内没有住所的涉外民事案件，我国法院可根据以下规定行使管辖权：

《民事诉讼法》第 265 条规定，因合同纠纷或其他财产权益纠纷，对在我国领域内没有住所的被告提起的诉讼，如果合同在我国领域内签订或履行，或者诉讼标的物在我国领域内，或者被告在我国领域内有可供扣押的财产，或者被告在我国领域内设有代表机构，可以由合同签订地、合同履行地、诉讼标的物所在地、可供扣押财产所在地、侵权行为地或者代表机构住所地人民法院管辖。

此外，最高人民法院于 2000 年发布的《关于审理涉及计算机网络著作权纠纷案件适用法律若干问题的解释》规定，网络著作权侵权纠纷案件由侵权行为地或者被告住所地人民法院管辖。侵权行为地包括实施被诉侵权行为的网络服务器、计算机终端等设备所在地。对于难以确定侵权行为地和被告住所地的，原告发现侵权内容的计算机终端等设备所在地可以被视为侵权行为地。

在“江都造船厂案”中，江苏省高级人民院关于作为开证行的香港分行与作为受益人的造船厂之间已经形成信用证合同关系的认定是正确的。对于管辖权根据的确定，江苏省高级人民法院根据受益人所在地也是信用证合同的履行地之一而确立管辖权。这种做法符合《民事诉讼法》的规定，但并不一定合理。从本案的主体、诉讼标的和法律事实等因素来看，香港方面质和量的因素远远超过中国内地的因素，由香港法院管辖似乎更为合理方便。因为这是一起涉港案件，不仅要考虑法院管辖的方便性问题，还要考虑判决的域外可执行问题。

（三）专属管辖

根据《民事诉讼法》第 33 条的规定，不动产所在地、港口所在地、被继承人死亡时住所地或者主要遗产所在地在我国的涉外不动产纠纷诉讼、涉外港口作业中发生纠纷的诉讼、涉外继承遗产案件由我国人民法院专属管辖。此外，《民事诉讼法》第 266 条规定，因在我国境内履行中外合资经营企业合同、中外合作经营企业合同、中外合作勘探开发自然资源合同发生纠纷提起的诉讼，由我国人民法院专属管辖。

（四）协议管辖

根据《民事诉讼法》第 34 条，涉外合同或者其他涉外财产权益纠纷的当事人可以协议选择管辖法院。如选择我国法院，我国法院有管辖权。但有如下限制：(1) 协议须以书面形式；(2) 所选择的须是被告住所地、合同履行地、合同签订地、原告住所地、标的物所在地等与争议有实际联系的地点的法院；(3) 选择我国法院管辖的，不得违反该法关于级别管辖和专属管辖的规定。

在“北京机电进出口公司案”中，由于当事人约定的管辖协议中包含了级别管辖的内容（双方约定争议由北京市高级人民法院管辖），所以约定无效，但中国北京机电进出口公司仍可以依照我国有关特别地域管辖的规定向合同签订地、合同履行地、可供扣押财产所在地或代表机构所在地的人民法院提起诉讼。

（五）级别管辖

《民事诉讼法》第 18 条第 1 款规定，中级人民法院为重大涉外案件的第一审法院，一般涉外民事案件一审由基层人民法院管辖。原最高人民法院《关于适用〈中华人民共和国民事诉讼法〉若干问题的意见》第 1 条指出，重大涉外案件是指争议标的额大，或者案情复杂，或者居住在国外的当事人人数众多的涉外案件。按照该司法解释第 2 条的规定，涉外专利纠纷案件应由最高人民法院确定的中级人民法院管辖，涉外海事、海商案件应由海事法院管辖。

为了适应我国加入世界贸易组织的要求，并提高涉外案件的审判质量，最高人民法院于2002年2月25日颁布了《关于涉外民商事案件诉讼管辖若干问题的规定》，根据该规定，将部分涉外民商事案件集中到一些审判力量较强的人民法院进行管辖。根据该规定，第一审涉外民商事案件由下列人民法院管辖：（1）国务院批准设立的经济技术开发区人民法院；（2）省会、自治区首府、直辖市所在地的中级人民法院；（3）经济特区、计划单列市中级人民法院；（4）最高人民法院指定的其他中级人民法院；（5）高级人民法院。上述中级人民法院的区域管辖范围由所在地的高级人民法院确定。对国务院批准设立的经济技术开发区人民法院所作的第一审判决、裁定不服的，其第二审由所在地中级人民法院管辖。

这一规定适用于下列案件：（1）涉外合同和侵权纠纷案件；（2）信用证纠纷案件；（3）申请撤销、承认与强制执行国际仲裁裁决的案件；（4）审查有关涉外民商事仲裁条款效力的案件；（5）申请承认和强制执行外国法院民商事判决、裁定的案件。对于边境贸易纠纷案件、涉外房地产案件和涉外知识产权案件，不适用该规定。涉及我国香港、澳门特别行政区和台湾地区当事人的民商事纠纷案件的管辖，参照该规定处理。

（六）"一事两诉"问题

最高人民法院《关于适用〈中华人民共和国民事诉讼法〉的解释》第533条规定，我国人民法院和外国法院都有管辖权的案件，一方当事人向外国法院起诉，而另一方当事人向我国人民法院起诉的，人民法院可予受理。判决后，外国法院申请或者当事人请求人民法院承认和执行外国法院对本案作出的判决、裁定的，不予准许；但双方共同参加或者签订的国际条约另有规定的除外。

此外，上述司法解释第15条规定，中国公民一方居住在国外，一方居住在国内，不论哪一方向人民法院提起离婚诉讼，国内一方住所地的人民法院都有权管辖。如果国外一方在居住国法院起诉，国内一方向人民法院起诉的，受诉人民法院有权管辖。

由上述规定可知，在国际民事诉讼中我国是允许"一事两诉"的，因此，在"付春花离婚案"中，虽然加拿大多伦多法院已经受理此案，北京市朝阳区人民法院仍可以行使对该案的管辖权。若当事人申请承认和执行加拿大多伦多法院的判决，则中国法院应当拒绝，因为我国法院已就该案作出了判决。

第四节 国际民事司法协助

引例 明斯克自动生产联合公司申请承认及执行白俄罗斯法院判决案[①]

白俄罗斯共和国最高经济法庭（以下简称白俄罗斯最高经济法庭）于1999年2月2日立案受理白俄罗斯共和国明斯克自动生产联合公司（以下简称明斯克公司）诉中国机床总公司（以下简称中国机床）合同纠纷一案。该法

① 参见万鄂湘主编：《中国涉外商事海事审判指导与研究》，第5卷，58～61页，北京，人民法院出版社，2003。

庭于5月21日依据1993年1月11日在北京签署的《中华人民共和国和白俄罗斯共和国关于民事和刑事司法协助的条约》（以下简称《双边司法协助条约》），向中国司法部提出向中国机床送达立案及开庭裁定书、起诉书副本的司法协助请求。中国机床在收到司法部按规定程序转送的上述司法文书后，于同年11月18日通过邮寄方式致函白俄罗斯最高经济法庭，申请延期审理。

同年11月30日，白俄罗斯最高经济法庭作出裁定，拒绝中国机床关于延期审理的申请，并对中国机床缺席审理，当庭作出第2-4/99号判决：中国机床赔偿明斯克公司1995年6月25日合同损失21 629.11美元；责成中国机床向明斯克公司补偿价值503.52美元的物品；向中国机床征收国家规定的诉讼税728.10美元，上缴国库。同日，白俄罗斯最高经济法庭发出强制执行判决的“命令”：中国机床赔偿明斯克公司“1995年6月25日合同损失21 629.11美元，本命令有效期至2000年5月30日，用于呈送银行或执行法院实施”。

同年12月19日，中国机床收到白俄罗斯最高经济法庭于12月9日以邮寄方式送达的上述判决书及拒绝延期审理的裁定书。

2000年3月17日，白俄罗斯最高经济法庭作出补充裁定：第2-4/99号判决在计算征收诉讼税额上有误，对中国机床补征诉讼税28.82美元，上缴国库。中国机床否认收到此裁定，中国司法部司法协助外事司证明未收到过白俄罗斯最高经济法庭提出的向中国机床送达该裁定书的请求书。

2000年2月10日，明斯克公司依据《双边司法协助条约》，通过白俄罗斯最高经济法庭向北京市第二中级人民法院提出申请，请求承认及在中国境内执行白俄罗斯最高经济法庭作出的第2-4/99号判决。

2000年4月21日，白俄罗斯最高经济法庭依据《双边司法协助条约》，向北京市第二中级人民法院提出申请，请求在中国境内执行白俄罗斯最高经济法庭作出的向中国机床追缴诉讼税756.92美元的第2-4/99号判决。

北京市高级人民法院认为：本案第2-4/99号判决送达方式，不符合《双边司法协助条约》第2条规定的“除本条约另有规定外，缔约双方的法院和其他主管机关相互请求和提供民事司法协助，应通过双方各自的中央机关进行联系”的司法协助方式；中国政府于1991年5月3日为加入《关于向国外送达民事或商事司法文书和司法外文书公约》（以下简称《海牙送达公约》）交存的加入书中载明：“反对采用公约第10条所规定的方式在中华人民共和国境内进行送达。”即中国不承认外国司法机关通过邮寄途径直接向中国境内当事人送达司法文书。综上，本案白俄罗斯最高经济法庭以邮寄方式送达司法文书，既不符合《双边司法协助条约》第2条的规定，又与中国加入《海牙送达公约》时对于邮寄送达的保留立场相悖。如果中国法院不认可白俄罗斯最高经济法庭所采取的邮寄方式送达，则第2-4/99号判决尚未送达，那么可否依据《双边司法协助条约》第21条“拒绝承认与执行”第5项“承认与执行裁决有损于被请求的缔约一方主权、安全或公共秩序”的规定，对白俄罗斯最高经济法庭的判决不予承认与执行。为此，北京市高级人民法院于2003年1月21日向最高人民法院提交了《关于明斯克自动生产联合公司申请承认及执行白俄罗斯共和国最高经济法庭判决一案有关问题的请示》[京高法（2003）15号]。

最高人民法院经研究，于2003年3月10日作出《关于明斯克自动生产联合公司申请承认及执行白俄罗斯共和国最高经济法庭判决一案有关问题的请示的复函》[（2003）民四他字第4号]，具体答复如下：

本案涉及对白俄罗斯共和国法院所作判决的承认与执行问题，应根据我国与白俄罗斯签订的《中华人民共和国和白俄罗斯共和国关于民事和刑事司法协助的条约》的有关规定进行审查。根据你院请示报告所述事实，白俄罗斯最高经济法庭是通过邮寄方式向我国被执行人中国机床总公司送达判决书，而我国在加入《关于向国外送达民事或商事司法文书和司法外文书公约》时明确表示不承认外国司法机关通过邮寄途径直接向我国境内当事人送达司法文书，且我国与白俄罗斯签订的《双边司法协助条约》中，也没有表明白俄罗斯的司法机关可以通过邮寄方式直接向我国境内当事人送达司法文书，而是规定应该经双方的中央机关联系，通过相互提供司法协助的方式进行。因此，白俄罗斯最高经济法庭通过邮寄方式向我国被执行人送达判决的行为，不具有法律效力，可以认定本案所涉判决并未合法送达给我国相应的当事人。

承认与执行判决的一个必要前提就是判决已经合法送达给相关当事人，由于白俄罗斯最高经济法庭所作判决未通过合法途径送达我国当事人中国机床总公司，依照我国与白俄罗斯签订的《双边司法协助条约》第21条第5项的规定，应不予承认和执行本案所涉判决。

本案涉及的主要问题有：外国法院向我国送达司法文书的程序、外国法院民事判决的承认与执行、司法协助中的公共秩序保留。

一、司法协助的概念

司法协助是指，在国际民事诉讼中，一国法院应另一国法院的要求，代为进行某些诉讼行为。在涉外民事案件的审理过程中，经常发生某些事项需由外国的司法机关协助才能完成的情况，例如，向在国外的当事人送达司法文书，在外国收集证据、询问证人，在外国执行本国法院的判决等。

至于司法协助应包括哪些内容，国际私法学界历来理解不一，各国的立法、条约及司法实践中的做法不同。司法协助有广、狭义之分。

一种意见认为，司法协助仅指送达司法文书、询问证人和收集证据。这是狭义的司法协助的观点。日本法学界把司法协助理解为送达司法文书和调查取证。按照德国传统的概念，司法协助包括送达文件与履行收集证据的委托，但是近来有作扩大解释的趋势。在英、美法律中，没有“司法协助”这一统一概念，而用“送达”和“国外证据”来表示。在英、美的实践中，在国外的证据是由法院派出的“特派员”或由律师收集的。

另一种意见认为，司法协助还应包括对外国法院的判决的承认和执行。这是广义的司法协助的观点。意、法等国的法学界持此见解。意大利学者就多主张司法协助包括执行外国判决在内。法国学者对司法协助的含义的理解更为广泛，它几乎包括了国际民事诉讼方面的各种国际合作。除上述内容外，还包括免除外国人诉讼费用或外国人诉讼费用担保、证明外国法律，等等。

本书中对司法协助的概念采取广泛的理解，即司法协助包括文书送达、调查取证和外国法院判决的承认和执行。

二、司法协助的提出与履行

司法协助一般根据有关国家立法、双边的司法互助协定和有关国际公约中的规定进行。有没有条约关系的情况下，通常根据互惠原则通过外交途径进行。

(一) 司法协助的提出途径

根据一般的国际实践，司法协助的提出通常有三个途径：

1. 外交途径。法院将委托书交给本国外交部，由外交部交给被请求国的外交代表，再由该外交代表交给该国国内的管辖法院。这是比较常用的一种途径，特别是在两国间没有司法协助条约的情况下最有用。

2. 领事途径。由法院将委托书寄交给本国驻被请求国的领事，再由领事直接把委托书交给驻在国的管辖法院。这种途径多为国际条约采用，例如，1954 年《民事诉讼程序公约》就有这样的规定。

3. 中央机关途径。国家之间通过条约或协定指定一个或数个“中央机关”，专门负责彼此之间请求书的传递。现今这种途径比较普遍。

(二) 司法协助的履行

1. 履行的程序。根据一般的国际实践及国内法的规定，履行外国法院委托的程序适用履行地国家的法律规定，不适用外国法中关于程序问题的规定。但是，一国法律请求按某种特殊方式履行委托的，被请求国法院也可以采用不与其法律或公共秩序相抵触的特殊程序来履行委托。1954 年《民事诉讼程序公约》就有此内容。

2. 履行的条件。根据各国国内立法及有关国际条约的规定，履行地国家如果发现外国法院委托存在下述情况之一，可以拒绝履行：(1) 对委托文件的真实性有怀疑；(2) 委托履行的行为，根据履行地国家的法律，不属于该国司法机关的职权范围；(3) 委托履行的行为与履行地国家的主权和安全不相容；(4) 委托履行的行为是履行地国家法律所禁止的诉讼行为；(5) 不存在互惠关系。

(三) 我国法律的有关规定

我国《民事诉讼法》规定了我国法院与外国法院进行司法协助的问题，主要内容有：

1. 司法协助的依据。《民事诉讼法》第 276 条第 1 款规定，根据我国缔结或参加的国际条约，或者按照互惠原则，人民法院和外国法院可以相互请求，代为送达文书，调查取证以及进行其他诉讼行为。

2. 司法协助的途径。《民事诉讼法》第 277 条规定，请求和提供司法协助，应当依照我国缔结或参加的国际条约所规定的途径进行；没有条约关系的，通过外交途径进行。最高人民法院《关于适用〈中华人民共和国民事诉讼法〉的解释》第 549 条规定，与我国没有司法协助协议又无互惠关系的国家的法院，未通过外交途径，直接请求我国法院司法协助的，我国法院应予退回，并说明理由。

3. 拒绝履行外国法院委托的条件。《民事诉讼法》第 276 条第 2 款规定，外国法院请求协助的事项有损于我国主权、安全或社会公共利益的，我国法院不予执行。

4. 履行司法协助的程序。《民事诉讼法》第 279 条规定，人民法院提供司法协助，依照我国法律规定的程序进行。外国法院请求采用特殊方式的，也可按照其请求的特殊方式进行，但该方式不得违反我国法律。

三、司法文书的送达

（一）司法文书送达的含义

在国际民事诉讼中，司法文书的送达包含两种情况：内国法院委托外国法院送达司法文书，内国法院接受外国法院委托向本国境内的有关当事人送达司法文书。

向境外的当事人或其他诉讼参与人送达司法文书是一种重要的司法行为，应当严格按照有关国家的国内立法和国际条约规定的程序进行。

（二）司法文书送达的方式

从国际实践来看，向外国送达司法文书，主要有以下方式：

1. 外交途径送达。内国法院将司法文书及送达回证备文送本国外交部；外交部将上述文件送至被送达的外国驻内国使馆或者内国驻被送达国的使馆；被送达的外国驻内国使馆依其本国法律规定将司法文书转送有关当事人，或者由内国驻被送达国使馆将司法文书及回证转送被送达国外交部，由该国外交部依其本国法律规定转送有关当事人。被送达国驻内国的使馆或其外交部，在接到司法文书和送达回证后，应将送达回证退回送达国外交部或其驻被送达国使馆，再转给送达国提出委托的法院。这种方法稳妥、可靠，只要两国有外交关系就可采用。通常在两国间无司法协助条约时通过这种途径送达。

2. 领事途径送达。内国法院将司法文书寄交给本国驻被送达国的领事，再由该领事送达给被送达国的有关机关或法院。1954 年《民事诉讼程序公约》和 1965 年《海牙送达公约》还规定，如果被送达的当事人是派遣国的侨民，在被送达国不反对的情况下领事可以直接将司法文书送交当事人，但以受送达的当事人自愿接受为限。也就是说，这种送达不是强制性的。

3. 有关机关直接送达。在国家间有条约规定的情况下，缔约国的有关机关可直接送达司法文书。就司法机关而言，就是送达国法院将司法文书直接寄交被送达国的法院。1965 年《海牙送达公约》还规定，每一缔约国指定"中央机关"专门负责接受来自其他缔约国的送达请求书并予以传递，送达国主管当局或有关人员，可将司法文书直接送交文书发往国中央机关。

4. 邮寄送达。这种方式是法院直接将司法文书邮寄给居住在国外的被送达人。但采用这种方式须得到被送达国法律的允许。1954 年《民事诉讼程序公约》和 1965 年《海牙送达公约》中都规定了内国法院有权通过邮局直接将诉讼和非司法文书寄给在外国的有关人员。包括美国、法国在内的多数国家在批准和加入这两个条约时都认可了这一规定，但也有一些国家如德国、瑞士、卢森堡、挪威、土耳其、埃及等明确表示反对。①

5. 个人送达。有的国家的法律规定，司法文书可交由当事人的诉讼代理人，如律师送达。也可以交由与当事人关系密切的人或选定的人代为送达。采用这种方式向境外送达文书时也必须考虑到被送达国的法律是否允许。

6. 公告送达。即通过登报、公告、广播等手段告知境外当事人或诉讼参与人某些事项，公告之日起满一定时间即视为送达，这是为各国普遍采用的一种办法，但对公告期间长短的

---

① 参见韩德培主编：《国际私法新论》，636 页，武汉，武汉大学出版社，1997。

规定各国有所不同。

（三）我国关于司法文书送达的规定

我国民事诉讼法以及最高人民法院的相关司法解释，对文书送达问题作出了规定，同时，我国与外国签订的双边司法协助条约也都规定了司法文书的送达方式；我国也是1965年《海牙送达公约》的成员国。根据上述法规和条约，我国对外文书送达的主要途径有：

1. 外交或领事途径送达

《民事诉讼法》第267条规定，人民法院对不在中华人民共和国领域内居住的中国籍当事人可以委托所在国的中华人民共和国使、领馆代为送达。最高人民法院、外交部和司法部于1986年发布的《关于我国法院和外国法院通过外交途径相互委托送达法律文书若干问题的通知》第5条作了相同的规定。另外，在我国参加的《维也纳领事关系公约》以及1965年《海牙送达公约》中也有类似的规定。

2. 司法协助途径送达

如果受送达人所在国与我国签订或共同参加了有关司法协助方面的国际条约，应按照条约中规定的方式送达。通常在司法协助条约中都会规定一个中央机关，司法文书可通过中央机关渠道送达。最高人民法院、外交部和司法部于1992年发布的《关于执行〈关于向国外送达民事或商事司法文书和司法外文书公约〉有关程序的通知》中第4条规定，我国法院若请求公约成员国向该国公民或第三国公民或无国籍人送达民事或商事司法文书，有关中级人民法院或专门人民法院应将请求书和所送司法文书送有关高级人民法院转最高人民法院，由最高人民法院送司法部转送给该国的中央机关；必要时，也可由最高人民法院送我国驻该国使馆转送给该国指定的中央机关。

3. 向诉讼代理人或代表机构送达

我国《民事诉讼法》第267条规定：人民法院可以向受送达人委托的有权代其接受送达的诉讼代理人送达，也可以向受送达人在中国境内设立的代表机构或者有权接受送达的分支机构、业务代办人送达。根据最高人民法院于2002年6月18日颁布的司法解释①的有关规定，人民法院对在中国领域内没有住所的当事人送达司法文书，当受送达人在中华人民共和国领域内设有代表机构时，便不再属于《海牙送达公约》规定的“有须递送司法文书或司法外文书以便向国外送达的情形”。在这种情况下，对该当事人的文书送达程序便不再适用《海牙送达公约》，人民法院可根据我国《民事诉讼法》的规定，适用国内关于文书送达方式的有关规定。

4. 邮寄送达

根据我国《民事诉讼法》第267条的规定，受送达人所在国的法律允许邮寄送达的，人民法院可以邮寄送达，自邮寄之日满3个月，送达回证没有返回，但根据各种情况足以认定已经送达的，期间届满之日视为送达。

5. 公告送达

不能采用上述方式送达的，公告送达，自公告之日起满3个月，即视为送达。最高人民法院《关于适用〈中华人民共和国民事诉讼法〉的解释》的规定，对不在我国领域内居住的被告，经用公告方式送达诉状或传唤，公告期满不应诉，人民法院缺席判决后，仍应将裁判文书依《民事诉讼法》第267条第8项的规定公告送达，自公告期满3个月的次日起，经过

---

① 最高人民法院《关于向外国公司送达司法文书能否向其驻华代表机构送达并适用留置送达问题的批复》。

30日的上诉期当事人没有上诉的，一审判决即发生法律效力。

至于外国法院向我国送达司法文书的方式，1986年最高人民法院、外交部、司法部发布了《关于我国法院和外国法院通过外交途径相互委托送达法律文书若干问题的通知》，1991年3月2日我国加入了1965年《海牙送达公约》，次年3月4日上述三部门又发布了《关于执行〈关于向国外送达民事或商事司法文书和司法外文书公约〉有关程序的通知》。此外，我国与有关国家签订的双边司法协助协定中也有外国向我国送达司法文书的规定。根据上述有关规定，外国向我国送达司法文书的途径主要是外交途径、领事途径和中央机关途径。其中，我国加入1965年《海牙送达公约》后指定司法部为中央机关和有权接收外国通过领事途径转递的文书的机关，也有司法协助协定指定两个中央机关的，如中罗关于民事和刑事司法协助的条约指定我国方面的中央机关是司法部和最高人民检察院，中蒙司法协助条约指定我国方面的中央机关是司法部和最高人民法院。根据我国《民事诉讼法》第267条的规定，外国的法院向我国送达司法文书的，可以依照我国缔结或参加的国际条约规定的途径进行；没有条约关系的，通过外交途径进行。该条还规定，外国驻我国的使领馆可以向该国公民送达文书，但不得违反我国法律，并不得采取强制措施。除上述规定外，任何外国机关或个人不得在我领域内送达文书。

"明斯克自动生产联合公司申请承认及执行白俄罗斯法院判决案"涉及对败诉一方的送达合法与否的问题，这是承认与执行外国法院判决时需要审查的重要因素之一，关系到诉讼程序的公正性问题。白俄罗斯最高经济法庭通过邮寄途径向中国机床总公司送达缺席判决书，中国法院是否接受这种送达方式并据以承认与执行上述判决？

从国内立法来看，《民事诉讼法》第260规定："中华人民共和国缔结或者参加的国际条约同本法有不同规定的，适用该国际条约的规定，但中华人民共和国声明保留的条款除外。"在送达问题上，中国与白俄罗斯签订有《中华人民共和国和白俄罗斯共和国关于民事和刑事司法协助的条约》（以下简称《双边司法协助条约》），且两国均为1965年《海牙送达公约》的成员国。因此，有必要分析一下有关双边条约和国际公约的规定。

从《双边司法协助条约》来看，其第2条第1款规定："除本条约另有规定外，缔约双方的法院和其他主管机关相互请求和提供民事和刑事司法协助，应通过双方各自的中央机关进行联系。"显然，该条约没有表明白俄罗斯的司法机关可以通过邮寄方式直接向我国境内当事人送达司法文书，而是规定应该经双方的中央机关联系，通过相互提供司法协助的方式进行司法文书的送达。因此，邮寄送达与双边条约规定的司法协助方式不符。

从《海牙送达公约》来看，其第10条规定了邮寄送达方式①，但我国政府在交存加入书时根据该公约第21条的规定对此种送达方式作出了保留。这种保留对保留国而言，其效果是：在其与该另一当事国的关系上，按照保留的范围，改变该保留所涉及的一些条约规定。② 因此，依据该公约，中国不承认外国司法机关通过邮寄途径直接向中国境内当事人送达司法文书。

据此，白俄罗斯最高经济法庭通过邮寄途径向中国当事人送达文书无效，其所作出的第

① 该公约第10条规定："如送达目的地国不表异议，本公约不妨碍：（一）通过邮寄途径直接向身在国外的人送交司法文书的自由；（二）文书发出国的司法助理人员、官员或其他主管人员直接通过送达目的地国的司法助理人员、官员或其他主管人员完成司法文书的送达的自由；（三）任何在司法程序中有利害关系的人直接通过送达目的地国的司法助理人员、官员或其他主管人员完成司法文书的送达的自由。"

② 参见万鄂湘等：《国际条约法》，160页，武汉，武汉大学出版社，1998。

2-4/99 号判决尚未有效送达。邮寄送达既不符合《双边司法协助条约》的规定，也与中国加入《海牙送达公约》时所持的立场相悖，承认与执行通过此种方式送达的判决有损于中国的主权、安全和社会公共利益，中国法院对白俄罗斯最高经济法庭由此送达的判决应不予承认与执行。这既坚持了中国的立场，又遵守了条约的规定。白俄罗斯最高经济法庭可以通过条约和公约规定的其他有效送达途径，通过双方中央机关的途径重新送达该判决，比如在本章引例中提到的"五味晃申请承认和执行日本法院判决案"中，日本法院通过条约规定的中央机关途径向中国大连发日海产食品有限公司送达了有关司法文书，这样的送达方式是就是合法的。

四、调查取证

(一) 调查取证的含义

司法协助中的调查取证是指一国法院在审理涉外民事案件时通过有关的人或机构在境外取得证据的行为，包括收集证据、询问当事人或第三人、司法勘查等。由于各国民事诉讼立法中关于证据制度的规定有着较大的差异，并且在外国收集证据是涉及一国司法主权的行为，所以域外取证必须严格遵循有关的国际条约和被取证国的国内立法规定，否则将会遭到拒绝。

(二) 关于 1970 年海牙取证公约

在域外取证领域最有影响的国际公约是 1970 年海牙国际私法会议制定的《关于从国外获取民事或商事证据公约》，我国已于 1997 年批准加入了该公约。该公约是在对 1905 年和 1954 年《民事诉讼程序公约》进行修订的基础上制定的，该公约中主要规定了三种取证方式。

1. 通过取证嘱托书的取证

取证嘱托书方式也称为请求书方式，是最基本的域外取证方式，该公约第 1 条第 1 款规定："在民事或商事中，一个缔约国的司法机关得根据其法律规定，通过取证嘱托书请求另一缔约国的主管机关取证或为其他司法行为。"该公约规定，各国指定一个中央机关作为统一接受取证请求的机关和依法将请求转至本国有权执行请求的机关。同时该公约也规定了取证嘱托书可以由被请求国的外交代表或领事转达。依该公约第 9、10 条，执行取证请求的司法机关原则上依本国法定程序进行，但在不与被请求国法抵触或依被请求国司法实践具有实际困难时，也可按请求书要求的特殊方式进行。该公约第 12 条规定，被请求国如认为取证请求的执行损害国家主权，可拒绝协助取证。

2. 领事取证

依该公约的规定，外交人员和领事既可以对本国公民取证，也可以对驻在国人或第三国人取证，但是必须得到驻在国的许可并且遵循驻在国设定的条件。外交人员或领事取证时不能采取强制手段。

3. 特派员取证

这是英美法院广泛采用的一种方式，即由法院授权的"特派员"在国外询问证人，调查和收集证据，再转交给委派他的法院。该公约中也肯定了这种形式，但条件是必须得到被取证国的许可并遵守该国设定的条件。

根据 1997 年 7 月 3 日全国人大常委会关于我国加入该公约的决定中的规定，我国指定中华人民共和国司法部为负责接收来自另一缔约国司法机关的请求书，并将其转交给执行请求的主管机关的中央机关。同时，我国对该公约第二章第 16 条至第 22 条的规定提出了保留，即我国只接受请求书方式和外交或领事方式域外取证，不接受特派员取证方式，并且外交或领事代表只能向处于另一缔约国境内的本国公民取证，并不得采取强制措施。此外，针对普通法国家民事诉讼程序中存在的审判前文件调查程序的规定，我国声明，对于普通法国家旨在进行审判前文件调查的请求书，仅执行已在请求书中列明并与案件有直接密切联系的文件的调查请求。

五、外国法院判决的承认与执行

（一）外国法院判决的承认与执行的概念

外国法院判决的承认与执行是指一国法院对涉外民事案件作出的判决，到另一国领域内发生效力或强制执行。

根据国家主权原则，一国法院对涉外民事案件作出的判决，只能在本国领域内发生法律效力，而不能在外国领域发生效力。但是，由于国际经济技术合作的发展和民间交往的扩大，各国出于对外交往的需要，又设法通过各种方式，相互承认和执行别国法院对涉外民事案件的判决，从而就产生了外国判决的承认与执行问题。

承认外国法院的判决和执行外国法院的判决，是两个既有联系又有区别的问题。承认外国法院判决，是指内国法院肯定外国法院判决对当事人权利和义务的确认与本国法院判决具有同等效力，因而允许本国境内之该案当事人自动履行外国法院判决所确定的事项，并可以外国法院判决为理由驳回国内某人对该案提出的异议。执行外国法院判决是指内国法院按照本国法律的规定，采取强制措施去实现外国法院的判决。可见，执行判决要以承认判决为前提，如不承认外国法院的判决，就根本无所谓执行它的问题；同时，执行又是承认的必然结果，一国法院判决之所以要求得到他国法院的承认，一般是为了得到他国法院的协助执行而最终实现该判决所确定的事项。但是，承认判决不一定包括执行，执行的条件比承认更为严格。有些判决，仅仅涉及承认问题，例如关于单纯离婚的判决，承认就意味着允许当事人再行结婚，不存在执行问题；另一些判决则有执行的问题，例如关于给付子女扶养费的判决，只承认它是不够的，还必须由法院采取强制措施使一方当事人按外国法院判决的规定把一定数量的扶养费交付给另一方当事人。

（二）承认和执行外国法院判决的方式

根据国际实践，各国承认与执行外国法院判决的方式一般有：

1. 发给执行令。这种方法是执行地国法院对外国法院的判决进行审查，认为符合执行的条件，即发给执行令，按执行地国法律规定的程序执行。法国、德国等采用这种方法。

2. 重新作出判决。这种方法是执行地国法院不直接承认和执行外国法院判决，而是由要求执行的当事人，以外国法院判决为根据，向执行地国法院重新起诉，该法院进行审理，认为外国法院判决与本国法律规定不相抵触，于是就作出与外国法院相同的判决，而且按执行本国法院判决的程序予以执行。从形式上看，执行的只是本国法院的判决，而不是外国法院的判决。英国、美国、荷兰、瑞典等采用这种方法。

3. 登记执行。这是英国的一种特殊方法，由其1933年《相互执行外国法院判决法》所规定。它是指，申请执行的当事人，将外国判决拿到英国高等法院进行登记，英国法院即按执行本国法院判决的程序执行。这种方法较为简单，但仅限于支付一定金额的判决及离婚和别居的判决，而且只适用于英联邦内部及与英国有互惠协定的国家。

（三）承认和执行外国法院判决的条件

由于承认与执行外国法院判决关系到本国主权及利益，所以各国对此都很谨慎，一般以国内法作出这方面的规定。这些规定往往是不同的。为了解决由此引起的矛盾和冲突，各国还缔结了大量的双边和多边条约，对此加以统一规定。在这方面的国际公约主要有1958年《扶养儿童义务判决的承认和执行公约》，1968年《关于民事商事案件管辖权及判决执行公约》，1971年《民商事件外国判决的承认和执行公约》及其附加议定书，1973年《扶养义务判决的承认和执行公约》，等等。此外，1956年欧洲《国际公路货物运输合同公约》、1969年《国际油污损害民事责任公约》、1976年欧洲《国际铁路货物运输合同公约》等，也有关于外国判决承认与执行的规定。由于各国利益的冲突，这些条约有两个显著特点：一是都只规定了承认和执行外国法院作出的关于某一类案件的判决的问题，而不是关于承认和执行外国法院判决的统一的、全面的规定，其适用范围有限；二是对于承认和执行外国法院判决规定了许多保留条件，即规定了许多拒绝承认与执行外国法院判决的条件。

在“五味晃申请承认和执行日本法院判决案”中，大连市中级人民法院拒绝承认与执行日本法院判决的理由主要有三条：一是中国和日本之间，没有两国共同参加的相互承认和执行法院判决的国际条约，亦无互惠根据；二是该判决侵犯了我国司法主权，实际上是适用了公共秩序保留制度；三是在判决中被告未得到合法传唤。应当说，以上这三条不仅为我国立法与司法实践所肯定，也是各国普遍采用的拒绝承认与执行外国法院判决的条件，当然，拒绝承认与执行外国法院判决的条件并不仅限于这几个方面。

（四）我国关于外国法院判决的承认与执行的立法和实践

1. 承认与执行外国法院判决的根据

我国《民事诉讼法》第281条规定，外国法院作出的发生法律效力的判决、裁定，需要我国人民法院承认和执行的，可以由当事人直接向我国有管辖权的中级人民法院申请承认和执行，也可以由外国法院依照该国与我国缔结或参加的国际条约的规定，或者按照互惠原则，请求人民法院承认与执行。

2. 承认与执行外国法院判决的方式

承认与执行外国法院判决的方式有发给执行令和重新作出判决两种：（1）发给执行令。根据我国《民事诉讼法》第282条的规定，人民法院对申请或请求承认和执行的外国法院作出的发生法律效力的判决、裁定，依照我国缔结或参加的国际条约，或者按照互惠原则进行审查后，认为不违反我国法律的基本原则或国家主权、安全、社会公共利益的，裁定承认其效力，需要执行的，发出执行令，依照该法的有关规定进行。（2）重新作出判决。根据最高人民法院《关于适用〈中华人民共和国民事诉讼法〉的解释》第544条的规定，当事人向我国有管辖权的中级人民法院申请承认和执行外国法院作出的发生法律效力的判决、裁定的，如果该法院所在国与我国没有缔结或共同参加国际条约的，也没有互惠关系的，当事人可以向人民法院起诉，由有管辖权的人民法院作出判决，予以执行。

3. 承认与执行外国法院判决的条件

根据我国《民事诉讼法》第281、282条和最高人民法院《关于适用〈中华人民共和国民事诉讼法〉的解释》第543条的有关规定，外国法院的判决要在我国得到承认和执行，必须是发生法律效力的判决、裁定。此外，在下列情况下，我国法院将拒绝承认和执行外国法院的判决：

（1）外国法院的判决、裁定违反我国法律的基本原则或者国家主权、安全、社会公共利益的，不予承认和执行。

（2）我国法院和外国法院都有管辖权的案件，一方当事人向外国法院起诉，另一方当事人向我国人民法院起诉并且我国法院予以受理的，判决后，外国法院申请或当事人请求人民法院承认和执行外国法院对本案作出的判决、裁决的，不予准许，但双方共同参加或签订的国际条约另有规定的除外。

1991年7月最高人民法院通过了《关于中国公民申请承认外国法院离婚判决程序问题的规定》，特别规定，在下述情况下，对外国法院的离婚判决不予承认：作出判决的外国法院对案件无管辖权；判决是在被告缺席且未得到合法传唤情况下作出的；该当事人之间的离婚案件，我国法院正在审理或已作出判决，或者第三国法院对该当事人之间作出的离婚案件判决已为我国法院所承认。

我国还与许多国家签订了双边司法协助协定，其中有关于承认与执行外国法院判决的规定。此外，我国参加的国际公约中也有关于这方面的规定，例如1969年《国际油污损害民事责任公约》第10条即是如此。该条规定，根据该公约对案件有管辖权的法院作出的判决，“如可在原判决国实施而不再需要通常复审手续时，除下列情况外，应为各缔约国所承认：（1）判决是以欺骗取得的；（2）未给被告人以合理的通知和陈述其立场的公正机会”。按照上述规定被承认的判决，在履行了执行判决的那个缔约国规定的各项手续后，应在该国立即执行，在履行上述各项手续时，不得对该案提出异议。

另外，我国《民事诉讼法》第280条还对我国法院判决在外国得到承认和执行作了规定。根据这一规定，人民法院作出的发生法律效力的判决、裁定，如果被执行人或者其财产不在我国领域内，当事人请求执行的，可以由当事人直接向有管辖权的外国法院申请承认和执行，也可以由人民法院依照我国缔结或参加的国际条约的规定，或者按照互惠原则，请求外国法院承认和执行。

【问题与思考】

1. 管辖权的确定在国际民事诉讼中有何意义？目前缔结一项全球性的关于管辖权方面的公约十分艰难，你认为其根本原因何在？

2. “付春花离婚案”是典型的“一事两诉”案件，你认为我国关于这一问题的现行法律规定是否合理，有无变更之必要？

3. 外国人在中国起诉、应诉，哪些人可以担任其代理人？

4. 公共秩序保留制度在国际民事诉讼中是一项重要的制度，大连市中级人民法院在处理“五味晃申请承认和执行日本法院判决案”时就运用了这一制度，你是否认同法院的判决理由？

第十三章

国际商事仲裁法

参考书目

1. 韩健．现代国际商事仲裁法的理论与实践．北京：法律出版社，1993

2. 郭寿康，赵秀文主编．国际经济贸易仲裁法．修订版．北京：中国法制出版社，1999

3. 陈治东．国际商事仲裁法．北京：法律出版社，1998

4. 赵秀文主编．国际商事仲裁案例分析．北京：中国法制出版社，1999

5. 朱克鹏．国际商事仲裁的法律适用．北京：法律出版社，1999

6. 赵健．国际商事仲裁的司法监督．北京：法律出版社，2000

7. 宋航．国际商事仲裁裁决的承认与执行．北京：法律出版社，2000

8. 宋连斌．国际商事仲裁管辖权研究．北京：法律出版社，2000

9. 赵秀文．国际商事仲裁及其适用法律研究．北京：北京大学出版社，2002

10. 赵秀文．国际商事仲裁法．2 版．北京：中国人民大学出版社，2008

11. 赵秀文主编．国际商事仲裁案例解析．北京：中国人民大学出版社，2005

12. 韩健主编．涉外仲裁司法审查．北京：法律出版社，2006

13. Tibor Varady，John J. Barcelo，Ⅲ，Arthur T. von Mehren. International Commercial Arbitration. West Group，1999

14. Thomas E. Carbonneau. Lex Mercatoria and Arbitration. Revised Edition. Juris Publishing，Inc.，Kluwer Law International，1998

15. Martin Hunter，Arthur Marriott，V. V. Veeder. The Internationalization of International Arbitration. Graham & Trotman/Marimus Nijhoff，1995

参考法规

1. 1994 年《中华人民共和国仲裁法》
2. 2012 年《中华人民共和国民事诉讼法》
3. 1958 年《承认与执行外国仲裁裁决公约》（《纽约公约》）
4. 联合国贸法会《国际商事仲裁示范法》
5. 联合国贸法会仲裁规则
6. 国际商会国际仲裁院仲裁规则
7. 中国国际经济贸易仲裁委员会仲裁规则

引例　旭普林公司案

2000 年 12 月 12 日，德国旭普林国际有限责任公司（以下简称旭普林公司）与中国无锡沃可通用工程橡胶有限公司（以下简称沃可公司）签署了由旭普林公司总承包沃可公司位于无锡新区的新厂房（一期）工程的合同。合同附件中约定："Arbitration：15.3 ICC Rules，Shanghai shall apply."本案合同采用的是 FIDIC（国际咨询工程师联合会）示范合同文本，根据该合同文本第 15·3 条，"异议通知书所指的任何争端，应当由一名独立的仲裁员根据协议附件中规定的规则作出最终处理。在未达成一致的情况下，仲裁员应当由协议附件中规定的机构指定。案件审理应当在协议附件中规定的地点进行，并使用第 1·5 条规定的语言"。

双方在合同的履行过程中发生争议。2003 年 4 月 23 日，旭普林公司向国际商会（International Chamber of Commerce，ICC）国际仲裁院提出仲裁申请。沃可公司对仲裁庭的管辖权提出异议。同年 4 月 29 日，旭普林公司向沃可公司所在地江苏省无锡市新区人民法院提出确认该仲裁协议效力的诉讼请求。根据最高人民法院《关于人民法院处理与涉外仲裁及外国仲裁事项有关问题的通知》中规定的报告制度①，江苏省无锡市新区人民法院将此案层报江苏省无锡市中级人民法院和江苏省高级人民法院，后者上报给最高人民法院。2004 年 9 月 2 日，江苏省无锡市新区人民法院依据最高人民法院（2003）民四他字第 23 号批复的精神作出（2004）新民二初字第 154 号民事裁定，确认上

① 1995 年 8 月 28 日，法发（1995）18 号。该通知中规定的报告制度为："一、凡起诉到人民法院的涉外、涉港澳和涉台经济、海事海商纠纷案件，如果当事人在合同中订有仲裁条款或者事后达成仲裁协议，人民法院认为该仲裁条款或者仲裁协议无效、失效或者内容不明确无法执行的，在决定受理一方当事人起诉之前，必须报请本辖区所属高级人民法院进行审查；如果高级人民法院同意受理，应将其审查意见报最高人民法院。在最高人民法院未作答复前，可暂不予受理。二、凡一方当事人向人民法院申请执行我国涉外仲裁机构裁决，或者向人民法院申请承认和执行外国仲裁机构的裁决，如果人民法院认为我国涉外仲裁机构裁决具有民事诉讼法第二百六十条情形之一的，或者申请承认和执行的外国仲裁裁决不符合我国参加的国际公约的规定或者不符合互惠原则的，在裁定不予执行或者拒绝承认和执行之前，必须报请本辖区所属高级人民法院进行审查；如果高级人民法院同意不予执行或者拒绝承认和执行，应将其审查意见报最高人民法院。待最高人民法院答复后，方可裁定不予执行或者拒绝承认和执行。"

述仲裁协议无效，理由是在当事人没有约定确认仲裁条款效力准据法的情况下，根据确认仲裁条款效力准据法的一般原则，应当按照仲裁地的法律予以认定，即本案应当根据我国法律确认所涉仲裁条款的效力。而根据我国仲裁法的有关规定，有效的仲裁条款应当同时具备仲裁的意思表示、仲裁事项和明确的仲裁机构三个方面的内容。本案所涉仲裁条款从字面上看，虽然有明确的仲裁的意思表示、仲裁规则和仲裁地点，但并没有明确指出仲裁机构。因此，应当认定该仲裁条款无效。①

此外，ICC 国际仲裁院（简称 ICC 仲裁院）仲裁庭于 2003 年 11 月 10 日作出先决裁决，确认其对双方当事人争议有管辖权。仲裁庭根据应当适用的 ICC 仲裁规则在上海进行了开庭审理，并于 2004 年 3 月 30 日作出了沃可公司败诉的终局裁决。

由于沃可公司未能在规定的期限内履行该裁决，2004 年 8 月 17 日，旭普林公司向江苏省无锡市中级人民法院申请强制执行该裁决。根据最高人民法院在 1995 年发布的报告制度，此案已经上报江苏省高级人民法院，后者经审查后上报最高人民法院。

2006 年 7 月 19 日，江苏省无锡市中级人民院根据最高人民法院批复，裁定拒绝执行该 ICC 裁决，理由是该 ICC 裁决系根据被我国法院认定无效的仲裁协议作出。

本案涉及的主要法律问题有：仲裁协议的效力及其认定、仲裁庭的管辖权、法院管辖与仲裁管辖之间的冲突、国际商会国际仲裁院裁决的国籍、常设仲裁机构的仲裁规则及其适用、国际商事仲裁裁决的承认与执行等。

国际商事仲裁法是体现在各国有关国内仲裁立法与国际仲裁立法文件中关于调整国际商事仲裁关系的法律规范的总称。在本章中，我们将结合本章、下节开始时列举的“旭普林公司案”、“诺和诺德公司案”和以后各节中列举的案例，对国际商事仲裁法所涉及的主要问题作出探讨，包括仲裁协议的有效性及效力认定、仲裁庭的组成及管辖权限、仲裁程序规则和仲裁法及其适用，以及国际商事仲裁裁决及其承认与执行等国际商事仲裁法的基本原理。

第一节　国际商事仲裁法概论

引例　诺和诺德公司案

诺和诺德股份有限公司（外方当事人）与海南际中医药科技开发公司（中方当事人）之间订立了经销协议。该协议中的仲裁条款规定：“因本协议产生或与本协议有关的一些争议应按照申请时有效的国际商会的规则（不包括调解

① 参见《涉外商事海事审判指导》，第 9 辑，36 页，北京，人民法院出版社，2005。

程序）通过仲裁方式解决。仲裁应在伦敦以英语进行。仲裁裁决具有终局效力，对双方均具约束力。”双方在履行该经销协议过程中发生争议，中方当事人将争议提交海口市中级人民法院解决，外方当事人以双方当事人在经销协议中订有仲裁条款为由，对法院的管辖权提出异议，请求法院判定将本案争议提交仲裁解决。最高人民法院在1996年致海南省高级人民法院的复函中指出：“经研究，同意你院报告中的意见，当事人合同中的仲裁条款因无明确的仲裁机构而无法执行，海口市中级人民法院对此案有管辖权。”[①]

本案涉及的主要法律问题有：仲裁协议是仲裁庭取得对仲裁协议项下事项管辖权的基本依据、仲裁协议的效力及其认定等。

一、国际商事仲裁的概念和法律特征

对于何谓国际商事仲裁，《法国民事诉讼法典》第1492条作了原则性的界定：“如果包含国际商事利益，仲裁就是国际性的。”这里“国际商事利益”的含义，显然是极为广泛的。按照国际私法以涉外民商事关系为其调整对象的基本理论，对一国而言，凡是仲裁协议的一方或双方为外国人、无国籍人或其他外国企业或实体，或者仲裁协议订立时双方当事人的住所或营业地位于不同的国家，或者即便仲裁协议双方当事人的住所或营业地位于相同的国家，但如果仲裁地点位于该国境外，或者仲裁协议中所涉及的商事关系的设立、变更或终止的法律事实发生在国外，或者争议标的位于该国境外者，均可视为国际商事仲裁。

国际商事仲裁主要具有以下几个方面的特征：

首先，它是一种自愿解决争议的方法。当事人之间约定的通过仲裁方式解决他们之间已经发生的或将来可能发生的争议的仲裁协议，是通过仲裁解决争议的基本前提。如无此项协议，就不可能有仲裁的发生，这一特点与选择性争议解决的方法（Alternative Dispute Resolution，ADR）相同。[②]

其次，仲裁解决争议具有较大的灵活性。当事人可就由谁来仲裁、仲裁适用的规则和法律、仲裁地点、仲裁所使用的语文及仲裁费用的承担等作出约定。除非当事人双方另有约定，仲裁一般采用不公开审理的方法，这样，当事人的商业信誉和商业秘密就有可能得到较好的保护。而在司法诉讼中，各国法院只适用本国的诉讼程序法，当事人一般不能自由地选择审理争议的法官，并且严格地按照诉讼程序法的规定审理案件。

最后，仲裁裁决具有与法院判决相同的法律效力。然而，与法院判决相比，仲裁裁决如需在外国执行，则具有更大的优势。因为世界上一百多个国家均是1958年《纽约公约》的缔约国。[③] 据此公约，缔约国有义务承认与执行在另一国境内作出的仲裁裁决，除非裁决有

---

① 最高人民法院《关于海南省高级人民法院审理诺和诺德股份有限公司与海南际中医药科技开发公司经销协议纠纷案的报告的复函》，1996年12月20日，法经［1996］449号；宋连斌、林一飞译编：《国际商事仲裁资料精选》，474页，北京，知识产权出版社，2004。

② 关于ADR的概念、特征及适用，参见赵秀文：《论选择性争议解决方法及其适用》，载《法学杂志》，2005（5）。

③ 截至2016年8月，该公约共有缔约国156个。关于具体国家的名称，见www.uncitral.org。

该公约规定的拒绝承认与执行的理由。而一国法院作出的判决在另一国执行时，由于各国在政治、经济、文化和意识形态等方面的差异，内国法院往往对外国法院的判决采取不信任的态度，而目前又缺乏相互承认与执行法院判决的普遍性的国际公约，所以在执行上内国法院在对该外国法院判决的审查上，往往附有非常苛刻的条件。

可见，仲裁既不同于 ADR，也有别于司法诉讼，但与这两者又有某些相同之处，是介乎这两者之间的解决争议的方法。仲裁既具有 ADR 自愿解决争议的优点，其裁决又有类似于法院判决的强制执行力的特点，况且还有裁决依据《纽约公约》在外国得到执行的特点，因而与法院判决相比，在一国境内作出的裁决，更容易在其他国家得到承认与执行。正是仲裁所具备的上述特点，使之成为解决国际合同争议的首要方法。在国际商事交易实践中，绝大多数国际合同中均含有通过仲裁解决争议的条款——仲裁条款。许多国家之间订立的双边或多边国际公约或协定，一般也含有通过仲裁解决争议的条款。①

二、国际商事仲裁的种类

按照协议主体的法律地位的不同，国际商事仲裁可分为：（1）不同国家的国民之间的商事争议仲裁；（2）国家与他国国民之间的商事争议仲裁；（3）国家之间的商事争议仲裁。在国际商事仲裁实践中，国际商事仲裁主要指不同国家的国民之间将在国际商事交易中发生的争议提交仲裁解决的情况。当然，在后两种情况下，当事人之间在订有仲裁协议的情况下，也可以通过仲裁的方式解决争议。

根据审理国际商事争议的仲裁机构是否具有固定的名称、章程和办公地点，国际商事仲裁可以分为临时仲裁机构和常设仲裁机构。临时仲裁机构是指根据当事人之间的仲裁协议而临时设立的审理该特定案件的机构，即事实上的仲裁庭。当案件审理终结并作出仲裁裁决后，该仲裁机构即行解散。而常设仲裁机构则指依据国际公约或一国国内法设立的审理国际商事仲裁案件的机构。这些机构均有其特定的名称、章程和固定的办公地点，多数还有其仲裁规则，许多还有专门的供当事人选择的仲裁员名册。常设仲裁机构的主要职能是制定仲裁规则和监督规则的实施，以及为保障仲裁程序的顺利进行提供行政管理，而不是直接参与仲裁案件的审理。即便在临时仲裁的情况下，当事人一般也可以请求这类仲裁机构提供某些管理方面的服务，如代为指定仲裁员等。这类仲裁机构一般都比较规范，且有专门的秘书处实施管理方面的工作，包括确认收到并转交仲裁申请书和答辩状、按规定收取仲裁费、协助组成仲裁庭、安排开庭等事项，并提供记录、翻译等方面的服务。此外，根据常设仲裁机构的性质的不同，还可以分为国际性、区域性和行业性仲裁机构。

此外，根据参与仲裁的当事人的人数，国际商事仲裁可以分为在双方当事人之间进行的仲裁和在多方当事人之间进行的仲裁等。

三、调整国际商事仲裁的法律规则

在国际商事仲裁立法与实践中，调整国际商事仲裁关系的法律规则主要包括国际立法与国内立法。前者主要包括相关的国际公约和相关国际立法文件，后者主要包括各国调整国际商事仲裁的国内法。

---

① 如国家之间订立的贸易协定、投资保护协定、避免双重征税协定等双边协定，以及世界银行主持制定的《关于建立多边投资担保机构公约》等多边国际公约。

（一）国际立法文件

在世界范围内最有影响的国际公约是《纽约公约》，该公约由联合国主持制定，于 1958 年在纽约召开的联合国国际商事仲裁会议上通过。

《纽约公约》的主要规定是：（1）各缔约国应当承认当事人各方所签订或在互换函电中所载明的合同中的仲裁条款或仲裁协议的效力。（2）除该公约规定的拒绝承认与执行外国仲裁裁决的情况外，各缔约国应当承认与执行该项在外国作出的仲裁裁决。（3）该公约规定了各国可以拒绝承认与执行的外国仲裁裁决的各项条件，即被申请人提供证据证明有下列情况之一的，执行地法院可以拒绝承认与执行仲裁裁决。这些情况包括：仲裁协议无效；仲裁程序不当；裁决超出了仲裁协议规定的范围；仲裁庭的组成或仲裁程序与仲裁协议或仲裁地的法律不符；裁决在裁决地国或依裁决应当适用的法律对当事人尚无拘束力，或已被上述国家的主管机关撤销。此外，如果被请求承认与执行该裁决的国家的主管机关认为，争议事项依该国法律为不能通过仲裁解决的事项，或者承认与执行该仲裁裁决和执行地的公共政策相抵触的，也可拒绝承认与执行该外国裁决。

国际经济贸易领域中另一个影响较大的国际公约是通过仲裁方式解决东道国政府与外国投资者之间由于在东道国投资而产生的争议的公约，即《解决国家与他国国民之间投资争议公约》。

除了上述两个普遍性的国际公约外，还有一些地区性的国际公约。如由联合国欧洲经济委员会主持制定、于 1961 年由欧洲各国签署的《欧洲国际商事仲裁公约》，由美洲国家组织主持制定、于 1975 年在巴拿马城召开的国际私法特别会议上通过的《美洲国家商事仲裁公约》（《巴拿马公约》）。这两个公约均就其适用范围、仲裁协议的效力、仲裁庭的组成、仲裁规则的适用、仲裁裁决的效力及其承认与执行等，作了规定。这两个公约的缔约国，一般均为《纽约公约》的缔约国。

此外，由联合国贸法会制定的《国际商事仲裁示范法》，则成为调整国际商事仲裁的重要立法文件。该示范法本身没有法律上的拘束力，其制定的目的并非要求各国共同加入，而是为各国国际商事仲裁立法提供参照系，供各国立法机关单方面采纳为调整国际商事仲裁关系的国内法，国内立法机关在采纳该示范法时，还可以结合本国的具体情况作出这样或者那样的修订。目前，该示范法已经为包括我国香港和澳门特别行政区在内的几十个国家和地区采纳为其国际商事仲裁法。

（二）国内仲裁立法文件

1. 国内仲裁立法

各国有关仲裁的立法均调整国际商事仲裁，这些仲裁立法或者表现在这些国家的民事诉讼法中，如德国民事诉讼法、日本民事诉讼法、法国民事诉讼法等；还有一些国家制定了专门的仲裁法，如美国 1926 年《联邦仲裁法》、英国《1996 年仲裁法》。这些仲裁法，既调整国内仲裁，也调整国际仲裁。还有一些国家专门制定了调整国际商事仲裁的法律或法规，如埃及于 1988 年制定的《埃及国际商事仲裁法案》。还有一些国家根据联合国贸法会主持制定的 1985 年《国际商事仲裁示范法》制定了本国的国际商事仲裁法，如俄罗斯国际商事仲裁法、保加利亚国际商事仲裁法等。所有这些有关仲裁的法律或法规，均就有关仲裁涉及的各种事项，包括仲裁协议的效力和仲裁庭的管辖权、仲裁庭的组成、仲裁员的指定、仲裁程序的进行、仲裁裁决的作出及其补救办法、仲裁裁决的效力及其承认与执行等事项，作了规定。

我国调整国际仲裁的国内立法主要表现在我国 1994 年《仲裁法》和 2012 年《民事诉讼

法》中。其中《仲裁法》第七章就我国的涉外仲裁作了专门规定，包括涉外仲裁机构的组成、仲裁员的聘任、保全措施、涉外仲裁裁决的撤销和承认与执行问题等，作了专门规定。《民事诉讼法》第二十六章（第271～275条）的规定也是专门针对国际经济贸易、运输和海事争议的仲裁的。主要内容包括：当事人之间订有将他们之间的争议提交仲裁解决的仲裁协议时，不得向法院起诉；申请强制执行涉外仲裁裁决的法院及不予执行此项仲裁裁决的条件等。

2. 调整国际商事仲裁案件适用的仲裁规则

国际商事交易中的当事人在他们之间订立的仲裁协议中所约定的通过仲裁方式解决争议应当适用的仲裁规则，在如何通过仲裁方式解决争议方面，发挥着重要的作用。

在国际商事仲裁实践中，一般常设仲裁机构均有自己的仲裁规则。当事人在将争议提交他们在仲裁协议中约定的仲裁机构时，如无相反的约定，就意味着适用该机构的仲裁规则。有些仲裁机构的规则对此还作出了专门规定。例如，自1992年1月1日起实施的《日内瓦商工会仲裁规则》第1条第1款即规定："一旦当事人同意将争议提交商工会进行仲裁，本规则将适用。"

针对临时仲裁机构无专门仲裁规则可供适用的情况，联合国贸法会组织了各不同法律制度下的专家共同制定了1976联合国贸法会仲裁规则。三十多年来的实践证明，此项规则不仅被广泛地应用于临时仲裁，世界上许多常设仲裁机构的仲裁规则，也是参照此规则制定的。该规则分别在2010年和2013年进行了修订。此外，包括中国国际经济贸易仲裁委员会在内的绝大多数仲裁机构，均允许当事人选择适用联合国贸法会的仲裁规则，并应当事人的请求对依此规则进行的仲裁程序实施管理。该仲裁规则的特点是：第一，这些仲裁规则只对特定的当事人，即选择适用某一特定规则的当事人有拘束力。第二，这些仲裁规则的适用不得与进行仲裁应当适用的法律相抵触。如果这些规则的适用与仲裁应当适用的法律发生抵触，则此类规则应当服从法律中的有关规定。例如，联合国贸法会制定的仲裁规则第1条第2款规定："仲裁应受本规则支配，但本规则的任何规定如与双方当事人必须遵守的适用于仲裁的法律规定相抵触时，应服从法律的规定。"

第二节　国际商事仲裁协议

引例　厦门维哥木制品有限公司案[①]

厦门维哥木制品有限公司与台湾富源企业有限公司购销合同中的仲裁条款规定："解决合同纠纷的方式为双方友好协商解决或以国际商会仲裁为准。"双方在合同履行中就本案合同中的仲裁条款的效力和仲裁庭的管辖权发生争议，在该案中，对于福建省高级人民法院的请示，最高人民法院作出如下答复：本案双方当事人在其合同中约定"解决合同纠纷的方式为双方友好协商解决或以国际商会仲裁为准"，按照国际商会（1988年）仲裁规则第8条规定，

① 参见最高人民法院《关于厦门维哥木制品有限公司与台湾富源企业有限公司购销合同纠纷管辖权异议案的复函》，1996年5月16日，法函［1996］78号；宋连斌、林一飞译编：《国际商事仲裁资料精选》，466页，北京，知识产权出版社，2004。

"双方当事人约定提交国际商会仲裁时，则应事实上接受本规则"。国际商会国际仲裁院是执行国际商会仲裁规则的唯一仲裁机构，故双方当事人合同中的仲裁条款实际约定了由国际商会国际仲裁院依据国际商会仲裁规则对本案当事人之合同纠纷进行仲裁。该仲裁条款有效，当事人应按仲裁条款仲裁，人民法院对本案没有管辖权。

本案涉及的主要法律问题是：当事人约定将争议提交某一特定仲裁机构仲裁，是否就意味着适用该机构的仲裁规则的各项规定仲裁？

一、国际商事仲裁协议的概念和特征

国际商事仲裁协议是指当事人各方同意将他们之间已经发生的或将来可能发生的争议提交仲裁解决的协议。概括起来，国际商事仲裁协议具有以下几个方面的法律特征：第一，它是特定的法律关系的当事人之间同意将他们之间的争议提交仲裁解决的共同的意思表示，而不是一方当事人的意思表示。而这种特定的法律关系，既包括国际货物买卖、运输、保险、支付、投资、技术转让等方面的契约性法律关系，也包括海上船舶碰撞、产品责任、医疗和交通事故等侵权行为等非契约性的法律关系。第二，仲裁协议是使某一特定的仲裁机构取得对协议项下的案件的管辖权的依据，同时也是排除法院对该特定案件实施管辖的主要的抗辩理由。因为《纽约公约》第 2 条第 3 款规定："当事人就诉讼事项订有本条所称之仲裁协议者，缔约国法院受理诉讼时应依当事人一方之请求，令当事人提交仲裁，但仲裁协议经法院认定无效、失效或者不能施行者，不在此限。"此外，1987 年《阿拉伯商事仲裁公约》第 27 条、联合国贸法会制定的《国际商事仲裁示范法》第 8 条第 1 款等，均有类似规定。第三，一项有效的仲裁协议，是仲裁裁决得以承认与执行的基本前提。对于仲裁庭作出的仲裁裁决，如果败诉一方未能自动执行，另一方当事人可请求法院强制执行此项裁决。但法院在执行此项裁决时，如果认定该项裁决根据无效的仲裁协议作出，按照《纽约公约》第 5 条第 1 款的规定，被请求执行该裁决的法院也会拒绝承认与执行此项裁决。

二、国际商事仲裁协议的表现方式及主要内容

（一）国际商事仲裁协议的表现方式

国际商事仲裁协议有两种表现形式：合同中的仲裁条款和专门的仲裁协议书。

合同中的仲裁条款是合同双方当事人在争议发生之前订立的将合同执行过程中可能发生的争议提交仲裁解决的协议。其特点是：第一，它是当事人之间在争议发生之前所达成的将争议提交仲裁解决的约定；第二，它不是一个独立的文件，而是主合同中的一个条款。

而仲裁协议书一般是指当事人之间订立的将已经发生的争议提交仲裁解决的协议。它也有两个特点：第一，它是当事人之间在争议发生之后所达成的将争议提交仲裁解决的约定；第二，它是一个独立的文件，是将特定的争议提交仲裁解决的单独的一项协议。

（二）国际商事仲裁协议的主要内容

无论是合同中的仲裁条款，还是当事人之间就已经发生的争议订立的单独的仲裁协议书，都必须包括如下内容：（1）将争议提交仲裁解决的意思表示，即双方当事人同意将争议

通过仲裁的方式而不是通过司法诉讼的方法解决的约定。这是仲裁协议最为重要的内容。如无此项约定，便不可能有仲裁的发生。(2) 提交仲裁的事项，即将什么样的争议提交仲裁解决。这是对仲裁庭的管辖权作出界定的依据。如果仲裁庭裁决的事项超出了该项协议的范围，则就超出协议规定的范围的事项所作的裁决就不能得到法院的承认与执行。(3) 仲裁庭的组成方法或仲裁机构的名称。而这里的负责解决争议的仲裁庭，可以是临时仲裁庭，也可以是常设仲裁机构项下的仲裁庭。此外，当事人还可以就其他与仲裁有关的事项作出约定，如仲裁地点、仲裁应当适用的规则等。按照我国《仲裁法》第 16 条的规定，仲裁协议应当包括如下内容：(1) 请求仲裁的意思表示；(2) 仲裁事项；(3) 选定的仲裁委员会。鉴于我国现行法律中还没有临时仲裁机构存在的余地，我国法律对仲裁协议的有效性作出了比较严格的规定。但是从各国有关国际商事仲裁立法的趋势看，是尽量使仲裁协议有效。[①]

三、国际商事仲裁协议的效力及其认定

尽管各国法律对仲裁协议的效力应当具备的条件规定各异，但一般而言，一项有效的仲裁协议，至少应当具备以下条件：

(1) 仲裁协议必须是双方当事人真实的意思表示，而不是一方当事人通过欺诈的方式强使另一方当事人接受此项协议的产物。

(2) 订立协议的双方当事人依照应当适用的法律，必须具有合法的资格和能力。如果当事人依据应当适用的法律为无行为能力者，则致使仲裁协议无效。

(3) 仲裁协议的内容应当合法，即当事人约定的仲裁事项必须是按照有关国家的法律可以通过仲裁方式解决的事项。这些法律一般为裁决地法或裁决执行地国的法律。此外，协议的内容也不得违反仲裁地国或裁决地国的法律中有关强制性的规定，不得与这些国家的公共政策相抵触。

(4) 仲裁协议的形式必须合法，按照《纽约公约》第 2 条、联合国贸法会《国际商事仲裁示范法》第 7 条第 2 款，仲裁协议必须采用书面形式。

在国际商事仲裁立法与实践中，法院和仲裁庭均有权对某一特定仲裁协议的有效性作出认定。法院或者仲裁庭在对国际商事仲裁协议的效力作出决定时考虑的主要因素是：该特定的仲裁协议应当适用的法律[②]；另外，仲裁协议本身不得违反裁决地国或裁决执行地国法律中有关强制性的规定，如涉及可仲裁事项的问题，有关当地的社会公共利益等问题的规定。

在中国有关国际商事仲裁司法实践中，对于当事人在仲裁协议中约定适用 ICC 仲裁规则，但未提及争议交由 ICC 仲裁院仲裁，或者只提及争议交由 ICC 仲裁，但未提及适用 ICC 仲裁规则，而请求法院确认仲裁协议的有效性问题，我国法院作出了不同的认定：在“旭普林公司案”及“诺和诺德公司案”中，法院认定仲裁协议无效，理由是没有约定提交 ICC

---

① 关于这个问题的详细论述，参见王生长：《“有利于有效”政策与仲裁协议效力的认定——评最高人民法院的两份司法解释征求意见稿》，载《仲裁与法律》，第 93 辑，119～131 页，北京，法律出版社，2004。

② 关于国际商事仲裁协议的效力及其认定，参见赵秀文：《论国际商事仲裁协议的有效性及其适用法律》，载《法学家》，1993 (5)、(6)；赵秀文：《论国际商事仲裁协议的适用法律》，载梁慧星主编：《民商法论丛》，第 17 卷，433～482 页，香港，金桥文化出版（香港）有限公司，2000；赵秀文：《论法院对涉外仲裁协议有效性及其适用法律的认定》，载《杭州师范学院学报》（社会科学版），2003 (5)；陈治东：《涉外仲裁协议的司法审查》，载《仲裁与法律》，2003 (3)；侯登华：《从国际仲裁的晚近立法看我国仲裁协议法律制度的完善》，载《仲裁与法律》，第 93 辑，北京，法律出版社，2004。

这一仲裁机构仲裁。而在“厦门维哥木制品有限公司案”中，法院的解释是国际商会国际仲裁院是执行国际商会仲裁规则的唯一仲裁机构，故双方当事人合同中的仲裁条款实际约定了由国际商会国际仲裁院依据国际商会仲裁规则对本案当事人之合同纠纷进行仲裁。如果按照后者的解释，既然国际商会国际仲裁院是执行国际商会仲裁规则的唯一仲裁机构，那么当事人约定适用ICC仲裁规则仲裁，就意味着当事人约定了提交仲裁的机构，因为ICC仲裁规则是ICC制定的仅供ICC仲裁院而不是其他任何常设仲裁机构或者临时仲裁机构适用，除非当事人之间另有约定。

我们在本章和前两节开始时列举的三个引例，均涉及如下法律问题：一项有效仲裁协议的存在，是仲裁庭获得对仲裁案件管辖权的主要依据。当然，对该仲裁协议有效性作出什么样的认定，则取决于涉案仲裁庭和法院依据相关法律和仲裁规则对该协议作出的解释。仲裁庭和法院对仲裁协议有效性的认定，直接关系到仲裁庭能否获得该仲裁协议项下争议的管辖权。在国际商事仲裁司法实践中，法院和仲裁庭对同样的仲裁协议作出不同的效力认定，并非司空见惯。

四、仲裁条款的独立性

【案例13—1】英国海港保险公司案①

芬兰一些保险公司为了打入英国的保险市场，与英国海港保险公司订立了在英国从事保险和再保险的活动的保险协议。该保险协议规定：“由于本协议引起的争议，均应当交由两位仲裁员作出决定。”根据英国的国内法规定，在英国从事保险活动，必须取得英国工商局的许可。而本案协议的订立，并未取得英国工商局的许可。英国海港公司以该协议未取得工商局许可为由，将其与芬兰公司的保险协议提交英国商事法院后座庭（Queen’s Bench Division），请求法院认定该协议由于违反英国的法律而自始无效。芬兰公司则请求法院根据英国《1975年仲裁法》第1条终止诉讼，判决当事人将该合同项下的争议按照合同中的规定提交仲裁解决。一审法院法官经审理后裁定驳回被告申请终止诉讼的请求，理由是本案合同由于违反了英国保险法而自始无效，进而仲裁庭无权对违法合同的自始无效问题实施管辖。上诉法院推翻了一审法院的裁定，认为本案仲裁条款应当包括对本案合同违法性解释问题而引起的争议。双方当事人之间对于协议中所包含的承诺在双方订立所谓的无效协议时是否无效或失效的争议，应当属于由于本协议而引起的争议范畴，仲裁庭对此有管辖权。

本案涉及的法律问题是：自始无效合同中的仲裁条款的效力。

仲裁条款是主合同的一个条款时，如果主合同为无效合同，是否该合同中的仲裁条款也随之无效？根据现代国际商事仲裁立法与实践，尽管仲裁条款是合同中的一个条款，合同的无效、失效或者不能履行并不自动地导致该合同的仲裁条款无效，仲裁条款可以独立于它所依据的主合同而存在。②

---

① 参见赵秀文编著：《国际商事仲裁法》，76～80页，北京，中国人民大学出版社，2004；赵秀文主编：《国际商事仲裁案例解析》，47～53页，北京，中国人民大学出版社，2005。

② 关于仲裁条款独立原则，详见赵秀文：《论仲裁条款独立原则》，载《法学研究》，1997（4）。

在“英国海港保险公司案”中，尽管保险协议由于英国保险公司未能得到工商局的许可而自始无效，但是合同无效是否导致本案合同中关于解决合同争议的仲裁条款也随之无效？英国上诉法院的回答是否定的。因为尽管合同无效，但是关于通过仲裁的方式解决由于合同而产生的损害赔偿的争议，仍然属于仲裁庭的管辖范围，法院对此无管辖权。

目前，仲裁条款独立原则已经为多数国家的国际商事仲裁法所认可。例如，已经为全世界几十个国家和地区的立法机构所采纳的联合国贸法会《国际商事仲裁示范法》第 16 条第 1 款规定：“仲裁庭可以对它自己的管辖权包括对仲裁协议的存在或效力的任何异议，作出裁定。为此目的，构成合同的一部分的仲裁条款应视为独立于其他合同条款以外的一项协议。仲裁庭作出关于合同无效的决定，不应在法律上导致仲裁条款的无效。”我国《仲裁法》第 19 条的规定同样体现了仲裁条款独立原则：“仲裁协议独立存在，合同的变更、解除、终止或者无效，不影响仲裁协议的效力。”1999 年 10 月 1 日起实施的《合同法》第 57 条对此原则的规定更加明确：“合同无效、被撤销或者终止的，不影响合同中独立存在的有关解决争议方法的条款的效力。”最高人民法院 2006 年《关于适用〈中华人民共和国仲裁法〉若干问题的解释》第 10 条 2 款规定，当事人在订立合同时就争议达成仲裁协议的，合同未成立不影响仲裁协议的效力。

第三节　仲裁庭的组成及管辖权限

引例　布罗斯案①

原告爱奥·哈代德兄弟公司（Al Haddad Brothers Enterprises）于 1982 年 2 月向美国法院起诉被告代尔坎公司（Diakan Love S. A.），要求被告赔偿其在 1981 年 2 月至 3 月间的运输途中对原告货物造成的损失。代尔坎公司以双方之间的租船合同中存在仲裁条款为由，请求法院裁定将争议提交仲裁解决。

租船合同中的仲裁条款规定如下：由于租船合同引起的任何争议将提交伦敦仲裁，双方各指定一名仲裁员，如果两名仲裁员意见不一致则由他们共同指定的公断人作出裁断，该裁断是终局的且对双方具有拘束力。仲裁庭的组成人员应从伦敦仲裁协会的仲裁员名册中选任。被告以合同中存在着仲裁条款为由，请求法院终止诉讼程序，令当事人将争议提交仲裁解决。哈代德公司反对代尔坎公司的请求，但对于租船合同中含有要求在伦敦仲裁这一条款并无异议。法庭接受代尔坎公司的提议并中止对此案的审理以使哈代德公司诉诸仲裁。哈代德公司并没有就法院的这一决定提起上诉，也没有诉诸仲裁。

与此同时，代尔坎公司（仲裁申请人）于 1981 年 10 月在伦敦启动了仲裁程序，要求哈代德公司（被申请人）偿付未付的租船费用。代尔坎公司指定布鲁斯·哈瑞斯（Bruce Harris）作为仲裁员，并于 1981 年 11 月将此决定告知哈代德公司。然而，哈代德公司在规定的期限内没有指定仲裁员，代尔坎公司于 1981 年 12 月 31 日通知哈代德公司建议组成以哈瑞斯作为独任仲裁员的仲裁

---

① 参见赵秀文编著：《国际商事仲裁法》，171～174 页，北京，中国人民大学出版社，2004；赵秀文主编：《国际商事仲裁案例解析》，123～132 页，北京，中国人民大学出版社，2005。

庭。1983 年 6 月 12 日，该独任仲裁员裁定哈代德公司应当向代尔坎公司偿付包括利息和相关费用共计 143 712.4 美元。

被申请人未能执行该裁决，申请人请求法院强制执行。被申请人请求法院以其未同意租船合同中要求在伦敦仲裁的条款为由判定仲裁裁决无效。法院拒绝了这一请求，法院认为，尽管代尔坎公司寻求执行的仲裁裁决显然并没有根据双方的仲裁协议的规定组成合议仲裁庭，但这一事实并不对裁决的有效性构成威胁。《纽约公约》允许对与仲裁协议不符但与仲裁地法律相符的仲裁裁决的承认与执行，根据英国仲裁法，如果当事人一方经要求指定仲裁员而未指定，另一方当事人指定的仲裁员可作为独任仲裁员对争议作出裁定，但首先指定仲裁员的一方必须在对方接到要求指定仲裁员的通知 7 天之后未指定，方可使其指定的仲裁员作为独任仲裁员。申请人代尔坎公司遵循了这一程序，因此，伦敦仲裁庭的裁决应该得到承认与执行。

本案涉及的主要法律问题是：仲裁庭的组成是否适当和外国仲裁裁决的承认与执行。

一、仲裁庭的组成

根据组成仲裁庭的仲裁员人数的不同，可以分为由一位仲裁员组成的独任仲裁庭、由两位仲裁员组成的二人仲裁庭和由三人或三人以上的仲裁员组成的仲裁庭。在国际商事仲裁实践中，常见的仲裁庭是独任仲裁庭和由三位仲裁员组成的仲裁庭。

在国际商事仲裁实践中，由两名仲裁员组成仲裁庭的情况并不多见，但在一些行业和国家，这种情况是存在的，如在航运市场上的某些标准合同中就有这样的条款。一些格式租船合同中的 Baltime Arbitration Clause 就是这样规定的："由于本租船合同而产生的争议交由伦敦（或者当事人约定的其他地点）仲裁解决。由船东指定一名仲裁员，另一名仲裁员由租船人指定。如果这两名仲裁员不能就仲裁裁决达成一致，争议交由他们共同指定的公断人（umpire）裁定。仲裁员或公断人的裁决是终局的，对当事人双方均有拘束力。"

英国《1996 年仲裁法》第 22 条第 1 款也就由两名仲裁员组成仲裁庭的情况作了规定："在当事人同意设两名或两名以上仲裁员但无首席仲裁员或公断人的情况下，当事人可自由约定仲裁庭如何作出决定、命令和裁决。"此项规定包括了由两名仲裁员组成的仲裁庭的情况。在实践中，如果这两名仲裁员在解决当事人提交的争议时达成一致，就可作出仲裁裁决。但如果他们不能就此争议达成一致，才由他们共同指定的公断人主持对该案件的审理。在这种情况下，原来由双方指定的仲裁员事实上则充当了为指定他们的当事人充当辩护人（advocate）的角色，而仲裁裁决由公断人自行作出。此时的公断人，则相当于独任仲裁员的角色。

在"布罗斯案"中，被申请人未能在合理的时间内指定仲裁员，因此，根据仲裁地法的规定，在被申请人未能指定仲裁员的情况下，申请人指定的仲裁员可以作为独任仲裁员组成仲裁庭，主持对仲裁案件的审理，由此作出的裁决得到了美国法院的承认与执行。

二、仲裁员的资格

在解决国际商事争议的实践中，被指定为仲裁员的一般都是为当事人所信赖并能够对争议的是非曲直作出独立判断的人。各国法律允许当事人在他们之间的仲裁协议中对仲裁员的资格作出约定。而法律本身对此一般没有严格的限制，凡是具有完全行为能力的人，包括本国人和外国人，都可以被指定为仲裁员。例如，荷兰 1986 年《民事诉讼法》第 1023 条规定："任何有法律行为能力的自然人均可被指定为仲裁员。除非当事人另有约定，任何人不应由于其国籍的原因而妨碍指定。"

我国《仲裁法》第 13 条对仲裁员的资格作了比较严格的限制。作为国际商事仲裁的一般原则，仲裁员不得与他所审理的案件有直接的利害关系，否则将影响他对所审理的案件作出独立、公正的审理。至于法官能否作为仲裁员，各国的做法不一。我国仲裁法对此没有规定，只是规定了拥有 8 年法官经验者才能有资格作仲裁员。许多仲裁委员会也聘任了一些法官作为仲裁员。2004 年 7 月 13 日，最高人民法院发出通知：现任法官不得再担任仲裁员，因为这样做超出了法官的权限范围，不利于维护司法公正。为了保护诉讼当事人的合法权益，现任法官不得继续担任仲裁员。已经被聘为相关仲裁委员会仲裁员的现任法官，要自通知发出之日起 1 个月内解除与仲裁委员会的聘任关系。最高人民法院的这一措施，有利于维护法院的形象，有利于法官履行好自己的职责，维护司法公正。

三、仲裁庭自裁管辖原则与仲裁庭的管辖权限

仲裁庭自裁管辖原则（the Kompetenz-Kompetenz Doctrine）是指仲裁庭有权对仲裁协议的有效性及管辖权作出决定的原则。

在国际商事仲裁实践中，仲裁管辖的主要依据是当事人之间存在着将他们之间业已发生的争议通过仲裁解决的有效的仲裁协议。因此，从某种意义上说，仲裁管辖与仲裁协议的有效性问题是一个问题的两个方面：根据有效的仲裁协议，仲裁庭就可获得管辖权；而根据无效的仲裁协议，仲裁庭就不能获得此项管辖权。仲裁庭自裁管辖的原则的核心内容是仲裁庭能否对它自己的管辖权，包括仲裁协议的存在和对效力的异议作出决定。例如在"锐夫动力公司案"中，尽管中方当事人对仲裁庭的管辖权提出异议，仲裁庭根据合同仲裁协议认定，即便当事人没有经过协商程序，也不影响仲裁庭对本案仲裁协议项下争议事项的管辖权，因而根据仲裁规则和仲裁庭自裁管辖原则作出了拥有管辖权的先决裁决。①

在国际商事交易中，往往有这样的情况发生：当仲裁协议项下的争议发生后，一方当事人将争议提交仲裁解决，而另一方则对仲裁庭的管辖权及仲裁协议的有效性提出异议。在这种情况下，仲裁庭能否就其管辖权及仲裁协议的效力作出决定，是仲裁（庭）面临的首要问题。这个问题不解决，仲裁程序就无法进行。按照各国的仲裁立法与实践，如果一方当事人采用欺诈的手段迫使对方与其订立仲裁协议，或者一方当事人不具备订立此项协议的行为能力，都会导致仲裁协议的无效，而根据无效的仲裁协议，仲裁庭是不能取得管辖权的。在另外一些情况下，一方当事人将争议提交仲裁，而另一方当事人将此同样的争议提交法院，而对方当事人在仲裁程序或诉讼程序开始后均对仲裁或法院的管辖权提出异议。按照各国关于国际商事仲裁的立法与实践，仲裁庭和法院均有权决定仲裁庭的管辖权。按照联合国贸

---

① 关于该案案情和仲裁庭的自裁管辖原则，参见赵秀文：《从锐夫动力公司案看仲裁管辖原则》，载《法学家》，1998（3）。

法会《国际商事仲裁示范法》第16条第2款的规定，如果仲裁庭对其管辖权作出了初步的裁定，当事任何一方均可在收到此项裁定后30天内请求法院作出决定，而法院的决定不容上诉。

在"旭普林公司案"中，法院和仲裁庭对仲裁协议的效力作出了不同的认定：ICC仲裁院的仲裁庭根据其仲裁规则和该院推荐适用的仲裁条款认定本案仲裁协议有效，作出了仲裁庭有管辖权的先决裁决，并继续进行仲裁程序和作出裁决。而中国法院依据当地法律对本案仲裁协议的有效性作出了相反的裁决。在"锐夫动力公司案"中，尽管上海公司对仲裁庭的管辖权提出异议，仲裁庭根据该仲裁协议的适用法律和仲裁规则，同样作出了对本案争议有管辖权的裁定。此外，我国法院受理上海公司就仲裁协议项下争议提起的诉讼，也是在对本案仲裁协议的有效性加以否定的情况下受理该案的。因为我国《民事诉讼法》第257条规定：涉外经济贸易、运输和海事中发生的纠纷，当事人在合同中订有仲裁条款或者事后达成书面仲裁协议，提交中华人民共和国涉外仲裁机构或者其他仲裁机构仲裁的，当事人不得向人民法院起诉。据此规定，如果法院认定本案仲裁协议无效，就不应当受理上海公司的起诉。[①]

第四节　仲裁程序

引例　帕克里托案[②]

仲裁申请人帕克里托投资公司（Paklito Investment Ltd.，以下简称帕克里托公司）与仲裁被申请人克劳克纳东亚公司（Klockner East Asia Ltd.，以下简称东亚公司）于1988年8月17日订立了购买2 500公吨镀锌钢板的合同：合同价格为C&F194.4万美元，1988年11月交货，装货港为土耳其伊斯坦布尔港，目的港为中国黄埔港。双方当事人之间由于货物质量问题发生争议，申请人根据其与被申请人之间的买卖合同和该合同中的仲裁条款，于1989年8月10日向中国国际经济贸易仲裁委员会（CIETAC）提出了书面仲裁请求。

仲裁庭根据CIETAC仲裁规则于1990年4月25日对该案进行了开庭审理。由于双方当事人对于货物瑕疵究竟是产品本身的固有缺陷还是由于存贮不当而引起的瑕疵各执一词，1990年9月12日，仲裁庭委托专家组从这批货物中提取了5个样品进行检验，后者于10月31日提出了检验报告。该报告的结论是本案货物缺陷早在工厂期间就存在了。被申请人在11月8日收到该专家报告后，口头通知仲裁庭希望对该报告发表评论意见，并于12日就上述口头意见向CIETAC发出书面通知，要求就专家报告中的问题提出质疑。1990年11月15日，仲裁庭作出申请人胜诉的裁决：裁定被申请人应当向申请人支付约80万美金。

---

① 关于对"锐夫动力公司案"和仲裁庭管辖权的分析，参见赵秀文：《从锐夫动力公司案看仲裁管辖原则》，载《法学家》，1998（3）。

② 参见赵秀文编著：《国际商事仲裁法》，251～258页，北京，中国人民大学出版社，2004；赵秀文主编：《国际商事仲裁案例解析》，199～207页，北京，中国人民大学出版社，2005。

被申请人未能执行该裁决，申请人向被申请人所在地香港法院申请强制执行。香港公司以该公司没有得到对专家组报告发表意见的机会为由，请求法院拒绝承认与执行该裁决。香港法院认定，仲裁庭作出裁决所依据的是专家报告，对此报告，仲裁庭本来应当给予被申请人对此作出评论并提供新证据的机会，被申请人已经向仲裁庭提出了此项请求，但是仲裁庭并未对此请求作出答复便过早地作出了裁决。

香港法院经审理后裁定，根据《香港仲裁条例》第 44 条第 2 款（c）项的规定，被申请人未能陈述其案情，他们被剥夺了公平的和平等的陈述其案情的机会，遂拒绝执行中国国际经济贸易仲裁委员会仲裁庭对本案作出的裁决。

本案涉及的主要法律问题是：仲裁程序不当作为法院拒绝承认与执行仲裁裁决的理由。

一、仲裁程序的主要内容

仲裁程序是指如何通过仲裁的方式解决当事人之间争议的程序。在国际商事仲裁实践中，仲裁程序主要包括以下内容：仲裁申请与答辩；仲裁庭的组成；仲裁案件的审理、仲裁裁决的作出等。

（一）仲裁申请与答辩

当事人就其仲裁协议项下的事项发生争议，如果他们不能自行解决，任何一方均可依据他们之间业已订立的仲裁协议，将该争议提交仲裁解决。率先提出仲裁的一方为仲裁申请人，一般而言，仲裁申请书应当包括以下内容：（1）申请人和被申请人的姓名和地址；（2）仲裁请求及其所依据的仲裁协议；（3）仲裁请求所依据的事实和理由等。

被申请人对于申请人提出的仲裁请求，应当在仲裁规则规定的期间内提出答辩，如有反诉，也应当在此期间提出。反诉请求和答辩也应当说明反诉请求及其所依据的理由、证据等。

（二）仲裁庭的组成

仲裁庭根据所适用的仲裁规则由一名独任仲裁员组成独任仲裁庭，或者由三名仲裁员组成合议仲裁庭。在由三人仲裁员组成合议仲裁庭的情况下，争议各方各指定一名仲裁员，第三名仲裁员（即首席仲裁员）由双方当事人共同指定或者他们共同约定的第三者指定。在一些国家的仲裁立法与司法实践中，仲裁庭也可以由两名仲裁员组成，由争议双方各指定一名仲裁员而组成仲裁庭，负责争议案件的审理。如果这两名仲裁员不能就仲裁裁决达成一致，争议交由他们共同指定的公断人（umpire）裁定。在这种情况下，该公断人的意见就作为仲裁裁决，该裁决相当于独任仲裁庭裁决。

（三）仲裁审理

仲裁审理的主要目的是查明争议的事实，进而明确双方当事人对争议事项应当承担的责任。按照一般仲裁规则的规定，仲裁审理通常采用开庭审理的方式，给双方当事人充分的机会陈述其各自的意见。对于有些案情比较简单的案件，仲裁庭也可以决定不开庭审理，仅进行书面审理。但无论是开庭审理，还是书面审理，均应当给双方当事人充分地表达其各自意见的机会。如果仲裁庭没有给当事人或其代理人表达其各自意见的合理的机会，由此作出的裁决在执行的过程中就可能遇到麻烦。例如在前述“帕克里托案”中，中国公司与香港公司之间就产品的瑕疵究竟是在生产过程中产生的还是在运输或不当储藏中产生的各执一词，双方都聘请了专家出庭作证。为了查明争议的事实，仲裁庭聘任了独立的专家组进行鉴定，当专家组鉴定出来后，港方当事人的代理人要求对该专家组的鉴定进行评论，但是仲裁庭在该方当事人对专家鉴定作出评论之前就签发了仲裁裁决，裁决中方当事人胜诉。香港一方当事人拒绝执行该裁决，于是中方当事人不得不到被申请人所在地香港法院申请执行。被申请人向法院提出证据证明仲裁庭未能遵守正当程序规则，即被申请人没有得到对专家组鉴定作出评论的机会，请求法院拒绝承认与执行该裁决。香港法院根据《纽约公约》第5条第1款第3项的规定，支持了被申请人的主张，拒绝承认与执行（CIETAC）仲裁裁决。

（四）仲裁裁决

仲裁程序以仲裁庭作出仲裁裁决而告终。根据多数仲裁规则的规定，仲裁裁决根据多数仲裁员的意见作出，裁决应当采用书面形式，并应当附具理由。经仲裁员签字后向当事人双方送达。在合议仲裁庭的情况下，如果三个仲裁员不能形成多数，则依据首席仲裁员的意见作出仲裁裁决。

二、仲裁规则及其适用

仲裁规则是指各仲裁机构、各有关组织或团体、仲裁协议的当事人约定的或仲裁庭决定的关于如何进行仲裁所遵循的程序规则，它们本身没有法律上的拘束力。然而，它们具有契约的性质，即一旦被仲裁协议的当事人采纳，就在这些当事人之间产生了拘束力，其前提条件是不违背有关国家的仲裁法中的强制性的规定。

在国际商事仲裁实践中，特别是在机构仲裁的情况下，当事人选择将争议提交特定的仲裁机构仲裁，就意味着适用该机构的仲裁规则，除非当事人各方另有约定。许多仲裁机构的仲裁规则也有类似规定。例如，1998年伦敦国际仲裁院仲裁规则第1条规定：任何载有或提及按本院仲裁规则或由仲裁院仲裁的任何书面协议或约定，视为当事人同意按本规则或在此之后修订的规则，但须在仲裁开始前已经生效。联合国贸法会制定的仲裁规则第1条第1款的规定是：“除非当事人各方另有约定……”充分反映了仲裁规则适用过程中的当事人意思自治原则。

仲裁规则适用时的另一个特点，是该规则的适用不得违反或规避仲裁应当适用的法律所规定的当事人必须遵守的各项规定，否则，仲裁裁决在请求法院强制执行时就可能遇到麻烦。例如，联合国贸法会制定的仲裁规则第1条第2款规定：“仲裁应受本规则支配，但本规则的任何规定如与双方当事人必须遵守的适用于仲裁的法律规定相抵触时，应服从法律的规定。”而这里所说的法律，无疑就是仲裁应当适用的法律，即进行仲裁应当适用的有关国家的仲裁法，通常情况下为仲裁地所在国的仲裁法。

综上所述，仲裁规则适用的特点是：第一，它是选择性的，只有当事人选择适用了某一特定的规则，该规则才能对选择适用的当事人有拘束力。第二，当事人所选择适用的仲裁规则不得与应当适用的仲裁法的规定相抵触。

三、仲裁程序法及其适用范围

仲裁程序法是规范如何进行仲裁的法律规范的总称，具体表现为一国立法机关制定的调整国际商事仲裁的法律。尽管各国有关仲裁法的法律繁简不一、名称各异，但一般都就可仲裁的事项、仲裁协议及其效力、仲裁员的指定、仲裁庭的组成及管辖、仲裁程序、仲裁裁决及其承认与执行等问题作出规定。

按照国际法上的国家主权和地域原则，以及国际私法上的“场所支配行为”的原则，在一国进行的仲裁，该国的仲裁法理所当然地应当予以适用。即便是现代各国的仲裁法，也是如此。例如，1998年德国的仲裁立法，即《德国民事诉讼法》第1025条规定，德国的仲裁立法适用于在德国进行的仲裁。英国《1997年仲裁法》第2条第1款规定，有关仲裁程序的事项，适用于在英格兰、苏格兰和威尔士进行的仲裁。从法学基本理论看，一国颁布的法律在该国境内的效力，是不言而喻的。各国的仲裁法适用于在各该国进行的仲裁，也符合国际法的国家主权原则。在“布罗斯案”中，仲裁庭并没有严格按照仲裁协议的规定：由双方当事人各指定一名仲裁员，如果两名仲裁员意见不一致，则由他们共同指定的公断人作出裁断。由于被申请人未能指定仲裁员，根据仲裁地法的规定，申请人指定的仲裁员可以作为独任仲裁员主持案件的审理并作出裁决，这样的裁决符合仲裁地法的规定。正因为如此，尽管被执行人辩称仲裁庭的组成与仲裁协议不符，但是美国法院还是裁定承认与执行该裁决，因为本案仲裁庭的组成，符合仲裁地法（英国仲裁法）有关临时仲裁庭组成的规定。

仲裁程序公正是保证实体公正的前提条件。在现代国际商事仲裁实践中，法院对仲裁裁决所进行的监督和司法复审，主要集中在对仲裁程序的监督。在“帕克里托案”中，香港法院之所以拒绝执行（CIETAC）的裁决，理由也是仲裁庭没有给被执行人合理的机会表达其对专家组报告的意见。《纽约公约》第5条第1款规定的执行地法院可以拒绝承认与执行的外国裁决的各项理由中，主要也是仲裁程序不当，而没有提及裁决本身不公正作为拒绝执行外国裁决的理由。

第五节 仲裁裁决及其承认与执行

引例 美国国际标准电器公司案①

（美国）国际标准电器公司（International Standard Electric Corp.）与阿根廷布里达斯公司（Bridas Sociedad Anonima Petrolera）之间由于买卖股票发生争议，根据它们之间的合同约定将争议交由国际商会国际仲裁院（以下简称ICC）仲裁解决，ICC的仲裁庭根据该院仲裁规则，在墨西哥城进行了仲裁，并于1990年1月16日作出裁决，认定美国公司在向阿根廷公司出售股票的过程中未能将其即将出售的股票的价格适当地告知阿根廷公司，违反了股票发行过程中应当遵守的诚实信用的职业规范，裁定美国公司向阿根廷公司支付6 793 000美元的损害赔偿，外加12%的年利，自1985年3月14日起算，并加计复利；此外，还要支付100万美元的律师费和40万美元的仲裁费。美国公司拒绝执行上述裁决，并于1990年2月2日向美国纽约南区地方法院申请

① 参见赵秀文编著：《国际商事仲裁法》，425～427页，北京，中国人民大学出版社，2004；赵秀文主编：《国际商事仲裁案例解析》，262～273页，北京，中国人民大学出版社，2005。

撤销和拒绝执行该裁决。美国法院经审理认为，纽约法院不享有对本案裁决的撤销权。

本案涉及的主要法律问题是：国际商事仲裁裁决的撤销与执行。

一、仲裁裁决的种类及内容

（一）仲裁裁决的种类

仲裁裁决是仲裁庭就当事人提交仲裁解决的事项作出的决定，此项决定无论在仲裁程序进行中的哪一阶段作出，对争议各方均有拘束力。根据仲裁庭作出裁决的时间的不同，仲裁裁决可以分为：

1. 先决裁决

在仲裁程序开始后，如果一方当事人对仲裁庭的管辖权提出异议，在此情况下，仲裁庭如果不解决管辖权的问题，仲裁程序就无法继续进行。为了确定仲裁庭对其所审理的案件的管辖权，仲裁庭可就其管辖权问题作出先决裁决（preliminary award）。根据联合国贸法会《国际商事仲裁示范法》第 16 条第 3 款的规定，当事任何一方可在收到此项裁决后 30 天内就此决定向有管辖权的法院提出申诉，请求法院对此作出决定。法院的决定是终局的，不容上诉。而仲裁庭在等待法院作出决定的同时，可以继续进行仲裁程序。例如在“旭普林公司案”和“锐夫动力公司案”这两个案件中，由于中方公司对仲裁条款有异议，两个仲裁庭在作出终局裁决之前，都对仲裁庭的管辖权问题作出了先决裁决。

2. 中间裁决或者部分裁决

在仲裁程序进行的过程中，仲裁庭还可就当事人提出的某些请求事项作出中间裁决或部分裁决（interim，interlocutory or partial award）。这些裁决所涉及的或者是需要立即处理的不易保存的物品，或者是当事人之间不存在争议的部分。这些裁决均构成最终裁决（final award）的一部分。

3. 终局裁决

仲裁程序以仲裁庭作出最终裁决而告终。终局裁决是仲裁庭就当事人所提交的所有事项作出的裁决，终局裁决包括中间裁决和部分裁决。如果当事人已经就仲裁庭在仲裁程序中作出的中间裁决或部分裁决履行完毕，最终裁决可以不提及那些争议已经得到解决的事项。如上述裁决尚未履行，仲裁庭则应在最终裁决中特别提及其在仲裁程序中作出的中间裁决或部分裁决构成最终裁决的一部分。

4. 追加裁决

当仲裁程序结束后，如果仲裁庭在裁决中漏裁了当事人的请求中的某些事项，在应予适用的法律或仲裁规则规定的期限内，无论是当事人提出请求，还是仲裁庭自行发现问题，仲裁庭如果认为情况属实，可就这些漏裁的事项作出追加裁决（additional award）。

5. 和解裁决

如果在仲裁程序中争议各方就他们之间的争议事项自行达成和解协议，仲裁庭可根据当事人之间的和解协议作出裁决。此项和解协议经仲裁庭签署后性质已经改变，即从当事人之间自行达成的和解协议转变为仲裁裁决的性质。如果一方当事人事后拒绝履行该裁决，另一方当事人可以向法院申请强制执行。

这里需要强调的是，裁决无论在仲裁程序的哪一个阶段作出，均对当事人各方具有法律上的拘束力，其法律效力是相同的，除法律规定的补救办法外，均可得到法院的执行。

根据国际商事仲裁立法与实践，仲裁裁决应当采用书面形式，并附具裁决所依据的理由。按照许多国家的仲裁法和仲裁规则的规定，在由三位仲裁员组成仲裁庭的情况下，如果他们就裁决的内容不能达成一致，裁决应当根据多数仲裁员的意见作出；如果不能形成多数意见，则按首席仲裁员的意见作出。我国《仲裁法》第53条就是这样规定的。

如果在仲裁程序中争议各方就他们之间的争议事项达成和解，仲裁庭可根据当事人之间的和解协议作出裁决。在此种情况下，一般可以不附具裁决所依据的理由。

裁决应当由同意该裁决书内容的仲裁员签署。仲裁员的不同意见可记入笔录。并写明裁决书作出的时间和地点，因为裁决书自该裁决书中所记载的日期起生效。如果一方当事人欲对此裁决寻求法律上的救济，则一般应当诉诸裁决地所在国的法院。

（二）仲裁裁决的主要内容

仲裁裁决是仲裁庭就双方当事人所争议的事项作出的裁断。一份比较规范的仲裁裁决书通常应当包括以下内容：

1. 仲裁机构受理案件的依据和仲裁程序的进行情况

首先，这一部分应当述明仲裁机构受理仲裁申请人提出的仲裁申请及其所依据的仲裁协议，以及该仲裁机构所适用的仲裁规则。

其次，应当说明依据应当适用的仲裁规则而组成的仲裁庭的基本情况，包括申请人指定的仲裁员、被申请人指定的仲裁员和首席仲裁员是如何产生的，仲裁庭组成的时间和人员。

最后，仲裁程序的进行情况，包括申请书和答辩书的送达情况、仲裁庭开庭审理的时间和地点、双方当事人参加庭审的情况等一些程序性的问题。

2. 裁决书的实体内容

裁决书的实体内容通常包括三个部分：基本案情、仲裁庭意见和仲裁裁决。

（1）基本案情。

这一部分一方面包括对争议事项的描述，另一方面包括申请人的仲裁请求及其所依据的证据和被申请人的答辩及其证据。关于对争议事项的描述，主要是指申请人在仲裁申请书中提出的争议事项，即争议是什么，比如争议涉及合同是否成立或者一方当事人是否违约以及由此而产生的损害赔偿问题等，包括争议发生的时间、地点和双方当事人对该争议的基本立场及各自所依据的理由。

（2）仲裁庭意见。

这一部分事实上是为裁决的内容打下基础，即说明仲裁庭将要作出的裁决所依据的理由。一般而言，仲裁庭意见应当围绕着双方当事人争议的主要问题展开，包括仲裁庭在事实问题上的认定和法律适用问题上的认定，以及作出上述认定所依据的证据及理由。在庭审中，双方当事人通常对同样的问题各执一词，并提出他们各自的证据，对此，仲裁庭应当对当事人提出的证据所证明的事实的真实性作出自己的判断。例如，当事人就合同履行标的物的瑕疵产生的事件发生争议，卖方主张该瑕疵是在卖方实际交货后产生的，随着交货行为的完成，卖方对其交货后发生的风险不再承担责任。而买方则坚持争议货物的瑕疵是该货物的固有瑕疵，该瑕疵早在生产过程中就产生了，而不是在卖方交货之后才产生的。卖方和买方都对其各自的主张提出了专家证据，仲裁庭有权对这些证据的真实性作出认定，按照一些仲裁机构的仲裁规则，仲裁庭可以聘请独立的专家对双方当事人争议的事项作出独立的鉴定。

对于双方当事人所主张的在特定问题上应当适用的法律，仲裁庭也应当表明自己的观点。仲裁庭无论对争议事实作出认定，还是对争议的法律问题作出认定、表明其观点，都要说明其观点所依据的事实和法律。对于申请人和被申请人在庭审过程中所持的立场，仲裁庭都要表明支持或者反对申请人或被申请人的观点，并都要说明理由。

根据各国有关国际商事仲裁的立法与实践，仲裁庭授权有限，其权限范围来源于当事人之间的仲裁协议，裁决不能超出仲裁协议的范围，一般情况下，只对当事人申请的仲裁事项作出裁决，对于没有提出申请裁决的事项不得作出裁决，否则就构成仲裁庭越权超裁，而超裁的部分，不能得到法院的承认与执行。

（3）仲裁裁决。

仲裁裁决是对申请人提出的仲裁请求作出的最终裁断。例如支持或驳回申请人的仲裁请求，或者部分地支持申请人的仲裁请求的内容。一般而言，裁决包括两方面的内容：一是对申请人仲裁请求的肯定或者否定，或者部分地支持或者否定的内容；二是仲裁费的承担。对于后者，通常根据申请人在案件中的胜诉情况裁定分担仲裁费。如果申请人完全胜诉，那么仲裁费就应当由被申请人承担；如果双方当事人对争议事项均有一定的过错，则应当按照过错责任的比例分摊仲裁费。

（4）仲裁员签名和仲裁机构盖章。

在临时仲裁的情况下，裁决书只要经仲裁院签署即具有法律上的拘束力。在常设仲裁机构管理下进行的仲裁，如前所述，特定案件的裁决书由仲裁庭成员作出，而不是由仲裁机构。因此，在裁决书上签名的同样应当是组成仲裁庭的成员。裁决书的末端也要注明时间和地点，与封面上的时间和地点遥相呼应。由于常设仲裁机构对仲裁实施特定的管理工作，一般而言，仲裁庭成员在仲裁裁决书上签名的同时，裁决书上还要加盖该特定仲裁机构的公章，以区别于临时仲裁庭作出的裁决。

二、仲裁裁决的撤销及承认与执行

【案例 13—2】克罗马罗依案[①]

1988 年 6 月 16 日，美国克罗马罗依航空服务公司（Chromalloy Aero Service Inc.，以下简称克罗马罗依公司）与埃及共和国国防部（Ministry of Defence of the Republic of Egypt，以下简称埃及国防部）订立了为期 4 年的总价为 3200 万美元的直升机零部件的购买、维修与服务合同。据此合同，克罗马罗依公司同意为埃及空军提供维修直升机所需要的零部件。该合同中的仲裁条款规定如下：“本合同产生的任何争议将提交仲裁庭裁定。该仲裁庭由三名仲裁员组成：政府和供应商各指定一名仲裁员，双方当事人共同指定一名既不具有政府国国籍也不具有供应商国籍的人担任首席仲裁员……在此进一步明确，双方当事人约定合同适用埃及法律并将开罗作为仲裁地点……上述仲裁庭的裁决为终局裁决，对双方当事人均有拘束力，任何一方当事人不得提出上诉或采取其他法律措施。”

在合同履行过程中，美国克罗马罗依公司在对飞机进行维修的过程中没有使用合同所规定的机械部件，1991 年 12 月，埃及政府单方面终止了该合同。克罗马

---

① 参见赵秀文编著：《国际商事仲裁法》，284～286 页，北京，中国人民大学出版社，2004。

罗依公司通知埃及政府，它反对此项终止，并于1992年依据合同中的仲裁条款启动了仲裁程序。首席仲裁员由瑞士人担任，美国公司指定了一位法国仲裁员，埃及政府指定了一位埃及教授为仲裁员，由上述三位仲裁员组成仲裁庭共同审理此案。经过两年多的审理，仲裁庭于1994年8月24日作出缺席裁决（埃及仲裁员未在裁决书上签字），裁定依据事实和埃及法律，埃及政府由于美国公司未能在飞机的维修中使用合同规定的机械部件而终止合同的行为不当。因此，根据美国公司提出的证明其已经完成的工作部分，仲裁庭裁定克罗马罗依公司应当得到1 620万美元的补偿，并加计利息。裁决作出后，埃及国防部以仲裁庭适用法律不当为由向开罗上诉法院申请撤销该裁决，法院撤销了该裁决。克罗马罗依公司则向美国哥伦比亚特区法院申请强制执行该裁决，美国法院裁定执行该被埃及法院撤销了的裁决，理由是埃及方面违反其作出的遵守仲裁结果的裁定的庄严的诺言。

本案涉及的主要法律问题：国际商事裁决的撤销、外国仲裁裁决的承认与执行。

按照各有关国家的仲裁立法与实践，如果裁决存在着法律规定的可以撤销的理由，当事人则可在法律规定的期限内，向对此有管辖权的法院申请撤销该仲裁裁决。一般而言，只有裁决地国法院享有撤销裁决的权力，此法院一般为裁决地的法院。如果当事人对仲裁裁决有异议，应当向裁决地国的法院寻求救济。在前述“美国国际标准电器公司案”中，ICC国际仲裁院的仲裁庭依据该院的仲裁规则，在墨西哥进行仲裁并作出了裁决。只有墨西哥法院有权撤销此案，故美国纽约州法院驳回了美国公司关于撤销本案裁决的诉讼请求。在“福克公司案”中，CIETAC所在地北京市中级人民法院驳回了福克公司关于撤销CIETAC裁决的诉讼请求。

按照联合国贸法会《国际商事仲裁示范法》第34条的规定，当事人申请撤销仲裁裁决应当在收到裁决书之日起3个月内提出。申请人申请撤销仲裁裁决应当有法律规定的理由，并应提供证据证明这些理由。《国际商事仲裁示范法》规定的可撤销仲裁裁决的理由，归纳起来，主要有以下四种情况：

1. 仲裁裁决所依据的仲裁协议无效

包括订立仲裁协议的任何一方当事人根据应当适用于他们的法律为无行为能力者，或者仲裁协议本身根据当事人所同意适用的法律为无效协议。当事人如未能就此应当适用的法律作出约定，按照裁决地国的法律为无效仲裁协议。

2. 仲裁程序不当

未能将有关指定仲裁员或进行仲裁程序的事项向当事人发出适当通知，或者由于其他原因未能给当事人表达其对争议事项的意见的机会。

3. 仲裁庭越权

仲裁庭裁决的事项超出了当事人在仲裁协议中规定的事项。如仲裁协议规定将买卖合同项下的延迟交货而引起的争议提交仲裁解决。而仲裁庭所裁决的事项不仅包括由于延迟交货而引起的争议，还包括了由于货物本身的质量而引起的争议。在此种情况下，仲裁裁决对货物质量所作的裁决，就超出了仲裁协议的范围，当事人就可以请求法院撤销此项裁决。而对未超出协议范围的由于延迟交货而引起的争议所作的裁决，就不能请求法院撤销。

4. 仲裁庭的组成与当事人约定或应当适用的法律不符

当事人如果在仲裁协议中约定仲裁员应当由专职律师以外的技术人员担任，而事实上仲裁庭的组成人员均为专职律师，则仲裁庭的组成显然违反了当事人之间的约定。

以上情况均应当由申请人提供证据证明。如能证明有上述情况之一，法院就可裁定撤销仲裁庭已经作出的仲裁裁决。① 此外，按照《国际商事仲裁示范法》第 34 条的规定，如果法院查明，该仲裁裁决所涉及的事项依据法院地法为不能通过仲裁解决的事项，或者该仲裁裁决违反了当地的公共政策，也可裁定撤销该仲裁裁决。

在国际商事仲裁立法和实践中，一些国家在采纳《国际商事仲裁示范法》的同时，对该示范法也作出了一些修订。例如，埃及在采纳该示范法时，在就裁决撤销的问题上，就增加了“适用法律不当”的理由。例如在前述“克罗马罗依案”中，开罗上诉法院根据埃及国防部的请求，以裁决适用法律不当为由，撤销了仲裁庭在埃及作出的裁决。尽管该裁决被裁决地法院撤销，作为申请执行地的法国法院和美国法院仍然作出了承认与执行该被埃及法院撤销了的裁决。②

当事人申请撤销和执行中国仲裁机构在我国境内作出的国际（涉外）仲裁裁决的，根据我国《仲裁法》第 70 条和第 71 条的规定，均适用我国《民事诉讼法》第 260 条的规定：对中华人民共和国涉外仲裁机构作出的裁决，被申请人提出证据证明仲裁裁决有下列情形之一的，经人民法院组成合议庭审查核实，裁定不予执行：（1）当事人在合同中没有订有仲裁条款或者事后没有达成书面仲裁协议的；（2）被申请人没有得到指定仲裁员或者进行仲裁程序的通知，或者由于其他不属于被申请人负责的原因未能陈述意见的；（3）仲裁庭的组成或者仲裁程序与仲裁规则不符的；（4）裁决的事项不属于仲裁协议的范围或者仲裁机构无权仲裁的。

三、外国仲裁裁决的承认与执行

（一）外国仲裁裁决的认定

根据《纽约公约》，外国仲裁裁决主要指在执行地国境外作出的裁决到裁决地国之外的国家法院申请承认与执行的情况。而这里的确定裁决为“外国”的属性，主要是指在执行地国之外作出的裁决。其中的“仲裁地”标准，是各国普遍采纳的区分本国裁决与外国裁决的主要标准。

在常设仲裁机构仲裁的情况下，外国仲裁机构管理下由仲裁庭作出的裁决究竟属于哪一个国家的裁决？该国际商事仲裁裁决国籍究竟应当按照该仲裁机构所在地还是仲裁地点决定？对这一问题作出回答的关键，在于某一特定的常设仲裁机构的仲裁规则和相关国家的法律对此作出了什么样的规定。根据在一些国家境内设立的常设仲裁机构的仲裁规则，对仲裁地点的规定可以分为以下两种情况：

第一，仲裁机构所在地就是裁决地（仲裁地点），裁决视为在仲裁机构所在地作出。例如，俄罗斯国际商事仲裁院 1988 年仲裁规则第 6 条第 1 款就明确规定了“仲裁地点和开庭地点应为莫斯科市”。据此规定，凡是提交俄罗斯国际商事仲裁院仲裁的案件，其仲裁地点就是仲裁院所在地。在我国现行仲裁立法与实践中，仲裁机构所在地通常也就是仲裁地点。

---

① 关于国际商事仲裁裁决撤销的理论与实践，参见杜焕芳：《国际商事仲裁裁决撤销的若干法律问题研究》，载李双元主编：《国际法与比较法论丛》，第 7 辑，北京，中国方正出版社，2003；杜焕芳：《论中国涉外商事仲裁裁决的撤销问题及其完善》，载《仲裁与法律》，2002（5）。

② 关于该案的详情及其评论，参见赵秀文：《从克罗马罗依案看国际仲裁裁决的撤销与执行》，载《法商研究》，2002（5）。

我国《仲裁法》第 58 条规定，当事人申请撤销裁决的，应当向仲裁委员会所在地的中级人民法院提出。

第二，仲裁机构所在地并非就是裁决地。例如，1992 年日内瓦商工会仲裁规则第 3 条规定：除非当事人之间另有约定，仲裁地点在日内瓦。伦敦国际仲裁院 1998 年仲裁规则第 16 条第 1 款对仲裁地点的规定是：当事人可书面约定仲裁本座地或法定地点（the seat or legal place）。如无此项约定，仲裁本座地在伦敦，除非仲裁院在给予双方当事人对此发表书面评论后作出决定，认为在伦敦以外的本座地更为适当。在上述情况下，如果当事人约定的仲裁地点不在上述仲裁机构所在国，裁决就不是在仲裁机构所在国作出，而是在仲裁机构所在国以外的国家作出。因为上述仲裁机构都允许当事人对仲裁地点作出选择，而实践中当事人共同选择的仲裁地点，可以在仲裁机构所在地，也可以是在机构所在国之外的国家。如果裁决在仲裁机构所在国之外的国家作出，裁决就不具有仲裁机构所在国的国籍。①

在"美国国际标准电器公司案"中，美国公司向美国法院申请撤销该裁决，理由是该裁决适用的是纽约州的法律。法院认为对此无管辖权，因为裁决在墨西哥作出，只有墨西哥法院有权撤销该裁决。因此，该裁决对于美国法院而言是墨西哥裁决，即外国裁决。

尽管各国普遍认可仲裁地为国际商事仲裁裁决属性的标准，但就某一特定国际仲裁裁决而言，归根结底取决于各国国内法和司法实践对其作出的认定。比如，由国际商会国际仲裁院仲裁庭根据国际商会国际仲裁院在美国洛杉矶作出的裁决，如果按照国际普遍认可的原则，应为美国裁决；如果按照仲裁机构所在地的标准，该裁决为法国裁决。

（二）承认与执行外国仲裁裁决的依据

仲裁庭就国际商事交易中的争议在一国境内作出的仲裁裁决需要到另一国家执行的情况是很普遍的。在国际商事仲裁司法实践中，执行地国的法院承认与执行外国仲裁裁决的依据有两个：第一，执行地国的国内法。这些法律主要表现在这些国家的民事诉讼法或仲裁法中。现代国际商事仲裁的立法与实践表明，各国法院在承认与执行外国仲裁裁决时，一般不对仲裁裁决所涉及的争议实体问题进行司法复审，而只是依据本国法律或有关的国际公约对仲裁裁决所涉及的程序问题进行司法复审。如果仲裁裁决不存在法律规定的不予执行的理由，法院将作出承认与执行该仲裁裁决的裁定。第二，执行地国缔结或参加的双边或多边国际公约。执行地国缔结或参加的双边或多边国际公约，是这些国家承认与执行外国仲裁裁决的重要依据。特别是有一百三十多个国家参加的《纽约公约》在各缔约国普遍适用，进而使各国法院承认仲裁协议的效力，承认与执行外国仲裁裁决，除非被申请人提出证据证明裁决存在着该公约规定的不予执行的条件。因此，《纽约公约》在承认与执行外国仲裁裁决的问题上，对于协调和统一各国有关国际商事仲裁裁决的承认与执行方面的国内法，是一个极为成功的尝试。

我国承认与执行外国仲裁裁决的依据是我国的民事诉讼法中的有关规定与我国缔结和参加的双边或多边国际公约。我国于 1987 年 1 月 22 日成为《纽约公约》的缔约国。我国在加入该公约时作出了两点该公约允许的保留声明：（1）互惠保留声明，即我国仅对在另一缔约国领土内作出的仲裁裁决承认与执行上适用该公约；（2）商事保留声明，即我国仅对按照我国法律属于契约性和非契约性商事法律关系所引起的争议适用该公约。

对于何谓"契约性和非契约性商事法律关系"，最高人民法院认为具体地是指由于合同、

---

① 关于国际商事仲裁裁决的国籍及其确定方法，参见赵秀文：《论国际商事仲裁裁决的国籍及其撤销的理论与实践》，载《法制与社会发展》，2002（1）。

侵权或者根据有关法律规定而产生的经济上的权利义务关系，例如货物买卖、财产租赁、工程承包、加工承揽、技术转让、合资经营、合作经营、勘探开发自然资源、保险、信贷、劳务、代理、咨询服务，海上、民用航空、铁路、公路的客货运输以及产品责任、环境污染、海上事故和所有权争议等，但不包括外国投资者与东道国政府之间的争端。①

在我国执行的外国仲裁裁决，可以分为《纽约公约》项下的裁决（以下简称公约裁决）和非公约裁决。公约裁决为在我国以外的《纽约公约》缔约国境内作出的仲裁裁决，对于这些裁决只能依照该公约规定的条件执行。对于非公约裁决，按照我国《民事诉讼法》的规定，我国法院按照互惠原则予以承认与执行。

（三）申请承认与执行外国仲裁裁决的程序和条件

按照国际商事仲裁立法与实践，申请承认与执行外国仲裁裁决，涉及一国的国家主权，同时也属于执行地国的民事诉讼程序法的问题，当然只能适用执行地国的法律。但是，如果是公约裁决，则只能依照该公约第 4 条规定的条件执行，即申请人只要向执行地国的法院提交仲裁协议经公证的裁决书之正本或经认证的副本，以及仲裁协议之正本或经公证的副本。如果裁决书或仲裁协议所使用的语文不是裁决执行地国的语文，则申请人应当提供此项语文的文本。执行地国的法院在执行该公约裁决时，不得较承认与执行其本国仲裁裁决附加过于苛刻的条件。

《纽约公约》缔约国法院应当承认与执行外国仲裁裁决的效力，除非被申请人提出证据证明该裁决有该公约第 5 条第 1 款规定的五种情况之一。这五种情况是：

（1）订立仲裁协议的一方当事人依据对其适用的法律为无行为能力者；仲裁协议依据当事人选择适用的法律无效，如无此项选择，依据裁决地国的法律为无效者。

（2）被申请人未能得到关于指定仲裁员或进行仲裁程序的适当通知，或者由于其他原因，未能陈述其案情的。

（3）仲裁庭越权，即裁决事项超出了仲裁协议规定的范围。但如果当事人提交仲裁的事项可与未提交仲裁的事项区别开来的话，则裁决中关于当事人之间约定的提交仲裁的事项的部分仍然可以执行。

（4）仲裁庭的组成或仲裁程序与当事人之间的约定不符；如无此项约定，与仲裁地国的法律不符。

（5）裁决对当事人尚无拘束力，或已经被裁决地国的主管机关或者进行此项仲裁所适用的法律的国家的主管机关撤销。

此外，如果执行地的法院认定，该仲裁裁决依据执行地国的法律为不可通过仲裁解决的事项，或者承认与执行此项裁决和法院地国的公共政策相抵触的，也可拒绝承认与执行该仲裁裁决。

申请人向我国法院申请执行外国仲裁裁决的，按照我国《民事诉讼法》第 269 条的规定，应当直接向被执行人住所地或者其财产所在地的中级人民法院申请。如果被执行人为自然人的，为其户籍所在地的中级人民法院；被执行人为法人的，为其主要办事机构所在地的中级人民法院。被执行人在我国无住所、居所或者主要办事机构，但有财产的，为其财产所在地的中级人民法院。在我国申请执行仲裁裁决的期限，无论是本国裁决，还是外国裁决，按照我国《民事诉讼法》第 219 条的规定，双方或一方当事人是公民的，申请执行的期限是

---

① 参见最高人民法院《关于执行我国加入的〈承认及执行外国仲裁裁决公约〉的通知》（1987 年 4 月 10 日）。

1年，双方是法人或者其他组织的为6个月。自法律文书规定的履行期间的最后一日起算。凡是向法院申请执行的仲裁裁决经法院审查后准许执行的，由法院作出予以执行的裁定，并向被执行人发出执行通知，责令其在指定的期限内履行，逾期不履行的，由法院强制执行。①

【问题与思考】

1. 仲裁作为解决国际商事争议的方法之一，它与ADR和司法诉讼之间有哪些联系与区别?

2. 我国法院在认定“诺和诺德公司案”和“厦门维哥木制品有限公司案”中的仲裁条款的效力上有哪些区别?

3. “布罗斯案”中有关仲裁庭的组成是否适当?为什么?如果此案在我国审理，法院有可能作出什么样的判决?

4. “英国海港保险公司案”是如何反映仲裁条款独立原则的?你对此原则有何评论?

5. 如何认定“旭普林公司案”中的仲裁条款的效力?你对ICC仲裁庭作出的仲裁条款有效和我国法院作出的仲裁条款为无效条款有何评论?

6. 你对香港法院拒绝执行CIETAC就“帕克里托案”作出的裁决有何评论?

7. 你认为我国法院是否应当执行ICC仲裁院对“旭普林公司案”作出的裁决，理由是什么?如果执行此裁决，究竟将其作为我国裁决、法国裁决还是非内国裁决执行，为什么?

8. 结合“美国国际标准电器公司案”和“锐夫动力公司案”，谈谈法院对国际商事仲裁裁决的撤销与执行。

① 关于法院对国际商事仲裁裁决的监督，参见韩健主编：《涉外仲裁司法审查》，北京，法律出版社，2006。

附　录

中华人民共和国涉外民事关系法律适用法

第一章　一般规定

第一条　为了明确涉外民事关系的法律适用，合理解决涉外民事争议，维护当事人的合法权益，制定本法。

第二条　涉外民事关系适用的法律，依照本法确定。其他法律对涉外民事关系法律适用另有特别规定的，依照其规定。

本法和其他法律对涉外民事关系法律适用没有规定的，适用与该涉外民事关系有最密切联系的法律。

第三条　当事人依照法律规定可以明示选择涉外民事关系适用的法律。

第四条　中华人民共和国法律对涉外民事关系有强制性规定的，直接适用该强制性规定。

第五条　外国法律的适用将损害中华人民共和国社会公共利益的，适用中华人民共和国法律。

第六条　涉外民事关系适用外国法律，该国不同区域实施不同法律的，适用与该涉外民事关系有最密切联系区域的法律。

第七条　诉讼时效，适用相关涉外民事关系应当适用的法律。

第八条　涉外民事关系的定性，适用法院地法律。

第九条　涉外民事关系适用的外国法律，不包括该国的法律适用法。

第十条　涉外民事关系适用的外国法律，由人民法院、仲裁机构或者行政机关查明。当事人选择适用外国法律的，应当提供该国法律。

不能查明外国法律或者该国法律没有规定的，适用中华人民共和国法律。

第二章　民事主体

第十一条　自然人的民事权利能力，适用经常居所地法律。

第十二条　自然人的民事行为能力，适用经常居所地法律。

自然人从事民事活动，依照经常居所地法律为无民事行为能力，依照行为地法律为有民事行为能力的，适用行为地法律，但涉及婚姻家庭、继承的除外。

第十三条　宣告失踪或者宣告死亡，适用自然人经常居所地法律。

第十四条　法人及其分支机构的民事权利能力、民事行为能力、组织机构、股东权利义务等事项，适用登记地法律。

法人的主营业地与登记地不一致的，可以适用主营业地法律。法人的经常居所地，为其主营业地。

第十五条　人格权的内容，适用权利人经常居所地法律。

第十六条　代理适用代理行为地法律，但被代理人与代理人的民事关系，适用代理关系发生地法律。

当事人可以协议选择委托代理适用的法律。

第十七条　当事人可以协议选择信托适用的法律。当事人没有选择的，适用信托财产所在地法律或者信托关系发生地法律。

第十八条　当事人可以协议选择仲裁协议适用的法律。当事人没有选择的，适用仲裁机构所在地法律或者仲裁地法律。

第十九条　依照本法适用国籍国法律，自然人具有两个以上国籍的，适用有经常居所的国籍国法律；在所有国籍国均无经常居所的，适用与其有最密切联系的国籍国法律。自然人无国籍或者国籍不明的，适用其经常居所地法律。

第二十条　依照本法适用经常居所地法律，自然人经常居所地不明的，适用其现在居所地法律。

第三章　婚姻家庭

第二十一条　结婚条件，适用当事人共同经常居所地法律；没有共同经常居所地的，适用共同国籍国法律；没有共同国籍，在一方当事人经常居所地或者国籍国缔结婚姻的，适用婚姻缔结地法律。

第二十二条　结婚手续，符合婚姻缔结地法律、一方当事人经常居所地法律或者国籍国法律的，均为有效。

第二十三条　夫妻人身关系，适用共同经常居所地法律；没有共同经常居所地的，适用共同国籍国法律。

第二十四条　夫妻财产关系，当事人可以协议选择适用一方当事人经常居所地法律、国籍国法律或者主要财产所在地法律。当事人没有选择的，适用共同经常居所地法律；没有共同经常居所地的，适用共同国籍国法律。

第二十五条　父母子女人身、财产关系，适用共同经常居所地法律；没有共同经常居所地的，适用一方当事人经常居所地法律或者国籍国法律中有利于保护弱者权益的法律。

第二十六条　协议离婚，当事人可以协议选择适用一方当事人经常居所地法律或者国籍国法律。当事人没有选择的，适用共同经常居所地法律；没有共同经常居所地的，适用共同国籍国法律；没有共同国籍的，适用办理离婚手续机构所在地法律。

第二十七条　诉讼离婚，适用法院地法律。

第二十八条　收养的条件和手续，适用收养人和被收养人经常居所地法律。收养的效力，适用收养时收养人经常居所地法律。收养关系的解除，适用收养时被收养人经常居所地法律或者法院地法律。

第二十九条　扶养，适用一方当事人经常居所地法律、国籍国法律或者主要财产所在地法律中有利于保护被扶养人权益的法律。

第三十条　监护，适用一方当事人经常居所地法律或者国籍国法律中有利于保护被监护人权益的法律。

第四章　继　承

第三十一条　法定继承，适用被继承人死亡时经常居所地法律，但不动产法定继承，适用不动产所在地法律。

第三十二条　遗嘱方式，符合遗嘱人立遗嘱时或者死亡时经常居所地法律、国籍国法律或者遗嘱行为地法律的，遗嘱均为成立。

第三十三条　遗嘱效力，适用遗嘱人立遗嘱时或者死亡时经常居所地法律或者国籍国法律。

第三十四条　遗产管理等事项，适用遗产所在地法律。

第三十五条　无人继承遗产的归属，适用被继承人死亡时遗产所在地法律。

第五章　物　权

第三十六条　不动产物权，适用不动产所在地法律。

第三十七条　当事人可以协议选择动产物权适用的法律。当事人没有选择的，适用法律事实发生时动产所在地法律。

第三十八条　当事人可以协议选择运输中动产物权发生变更适用的法律。当事人没有选择的，适用运输目的地法律。

第三十九条　有价证券，适用有价证券权利实现地法律或者其他与该有价证券有最密切联系的法律。

第四十条　权利质权，适用质权设立地法律。

第六章　债　权

第四十一条　当事人可以协议选择合同适用的法律。当事人没有选择的，适用履行义务最能体现该合同特征的一方当事人经常居所地法律或者其他与该合同有最密切联系的法律。

第四十二条　消费者合同，适用消费者经常居所地法律；消费者选择适用商品、服务提供地法律或者经营者在消费者经常居所地没有从事相关经营活动的，适用商品、服务提供地法律。

第四十三条　劳动合同，适用劳动者工作地法律；难以确定劳动者工作地的，适用用人单位主营业地法律。劳务派遣，可以适用劳务派出地法律。

第四十四条　侵权责任，适用侵权行为地法律，但当事人有共同经常居所地的，适用共同经常居所地法律。侵权行为发生后，当事人协议选择适用法律的，按照其协议。

第四十五条　产品责任，适用被侵权人经常居所地法律；被侵权人选择适用侵权人主营业地法律、损害发生地法律的，或者侵权人在被侵权人经常居所地没有从事相关经营活动的，适用侵权人主营业地法律或者损害发生地法律。

第四十六条　通过网络或者采用其他方式侵害姓名权、肖像权、名誉权、隐私权等人格权的，适用被侵权人经常居所地法律。

第四十七条　不当得利、无因管理，适用当事人协议选择适用的法律。当事人没有选择的，适用当事人共同经常居所地法律；没有共同经常居所地的，适用不当得利、无因管理发生地法律。

第七章 知识产权

第四十八条 知识产权的归属和内容，适用被请求保护地法律。

第四十九条 当事人可以协议选择知识产权转让和许可使用适用的法律。当事人没有选择的，适用本法对合同的有关规定。

第五十条 知识产权的侵权责任，适用被请求保护地法律，当事人也可以在侵权行为发生后协议选择适用法院地法律。

第八章 附 则

第五十一条 《中华人民共和国民法通则》第一百四十六条、第一百四十七条，《中华人民共和国继承法》第三十六条，与本法的规定不一致的，适用本法。

第五十二条 本法自 2011 年 4 月 1 日起施行。

图书在版编目（CIP）数据

国际私法学原理与案例教程／赵秀文主编．—4版．—北京：中国人民大学出版社，2016.11
ISBN 978-7-300-23486-1

Ⅰ．①国… Ⅱ．①赵… Ⅲ．①国际私法－法的理论－②国际私法－案例－教材教材 Ⅳ．①D997

中国版本图书馆CIP数据核字（2016）第244657号

全国法律专业学位研究生教育指导委员会秘书处推荐教材
北京高等教育精品教材
21世纪法学系列教材
总主编　曾宪义　王利明
国际私法学原理与案例教程（第四版）
主　编　赵秀文
副主编　杜焕芳
Guojisifaxue Yuanli yu Anli Jiaocheng

出版发行	中国人民大学出版社		
社　址	北京中关村大街31号	**邮政编码**	100080
电　话	010－62511242（总编室）		010－62511770（质管部）
	010－82501766（邮购部）		010－62514148（门市部）
	010－62515195（发行公司）		010－62515275（盗版举报）
网　址	http://www.crup.com.cn		
	http://www.ttrnet.com(人大教研网)		
经　销	新华书店		
印　刷	北京东君印刷有限公司	**版　次**	2006年9月第1版
规　格	185 mm×260 mm　16开本		2016年11月第4版
印　张	23 插页1	**印　次**	2020年 8 月第4次印刷
字　数	563 000	**定　价**	48.00元

版权所有　侵权必究　印装差错　负责调换

《　　　　　　》※任课教师调查问卷

为了能更好地为您提供优秀的教材及良好的服务，也为了进一步提高我社法学教材出版的质量，希望您能协助我们完成本次小问卷，完成后您可以在我社网站中选择与您教学相关的1本教材作为今后的备选教材，我们会及时为您邮寄送达！如果您不方便邮寄，也可以申请加入我社的**法学教师QQ群：83961183（申请时请注明法学教师）**，然后下载本问卷填写，并发往我们指定的邮箱（cruplaw@163.com）。

邮寄地址：北京市海淀区中关村大街31号中国人民大学出版社411室收

邮　　编：100080

再次感谢您在百忙中抽出时间为我们填写这份调查问卷，您的举手之劳，将使我们获益匪浅！

基本信息及联系方式：※

姓名：__________ 性别：__________ 课程：__________

任教学校：__________ 院系（所）：__________

邮寄地址：__________ 邮编：__________

电话（办公）：__________ 手机：__________ 电子邮件：__________

调查问卷：※

1. 您认为图书的哪类特性对您使用教材最有影响力？（　　）（可多选，按重要性排序）

   A. 各级规划教材、获奖教材　　B. 知名作者教材

   C. 完善的配套资源　　D. 自编教材

   E. 行政命令

2. 在教材配套资源中，您最需要哪些？（　　）（可多选，按重要性排序）

   A. 电子教案　　B. 教学案例

   C. 教学视频　　D. 配套习题、模拟试卷

3. 您对于本书的评价如何？（　　）

   A. 该书目前仍符合教学要求，表现不错将继续采用。

   B. 该书的配套资源需要改进，才会继续使用。

   C. 该书需要在内容或实例更新再版后才能满足我的教学，才会继续使用。

   D. 该书与同类教材差距很大，不准备继续采用了。

4. 从您的教学出发，谈谈对本书的改进建议：__________

____

____

选题征集：如果您有好的选题或出版需求，欢迎您联系我们：

联系人：黄　强　联系电话：010-62515955

索取样书：书名：__________

书号：__________

备注：※ 为必填项。